Reformbedarf im Spruchverfahren

Osnabrücker Schriften zum

UNTERNEHMENS- UND WIRTSCHAFTSRECHT

Herausgegeben von Andreas Fuchs,
Markus Stoffels und Dirk A. Verse

Band 17

PL ACADEMIC RESEARCH

Philipp Loosen

Reformbedarf im Spruchverfahren

Empirische Analyse, Rechtsvergleich mit US-amerikanischem Recht und Reformvorschläge

PL ACADEMIC RESEARCH

Bibliografische Information der Deutschen Nationalbibliothek
Die Deutsche Nationalbibliothek verzeichnet diese Publikation in der Deutschen Nationalbibliografie; detaillierte bibliografische Daten sind im Internet über http://dnb.d-nb.de abrufbar.

Zugl.: Mainz, Univ., Diss., 2012

Umschlaggestaltung:
© Olaf Glöckler, Atelier Platen, Friedberg

D 77
ISSN 1865-696X
ISBN 978-3-631-62578-1

PL Academic Research ist ein Imprint der Peter Lang GmbH

www.peterlang.de

Meiner Familie

Vorwort

Die vorliegende Arbeit wurde vom Fachbereich Rechts- und Wirtschaftswissenschaften der Johannes Gutenberg-Universität Mainz im Sommersemester 2012 als Dissertation angenommen. Rechtsprechung und Literatur konnten bis Oktober 2012 berücksichtigt werden.

Mein Dank gilt meinem Doktorvater, Herrn Professor Dr. Dirk A. Verse M.Jur. (Oxford) für seine Anregungen sowie die sehr gute und effiziente Zusammenarbeit und Betreuung. Weiterhin bedanke ich mich bei Herrn Prof. Dr. Jürgen Oechsler für die sehr zügige Erstellung des Zweitgutachtens.

Für die Aufnahme in die Reihe „Osnabrücker Schriften zum Unternehmens- und Wirtschaftsrecht" bedanke ich mich bei den Herausgebern.

Ich danke dem Bundesanzeiger-Verlag für die Ermöglichung der Datenbank-Recherche sowie dem Max-Planck-Institut für ausländisches und internationales Privatrecht in Hamburg für die Nutzung der Bibliothek.

Mein besonderer Dank gilt meiner Mutter, die mich immer unterstützt und gefördert hat.

Vor allem danke ich meiner Frau für ihre liebevolle und tatkräftige Unterstützung, ihre stete Ermutigung - und dafür, dass sie immer für mich da ist.

Hamburg, im November 2012

Philipp Loosen

Inhaltsübersicht

Inhaltsverzeichnis

Abkürzungsverzeichnis

AMF	Autorité des Marchés Financiers
ARUG	Gesetz zur Umsetzung der Aktionärsrechterichtlinie
BCLC	Butterworths' Company Law Cases
DGCL	Delaware General Corporation Law
DJT	Deutscher Juristentag
FRL	Fusionsrichtlinie
JVEG	Justizvergütungs- und -entschädigungsgesetz
KapMuG	Kapitalanleger-Musterverfahrensgesetz
MBCA	Model Business Corporation Act
SE	Societas Europaea
SEEG	Gesetz zur Einführung der Europäischen Gesellschaft
SEVO	Verordnung über das Status der Europäischen Gesellschaft
SpruchG	Spruchverfahrensgesetz
UMAG	Gesetz zur Unternehmensintegrität und Modernisierung des Anfechtungsrechts
ÜRL	Übernahmerichtlinie
VRL	Verschmelzungsrichtlinie
WL	Westlaw

Alle übrigen verwendeten Abkürzungen sind allgemein bekannt oder ergeben sich aus:

Duden, Konrad, Die deutsche Rechtschreibung, 25. Auflage, Mannheim u.a., 2010

Kirchner, Hildebert, Abkürzungsverzeichnis der Rechtssprache, 6. Auflage, Berlin, 2008

Prince, Mary Miles (Hrsg.), Bluebook – A Uniform System of Citation, 19. Auflage, Cambridge (Mass.), 2010

Einführung

A. Überblick zum Spruchverfahren

I. Einleitung

1. Grundlagen

Das Spruchverfahren[1] dient dem finanziellen Interessenausgleich von Kompensationsschuldner[2] und außenstehenden Aktionären[3] bei gesellschaftsrechtlichen Strukturmaßnahmen[4]. Einem Spruchverfahren gehen wesentliche gesellschaftsrechtliche Veränderungen in einer Aktiengesellschaft voraus, die sich negativ auf die Vermögensposition der außenstehenden Aktionäre auswirken können. Diese Veränderungen werden vom Gesetzgeber gem. § 4 Abs. 2 Nr. 3 SpruchG als Strukturmaßnahmen bezeichnet und in § 1 SpruchG aufgezählt. Strukturmaßnahmen in diesem Sinne sind Maßnahmen, die in bestehende mitgliedschaftliche und vermögensrechtliche Positionen eingreifen.[5] In der Praxis sind dies vor allem Unternehmensverträge gem. §§ 304, 305 AktG, Verschmelzungen gem. §§ 2 ff. UmwG sowie der aktienrechtliche Squeeze-out[6] gem. § 327a ff. AktG. Alle übrigen Strukturmaß-

---

1 Vor Inkrafttreten des SpruchG am 01.09.2003 wurde der Begriff „Spruchverfahren" für Verfahren nach §§ 305 - 312 UmwG sowie der Begriff „Spruchstellenverfahren" für Verfahren gem. § 306 AktG verwandt. Seitdem wird einheitlich der Begriff „Spruchverfahren" verwendet.

2 Im Spruchverfahren ist der Kompensationsschuldner der Antragsgegner. Er ist derjenige, der den außenstehenden Aktionären die Kompensation aufgrund der jeweiligen Strukturmaßnahme schuldet, siehe *Emmerich*, in: Emmerich/Habersack, Konzernrecht, § 5 SpruchG Rn. 1. Im weiteren Verlauf wird der Antragsgegner (der in der Regel, aber nicht immer, gleichzeitig auch der Mehrheitsaktionär ist) als Kompensationsschuldner bezeichnet, sofern es auf die genaue Strukturmaßnahme in dem jeweiligen Zusammenhang nicht ankommt, siehe 2. Verfahrensbeteiligte, S. 4.

3 Im Spruchverfahren sind die außenstehenden Aktionäre gem. § 3 SpruchG Antragsteller, sie haben Anspruch auf die Kompensation. Im weiteren Verlauf werden die Antragsteller im Spruchverfahren allgemein als außenstehende Aktionäre (im Zusammenhang mit Squeeze-out ggf. auch als Minderheitsaktionäre, vgl. § 327a AktG) bezeichnet, siehe 2. Verfahrensbeteiligte, S. 4.

4 Zum Begriff der Strukturmaßnahme *Lutter/Leinekugel*, ZIP 1998, 225, 230; *Simon*, in: Simon, SpruchG, Einführung, Rn. 16; vgl. § 4 Abs. 2 Nr. 3 SpruchG, dort wird einheitlich der Begriff Strukturmaßnahme verwendet; siehe auch I. Materiell-rechtliche Anknüpfungspunkte, S. 23.

5 *Lutter/Leinekugel*, ZIP 1998, 225, 230.

6 Da der Squeeze-out eine Veräußerung der Aktien von den außenstehenden Aktionären an den Mehrheitsaktionär darstellt, ist er im eigentlichen Sinne keine Struk-

nahmen haben geringere praktische Bedeutung.[7] Nicht anwendbar ist das Spruchverfahren für übernahmerechtliche Sachverhalte.[8]

Da der Streitgegenstand die Bestimmung des Unternehmenswerts ist, stehen in der Regel betriebswirtschaftliche Fragestellungen im Mittelpunkt der gerichtlichen Auseinandersetzung.[9] Prozessual handelt es sich beim Spruchverfahren um ein Verfahren der freiwilligen Gerichtsbarkeit.[10] Da es jedoch auch Elemente des Zivilprozesses enthält, ist es als Mischform beider Verfahren anzusehen.[11]

Die außenstehenden Aktionäre erhalten durch das Spruchverfahren die Möglichkeit, die Angemessenheit der Kompensation in einem eigens dafür geschaffenen Verfahren gerichtlich überprüfen zu lassen.[12] Vor allem die außenstehenden Aktionäre werden geschützt, da ihre Rechte aufgrund der *erga omnes*-Wirkung ohne nennenswerte finanzielle Risiken und ohne ihre unmittelbare aktive Beteiligung am Gerichtsverfahren gewahrt werden.[13] Das Spruchverfahren dient auch dem Interesse des Kompensationsschuldners an einer einheitlichen Feststellung einer angemessenen Kompensation.[14] Zudem soll er durch den Verweis bewertungsbezogener Streitigkeiten in das dafür geschaffene Spruchverfahren vor Verzögerungen bei Anfechtungsklagen geschützt werden.[15]

---

turmaßnahme, er wird jedoch vom Gesetz so behandelt, dazu E. *Vetter*, ZIP 2000, 1817, 1821; siehe auch 1. Anwendungsbereich gem. § 1 SpruchG, S. 23; zum im Jahr 2011 eingeführten umwandlungsrechtlichen Squeeze-out, siehe ebenfalls 1. Anwendungsbereich gem. § 1 SpruchG, S. 23.

7 Siehe b) Eigene empirische Ergebnisse, S. 27.

8 Siehe 3. Dem Spruchverfahren nicht zugängliche Sachverhalte, S. 25.

9 *Simon/Leverkus*, in: Simon, SpruchG, Anh. § 11, Rn. 1 ff.

10 *Preuss/Leuering*, NZG 2009, 961.

11 *Simon/Leverkus*, in: Simon, SpruchG, Anh. § 11, Rn. 1 ff.

12 *Emmerich*, in: Emmerich/Habersack, Konzernrecht, vor § 1 SpruchG Rn. 1 ff.

13 Siehe I. Rechtsfolgen des Spruchverfahrens, S. 99.

14 BT-Drucksache 15/371 (*RegE Begründung SpruchG*), S. 11.

15 *Kann/Hirschmann*, DStR 2003, 1488, 1489; Anfechtungsklagen können je nach zugrundeliegender Strukturmaßnahme gem. §§ 21 Abs. 1, 381 FamFG (früher § 127 FGG) aufschiebende Wirkung haben, so dass die Eintragung für die Dauer des Anfechtungsverfahrens unterbleibt. Eine echte Registersperre besteht etwa bei der Anfechtung einer Verschmelzung gem. § 16 UmwG oder einem Squeeze-out. Bei Beherrschungs- und Gewinnabführungsverträgen oder Kapitalerhöhungen gibt es dagegen keine rechtliche Registersperre, in der Regel wohl aber eine faktische; vgl. *Emmerich*, in: Emmerich/Habersack, Konzernrecht, § 293a AktG Rn. 41; zum Freigabeverfahren *Verse*, NZG 2009, 1127; *Koch*, ZGR 2006, 769, 795 ff.; *J. Vetter*, in: FS Meier-Reimer, 2010, S. 819, 824.

Die gesetzliche Regelung in § 1 SpruchG sieht vor, dass die Überprüfung der Angemessenheit der Kompensation in Zusammenhang mit Strukturmaßnahmen ausschließlich im Spruchverfahren stattfinden kann. Das Spruchverfahren ist somit in seinem Anwendungsbereich der ausschließliche Rechtsbehelf zur Überprüfung von Ausgleich und Abfindung; eine andere Form der gerichtlichen Bestimmung, insbesondere im Rahmen einer Zahlungsklage, ist nicht möglich.[16] In den Fällen, in denen das Spruchverfahren eröffnet ist, ist es ausgeschlossen, eine Anfechtungsklage mit der Begründung zu erheben, die Kompensation sei unangemessen.[17] Die benachteiligten Aktionäre erhalten so den zwingend auf Barzahlung gerichteten Kompensationsanspruch gegen die Gesellschaft, wenn sie aufgrund einer der erwähnten Strukturmaßnahmen benachteiligt worden sind.[18] Bezweckt werden damit vor allem eine Entlastung der Gerichte von Anfechtungsklagen und eine Minderung ihrer Blockadewirkung.[19] Die zeitliche Verzögerung aufgrund von Anfechtungsklagen sowie die mögliche Vernichtung der gesamten Maßnahme wurden vom Gesetzgeber als unverhältnismäßig oder zumindest nicht zweckmäßig angesehen, sofern eine finanzielle Kompensation des Aktionärs möglich ist.[20] Ein ordentliches Austrittsrecht steht dem Aktionär grundsätzlich nicht zur Verfügung, da es im deutschen Aktienrecht kein Austrittsrecht ohne wichtigen Grund gibt.[21] Dies wird mit dem Grundsatz der Kapitalerhaltung nach § 57 AktG begründet, der die Aufbringung und Erhaltung des Grundkapitals als prinzipielles Wesensmerkmal der Aktiengesellschaft definiert.[22] Ein Austrittsrecht könnte für die Gesellschaft zu schwer kontrollierbaren Vermögensabflüssen führen. Nach dem Leitbild des Gesetzes kann der Aktionär stattdessen seine Aktien jederzeit veräußern, da die Fungibilität ein wesentliches Merkmal von Aktien darstellt.[23] In den beschriebenen Strukturänderungen erkennt das Gesetz allerdings einen wichtigen Grund für einen Austritt und sieht deshalb insbe-

16 *Volhard*, in: MüKo AktG 2004 § 1 SpruchG Rn. 2; *Simon*, in: Simon, SpruchG, § 1 Rn. 8; *Krieger/Mennicke*, in: Lutter UmwG § 1 SpruchG Rn. 18.

17 Vgl. §§ 305 Abs. 5, 320 b Abs. 2, 327f Abs. 1, 306 AktG, §§ 32, 34, 210, 212, 305 ff. UmwG; *Krieger/Mennicke*, in: Lutter UmwG § 1 SpruchG Rn. 18 m.w.N.

18 *Simons*, in: Hölters, AktG, § 1 SpruchG Rn. 24; *Drescher*, in: Spindler/Stilz, AktG, § 1 SpruchG Rn. 32.

19 Rechtstatsächlich *Baums/Keinath/Gajek*, ZIP 2007, 1629; siehe zur Registersperre oben Fn. 15.

20 *J. Vetter*, AG 2008, 177, 182.

21 *K. Schmidt*, Gesellschaftsrecht, 2002, S. 798 (§ 28 I 1 b); *Klöhn*, System der Abfindungsansprüche, 2009, S. 45 ff.

22 *Klöhn*, System der Abfindungsansprüche, 2009, S. 45; *Bayer*, in: MüKo AktG, § 57 Rn. 1 ff. m.w.N.

23 Siehe zum Delisting 2. Weitere anerkannte Anwendungsfälle, S. 24.

sondere in §§ 29 UmwG, 305, 320b, 327a I AktG vor, dass der Aktionär die Gesellschaft zu einem angemessenen Preis verlassen kann.[24] Diese Normen regeln nach herrschender Auffassung abschließend das Austrittsrecht.[25] Sofern dem Aktionär durch die Maßnahme tatsächlich ein Schaden entstanden ist, ist er nach Art. 14 Abs. 1 GG in seinem verfassungsrechtlich geschützten Vermögensinteresse beeinträchtigt. Zur Kompensation genügt ein finanzieller Ausgleich.[26]

2. Verfahrensbeteiligte

Nach § 3 SpruchG ist jeder außenstehende bzw. ausgeschiedene Aktionär[27] antragsberechtigt, während der Kompensationsschuldner, der nach § 5 SpruchG Antragsgegner ist, selbst nicht antragsberechtigt ist. In § 3 SpruchG sind die antragsberechtigten Aktionäre für jede Strukturmaßnahme aufgezählt: In den Fällen des Ausgleichs und der Abfindung bei Beherrschungs- und Gewinnabführungsverträgen ist das jeder außenstehende Aktionär (Nr. 1), in den Fällen der Eingliederung durch Mehrheitsbeschluss und des Ausschlusses von Minderheitsaktionären (Nr. 2 und Nr. 3) jeder ausgeschiedene Aktionär.[28] Wer außenstehender Aktionär ist, wird gesetzlich nicht definiert.[29] Nach wohl herrschender Auffassung sind sämtliche Aktionäre der Gesellschaft mit Ausnahme des herrschenden Unternehmens als außenstehend zu bezeichnen.[30]

---

24 Austrittsrechte bestehen gem. § 305 AktG bei Abschluss eines Beherrschungs- oder Gewinnabführungsvertrags, bei der Eingliederung gem. § 320b AktG, in besonderen Fällen der Verschmelzung gem. § 29 UmwG, bei der Auf- und Abspaltung gem. § 125 UmwG, bei der Vermögensübertragung gem. §§ 176 ff. UmwG sowie bei der formwechselnden Umwandlung gem. § 207 UmwG. Nicht vorgesehen ist dagegen ein Austritts- und Abfindungsrecht bei der Vermögensübertragung gem. § 179a AktG oder bei ähnlich weitreichenden Struktur- und Satzungsänderungen.

25 Über eine Erweiterung dieses Rechts wird diskutiert, dazu umfassend *Hofmann*, Minderheitsschutz, 2010, S. 461 ff., 484 ff., m.w.N.; zum Insolvenzrecht zuletzt *Verse*, ZGR 2010, 299 m.w.N.

26 *Poelzig/Meixner*, AG 2008, 196, 204; *J. Vetter*, AG 2008, 177, 188.

27 In § 327a AktG als Minderheitsaktionär bezeichnet, die begriffliche Unterscheidung rührt wohl daher, dass der Tatbestand des Squeeze-out nicht an einen konzernrechtlichen Tatbestand gebunden ist, vgl. dazu *Habersack*, in: Emmerich/Habersack, Konzernrecht, § 327a AktG Rn. 6.

28 Für weitere Strukturmaßnahmen siehe § 3 SpruchG Nr. 4 ff.; vgl. dazu *Emmerich*, in: Emmerich/Habersack, Konzernrecht, § 3 SpruchG Rn. 1.

29 *Paulsen*, in: MüKo AktG, § 304 Rn. 26.

30 Fraglich und umstritten ist, inwieweit bestimmte Gruppen von Aktionären nicht als „außenstehend" anzusehen sind, weil sie im Lager des Kompensationsschuldners

Der Antragsteller muss gem. § 4 Abs. 1 SpruchG binnen drei Monaten nach Wirksamwerden der Strukturmaßnahme einen Antrag stellen und diesen gem. § 4 Abs. 2 SpruchG begründen. Das Verfahren ist in §§ 7 ff. SpruchG geregelt und enthält Elemente des FamFG und der ZPO. Die Entscheidung im Spruchverfahren wirkt *erga ommnes*, also auch für die nicht als Antragsteller auftretenden Aktionäre. Deren Rechte werden gem. § 6 SpruchG vom gemeinsamen Vertreter wahrgenommen.

Der Kompensationsschuldner ist derjenige, der den außenstehenden Aktionären aufgrund der Strukturmaßnahme die Kompensation schuldet und ist im Spruchverfahren identisch mit dem Antragsgegner.[31] In § 5 SpruchG sind die Antragsgegner für jede Strukturmaßnahme aufgezählt: Bei Unternehmensverträgen ist das der andere Vertragsteil (Nr. 1), in den Fällen der Eingliederung durch Mehrheitsbeschluss die Hauptgesellschaft (Nr. 2) und in den Fällen des Ausschlusses von Minderheitsaktionären der Hauptaktionär (Nr. 3). Für die Fälle der Umwandlung und Verschmelzung bestimmt Nr. 4 ergänzend, dass der Antrag gegen die übernehmenden oder neuen Rechtsträger oder gegen den Rechtsträger neuer Rechtsform zu richten ist. In den Fällen des Delisting, also dem Widerruf der Börsenzulassung von Aktien nach § 39 Abs. 2 BörsG auf Antrag der Gesellschaft[32], muss der Antrag gegen die Gesellschaft oder gegen den Großaktionär gerichtet werden, je nachdem, wer den anderen Gesellschaftern ein Kaufangebot unterbreitet.[33]

3. Verfahrensablauf

Die Eingangsinstanz für Spruchverfahren ist gem. § 2 SpruchG das Landgericht, mit einer Zuständigkeit der Kammer für Handelssachen (KfH).[34] Im Anschluss nimmt das Verfahren wie nachfolgend beschrieben seinen Verlauf.[35] Nach der Konzeption des Gesetzgebers sollen die mündliche Verhandlung gem. § 8 SpruchG sowie eine allgemeine, in §§ 9, 10 SpruchG geregelte, Verfahrensförderungspflicht der Beteiligten Kernstück des Verfahrens sein.[36]

---

stehen, dazu im Zusammenhang §§ 304 f. *Paulsen,* in: MüKo AktG, § 304 Rn. 27 m.w.N.

31 *Emmerich*, in: Emmerich/Habersack, Konzernrecht, § 5 SpruchG Rn. 1.

32 *Emmerich*, in: Emmerich/Habersack, Konzernrecht, § 1 SpruchG Rn. 4; siehe zum Delisting 2. Weitere anerkannte Anwendungsfälle, S. 24.

33 *Emmerich*, in: Emmerich/Habersack, Konzernrecht, § 5 SpruchG Rn. 4.

34 Ausführlich *Kiefner/Kersjes*, NZG 2012, 244 m.w.N.

35 Siehe I. Verfahrensablauf, S. 36.

36 Grundsätzlich zum Verfahrensablauf nach neuem Recht *Neye*, NZG 2002, 23; *Büchel*, NZG 2003, 793; *Bungert/Mennicke*, BB 2003, 2021; *Meilicke/Heidel*, DB 2003, 2267; *Lamb/Schluck-Amend*, DB 2003, 1259; *Puszkajler*, ZIP 2003, 518; *Tomson/Hammerschmitt*, NJW 2003, 2572.

Sowohl Antragsteller als auch Antragsgegner können gem. § 12 SpruchG sofortige Beschwerde zum zuständigen Oberlandesgericht erheben.[37]

II. Verfassungsrechtliches Spannungsfeld

Der Anwendungsbereich des Spruchverfahren befindet sich in einem verfassungsrechtlichen Spanungsfeld zweier Eigentumspositionen: Der Gesetzgeber räumt einer qualifizierten Aktionärsmehrheit die Möglichkeit ein, Strukturmaßnahmen auch gegen die Stimmen der außenstehenden Aktionäre durchzuführen. Dadurch kann der jeweilige Kompensationsschuldner in die Rechtsstellung der übrigen Aktionäre eingreifen. Dieses Vorgehen ist Ausdruck der Eigentumsfreiheit des Kompensationsschuldners nach Art. 14 Abs. 1 GG und erhält seine Rechtfertigung aus dem verbandsrechtlichen Mehrheitsprinzip.[38]

Sämtliche Strukturmaßnahmen haben zugleich Auswirkungen auf die Eigentumsposition der außenstehenden Aktionäre; auch sie werden von Art. 14 Abs. 1 GG geschützt.[39] Indem der Gesetzgeber Strukturmaßnahmen ermöglicht, greift er mit einer Inhalts- und Schrankenbestimmung in die Eigentumsfreiheit der außenstehenden Aktionäre gem. Art. 14 Abs. 1 S. 2 GG ein.[40] Eine solche Einschränkung ist nur verfassungsgemäß, wenn sie dem Verhältnismäßigkeitsgebot entspricht. Dies ist der Fall, wenn das Gesetz angemessene Ausgleichs- oder Entschädigungsregelungen vorsieht, die mit effektiven Rechtsschutzmöglichkeiten durchgesetzt werden können.[41] Bei der Ausgestaltung der entsprechenden Regelungen im Aktienrecht muss der Gesetzgeber die Interessen der Beteiligten in ein ausgewogenes Verhältnis bringen[42] und gleichzeitig zu allen Aktionären die gleiche Distanz wahren.[43]

---

37 Siehe 1. Rechtsmittel, S. 55.

38 BVerfG, Urteil vom 07.08.1962 – 1 BvL 16/60, BVerfGE 14, 263, 278 = NJW 1962, 1667 (*Feldmühle*); zu den Rechten der Mehrheit speziell *Hofmann*, in: FS Hopt, 2010, S. 833, 837 ff.; *Riegger*, DB 1999, 1889, 1890; *Wilm*, NZG 2000, 234, 235; *Meyer*, Ausgleichs- und Abfindungsansprüche, S. 159 ff.; *Gude*, Strukturänderungen und Börsenkurs, S. 159; ähnlich OLG Düsseldorf, Beschluss vom 31.01.2003 – 19 W 9/00 AktE, AG 2003, 329, 334.

39 *Hofmann*, in: FS Hopt, 2010, S. 833, 843 ff.

40 *Mülbert*, in: FS Hopt, 2010, S. 1045, 1055 ff.

41 *Papier*, WM 2009, 1869, 1870.

42 BVerfG, Beschluss vom 30.05.2007 – 1 BvR 390/04, NZG 2007, 587.

43 Auch als „Äquidistanzgebot" bezeichnet, BVerfG, Beschluss vom 30.05.2007 – 1 BvR 1267/06 u.a., NZG 2007, 629; OLG Stuttgart, Beschluss vom 06.07.2007 – 20 W 5/06, AG 2007, 705; *Adolff*, Unternehmensbewertung, 2007, S. 449 f., 468; *Krause*, in: FS Hopt, 2010, S. 1006, 1016; *Mülbert*, in: FS Hopt, 2010, S. 1039, 1044.

Außenstehende Aktionäre haben einen Ausgleich für das zu erhalten, was ihnen an Eigentum im Sinne von Art. 14 GG verloren geht.[44] Das Gesetz sieht somit zum Schutz der außenstehenden Aktionäre eine Ausgleichs- oder Abfindungsregelung vor, um ihren Verlust der Rechtsposition zu kompensieren.[45] Bei der Bestimmung der Kompensation sind die Besonderheiten der zugrunde liegenden Strukturmaßnahme zu berücksichtigen.[46]

Den außenstehenden Aktionären ist die volle Kompensation[47] zu gewähren, die nach Ansicht des Bundesverfassungsgerichts nicht unter dem Verkehrswert ihrer Aktien liegen darf.[48] Bei börsennotierten Unternehmen darf dieser Verkehrswert wiederum nach ständiger Rechtsprechung nicht ohne Rücksicht auf den Börsenkurs festgesetzt werden, der grundsätzlich die Untergrenze der Entschädigung darstellt. Liegt der wahre Wert darüber, so ist dieser maßgeblich.[49] Die Rechtsprechung zur Unternehmensbewertung wird später umfassend dargestellt.[50]

Mit Hilfe eines effektiven Rechtsschutzes muss sichergestellt werden, dass die außenstehenden Aktionäre die ihnen zustehende angemessene Kompensation erhalten.[51] Das Beschlussmängelrecht steht den außenstehenden Aktionären in diesem Fall aber gerade nicht zur Verfügung, da der Gesetzgeber die Bemessung der Kompensation als Anfechtungsgrund ausdrücklich ausgeschlossen hat.[52] Während die außenstehenden Aktionäre normalerweise da-

---

44 BVerfG, Beschluss vom 08.09.1999 – 1 BvR 301/89, WM 1999, 1978, 1980.

45 Grundsätzlich zu den Anforderungen an einen Ausgleichmechanismus *Mülbert*, in: FS Hopt, 2010, S. 1045, 1055 ff. m.w.N.; umfassend *Klöhn*, System der Abfindungsansprüche, 2009, S. 103, 108, 182 ff.

46 Siehe IV. Unterschiede bei einzelnen Bewertungsanlässen, S. 119.

47 Ständige Rechtsprechung; BVerfG, Beschlüsse vom 23.08.2000 – 1 BvR 68/95 u. 1 BvR 147/97, NJW 2001, 279, 280 f. (*Moto Meter*); BVerfG, Beschluss vom 27.07.1962 – 1 BvR 330/61 = BVerfGE 14, 263, 276 f., 284 (*Feldmühle*); BayObLG, Beschluss vom 11.12.1995 – 3 Z BR 36/91, NJW-RR 1996, 1125; *Stilz*, in: FS Mailänder, 2006, S. 423, 424.

48 BVerfG, Beschluss vom 27.04.1999 – 1 BvR 1613/94, BVerfGE 100, 289 = NZG 1999, 931 (*DAT/Altana*); *Rölike/Tonner*, in: Linien der Rechtsprechung des Bundesverfassungsgerichts, 2009, S. 199 ff.; *Mülbert*, in: FS Hopt, 2010, S. 1039, 1041; *Mülbert*, in: FS Ulmer, 2003, S. 433, 434 ff.; *Schön*, in: FS Ulmer, 2003, S. 1359, 1390.

49 BGH, Beschluss vom 12.03.2001 – II ZB 15/00, BGHZ 147, 108, 115 = NJW 2001, 2080 (*DAT/Altana*); OLG Düsseldorf, Beschluss vom 25.05.2000 – 19 W 1/93, NZG 2000, 1075, 1076; *Bauer*, NZG 2001, 892.

50 Siehe III. Bewertungsmaßstäbe der Gerichte, S. 100 ff.

51 BVerfG, Beschluss vom 27.04.1999 – 1 BvR 1613/94, BVerfGE 100, 289 305 (*DAT/Altana*); *Mülbert*, in: FS Hopt, 2010, S. 1077 m.w.N. zur Rechtsprechung.

52 So z. B. in §§ 304 Abs. 2 und 305 Abs. 5 S. 1 AktG für Ausgleich und Abfindung nach einem Unternehmensvertrag, in § 327f Abs. 1 AktG für die Abfindung nach

durch geschützt werden, dass sie bei Rechtsmängeln die Maßnahme an sich verhindern können, hat der Gesetzgeber ihnen bei wirtschaftlicher Unangemessenheit (Bewertungsfehler) in bestimmten Fällen einen übrige Rechtsbehelfe ausschließenden materiell-rechtlichen Ausgleichsanspruch eingeräumt. Das Spruchverfahren trennt somit den Streit um die Kompensation von der Frage der Wirksamkeit der beschlossenen Maßnahme, gibt dem dissentierenden Aktionär einen zielgenaueren Rechtsbehelf und stellt für die Gesellschaft die Wirksamkeit des Beschlusses außer Frage, soweit dieser nicht aus weiteren Gründen angefochten werden kann.[53] Hinzu kommt, dass im Spruchverfahren die Partizipation der nicht als Antragsteller am Verfahren beteiligten Aktionäre am Ergebnis durch die Bestellung eines gemeinsamen Vertreters gem. § 6 SpruchG sichergestellt ist.[54] Das Spruchverfahren ist somit ein Rechtsmittel, mit dem die gerichtliche Nachprüfung der Kompensationshöhe auch für am Verfahren unbeteiligte Aktionäre sichergestellt wird.

III. Geschichte des Spruchverfahrens

Das Spruchverfahren ist seit der Dritten Durchführungsverordnung vom 2. Dezember 1936 zum Umwandlungsgesetz von 1934 gesetzlich vorgesehen.[55] In den Jahren 1937 und 1965 wurde das Rechtsinstitut in das AktG sowie im Jahr 1956 in das UmwG übernommen.[56] Es wurde in der jüngeren Vergangenheit zwei Mal wesentlich verändert, nämlich in den Jahren 1994 und 2003.

1. Reform 1994

Die Reform des UmwG im Jahr 1994 verfolgte in Bezug auf das Spruchverfahren zwei wesentliche Ziele. Zum einen wurde das Verfahren der Erstbewertung geändert, um Spruchverfahren möglichst von vornherein zu vermeiden bzw. überflüssig zu machen. Das wichtigste Mittel hierfür war die Einführung des Vertragsberichts und der Vertragsprüfung durch die §§ 293a und 293b AktG.[57] Gleichzeitig sollte das „Auskaufen“ der Antragsteller, in diesem

---

einem Squeeze-out, in § 32 UmwG bei Verschmelzungsbeschlüssen sowie in § 210 UmwG beim Formwechsel.

53 *Baums*, Die Anfechtung von Hauptversammlungsbeschlüssen, 2000, S. 63.

54 Siehe III. Gemeinsamer Vertreter, S. 52.

55 Zur Geschichte des Spruchverfahrens siehe *Wittgens*, Spruchverfahrensgesetz, 2006, S. 5 ff.

56 *Emmerich*, in: Emmerich/Habersack, Konzernrecht, vor § 1 SpruchG Rn. 2 m.w.N.

57 BT-Drucksache 12/6699 (*Begründung RegE UmwG*), S. 84 f., 178, re. Sp.; *Emmerich*, in: Emmerich/Habersack, Konzernrecht, vor § 1 SpruchG Rn. 2; *Krieger*, in: MünchHdb. AktG § 70 Rn. 11 (S. 1068).

Fall die Rücknahme der Anträge gegen hohe Zahlungen, verhindert werden.[58] Dazu wurde die Rechtsstellung des gemeinsamen Vertreters der außenstehenden Aktionäre durch § 306 Abs. 4 S. 10 AktG a.F. i.V.m. § 308 Abs. 3 UmwG a.F. gestärkt (siehe jetzt § 6 Abs. 3 SpruchG). Nach heftiger rechtspolitischer Diskussion darf der gemeinsame Vertreter die Verfahren trotz Rücknahme der Anträge durch die Antragsteller weiterführen.[59]

2. Reform 2003

Der größte Nachteil des Spruchverfahrens war die überlange Dauer, mit deren Auswirkungen sich sogar die höchstrichterliche Rechtsprechung auseinandersetzen musste. Das BVerfG entschied, dass eine Dauer von sieben Jahren mit dem Rechtsstaatsprinzip gem. Art. 2 Abs. 1 i.V.m. Art. 20 GG noch vereinbar sei[60], eine Dauer von 18 bzw. 22 Jahren hingegen nicht.[61] Der Europäische Gerichtshof für Menschenrechte stufte die Verfahrensdauer von 16 Jahren als zu lang und als Verstoß gegen Art. 6 Abs. 1 EMRK ein und lastete dies der deutschen Gerichtsbarkeit an.[62]

Durch die Reform des Spruchverfahrens im Jahr 2003, die im wesentlichen auf eine Initiative der Wissenschaft[63] zurückging, sollten insbesondere verfahrensrechtliche Mängel behoben und dadurch die Verfahren verkürzt werden. Im Zuge dieser Reform wurde das Verfahren in einem neuen und einheitlichen Gesetz, dem SpruchG, zusammengefasst.[64]

Zuletzt wurde das SpruchG durch das ARUG[65] und die FGG-Reform[66] im Jahr 2009 geändert. Wesentliche Neuerungen im Verfahrensablauf, in der Ri-

58 Zur Problematik des „Auskaufens" bereits *Beyerle*, ZGR 1977, 650, 656.

59 *Emmerich*, in: Emmerich/Habersack, Konzernrecht, vor § 1 SpruchG Rn. 9; *Krieger/Mennicke*, in: Lutter/Winter, UmwG, § 6 SpruchG Rn. 12 m.w.N.

60 BVerfG, Beschluss vom 26.04.1999 – 1 BvR 467/99, NZG 1999, 711.

61 BVerfG, Beschluss vom 17.11.2011 – 1 BvR 3155/09, NZG 2012, 346; BVerfG, Beschluss vom 02.12.2011 – 1 BvR 314/11, BeckRS 2012, 45683; dazu *Linnerz*, GWR 2012, 85.

62 EGMR, Urteil vom 20.02.2003 – 44324/98, EuGRZ 2003, 228.

63 Vor allem auf die Ausarbeitungen von *Lutter/Bezzenberger*, AG 2000, 433, auf Anregung bzw. mit Unterstützung der Deutschen Schutzvereinigung für Wertpapierbesitz e.V.; siehe auch *Bilda*, NZG 2000, 296; siehe auch BT-Drucksache 14/7515 (*Abschlussbericht Regierungskommission Corporate Governance*); vgl. weiterführend zu den Reformanstößen *Fritzsche/Dreier/Verfürth*, SpruchG, Einleitung Rn. 60 ff.

64 Einzelheiten bei *Neye*, NZG 2002, 23.

65 Gesetz zur Umsetzung der Aktionärsrechterichtlinie (ARUG) vom 30.07.2009; dazu *Verse*, NZG 2009, 1127; *Bosse*, NZG 2009, 807; *Noack*, NZG 2008, 441.

66 Gesetz über das Verfahren in Familiensachen und in den Angelegenheiten der freiwilligen Gerichtsbarkeit (FamFG) vom 17.12.2008, dazu *Preuß*, NZG 2009, 961.

siko-Nutzen-Relation oder im Anwendungsbereich ergaben sich dadurch jedoch nicht. Seitdem hat der Gesetzgeber keine wesentlichen Veränderungen vorgenommen.[67]

Danach ergeben sich zahlreiche Detailänderungen für das Spruchverfahren, allerdings wird die Sonderstellung, die das Verfahren in der freiwilligen Gerichtsbarkeit einnimmt, durch die Reform nicht berührt.

67 Auch im Zuge der letzten Reform des Beschlussmängelrechts durch das ARUG im Jahr 2009 nicht, sowie auch nicht im Rahmen der FamFG-Reform aus demselben Jahr. Zum im Jahr 2011 eingeführten umwandlungsrechtlichen Squeeze-out siehe 1. Anwendungsbereich gem. § 1 SpruchG, S. 23.

B. Ziel und Gegenstand der Untersuchung

I. Gliederung der Untersuchung

Die vorliegende Untersuchung gliedert sich in drei Teile. Gegenstand des ersten Teils (*Status quo des Spruchverfahrens*) ist die Darstellung bisheriger Reformen und des derzeitigen Stands der Diskussion in Literatur und Rechtsprechung zum geltenden Spruchverfahrensrecht. Im Zentrum steht dabei die Betrachtung der Reform des Spruchverfahrens im Jahr 2003; es wird aber auch auf frühere Regelungen eingegangen. Aus der kritischen Betrachtung des Status quo des Spruchverfahrens soll der Reformbedarf des Spruchverfahrens ermittelt werden. Da zu Spruchverfahren keine aussagekräftigen amtlichen Statistiken und in der Literatur keine umfassenden Auswertungen existieren, wird eine eigene rechtstatsächliche Erhebung vorgenommen. Dazu wird eine Auswertung der im Bundesanzeiger veröffentlichten Spruchverfahren durchgeführt, deren Ergebnisse jeweils im Verlauf des ersten Teils im entsprechenden Kontext dargestellt und erläutert werden.

Der zweite Teil (*Rechtsvergleich*) umfasst einen Vergleich des deutschen Spruchverfahrens mit Funktionsäquivalenten des Spruchverfahrens in ausländischen Rechtsordnungen. Zunächst werden die entsprechenden Regelungen in einigen ausgewählten europäischen und nicht-europäischen Ländern kurz dargestellt. Der Schwerpunkt dieses Abschnitts liegt auf der Untersuchung des US-amerikanischen Rechts. Dabei werden die Regelungen näher betrachtet, die sich von ihren deutschen Äquivalenten unterscheiden und damit Anhaltspunkte für die Reformen des Spruchverfahrens liefern können.

Auf der Grundlage der Analyse der aktuellen Rechtslage in Deutschland sowie dem Rechtsvergleich mit den USA werden im dritten Teil (*Reformvorschläge*) die Grundzüge für eine mögliche weitere Reform des Spruchverfahrensrechts herausgearbeitet. Im Ergebnis werden begründete Reformvorschläge dargestellt, die zu einer einheitlichen Neuregelung des Spruchverfahrens führen können.

II. Inhaltliche Schwerpunkte

Die vorliegende Arbeit konzentriert sich auf vier inhaltliche Schwerpunkte des Spruchverfahrens.

Der erste inhaltliche Schwerpunkt betrifft die Frage nach der praktischen Relevanz des Spruchverfahrens. Traditionell sind dem Spruchverfahren lediglich Auseinandersetzungen um die Höhe der Kompensation außenstehender Aktionäre bei gesellschaftsrechtlichen, also klassischen aktien- und umwandlungsrechtlichen Strukturmaßnahmen zugewiesen. Inzwischen wurde es um nahestehende Sachverhalte wie z. B. den Börsenrückzug (Delisting) erweitert.[68] Dazu wird eine eigene empirische Untersuchung durchgeführt. Vor allem die Vorteile der Trennung von Auseinandersetzungen um Beschlussmängel und Kompensation sorgen dafür, dass eine stetige rechtspolitische Diskussion über eine zusätzliche Ausweitung des Anwendungsbereichs des Spruchverfahrens zu beobachten ist.[69] Diese Diskussion wird im Rahmen des ersten Teils (*Status quo des Spruchverfahrens*) skizziert, jedoch in den Reformvorschlägen außer Acht gelassen, da verfahrensrechtliche Verbesserungen innerhalb des bestehenden Anwendungsbereichs den inhaltlichen Schwerpunkt dieser Arbeit bilden.[70]

Der zweite inhaltliche Schwerpunkt beschäftigt sich sodann mit dem Verfahrensablauf des Spruchverfahrens. Das Spruchverfahren wurde im Rahmen der Reform des Spruchverfahrensrechts im Jahr 2003 erstmals einheitlich kodifiziert. Dabei war es ein zentrales Anliegen, das Problem der vielfach überlangen Dauer von Spruchverfahren zu beheben.[71] Die tatsächliche Dauer der Spruchverfahren sowohl vor als auch nach der Reform 2003 ist bislang empirisch nicht umfassend belegt. In der vorliegenden Arbeit wird daher eine eigene Auswertung vorgenommen. Diese enthält neben Aussagen zur Verfahrensdauer auch weitere empirische Beobachtungen, wie z. B. die Häufigkeit der Spruchverfahren pro Gericht, die Anzahl der Antragsteller, die Einlegung von Rechtsmitteln gegen die erstinstanzlichen Entscheidungen sowie die Art der Verfahrensbeendigung. Diese rechtstatsächlichen Erhebungen sollen ein umfassendes Bild zum Verfahrensablauf geben.

Die Überprüfung der Risiko-Nutzen-Relation bedient sich der ökonomischen Analyse des Rechts.[72] Diese Methode interpretiert Gesetze und Rechtsprechung als Instrumente, anhand derer die Antragsteller Handlungsalternativen auf erwartete Kosten und erhofften Nutzen hin überprüfen.[73] Dabei wird davon ausgegangen, dass sich Antragsteller und Antragsgegner im Spruchverfahren rational verhalten und den erhofften individuellen Nutzen

---

68 Zum Delisting und zu weiteren von der Rechtsprechung anerkannten Fällen, siehe 2. Weitere anerkannte Anwendungsfälle, S. 24.

69 Siehe 3. Dem Spruchverfahren nicht zugängliche Sachverhalte, S. 25.

70 Siehe I. Materiell-rechtliche Anknüpfungspunkte, S. 23; weiterführend etwa *J. Vetter*, AG 2008, 177.

71 BT-Drucksache 15/371 (*RegE Begründung SpruchG*), S. 11; vgl. z. B. *Neye*, NZG 2002, 23; *Drescher*, in: *Spindler/Stilz*, AktG, § 1 SpruchG, Rn. 4; eine deutliche, aber noch nicht ausreichende Verkürzung sieht jüngst *Decher*, in: FS Meier-Reimer, 2010, S. 58, 60.

72 Grundsätzlich *Eidenmüller*, Effizienz als Rechtsprinzip, 2005, S. 17 ff.

73 *Poelzig/Meixner*, AG 2008, 196, 198 mit Bezug auf die Anfechtungsklage.

gegen die erwarteten individuellen Kosten abwägen.[74] Dafür ist neben der rechtstatsächlichen Untersuchung bisheriger Spruchverfahren vor allem die Analyse der Risiko-Nutzen-Relation relevant.[75] Auf dieser Grundlage soll evaluiert werden, ob diese Relation im Spruchverfahren ausgewogen ist, oder ob sie besser austariert werden könnte.

Schließlich wird der Prüfungsmaßstab erörtert. Im Vordergrund steht dabei die Frage, anhand welcher Kriterien die Rechtsprechung die angemessene Kompensation der außenstehenden Aktionäre zu ermitteln hat. Ein wesentlicher Aspekt ist die Berücksichtigung von Markt- bzw. Börsenkursen im Spruchverfahren.

Besonders aus dem Zusammenspiel zwischen verfahrensrechtlichen Regelungen und gerichtlichem Prüfungsmaßstab ergibt sich ein vollständiges Bild auf die praktische Realität im Spruchverfahren. Ein wesentlicher Anknüpfungspunkt sind dabei Ansätze der Rechtsprechung, den eigenen Prüfungsmaßstab zu reduzieren, wenn sich dafür konkrete Anhaltspunkte ergeben. Eine solche Reduktion des Prüfungsmaßstabs ist insbesondere bei der Verschmelzung zuvor unabhängiger Gesellschaften anerkannt.[76] Ein Transfer dieser Rechtsprechung auf weitere Konstellation *de lege ferenda* bildet daher einen Schwerpunkt der Reformvorschläge im dritten Teil (*Reformvorschläge*).[77]

III. Begrenzung des Untersuchungsgegenstands

Die vorliegende Untersuchung beschränkt sich auf das Spruchverfahren und damit auf die verfahrensrechtlichen Aspekte bei der Bestimmung einer angemessenen Kompensation für außenstehende Aktionäre bei gesellschaftsrechtlichen Strukturmaßnahmen börsennotierter Aktiengesellschaften in Deutschland.

Da es keine festen gesetzlichen Vorgaben zur Methodik der Unternehmensbewertung gibt, ist die Rechtsprechung gehalten, eine geeignete Methode unter Berücksichtigung verfassungsrechtlicher Vorgaben auszuwählen. Schon diese Festlegung ist oft ein Streitpunkt zwischen den Beteiligten im Spruchverfahren, denn Kontrolldichte, Bewertungseffizienz, verfassungsrechtliche Anerkennung sowie die tatsächlichen Ergebnisse verschiedener Bewertungsmethoden unterscheiden sich erheblich voneinander. Im Hinblick auf den vorliegenden Untersuchungsgegenstand bedeutet dies, dass vor allem die

---

74 *Poelzig/Meixner*, AG 2008, 196, 198.

75 *Waclawik*, DStR 2007, 1257, 1259, dieser Effekt wird auch als „asymmetrischer *pay-off*" bezeichnet, *Poelzig/Meixner*, AG 2008, 196, 198.

76 Siehe b) Verschmelzungen unabhängiger Gesellschaften, S. 124.

77 Siehe II. Ausweitung auf Strukturmaßnahmen mit Konzernkonflikt, S. 221.

Auswahl und die Art der Anwendung der Bewertungsmethoden im gerichtlichen Verfahren untersucht werden müssen. Inhaltliche, und damit zumeist betriebswirtschaftliche Aspekte der Unternehmensbewertung, werden nachfolgend nur erörtert, sofern sie Einfluss auf das Verfahrensrecht haben.

Zu den betrachteten Strukturmaßnahmen zählen ausschließlich solche, die dem Aktien- und Umwandlungsrecht zuzuordnen sind und daher auch im Spruchverfahren beurteilt werden.[78] Die vorliegende Darstellung versucht im Einklang mit der Regelung des Spruchverfahrens sämtliche Strukturmaßnahmen einheitlich zu erörtern. Daher wird statt von einer Barabfindung (Squeeze-out) oder eines Ausgleichs (Gewinnabführungsvertrag) allgemein von Kompensationen gesprochen. Übernahmerechtliche Sachverhalte bleiben in der vorliegenden Untersuchung grundsätzlich außer Betracht, da das Spruchverfahren nach derzeitiger Rechtslage dafür keine Anwendung findet[79] und das Übernahmerecht über einen eigenständigen, unterschiedlichen Schutzmechanismus verfügt.[80] Hinzu kommt, dass etwa der übernahmerechtliche Squeeze-out in der Praxis bislang keine Rolle spielt.[81] Allerdings können einige Aspekte des Übernahmerechts auch in dieser Darstellung nicht unberücksichtigt bleiben, da bei Unternehmensakquisitionen Wechselwirkungen zwischen übernahmerechtlichen und gesellschaftsrechtlichen Strukturmaßnahmen auftreten können.[82] Zudem bieten die Regelungen im Übernahmerecht trotz unterschiedlicher Ziele[83] interessante Anhaltspunkte für mögliche Verbesserungen des Spruchverfahrensrechts. Für das deutsche Recht bereitet diese Unterscheidung keine weiteren Schwierigkeiten, da sowohl die materiell-rechtlichen Anknüpfungspunkte als auch der entsprechende bewertungsbezogene Rechtsschutz für gesellschaftsrechtliche Strukturmaßnahmen (das Spruchverfahren) hinreichend klar vom übernahmerechtlichen Rechtsschutz abzugrenzen sind. In anderen Rechtsordnungen ist dies überwiegend nicht der Fall, da dort beim Rechtsschutz gegen unangemessene Kompensationen im Zusammenhang mit Strukturmaßnahmen keine Unterscheidung zwischen ge-

---

78 Zum Anwendungsbereich des Spruchverfahrens siehe I. Materiell-rechtliche Anknüpfungspunkte, S. 23 ff.

79 Dazu *Fritzsche/ Dreier/ Verfürth*, SpruchG, § 1 Rn. 127 ff.

80 Zum Rechtsschutz beim übernahmerechtlichen Squeeze-out, *Hasselbach*, BB 2010, 2842.

81 *Hasselbach*, BB 2010, 2842, 2842; ***Austmann***, NZG 2011, 684, 685, der nur vier Entscheidungen des zuständigen LG Frankfurt a.M. zählt.

82 Etwa wenn die Kompensation bei der Übernahme mutmaßlich niedriger ausfällt als bei einer sich anschließenden gesellschaftsrechtlichen Strukturmaßnahme; *Kircher*, Kompensationsleistungen, 2007, S. 29 mit einem praktischen Beispiel.

83 *Hasselbach*, BB 2010, 2842, 2842 f.

sellschaftsrechtlichen und übernahmerechtlichen Strukturmaßnahmen vorgenommen wird.[84] In der Regel dominieren dort übernahmerechtliche Regelungen, wohingegen Kompensationen bei rein gesellschaftsrechtlichen Strukturmaßnahmen oft nur unzureichend geregelt sind und der Schwerpunkt der Rechtspraxis auf dem Übernahmerecht liegt. Insofern sind insbesondere beim Rechtsvergleich auch Rechtsbehelfe zu berücksichtigen, die eigentlich dem dortigen Übernahmerecht zuzuordnen sind.

84 Siehe für die Rechtslage im Ausland, 3. Großbritannien, S. 135, 4. Frankreich, S. 136, sowie C. Funktionale Äquivalente im US-amerikanischen Recht, S. 141 ff.

Erster Teil: Status quo des Spruchverfahrens

A. Einleitung

I. Ermittlung von Reformbedarf

Die Darstellung des Status quo des Spruchverfahrens verfolgt das Ziel, möglicherweise bestehende Defizite bzw. den Reformbedarf derzeitiger gesetzlicher Regelungen herauszuarbeiten.

Es wird zwischen der prospektiven Gesetzesfolgenabschätzung als vorausschauendem Verfahren auf der Basis von Regelungsalternativen, der begleitenden Gesetzesfolgenabschätzung als vorausschauendem Verfahren auf der Basis eines rechtsförmigen Entwurfs und der retrospektiven Gesetzesfolgenabschätzung als rückschauendes Verfahren auf der Basis einer in Kraft getretenen Rechtsvorschrift unterschieden.[85]

In der nachfolgenden Darstellung soll der Reformbedarf in erster Linie auf der Grundlage einer retrospektiven Gesetzesfolgenabschätzung ermittelt werden. Die Gesetzesfolgenabschätzung befasst sich mit der Erfassung und Analyse von gewollten Auswirkungen und ungewollten Nebenwirkungen von Rechtsnormen und dient der Ermittlung und vergleichenden Bewertung der Wirkung gesetzlicher Regelungen.[86] Beispielsweise kann ein Anstieg der durchschnittlichen Anzahl der Antragsteller im Spruchverfahren neue Verfahrensregelungen erfordern oder die empirische Untersuchung der Dauer von Spruchverfahren Anlass dazu geben, die Verfahrensordnung zu verändern.

Im Gesellschaftsrecht stellt eine solche empirische Erfolgskontrolle von Reformgesetzen eine Herausforderung dar.[87] Eine Notwendigkeit dafür ergibt sich vor allem aus dem Entwicklungsmuster des Aktien- und Kapitalmarktrechts, das in der vergangenen Zeit eher auf spektakuläre Unternehmenszusammenbrüche, geplatzte Spekulationsblasen und Wirtschaftsskandale reagiert, statt systematisch weiterentwickelt zu werden.[88] Im US-amerikanischen Recht wird diese Art der Gesetzgebung in Anspielung an Börsenübertreibungen auch *bubble laws* genannt.[89]

---

85 *Böhret/Konzendorf*, Leitfaden Gesetzesfolgenabschätzung, 2001, S. 9 f.

86 *Böhret/Konzendorf*, a.a.O., S. 6.

87 *Fleischer*, ZGR 2007, 500, 504.

88 *Fleischer*, ZGR 2007, 500, 504 f.

89 *Fleischer*, ZGR 2007, 500, 504 mit Verweis auf *Ribstein,* 40 Houston L. Rev. 77 (2003), S. 78.

Ein wirksames Mittel sind (zumindest nachträgliche) Erfolgskontrollen dieser Reformgesetze.[90] Die Gesetzesfolgenabschätzung ist in Deutschland eine Aufgabe des Gesetzgebers bzw. der zuständigen Ministerien, wie sich aus § 44 der Gemeinsamen Geschäftsordnung der Bundesministerien (GGO) ergibt.[91] Gem. § 44 Abs. 7 GGO ist in der Begründung zu einem Gesetzentwurf durch das federführende Ressort, im Falle des Spruchverfahrens das Bundesministerium der Justiz, festzulegen, ob und nach welchem Zeitraum zu prüfen ist, ob die beabsichtigten Wirkungen erreicht worden sind, ob die entstandenen Kosten in einem angemessenen Verhältnis zu den Ergebnissen stehen und welche Nebenwirkungen eingetreten sind. Ein jüngstes Beispiel dafür ist die Überprüfung des KapMuG[92], die fünf Jahre nach Inkrafttreten durchgeführt wurde.[93] Im Rahmen des SpruchG 2003 wurde eine solche Erfolgskontrolle nicht vorgesehen, ohne dass dies vom Gesetzgeber weiter begründet wurde.[94]

Im Rahmen der empirischen Auswertung wird ein besonderer Schwerpunkt auf die Analyse der Auswirkungen des SpruchG 2003 im Sinne einer retrospektiven Gesetzesfolgenabschätzung gelegt. Durch die Analyse der Rechtsprechung und Literatur sowie empirischer Erkenntnisse zur Häufigkeit der Verfahren, zur Verfahrensdauer sowie zum Verfahrensausgang sollen Schwächen der bisherigen Regelungen identifiziert und die Notwendigkeit weiterer Reformen untermauert werden. Inhaltlich beziehen sich die Untersuchungen neben praktischer Relevanz[95], Verfahrensdauer[96] sowie Risiko-Nutzen-Relation[97] vor allem auf verfahrensrechtlich relevante Aspekte, etwa die Anzahl der Antragsteller[98], die Einlegung von Rechtsmitteln[99] oder die mit

90 *Fleischer*, ZGR 2007, 500, 504 f.

91 Vgl. zur Gesetzesfolgenabschätzung auch *Hirte*, ZGR 2007, 511, 518.

92 *Meier-Reimer/Wilsing*, ZGR 2006, 79; *Erttmann*, WM 2007, 482; *Schneider*, BB 2005, 2249; Rechtsvergleichend A. *Schilling*, Das KapMuG und die class action im Rechtsvergleich, 2006; *Eichholtz*, Die US-amerikanische Class Action und ihre deutschen Funktionsäquivalente, 2002.

93 Vgl. dazu *Stackmann*, NJW 2010, 3185 ff. m.w.N.

94 BT-Drucksache 15/371 (*RegE Begründung SpruchG*), die nachträgliche Gesetzeskontrolle hat erst in den letzten Jahren zunehmend an Popularität gewonnen.

95 Siehe b) Eigene empirische Ergebnisse, S. 27.

96 Siehe 2. Eigene empirische Ergebnisse, S. 60.

97 Siehe b) Eigene empirische Ergebnisse, S. 84.

98 Siehe c) Anzahl der Antragsteller, S. 40.

99 Siehe Abb. 9: Rechtskräftige Entscheidungen nach letztem Gericht (nur Landgerichte und Oberlandesgerichte), S. 56.

Spruchverfahren befassten Gerichte.[100] Anhand der erhobenen Daten sollen Anregungen und Argumentationshilfen für weiteren Reformbedarf abgeleitet werden.

II. Eigene empirische Auswertung

1. Notwendigkeit einer eigenen empirischen Erhebung

Eine wichtige Voraussetzung für eine empirische Untersuchung ist eine aussagekräftige Datenbasis. In der Rechtswissenschaft ist es mitunter problematisch, schnell und verlässlich ausreichendes Datenmaterial für eine Gesetzesfolgenabschätzung zu erhalten und zu verarbeiten.[101] Für das Spruchverfahren als eine verfahrensrechtliche Ausprägung des Gesellschaftsrechts ist die Zusammenstellung relevanter Daten vor allem anhand der Inhalte aus dem Bundesanzeiger möglich. Informationen zu sämtlichen Spruchverfahren seit 1965 werden in den Publikationen des Bundesanzeigers veröffentlicht. Dort werden jedoch nur die einzelnen gerichtlichen Beschlüsse und gerichtlichen Vergleiche in einfacher Textform veröffentlicht – Analysen dieser Daten nimmt der Bundesanzeiger-Verlag nicht vor.

Sowohl in den Justizstatistiken und Erhebungen des Bundesministeriums für Justiz[102] bzw. des Bundesamts für Justiz[103] als auch in denen des Statistischen Bundesamts[104] sind Spruchverfahren nicht separat ausgewiesen, sondern gehen in den jeweiligen Zahlen der allgemeinen zivilrechtlichen bzw. gesellschaftsrechtlichen Verfahren auf. Weitere amtliche Erhebungen zu Spruchverfahren existieren nicht.

Seit Einführung des elektronischen Bundesanzeigers zum 1. Januar 2003 werden Spruchverfahren von Interessenverbänden systematisch beobachtet und dokumentiert. So listet etwa die *Schutzgemeinschaft der Kapitalanleger e.V.* (SdK) sämtliche Spruchverfahren seit dem Jahr 2003 in einer Internet-Datenbank auf.[105] Auch andere Interessenverbände, wie z. B. die *Deutsche Schutzgemeinschaft für Wertpapierbesitz e.V.* (DSW), stellen im Internet Informationen über die von ihnen betreuten Verfahren zur Verfügung.[106] Diese Doku-

---

100 Siehe Abb. 10: Anzahl der begonnenen Spruchverfahren nach Eingangsgericht seit 1965, S. 58.

101 *Hirte*, ZGR 2007, 511, 518.

102 Geschäftsentwicklung bei Gerichten und Staatsanwaltschaften von 1999 bis 2006, 2007 bis 2009, BMJ Referat III 3, Stand: 13.12.2010.

103 In der Rubrik „Justizstatistik“ (www.bundesjustizamt.de).

104 In der Justizstatistik der Zivilgerichte (Fachserie 10 Reihe 2.1 2009), abrufbar unter www.destatis.de, sind Spruchverfahren nicht separat ausgewiesen.

105 Siehe unter www.sdk.org, diese Datenbank ist nur für Mitglieder zugänglich.

106 Siehe unter www.dsw.de.

mentationen beschränken sich jedoch auf eine einfache Auflistung der Spruchverfahren; es erfolgen keine Analysen, z. B. zur Dauer oder zum Ausgang der Spruchverfahren.

In der betriebswirtschaftlichen und juristischen Forschung finden sich hingegen umfangreiche Erhebungen mit unterschiedlichen Schwerpunkten, deren wesentliche Ergebnisse in der nachfolgenden Darstellung berücksichtigt werden.[107] Diese Untersuchungen beziehen sich zumeist auf begrenzte Betrachtungszeiträume[108] oder behandeln einzelne Strukturmaßnahmen[109]. Diese dort zum Spruchverfahren getätigten Aussagen beziehen sich zumeist auf die Verfahrensdauer[110] und auf die Risiko-Nutzen-Relation[111]. Es fehlen indes Untersuchungen, die versuchen, ein möglichst umfassendes Bild im Hinblick auf sämtliche Strukturmaßnahmen und im gesamten Zeitraum seit 1965 zu zeichnen.

2. Methodik der eigenen empirischen Erhebung

Grundlage der eigenen empirischen Erhebung sind die in Textform im Bundesanzeiger veröffentlichten Bekanntmachungen der betroffenen Gesellschaften.[112]

Nach § 14 SpruchG i.V.m. § 25 AktG müssen rechtskräftige Entscheidungen in Spruchverfahren in den jeweiligen Gesellschaftsblättern des Unternehmens und damit zumindest im (elektronischen) Bundesanzeiger veröffentlicht werden.[113] Die Existenz noch nicht beendeter Verfahren ergibt sich darüber hinaus aus der gem. § 6 Abs. 1 S. 4 SpruchG zu veröffentlichenden Entscheidung über die Bestimmung des gemeinsamen Vertreters.[114] Bei Spruchverfahren, die vor dem 1. September 2003 und damit vor Geltung des

---

107 Siehe dazu II. Praktische Relevanz von Spruchverfahren, S. 27 ff., zur Verfahrensdauer siehe 1. Bisherige Untersuchungen in der Literatur, S. 58 ff., zur Risiko-Nutzen-Relation siehe 2. Empirischer Befund der Risiko-Nutzen-Relation, S. 83 ff.

108 Exemplarisch genannt sei hier die Darstellung von *Hecker*, Regulierung von Unternehmensübernahmen und Konzernrecht, 2000; sowie jüngst für zwischen den Jahren 2009 bis 2011 abgeschlossene Spruchverfahren *Lorenz*, AG 2012, 284 ff.

109 Exemplarisch genannt seien für den Squeeze-out die jüngere Auswertung von *Stange*, Zwangsausschluss von Minderheitsaktionären, 2010, sowie für Beherrschungs- und Gewinnabführungsverträge, *W. Baums*, Ausgleich nach § 304 AktG, 2007.

110 Siehe 1. Bisherige Untersuchungen in der Literatur, S. 58.

111 Siehe a) Bisherige Untersuchungen in der Literatur, S. 83.

112 Die Erhebung erfolgt unabhängig von einer eventuellen Börsennotierung, vgl. für Auswertungen mit Berücksichtigung der Börsennotiz zum Squeeze-out die Darstellung bei *Stange*, Zwangsausschluss von Minderheitsaktionären, 2010.

113 *Pentz*, in MüKo AktG, § 25 AktG, Rn. 1 ff. m.w.N.

114 So auch *Bayer/Stange*, AG 2008, R303 mit ergänzenden Überlegungen.

SpruchG beantragt worden sind, hatte das Gericht gem. § 306 Abs. 3 S. 1 AktG a.F. die Antragstellung in den Gesellschaftsblättern und damit im Bundesanzeiger bekannt zu machen. Bekanntmachungen zu Spruchverfahren bis zum 31. Dezember 2002 sind gem. § 25 AktG ausschließlich im papierhaften Bundesanzeiger erschienen. Bekanntmachungen zu Spruchverfahren seit dem 1. Januar 2003 sind aus dem elektronischen Bundesanzeiger zugänglich und kostenfrei über das Internet abrufbar[115], der papierhafte Bundesanzeiger über ein kostenpflichtiges, elektronisches Internet-Archiv.[116]

Die im Bundesanzeiger veröffentlichten Texte der gerichtlichen Beschlüsse und gerichtlichen Vergleiche wurden den jeweiligen Veröffentlichungen entnommen und manuell in eine Datenbank überführt. Die Einzelheiten der methodischen Datenerhebung sind im Anhang dargestellt.[117]

Die Auswertung verfolgt das Ziel, sämtliche Spruchverfahren seit 1965 zu erfassen. Allerdings sind hier Einschränkungen zu machen: Eine absolute Vollständigkeit der im (elektronischen) Bundesanzeiger veröffentlichten Daten kann nicht angenommen werden, da nach der herrschenden Meinung auf eine Bekanntmachung verzichtet werden kann, wenn alle Antragsberechtigten als Antragsteller am Verfahren beteiligt waren.[118] Da der Wortlaut von § 14 SpruchG lediglich „Entscheidungen" umfasst, ist zudem umstritten, ob auch Vergleiche gem. § 14 SpruchG veröffentlicht werden müssen. Während dies für gerichtliche Vergleiche bejaht wird, bleiben außergerichtliche Vergleiche davon unberührt und werden daher möglicherweise ebenfalls nicht im Bundesanzeiger veröffentlicht.[119]

Darüber hinaus wird es auch Fälle geben, in denen die Veröffentlichung unterblieben ist oder Spruchverfahren aufgrund fehlerhafter Einträge im Bundesanzeiger, wie etwa Schreibfehlern, möglicherweise nicht gefunden wurden. Schließlich sind aufgrund der eigenhändigen und manuellen Recherche Unvollständigkeiten nicht auszuschließen. Die vorliegende Auswertung erhebt somit keinen absoluten Anspruch auf Vollständigkeit, ist jedoch um eine möglichst umfassende Darstellung sämtlicher Verfahren bemüht.[120] Der

115 Siehe unter www.ebundesanzeiger.de.

116 Die Einträge des papierhaften Bundesanzeigers sind unter der Internet-Adresse www.bundesanzeiger-archiv.de kostenpflichtig abrufbar.

117 Siehe Anhang: Empirische Auswertung, S. 279.

118 *Leuering*, in: Simon, SpruchG, § 14 Rn. 7 m.w.N.

119 Umstritten insbesondere für Vergleiche, durch die die Kompensation erhöht wird, dazu *Emmerich*, in Emmerich/Habersack, Konzernrecht, § 14 SpruchG Rn. 3a m.w.N.

120 Weiterführend dazu im Anhang A. Methodik der empirischen Auswertung, S. 279 ff.

erhobene Datensatz erscheint trotz allem geeignet, die tatsächlichen Verhältnisse der Spruchverfahrenspraxis widerzuspiegeln – dies zeigt auch der Vergleich mit Auswertungen anderer Autoren.[121]

---

121 Vgl. dazu die Erhebungen in der Literatur, siehe 1. Bisherige Untersuchungen in der Literatur S. 58 ff., 2. Empirischer Befund der Risiko-Nutzen-Relation, S. 83 ff.

B. Anwendungsbereich und praktische Bedeutung

I. Materiell-rechtliche Anknüpfungspunkte

1. Anwendungsbereich gem. § 1 SpruchG

Ein Spruchverfahren ist statthaft nach den in § 1 SpruchG genannten Strukturmaßnahmen. In der Praxis sind das, sortiert nach ihrer Häufigkeit, der aktienrechtliche Squeeze-out gem. § 327a AktG (§ 1 Nr. 3 SpruchG), bei dem Rechte auf den Mehrheitsaktionär übertragen werden[122], Unternehmensverträge gem. §§ 304, 305 AktG (§ 1 Nr. 1 SpruchG), bei dem Rechte der Minderheitsaktionäre verkürzt werden, sowie Verschmelzungen gem. §§ 2 ff. UmwG (§ 1 Nr. 4 SpruchG), bei dem die Rechte der außenstehenden Aktionäre gänzlich untergehen.[123] Zudem ist die durch Einführung des Squeeze-out praktisch weniger bedeutsame Eingliederung gem. § 320b AktG (§ 1 Nr. 2 SpruchG) erfasst. Der in § 1 SpruchG definierte Anwendungsbereich wurde zudem durch das SE-Ausführungsgesetz (SEEG) erweitert. Schließlich ist das Spruchverfahren gem. § 1 Nr. 5 und Nr. 6 SpruchG für die Fälle der Gründung einer Societas Europapaea (SE) durch Verschmelzung oder als Holding und der Sitzverlegung sowie der Gründung einer Europäischen Genossenschaft zugelassen.[124]

Im Jahr 2011 ist nach erfolgter Umsetzung der Verschmelzungsrichtlinie[125] durch das 3. UmwÄndG[126] der umwandlungsrechtliche Squeeze-out hinzugekommen. Dadurch soll die Vereinfachung von Konzernstrukturen erleichtert werden.[127] Danach ist ein Hinausdrängen von Minderheitsaktionären bereits

---

122 Der Squeeze-out stellt zwar im eigentlichen Sinne keine Strukturmaßnahme dar, wird jedoch vom Gesetz so behandelt, dazu E. *Vetter*, ZIP 2000, 1817, 1821.

123 *Fritzsche/Dreier/Verfürth,* SpruchG § 1, Rn. 91.

124 *Emmerich,* in: Emmerich/Habersack, Konzernrecht, § 1 SpruchG Rn. 1; *Wittgens,* Spruchverfahrensgesetz*, 2006, S. 17, Neye/Teichmann,* AG 2003, 169, 172; Durch Art. 5 SEEG wurden zudem weitere Normen geändert, teilweise um Redaktionsversehen zu korrigieren, teilweise um bereits erkannte inhaltliche Mängel zu beseitigen, BT-Drucksache 15/3405 (*RegE SEEG*), S. 58.

125 Richtlinie 2005/56/EG über die Verschmelzung von Kapitalgesellschaften aus verschiedenen Mitgliedstaaten, zuletzt geändert durch RL 2009/109/EG vom 16.09.2009 (*Verschmelzungsrichtlinie*).

126 Gesetz zur Stärkung des Anlegerschutzes und zur Änderung des Umwandlungsgesetzes (3. UmwÄndG) vom 11.07.2011, das Gesetz ist am 15.07.2011 in Kraft getreten.

127 BT-Drucksache 17/5930 (*RegE Begründung sowie Beschlussempfehlung und Bericht 3. UmwÄndG*), S. 11.

dann möglich, wenn dem Hauptaktionär 90 % der Aktien gehören – allerdings nur als vorbereitende Maßnahme für eine anschließende Konzernverschmelzung.[128] Aufgrund der Rechtsfolgenverweisung in § 62 Abs. 5 S. 8 UmwG n.F. auf den aktienrechtlichen Squeeze-out gem. § 327a AktG ist das Spruchverfahren auch beim umwandlungsrechtlichen Squeeze-out anwendbar. Im weiteren Verlauf dieser Untersuchung bleibt diese Strukturmaßnahme außer Betracht, da ihre Untersuchung keine weiteren Erkenntnisse verspricht.

2. Weitere anerkannte Anwendungsfälle

Die Regelungen in § 1 SpruchG sind nach einhelliger Auffassung nicht abschließend, da dieser Vorschrift unabhängig von seinem Wortlaut lediglich eine klarstellende Funktion zukommt.[129] Auch bei der Abschaffung von Mehrstimmrechten ist gem. § 5 Abs. 4 S. 1 EGAktG das Spruchverfahren unter gleichzeitigem Ausschluss der Anfechtungsklage trotz fehlendem Verweis in § 1 SpruchG statthaft.[130] Auch für weitere Strukturmaßnahmen wird das Spruchverfahren im Wege richterlicher Rechtsfortbildung als Rechtsmittel zur Überprüfung der Kompensation akzeptiert.[131] Dazu zählt vor allem die übertragende Auflösung als Sonderfall der Vermögensübertragung, bei der zunächst das gesamte Vermögen eines Rechtsträgers übertragen wird und im Anschluss daran der übertragende Rechtsträger liquidiert wird.[132] Die übertragende Auflösung ähnelt der Verschmelzung, unterscheidet sich jedoch durch eine fehlende Anteilsinhaberkontinuität, da die Minderheitsgesellschafter hier keine Möglichkeit haben, in der Gesellschaft zu verbleiben, die den bisherigen Geschäftsbetrieb fortführt.[133]

Praktisch bedeutsamer ist das ebenfalls dem Spruchverfahren zugängliche Delisting, das in zwei Ausgestaltungsformen existiert.[134] Dem regulären De-

128 *Mayer*, NZG 2012, 561; *Austmann*, NZG 2011, 684; *Goslar/Mense*, GWR 2011, 275; *Heckschen*, NJW 2011, 2390.

129 *Hüffer*, AktG, Anh. § 305, § 1 SpruchG Rn. 6 m.w.N.

130 *Hüffer*, AktG, Anh. § 305, § 1 SpruchG Rn. 6; *Kubis*, in: MüKo AktG, § 1 SpruchG Rn. 16; *Klöcker/Frowein*, SpruchG § 1 Rn. 18; *Wasmann*, WM 2004, 819, 819; *Wasmann*, BB 2003, 57 ff.; DAV Handelsrechtsausschuss, NZG 2002, 119.

131 *Drescher*, in: Spindler/Stilz, AktG, § 1 SpruchG Rn. 1, 7, 16; *Simon*, in: Simon, SpruchG, § 1 Rn. 1.

132 *Stengel*, in: Semler/Stengel, UmwG, § 2 SpruchG Rn. 49.

133 BVerfG, Beschlüsse vom 23.08.2000 – 1 BvR 68/95 und 1 BvR 147/97, NJW 2001, 279, 280 f. (*Moto Meter*); *Habersack*, in: Emmerich/Habersack, Konzernrecht, § 327a AktG Rn. 10; *Stengel*, in: Semler/Stengel, UmwG, § 2 SpruchG Rn. 50 m.w.N; vgl. *Lutter/Leinekugel*, ZIP 1999, 261, 263; *Wiedemann*, ZGR 1999, 857.

134 BGH, Urteil vom 25.11.2002 – II ZR 133/01, NJW 2003, 1032, 1035 (*Macrotron*), bestätigt durch BGH, Beschluss vom 25.06.2008 – II ZB 39/07, BGHZ 177, 131,

listing als Widerruf der Börsenzulassung nach § 39 Abs. 2 BörsG auf Antrag der Gesellschaft steht seit 2007 gem. § 29 UmwG das so genannte „kalte“ Delisting gleich, das sonstige Strukturmaßnahmen erfasst, die automatisch zu einem Verlust der Börsenzulassung führen.[135] Die wichtigsten Fälle sind die Aufspaltung einer börsennotierten Gesellschaft in zwei nichtbörsennotierte Gesellschaften sowie die Verschmelzung einer börsennotierten Gesellschaft auf eine nichtbörsennotierte Gesellschaft.[136] Ein jüngeres Urteil des BVerfG[137] zu einem Segementwechsel stellt tragende Erwägungen des *Macrotron*-Urteils des BGH[138] allerdings in Frage – die weitere Diskussion bleibt abzuwarten.[139]

Bei Strukturmaßnahmen, für die das Spruchverfahren zulässig ist, wurde die inhaltliche Anknüpfung erweitert: Neben dem Grundfall der Überprüfung der Angemessenheit der Kompensation ist die Möglichkeit zur Einleitung eines Spruchverfahrens bei Verletzung des Informationsbedürfnisses hinzugekommen.[140] Bei bewertungsbezogenen Informationsmängeln ist daher die Anfechtungsklage gem. § 243 Abs. 4 S. 2 ausgeschlossen und damit ebenfalls das Spruchverfahren statthaft.[141]

3. Dem Spruchverfahren nicht zugängliche Sachverhalte

Das Spruchverfahren ist aber nicht für alle bewertungsrelevanten Sachverhalte im Gesellschaftsrecht anerkannt. Nicht statthaft ist es etwa bei Abschluss eines verdeckten Beherrschungsvertrags, einem so genannten *Business Combination Agreement* oder bei vergleichbaren Vereinbarungen.[142]

Rn. 11 = NZG 2008, 658; BayObLG, Beschluss vom 01.12.2004 – 3Z BR 106/04, BB 2005, 458; *Schiffer/Goetz*, BB 2005, 453, 453 ff.; dazu *Streit,* DB 2003, 544; *Heidel,* NZG 2003, 253; *Adolff/Tieves*, BB 2003, 797; *Adolff*, Unternehmensbewertung, 2007, S. 278 ff.; *Klöhn*, ZBB 2003, 208 m.w.N.

135 *Emmerich,* in: Emmerich/Habersack, Konzernrecht, § 305 AktG Rn. 10, § 1 SpruchG Rn. 4.

136 *Emmerich,* in: Emmerich/Habersack, Konzernrecht, § 305 AktG Rn. 10.

137 BVerfG, Urteil vom 11.07.2012 – 1 BvR 3142/07, 1 BvR 1569/08, NZG 2012, 826.

138 BGH, Urteil vom 25.11.2002 – II ZR 133/01, NJW 2003, 1032 (*Macrotron*)

139 Weiterführend *Klöhn*, NZG 2012, 1041; *Reger/Schilha*, NJW 2012, 3066.

140 *Leuering*, in: Simon, SpruchG, § 4 Rn. 44.

141 BT-Drucksache 15/371 (*RegE Begründung SpruchG*), S. 11; *Kubis*, in: MüKo AktG, § 1 SpruchG Rn. 17; *Hüffer*, AktG, Anh. § 305, § 1 SpruchG Rn. 7; *Hirte*, ZHR (167) 2003, 8; für alte Rechtslage BGH, Urteil vom 18.12.2000 – II ZR 1/99, BGHZ 146, 179 = NJW 2001, 1425; *Fritzsche/Dreier/Verfürth,* SpruchG § 1, Rn. 70.

142 OLG Schleswig, Beschluss vom 27.08.2008 – 2 W 160/05, NZG 2008, 868, 872 ff.; OLG München, Beschluss vom 24.06.2008 – 31 Wx 83/07, NZG 2008, 753 mit Anm. *Kessler*, BB 2008, 1533; *Hüffer*, AktG, Anh. § 305, § 1 SpruchG, Rn. 5, § 291 Rn. 14.

Auch können Anteilseigner des aufnehmenden Rechtsträgers bei einer Verschmelzung kein Spruchverfahren anstrengen.[143] Hier wird diskutiert, die Bewertungsrüge nicht mehr im Wege der Anfechtungsklage, sondern auch in einem Spruchverfahren zu beurteilen.[144] Die derzeitige Ungleichbehandlung der Bewertungsrüge von Aktionären des übertragenden Verschmelzungspartners und der Bewertungsrüge von Aktionären des übernehmenden Verschmelzungspartners wird überwiegend abgelehnt.[145] Damit würde die Blockadewirkung der Bewertungsrüge beseitigt und die Berechtigung dieser Rüge im Spruchverfahren geklärt, dessen Ergebnis eben einen Vermögensschutz *erga omnes* für alle betroffenen Anteilsinhaber bietet.[146]

Auch im Rechtsschutz nach Kapitalerhöhungen wird das Spruchverfahren von der Rechtsprechung nicht anerkannt.[147] In der Literatur wird eine Ausweitung des Spruchverfahrens auch auf Bewertungsfragen bei der Sachkapitalerhöhung gem. § 255 Abs. 2 AktG befürwortet.[148]

Das Spruchverfahren findet nur bei aktien- und unwandlungsrechtlichen Strukturmaßnahmen Anwendung, nicht hingegen bei übernahmerechtlichen Sachverhalten, insbesondere nicht beim übernahmerechtlichen Squeeze-out.[149] Der Gesetzgeber im Jahr 2002 hat sich wohl gegen eine Anwendung ent-

143 *Stratz*, in: Schmitt/Hörtnagl/Stratz, UmwG, § 14 SpruchG Rn. 16; *Kubis*, in: MüKo AktG, § 1 SpruchG Rn. 25; *Fritzsche/Dreier/Verfürth*, SpruchG, § 1 Rn. 34, *Martens*, AG 2000, 301, 301 ff. m.w.N.

144 *J. Vetter*, AG 2008, 177, 182 ff.; DAV Handelsrechtsausschuss, NZG 2007, 497, 503 ff.; *Linnerz*, ZIP 2007, 662, 663 f.; *Fritzsche/Dreier*, BB 2002, 737, 743 f.; *Martens*, AG 2000, 301, 301 ff. m.w.N.

145 *J. Vetter*, AG 2008, 177, 189; *J. Vetter*, ZHR 168 (2004), 8, 16 ff.; *Fritzsche/Dreier*, BB 2002, 737 (739 ff.), jeweils m.w.N.

146 Kritisch DAV Handelsrechtsausschuss, NZG 2007, 497, der in diesem Zusammenhang die Abschaffung der *erga omnes*-Wirkung des Spruchverfahrens und eine Eröffnung des Spruchverfahrens nur für Aktionäre, die gegen die Maßnahme gestimmt haben, und eine Beschränkung der Entscheidung auf die Parteien des Spruchverfahrens vorschlägt.

147 Siehe dazu DAV Handelsrechtsausschuss, NZG 2007, 497ff. mit einem Gesetzgebungsvorschlag und m.w.N.

148 *J. Vetter*, AG 2008, 177, 189; DAV Handelsrechtsausschuss, NZG 2007, 497; *J. Vetter*, ZHR 168 (2004), 9.

149 OLG Stuttgart, Beschluss vom 05.05.2009 – 20 W 13/08, BB 2009, 1356 f. m. Anm. *Santelmann;* OLG Frankfurt a.M., Beschluss vom 09.12.2008 – WpÜG 2/08, BB 2009, 122, anders dagegen *Steinmeyer/Santelmann*, BB 2009, 674 ff. m.w.N.; übernahmerechtliche Sachverhalte sind daher nicht Schwerpunkt der vorliegenden Untersuchung, siehe III. Begrenzung des Untersuchungsgegenstands, S. 13.

schieden; eine Erweiterung des Anwendungsbereichs des Spruchverfahrens auf das Übernahmerecht wird in der Literatur vielfach gefordert.[150]

Das Spruchverfahren wird vereinzelt auch abseits des Gesellschaftsrechts als mögliches Rechtsschutzinstrument in Erwägung gezogen, etwa im Insolvenzrecht, dort bei Bewertungsfragen im Insolvenzplanverfahren.[151]

II. Praktische Relevanz von Spruchverfahren

Die größte Bedeutung hat das Spruchverfahren bei Strukturmaßnahmen börsennotierter Gesellschaften mit Streubesitz.[152] Um genaue Aussagen zur Relevanz von Spruchverfahren machen zu können, wird zunächst die Häufigkeit von Spruchverfahren untersucht.

1. Häufigkeit von Spruchverfahren

a) Untersuchungen in der Literatur

Es existieren, soweit ersichtlich, keine vollständigen Untersuchungen zur Häufigkeit von Spruchverfahren. Einzig *Freitag* hat hinsichtlich der Anzahl der Spruchverfahren eine Aufstellung mit Anspruch auf Vollständigkeit vorgenommen und dort 282 abgeschlossene Spruchverfahren in der Zeit vom Inkrafttreten des AktG am 6. September 1965 bis zum Jahr 2006 gezählt.[153] Weiterhin existieren verschiedene Untersuchungen mit Beschränkungen jeweils auf bestimmte Zeiträume[154] und Strukturmaßnahmen, die im Zusammenhang mit der Ermittlung der Verfahrensdauer dargestellt werden.[155]

b) Eigene empirische Ergebnisse

Zwischen dem 6. September 1965 und dem 31. Dezember 2010 sind 594 Spruchverfahren erfasst worden, von denen 400 beendet wurden. Nach altem Recht[156] wurden 319 Verfahren beendet, nach neuem Recht wurden 81 Verfahren beendet. Insgesamt 194 Verfahren waren zum 31. Dezember 2010

---

150 *Steinmeyer/Santelmann*, BB 2009, 674; Beschlüsse des 67. DJT 2008, Beschluss Nr. 18 b); *Heidel/Lochner*, DB 2005, 2564, 2564 ff. m.w.N.; zum übernahmerechtlichen Squeeze-out *Ott*, WM 2008, 384.

151 *Jaffé*, ZGR 2010, 248, 259, der allerdings die *erga omnes*-Wirkung des Spruchverfahrens nicht übertragen will.

152 *Hüffer*, AktG, § 1 SpruchG Rn. 2, *Simon*, in: Simon, SpruchG, Einführung, Rn. 62 ff.; *Kubis*, in: MüKo AktG, vor § 1 SpruchG, Rn. 6.

153 *Freitag*, in: FS Christian Richter II, 2006, S. 163 ff.

154 Zuletzt für im Zeitraum von 2009 bis 2011 abgeschlossene Spruchverfahren: *Lorenz*, AG 2012, 284 ff.

155 Siehe V. Verfahrensdauer, S. 58.

156 Vor Inkrafttreten des SpruchG am 01.09.2003; siehe *Wasmann*, DB 2003, 1559.

noch nicht beendet. Es laufen somit noch 187 Verfahren nach neuem Recht und sieben Verfahren nach altem Recht (siehe Abbildung 1).

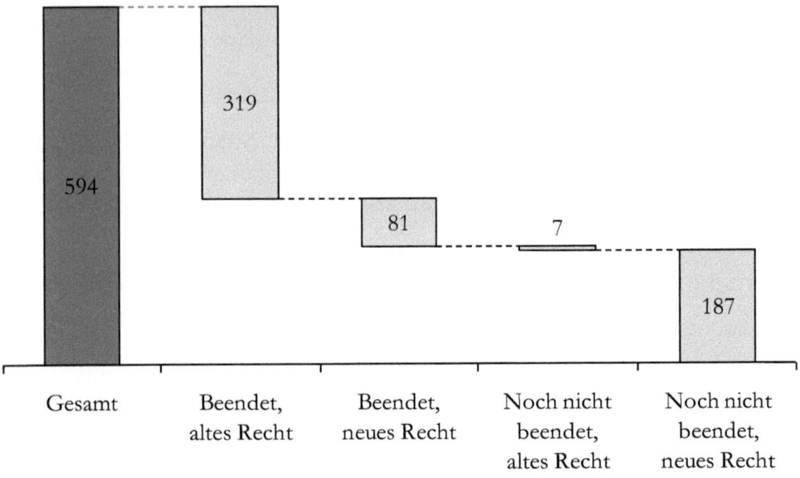

Abb. 1: *Anzahl der Spruchverfahren seit 1965, unterteilt in beendete und nicht beendete Verfahren sowie Verfahren nach altem und neuem Recht (Gesamtzahl n = 594)*

Die Anzahl der begonnenen Verfahren wuchs in den vergangenen fünf Jahrzehnten stetig an (siehe Abbildung 2).

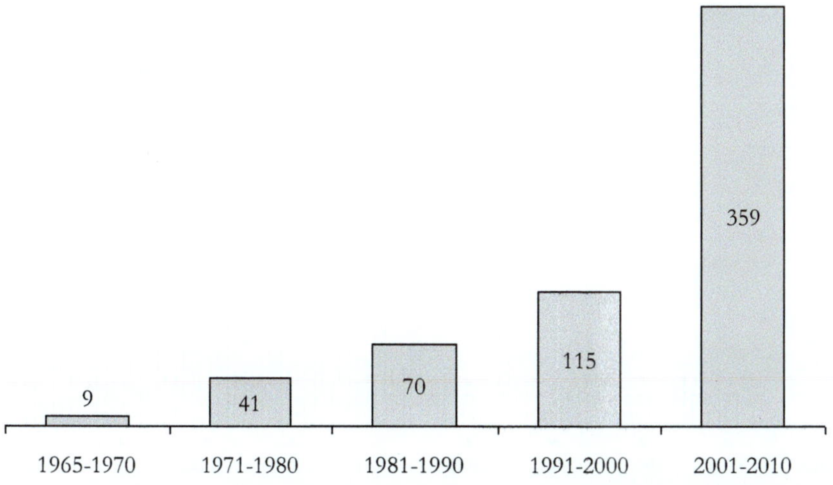

Abb. 2: *Anzahl der begonnenen Spruchverfahren von 1965 bis 2010 in Zehn-Jahres-Zeiträumen (bzw. Fünf-Jahres-Zeitraum zwischen 1965 und 1970) ohne Rücksicht auf einen eventuellen Abschluss (n = 594).*

Anhand der Verteilung der begonnenen Verfahren in den einzelnen Jahren in Abbildung 3 wird deutlich, dass seit dem Jahr 2001 ein erheblicher Anstieg der begonnenen Verfahren zu verzeichnen ist und dass die Anzahl der begonnenen Verfahren im Jahr 2004 ihren vorläufigen Höhepunkt erreichte. Seitdem ist die Tendenz wieder rückläufig, wenngleich sich dieser Trend in den Jahren 2009 und 2010 abermals umzukehren scheint.

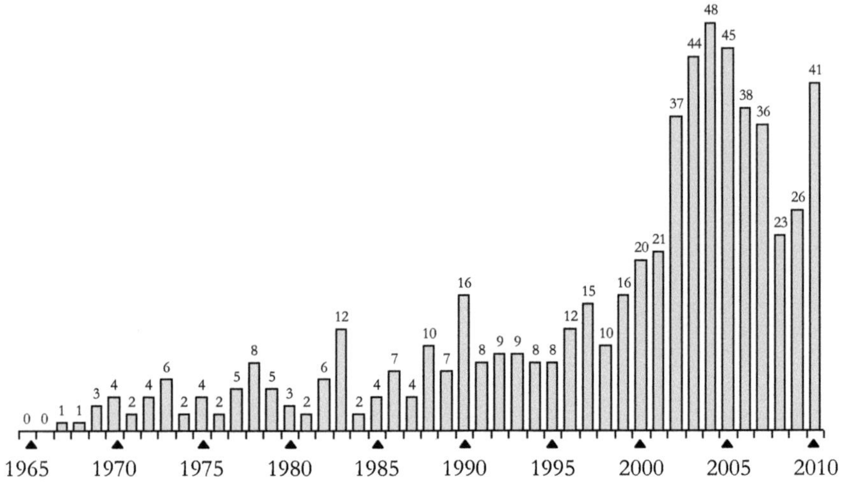

Abb. 3: *Anzahl der jährlich begonnenen Spruchverfahren von 1965 bis 2010 ohne Rücksicht auf eine eventuelle Beendigung (n = 594).*

Besonders für den Zeitraum von 1995 bis 2010 wird deutlich, dass die Zahl der begonnen Verfahren zugenommen hat und die Spruchverfahren in dieser Zeit zunehmend an praktischer Bedeutung gewonnen haben (siehe Abbildung 4).

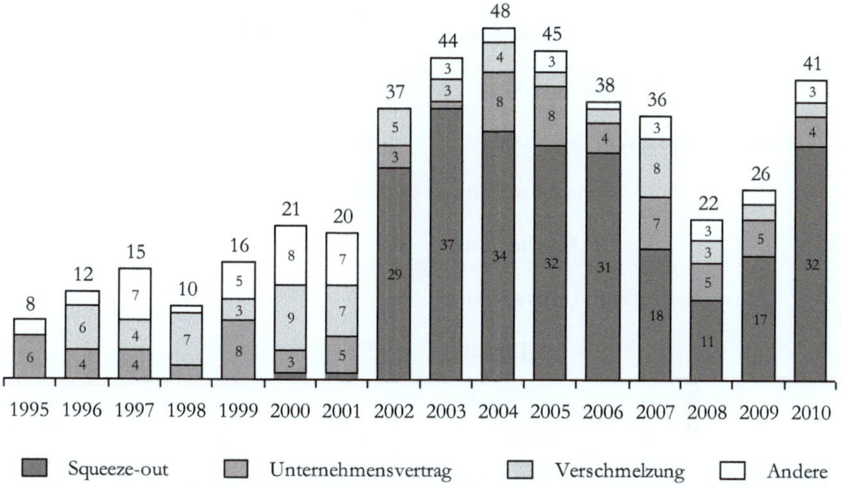

Abb. 4: *Anzahl der begonnenen Spruchverfahren von 1995 bis 2010 mit Darstellung der zugrunde liegenden Strukturmaßnahmen ohne Rücksicht auf einen eventuellen Abschluss(n = 493). Die beiden bereits als Squeeze-out markierten Verfahren aus den Jahren 2000 und 2001 sind Spruchverfahren anlässlich eines Unternehmensvertrags, die später mit einem Verfahren anlässlich eines Squeeze-out verbunden wurden.*

Der Grund für den Anstieg der Verfahrenszahlen liegt vor allem in der Einführung der Regelungen zum aktienrechtlichen Squeeze-out.[157] Die gesetzliche Regelung des aktienrechtlichen Squeeze-out gem. § 327a ff. AktG im Jahr 2002 führte zu einer Welle von Spruchverfahren.[158] Insgesamt wurden bislang 231 Verfahren wegen eines Squeeze-out sowie 189 Verfahren wegen eines Unternehmensvertrags durchgeführt (siehe Abbildung 5).

---

157 Die Dominanz des Squeeze-out in den Jahren 2009 bis 2011 bestätigt auch *Lorenz*, AG 2012, 284, 285.

158 So auch *Sinewe*, NJW 2003, 270.

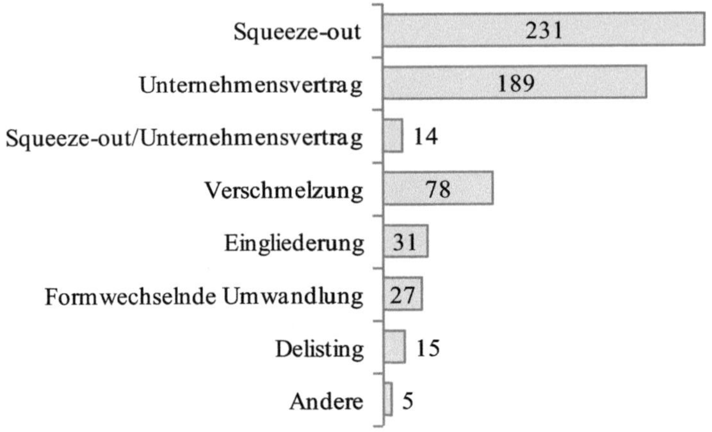

Abb. 5: *Anzahl der begonnenen Spruchverfahren seit 1965 unterteilt nach zugrunde liegenden Strukturmaßnahmen (n = 594), bei vier Verfahren ist die Strukturmaßnahme nicht bekannt.*

Der Squeeze-out hat sich seit seiner Einführung in weniger als zehn Jahren zur populärsten Strukturmaßnahme im Hinblick auf das Spruchverfahren entwickelt. Alle anderen Strukturmaßnahmen bleiben weit dahinter zurück. 78 Verfahren wurden nach Verschmelzungen durchgeführt, 31 nach einer Eingliederung und 27 nach einer formwechselnden Umwandlung. Alle übrigen Verfahren erreichen keine signifikanten Zahlen. Insbesondere die Änderungen im Zuge des SEEG bleiben bislang ohne praktische Relevanz, da es nur wenige SE gibt.[159]

2. Verhältnis Anzahl Spruchverfahren zu Strukturmaßnahmen

Um die praktische Relevanz noch besser beurteilen zu können, ist es erforderlich, die Gesamtzahl der Strukturmaßnahmen ins Verhältnis zur Anzahl der eingeleiteten Spruchverfahren zu setzen. Diese Untersuchung bereitet Schwierigkeiten, da über die Gesamtzahl der Strukturmaßnahmen keine belastbaren Auswertungen vorliegen. Diese ist aufgrund der hohen Anzahl der in Frage kommenden Maßnahmen und mangels einheitlicher Daten nur mit äußerst großem Aufwand zu ermitteln, der den Umfang dieser Untersuchung

159 Insgesamt 134 SE existieren per 01.06.2010 in Deutschland (zum Vergleich: 16.998 Aktiengesellschaftern und 225 KGaA), *Bayer/Hoffmann, AG 2010, R283, R286,* Tabelle 2.

übersteigt. Einzig für den Squeeze-out sind verlässliche Zahlen für die gesamte Anzahl der Strukturmaßnahmen bekannt.[160]

Die entsprechenden Untersuchungen in der Literatur beschränken sich jeweils auf bestimmte Zeiträume und Strukturmaßnahmen: Eine empirische Untersuchung von *Dörfler/Gahler/Unterstraßer/Wirichs* zu 127 Strukturmaßnahmen mit Abfindungsangebot im Zeitraum von 1980 bis 1992 zeigt, dass in etwa 40 % der in Frage kommenden Fälle ein Spruchverfahren angestrengt worden war.[161] Eine weitere Auswertung von insgesamt 124 zwischen den Jahren 1985 und 2005 geschlossenen Unternehmensverträgen kommt zu einer Mindestüberprüfungsquote von knapp 90 %.[162] Nach einer von *Rathausky* durchgeführten Studie für den Zeitraum zwischen 1. Januar 2002 und 31. Juli 2003 ergibt sich, dass in 69 % der untersuchten Squeeze-out ein Spruchverfahren eingeleitet wurde.[163] In einer umfassenden Auswertung von *Stange,* die sich ausschließlich auf den Squeeze-out bezieht und Verfahren bis Ende 2007 erfasst, geht hervor, dass es seit Einführung der Squeeze-out-Regelung im Jahr 2002 von 317 beobachteten Squeeze-out insgesamt in 214 Fällen ein Spruchverfahren eingeleitet wurde, dies entspricht 67 %.[164] *Tomson/Hammerschmitt* nennen eine Quote von 50 %.[165] Weitere Untersuchungen speziell zur Häufigkeit der Verfahren sind nicht ersichtlich. Insgesamt kann somit aufgrund der in der Literatur gemachten Auswertungen von einer Quote von mindestens 50 % ausgegangen werden kann.[166]

III. Zusammenfassung

Die empirische Auswertung bestätigt die hohe praktische Relevanz des Spruchverfahrens und gibt einen Überblick über die Anzahl der Spruchverfahren, die im Zeitraum zwischen 2001 und 2010 im Vergleich zu den Jahrzehnten davor erheblich gestiegen ist. Seit dem Jahr 2002, in dem die Squeeze-out-Regelungen aufgenommen und „abgearbeitet" wurden, ist allerdings eine leicht rückläufige Tendenz zu beobachten.[167]

---

160 *Stange*, Zwangsausschluss von Minderheitsaktionären, 2010, S. 287 mit eigenen Erhebungen zur Zahl der Squeeze-out, ähnliche Zahlen bei DAI, Squeeze-out, Recht und Praxis, 2007, S. 32.

161 *Dörfler/Gahler/Unterstraßer/Wirichs*, BB 1994, 154, 159 f.

162 *W. Baums*, Ausgleich nach § 304 AktG, 2007, S. 166 f.

163 *Rathausky*, AG 2004, R24, R25.

164 *Stange*, Zwangsausschluss von Minderheitsaktionären, 2010, S. 287.

165 *Tomson/Hammerschmitt*, NJW 2003, 2572.

166 Deckungsgleich mit *Tomson/Hammerschmitt*, NJW 2003, 2572.

167 *Austmann*, NZG 2011, 684, 684 mit Verweis auf *Stange*, Zwangsausschluss von Minderheitsaktionären, 2010, S. 65 ff.

Die Erweiterung des Anwendungsbereichs des Spruchverfahrens befindet sich in andauernder Diskussion, die nicht Gegenstand dieser Arbeit ist und daher nicht vertieft dargestellt werden soll.[168]

168 Siehe 3. Dem Spruchverfahren nicht zugängliche Sachverhalte, S. 25.

C. Gerichtsverfahren und Verfahrensdauer

Seit der Einführung des Spruchverfahrens im Jahr 1965 wird die lange Verfahrensdauer bemängelt. Schon Ende der 1970er Jahre wurde dieses Phänomen als „eine an Rechtsverweigerung grenzende Erscheinung" kritisiert.[169] Im Jahr 2000 beklagten *Lutter/Bezzenberger*, dass sich die Dauer der Spruchverfahren in den 1990er Jahren weiter verlängert habe.[170] Auch die höchstrichterliche Rechtsprechung musste sich bereits mit der überlangen Dauer von Spruchverfahren auseinandersetzen.[171] Als Tiefpunkt lässt sich die Verurteilung der Bundesrepublik Deutschland durch den Europäischen Gerichtshof für Menschenrechte (EGMR) wegen einer Verfahrensdauer von 16 Jahren bezeichnen.[172] In der Gesetzesbegründung des SpruchG 2003 wurde eine durchschnittliche Dauer von fünf Jahren ohne einen konkreten Verweis auf empirische Daten genannt.[173]

Mit der Reform im Jahr 2003 wurde eine Reihe von Maßnahmen zur Beschleunigung von Spruchverfahren umgesetzt.[174] Unter anderem wurde der Zugang zum Spruchverfahren an höhere Anforderungen geknüpft. Eine weitere wesentliche Änderung betraf die Rückführung des Amtsermittlungsgrundsatzes und gleichzeitig die stärkere Betonung der Elemente des streitigen Verfahrens, vor allem dadurch, dass Antragsteller, Antragsgegner und der Sachverständige mit mehr Verantwortung für das Verfahren ausgestattet wurden.[175]

Nachfolgend wird zunächst ein Überblick über die Änderungen des SpruchG 2003 gegeben sowie deren Wirkung hinsichtlich einer Verbesserung des Verfahrensablaufs und der angestrebten Verfahrensverkürzung erörtert. Dann wird der empirische Befund der Verfahrensdauer dargestellt. Daraus werden im Ergebnis jeweils Aussagen zum Reformbedarf abgeleitet.

---

169 *Beyerle*, BB 1978, 784, 785; *Wiedemann*, ZGR 1978, 477; für empirische Daten *Beyerle*, ZGR 1977, 850 ff.; dazu auch *Lutter/Bezzenberger*, AG 2000, 433, 436.

170 *Lutter/Bezzenberger*, AG 2000, 433.

171 In BVerfG, Beschluss vom 26.04.1999 – 1 BvR 467/99, NZG 1999, 711 wurde eine Verfahrensdauer von sieben Jahren als noch mit dem Rechtsstaatsprinzip (Art. 2 Abs. 1 i.V.m. Art. 20 GG) vereinbar erklärt.

172 EGMR, Urteil vom 20.02.2003 – 44324/98, EuGRZ 2003, 228, 231; dazu *Habersack/Verse*, AG 2003, 300.

173 BT-Drucksache 15/371 (*RegE Begründung SpruchG*), S. 1, 11; kritisch dazu *Meilicke/Heidel*, DB 2003, 2267 (Fn. 4), die eine durchschnittliche Dauer von fünf Jahren als „Hohn" bezeichnen und in diesem Zeitraum eher die Mindestdauer sehen.

174 BT-Drucksache 15/371 (*RegE Begründung SpruchG*), S. 11, *Neye*, NZG 2002, 23.

175 Überblick dazu etwa bei *Büchel*, NZG 2003, 793; *Puszkajler*, ZIP 2003, 518; *Meilicke/Heidel*, DB 2003, 2267 ff.

I. Verfahrensablauf

1. Zugangsschwelle

a) Antragsberechtigung

Das Spruchverfahren kann gem. § 3 SpruchG nur durch außenstehende Aktionäre als Antragsteller eingeleitet werden, eine Antragstellung durch den Kompensationsschuldner ist ausgeschlossen. Nach wie vor ist hinsichtlich der Antragsberechtigung umstritten, ob es sich um eine Frage der Zulässigkeit oder Begründetheit handelt.[176] Die besseren Argumente sprechen dafür, die Antragsberechtigung als Sachurteilsvoraussetzung zu verstehen und die Prüfung der Begründetheit auf die Bestimmung der Angemessenheit der Kompensation zu beschränken.[177]

Unklar war nach alter Rechtslage, auf welchen Zeitpunkt für die Berechtigung zur Antragstellung abzustellen ist.[178] Diese Frage wurde nun dahingehend entschieden, dass der Antragsteller zum Zeitpunkt der Antragstellung Aktionär sein muss.[179] Dies muss der Antragsteller innerhalb der Anspruchsbegründungsfrist zunächst lediglich darlegen.[180] Es ist ausreichend, wenn der Nachweis der Antragsberechtigung durch Vorlage von Urkunden gem. § 3 S. 3 SpruchG erst nach Ablauf der Antragsfrist geführt wird.

b) Begründungspflicht und konkrete Bewertungsrüge

Mit dem SpruchG 2003 wurde eine Begründungspflicht eingeführt, deren Kern die Notwendigkeit einer konkreten Bewertungsrüge gem. § 4 Abs. 2

---

176 Siehe auch *Meyer*, Ausgleichs- und Abfindungsansprüche, 2010, S. 232 ff.

177 OLG Stuttgart, Beschluss vom 13.09.2004 – 20 W 13/04, NZG 2004, 1162, 1165; BayOblG, Beschluss vom 18.03.2002 – 3 Z BR 6/02, NZG 2002, 877, 878; *Wittgens*, Spruchverfahrensgesetz, 2006, S. 66; *Kann/Hirschmann,* DStR *2003, 1488, 1490; Bungert/Mennicke, BB 2003, 2021, 2026; Lamb/Schluck-Amend, DB 2003, 1259, 1261;* a.A. OLG Hamburg, Beschluss vom 11.09.2003 – 11 W 30/03, NZG 2004, 45; OLG Stuttgart, Beschluss vom 22.05.2001 – 8 W 254/00, NZG 2001, 854, 856; HÜFFER, AktG, Anh. § 305, § 3 SpruchG Rn. 8.

178 Zur alten Rechtslage *Aerssen,* AG 1999, 249 ff.; *Hüffer*, AktG, 5. Aufl. 2002, § 304 Rn. 24 m.w.N.

179 BT-Drucksache 15/371 (*RegE Begründung SpruchG*), S. 13; *Emmerich,* in: Emmerich/Habersack, § 3 SpruchG Rn. 1; *Fritzsche/Dreier/Verfürth,* SpruchG, § 3 Rn. 42, *Dißars*, BB 2004, 1293, 1293.

180 BGH, Beschluss vom 25.06.2008 – II ZB 39/07, BGHZ 177, 131, Rn. 11 = NZG 2008, 658; KG Berlin, Beschluss 31.10.2007 – 2 W 14/06 mit Anm. *Wittgens*, BB 2008, 354; *Wittgens,* NZG 2007, 853; *Fuhrmann/Linnerz,* Der Konzern 2004, 265, 267; *Emmerich,* in: Emmerich/Habersack, § 3 SpruchG Rn. 10 ff.

Nr. 4 SpruchG[181] bildet.[182] Die Antragsbegründung muss dementsprechend ein Vorbringen enthalten, das sich gegen die die Kompensationszahlung beeinflussenden Parameter richtet. Im Gegenzug zur Erläuterung der Strukturmaßnahme und der Darlegung der Angemessenheit der angebotenen Kompensation durch den Kompensationsschuldner haben die Antragsteller ihrerseits konkrete Rügen bezüglich der Kompensation geltend zu machen. Diese Begründungspflicht soll die Grundlage dafür sein, die gerichtliche Überprüfung auf vorgebrachte Rügen beschränken zu können und so die Amtsermittlung zu reduzieren.[183] Die Begründung muss innerhalb der Antragsfrist gem. § 4 Abs. 2 SpruchG geliefert werden. Nach der Gesetzesbegründung soll dadurch verhindert werden, dass die Antragsteller mit nur einem Satz und ohne jede sachliche Erläuterung ein aufwändiges und kostenträchtiges Verfahren in Gang setzen können.[184] Ein antragsberechtigter Minderheitsaktionär soll ein Spruchverfahren nicht „ins Blaue hinein"[185] einleiten können.

Die Mindestanforderungen an die Begründung richten sich nach § 4 Abs. 2 SpruchG.[186] Neben Angaben zur Präzisierung des Streitgegenstands[187] und der Darlegung der Antragsberechtigung[188] sind nach § 4 Abs. 2 S. 2 Nr. 4 SpruchG konkrete Einwendungen gegen die Angemessenheit der Kompensation zu erheben.[189] Nach derzeitiger Rechtslage – die ursprünglich im

181 Die derzeitige Fassung von § 4 Abs. 2 S. 2 Nr. 4 S. 1 SpruchG wurde durch Art. 5 SEEG eingefügt. Während zuvor Einwendungen gegen den für die Kompensation ermittelten Unternehmenswert des Antragsgegners verlangt wurden, sind nun Einwendungen gegen die Angemessenheit der Kompensation oder ggf. gegen den Unternehmenswert erforderlich. Diese redaktionelle Änderung sollte den gewollten Regelungsinhalt verdeutlichen, BT-Drucksache 15/3405 (*RegE SEEG*).

182 *Land/Hennings*, AG 2005, 380, 382, BT-Drucksache 15/371 (*RegE Begründung SpruchG*), S. 11; *Fritzsche/Dreier/Verfürth*, SpruchG, § 4 Rn. 13.

183 *Winter/Nießen*, NZG 2007, 13, 13 ff. OLG Frankfurt a.M., Beschluss vom 06.03.2007 – 20 W 494/06, NZG 2007, 873, 874; OLG Frankfurt a.M., Beschluss vom 04.01.2006 – 20 W 203/05, NZG 2006, 674, 675.

184 BT-Drucksache 15/371 (*RegE Begründung SpruchG*), S. 13.

185 *Lutter/Bezzenberger*, AG 2000, 433, 442.

186 *Fritzsche/Dreier/Verfürth*, SpruchG, § 4 Rn. 2.

187 Bezeichnung des Antragsgegners, § 4 Abs. 2 Nr. 1 SpruchG, und eine Angabe zur Art der Strukturmaßnahme und der vom Gericht zu bestimmenden Kompensation nach § 1 SpruchG, § 4 Abs. 2 S. 2 Nr. 3 SpruchG.

188 Darlegung der Antragsberechtigung nach § 3 SpruchG, § 4 Abs. 2 S. 2 Nr. 2 SpruchG und der Anzahl der vom Antragsteller gehaltenen Anteile, § 4 Abs. 2 S. 3 SpruchG.

189 *Winter/Nießen, NZG* 2007, 13, 14.

SpruchG getroffene Regelung[190] wurde 2004 leicht überarbeitet[191] – müssen sich die konkreten Einwendungen in erster Linie gegen die Angemessenheit der Kompensation und nur gegebenenfalls auch gegen den als Grundlage der Kompensation ermittelten Unternehmenswert richten. Der Antrag hat sich zumindest mit Details und abgrenzbaren Einzelfragen der Unternehmensbewertung auseinanderzusetzen und deren fehlerhafte Würdigung im Rahmen der Unternehmensbewertung durch den Antragsgegner zu rügen.[192] Diesen Anforderungen wird entsprochen, wenn sich die vom Antragsteller formulierten Angriffe nicht in formelhaften Beanstandungen der üblicherweise bei Unternehmensbewertungen gewählten Bewertungsgrundlagen erschöpfen, sondern sich spezifisch mit dem relevanten Fall auseinandersetzen und konkrete Bewertungsrügen, die einer Beweisaufnahme zugänglich sind, erkennen lassen.[193]

Zu den relevanten Einzelfragen zählen etwa falsche bzw. unvollständige Annahmen bei Ertragswertbetrachtungen, z. B. bei der Vergangenheitsbetrachtung oder Zukunftsabschätzung der Erträge, bei der zugrunde gelegten Unternehmensplanung, beim Diskontierungszinssatz, bei den Risikozuschlägen (Beta-Faktor), bei der Abgrenzung des betriebsnotwendigen Vermögens sowie bei der Ableitung der Kompensation aus dem Unternehmenswert.[194] Die Rechtsprechung hat diese Anforderungen inzwischen umfassend definiert.[195]

---

190 In § 4 Abs. 2 S. 2 Nr. 4 SpruchG a.F. war vorgesehen, dass der Antragsteller in der Begründung konkrete Einwendungen (nur) gegen den als Grundlage für die Kompensation ermittelten Unternehmenswert des Antragsgegners (oder weiterer Unternehmen) vorbringen muss, soweit sich der Unternehmenswert aus den in § 7 Abs. 3 SpruchG genannten Unterlagen ergibt.

191 Zuletzt geändert durch Art. 5 des SEEG vom 22.12.2004, diese redaktionelle Änderung sollte den gewollten Regelungsinhalt verdeutlichen, BT-Drucksache 15/3405 (*RegE SEEG*), S. 58.

192 *Fritzsche/Dreier/Verfürth*, SpruchG, § 4 Rn. 18.

193 *Fritzsche/Dreier/Verfürth*, SpruchG, § 4 Rn. 19.

194 OLG Frankfurt a.M., Beschluss vom 06.03.2007 – 20 W 494/06, NZG 2007, 873, 874; dazu *Wittgens*, NZG 2007, 853, 854 f.; *Fritzsche/Dreier/Verfürth*, SpruchG, § 4 Rn. 19.

195 *Wittgens*, NZG 2007, 853, 855 mit einer Zusammenfassung der umfassenden Rechtsprechung; jüngst aus der Literatur zur Ertragswertberechnung *Barthel*, DStR 2010, 1198 m.w.N.; zu internationalen Bewertungsstandards und deren Auswirkungen auf das Spruchverfahren *Barthel*, DStR 2010, 2003 sowie *Luttermann*, NZG 2007, 611; zum Ertragswertverfahren sowie anderen Bewertungsmethoden siehe III. Bewertungsmaßstäbe der Gerichte, S. 100 ff.

Der Umfang der Rügepflicht richtet sich zudem nach der Qualität der gem. § 7 Abs. 3 SpruchG vom Antragsgegner zur Verfügung gestellten Informationen. Insofern enthält § 4 Abs. 2 S. 2 Nr. 4 SpruchG bezüglich der Anforderung an die Begründung eine dynamische Verweisung entsprechend der Detaillierung der Informationen.[196] Diese Regelung basiert auf der Vorstellung, dass die Antragsteller aufgrund der in § 7 Abs. 3 SpruchG genannten Unterlagen[197] konkrete Einwände gegen die Angemessenheit der Kompensation sowie, falls notwendig, gegen die Bewertung der abhängigen oder auch der herrschenden Gesellschaft formulieren können.[198] Als Leitlinie gibt der Gesetzgeber vor, dass die Anforderungen an die Begründung „nicht überspannt" werden dürfen.[199]

Dieses Konzept wird in der Literatur unterschiedlich beurteilt: Es wird unter anderem zu bedenken gegeben, dass die Informationen regelmäßig nicht ausreichend detailliert seien und der Antragsteller ohnehin zu einer konkreten Rüge nicht im Stande sei.[200] Andererseits wird eingeräumt, dass die Vorbereitungskosten für Strukturmaßnahmen bei Anforderung noch ausführlicherer Berichte und Vorgutachten weiter ansteigen.[201]

Entscheidend ist hier die Erkenntnis, dass die betreffenden Unternehmen es ohnehin schaffen werden, die entsprechenden Berichte selbst zu kritischen Fragen widerspruchsfrei und schlüssig zu formulieren.[202] Im Ergebnis reichen daher, auch im Hinblick auf die neuere BGH-Rechtsprechung, einfache Berichte.[203]

Der Gesetzgeber überlässt die weitere Ausgestaltung der Anforderungen ausdrücklich der Rechtsprechung, hat aber einen zweistufigen Prüfungsrahmen bestimmt.[204] Zunächst sind die Anforderungen an die Begründungstiefe nach den dem Aktionär zur Verfügung stehenden Informationen zu bestim-

196 *Puszkajler*, ZIP 2003, 518, 519 („*[…] weil die Begründungstiefe, was der Entwurf durchaus erkennt, von dem Umfang und der Qualität der zur Verfügung gestellten Information abhängt.*").

197 Z. B. Vertragsbericht und Prüfungsbericht im Falle des Abschlusses oder der Änderung eines Beherrschungs- oder Gewinnabführungsvertrags (§§ 293a, 293e AktG), Eingliederung (§ 320 AktG) sowie Ausschluss von Minderheitsaktionären (§ 327c Abs. 2 AktG).

198 *Emmerich*, in: Emmerich/Habersack, Konzernrecht, § 4 SpruchG Rn. 6 ff.; BT-Drucksache 15/3405 (*RegE SEEG*), S. 58.

199 BT-Drucksache 15/371 (*RegE Begründung SpruchG*), S. 13.

200 *Emmerich*, in: Emmerich/Habersack, Konzernrecht, § 4 SpruchG Rn. 9.

201 *Puszkajler*, ZIP 2003, 518, 519.

202 *Emmerich*, in: Emmerich/Habersack, Konzernrecht, § 4 SpruchG Rn. 9.

203 So *Puszkajler*, ZIP 2003, 518, 519 mit Verweis auf BGH, Urteil vom 29.01.2001 – II ZR 368/98, NJW 2001, 1428.

204 BT-Drucksache 15/371 (*RegE Begründung SpruchG*), S. 13.

men. Je mehr Informationen der Aktionär über die der Kompensation zugrunde liegenden Berechnung hat, desto höher liegen auch die Anforderungen an seine zu liefernde Begründung.

c) Anzahl der Antragsteller

Trotz der dargestellten Erhöhung der Anforderungen für den Zugang zum Spruchverfahren durch das SpruchG 2003 hat sich seitdem die Anzahl der antragstellenden Aktionäre erhöht. Wie aus Abbildung 6 ersichtlich, hat sich die durchschnittliche Anzahl der Antragsteller pro Verfahren nach dem SpruchG 2003 mehr als verdoppelt.[205]

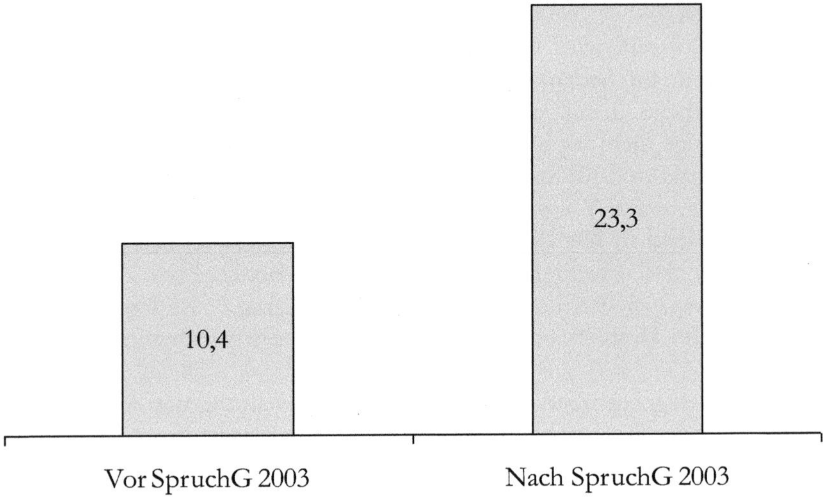

Abb. 6: Durchschnittliche Anzahl der Antragsteller nach altem und neuem Recht (n = 191).

Die Darstellung der Häufigkeit der Verfahren nach Anzahl der Antragsteller in Abbildung 7 zeigt, dass bei 102 (53 %) Verfahren ein bis zehn Antragsteller beteiligt waren, bei 51 (27 %) elf bis 20 Antragsteller und bei 33 (17 %) 21 bis 50 Antragsteller. Mehr als 50 Antragsteller wurden bislang in fünf (3 %) Verfahren registriert.

205 Für 191 Spruchverfahren konnte die Anzahl der Antragsteller insgesamt ermittelt werden. Der Median liegt nach altem Recht bei 8,5 Antragstellern und nach neuem Recht bei 15,5 Antragstellern, siehe zum Median bereits Fn. 329.

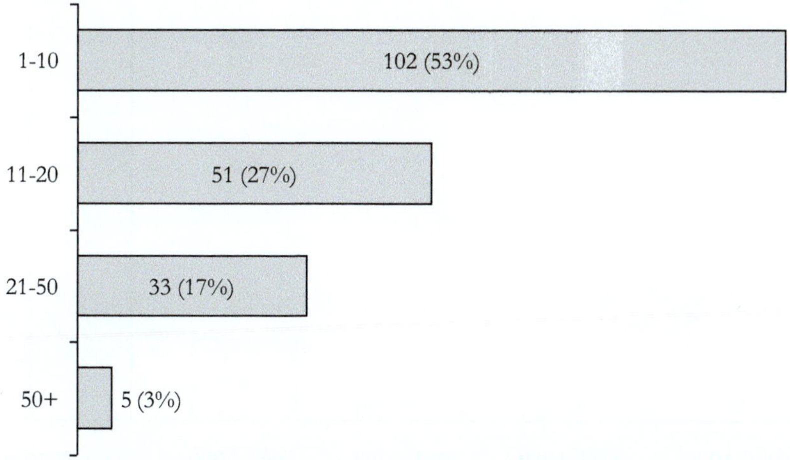

Abb. 7: *Häufigkeit der Verfahren nach Anzahl der Antragsteller in Spruchverfahren, bei denen die Anzahl der Antragsteller ermittelt werden konnte (n = 191).*

Es lässt sich allerdings seit dem Jahr 2001 eine Zunahme von Groß-Verfahren mit über 20 Antragstellern feststellen (siehe Abbildung 8).

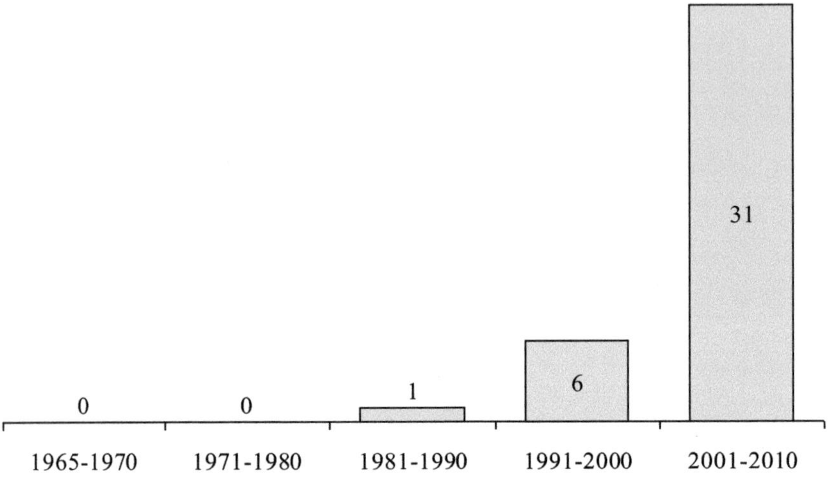

Abb. 8: Anzahl der Verfahren seit 1965 mit über 20 Antragstellern in Zehn-Jahres-Zeiträumen (bzw. Fünf-Jahres-Zeitraum zwischen 1965 und 1970) (n = 38).

Während bis zum Jahr 2000 insgesamt nur sieben Verfahren mit mehr als 20 Antragstellern stattfanden, waren es zwischen den Jahren 2001 und 2010 insgesamt 31 Verfahren.[206] Das Verfahren mit den meisten Antragstellern folgte der Verschmelzung der Konzerntochter *T-Online AG* auf die *Deutsche Telekom AG* (242 Antragsteller).[207]

Die empirische Auswertung zur Anzahl der Antragsteller zeigt, dass die Erhöhung der Zugangsschwelle keine erkennbare Wirkung hatte und verfahrensrechtliche Regelungen in Zukunft zunehmend auf Groß-Verfahren auszulegen sind.[208]

2. Verfahren nach Antragstellung

Das Verfahren ist durch das SpruchG 2003 gestrafft worden. Dazu wurden die Fristenregelungen verändert, die Bedeutung der mündlichen Verhandlung

---

206 Vergleiche dazu die Erhebung der Anzahl der Antragsteller für in den Jahren 2009 bis 2011 abgeschlossene Spruchverfahren von *Lorenz*, AG 2012, 284, 285.

207 LG Frankfurt a.M., Beschluss vom 13.03.2009 – 3-5 O 328/08, AG 2009, 421; OLG Frankfurt a.M., Beschluss vom 03.09.2010 – 5 W 57/09, NJW 2010, 3557.

208 Für den diesbezüglichen Reformvorschlag, siehe IV. Ausweitung der Rolle des gemeinsamen Vertreters, S. 260.

gestärkt, der Amtsermittlungsgrundsatz reduziert sowie eine generelle Verfahrensförderungspflicht eingeführt.

a) Antragsfrist

Die Antragsfrist ist in § 4 Abs. 1 SpruchG geregelt. Fristbeginn ist die Bekanntmachung der Eintragung der Strukturmaßnahme im Handelsregister gem. § 4 Abs. 1 S. 1 SpruchG i.V.m. mit den jeweils im § 4 Abs. 1 SpruchG zitierten materiell-rechtlichen Anknüpfungspunkten.[209] Sie ist von zwei auf drei Monate verlängert worden, im Gegenzug ist die Anschlussfrist von zwei weiteren Monaten entfallen. Folgeanträge gibt es daher nicht mehr.[210] Innerhalb dieser Frist hat der Antragsteller den Antrag zu stellen und zu begründen.[211] Bei dieser Frist handelt es sich um eine materiell-rechtliche Ausschlussfrist.[212] Wird der Antrag nicht fristgerecht gestellt, ist er als unzulässig zurückzuweisen.[213]

Die Neuregelung der Frist leistet einen Beitrag zur Beschleunigung der Verfahren. Zum einen beginnt die inhaltliche Auseinandersetzung bereits mit der Antragsbegründung und damit früher als nach altem Recht.[214] Noch im Referentenentwurf des SpruchG 2003 war im Unterschied zur nun gültigen Regelung vorgesehen, dass nach Beginn des Verfahrens zunächst der Antragsgegner zur Höhe der Kompensation Stellung nehmen und diese rechtfertigen sollte.[215] Erst danach sollten in einem zweiten Schritt die Antragsteller ihre Einwendungen gegen die Höhe der Kompensation vorbringen.[216] Mit dem SpruchG wurde dieser Zeitpunkt vorverlagert und so müssen die Antragsteller aufgrund der ihnen zur Verfügung stehenden Informationen be-

---

209 *Leuering* in Simon, SpruchG, § 4 Rn. 22, dies gilt zumindest für die in § 1 Abs. 1 geregelten Fälle, für andere Strukturmaßnahmen (z. B. Delisting) sowie für die Abschaffung von Mehrstimmrechten vgl. *Leuering* in Simon, SpruchG, § 4 Rn. 27 f.

210 Und damit entfällt auch die Notwendigkeit der Bekanntmachung einer Verfahrenseinleitung, siehe 1. Notwendigkeit einer eigenen empirischen Erhebung, S. 19.

211 *Leuering* in Simon, SpruchG, § 4 Rn. 17; kritisch *Freitag*, in: FS Christian Richter II, 2006, S. 139.

212 *Leuering* in Simon, SpruchG, § 4 Rn. 20.

213 Der Frist kommt somit eine Doppelnatur zu, vgl. *Leuering*. in Simon, SpruchG, § 4 Rn. 20.

214 Dort bestand eine Antragsbegründungspflicht nicht, *Mennicke*, in Lutter UmwG, Anhang I SpruchG, § 4 Rn. 1.

215 BT-Drucksache 15/838 (*Beschlussempfehlung und Bericht des Rechtsausschusses zum SpruchG*), S. 2 ff.

216 *Winter*, in: Simon, SpruchG, § 7 Rn. 3 (Ziffer 1.), § 6 RefE zum SpruchG, abgedruckt bei *Neye*, NZG 2002, 23, 25; zur alten Rechtslage *Winter*, in: Simon, SpruchG § 7 Rn. 3 (Ziff. 2.).

reits innerhalb der Antragsfrist konkrete Einwendungen gegen die Kompensation vorbringen.[217] Zum anderen wurde das Recht zur Stellung von Anschlussanträgen nach Bekanntmachung des Spruchverfahrens abgeschafft.[218] Diese verzögerten unnötigerweise die Verfahren, weil in der Praxis nach altem Recht häufig viele Monate bis zum Ablauf der Anschlussfrist vergingen.[219]

b) Verfahrensablauf nach Antragstellung

Das Verfahren beginnt gem. § 4 SpruchG mit Stellung der Anträge[220], sodann folgt gem. § 6 SpruchG die Bestellung des gemeinsamen Vertreters sowie die Bekanntmachung seiner Bestellung. Anschließend hat der Antragsgegner Gelegenheit zur Erwiderung gem. § 7 Abs. 2 SpruchG, bevor die Replik der Antragsteller und Stellungnahme des gemeinsamen Vertreters (§ 7 Abs. 4) erfolgen. Im nächsten Schritt hat der Antragsgegner die Möglichkeit, auf die Stellungnahme des gemeinsamen Vertreters zu antworten, bevor die mündliche Verhandlung gem. §§ 7 Abs. 5 bis 7, § 8 Abs. 2, 3 SpruchG vorzubereiten ist. Die mündliche Verhandlung mit Anhörung des sachverständigen Prüfers gem. § 8 SpruchG erfolgt bei Bedarf mit einer Beweisaufnahme, etwa durch ein weiteres Gutachten. Die Kammer kann danach die Fortsetzung der mündlichen Verhandlung gem. § 8 Abs. 3 SpruchG i.V.m. § 279 Abs. 3 ZPO anordnen.

§ 7 SpruchG regelt die in erster Linie dem Gericht obliegenden Maßnahmen zur zügigen Vorbereitung der mündlichen Verhandlung gem. § 8 SpruchG.[221] Diese detaillierten Regelungen sind ausweislich der Gesetzesbegründung die Kernpunkte der Neuregelung zur Beschleunigung der Verfahren.[222] Ein kritischer Aspekt ist das Verfahren zur Beweiserhebung, geregelt in § 7 Abs. 5 ff. SpruchG. Die Anordnung einer Beweisaufnahme erfolgt durch den Richter gem. § 2 Abs. 3 Nr. 4 SpruchG.[223] Nach alter Rechtslage war dieses Verfahren deshalb besonders zeitaufwendig, da häufig flächendeckende Gutachten eingeholt wurden.[224] Die Situation hat sich nach neuem Recht insbesondere durch die an § 358a ZPO angelehnte Vorschrift des § 7 Abs. 6

217 *Winter,* in: Simon, SpruchG § 7 Rn. 3, dazu kritisch *Freitag*, in: FS Christian Richter II, 2006, S. 139, 141 f.

218 *Krieger/Mennicke*, in Lutter UmwG, Anhang I SpruchG, § 4 Rn. 1.

219 *Krieger/Mennicke*, in Lutter UmwG, Anhang I SpruchG, § 4 Rn. 1.

220 Darstellung angelehnt an *Leuering*, in: Simon, SpruchG, § 6 Rn. 1 ff.

221 *Emmerich*, in: Emmerich/Habersack, Konzernrecht, § 7 SpruchG Rn. 1 ff.

222 BT-Drucksache 15/371 (*RegE Begründung SpruchG*), S. 14.

223 *Fritzsche/Dreier/Verfürth*, SpruchG, § 7 Rn. 66.

224 *Bilda*, NZG 2000, 296, 297; siehe auch II. Sachverständige vor und im Spruchverfahren, S. 48.

SpruchG gebessert, da nun der Beweisgegenstand zumeist besser eingegrenzt wird und Pauschalgutachten vermieden werden.[225] Die Entscheidung eines Spruchverfahrens ohne Einholung eines dritten Gutachtens wird von der obergerichtlichen Rechtsprechung akzeptiert.[226]

Das erstinstanzliche Verfahren endet mit der gerichtlichen Entscheidung oder einem gerichtlichen Vergleich gem. § 11 SpruchG und einer entsprechender Bekanntmachung gem. § 14 SpruchG.

c) Zurückdrängung des Amtsermittlungsgrundsatzes

Eines der wichtigsten Elemente der Reform des Spruchverfahrens im Jahr 2003 bildet die Zurückdrängung des Amtsermittlungsgrundsatzes.[227] Während das Spruchverfahren nach altem Recht weitgehend ein Verfahren der freiwilligen Gerichtsbarkeit mit einem ausgeprägten Amtsermittlungsgrundsatz war, sind durch die Reform einige Elemente des streitigen Verfahrens aus der ZPO übernommen worden.[228] Um den Amtsermittlungsgrundsatz zurückzudrängen, wurde den Antragstellern und dem Antragsgegner mehr Verantwortung für die Beibringung des Verfahrensstoffs auferlegt: Der Kompensationsschuldner (der Antragsgegner) muss sich vorab besser erklären und mehr Informationen liefern. Der Minderheitsaktionär (der Antragsteller) muss dementsprechend antworten bzw. die Bewertung konkret rügen. Diese Regelung verdeutlicht die Annäherung des Spruchverfahrens an das streitige Verfahren nach der ZPO.[229] In der Konsequenz kann sich ein Antragsteller bei Begründungsdefiziten nicht länger auf den Amtsermittlungsgrundsatz nach § 26 FamFG berufen.[230] Das Resultat, so die Vorstellung des Gesetzgebers, besteht in einer Entlastung der Gerichte und des Sachverständigen und damit möglicherweise in einer Beschleunigung des Verfahrens.[231]

Das Verhältnis von Amtsermittlung und Beibringung im Spruchverfahren nach dem SpruchG 2003 ist nach wie vor unklar.[232] Unter anderem wird angenommen, der Amtsermittlungsgrundsatz sei durch den Beibringungsgrund-

225 BT-Drucksache 15/371 (*RegE Begründung SpruchG*), S. 14; *Fritzsche/Dreier/Verfürth*, SpruchG, § 7 Rn. 56.

226 OLG Stuttgart, Beschluss vom 26.10.2006 – 20 W 14/05, NZG 2007, 112 113; siehe auch *Land/Hennings*, AG 2005, 381, 382 m.w.N.

227 Grundlegend *Winter/Nießen*, NZG 2007, 13 m.w.N.

228 *Fritzsche/Dreier/Verfürth*, SpruchG, Einleitung, Rn. 71.

229 *Bungert/Mennicke, BB 2003, 2021, 2027;* kritisch *Puszkajler*, ZIP 2003, 518, 520.

230 Dazu ausführlich *Winter/Nießen*, NZG 2007, 13 m.w.N.; siehe auch *Wittgens*, NZG 2007, 853 ff.

231 BT-Drucksache 15/371 (*RegE Begründung SpruchG*), S. 1, 11 f., 18.

232 Darstellung in Anlehnung an *Winter*, in Simon, SpruchG, vor § 7 Rn. 14.

satz ersetzt worden.[233] Unstreitig, und damit hier ausreichend, ist jedoch, dass der Amtsermittlungsgrundsatz erheblich zurückgedrängt wurde. Die nun bestehende Verteilung der Begründungspflichten zwischen den Beteiligten wird vielfach kritisch gesehen.[234] Die Verschärfung der Begründungspflicht für den Antragsteller passt nicht zu der von der Rechtsprechung als weitgehend folgenlos beurteilten Auskunftsverweigerung zu Bewertungsfragen in der Hauptversammlung. So erscheint es konsequenter, zunächst dem Antragsgegner die Darlegung aufzubürden, dass die angebotene Entschädigung angemessen ist.[235]

d) Informationsasymmetrie und geheime Unterlagen

Ein Spezifikum im Spruchverfahren besteht in einer ungleichen (oder auch: asymmetrischen) Verteilung der Informationen.[236] Der Kompensationsschuldner verfügt über sämtliche Informationen des Bewertungsobjekts, während die Antragsteller lediglich auf öffentlich zugängliche Informationen angewiesen sind. Für die Antragsteller sind daher etwaige Schwierigkeiten der Informationsbeschaffung nach dem Maßstab des § 9 SpruchG zu berücksichtigen.[237]

Nach altem Recht wurde insbesondere die Erstellung von Gutachten dadurch verzögert, dass oft lange andauernde Zwischenstreitigkeiten über die Einsicht in Unterlagen und die Verwertung von Belegen der Unternehmen geführt wurden.[238]

In heutigen der Praxis wird der Umgang mit Betriebs- und Geschäftsgeheimnissen so gelöst, dass die geheimhaltungsbedürftigen Unterlagen nur den gerichtlich bestellten Sachverständigen zugänglich gemacht werden und erst gar nicht Bestandteil der Gerichtsakten sind.[239] Gelangen sie dennoch in die Akten, wird alternativ mit den Beteiligten vereinbart, dass sie nur gegen Unterzeichnung einer strafbewehrten Geheimhaltungsvereinbarung Einsicht in die geheimhaltungsbedürftigen Unterlagen nehmen dürfen.[240]

233 *Büchel,* NZG 2003, 793, 795, 798 f.

234 *Winter/Nießen*, NZG 2007, 13, 15 m.w.N.

235 So auch *Puszkajler*, ZIP 2003, 518 ff.

236 Verwendung des Begriffs der Informationsasymmetrie z. B. *Wittgens*, NZG 2007, 853, 854 mit Verweis auf OLG Frankfurt a.M., Beschluss vom 11.01.2007 – 20 W 323/04, NZG 2007, 875.

237 BT-Drucksache 15/371 (*RegE Begründung SpruchG*), S. 13.

238 BT-Drucksache 15/371 (*RegE Begründung SpruchG*), S. 14.

239 *Lamb/Schluck-Amend*, DB 2003, 1259, 1262; *Wolff*, NJW 1997, 98.

240 *Fritzsche/Dreier/Verfürth*, SpruchG, Einleitung, Rn. 57.

Diese Regelung wurde in der Literatur heftig kritisiert und im Hinblick auf eine Verfahrenserleichterung als unbrauchbar angesehen.[241] Der Antragsgegner wird seine Betriebsinterna, die Grundlage einer solchen Bewertung sind, nicht gerne preisgeben und, solange die Unterlagen als geheim gelten, auch nicht preisgeben müssen.[242] Darin liegt ein häufiger Grund für Verzögerungen.[243]

Nützlich gewesen wäre eine weitergehende Pflicht der Unternehmen, die notwendigen Unterlagen auf Anordnung des Gerichts vollständig vorzulegen. Diese gesetzliche Verpflichtung in § 7 Abs. 7 SpruchG erstreckt sich derzeit nicht ausdrücklich auf die Arbeitsunterlagen der Vorgutachter und des Prüfers. Die Bearbeitungszeit für den gerichtlich bestellten Gutachter könnte sich erheblich verkürzen, wenn Gesellschaften zudem die hierfür erforderlichen Verschwiegenheitserklärungen erteilen müssten.[244] Die Nichtbefolgung einer dahingehenden gerichtlichen Anordnung ist für die Gesellschaften weitgehend ohne Konsequenz, hier wird eine Verschärfung der gerichtlichen Sanktionsmöglichkeiten vorgeschlagen.[245]

e) Verfahrensförderungspflicht

Die Neuregelung der Verfahrensförderungspflicht wurde unter Anlehnung an §§ 282, 296 ZPO in §§ 9, 10 SpruchG geregelt.[246] Die Vorschrift des § 9 SpruchG regelt die drei verschiedenen Aspekte der Verfahrensförderungspflicht.[247] In § 9 Abs. 1 SpruchG wird die allgemeine Verfahrensförderungspflicht der Beteiligten festgelegt. Sie müssen danach in der mündlichen Verhandlung und bei der schriftlichen Vorbereitung ihre Anträge sowie ihre weiteren Anliegen so rechtzeitig vorbringen, wie es nach der Verfahrenslage einer sorgfältigen und auf Förderung des Verfahrens bedachten Verfahrensführung entspricht. § 9 Abs. 2 SpruchG bestimmt, dass das Vorbringen, auf das andere Beteiligte oder die sachverständigen Prüfer voraussichtlich ohne vorherige Erkundigungen keine Erklärungen abgeben können, bereits vor der mündlichen Verhandlung so rechtzeitig durch Schriftsatz mitzuteilen ist,

241 *Puszkajler*, ZIP 2003, 518, 519 ff.

242 *Emmerich*, in: Emmerich/Habersack, Konzernrecht, § 4 SpruchG Rn. 10; dazu LG Dortmund, Entscheidung vom 07.10.2004 – 20 O 104/04, AG 2005, 310 f.

243 *Bungert/Mennicke*, BB 2003, 2021, 2028.

244 *Puszkajler*, ZIP 2003, 518, 519 ff.

245 *Puszkajler*, ZIP 2003, 518, 519 ff.

246 Teilweise sind die Regelungen schärfer als in § 296 ZPO, vgl. *Lamb/Schluck-Amend*, DB 2003, 1259, 1262, etwa Bestrafung bereits einfacher Fahrlässigkeit bei der Frage nach der Berücksichtigung verspäteten Vorbringens, kritisch *Emmerich*, in: Emmerich/Habersack, Konzernrecht, § 10 SpruchG Rn. 1b m.w.N.

247 *Emmerich*, in: Emmerich/Habersack, Konzernrecht, § 9 SpruchG Rn. 2.

dass die Genannten die erforderlichen Erkundigungen noch einziehen können. Schließlich ordnet § 9 Abs. 3 SpruchG i.V.m. § 10 Abs. 4 SpruchG an, dass der Antragsgegner eine Zulässigkeitsrüge innerhalb der ihm nach § 7 Abs. 2 SpruchG gesetzten Frist geltend machen muss.[248] Die Wirksamkeit dieser Neuregelungen wird kritisch beurteilt, denn es kann durch diese Regeln nicht verhindert werden, dass die Antragsteller eine Verfahrensstraffung zu verhindern versuchen, indem sie fern liegende Bewertungsrügen vortragen und regelmäßig eine umfassende Neubegutachtung fordern.[249]

II. Sachverständige vor und im Spruchverfahren

Bei Unternehmensbewertungen im Zusammenhang mit Strukturmaßnahmen sind drei in der Regel unterschiedliche Prüfer bzw. Sachverständige involviert. Zunächst bestellt das Unternehmen einen Prüfer, der die initiale Unternehmensbewertung im Auftrag der Unternehmensleitung durchführt (nachfolgend als *Parteigutachter*[250] bezeichnet).

Hinzu kommt, meist zeitlich parallel[251], ein *gerichtlich bestellter Prüfer*, der vom Unternehmen vorgeschlagen, aber vom Gericht ausgewählt wird und eine Prüfung des Unternehmenswerts durchführt. *Parteigutachter* und *gerichtlich bestellter Prüfer* werden tätig auch wenn kein Spruchverfahren angestrengt wird. In Abhängigkeit von der Strukturmaßnahme ist der *gerichtlich bestellter Prüfer* jeweils der Vertragsprüfer gem. § 293b AktG, der Eingliederungsprüfer gem. § 320 Abs. 3 AktG, der Abfindungsprüfer gem. § 327c Abs. 2 AktG, §§ 30 Abs. 1, 208, 225 UmwG, der Verschmelzungsprüfer gem. § 9 Abs. 1 UmwG oder der Abspaltungsprüfer gem. § 125 S. 1 UmwG. Der *gerichtlich bestellte Prüfer* hat vor der Beschlussfassung über die jeweilige Strukturmaßnahme die Angemessenheit der Gegenleistung zu prüfen.[252] Die entsprechende Regelung für die Prüfung der Abfindung bei einem Squeeze-out gem. § 327c Abs. 2 S. 3 AktG besteht sogar schon seit Inkrafttreten der §§ 327a ff. AktG zum 1. Januar 2002.[253] Gegenstand der Prüfung ist entsprechend dem Zweck des Spruchverfahrens die Prüfung der Angemessenheit der Kompensation.[254] Allerdings sind die *gerichtlich bestellten Prüfer* nicht verpflichtet, erneut eine eigen-

---

248 *Emmerich*, in: Emmerich/Habersack, Konzernrecht, § 9 SpruchG Rn. 2.

249 *Wittgens*, BB 2007, 1069, 1070 f.

250 Die Begriffe „*Parteigutachter*" (auch Erstprüfer oder Erstbewerter genannt), „*gerichtlich bestellter Prüfer*" sowie „*Gerichtssachverständiger*" werden im weiteren Verlauf der Arbeit kursiv dargestellt, um auf deren gesetzlich definierte Rolle hinzuweisen.

251 Siehe sogleich zur Parallelprüfung.

252 *Land/Hennings*, AG 2005, 380, 382.

253 *Land/Hennings*, AG 2005, 380, 382 (Fn. 22).

254 *Emmerich*, in: Emmerich/Habersack, Konzernrecht, § 293b AktG Rn. 16 ff.

ständige Bewertung durchzuführen, sondern können sich darauf beschränken, eine bereits vorhandene Unternehmensbewertung auf ihre Plausibilität hin zu überprüfen.[255]

Im Spruchverfahren selbst kann schließlich das Gericht einen dritten Sachverständigen, den so genannten *Gerichtssachverständigen*, benennen, der im Spruchverfahren zu vom Richter ausgewählten Fragen Stellung zu nehmen oder gegebenenfalls auch das Unternehmen vollständig neu zu bewerten hat.[256]

1. Veränderung durch das UmwG 1994

Nach alter Rechtslage wurde häufig zu Beginn des gerichtlichen Spruchverfahrens ein flächendeckendes Bewertungsgutachten eines Sachverständigen vom Gericht angefordert, ohne dass das Gericht die entscheidungserheblichen Aspekte herausgearbeitet hatte.[257] In der Literatur[258] und später vom Gesetzgeber[259] wurde darin ein wesentlicher Grund für die Verfahrensverzögerungen bzw. die überlange Dauer von Spruchverfahren gesehen. Die Begutachtung durch den *gerichtlich bestellten Prüfer* wurde im Jahr 1994 in das Gesetz eingefügt und sollte durch die damit beabsichtigte Erhöhung der Glaubwürdigkeit der präventiven Prüfung dazu beitragen, dass Spruchverfahren vermieden werden.[260] In Literatur und Rechtsprechung wurde an der Wirksamkeit dieses Versuchs zur Vermeidung von Spruchverfahren Kritik geübt.[261] Vor allem weil die außenstehenden Aktionäre kein ausreichendes Vertrauen in die Prüfung des Sachverständigen haben, hat sich diese Maßnahme als weitgehend wirkungslos erwiesen.[262] Offensichtlich kommen derzeit erst im Ge-

---

255 *Emmerich*, in: Emmerich/Habersack, Konzernrecht, § 293b AktG Rn. 16 ff. beispielhaft für den Unternehmensvertrag.

256 Siehe die Darstellung bei *Veit*, DB 2005, 1697 speziell für den Squeeze-out.

257 *Land/Hennings*, AG 2005, 380, 382; BT-Drucksache 15/371 (*RegE Begründung SpruchG*), S. 11.

258 *Lutter/Bezzenberger, AG 2000, 433, 439* f. *Puszkajler*, ZIP 2003, 518 f., der sich fragt, warum „*dieselben Personen, die in der Lage sind, eine Erstbewertung im Auftrag eines Unternehmens innerhalb von 3 Monaten abzuliefern, in der Rolle des Gerichtsgutachters zwei Jahre für eine Bewertung benötigen.*“.

259 BT-Drucksache 15/371 (*RegE Begründung SpruchG*), S. 11.

260 BT-Drucksache 12/6699 (*Begründung RegE UmwG*), S. 84 f., 178, re. Sp.; sowie BT-Drucksache 15/371 (*RegE Begründung SpruchG*), S. 18.

261 *Emmerich*, in Emmerich/Habersack, Konzernrecht, vor § 1 SpruchG Rn. 9, LG Frankfurt a.M., Beschluss vom 14.11.2006 – 3/5 O 73/04, BB 2007, 1069 f. (*Wella*); *Leuering*, NZG 2004, 606 ff.

262 *Emmerich*, in Emmerich/Habersack, Konzernrecht, vor § 1 SpruchG Rn. 9, siehe auch § 293e AktG Rn. 7, 17.

richtsverfahren „alle Fakten auf den Tisch“ bzw. es werden alle Fakten auch im Interesse der außenstehenden Aktionäre bewertet.

Besonders kritisch wird in diesem Kontext gesehen, dass in der Praxis der *Parteigutachter* und der *gerichtlich bestellte Prüfer* regelmäßig eng zusammenarbeiten und im Rahmen der so genannten Parallelprüfung bereits ihre Zwischenergebnisse abstimmen.[263] Dies wurde von der Rechtsprechung zwar ausdrücklich akzeptiert[264] und in der Literatur anerkannt[265], in der Praxis wird aber dennoch die Glaubwürdigkeit des *gerichtlich bestellten Prüfers* angegriffen, denn zwei völlig losgelöste Bewertungen sind in diesem Arbeitsumfeld nicht zu erwarten.[266] Die Rolle bzw. die Interessenlage des *gerichtlich bestellten Prüfers* ist vielschichtig: Er wird vom Gericht ausgewählt und soll eine möglichst objektive Rolle einnehmen. Gleichzeitig soll er eine Art kontrollierendes Gegengewicht zum *Parteigutachter* bilden und vor allem zugunsten der Minderheitsaktionäre eine angemessene Kompensation ermitteln.

Die angestrebte Vermeidung von Spruchverfahren konnte seit der Änderung im Jahre 1994 nicht umgesetzt werden.[267] Die Anzahl der Spruchverfahren hat sich seitdem nicht reduziert.[268] In über 90 % der Strukturmaßnahmen, die Gegenstand eines Spruchverfahrens wurden, ist die ursprünglich vom *Parteigutachter* ermittelte und vom *gerichtlich bestellten Prüfer* bestätigte Kompensation im Spruchverfahren erhöht worden.[269] Dass diese hohe Quote auch heute noch Bestand hat, dürfte die Minderheitsaktionäre nach wie vor dazu motivieren, sich nicht auf die Bewertung des *gerichtlich bestellten Prüfers* zu verlassen und ungeachtet von seiner Bewertungsprüfung ein Spruchverfahren anzustrengen: der Erfolg gibt ihnen bislang recht.

2. Veränderungen durch das SpruchG 2003

Die Spruchrichter unterstützten bis zur Reform im Jahr 2003 meist großzügig eine vollständig neue Unternehmensbewertung im Rahmen des gerichtlichen

263 OLG Hamm, Beschluss vom 17.03.2005 – 27 W 3/05, AG 2005, 773; *Emmerich*, in Emmerich/Habersack, Konzernrecht, vor § 1 SpruchG Rn. 9, § 293b AktG, Rn. 17 ff.; *Puszkajler*, ZIP 2003, 518, 521.

264 BGH, Urteil vom 18.09.2006 – II ZR 225/04, NZG 2006, 905, 907; danach BGH, Beschluss vom 21.05.2007 – II ZR 266/04, BB 2007, 1977, 1979.

265 *Wittgens*, AG 2007, 106, 107; *Leuering*, NZG 2004, 606, 607 ff.

266 *Emmerich* in: Emmerich/Habersack, Konzernrecht, Vor § 1 SpruchG Rn. 9; *Wittgens*, AG 2007, 106, 107; siehe auch Sdk e.V., Zur Reformbedürftigkeit der aktienrechtlichen Anfechtungsklage, 2007, S. 1 ff.

267 Siehe *Emmerich*, in Emmerich/Habersack, Konzernrecht, vor § 1 SpruchG Rn. 9 sowie § 293e AktG Rn. 7, 17.

268 Siehe 1. Häufigkeit von Spruchverfahren, S. 27.

269 Siehe 2. Empirischer Befund der Risiko-Nutzen-Relation, S. 83.

Spruchverfahrens. Von Vorteil war für das Gericht vor allem, dass auf diese Weise die Bearbeitung eines großen Teils des Streitstoffs auf den *Gerichtssachverständigen* übertragen werden konnte. In dieser erneuten, umfassenden Prüfung wurde eine wesentliche Ursache für Verfahrensverzögerungen gesehen; teilweise hat die Erstellung des neuen Gutachtens zwei Jahre in Anspruch genommen.[270]

Der Gesetzgeber hat im SpruchG 2003 die Aufgabe des *Gerichtssachverständigen* präzisiert.[271] Die Neuregelung in § 293c Abs. 1 AktG, § 10 Abs. 1 UmwG i.V.m. § 7 SpruchG sieht vor, nur noch konkrete streitige Punkte gutachterlich prüfen zu lassen und auf diese Weise einen effizienteren Einsatz der Sachverständigengutachten zu erreichen.[272] Mit diesen Änderungen verpflichtet der Gesetzgeber die Unternehmen, die Strukturmaßnahme besser zu erklären und bereits frühzeitig durch einen unabhängigen Gutachter neutral bewerten zu lassen.[273] Aus dem Zusammenspiel mit den Regelungen des Spruchverfahrens, insbesondere § 7 SpruchG und der konkreten Rügepflicht gem. § 4 Abs. 2 SpruchG, ergibt sich, dass die Begutachtung im Spruchverfahren nur noch auf konkrete Streitfragen und nicht mehr auf die Unternehmensbewertung als Ganzes gerichtet sein soll.[274] Zweck der Regelung ist auch eine Kostenersparnis.[275] Außerdem soll mit der gerichtlichen Bestellung des Prüfers einer möglichen Parteinähe des Prüfers entgegenwirkt und die Akzeptanz seines Berichts erhöht werden.[276] Diese gerichtliche Bestellung des Prüfers dient auch dazu, ein weiteres Sachverständigengutachten in einem

---

270 *Freitag*, in: FS Christian Richter II, 2006, S. 139, 141 (Fn. 12); *Puszkajler*, ZIP 2003, 518, 519.

271 BT-Drucksache 15/371 (*RegE Begründung SpruchG*), S. 14; *Fritzsche/Dreier/Verfürth*, SpruchG, § 7 Rn. 56; *Wittgens*, AG 2007, 106, 107.

272 BT-Drucksache 15/371 (*RegE Begründung SpruchG*), S. 1, 11 f., 15 ff.; siehe auch II. Sachverständige vor und im Spruchverfahren, S. 48.

273 Diese Änderung ergibt sich nicht unmittelbar aus dem SpruchG, sondern aus den gleichzeitig mit dem SpruchG in Kraft getretenen Änderungen des AktG und UmwG, dazu sogleich im Text.

274 BT-Drucksache 15/371 (*RegE Begründung SpruchG*), S. 1; *Land/Hennings*, AG 2005, 380, 382; Siehe auch b) Begründungspflicht und konkrete Bewertungsrüge, S. 36 ff.

275 BT-Drucksache 15/371 (*RegE Begründung SpruchG*), S. 11.

276 BT-Drucksache 15/371 (*RegE Begründung SpruchG*), S. 1, S. 11 f., 18; *Grunewald*, in: MüKo AktG 2004, § 327c Rn. 12, BT-Drucksache 14/7477 (*Beschlussempfehlung und Bericht des Finanzausschusses zum WpÜG*), S. 72; kritisch *Puszkajler*, ZIP 2003, 518, 519 ff.

späteren Spruchverfahren im Anschluss an die Strukturmaßnahme zu vermeiden und das Verfahren so erheblich zu beschleunigen.[277]

Die meist pauschalen Gutachten zur Neubewertung wurden durch die an § 358a ZPO angelehnte Vorschrift des § 7 Abs. 6 SpruchG weitgehend verhindert, da nun der Beweisgegenstand besser eingegrenzt wird.[278] Ein wesentliches Mittel dazu war, nicht die Qualität der gutachterlichen Bewertungen im Vorfeld zu verbessern, sondern die Erkenntnisse der *gerichtlich bestellten Prüfer* im Spruchverfahren verstärkt zu nutzen.[279] Es wurde versucht, den *gerichtlich bestellten Prüfer* in dem Verfahren als zentrale Auskunftsperson stärker einzubinden. Die derzeitige Praxis zeigt, dass der *gerichtlich bestellte Prüfer* die Klärung von einzelnen Bewertungsfragen im Vorfeld gut erfüllen kann, da er, anders als ein neuer Gutachter, Einzelheiten der Bewertung im Erstgutachten erläutern und so wesentlich zur Verfahrenserleichterung beitragen kann.[280] Allerdings sind in dieser Konstellation sowohl der *Parteigutachter* als auch der *gerichtlich bestellte Prüfer* nicht geeignet, die bereits erstatteten Gutachten als Sachverständige im Gerichtsverfahren erneut zu bewerten, da sie meist zeitgleich in einer Parallelprüfung zusammenarbeiten und auch Zwischenergebnisse abgleichen. Eine neutrale Einstellung zu beiden ursprünglichen Gutachten werden beide Prüfer nicht mehr haben.[281]

III. Gemeinsamer Vertreter

1. Ursprüngliche Rolle und *Feldmühle*-Entscheidung

Ursprünglich hatte der gemeinsame Vertreter eine äußerst starke Position im Spruchverfahren: Aus § 33 Abs. 1 UmwG 1956 las die damals herrschende Meinung in der Literatur heraus, dass für eine eigene Verfahrensführung der Minderheitsaktionäre im Spruchverfahren kein Platz sei und dass ihre Interessen ausschließlich durch den gemeinsamen Vertreter wahrgenommen werden

277 *Land/Hennings*, AG 2005, 380, 382; *Grunewald*, in: MüKo AktG 2004 § 327c Rn. 12, OLG Düsseldorf, Beschluss vom 31.08.2000 – 6 W 33/00, NZG 2000, 1078, 1079.

278 Vgl z. B. *Decher*, in: FS Meier-Reimer, 2010, S. 57, 58.

279 *Neye*, NZG 2002, 23 ff.

280 *Büchel*, NZG 2003, 793, 794 ff.

281 OLG Hamm, Beschluss vom 17.03.2005 – 27 W 3/05, ZIP 2005, 1457 (aber als Anfechtungsgrund verneinend); *Puszkajler*, ZIP 2003, 518, 521; *Freitag*, in: FS Christian Richter II, *2006, S. 139,* 145; dagegen eher unkritisch OLG Düsseldorf, Beschluss vom 11.08.2006 – 15 W 110/05, DB 2006, 2223, 2226 f.; OLG Frankfurt a.M., Beschluss vom 08.02.2006 – 12 W 185/05, AG 2006, 249, 252; LG Darmstadt, Beschluss vom 29.11.2005 – 12 O 491/05, AG 2006, 127, 131.

könnten. Das wurde für einige Jahre praktiziert.[282] Diese Auslegung war jedoch nach Ansicht des BVerfG nicht mit dem verfassungsrechtlich garantierten Anspruch auf rechtliches Gehör gem. Art. 103 Abs. 1 GG vereinbar. In der *Feldmühle*-Entscheidung[283] wurde daher der Wirkungskreis des gemeinsamen Vertreters so beschränkt, dass er nur diejenigen Aktionäre vertrat, die nicht auf andere Weise vertreten wurden.[284] Dem gemeinsamen Vertreter kam allerdings für die nicht antragstellenden Aktionäre weiterhin die Stellung eines gesetzlichen Vertreters zu.[285]

2. Rolle des gemeinsamen Vertreters seit 1965

Diese Regelung wurde einige Jahre später im Zuge der Reformierung des AktG 1965 in das Aktienrecht und daran angelehnt in das Umwandlungsrecht übernommen. Der gemeinsame Vertreter sichert in dieser Rolle hingegen nicht nur die Rechte der nicht am Verfahren beteiligten Anteilsinhaber[286], sondern auch die Vermögensinteressen der antragstellenden Aktionäre, deren lückenhafte Antragsbegründung er ausgleichen kann.[287] Um das in den 1990er Jahren populäre „Auskaufen" einzelner Antragsteller durch den Kompensationsschuldner zur raschen Verfahrensbeendigung zu verhindern, wurde 1994 mit der Reform des UmwG dem gemeinsamen Vertreter auch die eigenständige Weiterführung des Verfahrens gestattet.[288] Dieses Phänomen wurde dadurch wirksam beendet.[289]

---

282 Ausführlich zur Geschichte des gemeinsamen Vertreters *Wasmann/Mielke*, WM 2005, 822 ff.; *Schweinitz*, Der gemeinsame Vertreter im Spruchverfahren, 2008, S. 1 ff.

283 BVerfG, Urteil vom 07.08.1962 – 1 BvL 16/60, BVerfGE 14, 263, 278 = NJW 1962, 1667 (*Feldmühle*), dazu *Wasmann/Mielke*, WM 2005, 822, 823.

284 BVerfG, Urteil vom 07.08.1962 – 1 BvL 16/60, NJW 1962, 1667 (*Feldmühle*).

285 *Wasmann/Mielke*, WM 2005, 822, 823.

286 Zwar wären die nicht antragstellenden Aktionäre auch über die *erga omnes*-Wirkung des Spruchverfahrens ohne die Beteiligung des gemeinsamen Vertreters am Ergebnis des Spruchverfahrens beteiligt, sie hätten jedoch keinen eigenen prozessualen Vertreter.

287 *Büchel*, NZG 2003, 793, 796.

288 BT-Drucksache 12/6699 (*Begründung RegE des § 308 Abs. 3 UmwG*), S. 170, siehe dazu bereits *Beyerle*, ZGR 1977, 650, 656; zur Problematik des „Auskaufens" siehe auch 1. Reform 1994, S. 8.

289 *Lutter/Bezzenberger*, AG 2000, 433, 440 f.; *Wittgens*, Spruchverfahrensgesetz, 2006, S. 119 ff.; BT-Drucksache 15/371 (*RegE Begründung SpruchG*), S. 14.

3. Reform durch das SpruchG und heutige Rolle in der Praxis

Die Regelung des § 6 SpruchG übernahm die bis dahin geltenden Vorschriften in § 306 Abs. 4 AktG a. F. und § 308 UmwG a. F. im Wesentlichen unverändert.[290] Um einen Grund für Verzögerungen des Spruchverfahrens zu eliminieren, wurde mit der Reform 2003 in § 6 Abs. 1 S. 1 SpruchG bestimmt, dass die Bestellung des gemeinsamen Vertreters so früh wie möglich im gerichtlichen Verfahren zu erfolgen habe.[291] Zudem wurde im Interesse der Prozessökonomie auch bei parallelen Verfahren auf Ausgleich und Abfindung nur ein gemeinsamer Vertreter vorgesehen.[292]

Heute besteht gem. § 6 SpruchG die Aufgabe des gemeinsamen Vertreters darin, als gesetzlicher Vertreter die Interessen der Antragsberechtigten wahrzunehmen, die nicht als Antragsteller am Verfahren beteiligt sind, aber aufgrund der *erga omnes*-Wirkung vom Spruchverfahren profitieren können.[293]

Die dogmatische Einordnung der Rolle des gemeinsamen Vertreters ist nach wie vor ungeklärt.[294] Zum einen wird vertreten, dass er genau wie ein normaler Antragsteller zu behandeln ist und keine Sonderrechte genießt; dann wäre er wohl eine Rechtsfigur *sui generis*.[295] Dem wird entgegengehalten, dass er wie ein streitgenössischer Nebenintervenient auch nach Verfahrenseintritt eigene, neue Punkte geltend machen können muss.[296] Dies betrifft in der Praxis vor allem das Ausmaß, in dem er nach der ursprünglichen Antragstellung durch die antragstellenden Aktionäre den Verfahrensstoff noch erweitern kann.[297] Der Streit um die Ausgestaltung der Rolle des gemeinsamen Vertreters ist zwar praktisch und rechtsdogmatisch wichtig, für die Verbesserung des Verfahrensablaufs allerdings von untergeordneter Relevanz.[298]

In der Praxis ist es offensichtlich nicht die Regel, dass der gemeinsame Vertreter eine wichtige Rolle im Verfahren spielt und zusätzliche Fakten oder Argumente einbringt, die zu einer höheren Kompensation führen.[299] Insge-

290 *Büchel*, NZG 2003, 793, 796, *Fritzsche/Dreier/Verfürth*, SpruchG, § 6 Rn. 1.

291 BT-Drucksache 15/371 (*RegE Begründung SpruchG*), S. 13 f.

292 BT-Drucksache 15/371 (*RegE Begründung SpruchG*), S. 14.

293 *Leuering*, in: Simon, SpruchG, § 6 Rn. 7 ff.

294 *Weingärtner*, Der Konzern 2005, 694, 695.

295 *Weingärtner*, Der Konzern 2005, 694, 695.

296 *Puszkajler*, Der Konzern 2006, 256 ff.

297 Erklärung anhand eines praktischen Beispiels bei *Weingärtner*, Der Konzern 2005, 694.

298 Weiterführend *Wasmann/Mielke*, WM 2005, 822 ff.; *Wittgens*, Spruchverfahrensgesetz, 2006, S. 97 ff.; grundlegend *Schweinitz*, Der gemeinsame Vertreter im Spruchverfahren, 2008.

299 *Büchel*, NZG 2003, 793, 796.

samt wird der praktische Nutzen des gemeinsamen Vertreters als gering eingeschätzt.[300] In der Literatur wird daher hinterfragt, ob seine Teilnahme dem Verfahren überhaupt förderlich ist oder ob sich daraus nur zusätzlicher prozessualer Aufwand und für die Antragsgegner zusätzliche Kosten ergeben.[301]

Tatsächlich ist das Ausmaß des Einflusses, den der gemeinsame Vertreter in der Praxis auf das Verfahren nimmt, trotz des in § 6 SpruchG gesetzlich definierten Aufgabenbereichs in hohem Maße von seiner persönlichen Qualifikation und seinem Einsatz abhängig und entzieht sich daher einer pauschalen Beurteilung.

IV. Rechtsmittel und Gerichtsorganisation

1. Rechtsmittel

Im Spruchverfahren ist das Rechtsmittel der Beschwerde gem. § 12 SpruchG zum örtlich zuständigen Oberlandesgericht zugelassen.[302] Wie Abbildung 9 zeigt, wird in der Praxis davon regelmäßig Gebrauch gemacht.

300 *Kubis,* in: MüKo AktG, § 6 SpruchG Rn. 1, *Emmerich* in: Emmerich/Habersack, § 6 SpruchG Rn. 8 m.w.N.; so bereits *Hoffmann-Becking*, ZGR 1990, 482, 500.

301 Vgl. dazu bereits *Lutter/Bezzenberger*, AG 2000, 433, 440 f.

302 Die Zuständigkeitsregelung in § 12 Abs. 3 SpruchG ermöglicht im Interesse einer einheitlichen Rechtsprechung, dass die Zuständigkeit der Beschwerdeinstanz für mehrere Oberlandesgerichtsbezirke einem der betroffenen Oberlandesgerichte übertragen wird. Von dieser Ermächtigung der Länder gem. Abs. 3 haben bis 2004 Bayern, Nordrhein-Westfalen und Rheinland-Pfalz Gebrauch gemacht, vgl. *Fritzsche/Dreier/Verfürth*, SpruchG, § 12 Rn. 23.

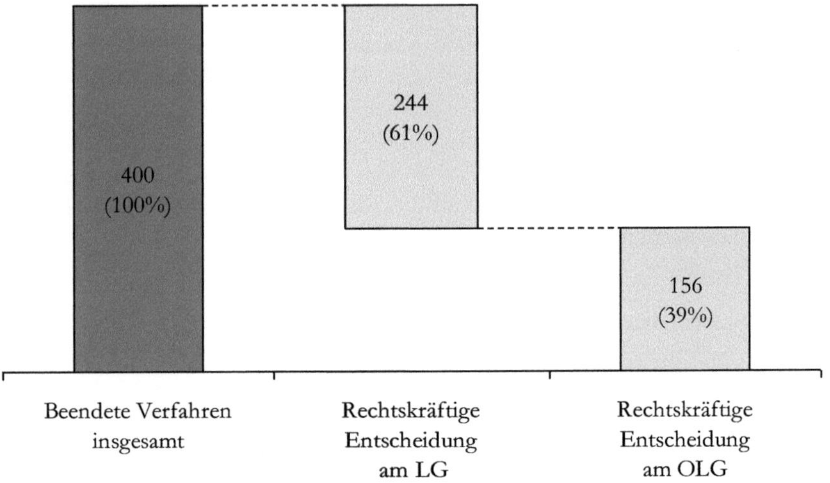

Abb. 9: *Rechtskräftige Entscheidungen nach letztem Gericht (nur Landgerichte und Oberlandesgerichte) (n = 400).*

Mehr als ein Drittel der Verfahren wird vor dem OLG rechtskräftig entschieden.[303]

Eine auf Rechtsbeschwerden beschränkte Instanz war im Referentenentwurf des SpruchG 2003 mit dem Ziel der Verfahrensbeschleunigung auf Anregung der Regierungskommission „Corporate Governance" vorgesehen.[304] Diese Regelung wurde jedoch im Regierungsentwurf nicht umgesetzt, da eine Unterscheidung zwischen rechtlichen und tatsächlichen Vorträgen im Spruchverfahren als schwer möglich erschien und der entsprechende Beschleunigungseffekt als gering eingeschätzt wurde.[305] Bis zur FGG-Reform im Jahr 2009 war das OLG die einzige Beschwerdeinstanz; eine anschließende Beschwerde zum BGH war nur in absoluten Ausnahmefällen möglich. Seit 2009 gibt es eine auf die reine Rechtskontrolle beschränkte dritte Instanz,

303 Entscheidungen weiterer Instanzen (insbesondere Verfahren vor dem BGH) sind in der empirischen Betrachtung nicht enthalten, vgl. Fn. 340.

304 BT-Drucksache 15/838 (*Beschlussempfehlung und Bericht des Rechtsausschusses zum SpruchG*); vgl. auch BT-Drucksache 14/7515 (*Bericht der Regierungskommission Corporate Governance*).

305 So auch *Fritzsche/Dreier/Verfürth*, SpruchG, § 12 Rn. 5; *Büchel*, NZG 2003, 793, 799; dagegen *Kann/Hirschmann*, DStR 2003, 1488, 1493.

denn mit Einführung des FamFG[306] wurde nach § 70 FamFG in Anlehnung an das Zivilprozessrecht eine Rechtsbeschwerde zum BGH möglich.[307] Zulassungsgründe sind nach § 70 Abs. 2 Nr. 1 und 2 FamFG die grundsätzliche Bedeutung der Rechtssache oder die Fortbildung des Rechts bzw. die Sicherung einer einheitlichen Rechtsprechung.[308] Damit wurde eine bundeseinheitliche Rechtsprechung in Bewertungsfragen gesichert, die bereits seit langem von der Literatur gefordert wurde.[309]

2. Gerichtsorganisation

Für Spruchverfahren ist gem. § 2 Abs. 1 SpruchG das Landgericht am Sitz der Gesellschaft örtlich zuständig. § 2 Abs. 4 SpruchG sieht indes vor, dass diese Regelung durch die Bundesländer geändert und die Zuständigkeiten örtlich zusammengefasst werden können. Davon haben die meisten Bundesländer Gebrauch gemacht; derzeit sind in Deutschland 21 Landgerichte zuständig.[310]

Die Aufteilung der Gerichte nach der Anzahl der Spruchverfahren ergibt eine Unterteilung in zwei Gruppen. Während an elf Landgerichten jeweils mehr als 20 Spruchverfahren durchgeführt wurden, sind bzw. waren[311] die übrigen 15 Gerichte im gesamten Betrachtungszeitraum nur selten mit Spruchverfahren beschäftigt (siehe Abbildung 10).

---

306 Durch das Gesetz zur Reform des Verfahrens in Familiensachen und in den Angelegenheiten der freiwilligen Gerichtsbarkeit (FGG-Reformgesetz) vom 17.12.2008 wurde das bisherige FGG zum 01.09.2009 durch das FamFG abgelöst, umfassend zu den Auswirkungen dieser Reform auf das Spruchverfahren *Preuß/Leuering*, NJW-Spezial 2009, 671 ff.

307 *Simons*, in: Hölters, AktG, § 1 SpruchG Rn. 5.

308 *Preuß/Leuering*, NJW-Spezial 2009, 671, 672.

309 DAV Handelsrechtsausschuss, NZG 2002, 119, 119 f.

310 Folgende Bundesländer haben von der Möglichkeit Gebrauch gemacht: Baden-Württemberg (LG Stuttgart für OLG-Bezirk Stuttgart und LG Mannheim für OLG-Bezirk Karlsruhe), Bayern (LG München I für den OLG-Bezirk München, sonst LG Nürnberg), Hessen (LG Frankfurt am Main), Mecklenburg-Vorpommern (LG Rostock), Niedersachsen (LG Hannover), NRW (LG Dortmund für den OLG-Bezirk Hamm, LG Düsseldorf für den OLG-Bezirk Düsseldorf und LG Köln für den OLG-Bezirk Köln), Rheinland-Pfalz (LG Koblenz für den OLG-Bezirk Koblenz und LG Frankenthal für den OLG-Bezirk Zweibrücken) und Sachsen (LG Leipzig).

311 Bei einigen Gerichten ist die Zuständigkeit aufgrund der erfolgten Zuständigkeitskonzentration bereits nicht mehr gegeben; die einzelnen Verfahren dort betreffen Fälle aus der Zeit vor einer umfassenden Zuständigkeitskonzentration der Länder, vgl. dazu *Kubis*, in: MüKo AktG, § 2 SpruchG Rn. 10.

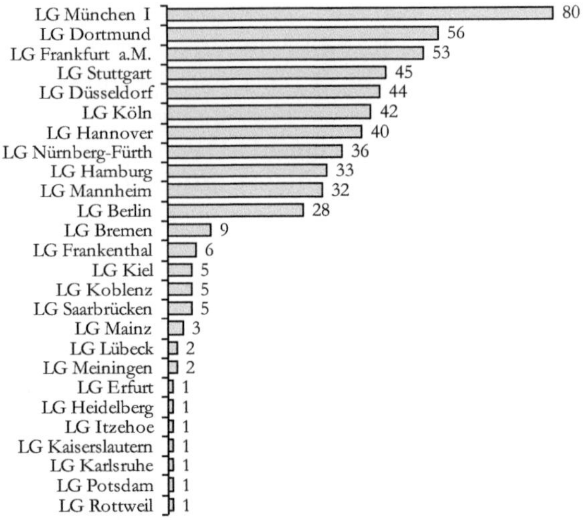

Abb. 10: Anzahl der begonnenen Spruchverfahren nach Eingangsgericht seit 1965 (n = 594), bei 61 Verfahren ist das Gericht nicht bekannt.

Am jeweiligen Landgericht entscheidet die Kammer für Handelssachen (KfH) bzw. gem. § 2 Abs. 3 a.E. SpruchG mit Einverständnis der Beteiligten der jeweilige Vorsitzende. In der Praxis ist der Vorsitzende in der Regel allein für das Verfahren verantwortlich.

Ein zentraler Grund für Verzögerungen im Spruchverfahren ist, dass einige Richter mit der komplexen Materie der Unternehmensbewertung nicht ausreichend vertraut sind und die Verfahren oft nur langsam vorantreiben.[312] Außerdem wird in der Literatur bemängelt, dass die Verfahren durch Wechsel im Vorsitz der betreffenden Kammer für Handelssachen zu einem neuen Richter, der sich erst in die ihm bis dahin unbekannte Materie der Spruchverfahren einarbeiten muss, wesentlich verlängert würden.[313]

V. Verfahrensdauer

1. Bisherige Untersuchungen in der Literatur

Nach einer Anfang der 1990er Jahre durchgeführten empirischen Studie lag die durchschnittliche Dauer ausgewählter Spruchverfahren zwischen Anfang

312 *Decher*, in: FS Maier-Reimer, 2010, S. 57, 58 f.

313 DAV Handelsrechtsausschuss, NZG 2009, 96, 98.

1992 und Mitte 1993 bei 5,3 Jahren.[314] In einer Auswertung von *Komp* aus dem Jahr 1999, in der 34 Spruchverfahren dargestellt wurden, wurde eine durchschnittliche Verfahrensdauer von 7,8 Jahren angegeben.[315] *Wenger/Kaserer/Hecker* ermitteln im Jahr 2001 eine durchschnittliche Dauer von 10,0 Jahren für Verfahren zwischen 1979 und 1992 nach dem Abschluss von Beherrschungs- und Gewinnabführungsverträgen.[316] In einer Untersuchung von *W. Baums* werden ebenfalls Spruchverfahren zu Beherrschungs- und Gewinnabführungsverträgen aus den Jahren 1985 bis 2004 aufgelistet, die durchschnittliche Verfahrensdauer liegt hier bei 6,0 Jahren.[317] *Bilda* bemerkt im Jahr 2000, dass die Verfahren bis zur erstinstanzlichen Entscheidung nicht selten „Jahre" dauern, während der rechtskräftige Abschluss für Fälle, die im Beschwerdeverfahren entschieden werden, „in nicht wenigen Fällen erst nach mehr als zehn Jahren" erreicht werden.[318]

Krüger ermittelt im Jahr 2004 für Spruchverfahren aus umwandlungsrechtlichen Strukturmaßnahmen eine durchschnittliche Dauer von 3,4 Jahren (basierend auf der Auswertung von 13 Verfahren).[319] Für Spruchverfahren aus aktienrechtlichen Strukturmaßnahmen beträgt die durchschnittliche Dauer danach 5,5 Jahre (43 Verfahren). Verfahren zu Eingliederungen dauern 10,8 Jahre (6 Verfahren). Die durchschnittliche Dauer der Verfahren bei der Überprüfung von Beherrschungs- und Gewinnabführungsverträgen wird mit 7,7 Jahren (lediglich 20 Verfahren) angegeben, während Spruchverfahren aus der Überprüfung von Squeeze-out durchschnittlich 1,3 Jahre (18 Verfahren) dauern. Diese Darstellung zeigt deutlich, wie sehr die Verfahrensdauer in Anhängigkeit von der Art der Strukturmaßnahme variiert. Diese Ergebnisse sind allerdings nur bedingt aussagekräftig, da sie lediglich auf einem kleinen Datensatz beruhen.[320]

---

314 *Hecker/Wenger*, ZBB 1995, 321, 331 mit Verweis auf *Wenger/Hecker*, Übernahme- und Abfindungsregeln, S. 73 ff.

315 *Komp,* Zweifelsfragen des aktienrechtlichen Abfindungsanspruchs, 1999, S. 472 ff., 7,8 Jahre ist der durchschnittliche Wert aller in der Tabelle „Verwendete Kapitalisierungszinssätze und Dauer ausgewählter Spruchstellenverfahren" aufgeführten Verfahren, die Ende der 90er Jahre zu Ende gingen.

316 *Wenger/Kaserer/Hecker*, ZBB 2001, 317, 328 f.; siehe auch *Hecker*, Regulierung von Unternehmensübernahmen und Konzernrecht, 2000.

317 *W. Baums,* Ausgleich nach § 304 AktG, *2007,* Tabellen 7 und 8 des Anhangs; vom Verfasser errechneter Durchschnitt der Verfahrensdauer.

318 *Bilda*, NZG 2000, 296.

319 *Krüger*, Empirische Analyse zur Nachbesserung von Zwangsabfindungen, 2004, S. 87 ff.; siehe auch *Bassewitz/Krüger*, Börsenzeitung vom 23.02.2005, S. 2.

320 *Krüger*, Empirische Analyse zur Nachbesserung von Zwangsabfindungen, 2004, S. 87; siehe auch *Bassewitz/Krüger*, Börsen-Zeitung vom 23.02.2005.

Für den Squeeze-out gibt es eine umfassende jüngere empirische Betrachtung von *Stange*, der ebenfalls die Verfahrensdauer des sich anschließenden Spruchverfahrens ermittelt.[321] In den dort 317 erfassten Squeeze-out wurde in 214 Fällen ein Spruchverfahren eingeleitet, von denen 76 Spruchverfahren bis zum Ende des Jahres 2007 beendet wurden. Im Durchschnitt dauerten diese Verfahren 2,5 Jahre (30 Monate). Ohne die Verfahrensbeendigungen durch Vergleich ergibt sich für gerichtlich rechtskräftig entschiedene Verfahren eine durchschnittliche Dauer von 3,2 Jahren (37,9 Monate). Mit 138 Spruchverfahren lief zum Zeitpunkt der Datenerhebung dieser Studie ein Großteil der Verfahren noch.[322]

Schließlich ermittelt *Lorenz* im Jahr 2012 für in den Jahren 2009 bis 2011 abgeschlossene Spruchverfahren eine durchschnittliche Verfahrensdauer von 6,9 Jahren.[323]

Zwar wurde in der jüngsten Zeit eine Verkürzung der Spruchverfahren in der Praxis registriert, in der Literatur ist man sich weitgehend einig, dass Spruchverfahren immer noch zu lange dauern und dass das Verfahren reformbedürftig ist.[324]

2. Eigene empirische Ergebnisse

Für die eigene Erhebung wird zwischen der Verfahrensdauer nach altem Recht (also vor dem SpruchG 2003[325]) und nach neuem Recht unterschieden, da insbesondere der Erfolg des SpruchG 2003 empirisch beurteilt werden soll.

a) Verfahrensdauer nach altem Recht

Auf der Grundlage der erhobenen Daten wurde die durchschnittliche Verfahrensdauer von Spruchverfahren nach altem Recht bestimmt.[326] Von den insgesamt 594 analysierten Verfahren[327] folgten 324 Verfahren dem alten Recht. Davon waren 319 Verfahren zum Zeitpunkt der vorliegenden empirischen

321 *Stange*, Zwangsausschluss von Minderheitsaktionären, 2010, S. 287.

322 *Stange*, Zwangsausschluss von Minderheitsaktionären, 2010, S. 287.

323 *Lorenz*, AG 2012, 284, 286 (Sechs Jahre und elf Monate).

324 *Decher*, in: FS Meier-Reimer, 2010, S. 57, 58; *Verse*, NZG 2009, 1127, 1132; *Baums/Drinhausen*, ZIP 2008, 145 ff.

325 Zur Abgrenzung altes und neues Recht *Wasmann*, DB 2003, 1559.

326 Zur Methodik der Auswertung und der getroffenen Annahmen siehe im Anhang A. Methodik der empirischen Auswertung, S. 279, sowie insbesondere die Hinweise und Annahmen zum f) Beginn des Verfahrens, S. 282, sowie g) Ende des Verfahrens, S. 285.

327 Siehe Abb. 1: Anzahl der Spruchverfahren seit 1965, unterteilt in beendete und nicht beendete Verfahren sowie Verfahren nach altem und neuem Recht, S. 28.

Auswertung beendet. Von diesen Verfahren konnte für 253 die Verfahrensdauer ermittelt werden. Sieben Verfahren nach altem Recht waren zum Zeitpunkt der vorliegenden Auswertung noch nicht beendet.

Auf dieser Grundlage konnte eine durchschnittliche Dauer der Spruchverfahren über beide Instanzen[328] von insgesamt 6,0 Jahren errechnet werden. Der entsprechende Median beträgt 5,0 Jahre.[329] Aus der Differenz zwischen Durchschnitt und Median kann geschlossen werden, dass es einige „Ausreißer nach oben“ mit besonders langer Verfahrensdauer gibt. Der Median der hier ermittelten Verfahrensdauer entspricht somit der in der Gesetzesbegründung des SpruchG 2003[330] genannten Dauer von fünf Jahren.

Abbildung 11 zeigt die durchschnittliche Verfahrensdauer in Jahren für beendete Verfahren, sortiert nach dem jeweiligen Jahr des Verfahrensbeginns von 1984 bis 2003.[331]

---

328 Landgericht und Oberlandesgericht, siehe 1. Rechtsmittel, S. 55.

329 Der Median bezeichnet die Grenze zwischen zwei Hälften. Bei einer Gesamtzahl von 100 Spruchverfahren und einem Median von 5,0 Jahren beträgt somit die Verfahrensdauer bei 50 Verfahren mehr als 5,0 Jahre und bei 50 Verfahren weniger als 5,0 Jahre. Sind die Verfahren nach ihrer Dauer gleichmäßig innerhalb der Bandbreite von 0 bis 10 Jahren verteilt, beträgt auch der Durchschnitt 5,0 Jahre. Dauern allerdings einige Verfahren länger als 10 Jahre (sog. Ausreißer, extrem abweichende Werte), erhöht dies den Durchschnitt, nicht aber den Median. Gegenüber dem arithmetischen Mittel (Durchschnitt) hat der Median somit den Vorteil, robuster gegenüber diesen Ausreißern zu sein.

330 BT-Drucksache 15/371 (*RegE Begründung SpruchG*), S. 1.

331 Verfahren, die vor dem Jahr 1984 begonnen haben, werden hier nicht dargestellt; die durchschnittlicher Verfahrensdauer sämtlicher Verfahren, die zwischen 1965 und 1984 begonnen wurden, beträgt 4,8 Jahre (n = 17).

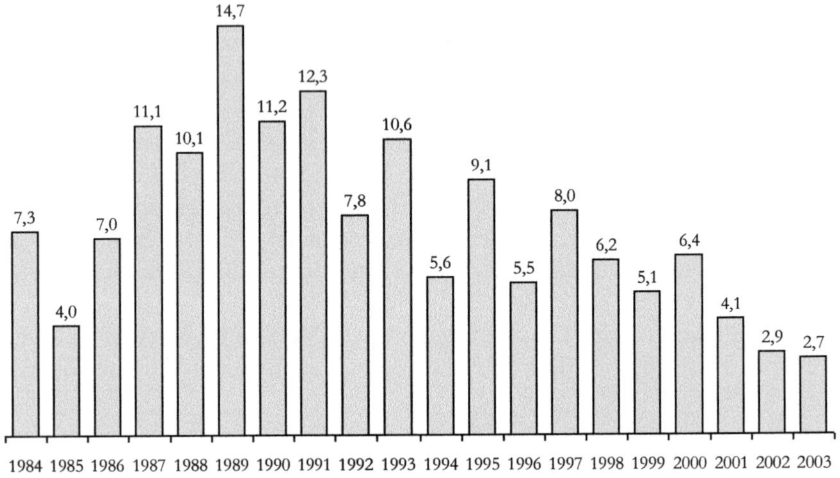

Abb. 11: Durchschnittliche Verfahrensdauer in Jahren für beendete Verfahren, sortiert nach dem jeweiligen Jahr des Verfahrensbeginns von 1984 bis 2003 (n = 251).

Hier zeigt sich, dass das Problem der überlangen Verfahrensdauer vor allem für die Verfahren besteht, die in den späten 1980er Jahren und frühen 1990er Jahren begonnen wurden. Insbesondere für Verfahren der Jahrgänge 1987 bis 1991 ist jeweils eine durchschnittliche Dauer von mehr als zehn Jahren zu verzeichnen. Seit Beginn der 1990er Jahre gibt es einen diesbezüglich rückläufigen Trend, der sich bis zum Jahr der Reform des Spruchverfahrensrechts fortsetzt.

b) Verfahrensdauer nach neuem Recht

Von insgesamt 268 Verfahren, die nach neuem Recht begonnen wurden, waren zum Zeitpunkt der hier vorliegenden Untersuchung lediglich 81 Verfahren beendet, davon konnte für 71 Verfahren die Dauer ermittelt werden. 187 Verfahren waren noch nicht abgeschlossen. Abbildung 12 zeigt den prozentualen Anteil der beendeten und nicht beendeten Verfahren in den Jahren 1998 bis 2010.

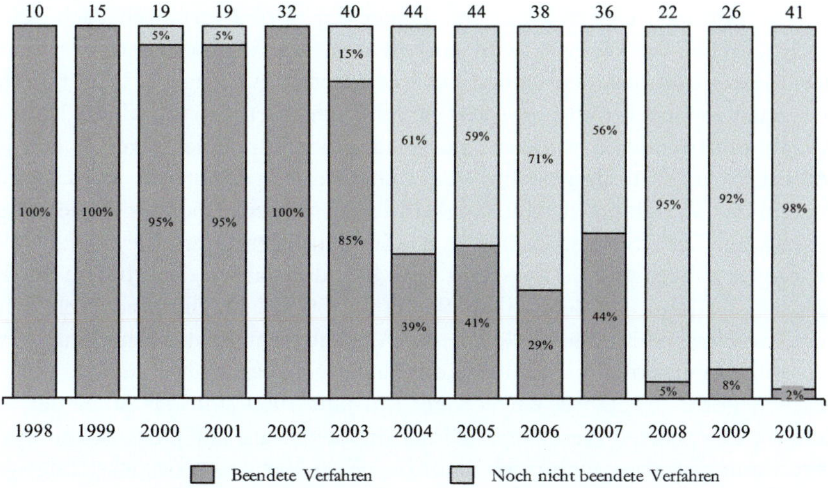

Abb. 12: *Übersicht über die Gesamtzahl der Verfahren sowie die prozentuale Verteilung beendeter und noch nicht beendeter Verfahren von 1998 bis 2010. Sämtliche Verfahren von 1965 bis 1997 waren bereits beendet.*

Aufgrund des geringen Anteils der beendeten Verfahren pro Jahr lässt sich die durchschnittliche Verfahrensdauer für die Jahre 2004 ff. nicht bestimmen. Wenn man nur die bereits beendeten Verfahren pro Jahrgang mit ihrer durchschnittlichen Dauer berücksichtigt, würde man den tatsächlichen Durchschnitt eines vollständigen Jahrgangs zu niedrig darstellen. Da die vorliegende Untersuchung zum 31. Dezember 2010 beendet wurde, würde die zu diesem Zeitpunkt maximal ermittelbare Dauer der im Jahr 2004 begonnenen Spruchverfahren sieben Jahre betragen. Länger laufende Verfahren würden dann nicht berücksichtigt werden. Für die Folgejahre 2005 bis 2010 würde sich die maximal bestimmbare Verfahrensdauer entsprechend verkürzen. Für Verfahren aus dem Jahr 2009 könnte somit beispielsweise nur noch eine Verfahrensdauer von maximal zwei Jahren ermittelt werden.[332]

332 In der Statistik wird dieses Problem unter dem Stichwort „zensierte Daten" diskutiert. Solche Daten liegen vor, wenn der Eintritt eines Ereignisses (hier der Abschluss des jeweiligen Spruchverfahrens) zum Zeitpunkt der Untersuchung nur für einen Teil des Datensatzes bekannt ist bzw. bekannt sein kann. Dabei würde es zu falschen Ergebnissen führen, wenn man die zensierten Daten eliminieren würde. Mit der sog. Kaplan-Meier-Methode und der sog. Cox-Regression existieren zwei statistische Verfahren, mit denen diese Daten weiterführend verarbeitet werden

Um dennoch eine Aussage zur Dauer der Spruchverfahren nach neuem Recht machen zu können, wird anstelle der durchschnittlichen Verfahrensdauer die prozentuale Verteilung der Verfahren in Abhängigkeit ihrer Verfahrensdauer zwischen null und sechs Jahren betrachtet. In Abbildung 13 ist die Anzahl der beendeten sowie der noch laufenden Spruchverfahren in den Jahren 1967[333] bis 2010 dargestellt. Weiterhin wird die prozentuale Verteilung der Anzahl der Verfahren in Abhängigkeit der Verfahrensdauer für die jeweiligen Jahre aufgeführt. So finden sich z. B. sämtliche Verfahren, die im Jahr 1969 begonnen haben und die zwischen zwei und drei Jahren dauerten, in der Kategorie „2-3 Jahre" in der Zeile „1969" (hier 50 %). Da die akzeptable Dauer von Spruchverfahren nach allgemeiner Ansicht weniger als sechs Jahre betragen sollte, wurden alle Verfahren, die länger als sechs Jahre gedauert haben, der Kategorie „6+ Jahre" zugeordnet (im Jahr 1969 sind das 50 % der Verfahren). Der Vorteil dieser Darstellung im Gegensatz zur Durchschnittswertberechnung ist, dass auch noch nicht beendete Verfahren berücksichtigt werden können. Sie werden der Kategorie „6+ Jahre" zugeordnet.

Für das Jahr 2004 lässt sich erkennen, dass die begonnenen Verfahren zu 64 % noch nicht beendet wurden und daher bereits länger als sechs Jahre dauern. Um eine bessere Lesbarkeit der Tabelle zu gewährleisten, sind die Zellen in Abhängigkeit der jeweiligen Prozentzahlen mit Graustufen unterlegt. Für die Jahre 2005 ff. verbleibt somit allerdings ein Bereich, für den noch keine Aussage getroffen werden kann. Für Verfahren dieser Jahrgänge gilt, dass diese bereits die Dauer der jeweiligen Kategorien erreicht haben, aber noch nicht abgeschlossen sind.

können; vgl. dazu etwa *Sachs/Hedderich*, Angewandte Statistik, 2009, S. 705, 714. Im vorliegenden Fall lässt sich eine Aussage zur Auswirkung des SpruchG 2003 auf die Verfahrensdauer auch ohne diese statistischen Analysen durch Betrachtung des prozentualen Anteils der noch nicht beendeten Verfahren jedes Jahrgangs treffen.

333 1967 ist das Jahr, in dem das erste Spruchverfahren nach dem AktG 1965 erfasst wurde.

Jahr	Anzahl der Verfahren					Zeitraum der Verfahrensbeendigung						
	Gesamt	Bereits beendet		Noch laufend		0-1 Jahre	1-2 Jahre	2-3 Jahre	3-4 Jahre	4-5 Jahre	5-6 Jahre	6+ Jahre
1967	1	1	100%	0	0%	100%	0%	0%	0%	0%	0%	0%
1968	1	1	100%	0	0%	0%	0%	0%	0%	0%	100%	0%
1969	2	2	100%	0	0%	0%	0%	50%	0%	0%	0%	50%
1970	4	4	100%	0	0%	0%	25%	50%	0%	0%	0%	25%
1971	2	2	100%	0	0%	0%	50%	0%	0%	0%	0%	50%
1972	3	3	100%	0	0%	33%	0%	0%	0%	33%	0%	33%
1973	6	6	100%	0	0%	33%	0%	17%	0%	33%	0%	17%
1974	1	1	100%	0	0%	100%	0%	0%	0%	0%	0%	0%
1975	3	3	100%	0	0%	0%	0%	0%	0%	0%	33%	67%
1976	2	2	100%	0	0%	0%	50%	0%	0%	0%	50%	0%
1977	3	3	100%	0	0%	0%	0%	0%	0%	100%	0%	0%
1978	4	4	100%	0	0%	0%	25%	25%	0%	25%	0%	25%
1979	4	4	100%	0	0%	0%	0%	0%	25%	25%	0%	50%
1980	3	3	100%	0	0%	33%	0%	33%	0%	0%	0%	33%
1981	1	1	100%	0	0%	0%	0%	0%	0%	0%	100%	0%
1982	6	6	100%	0	0%	17%	17%	17%	0%	0%	0%	50%
1983	5	5	100%	0	0%	20%	20%	0%	0%	0%	20%	40%
1984	1	1	100%	0	0%	0%	0%	0%	0%	0%	0%	100%
1985	1	1	100%	0	0%	0%	0%	0%	100%	0%	0%	0%
1986	3	3	100%	0	0%	0%	0%	0%	33%	0%	0%	67%
1987	1	1	100%	0	0%	0%	0%	0%	0%	0%	0%	100%
1988	9	9	100%	0	0%	11%	0%	0%	22%	0%	0%	67%
1989	6	6	100%	0	0%	0%	0%	0%	0%	0%	0%	100%
1990	12	12	100%	0	0%	0%	0%	0%	8%	0%	0%	92%
1991	5	5	100%	0	0%	0%	0%	0%	0%	20%	0%	80%
1992	6	6	100%	0	0%	0%	0%	0%	17%	17%	0%	67%
1993	7	7	100%	0	0%	0%	14%	0%	0%	0%	0%	86%
1994	6	6	100%	0	0%	17%	17%	17%	0%	0%	0%	50%
1995	7	7	100%	0	0%	0%	0%	0%	0%	0%	0%	100%
1996	9	8	89%	1	11%	0%	22%	0%	11%	11%	11%	44%
1997	9	8	89%	1	11%	0%	11%	0%	11%	0%	11%	67%
1998	10	10	100%	0	0%	20%	0%	0%	10%	10%	10%	50%
1999	15	15	100%	0	0%	7%	0%	13%	13%	20%	27%	20%
2000	19	18	95%	1	5%	5%	0%	0%	5%	16%	21%	53%
2001	19	18	95%	1	5%	16%	11%	16%	11%	0%	0%	47%
2002	32	32	100%	0	0%	16%	28%	22%	9%	3%	6%	16%
2003	40	34	85%	6	15%	8%	28%	15%	5%	15%	5%	25%
2004	44	17	39%	27	61%	7%	7%	7%	5%	2%	9%	64%

Jahr	Anzahl der Verfahren					Zeitraum der Verfahrensbeendigung						
	Gesamt	Bereits beendet		Noch laufend		0-1 Jahre	1-2 Jahre	2-3 Jahre	3-4 Jahre	4-5 Jahre	5-6 Jahre	6+ Jahre
2005	44	18	41%	26	59%	7%	11%	7%	11%	0%	64%	
2006	38	11	29%	27	71%	0%	11%	13%	3%	74%		
2007	36	16	44%	20	56%	6%	19%	14%	61%			
2008	22	1	5%	21	95%	0%	0%	100%				
2009	26	2	8%	24	92%	4%	96%					
2010	41	1	2%	40	98%	100%						

Abb. 13: *Darstellung der Anzahl beendeter und nicht beendeter Verfahren pro Jahrgang sowie Verteilung in Abhängigkeit der Verfahrensdauer von null bis sechs Jahren. Die Zellen sind in Abhängigkeit der jeweiligen Prozentzahlen mit Graustufen unterlegt: 0 % weiß, 1 % bis 49 % hellgrau, 50 % bis 99 % mittelgrau und 100 % dunkelgrau. Für die mit "*" gekennzeichneten Verfahren der Jahre 2004 bis 2010 gilt, dass diese jeweils die Dauer der jeweiligen Kategorien erreicht haben, aber noch nicht abgeschlossen sind; die in der Spaltenüberschrift genannte Maximaldauer wird somit noch überschritten werden (n = 594).*

Aus dieser Darstellung ist die lange Verfahrensdauer in den 1980er und 1990er Jahren abzulesen, da in diesem Zeitraum begonnene Spruchverfahren nur zu einem Bruchteil innerhalb von sechs Jahren abgeschlossen wurden. Damit werden die bereits zum alten Recht getroffenen Aussagen[334] hinsichtlich der langen Verfahrensdauer bei Verfahren dieser Jahrgänge unterstrichen.

Weiterhin ist ab dem Jahr 1996 eine stete Verkürzung der Verfahrensdauer zu erkennen: Seit diesem Jahr wurden zumeist mehr als die Hälfte der Verfahren innerhalb von sechs Jahren beendet; auch dies entspricht den Ergebnissen der obigen Darstellung.[335]

Das erste Jahr, in dem ausschließlich das neue Recht zur Anwendung kam, ist das Jahr 2004.[336] Für diesen Jahrgang gilt, dass 64 % der Verfahren nach sechs Jahren noch nicht beendet waren. Dieser Anteil liegt damit deutlich über dem der Verfahren nach altem Recht aus den Jahren 2002 und 2003, bei denen nach sechs Jahren lediglich 16 % bzw. 25 % der Verfahren noch nicht abgeschlossen waren. Im Vergleich zu den Verfahren nach altem Recht hat sich die Situation somit im Jahr 2004 verschlechtert. Auch im Zeitraum von 1998 bis 2001 wurde ein größerer Anteil an Verfahren innerhalb des Sechs-Jahres-Zeitraums abgeschlossen.

---

334 Siehe a) Verfahrensdauer nach altem Recht, S. 60.

335 Siehe a) Verfahrensdauer nach altem Recht, S. 60.

336 *Wasmann*, DB 2003, 1559.

Für die Jahre 2005 ff. können aufgrund des limitierten Betrachtungszeitraums nur Aussagen für jeweils kürzere Zeiträume getroffen werden.[337] Wie für das Jahr 2004 ist auch hier festzustellen, dass sich die Verfahrensdauer trotz der Reform durch das SpruchG 2003 nicht signifikant verkürzt hat: 64 % der Verfahren des Jahrgangs 2005 waren nach fünf bis sechs Jahren nicht beendet, 74 % der Verfahren des Jahrgangs 2006 waren nach vier bis fünf Jahren nicht beendet und 64 % der Verfahren des Jahrgangs 2007 waren nach vier Jahren nicht beendet. Für die Jahre 2008 bis 2010 lässt sich aufgrund der extrem niedrigen Anzahl abgeschlossener Verfahren und des kurzen Betrachtungszeitraums keine Aussage treffen.

Zusammenfassend lässt sich festhalten, dass die Reform im Jahr 2003 nicht zu einer signifikanten Verfahrensverkürzung geführt hat.

Die Neuregelung der Verzinsung durch das ARUG im Jahr 2009 lässt hingegen Auswirkungen auf die Verfahrensdauer erwarten; dadurch könnten in naher Zukunft die hier getroffenen Aussagen relativiert werden.[338]

c) Weitere Analysen zur Verfahrensdauer

Nachfolgend werden die Ergebnisse weiterer Analysen zur Verfahrensdauer in Abhängigkeit potentiell beeinflussender Faktoren dargestellt und erörtert.[339]

aa) Dauer in Abhängigkeit vom Instanzenzug

Zunächst wird der Zusammenhang zwischen Verfahrensdauer und dem jeweiligen Instanzenzug untersucht.[340] Abbildung 14 zeigt, dass Verfahren, die nach der ersten Instanz (in diesem Fall Landgericht) rechtskräftig abgeschlossen wurden, im Durchschnitt 4,2 Jahre dauerten. Verfahren über beide Instanzen (Landgericht und Oberlandesgericht) dauerten im Durchschnitt 9,5 Jahre. Angesichts der durchschnittlichen Verfahrensdauer über alle Verfahren von 6,0 Jahren sind diese Werte plausibel.

---

337 Siehe b) Verfahrensdauer nach neuem Recht, S. 62.

338 Siehe dazu III. Verzinsung, S. 89.

339 Diese Untersuchungen beziehen sich sämtlich auf das alte Recht, also auf die Verfahren, die vor dem 01.09.2003 begonnen wurden, für die nachfolgenden Jahrgänge ist die Berechnung von Durchschnittswerten aufgrund des hohen Anteils nicht beendeter Verfahren nicht aussagekräftig, siehe Fn. 332.; für Auswertungen zu in den Jahren 2009 bis 2011 abgeschlossenen Spruchverfahren siehe *Lorenz*, AG 2012, 284, 285.

340 Aufgrund besserer Vergleichbarkeit werden nur die ersten beiden Instanzen (Eingangsinstanz und Rechtsmittelinstanz an Landgericht und Oberlandesgericht) betrachtet. Weitere Instanzen (Bundesgerichtshof, Bundesverfassungsgericht und Europäischer Gerichtshof für Menschenrechte) bleiben außer Betracht.

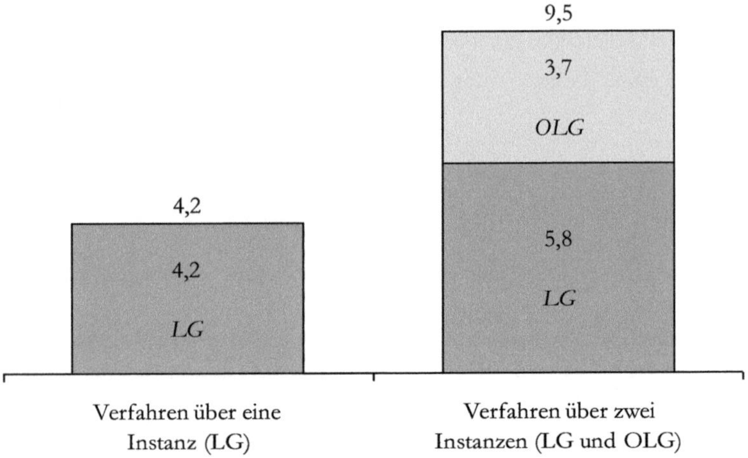

Abb. 14: *Verfahrensdauer in Jahren in Abhängigkeit vom Instanzenzug (nur altes Recht) (n = 148 für Verfahren, die bereits am Landgericht rechtskräftig entschieden wurden, n = 68 für Verfahren über beide Instanzen).*

Bei Verfahren über beide Instanzen benötigt schon die Eingangsinstanz 5,8 Jahre, wohingegen das Verfahren beim Oberlandesgericht durchschnittlich 3,7 Jahre dauert. Dieser Unterschied war zu erwarten. Aufgrund der durch das Landgericht bereits erfolgten Aufarbeitung des Verfahrensstoffs kann jedoch nicht geschlossen werden, dass das OLG als Eingangsinstanz die Verfahren zügiger erledigen würde.[341]

bb) Dauer in Abhängigkeit vom Eingangsgericht

Die Darstellung der Verfahrensdauer in Abhängigkeit vom Eingangsgericht[342] in Abbildung 15 zeigt, dass selbst zwischen den verschiedenen Landgerichten, die sich regelmäßig mit Spruchverfahren befassen, erhebliche Unterschiede in der Verfahrensdauer bestehen.

---

341 Siehe dazu IV. Rechtsmittel und Gerichtsorganisation, S. 55.

342 Verfahrensdauer addiert jeweils über beide Instanzen.

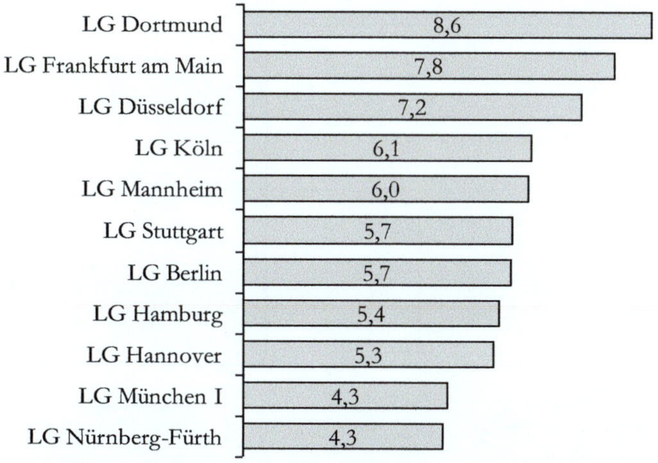

Abb. 15: *Verfahrensdauer in Jahren nach Eingangsgericht (nur altes Recht). Dargestellt sind nur die elf Gerichte, an denen die meisten Verfahren stattgefunden haben (n = 253 für sämtliche Verfahren).*

Die Auswertung der Verfahrensdauer in Abhängigkeit von den jeweils zuständigen Eingangsgerichten zeigt erhebliche Unterschiede. So dauerten Verfahren mit Eingangsgericht LG Dortmund mit einer durchschnittlichen Dauer von 8,6 Jahren am längsten; das LG München I weist mit durchschnittlich 4,3 Jahren die kürzeste durchschnittliche Verfahrensdauer auf.[343]

cc) Dauer in Abhängigkeit der Verfahrensbeendigung

Die Auswertung der Verfahrensdauer in Abhängigkeit vom Verfahrensabschluss in Abbildung 16 zeigt, dass Verfahren, die mit einem Vergleich (oder nach altem Recht mit einer vergleichsweisen Erledigung) endeten, im Durchschnitt erheblich kürzer dauerten.

---

343 Das LG Dortmund mit 56 Verfahren an zweiter Stelle der Anzahl der Verfahren (56 Verfahren), das LG München I befasst sich am häufigsten mit Spruchverfahren (80 Verfahren). Eine Korrelation zwischen Anzahl der Verfahren pro Gericht und der Verfahrensdauer ist nicht erkennbar; vgl. für in den Jahren 2009 bis 2011 abgeschlossene Spruchverfahren *Lorenz*, AG 2012, 284, 285.

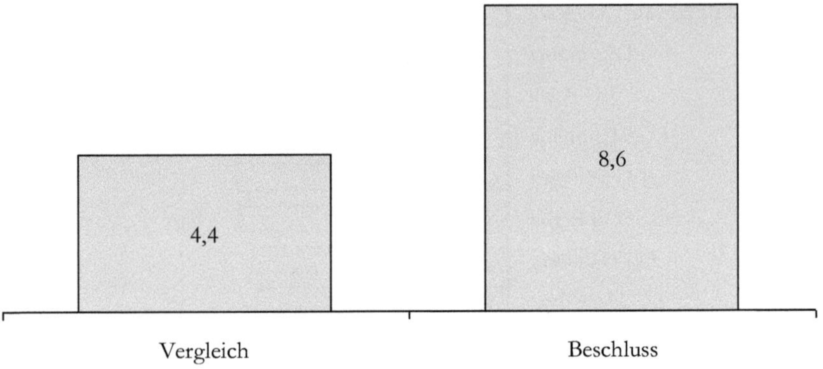

Abb. 16: Verfahrensdauer in Jahren in Abhängigkeit von der Verfahrensbeendigung (n = 253). Die drei im Datensatz enthaltenen Schiedsverfahren haben durchschnittlich ebenfalls 4,4 Jahre gedauert.

Ein durch Vergleich beendetes Verfahren dauert im Schnitt nur 4,4 Jahre. Im Unterschied dazu dauerte ein mit richterlichem Beschluss beendetes Verfahren nach altem Recht im Durchschnitt 8,6 Jahre. Erwartungsgemäß besteht zwischen Verfahrensdauer und Art der Verfahrensbeendigung eine Korrelation. Hier zeigt sich deutlich, dass eine einvernehmliche Einigung der Verfahrensbeteiligten einen positiven Einfluss auf die Verfahrensdauer hat. Aus dieser Erkenntnis ergibt sich ein wichtiger Reformansatz.[344]

dd) Dauer in Abhängigkeit von den Strukturmaßnahmen

In Abbildung 17 wird die Verfahrensdauer in Abhängigkeit von den jeweils zugrunde liegenden Strukturmaßnahmen dargestellt.

344 Siehe dazu B. Einrichtung von Vorverhandlungen, S. 220.

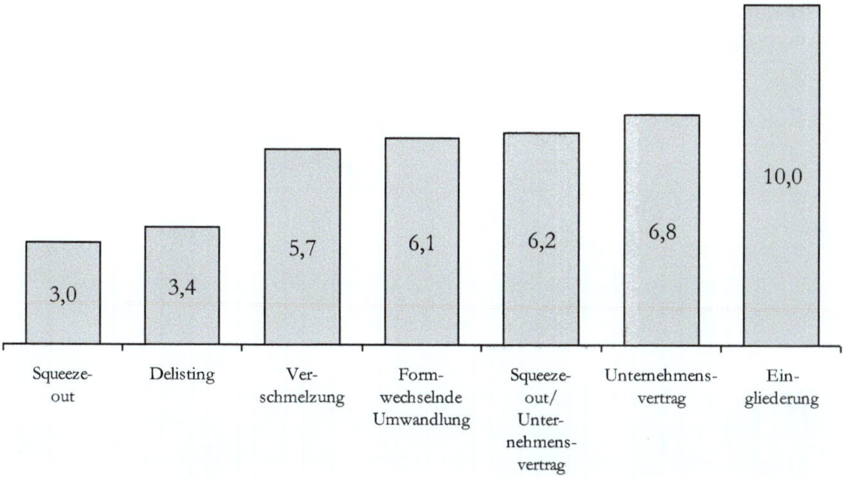

Abb. 17: Verfahrensdauer in Jahren nach altem Recht in Abhängigkeit von Strukturmaßnahmen(n = 324).

Ein Spruchverfahren nach einem Squeeze-out hat mit durchschnittlich 3,0 Jahren die kürzeste Verfahrensdauer. Diese Verfahren sind seit dem Jahr 2001 möglich und größtenteils wohl schon in Erwartung des reformierten Spruchverfahrens durchgeführt worden.[345] Das neue Recht war zwar noch nicht in Kraft, lag aber bereits in Entwürfen vor und wurde in der wissenschaftlichen Literatur diskutiert.[346]

Spruchverfahren nach anderen Strukturmaßnahmen dauerten wesentlich länger. Ein belastbarer Zusammenhang zwischen Verfahrensdauer und Art der Strukturmaßnahme ist jedoch nicht abzulesen. Insbesondere am Beispiel von Squeeze-out und Eingliederung zeigt sich, dass trotz der materiellrechtlichen Ähnlichkeiten erhebliche Unterschiede in der Verfahrensdauer bestehen können.

ee) Dauer in Abhängigkeit von der Anzahl der Antragsteller

In Abbildung 18 wird die Verfahrensdauer in Abhängigkeit von der Anzahl der beteiligten Antragsteller dargestellt. Für die Verfahren, bei denen mehr als

345 Hier ist zu berücksichtigen, dass Spruchverfahren anlässlich eines Squeeze-out nach altem Recht nur in einem Zeitfenster von 21 Monaten durchgeführt werden konnten.

346 Vor allem durch *Lutter/Bezzenberger*, AG 2000, 433.

15 Antragsteller involviert waren, wurde aufgrund der niedrigen Fallzahlen ein Durchschnittswert berechnet (8,0 Jahre).

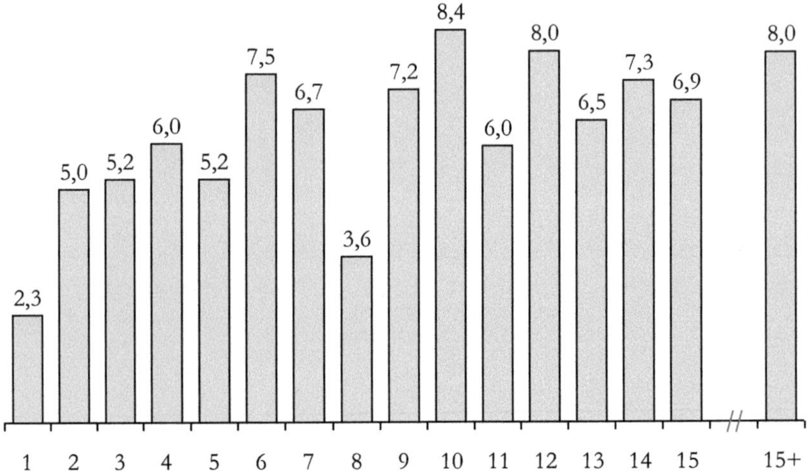

Abb. 18: Verfahrensdauer in Jahren nach altem Recht in Abhängigkeit von der Anzahl der antragstellenden Aktionäre (n = 124).

Ein direkter Zusammenhang zwischen der Verfahrensdauer und der Anzahl der Antragsteller ist daraus allerdings nicht abzuleiten.[347]

3. Ergänzende Betrachtungen

a) Vergleich mit anderen zivilrechtlichen Verfahren

Im Vergleich zu allgemeinen zivilrechtlichen Verfahren dauern Spruchverfahren erheblich länger. Zivilverfahren dauern durchschnittlich lediglich 4,4 Monate (Amtsgerichte) bzw. 7,4 Monate (Landgerichte).[348] 11 % der Landgerichtsprozesse dauern länger als 12 Monate, 5 % länger als 24 Monate. Familiengerichte brauchen im Bundesdurchschnitt 10,3 Monate (im Länderdurchschnitt 7,9 bis 13,1 Monate); über 22 % der Verfahren dauern 12-24

347 Für Betrachtungen zur Entwicklung der Anzahl der antragstellenden Aktionäre im Spruchverfahren siehe c) Anzahl der Antragsteller, S. 40.

348 *Steinbeiß-Winkelmann*, ZRP 2007, 177.

Monate, 6 % länger als 24 Monate.[349] Die Dauer von gesellschaftsrechtlichen Anfechtungsklagen wird mit 8,5 Monaten angegeben.[350]

Auch wenn Spruchverfahren aufgrund ihrer Komplexität nicht unmittelbar mit diesen Verfahren vergleichbar sind, ist ein entsprechender Unterschied zu Lasten der Spruchverfahren auffällig.

b) Rechtsschutz gegen überlange Verfahrensdauer

Ein ausdrücklicher Rechtsschutz gegen eine überlange Verfahrensdauer existiert in Deutschland nicht. Den Parteien verbleibt derzeit bei Untätigkeit des Gerichts lediglich die Möglichkeit einer Verfassungsbeschwerde bzw. die Anrufung des Europäischen Gerichtshofs für Menschenrechte.[351] Ein ausdrücklicher Rechtsschutz[352] wurde bereits vor Jahren gefordert, inzwischen liegt ein entsprechender Gesetzentwurf vor und steht kurz vor der Umsetzung.[353] In anderen europäischen Ländern existiert ein Rechtsschutz bereits. In Österreich zum Beispiel können Parteien im Gerichtsverfahren bei der jeweils nächsthöheren Instanz eine Fristsetzung beantragen (§ 91 österreichisches Gerichtsorganisationsgesetz).[354]

4. Zusammenfassung des empirischen Befunds

Die empirische Auswertung hat ergeben, dass die durchschnittliche Verfahrensdauer für alle Verfahren, die zwischen 1965 und 2003 begonnen wurden, insgesamt 6,0 Jahre betrug. Verfahren, die Anfang der 1990er Jahre begonnen wurden, dauerten im Durchschnitt sogar länger als zehn Jahre. Diese dramatisch lange Verfahrensdauer zeigt seit 1998 wieder einen rückläufigen Trend. Allerdings konnte durch die Reform des Spruchverfahrensrechts im Jahr 2003 bislang keine weitere Verkürzung erreicht werden. Stattdessen hat sich der

---

349 *Steinbeiß-Winkelmann*, ZRP 2007, 177.

350 *Stange*, Zwangsausschluss von Minderheitsaktionären, 2010, S. 250 nennt einen Zeitraum von 286 Tagen zwischen Hauptversammlungsbeschluss und Eintragung ins Handelsregister, das ergibt abzüglich der Klagefrist von einem Monat gem. § 246 Abs. 1 AktG eine Dauer von 8,5 Monaten.

351 *Habersack/Verse*, AG 2003, 300, 301 ff.

352 BR-Drucksache 540/10 (*Stellungnahme des Bundesrates zum Entwurf eines Gesetzes über den Rechtsschutz bei überlangen Gerichtsverfahren und strafrechtlichen Ermittlungsverfahren*); *Steinbeiß-Winkelmann*, ZRP 2010, 205, nach Vorgabe durch EGMR, Urteil vom 02.09.2010 – 46344/06, NJW 2010, 3355; eine solche gesetzliche Regelung war bereits früher diskutiert worden, dazu EGMR, Urteil vom 26.10.2000 – 30210/96, NJW 2001, 2694; *Meyer-Ladewig*, NJW 2001, 2679 f.

353 *Musielak*, in: Musielak, ZPO, Einleitung, Rn. 79.

354 *Habersack/Verse*, AG 2003, 300, 301 ff.

Trend der Verkürzung der Verfahrensdauer in den Jahren 2004 ff. sogar leicht umgekehrt.

Auch wenn sich das Problem überlanger Verfahren insgesamt etwas entspannt hat, dauern Verfahren in der Regel immer noch mehrere Jahre und damit zu lange.

Vor allem aus den vorliegenden empirischen Erhebungen zur durchschnittlichen Verfahrensdauer an den verschiedenen Landgerichten lässt sich ablesen, dass die Spruchverfahrensdauer tatsächlich maßgeblich von der Arbeitsweise der an den jeweiligen Gerichten mit Spruchverfahren befassten Richter abhängt. Obwohl einige bestimmte Strukturmaßnahmen wie zum Beispiel die Eingliederung besonders hohe Werte aufweisen, lässt sich aufgrund der niedrigen Fallzahlen kein Zusammenhang zwischen der jeweiligen Strukturmaßnahme und der Dauer herstellen. Empirisch ist zudem eine Korrelation zwischen durchschnittlicher Vergleichsquote pro Gericht und der dortigen Verfahrensdauer nicht erkennbar. Auch eine direkte Verbindung zwischen der Anzahl der Antragsteller und der Verfahrensdauer ist nicht nachweisbar.

Der deutlichste Zusammenhang besteht zwischen der Verfahrensdauer und der Art der Verfahrensbeendigung durch Vergleich oder Beschluss.[355] Aus der Tatsache, dass eine einvernehmliche Beendigung des Verfahrens zu einer erheblichen Beschleunigung führt, soll ein Reformvorschlag entwickelt werden, der Verhandlungen der Verfahrensbeteiligten in den Vordergrund stellt.[356]

VI. Exkurs: Schutz im Vorfeld des Spruchverfahrens

Die Untersuchung des Verfahrensablaufs im Spruchverfahren selbst ist jedoch für die Beschreibung des Status quo des Spruchverfahrens und die Ermittlung des Reformbedarfs nicht ausreichend. Es sind darüber hinaus auch dem eigentlichen gerichtlichen Verfahren vorgelagerte Rechtsschutzelemente mit in die Untersuchung einzubeziehen. Ein derartiger präventiver Rechtsschutz ergibt sich für außenstehende Aktionäre *de lege lata* vor allem durch die drei nachfolgend skizzierten Instrumente.

1. Prüfung durch gerichtlich bestellten Prüfer

Im Vorfeld des Spruchverfahrens fokussiert sich der präventive Rechtsschutz auf die bereits beschriebene Prüfung der der Angemessenheit der Kompensa-

355 Siehe cc) Dauer in Abhängigkeit der Verfahrensbeendigung, S. 69.

356 Siehe B. Einrichtung von Vorverhandlungen, S. 220.

tion durch einen Sachverständigen (*gerichtlich bestellter Prüfer*).[357] Die in dieser Form im Jahr 1994 eingeführte neutrale Vorabprüfung soll die außenstehenden Aktionäre bereits im Vorfeld des Spruchverfahrens schützen.[358] Diese Prüfung hat sich allerdings in Bezug auf die damit unter anderem angestrebte Vermeidung von Spruchverfahren als nicht durchschlagend erwiesen.[359]

Die Vermeidung von Spruchverfahren ist inzwischen zu Unrecht aus dem Blickfeld geraten, der Wunsch nach einer Entlastung des Spruchverfahrens bleibt aktuell. Daher werden Vorschläge zur Vermeidung von Spruchverfahren sowie der weiteren Verbesserung des Einsatzes von Sachverständigen im Rahmen der Reformvorschläge unterbreitet.[360]

2. Gegenanträge und Verhandlungen im Rahmen der HV

Auch die Möglichkeit zur Stellung von Gegenanträgen gem. § 126 AktG lässt sich als Element des präventiven Rechtsschutzes begreifen. *De lege lata* besteht darin eine institutionalisierte Möglichkeit zur Kritik durch außenstehende Aktionäre an der Kompensation vor dem gerichtlichen Spruchverfahren. Nach der so genannten Erhöhungslösung wurde vor Änderung der Drei-Monats-Rechtsprechung zum Börsenkurs[361] eine Aufstockung der Kompensation aufgrund eines Gegenantrags eines Minderheitsaktionärs im Vorfeld der Hauptversammlung grundsätzlich für möglich erachtet.[362] Auch ist eine Erhöhung der Kompensation in der Hauptversammlung selbst möglich.[363]

In der Praxis spielt dieses Instrument eine große Rolle, vor allem weil die Aktionäre nicht an ein Mindestquorum gebunden sind.[364] Gegenanträge werden besonders häufig von Kleinaktionären gestellt, meistens jedoch nicht um für eine Mehrheit in einer Sachfrage zu werben (also um die Kompensation nach Strukturmaßnahmen anzugreifen), sondern um besondere Anliegen, insbesondere zur Entlastung von Vorstand und/oder Aufsichtsrat, publi-

357 Siehe II. Sachverständige vor und im Spruchverfahren, S. 48.

358 Vgl. BT-Drucksache 12/6699 (*Begründung RegE UmwG*), S. 178 sowie die BT-Drucksache 15/371 (*Begründung zum RegE des SpruchG*), S. 18; siehe 1. Veränderung durch das UmwG 1994, S. 49.

359 Siehe II. Sachverständige vor und im Spruchverfahren, S. 48.

360 Siehe I. Vermeidung von Spruchverfahren, S. 217, sowie V. Einbindung der Sachverständigen, S. 234.

361 BGH, Beschluss vom 19.07.2010 – II ZB 18/09, NZG 2010, 939 (*Stollwerck*) mit Anm. *Klöhn*, LMK 2010, 309449, siehe *Referenzzeitraum*, S. 117.

362 *Wasmann*, BB 2007, 680, 681 m.w.N.

363 OLG München, Beschluss vom 10.05.2007 – 31 Wx 119/06, NZG 2007, 635; *Grunewald*, in MüKo AktG 2004, § 327b Rn. 7, *Stange*, Zwangsausschluss von Minderheitsaktionären, 2010, S. 230 m.w.N.

364 *Kubis*, in: MüKo AktG, § 126 Rn. 2.

kumswirksam vorzutragen.[365] Die Hauptversammlung stellt kein Forum für echte Verhandlungen dar. Die praktische Relevanz dieser Instrumente im Hinblick auf präventiven Rechtsschutz hinsichtlich der Höhe der Kompensation ist somit zu vernachlässigen.

3. Parteivereinbarungen

Des Weiteren kann auch der Abschluss einer Vereinbarung zwischen den von der Strukturmaßnahme betroffenen Parteien eine Form des präventiven Rechtsschutzes *de lege lata* darstellen. Vor allem bei Verschmelzungen sind Parteivereinbarungen der Verschmelzungspartner grundsätzlich denkbar. Von der Rechtsprechung anerkannt ist eine Vereinbarung bei der Verschmelzung zuvor konzernrechtlich unabhängiger Unternehmen.[366] Dabei können sich beide Gesellschaften über die Bedingungen der Verschmelzung sowie die Umtauschwertrelation der Anteile einigen. Nach Ansicht des OLG Stuttgart bietet eine solche Vereinbarung eine erhöhte Richtigkeitsgewähr und wird daher nur eingeschränkt gerichtlich überprüft.[367]

Bei einer Konzernverschmelzung[368] hingegen, bei der zwischen Mutter- und Tochtergesellschaft vorab die Eckpunkte der geplanten Verschmelzung, wie etwa die Methode zur Berechnung des Umtauschverhältnisses, festgelegt wurden, ist diese Vereinbarung vom Spruchgericht für nicht bindend erklärt worden, da so die in dieser Konstellation notwendige gerichtliche Kontrolle umgangen würde.[369]

Auch im Rahmen eines Squeeze-out sind vereinzelt Abfindungsangebote mit weitergehenden Zahlungsversprechen verknüpft worden, sofern sämtliche Aktionäre auf die Anstrengung einer Anfechtungsklage oder eines Spruchverfahrens verzichten.[370] Problematisch an derartigen Parteivereinbarungen ist, dass die außenstehenden Aktionäre bei börsennotierten Gesell-

---

365 *Kubis*, in: MüKo AktG, § 126 Rn. 2; außenstehende Aktionäre, die über eine Beteiligung von 5 % verfügen, können zudem gem. § 122 Abs. 1 und Abs. 2 AktG die Tagesordnung beeinflussen, *Austmann*, NZG 2011, 684, 689.

366 Siehe dazu b) Verschmelzungen unabhängiger Gesellschaften, S. 124.

367 Zuletzt OLG Stuttgart, Beschluss vom 14.10.2010 – 20 W 16/06, NZG 2011, 30 = BeckRS 2010, 25689 (*Daimler/Chrysler*), dazu *Wardenbach*, GWR 2010, 138; vgl. die Nachweise bei Fn. 669.

368 Zum Begriff der Konzernverschmelzung siehe Fn. 654.

369 *Puszkajler*, ZIP 2010, 2275, 2278; OLG Frankfurt a.M., Beschluss vom 03.09.2010 – 5 W 57/09, NZG 2010, 1141, BeckRS 2010, 21665; siehe dazu a) Verschmelzungen abhängiger Gesellschaften, S. 123.

370 Siehe etwa die Bekanntmachung im elektronischen Bundesanzeiger vom 19.02.2007 zum Squeeze-out der P-D Interglas Technologies AG; dazu *Stange*, Zwangsausschluss von Minderheitsaktionären, 2010, S. 231.

schaften an diesen Vereinbarungen nicht wirksam beteiligt werden können – sie entfalten daher keine Bindungswirkung für die Gerichte.

4. Ausgangspunkt für Reformüberlegungen

Präventiver Rechtsschutz mit dem Ziel der Vermeidung gerichtlicher Spruchverfahren ist *de lege lata* kaum ausgeprägt. Insbesondere sind Verhandlungen im Rahmen bzw. im Vorfeld der Hauptversammlung derzeit zwar prinzipiell möglich, finden aber in der Praxis mangels klarer Verfahrensvorgaben kaum statt. Es wird jedoch deutlich, dass sowohl Kompensationsschuldner als auch außenstehende Aktionäre ein Interesse an einer vorgerichtlichen Einigung haben. Zudem besteht in der Stärkung dieser Elemente auch die Möglichkeit zur Entlastung des gerichtlichen Verfahrens. Die Untersuchung vorgerichtlicher Verfahrenselemente wird daher im Rahmen der Reformvorschläge aufgenommen.[371]

VII. Zusammenfassende Analyse des Reformbedarfs

Aus der empirischen Erhebung ergibt sich, dass die Änderungen des SpruchG 2003 das Spruchverfahren in der Summe nicht nachhaltig beschleunigt haben. Die Analyse der noch nicht beendeten Verfahren der Jahre 2004 ff. zeigt, dass sogar ein höherer Anteil an Verfahren als in den Jahren vor der Reform im Jahr 2003 in einem Zeitraum von zwei bis drei Jahren nicht beendet werden konnten.[372]

Die Änderungen zur Zugangsschwelle haben die bis dahin ohnehin geltende Rechtspraxis kodifiziert; wesentliche Änderungen sind ausgeblieben. Aktionäre können auch heute noch Anträge stellen, ohne sich vertieft mit der Materie auseinanderzusetzen, denn in der Praxis erfüllt ein dreiseitiger Standardschriftsatz regelmäßig die Rügepflicht-Voraussetzungen, auch wenn fast ausschließlich vorgefertigte Textbausteine verwendet werden.[373] Mit der Begründungspflicht trifft der Gesetzgeber daher nur einen ohne anwaltliche Vertretung agierenden Kleinaktionär, der allerdings in der Praxis kaum vorkommt; für Berufsopponenten oder sonstige professionell vertretene Antragsteller stellt die geforderte Begründung indes keine ernst zu nehmende Eingangshürde dar.[374] Zur Verkürzung der Verfahren liefert die Begründungs-

---

371 Siehe B. Einrichtung von Vorverhandlungen, S. 220.

372 Siehe V. Verfahrensdauer, S. 58 ff.

373 Differenzierend und mit Verweisen auf die Rechtsprechung *Wittgens*, NZG 2007, 853 ff.

374 Vgl. *Büchel*, NZG 2003, 793, 796 mit Verweis auf „richterlichen Erfahrungsaustausch“.

pflicht deshalb keinen wirkungsvollen Beitrag, sie hat wohl auch nicht geschadet.[375]

So ist weder die Zahl der Verfahren insgesamt zurückgegangen noch sind weniger Antragsteller an den Verfahren beteiligt.[376] Die stetig steigende Anzahl der Antragsteller zeigt vielmehr, dass eine verfahrensrechtliche Antwort auf dieses Phänomen notwendig ist. Es ist nach alldem zu erwarten, dass eine weitere Erhöhung der Zugangsschwelle, etwa durch noch höhere Anforderungen an die Rügepflicht oder einen anderen Nachweis der Antragsbefugnis, weder einen Beitrag zur Verkürzung noch zur Verhinderung der Verfahren wird leisten können.

Allerdings hat sich der durch das SpruchG 2003 beabsichtigte Verzicht auf flächendeckende Gutachten offensichtlich realisiert.[377] Durch die Zurückdrängung des Amtsermittlungsgrundsatzes wurde eine Umkehr des Regel-Ausnahme-Verhältnisses bezüglich der Pflicht zur Erstellung flächendeckender Gutachten vollzogen. Der Prozessstoff konnte dadurch wesentlich besser eingegrenzt werden. Dieser Umstand hat einen wichtigen Beitrag zur Beschleunigung der Verfahren geleistet, denn je besser die Begründung und je konkreter die Einwände des Antragstellers gegen die Bewertung, desto schneller wird das Verfahren ablaufen. Ein weiterer Beschleunigungseffekt durch noch höhere Informationsanforderungen an die Unternehmen wird jedoch auf dieser Basis kaum möglich sein. Der einzelne Aktionär wäre dann nicht mehr in der Lage, eine Bewertung derart umfassender Unterlagen vorzunehmen. Ein weiterer Beitrag zur Beschleunigung könnte nur erreicht werden, wenn die Antragsteller präzise und abschließend die Punkte nennen, die aus ihrer Sicht in fehlerhafter Weise zu einer zu niedrigen Kompensation führen. Dies ist im derzeitigen Regelungsumfeld nur schwer möglich, die Aktionäre wären schlichtweg überfordert.[378] Eine weitere Zurückdrängung der Amtsermittlung wäre somit nur sinnvoll, wenn die Aktionäre den Antragstellern „auf Augenhöhe" gegenüber stünden. Dann könnte nicht nur die Begründungspflicht weiter verschärft werden, sondern auch die Stellung konkreter Anträge erforderlich gemacht werden. Dieser Punkt wird im Rahmen der Reformvorschläge aufgegriffen.[379]

---

375 *Emmerich*, Emmerich/Habersack, Konzernrecht, § 4 SpruchG Rn. 6 ff.

376 Siehe c) Anzahl der Antragsteller, S. 40.

377 *Decher*, in: FS Meier-Reimer, 2010, S. 57, 58.

378 So auch *Austmann*, BB 2002, Heft 15, Seite I (Die erste Seite), *Puszkajler*, ZIP 2003, 518 ff.

379 Siehe 1. Stellung bezifferter Anträge, S. 263.

Auch der teilweise geforderte Systemwechsel hin zur ZPO[380] wird dem ungleichen Kräfteverhältnis von Minderheitsaktionär und Kompensationsschuldner *de lege lata* nicht gerecht, da außenstehende Aktionäre würden dadurch benachteiligt würden. Eine weitere Verschärfung bietet im derzeitigen Rahmen des Spruchverfahrens keine echte Perspektive für weitere Verbesserungen innerhalb des gerichtlichen Verfahrens, da die Mittel zur Verfahrensbeschleunigung ausgeschöpft wurden. Im Fokus der Reformvorschläge steht daher nicht der gerichtliche Verfahrensablauf selbst, sondern vor allem eine vorgerichtliche Streitbeilegung.[381]

Auch eine weitere Reformierung der Rechtsmittel ist nicht geboten, da durch den bestehenden Instanzenzug ein angemessener Rechtsschutz sichergestellt ist und die Beschwerdeverfahren in der Praxis in der Regel verhältnismäßig zügig erledigt werden.[382]

Die Oberlandesgerichte als Eingangsinstanzen vorzusehen, entspricht der herrschenden Ansicht in der Literatur.[383] Der Zusammenhang zwischen Verfahrensdauer und Rechtsmittel liefert keine Argumente für die Eingangszuständigkeit der Oberlandesgerichte, denn daraus ergibt sich, dass die Oberlandesgerichte im Vergleich zu den Landgerichten nicht wesentlich schneller sind, obwohl die Tatsachen in der Regel schon ermittelt sein dürften.[384] Da die Rechtswegverkürzung mit einem erheblichen Nachteil für die Antragsteller verbunden ist und die möglichen Vorteile der Oberlandesgerichte nicht durchgreifen bzw. auch auf andere Weise erreicht werden können, kann dem Vorschlag der Instanzenverkürzung nicht gefolgt werden. Eine Konzentration der Zuständigkeit der Landgerichte sowie Änderungen im Ablauf werden befürwortet und im Kapitel Reformvorschläge aufgenommen.[385]

Schließlich ergeben sich aus den beschriebenen Defiziten der Rollen der Sachverständigen[386] und gemeinsamen Vertreter[387] zahlreiche Anhaltspunkte für Reformen, die weiter untersucht werden sollen.[388]

380 Z. B. *Puszkajler*, ZIP 2003, 518, 519 ff.

381 Siehe B. Einrichtung von Vorverhandlungen, S. 220.

382 Siehe V. Verfahrensdauer, S. 58; für entsprechende Vorschläge, siehe VII. Veränderung der Gerichtsorganisation, S. 266.

383 Siehe 2. Gerichtsorganisation, S. 57.

384 Siehe aa) Dauer in Abhängigkeit vom Instanzenzug, S. 67.

385 Siehe VII. Veränderung der Gerichtsorganisation, S. 266.

386 Siehe II. Sachverständige vor und im Spruchverfahren, S. 48.

387 Siehe III. Gemeinsamer Vertreter, S. 52.

388 Siehe V. Einbindung der Sachverständigen, S. 234 sowie IV. Ausweitung der Rolle des gemeinsamen Vertreters, S. 260.

Reformbedarf resultiert auch aus den dargestellten Verbesserungsmöglichkeiten der Rechtsschutzinstrumente im Vorfeld des Spruchverfahrens.[389]

389 Siehe VI. Exkurs: Schutz im Vorfeld des Spruchverfahrens, S. 74

D. Risiko-Nutzen-Relation

Im Kontext des Spruchverfahrens wird die Risiko-Nutzen-Relation[390] der Verfahrensbeteiligten durch vier Komponenten bestimmt: Erhöhung der Kompensation, Kosten, Zinsen und sonstige Mehrwerte. Nachfolgend werden die einzelnen Komponenten näher erörtert sowie der diesbezügliche rechtstatsächliche Befund dargestellt.

I. Erhöhung der Kompensation und *reformatio in peius*

1. Gesetzliche Regelung

Für die antragstellenden Minderheitsaktionäre liegt das Rechtsschutzziel in der Erhöhung der Kompensation. In Abhängigkeit der Strukturmaßnahme kann es dabei um die Erhöhung der einmaligen Abfindungszahlung (nach einen Squeeze-out) gehen, um die Erhöhung der laufenden Ausgleichszahlungen (nach Abschluss eines Unternehmensvertrags) oder um eine Verbesserung des Umtauschverhältnisses (nach einer Verschmelzung).

Aus §§ 11, 12 SpruchG ergibt sich, dass eine Herabsetzung der Kompensation im Spruchverfahren ausgeschlossen ist; ein Spruchverfahren kann immer nur zu einer Erhöhung der Kompensation führen.[391] Dieses Verbot der *reformatio in peius*, also der Verschlechterung bzw. wörtlich der „Verböserung", gilt umfassend mit Blick auf das Gesamtergebnis des Spruchverfahrens und dient dem übergeordneten Verfahrenszweck, dem Aktionärs- bzw. Minderheitenschutz.[392] Für die Beschwerdeinstanz gilt, dass, wenn das OLG in der Sache entscheidet, es die angefochtene Entscheidung des LG nur dann zum Nachteil der Beschwerdeführer abändern darf, wenn auch die andere Seite Beschwerde oder Anschlussbeschwerde eingelegt hatte.[393] In Einzelfragen dürfen Gerichte jedoch auch zugunsten des Antragsgegners entscheiden: So können einzelne Aspekte in einer Unternehmensbewertung zum Nachteil der Antragsteller entschieden werden, solange insgesamt keine Herabsetzung der Kompensation erfolgt.[394] Eine Herabsetzung des Geschäftswerts im Be-

---

390 Begriff von *Kubis*, in: MüKo AktG, vor § 1 SpruchG, Rn. 6.

391 BayObLG, Beschluss vom 19.10.1995 – 3 Z BR 17/90, WM 1996, 526; *Volhard*, in: Semler/Stengel, UmwG, § 15 Rn. 8, *Fritzsche/Dreier/Verfürth*, SpruchG, Einleitung, Rn. 34 sowie § 1 Rn. 17 und § 11 Rn. 4; *Klöcker/Frowein*, SpruchG, § 11 Rn. 3; *Teichmann*, ZGR 2003, 367, 386.

392 BT-Drucksache 15/371 (*RegE Begründung SpruchG*), S. 1 ff.

393 *Emmerich*, in: Emmerich/Habersack, § 12 SpruchG Rn. 8 m.w.N.

394 OLG Karlsruhe, Beschluss vom 16.07.2008 – 12 W 16/02, NZG 2008, 791 = BeckRS 2008, 18939.

schwerdeverfahren ist möglich, das Verbot der *reformatio in peius* greift hier nicht.[395]

Die Geltung des Verbots der *reformatio in peius* für Spruchverfahren ist unbestritten.[396] Die Frage, ob das Prinzip der *reformatio in peius* im Spruchverfahren ein struktureller Fehler oder notwendiger Bestandteil eines effektiven Minderheitenschutzes ist, wird in der Literatur nur vereinzelt kritisch diskutiert.[397] Es wird vor allem der Umstand bemängelt, dass das die Kompensation festsetzende Unternehmen weiß, dass einmal angebotene Abfindungs- bzw. Ausgleichszahlungen endgültig verloren sind.[398] Einmal zu viel gezahlte Beträge sind für den Kompensationsschuldner mangels Möglichkeit zur Rückforderung verloren.[399]

Aus europarechtlicher Perspektive stellt sich das Problem, dass die Aktionäre ausländischer Rechtsträger gem. Art. 4 Abs. 2 S. 2 i.V.m. Art. 10 Abs. 3 VRL[400] bei grenzüberschreitenden Verschmelzungen ihre Zustimmung zur Durchführung eines Spruchverfahrens geben müssen.[401] Allein die Möglichkeit einer Verböserung ist für die betroffenen ausländischen Aktionäre ein Anreiz, ihre Zustimmung zu einem solchen Verfahren nicht zu erteilen.[402] In der Praxis beschränkt sich dadurch das Spruchverfahren auf innerdeutsche Verschmelzungen bzw. auf aus Deutschland ins Ausland verschmolzene Gesellschaften.[403]

Eine Abschaffung der *reformatio in peius* kann allerdings nur dann zur Disposition gestellt werden, wenn gleichzeitig anderweitige Schutzmechanismen zugunsten der außenstehenden Aktionäre ergriffen werden.[404]

---

395 *Volhard*, in: Semler/Stengel, UmwG, § 15 Rn. 8.

396 *Simons*, in: Hölters, AktG, § 1 SpruchG Rn. 27; *Fritzsche/Dreier/Verfürth*, SpruchG, Einl. Rn. 34; BayObLG, Beschluss vom 19.10.1995 – 3 Z BR 17/90, WM 1996, 526.

397 Etwa *J. Vetter*, AG 2006, 613, 625; siehe dort auch Fn. 66.

398 BDI, Stellungnahme RegE ARUG, 2009, S. 24.

399 BDI, Stellungnahme RegE ARUG, 2009, S. 24.

400 Richtlinie 2005/56/EG über die Verschmelzung von Kapitalgesellschaften aus verschiedenen Mitgliedstaaten, zuletzt geändert durch RL 2009/109/EG vom 16.09.2009 (*Verschmelzungsrichtlinie*).

401 Dazu *J. Vetter*, AG 2006, 613, 621.

402 *Bayer/Schmidt*, NZG 2006, 841, 844.

403 *Kubis*, in: MüKo AktG, § 1 SpruchG Rn. 12; *Simon*, in: Simon, SpruchG, § 1 Rn. 26.

404 Siehe 1. Aufgabe des Verbots der *reformatio in peius*, S. 248.

2. Empirischer Befund der Risiko-Nutzen-Relation

a) Bisherige Untersuchungen in der Literatur

Empirische Untersuchungen zur Erhöhung der Kompensation für die Jahre 1980 bis 1992 dokumentieren einen durchschnittlichen Preisaufschlag für die Antragsteller im Spruchverfahren in Höhe von 48 %.[405] Dieser Erhebung wird hinsichtlich ihrer Aussage zur durchschnittlichen Erhöhung der Kompensation für Minderheitsaktionäre nur eine verminderte Aussagekraft zugesprochen, da die Schwankungsbreite sehr hoch ist.[406]

Freitag kommt für Verfahren von 1965 bis 2005 zu dem Ergebnis, dass insgesamt 83 % der Fälle zu einer Nachbesserung geführt haben. Bei durch gerichtliche Beschlüsse beendeten Verfahren waren 65 % mit einer Erhöhung der Kompensation verbunden.[407]

Einer Studie der *Deutschen Bank* über abgeschlossene Spruchverfahren ist zu entnehmen, dass Antragsteller in der Regel hohe Aufschläge auf die ihnen ursprünglich angebotenen Kompensationen erwarten können.[408] Für Spruchverfahren nach einem Squeeze-out betrug die dort ermittelte Quote der erfolgreichen Verfahren sogar 100 %, mit einer minimalen Nachbesserung von 13 %.[409] Für Squeeze-out-Beschlüsse wurde die jeweils ursprünglich gebotene Kompensation durch das gerichtliche Verfahren um durchschnittlich 76 % nachgebessert. Für Beherrschungs- und Gewinnabführungsverträge fiel die durchschnittliche Nachbesserung mit 34 % dagegen etwas geringer aus. Ob die von den Unternehmen ursprünglich angebotenen Kompensationen damit systematisch zu niedrig ausfallen, wird in der Literatur unterschiedlich gewertet[410], macht aber für die Aussichten der Antragsteller keinen wesentlichen Unterschied. Eine Verschlechterung im Spruchverfahren ist jedenfalls nicht möglich.

---

405 *Dörfler/Gahler/Unterstraßer/Wirichs*, BB 1994, 154, 159 f.

406 *Krieger*, MünchHdb. GesR, § 70, Rn. 138.

407 *Freitag*, in: FS Christian Richter II, 2006, S. 139, 162 ff.

408 *Bassewitz/Krüger*, Börsenzeitung vom 23.02.2005, S. 2 mit Verweis auf *Krüger*, Analyse zur Nachbesserung von Zwangsabfindungen, 2004.

409 *Krüger*, Analyse zur Nachbesserung von Zwangsabfindungen, 2004, S. 87 ff.

410 Dafür *Baums/Drinhausen*, ZIP 2008, 145, 155; weiterführend *Drescher*, in *Spindler/Stilz*, AktG, § 1 SpruchG, Rn. 6; *Dörfler/Gahler/Unterstraßer/Wirichs*, BB 1994, 156 ff.; *Hecker*, Regulierung von Unternehmensübernahmen und Konzernrecht, 2000; *W. Baums*, Ausgleich nach § 304 AktG, 2007; *Bassewitz/Krüger*, Börsenzeitung vom 23.02.2005, S. 2.

b) Eigene empirische Ergebnisse

aa) Erhöhung der Kompensation insgesamt

Abbildung 19 zeigt den Anteil der Verfahren, in denen die Kompensation erhöht wurde. Die Darstellung ist unterteilt nach Verfahren der ersten Instanz (LG) und Verfahren der Rechstmittelinstanz (OLG).

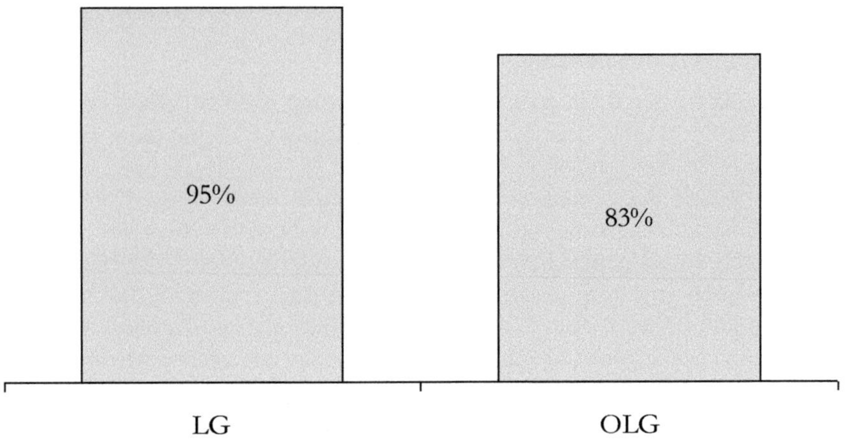

Abb. 19: Anteil der Verfahren, in denen die Kompensation erhöht wurde, aufgeteilt nach dem letzten Gericht (nur Landgerichte und Oberlandesgerichte) (n = 343).

Die eigene Auswertung ergibt, dass insgesamt 91 % der Spruchverfahren mit einer Erhöhung der Kompensation beendet wurden. Betrachtet man lediglich die durch Beschluss beendeten Verfahren, beträgt diese Quote nur noch 75 %.

bb) Erhöhung nach Strukturmaßnahmen

Abbildung 20 zeigt den Anteil der Verfahren, die zu einer Erhöhung der Kompensation geführt haben, in Abhängigkeit von der jeweiligen Strukturmaßnahme.

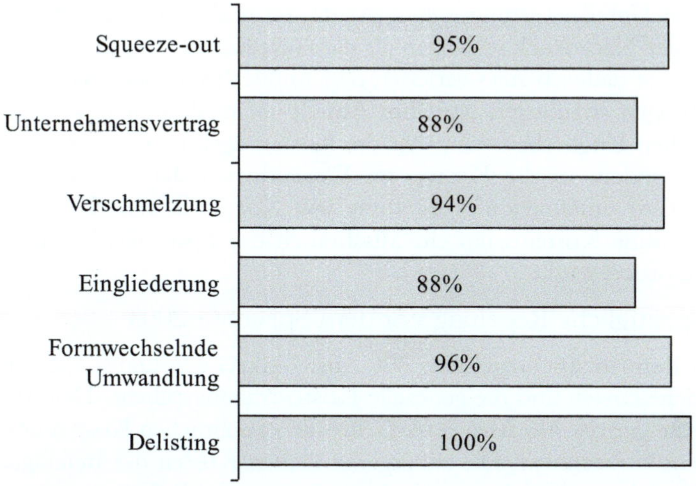

Abb. 20: Anteil der Verfahren, die zu einer Erhöhung der Kompensation geführt haben, in Abhängigkeit von der jeweiligen Strukturmaßnahme (n = 343).

Die Quoten sind insgesamt sehr hoch, besondere Auffälligkeiten sind nicht erkennbar.

c) Stellungnahme

Insgesamt[411] 91 % der Spruchverfahren wurden mit einer Erhöhung der Kompensation beendet. Dies demonstriert die Berechtigung und die Wirksamkeit der gerichtlichen Überprüfung bzw. die ursprünglich niedrigen Angebote der Kompensationsschuldner.

II. Kostenregelung im Spruchverfahren

1. Einleitung

Die Kostenregelung ist der zweite wesentliche Faktor mit Einfluss auf die Risiko-Nutzen-Relation von Antragsteller und Antragsgegner. Für die grundsätzliche Übernahme der Kosten durch den Antragsgegner spricht, dass das wirtschaftliche Interesse auf Seiten des Kompensationsschuldners insgesamt größer und zudem stark gebündelt ist. Die Antragsteller verfügen nur über eine Minderheitsbeteiligung, die in der Regel auf viele Personen verteilt ist. Aus diesem Grund hat der Minderheitsaktionär einen schwächeren Anreiz, einer

411 Durchschnitt aller Verfahren ohne Rücksicht auf den Instanzenzug.

möglichen Unterbewertung entgegenzutreten und wird seine Interessen mit viel weniger Nachdruck verfolgen als die Gesellschaft.[412] Der Kompensationsschuldner ist dadurch stets verleitet, den Minderheitsgesellschaftern zu geringe Leistungen anzubieten und ihre Anteile zu niedrig zu bewerten. Diesem strukturellen Ungleichgewicht tritt die Kostenregelung des Spruchverfahrens entgegen, indem es die Kosten im Wesentlichen den Gesellschaften auferlegt.[413] Eine umfassende Freistellung von Kosten ist jedoch problematisch, da völlig ohne Kostenrisiko ein Missbrauch des Spruchverfahrens geradezu herausgefordert wird.

2. Ursprüngliche Regelung vor dem SpruchG 2003

Vor der Reform 2003 regelten § 306 Abs. 7 AktG a.F. und § 312 UmwG a.F. die Gerichtskosten und die generelle Kostentragungspflicht. Der Antragsgegner musste gem. § 306 Abs. 7 AktG für die gerichtlichen Kosten des Spruchverfahrens aufkommen. Die außergerichtlichen Kosten der Beteiligten waren vor 2003 nicht gesetzlich geregelt. Nur wenn es der Billigkeit entsprach, wurden die außergerichtlichen Kosten gem. § 306 Abs. 7 S. 7-8 AktG a.F. und § 312 Abs. 4 UmwG a.F. dem Antragsteller übertragen; in der Praxis ist davon nur im Ausnahmefall Gebrauch gemacht worden.[414] Wegen dieser Regelungslücke und weiteren Streitfragen wurde die ursprüngliche Kostenregelung vielfach kritisiert.[415]

3. Neuregelung im SpruchG 2003

Grundsätzlich haben die Antragsteller ihre Kosten seit der Reform im Jahr 2003 selbst zu tragen. Die Aufbürdung dieses begrenzten Kostenrisikos soll nach der Gesetzesbegründung vor allem den Missbrauch eindämmen, indem es von einer übereilten oder mutwilligen Antragstellung abhält.[416] Die für die außergerichtlichen Kosten vorher fehlende Regelung trifft nun § 15 Abs. 4 SpruchG. Geregelt in § 15 Abs. 1 S. 2 SpruchG wird auch die bisher von den Gerichten praktizierte Geschäftswertermittlung. Danach ist der Gesamtbetrag maßgeblich, der nach der gerichtlichen Entscheidung von allen Antragsberechtigten gefordert werden kann, also die Differenz zwischen der angebotenen und der tatsächlich angemessenen Kompensation multipliziert mit der Gesamtzahl der außenstehenden Anteile. Außerdem wird der Gebührensatz geregelt und für den Geschäftswert ein Mindest- und ein Höchstbetrag fest-

412 *Lutter/Bezzenberger*, AG 2000, 433, 442 f.

413 *Lutter/Bezzenberger*, AG 2000, 433, 442 f.

414 *Riegger*, in: KK SpruchG, Einleitung Rn. 55.

415 Stellvertretend *Büchel*, NZG 2003, 23.

416 BT-Drucksache 15/371 (*RegE Begründung SpruchG*), S. 18 f.

gelegt. Dadurch wird dem Gericht eine bessere Differenzierung ermöglicht.[417] Da das Tätigwerden des Gerichts in jedem Fall einen nicht unerheblichen Aufwand darstellt, wurde ein Mindestgeschäftswert von 200.000 Euro bestimmt.[418] Im Regierungsentwurf waren noch 100.000 Euro vorgesehen.[419] Zugunsten der Anwälte, die befürchteten, ihre Kosten für diese Tätigkeit würden nicht gedeckt werden, wurde der Mindestgeschäftswert verdoppelt.[420]

Aufgrund der Zugehörigkeit des Spruchverfahrens zur freiwilligen Gerichtsbarkeit (vgl. § 17 Abs. 1 SpruchG) bildet gem. § 15 Abs. 1 SpruchG die Kostenordnung den äußeren Rahmen für das Kostenrecht nach dem SpruchG. Parallel zu § 15 SpruchG hat der Gesetzgeber die Rechtsanwaltsvergütung im Spruchverfahren in § 31 RVG kodifiziert.[421]

a) Gerichtliche Kosten

Für die Gerichtskosten gilt unverändert gem. § 15 Abs. 1 S. 1 SpruchG die Kostenregelung, so wie sie zuvor in § 306 Abs. 7 AktG und in § 312 Abs. 1 UmwG geregelt war. Für die oft erheblichen Kosten für gerichtliche Sachverständigengutachten bestimmt § 15 Abs. 3 S. 2 SpruchG, dass die Beauftragung des Sachverständigen nicht von einer Vorschusszahlung für das Gutachten abhängt, wie sonst in § 8 Abs. 2 KostO bestimmt. Damit soll eine nach der alten Regelung mögliche Verzögerung durch den Antragsgegner verhindert werden.[422] Wesentliche inhaltliche Änderung war die Verdoppelung der Gerichtsgebühren. Es ist nun eine volle Gebühr zu bezahlen, die sich nach § 15 Abs. 1 S. 5 SpruchG auf das Vierfache erhöht, wenn es zu einer gerichtlichen Entscheidung kommt. Sofern das Verfahren durch einen Vergleich (Beschluss nach § 11 Abs. 4 S. 2 SpruchG) endet, bleibt es hingegen bei einer einfachen Gebühr. Darin liegt eine Motivation, die Parteien zu einem Vergleich zu bewegen.

b) Außergerichtliche Kosten

Die außergerichtlichen Kosten wurden mit der Reform im Jahr 2003 erstmals gesetzlich geregelt. Die Neuregelung war Gegenstand heftiger Diskussionen.[423]

---

417 BT-Drucksache 15/371 (*RegE Begründung SpruchG*), S. 18 f.

418 BT-Drucksache 15/371 (*RegE Begründung SpruchG*), S. 24 ff.

419 Änderung dann im Rahmen der Beratungen des Rechtsausschusses, BT-Drucksache 15/838 (*Beschlussempfehlung und Bericht des Rechtsausschusses zum SpruchG*), S. 10.

420 BT-Drucksache 15/371 (*RegE Begründung SpruchG*), S. 17; zum Geschäftswert weiterführend *Hörtnagl*, in: Schmitt/Hörtnagl/Stratz, UmwG, § 14 SpruchG Rn. 6.

421 Dazu *Kubis*, in: MüKo AktG, § 15 SpruchG Rn. 1.

422 *Büchel*, NZG 2003, 793, 803, BT-Drucksache 15/371 (*RegE Begründung SpruchG*), S. 17.

423 *Neye*, NZG 2002, 23, 24.

Mit der Vorschrift des § 15 Abs. 4 SpruchG macht das Gesetz die bisher geltende Regel, dass die Kosten der Antragsteller vom Antragsgegner zu tragen sind (§ 306 Abs. 7 AktG, § 312 Abs. 4 UmwG), zur Ausnahme. Nunmehr hat der Antragsteller seine außergerichtlichen Kosten in der Regel selbst zu tragen.[424] § 15 Abs. 4 SpruchG regelt als Spezialvorschrift zu § 81 Abs. 1 FamFG die Verteilung der außergerichtlichen Kosten und sieht hierbei ein Regel-Ausnahme-Verhältnis vor: Nur unter dem Aspekt der Billigkeit sind dem Verfahrenszweck entsprechende Kosten des Antragstellers dem Antragsgegner aufzuerlegen. Das damit einhergehende regelmäßige Kostenrisiko soll von übereilten und mutwilligen Antragstellungen abhalten.[425] Die Überbürdung der Kosten steht dabei vollständig im Ermessen des Gerichts und bedarf keines Antrags.[426]

4. Kritik in der Literatur

Die modifizierte Kostenregelung wurde in der Literatur kritisiert.[427] Vor allem wurde bemängelt, dass kein Anlass für eine Gerichtskostenhaftung der Unternehmen bei (möglicherweise von vornherein) erfolglosen Beschwerden der Antragsteller bestehe.[428] Aus Sicht der Minderheitsaktionäre dürfe hingegen die Antragstellung keinem Kostenrisiko hinsichtlich der eigenen (Anwalts-)Kosten der Antragsteller unterliegen.[429] Dies wird insbesondere damit begründet, dass das (erstinstanzliche) Kostenrisiko der Gesellschaft ein fairer Ausgleich für den Ausschluss des Anfechtungsrechts des Einzelaktionärs bei unzureichenden finanziellen Entschädigungsangeboten darstelle. Aber auch für eine Selbstbeteiligung der Antragsteller lassen sich Gründe finden, da dies Anträge der Minderheitsaktionäre „ins Blaue hinein" ermöglicht, in der Erwartung, dass das Gericht oder der Sachverständige den fairen Wert schon von sich aus bestimmen werden. Je mehr das Gesetz unter bestimmten Umständen auch die Antragsteller an den Kosten beteiligt, desto eher können sinnlose Spruchverfahren frühzeitig beendet oder sogar vermieden werden.[430]

---

424 *Büchel*, NZG 2003, 793, 803 f.

425 *Kubis,* in: MüKo AktG, § 15 SpruchG Rn. 19.

426 Vgl. zu den Kriterien *Kubis,* in: MüKo AktG, § 15 SpruchG Rn. 20; *Fritzsche/Dreier/Verfürth*, SpruchG, § 15 Rn. 36 ff.

427 Dazu *Büchel*, NZG 2003, 793, 803; *Puszkajler*, ZIP 2003, 518, 521.

428 *Puszkajler*, ZIP 2003, 518, 521.

429 Ebenso *Puszkajler*, ZIP 2003, 518, 521.

430 Vgl. OLG Düsseldorf, Beschluss vom 29.09.1995 – 19 W 4/95 AktE, AG 1996, 88 ff.

III. Verzinsung

Auch die Verzinsung der Ansprüche kann insbesondere im Falle einer langen Verfahrensdauer einen erheblichen Effekt ausmachen.[431] Der Anspruch auf Zahlung einer Kompensation ist nach materiell-rechtlichen Vorschriften gem. §§ 305 Abs. 3 S. 3, 320b Abs. 1 S. 6, 327f Abs. 2 S. 3 AktG, §§ 30 Abs. 1 S. 2, 196 S. 2, 208 UmwG i.V.m. § 15 Abs. 2 S. 1 SpruchG zu verzinsen.[432] Sie gilt für alle Strukturmaßnahmen, die dem Spruchverfahren zugänglich sind.[433] Diese Verzinsung hat ihren Hauptanwendungsbereich in der nach einem Spruchverfahren nachzuzahlenden Erhöhung der Kompensation.[434] Eine Zinsentscheidung im gerichtlichen Beschluss ist aufgrund der materiellen Rechtslage nicht erforderlich, sie erfolgt dennoch meistens deklaratorisch durch das Gericht.[435] Bis zum Jahr 2009 galt ein Zinssatz von jährlich zwei Prozentpunkten über dem Basiszinssatz der Deutschen Bundesbank. Dieser Zinssatz wurde durch Änderung der oben genannten Vorschriften durch das ARUG[436] auf jährlich fünf Prozentpunkte über dem Basiszinssatz der Deutschen Bundesbank angehoben und ist seitdem unverändert.[437] Nach der Gesetzesbegründung soll verhindert werden, dass das Spruchverfahren aus finanziellen Motiven verzögert wird.[438] Gleichzeitig wird die Änderung mit der Anpassung an die allgemeinen Regelungen über Verzugs- und Prozesszinsen begründet, für die das Gesetz ebenfalls einen Prozentsatz von fünf Prozentpunkten über dem Basiszinssatz vorsieht.[439]

Die Zinsregelung war zuvor einer der wesentlichen Kritikpunkte. So wurde in der Literatur vertreten, dass einer der zentralen Gründe für die überlan-

431 Siehe zur Verzinsung von Abfindungansprüchen auch mit finanzmathematischer Kritik *Kaserer/Knoll*, in: FS Wagner, 2004, S. 45 ff.

432 Kritisch zur Ausgestaltung der Verzinsungsregelung: *Kaserer/Knoll*, BB 2002, 1955, 1959 ff.

433 Beim Beherrschungs- und Gewinnabführungsvertrag für die Barabfindung (und bare Zuzahlungen) in § 305 Abs. 3 S. 3 AktG; bei der Eingliederung für die Barabfindung und bare Zuzahlungen in § 320b Abs. 1 S. 6 AktG; beim Squeeze-out für die Barabfindung in § 327b Abs. 2 AktG; bei Umwandlungsmaßnahmen, §§ 15 Abs. 2 S. 1, 30 Abs. 1 S. 2, 196 S. 3 und 208 UmwG; bei der Beseitigung von Mehrstimmrechten, § 5 Abs. 6 S. 2 EGAktG. Für die Abfindung beim Delisting muss das Gleiche gelten.

434 BDI, Stellungnahme RegE ARUG, 2009, S. 23 f.

435 *Fritzsche/Dreier/Verfürth*, SpruchG, § 11 Rn. 6.

436 Siehe bereits Fn. 65.

437 BT-Drucksache 16/11642 (*RegE ARUG*), S. 42 f.

438 BT-Drucksache 16/11642 (*RegE ARUG*), S. 42 f.

439 BT-Drucksache 16/11642 (*RegE ARUG*), S. 42 f.; siehe auch DAV Handelsrechtsausschuss, NZG 2009, 96, 98.

ge Dauer der Spruchverfahren im Rahmen der Reform 2003 nicht eliminiert worden sei, da die Möglichkeit, sich günstiger als am Kapitalmarkt zu refinanzieren, falsche Anreize für die Antragsgegner setze und ihnen damit das Interesse an einer Beschleunigung des Verfahrens nehme.[440]

Kritiker der Neuregelung durch das ARUG im Jahr 2009 bestreiten hingegen, dass Antragsgegner Spruchverfahren bewusst verzögerten: Die Dauer des Spruchverfahrens sei in aller Regel nicht auf den Kompensationsschuldner zurückzuführen, da dieser ebenfalls ein Interesse an der raschen Beendigung des Spruchverfahrens hat, um nicht zu lange der Ungewissheit über das Ausmaß einer etwaigen zusätzlichen finanziellen Belastung ausgesetzt zu sein.[441] Ein höherer Zinssatz würde deshalb einen ungerechtfertigten Strafzins für eine lange Verfahrensdauer bedeuten, die regelmäßig nicht vom Kompensationsschuldner zu verantworten ist.[442] Verzugs- oder Prozesszinsen beruhten auf einer Verzögerung oder Verweigerung der geschuldeten Leistung, während es im Spruchverfahren nicht um die Verzögerung oder Verweigerung einer feststehenden Leistung, sondern vielmehr um die Bestimmung des Umfangs der geschuldeten Leistung geht.[443] Die Höhe der Zinsen ist daher so zu wählen, dass der Aktionär einen Ausgleich für die ihm entgangene Anlagemöglichkeit erhält, die Gesellschaft aber nicht bestraft wird. Durch die Erhöhung der Zinssätze wird den professionellen Antragstellern noch stärker ermöglicht, im Spruchverfahren auf Zeit zu spielen und dadurch das Unternehmen in einen Vergleich zu drängen.[444]

Für die Zinserhöhung spricht die Harmonisierung mit allgemeinen Zinsregelungen. Die Zinsen aus Kompensationszahlungen wurden entsprechend der allgemeinen Regelung über Verzugs- und Prozesszinsen auf einen Wert von fünf Prozentpunkten über dem Basiszinssatz gem. §§ 288 Abs. 1 S. 2, 291 S. 2 BGB angepasst. Die bis dahin vorgenommene Differenzierung (der Verzugszinssatz unter Privatleuten beträgt fünf Prozentpunkte über dem Basiszins, der unter Geschäftsleuten acht Prozentpunkte über dem Basiszins) war nicht mehr sach- und zeitgemäß.[445] Unter diesen Voraussetzungen war es für den Kompensationsschuldner schon fast rational, eine zu niedrige Kompensation anzubieten. Der isolierte Vergleich der Zinshöhe (aus der Perspektive

440 *Meilicke/Heidel, BB 2003, 1805* ff.

441 DAV Handelsrechtsausschuss, NZG 2009, 96, 98; BDI, Stellungnahme RegE ARUG, 2009, S. 24; zur Rechtsunsicherheit als eines der wesentlichen Schwächen des derzeitigen Spruchverfahrens: *Decher*, in: FS Meier-Reimer, 2010, S. 57, 59.

442 DAV Handelsrechtsausschuss, NZG 2009, 96, 98.

443 DAV Handelsrechtsausschuss, NZG 2008, 534, 535 f.

444 So die eindringliche Kritik in BDI, Stellungnahme RegE ARUG, 2009, S. 24.

445 BT-Drucksache 16/11642 (*RegE ARUG*), S. 42.

des Anlegers) und seinen Anlagemöglichkeiten ist dabei nicht richtig.[446] Wenn der Gesetzgeber diesen Maßstab anerkennen würde, dann müsste er dies nicht nur im Spruchverfahren, sondern umfassend für alle verzinsten Ansprüche im Privat- oder Handelsrecht tun, denn durchgreifende Gründe für eine andere Verzinsung sind nicht erkennbar. Die günstige Verzinsungsregelung vor 2009 bot somit für die Unternehmen einen starken Anreiz, um einen frühzeitigen Kapitalabfluss zu verhindern. Dieser vermeintliche Vorteil dürfte jedoch im Zusammenhang mit der Anpassung des Zinssatzes durch das ARUG im Wesentlichen neutralisiert worden sein.

IV. Vergleiche und Vergleichsmehrwerte

1. Abschluss eines Vergleichs

Ein Vergleichsabschluss zwischen Antragsteller und Antragsgegner ist vom Gesetzgeber im Rahmen der Reform 2003 ausdrücklich zugelassen und in § 11 Abs. 2 SpruchG mit dem Ziel der Erhöhung der Rechtssicherheit und der Prozessökonomie geregelt worden.[447]

Die Unternehmen bzw. Antragsgegner stehen einem Vergleich häufig aufgeschlossen gegenüber, um das Spruchverfahren und die damit verbundenen Kosten zu vermeiden. Ein weiterer Beweggrund könnte die Befürchtung sein, dass ein unabhängiger gerichtlicher Sachverständiger zu einem ungünstigeren Prüfungsergebnis kommt als der eigene *Parteigutachter* oder der *gerichtlich bestellte Prüfer*.[448] Für die Minderheitsaktionäre dürfte grundsätzlich neben dem angestrebten Vergleichsmehrwert vor allem die lange Verfahrensdauer und das Insolvenzrisiko aufgrund der möglichen Kompensationserhöhung eine Rolle spielen.[449] Im Rahmen der Verhandlungen versuchen die Minderheitsaktionäre einen Vergleich zu erreichen, der sich sowohl auf die Anfechtungsklage als auch auf das Spruchverfahren bezieht. Vor allem der zügige Verfahrensabschluss spricht für den Abschluss eines Vergleiches.[450]

---

446 So aber *Fritzsche/Dreier/Verfürth*, SpruchG, Einleitung, Rn. 20.

447 Siehe BT-Drucksache 15/371 (*RegE Begründung SpruchG*), S. 16; weiterführend, auch zur Historie der Vergleiche *Emmerich*, in: Emmerich/Habersack, Konzernrecht, § 11 SpruchG Rn. 1 ff.; *Fritzsche/Dreier/Verfürth*, SpruchG, § 11 Rn. 11 ff.

448 *Freitag*, in: FS Christian Richter II, 2006, S. 139, 160 f.

449 *Freitag*, in: FS Christian Richter II, 2006, S. 139, 160 f., auch mit Verweis auf ein Insolvenzrisiko.

450 Siehe cc) Dauer in Abhängigkeit der Verfahrensbeendigung, S. 69; für einen Reformvorschlag, siehe B. Einrichtung von Vorverhandlungen, S. 220.

2. Empirischer Befund

Die Häufigkeit von Vergleichen und Beschlüssen in der Praxis des Spruchverfahrens vor und nach der Reform im Jahr 2003 wird in Abbildung 21 dargestellt.

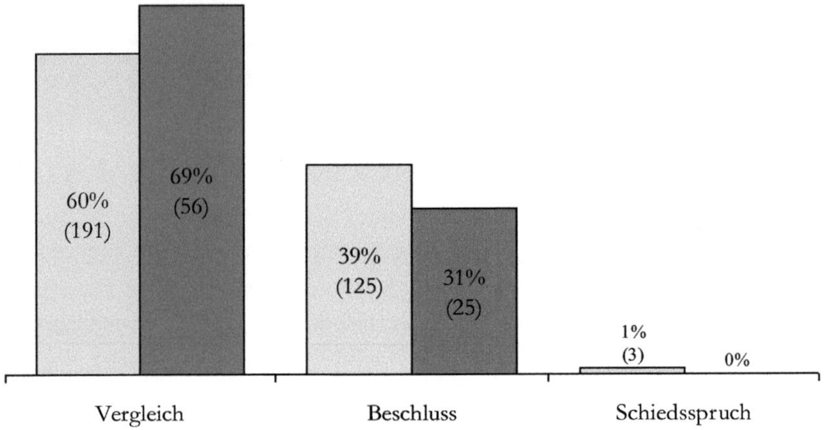

Abb. 21: Prozentualer Anteil der Spruchverfahren nach Art des Verfahrensabschlusses über beide Instanzen nach altem Recht vor dem SpruchG 2003 (helle Balken) und nach neuem Recht nach SpruchG 2003 (dunkle Balken). Die Zahlen in Klammern stellt die absolute Anzahl der beendeten Verfahren dar (n = 400).

Die Quote der beendeten Spruchverfahren durch Vergleich ist signifikant hoch.[451] Die Auswertung der Art des Verfahrensabschlusses zeigt, dass sowohl nach altem Recht vor dem SpruchG 2003 als auch nach neuem Recht mehr Vergleiche geschlossen als richterliche Beschlüsse gefasst wurden. Es zeigt sich zudem, dass die Änderung von § 11 Abs. 2 SpruchG die Vergleichsquote positiv beeinflusst hat. Nach altem Recht wurden durchschnittlich 60 % der Verfahren durch Vergleich (oder vergleichsweise Erledigung) beendet, diese Quote hat sich auf 69 % erhöht.[452]

Die Quoten unterscheiden sich je nach Gericht erheblich (siehe Abbildung 22).

451 So im Ergebnis auch *Baums/Drinhausen*, ZIP 2008, 145, 156.

452 In den Jahren 2009 bis 2011 ist die Vergleichsquote allerdings wieder rückläufig, siehe *Lorenz*, AG 2012, 284, 287.

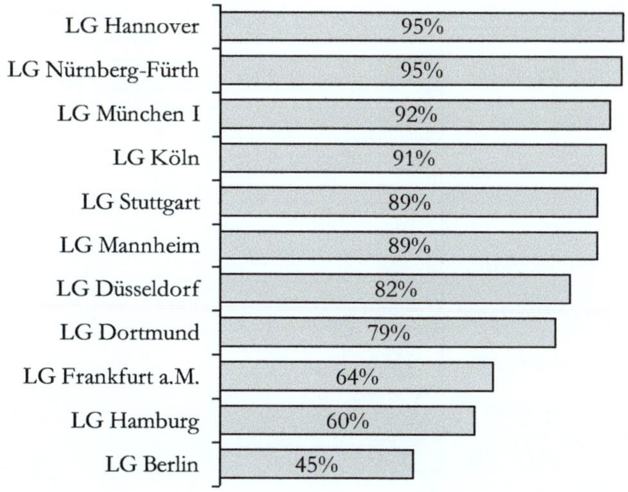

Abb. 22: *Vergleichsquoten bei Spruchverfahren an Landgerichten (n = 400 für sämtliche Verfahren).*

Die Darstellung zeigt die Vergleichsquoten der elf am meisten mit Spruchverfahren befassten Gerichten. Es gibt einige Gerichte, bei denen die Vergleichsquote bei über 90 % liegt, allen voran das LG Hannover mit einer Vergleichsquote von 95 %, andere liegen nur bei 50 % (LG Berlin). An sieben Gerichten kann bei ca. 90 % der Verfahren ein gerichtlicher Vergleich erzielt werden. Auffällig ist, dass die Landgerichte Dortmund, Frankfurt a.M., Hamburg und Berlin dagegen niedrigere Vergleichsquoten (unter 90 %) erzielen.

Dies ist vermutlich auf den individuellen Arbeitsstil der jeweiligen Richter an einem Standort zurückzuführen. In der zweiten Instanz sind die Vergleichsquoten sehr viel geringer, was zu erwarten war – die Unterschiede zwischen den jeweiligen Gerichten sind ebenfalls groß (siehe Abbildung 23).

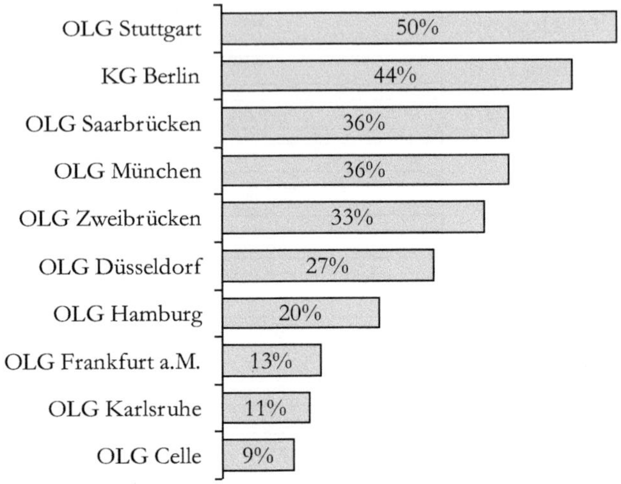

Abb. 23: Vergleichsquoten bei Spruchverfahren an Oberlandesgerichten nach altem Recht (n = 400 für sämtliche Verfahren).

3. Vergleichsmehrwerte

In den hohen Vergleichsquoten wird teilweise die eigentliche Attraktivität des Spruchverfahrens für Antragsteller gesehen.[453] Die für den Antragsteller augenscheinlich guten Aussichten, nämlich die Chance auf eine Nachbesserung der Kompensation bei geringem Kostenrisiko, sind auch im Lichte der praktischen Anwendung des Spruchverfahrens zu bewerten. In der Praxis hat sich unter dem Schlagwort Vergleichsmehrwerte ein bestimmtes Vorgehen einiger professioneller Antragsteller herauskristallisiert.[454] Sie verfolgen dabei das Ziel, neben der Erhöhung der Kompensation auch auf der Kostenseite einen besonderen Vorteil zu erstreiten. Dazu erheben sie vor dem Spruchverfahren, unter dem Vorwand, es lägen Beschlussmängel vor, eine Anfechtungsklage gem. § 243 AktG gegen den der Strukturmaßnahme zugrunde liegenden Hauptversammlungsbeschluss. Obwohl die Anfechtungsklage gem. § 243 Abs. 4 S. 2 AktG i.V.m. §§ 14 Abs. 2 UmwG, 304 Abs. 3, 305 Abs. 5, 320b Abs. 2 AktG zwecks Überprüfung der Angemessenheit einer solchen Zahlung durchgehend ausgeschlossen und die Auseinandersetzung um die Angemessenheit der Kompensation in das Spruchverfahrensgesetz verwiesen wird,

453 *Kubis*, in: MüKo AktG, vor § 1 SpruchG Rn. 6.
454 *Simons*, in: Hölters, AktG, § 15 SpruchG Rn. 3.

suchen die häufig sehr erfahrenen Antragsteller Vergleichsverhandlungen mit dem Kompensationsschuldner, in denen sowohl die Anfechtungsklage als auch ein späteres Spruchverfahren verhandelt werden.[455] In der Praxis werden oft umfassende Vergleiche mit Bezug auf Anfechtungsprozesse und Spruchverfahren abgeschlossen.[456] Es geht bei Vergleichsmehrwerten nur um den Fall, dass im Vergleich über Anfechtungsklagen gegen einen Beschluss der Hauptversammlung, der eine Kompensation zur Folge hat (z. B. einen Squeeze-out-Beschluss), zugleich eine Veränderung der Kompensation vereinbart und damit der Sache nach der Streitgegenstand eines bevorstehenden oder bereits anhängigen Spruchverfahrens erledigt wird.[457]

a) Vergleichsinhalt

Der Inhalt eines solchen Vergleichs ist die Zahlung einer Kompensation für das Nichtbetreiben oder, wenn eine Anfechtungsklage bereits erhoben worden ist, die Rücknahme der Anfechtungsklage. Für die Kläger bzw. Antragsteller ist ein Vergleich aufgrund der Kostenerstattung unter Berücksichtigung von Vergleichsmehrwerten attraktiver als ein Prozesserfolg, vor allem wenn die beklagte Gesellschaft die Verfahrenskosten und Anwaltskosten übernimmt.[458] Die erhöhte Kostenerstattung wird meist im Rahmen der Einigung über einen erhöhten Streitwert und der Erstattung angeblich angefallener Verfahrenskosten erzielt. Der Vergleich kann mit der betreffenden Gesellschaft oder auch, um Einwendungen aus §§ 57, 62 AktG zu entgehen, mit einem Mehrheitsaktionär geschlossen werden.[459] Neben dem Vergleichswert für die Erledigung des Anfechtungsprozesses wird im Hinblick auf die Erhöhung der Kompensation der soeben beschriebene Vergleichsmehrwert festgelegt, der häufig ein Vielfaches des Vergleichswerts beträgt. Nach ihm richten sich dann gem. § 31 RVG die Anwaltsgebühren.[460]

b) Wirksamkeit der Vergleiche

Die aktien- und zivilrechtliche Zulässigkeit und Wirksamkeit von Vergleichen über Anfechtungsklagen ist vor allem vor dem Hintergrund so genannter „räuberischer Aktionäre“ diskutiert worden.[461] Der Wirksamkeit solcher Ver-

---

455 *Simons*, in: Hölters, AktG, § 15 SpruchG Rn. 3; *Hüffer*, AktG, § 243 Rn. 18; *Baums/Drinhausen*, ZIP 2008, 145, 154 f.

456 *Simons*, in: Hölters, AktG, § 15 SpruchG Rn. 3.

457 BDI, Stellungnahme RegE ARUG, 2009, S. 32.

458 *Waclawik*, DStR 2006, 2177, 2179 f.

459 *Baums/Drinhausen*, ZIP 2008, 145, 154 f.

460 *Pukall*, in: Mayer/Kroiß, RVG, § 31 Rn. 4; *Baums/Drinhausen*, ZIP 2008, 145, 154 f.

461 *Baums*, Anfechtung von Hauptversammlungsbeschlüssen, 2000, S. 112.

gleiche muss vor allem im Hinblick auf §§ 53a, 57 AktG kritisch begegnet werden, da sie einem gesetzlich nicht zulässigen „Abkauf des Anfechtungsrechts" entsprechen.[462] Je nach Inhalt kommt grundsätzlich ein Verstoß gegen die Vorschriften über die Kapitalerhaltung, §§ 57, 62 AktG, den Gleichbehandlungsgrundsatz, § 53a AktG, die Vorschriften über den Erwerb eigener Aktien, §§ 71 ff. AktG, sowie die allgemeinen Vorschriften der §§ 138, 134 BGB i.V. mit §§ 263, 266 StGB in Frage.[463] Im Regierungsentwurf zum AktG 1965 war sogar eine ausdrückliche Strafbarkeit solcher Vergleiche geplant, sie wurde jedoch mit dem Hinweis auf die Erfassung durch allgemeine strafrechtliche Regelungen verworfen.[464]

In der hier betrachteten Konstellation des Spruchverfahrens werden die Anwendbarkeit der Vorschriften der §§ 15 Abs. 1 SpruchG, 31 RVG über die Begrenzung der Gerichtskosten und Anwaltsgebühren sowie die Regel umgangen, dass die außergerichtlichen Kosten des Antragstellers nur dann dem Kompensationsschuldner auferlegt werden sollen, wenn das Gericht dies aus Gründen der Billigkeit so angeordnet hat (§ 15 Abs. 4 SpruchG).[465] Der über die Anwaltsgebühren maßgebliche Vergleichsmehrwert übersteigt häufig die im Spruchverfahren festlegbaren Gebühren und hebelt so die von § 15 Abs. 4 SpruchG abweichende Kostenverteilung zu Lasten des Antragsgegners aus.[466] In der Literatur wird zu Recht eine gesetzliche Begrenzung der in Vergleichen vereinbarten Kostenerstattung gefordert sowie eine strikte Einhaltung dieser Vorgaben durch die Richter, die dem Vergleich zustimmen.[467]

V. Zusammenfassende Analyse des Reformbedarfs

Anhand der ökonomischen Analyse der gesetzlichen Regelungen des Spruchverfahrens sowie der darauf bezogenen Rechtsprechung wurden die finanziellen Anreize untersucht, die Antragsteller berücksichtigen, wenn sie ein Spruchverfahren anstrengen. Aus der Perspektive der Antragsteller besteht das wirtschaftliche Risiko ausschließlich in der möglichen Pflicht zur Tragung der durch das Verfahren entstehenden Kosten.[468] Aufgrund des Verbots einer Herabsetzung der ursprünglich angebotenen Kompensation im Spruchverfahren, einer *reformatio in peius*, besteht keine Gefahr weiterer wirtschaftlicher

---

462 *Waclawik*, DStR 2006, 2177, 2181.

463 *Waclawik*, DStR 2006, 2177, 2181 m.w.N.

464 *Baums*, Anfechtung von Hauptversammlungsbeschlüssen, 2000, S. 112 m.w.N.

465 *Baums/Drinhausen*, ZIP 2008, 145, 155 f.

466 *Simons*, in: Hölters, AktG, § 15 SpruchG Rn. 3.

467 *Baums/Drinhausen*, ZIP 2008, 145, 155 f. m.w.N.

468 *Adams*, AG 2000, 396, 401 zur Bedeutung der Prozesskosten für den ökonomischen Wert von Rechten und die Steuerungskraft des materiellen Rechts.

Nachteile für die Antragsteller. Der Nutzen liegt für die Antragsteller in der Aussicht auf eine Erhöhung der Kompensation. Die empirische Untersuchung konnte zeigen, dass von insgesamt 282 Verfahren nur 38 nicht zu einer Nachbesserung geführt haben. In fast 87 % der Fälle konnten die außenstehenden Aktionäre eine Verbesserung erzielen. Im Durchschnitt erfolgen Anhebungen der Kompensation zwischen 20 % und 40 % über die ursprünglich angebotene Kompensation hinaus.[469] Die Risiko-Nutzen-Relation in einem Spruchverfahren kann somit für Aktionäre als sehr attraktiv beschrieben werden.[470] Sie können aufgrund des Verbots der *reformatio in peius* nichts verlieren und auch in Bezug auf die Kosten sehen sie sich nach der Reform 2003 einem verhältnismäßig niedrigen Risiko ausgesetzt.[471] Aus Sicht der Antragsgegner besteht umgekehrt ein Risiko in Form einer möglichen Erhöhung der Kompensationsverpflichtung sowie der Verpflichtung zur Kostenübernahme. Da die vom Antragsgegner zu leistende Kompensation nicht herabgesetzt werden kann, gibt es abgesehen von möglichen Zinseffekten keinen finanziellen Nutzen aus dem Spruchverfahren. Im Spruchverfahren herrscht somit eine asymmetrische Risiko-Nutzen-Konstellation für Antragsteller und Antragsgegner.[472]

Vor dem Hintergrund der Zweckbestimmung des Spruchverfahrens als Instrument des Minderheitenschutzes ist das Verbot der *reformatio in peius* eine zentrale Vorschrift zum Schutz der außenstehenden Aktionäre. Ohne diese Regelung würden diese überproportional großen Risiken ausgesetzt und damit der Zweck des Spruchverfahrens als Schutzinstrument konterkariert. Die Auswirkungen der *reformatio in peius* sind jedoch nicht unproblematisch. Vom Gesetzgeber ohne ausdrückliche Begründung als natürliches Element des Minderheitenschutzes installiert, ist es durchaus geeignet, sogar einen gegenteiligen Effekt zu bewirken: Vor allem aufgrund der Tatsache, dass für den Kompensationsschuldner sämtliche vorab versprochenen Kompensationen endgültig verloren sind, wird er stets versuchen, mit der anfangs angebotenen Kompensation niedrig einzusteigen. Aufgrund umfangreicher Beratung und Zugang zu sämtlichen Geschäftsinformationen wird er dieses niedrige Angebot auch entsprechend kaschieren können.[473] Zwar würde der Kompensationsschuldner gleiches wohl auch versuchen, wenn es kein Verbot der *reforma-*

---

469 *Freitag*, in: FS Christian Richter II, 2006, S. 139, 162 ff.; dazu im Einzelnen *Krüger*, Empirische Analyse zur Nachbesserung von Zwangsabfindungen, 2004, S. 87, siehe 2. Empirischer Befund der Risiko-Nutzen-Relation, S. 83.

470 So auch *Kubis*, in: MüKo AktG, vor § 1 SpruchG, Rn. 6.

471 So auch *Kubis*, in: MüKo AktG, vor § 1 SpruchG, Rn. 6.

472 So auch *Poelzig/Meixner*, AG 2008, 196, 198 (asymmetrischer *pay-off*).

473 BDI, Stellungnahme RegE ARUG, 2009, S. 24.

tio in peius gäbe, das dargestellte Verhaltensmuster wird durch diese Regelung jedoch verstärkt. Es liegt dann an den Minderheitsaktionären bzw. dem Gericht, dem Kompensationsschuldner „auf die Schliche" zukommen und herauszufinden, wo die Ertragsbringer in den vom Kompensationsschuldner in Auftrag gegebenen Gutachten versteckt worden sind. In diesem Zusammenhang wird daher sogar von einem „Konstruktionsfehler" des Spruchverfahrens gesprochen.[474] Zu bedenken ist, dass in dem beschriebenen Anreiz für den Kompensationsschuldner, stets mit niedrigen Kompensationsangeboten einzusteigen, ein möglicher Grund für Ineffizienzen des Verfahrens liegen kann. Es soll daher diskutiert werden, ob das Verbot der *reformatio in peius* gelockert werden sollte, wenn gleichzeitig andere Schutzinstrumente für die Aktionäre eingeführt werden.[475]

Die gegenwärtige Kostenregelung ist einerseits hinreichend genau, da sie zu allen wesentlichen Fragen Stellung nimmt. Sie ist damit auch vorab kalkulierbar.[476] Andererseits räumt sie den Gerichten einen Beurteilungsspielraum ein, um flexibel auf den Einzelfall reagieren zu können. Die Kostenregelung kann daher im Hinblick auf den derzeitigen Verfahrensablauf als angemessen bezeichnet werden. Nur wenn das Spruchverfahren noch weiter an die ZPO angenähert wird, wären entsprechende Änderungen eventuell sinnvoll. Auf der Grundlage des derzeitigen Spruchverfahrens ist eine Änderung nicht geboten.[477]

Die Anpassung der Zinsen an die allgemeinen Vorschriften ist sinnvoll und stellt keine unangemessene Benachteiligung dar. Eine Gleichstellung mit den Prozesszinsen der Verfahren nach der ZPO ist mit dem Verweis auf den Basiszins folgerichtig. Für eine Beibehaltung der vergünstigten Zinsen gibt es keine überzeugenden Argumente. Die niedrige Verzinsung stellt auch keinen Strafzins dar, sondern ist Ausfluss der allgemeinen gesetzgeberischen Entscheidung, Ansprüche aus Zivilprozessen zu verzinsen. Dies gilt auch, wenn das Gerichtsverfahren ohne Verschulden der Beteiligten länger andauert. Auch eine noch höhere, praktisch als Pönale ausgestaltete Verzinsung ist demnach ebenfalls abzulehnen.[478].

Die weitere Diskussion um die Verzinsung ist aus der Perspektive der Ausgestaltung der Risiko-Nutzen-Verteilung zu betrachten. Die gegenwärtig

---

474 BDI, Stellungnahme RegE ARUG, 2009, S. 24.

475 Siehe 1. Aufgabe des Verbots der *reformatio in peius*, S. 248.

476 *Lamb/Schluck-Amend*, DB 2003, 1259, 1262.

477 Siehe V. Veränderungen im Verfahrensablauf, S. 263.

478 Verzinsung von 25 %, Sdk e.V., „Räuberischer" Klein- oder Großaktionär, das ist die Frage, Zur Reformbedürftigkeit der aktienrechtlichen Anfechtungsklage, 2007, S. 4.

gültige Verzinsungsregelung ist im Hinblick auf die Harmonisierung der Zinsregelungen im Privat- bzw. Handelsrecht sinnvoll. Gleichermaßen wurden vor dem Jahr 2009 bestehende Fehlanreize für Unternehmen beseitigt. Eine weitere Änderung der Zinsregelungen ist nicht geboten.

Die beschriebene Kombination von Vergleichen hinsichtlich Anfechtungsklagen und Spruchverfahren läuft dem Gesetzeszweck, und dabei insbesondere der Exklusivität von Spruchverfahren und Anfechtungsklage, zuwider. Aus diesem Grund besteht Änderungsbedarf und im Zuge einer Reform des Spruchverfahrens sollte dieser Problemkomplex ebenfalls erfasst werden.

E. Rechtsfolgen und Prüfungsmaßstab

I. Rechtsfolgen des Spruchverfahrens

Das Spruchverfahren ist der Ersatz für den Ausschluss der Anfechtung wegen fehlender Angemessenheit der Kompensation. Auf Antrag außenstehender Aktionäre wird die angemessene Kompensation mit Wirkung für und gegen jedermann (*erga omnes*) gem. § 13 S. 2 SpruchG festgesetzt.[479] Die von den Antragstellern angestrebte Rechtsfolge besteht darin, dass das Gericht die Kompensation neu festsetzt.[480] Eine Herabsetzung der Kompensation ist zum Schutz der außenstehenden Aktionäre grundsätzlich ausgeschlossen.[481]

Die Kompensation ist zwingend in bar vorzusehen; im Hinblick auf den resultierenden Liquiditätsabfluss wird diese Regelung für das betroffene Unternehmen betriebs- und volkswirtschaftlich als äußerst problematisch angesehen.[482] In der Literatur wurde daher zu Recht gefordert, dass die Kompensation im Rahmen eines Spruchverfahrens zukünftig nicht mehr nur in bar, sondern auch durch die Gewährung von Anteilen möglich sein soll.[483]

II. Gesetzliche Vorschriften zum Bewertungsmaßstab

Die gesetzlichen Regelungen in §§ 305 Abs. 1, 320b Abs. 1 S. 1, 327a Abs. 1 S. 1 AktG und §§ 12 Abs. 2 Nr. 2, 15 Abs. 1 S. 2 UmwG schreiben vor, dass die dem außenstehenden Aktionär anzubietende Kompensation angemessen zu sein hat. Verfassungsrechtlich garantiert Art. 14 GG den Minderheits-

---

479 Siehe I. Erhöhung der Kompensation und *reformatio in peius*, S. 81 ff.; *Emmerich*, in: Emmerich/Habersack, Konzernrecht, vor § 1 SpruchG Rn. 4.

480 *Emmerich*, in: Emmerich/Habersack, Konzernrecht, § 11 SpruchG Rn. 2.

481 Siehe I. Erhöhung der Kompensation und *reformatio in peius*, S. 81.

482 *J. Vetter*, AG 2008, 177, 189; *Friese-Dormann/Rothenfußer*, AG 2008, 243; *J. Vetter*, ZHR 168 (2004), 8, 26; *Bezzenberger/Bezzenberger*, in: FS Müller, 2001, S. 1, 21 ff.; *Martens*, AG 2000, 301, 302.

483 DAV Handelsrechtsausschuss, NZG 2000, 802, 803.

aktionären bei gesellschaftsrechtlichen Strukturmaßnahmen einen umfassenden Schutz ihrer Vermögensposition.[484] Das bedeutet, dass ihnen die volle Kompensation zusteht und dass ihnen zu erstatten ist, was ihnen an Eigentum im Sinne von Art. 14 GG durch die Strukturmaßnahme verloren geht.[485] Nach welchen Wertmaßstäben diese volle Kompensation in der Praxis zu ermitteln ist, ist Gegenstand der nachfolgend dargestellten Diskussion in Rechtsprechung und Literatur.

III. Bewertungsmaßstäbe der Gerichte

1. Einleitung

a) Prinzipien der Unternehmensbewertung durch Gerichte

Es ist die Aufgabe der Gerichte, im Spruchverfahren die für die Bestimmung der angemessenen Kompensation erforderliche Unternehmensbewertung durchzuführen.[486] Das Ergebnis dieser Unternehmensbewertungen ist dann für die Bestimmung der jeweiligen Kompensation auf einzelne Aktien umzurechnen. Der Anteilswert der Aktien ergibt sich bei Nennbetragsaktien gem. § 8 Abs. 2 AktG aus dem Verhältnis ihres Nennwerts zur Höhe des Grundkapitals, bei Stückaktien gem. § 8 Abs. 3 AktG aus der Division des Unternehmenswerts durch die Gesamtzahl der Aktien. Dabei sind grundsätzlich alle Aktionäre gleich zu behandeln.[487]

Der Bewertungsstichtag ist grundsätzlich der Tag des Hauptversammlungsbeschlusses der zu bewertenden Gesellschaft.[488] Angesichts der teilweise

---

484 BVerfG, Beschluss vom 27.04.1999 – 1 BvR 1613/94, NZG 1999, 931, 932 (*DAT/Altana*); BVerfG, Urteil vom 07.08.1962 – 1 BvL 16/60, BVerfGE 14, 263, 278 = NJW 1962, 1667 (*Feldmühle*); aus der Literatur grundlegend zu Art. 14 GG und den Auswirkungen auf das Gesellschaftsrecht: *Hofmann*, in: FS Hopt, 2010, S. 833 ff.; *Mülbert*, in: FS Hopt, 2010, S. 1040 ff.; siehe dazu II. Verfassungsrechtliches Spannungsfeld, S. 6.

485 Grundlegend BVerfG NJW 1962, 1667 (*Feldmühle*), dazu *Mülbert*, in: FS Hopt, 2010, S. 1064 ff.; *Brandi/Wilhelm*, NZG 2009, 1408.

486 Überblick zur Unternehmensbewertung in Spruchverfahren bei *Kollrus*, MDR 2012, 66; grundlegend *Piltz*, Unternehmensbewertung in der Rechtsprechung, 1994, S. 3 ff.; aus der Rechtsprechung: BayObLG, Beschluss vom 19.10.1995 – 3 Z BR 17/90, AG 1996, 127 (*Paulaner*); *Kircher*, Kompensationsleistungen, 2007, S. 195 f. m.w.N.

487 *Paulsen*, in: MüKo AktG, § 305 Rn. 141; *Hüffer*, AktG, § 305 Rn. 24; siehe dazu 1. Verbundvorteile, S. 127.

488 *Emmerich*, in: Emmerich/Habersack, Konzernrecht, § 304 Rn. 37; § 305 Rn. 41; *Hüffer*, AktG, § 304 Rn. 10, § 305 Rn. 23.

überlangen Verfahrensdauer von Spruchverfahren[489] ist es für die Spruchrichter eine besondere Herausforderung, den maßgeblichen Bewertungsstichtag zu beachten und Entwicklungen nicht zu berücksichtigen, die nach dem Bewertungsstichtag eingetreten sind (sog. *hindsight bias*).[490] Das ändert freilich nichts daran, dass die Gerichte ihre Ergebnisse plausibilisieren müssen.[491]

In der Betriebswirtschaft ist anerkannt, dass es den absoluten oder richtigen Unternehmenswert nicht gibt und dass man sich diesem Wert nur annähern kann.[492] Statt die Ermittlung eines absoluten Unternehmenswerts anzustreben, folgt die Betriebswirtschaftslehre daher dem Grundsatz, dass die richtige Bewertung vom Bewertungszweck bestimmt wird.[493] Der Bewertungszweck folgt aus dem Normzweck der abfindungsrechtlichen Normen §§ 305 Abs. 1, 320b Abs. 1 S. 1, 327a Abs. 1 S. 1 AktG und §§ 12 Abs. 2 Nr. 2, 15 Abs. 1 S. 2 UmwG.[494] In den Bewertungssituationen, die dem Spruchverfahren zugewiesen sind, kommt dem Unternehmenswert eine Vermittlungsfunktion zwischen außenstehenden Aktionären und Kompensationsschuldner zu, durch die ein Ausgleich deren widerstreitender Interessen herbeigeführt wird.[495] Dieser konfliktlösende Unternehmenswert wird auch als Schiedswert oder Arbitriumswert bezeichnet.[496] Allerdings besteht der vorrangige Zweck des Spruchverfahrens darin, sicherzustellen, dass die außenstehenden Aktionäre ihre Vermögens- und Mitverwaltungsrechte nur gegen eine volle Entschädigung gem. Art. 14 Abs. 1 GG aufgeben müssen.[497] Diese Kompensation hat auf verfassungsgemäße Weise die Rechte der Betei-

489 Siehe V. Verfahrensdauer, S. 58.

490 *Wittgens*, BB 2007, 1069, 1070; *Hirte/Hasselbach*, in: GK AktG, § 304 Rn. 82; *Gleissner*, AG 2006, R260.

491 KG Berlin, Beschluss vom 14.01.2009 – 2 W 68/07, BeckRS 2009, 20226 = EWiR 2009, 363 stellt fest, es könne nicht darum gehen, mit gleichsam naturwissenschaftlich-mathematischer Genauigkeit eine objektiv verifizierbare Berechnung vorzunehmen.

492 OLG Düsseldorf, Beschluss vom 02.04.1998 – 19 W 3/93, DB 1998, 1454 (*Stolberger Zink AG*); LG Dortmund, Beschluss vom 18.11.2000 – 20 AktE 8/94, ZIP 2001, 739, 742; *Piltz*, Unternehmensbewertung in der Rechtsprechung, 1994, S. 8; *Klöhn*, System der Abfindungsansprüche, 2009, S. 51 (Fn. 44) m.w.N.

493 *Mattes/Graf von Maldeghem*, BKR 2003, 531, 532.

494 *Hüffer*, AktG, § 305 Rn. 18 (exemplarisch für den Unternehmensvertrag) m.w.N.

495 *Mattes/Graf von Maldeghem*, BKR 2003, 531, 532.

496 *Piltz*, Unternehmensbewertung in der Rechtsprechung, 1994, S. 13 ff.; IDW S 1, (2008).

497 Grundlegend BVerfG, Urteil vom 07.08.1962 – 1 BvL 16/60, BVerfGE 14, 263, 267 f. = NJW 1962, 1667, 1671 (*Feldmühle*); *Adolff*, Unternehmensbewertung, 2007, S. 292 ff.; *Paulsen* in: MüKo AktG, *§ 305* Rn.1 m.w.*N*.

ligten zu wahren, also insbesondere den außenstehenden Aktionären den vollen Wert zuzusprechen.[498] Daher ist der Preis zu ermitteln, zu dem sie ohne wirtschaftliche Nachteile aus dem Unternehmen ausscheiden können; es kommt im Spruchverfahren somit auf den so genannten Grenzpreis für außenstehende Aktionäre an.[499]

b) Methoden der Kompensationsbestimmung

Ein allgemeingültiges Verfahren der Unternehmensbewertung hat die Betriebswirtschaftslehre nicht entwickeln können, stattdessen konkurrieren verschiedene Bewertungsverfahren.[500] Die Rechtsprechung hat es daher bislang abgelehnt, einer bestimmten Bewertungsmethode grundsätzlich den Vorrang einzuräumen.[501] Die konkurrierenden Verfahren lassen sich in vier Gruppen einteilen.[502] Die vermögensbezogenen Bewertungen ermitteln den Unternehmenswert anhand des vorhandenen Inventars mithilfe des Buch-, Liquidations- oder Substanzwerts.[503] Bei diesen Bewertungsmethoden wird das Unternehmen nicht als Einheit, sondern in seinen einzelnen Bestandteilen bewertet. Dabei wird nicht von einer Fortführung des Unternehmens ausgegangen.[504] Diese Gruppe spielt in der Praxis der Betriebswirtschaft nur eine untergeordnete Rolle und wird auch in der gerichtlichen Spruchverfahrenspraxis nicht verwendet[505], auf sie ist daher auch nicht näher einzugehen.[506] Die zweite

498 Zur verfassungsrechtlichen Dimension siehe III. Bewertungsmaßstäbe der Gerichte, S. 100 ff.

499 BGH, Beschluss vom 04.03.1998 – II ZB 5-97, BGHZ 138, 136, 140 = NJW 1998, 1866, 1870 ff. (*Asea/BBC II*); OLG München, Beschluss vom 17.07.2007 – 31 Wx 60/06, AG 2008, 28; *Hüffer*, AktG, § 305 Rn. 18; *Mattes/Graf von Maldeghem*, BKR 2003, 531, 532.*Koppensteiner*, in: KK AktG, § 305 Rn. 63 f. m.w.N.

500 Zur Systematisierung und Darstellung der verschiedenen Bewertungsmethoden *Leverkus*, in: Simon, SpruchG, Anhang § 11 Rn. 1 ff.; *Fritzsche/Dreier/Verfürth*, SpruchG, § 1 Rn. 189 ff.; *Adolff*, Unternehmensbewertung, 2007, S. 190 f.; *Mattes/Graf von Maldeghem*, BKR 2003, 531, 532.

501 BayObLG, Beschluss vom 11.12.1995 – 3 Z BR 36/91, NJW-RR 1996, 1125; *Fritzsche/Dreier/Verfürth*, SpruchG, § 1 Rn. 193 (Fn. 373) m.w.N.

502 *Mattes/Graf von Maldeghem*, BKR 2003, 531, 531 ff.

503 *Mattes/Graf von Maldeghem*, BKR 2003, 531, 533.

504 *Mattes/Graf von Maldeghem*, BKR 2003, 531, 533.

505 Nach früherer Rechtsprechung war der Liquidationswert stets als Untergrenze des Unternehmenswerts anzusehen (vgl. die Nachweise bei *Piltz*, Unternehmensbewertung in der Rechtsprechung, 1994, S. 189). Der Liquidationswert ist heute nur noch dann anzusetzen, wenn ein Unternehmen liquidiert werden soll: BGH, Urteil vom 17.03.1982 – IV a ZR 27/81, NJW 1982, 2497; OLG Düsseldorf, Beschluss vom 27.02.2004 – 19 W 3/00, ZIP 2004, 753.

506 Weiterführend *Piltz*, Unternehmensbewertung in der Rechtsprechung, 1994, S. 31.

Gruppe stellen die ergebnisbezogenen Bewertungsverfahren dar. Dabei handelt es sich um zukunftsorientierte Methoden, die den Zufluss künftiger Erträge bzw. Auszahlungen an den Investor in den Mittelpunkt stellen. Dabei gehen sie nach dem Fortführungsprinzip (auch Grundsatz der Unternehmensfortführung oder *Going-Concern*-Prinzip) von einem Weiterbestand des Unternehmens aus.[507] Die bekanntesten Verfahren sind das Ertragswertverfahren sowie das *Discounted Cash Flow*-Verfahren (DCF-Verfahren). Das Ertragswertverfahren wird in ständiger Rechtsprechung zur Bestimmung der angemessenen Kompensation im Spruchverfahren verwendet.[508] Die US-amerikanische Rechtsprechung verwendet das dem Ertragswertverfahren ähnliche DCF-Verfahren.[509] Beide Verfahren werden daher nachfolgend ausführlicher dargestellt. Die dritte Gruppe bilden die kapitalmarktbezogenen Bewertungen, die das betroffene Unternehmen nicht nach seinen zukünftigen Überschüssen, sondern nach Preisen bewerten, die in der Vergangenheit für das Unternehmen an der Börse bezahlt wurden.[510] Sie erfreuen sich steigender Beliebtheit und werden daher ebenfalls nachfolgend dargestellt werden.[511] Die letzte Gruppe umfasst Mischformen zuvor genannter Methoden.[512]

2. Ergebnisbezogene Bewertungsmaßstäbe

a) Ertragswertverfahren

Der angemessene Wert des Unternehmens ergibt sich beim Ertragswertverfahren aus den finanziellen Überschüssen, die bei Fortführung des Unternehmens und Veräußerung etwaigen nicht betriebsnotwendigen Vermögens erwirtschaftet werden.[513] Daraus ergibt sich für die Unternehmenswertermitt-

---

507 *Mattes/Graf von Maldeghem*, BKR 2003, 531, 533.

508 Aus der umfangreichen Rechtsprechung OLG Düsseldorf, Beschluss vom 31.01.2003 – 19 W 9/00 AktE, AG 2003, 329, 332; OLG Stuttgart, Beschluss vom 16.02.2007 – 20 W 6/06, AG 2007, 209; OLG Düsseldorf, Beschluss vom 20.11.2001 – 19 W 2/00, AG 2002, 398, 399 ff.; Umfassend *Piltz*, Unternehmensbewertung in der Rechtsprechung, 1994, S. 16 ff.; *Hüffer*, AktG, § 305 Rn. 19; *Fritzsche/Dreier/Verfürth*, SpruchG, § 1 Rn. 194.

509 Siehe zur Praxis in den USA d) Gerichtlicher Prüfungsmaßsta, S. 161.

510 *Kircher*, Kompensationsleistungen, 2007, S. 146 m.w.N.

511 Siehe 3. Kapitalmarktorientierte Bewertungsmaßstäbe, S. 107.

512 Siehe 4. Multifaktorielle Bewertungen (Mischformen), S. 118.

513 *Großfeld*, Recht der Unternehmensbewertung, 2009, S. 35 ff.; *Adolff*, Unternehmensbewertung, 2007, S. 190 ff.; *Piltz*, Unternehmensbewertung in der Rechtsprechung, 1994, S. 16 ff.; IDW S 1, Rn. 1 (2008); *Fritzsche/Dreier/Verfürth*, SpruchG, § 1 Rn. 197; *Simon/Leverkus*, in: Simon, SpruchG, Anh. § 11, Rn. 1 ff.; *Barthel*, DStR 2010, 1198; *Mattes/Graf von Maldeghem*, BKR 2003, 53; *Großfeld*, NZG 2002, 353.

lung ein dreistufiges Vorgehen.[514] Im ersten Schritt sind die zukünftigen Erträge zu ermitteln. Die dem Unternehmen künftig aus dem laufenden Betrieb zufließenden finanziellen Überschüsse (Erträge) werden aus Prognosen der Gewinn- und Verlustrechnungen abgeleitet.[515] In einem zweiten Schritt wird der Kapitalisierungszinssatz ermittelt.[516] Dabei werden die über mehrere Jahre anfallenden Erträge entsprechend ihren Barwert zum Bewertungsstichtag mit dem Kapitalisierungszinssatz abgezinst, da ein zukünftiger Ertrag einen geringeren Wert hat als ein gegenwärtiger Ertrag.[517] Dieser Zins setzt sich aus dem risikofreien Kapitalmarktzins und einer Prämie für das Unternehmensrisiko zusammen. [518] Vereinfacht gesagt besteht dieses Unternehmensrisiko wiederum aus einer allgemeinen Marktrisikoprämie und einer unternehmensindividuellen Risikoanpassung.[519] Diese Risikoanpassung wird mit Hilfe des Beta-Faktors vorgenommen, der die Volatilität der Rendite des Unternehmens mit der allgemeinen Marktvolatilität vergleicht.[520] Insbesondere die Bestimmung der Marktvolatilität und die damit einhergehende Zusammenstellung einer Vergleichsgruppe (*peer group*) sind dabei von besonderer Bedeutung.[521] Da das Bewertungsergebnis in hohem Maße mit dem jeweiligen Beta-Faktor korreliert, aber gleichzeitig einer subjektiven Bestimmung der einzelnen Variablen unterliegt, dominiert dieser Streit oft die Auseinandersetzung um eine angemessene Bewertung im Spruchverfahren.[522] Schließlich wird in einem dritten Schritt das so genannte nicht betriebsnotwendige Vermögen ausgesondert; es fließt nicht in die Gesamtbewertung nach der Ertragswertmethode ein.[523] Dazu zählen diejenigen Wirtschaftsgüter, die frei veräußert werden können, ohne dass davon die eigentliche Unternehmensaufgabe berührt wird (beispiels- aber nicht notwendigerweise Grundbesitz).[524] Dieses Vermögen ist gesondert zu bewerten und zum Ertragswert zu addieren.[525] Die

514 *Mattes/Graf von Maldeghem*, BKR 2003, 531, 534 ff.

515 *Fritzsche/Dreier/Verfürth*, SpruchG, § 1 Rn. 197.

516 Dazu umfassend *Munkert*, Kapitalisierungszinssatz in der Unternehmensbewertung, 2005.

517 *Fritzsche/Dreier/Verfürth*, SpruchG, § 1 Rn. 198.

518 *Großfeld*, NZG 2009, 1204, 1206 f.

519 *Großfeld*, NZG 2009, 1204, 1206 f.; empirische Untersuchungen dazu bei *Lochner*, AG 2011, 692.

520 *Großfeld*, NZG 2009, 1204, 1206 f.; *Großfeld*, NZG 2002, 353, 357 m.w.N.

521 *Großfeld*, NZG 2009, 1204, 1206 f.

522 *Barthel*, DStR 2010, 1198, 1203.

523 *Hüffer*, AktG, § 305 Rn. 19.

524 *Mattes/Graf von Maldeghem*, BKR 2003, 531, 534 mit Verweis auf *Piltz*, Unternehmensbewertung in der Rechtsprechung, S. 30.

525 *Hüffer*, AktG, § 305 Rn. 19.

Notwendigkeit gesonderter Bewertung folgt daraus, dass solches Vermögen zu den Erträgen nicht oder nicht in der Weise beiträgt, die von der Ertragswertmethode vorausgesetzt wird.[526] Existiert kein operatives Geschäft und damit kein betriebsnotwendiges Vermögen, so tritt der Liquidationswert an die Stelle des nicht existenten Ertragswerts.[527]

b) DCF-Verfahren

DCF-Verfahren und Ertragswertverfahren verfolgen einen identischen methodischen Ansatz und ermitteln beide den Unternehmenswert auf der Basis zukünftiger Zuflüsse.[528] Im Gegensatz zum Ertragswertverfahren werden beim DCF-Verfahren nicht zukünftige Erträge, sondern die dem Unternehmen zukünftig zufließenden Zahlungsströme (*cash flows*) ermittelt und anschließend abgezinst.[529] Die DCF-Methode kann allgemein als eine Verfeinerung der Ertragswertmethode angesehen werden.[530] Der wesentliche Unterschied zwischen Ertrag und *cash flow* besteht darin, dass der *cash flow* nicht liquiditätswirksame Vorgänge wie z. B. Abschreibungen unberücksichtigt lässt.[531] Durch diese Unterscheidung, insbesondere durch die Betrachtung tatsächlich aus der Unternehmenstätigkeit frei verfügbarer Zahlungsströme (*free cash flows*), wird unter anderem das Interesse eines Investors an direkten Zahlungsströmen stärker in den Vordergrund gestellt.[532]

c) Praktische Relevanz und Kritik

Die Ertragswertmethode dominiert die Unternehmensbewertung im Spruchverfahren und ist allgemein in Rechtsprechung und Literatur anerkannt, um die verfassungsrechtlich gebotene, volle Entschädigung für das Anteilseigentum zu berechnen.[533] Die Anwendung des DCF-Verfahrens ist demgegenüber

---

526 OLG Celle, Beschluss vom 04.04.1979 – 9 Wx 9/79, AG 1979, 230, 232 f.; OLG Düsseldorf, Beschluss vom 17.02.1984 – 19-W-1/81, AG 1984, 216; *Hüffer*, AktG, § 305 Rn. 19.

527 OLG Düsseldorf, Beschluss vom 13.03.2008 – 26 W 8/0, AG 2008, 498, 498 ff.; zum Liquidationswert *Piltz*, Unternehmensbewertung in der Rechtsprechung, S. 31 ff.; zum häufigen Einwand der Antragsteller im Spruchverfahren, es ist ein fiktiver Liquidationswert zu berücksichtigen: *Land/Hennings*, AG 2005, 380, 385.

528 *Großfeld*, NZG 2002, 353, 355 f.

529 *Großfeld*, NZG 2002, 353, 355.

530 *Mattes/Graf von Maldeghem*, BKR 2003, 531, 534.

531 Überleitung von Ertragswert zu *cash flow* bei *Großfeld*, NZG 2002, 353, 356.

532 *Mattes/Graf von Maldeghem*, BKR 2003, 531, 534.

533 BVerfG, Beschluss vom 27.04.1999 – 1 BvR 1613/94, BVerfGE 100, 289 305 (*DAT/Altana*); OLG Stuttgart, Beschluss vom 16.02.2007, 20 W 6/06; OLG Mün-

in der Praxis noch eher unüblich.[534] Im Berufsstandard der Wirtschaftsprüfer IDW S1 (2008)[535] ist das DCF-Verfahren allerdings vorgesehen.[536] Es wird vermutlich zukünftig auch bei gerichtlichen Bewertungen verstärkt Anwendung finden.[537]

Insgesamt sehen sich ergebnisbezogene Bewertungsverfahren zunehmend grundsätzlicher Kritik ausgesetzt. Es bestehen wesentliche Bedenken, denn bei der fundamental-analytischen Bewertung durch Sachverständige anhand von Ertragswertmethoden wird letztlich nur das Ergebnis einer subjektiven Schätzung dargestellt, in die eine Vielzahl unsicherer Prognosen und Parameter eingeflossen ist.[538] Sowohl die zugrunde gelegten Erträge bzw. Zahlungen als auch die Zinssätze für die Abzinsung beruhen auf Annahmen, die jeweils erheblichen Einfluss auf die Bewertung haben.[539] Kritisch wird auch beurteilt, dass diese Zinssätze mittels einer kapitalmarktgestützten Betrachtung herangezogen werden; dadurch wird auch die Abgrenzung zu kapitalmarktorientierten Bewertungsverfahren weniger trennscharf.[540] Die Verfahren suggerieren des Weiteren durch eine Vielzahl der berücksichtigten Faktoren eine Scheingenauigkeit.[541]

Schließlich ergibt sich aus verschiedenen Studien, dass die Ermittlung der angemessenen Kompensation anhand der Ertragswertmethode nicht den vollen Wert der Aktien, sondern durchschnittlich einen geringeren Wert ergeben

chen, Beschluss vom 26.10.2006, 31 Wx 12/06; LG Frankfurt, Beschluss vom 29.03.2006 – 3/8 O 197/02, AG 2007, 41.

534 Zuletzt OLG Karlsruhe, Beschluss vom 16.07.2008 – 12 W 16/02, NZG 2008, 791 = BeckRS 2008, 18939, mit Verweis auf die Aussage einer Sachverständigen, die das DCF-Verfahren als eher unüblich und durch Berufsstandards nicht vorgesehen bezeichnet hatte.

535 IDW S1 stellt indes keine Rechtsnorm dar. Eine Verletzung des IDW S 1 zu Inhalt und Darstellung eines Bewertungsgutachtens durch einen gerichtlichen Sachverständigen ist nicht maßgeblich, OLG Stuttgart, Beschluss vom 06.07.2007 – 20 W 5/06, AG 2007, 705; zur Bindung der Rechtsprechung an die Methoden des IDW jüngst auch OLG Stuttgart, Beschluss vom 19.01.2011, 20 W 2/07, BeckRS 2011, 01677; *Emmerich*, in: Emmerich/Habersack, Konzernrecht, § 305 Rn. 52a.

536 IDW S 1, Rn. 7 (2008).

537 *Mattes/Graf von Maldeghem*, BKR 2003, 531, 537.

538 *Tonner*, in: FS K. Schmidt, 2009, S. 1581, 1589; *Brandi/Wilhelm*, NZG 2009, 1408 (Fn. 11); *Müller*, in: FS Bezzenberger, 2000, S. 705, 707.

539 *Mattes/Graf von Maldeghem*, BKR 2003, 531, 534 f.

540 *Decher*, Börsen-Zeitung, 05.09.2007, S. 2.

541 Zu den Schwierigkeiten der Ertragswertverfahren im Einzelnen: *Barthel*, DStR 2010, 1198, 1198 f., 2005 f.; kritische Auseinandersetzung mit der Scheingenauigkeit aus betriebswirtschaftlicher Perspektive bei *Frey/Rapp*, DB 2011, 2105, siehe auch c) Praktische Relevanz und Kritik, S. 105.

hat, der für die Minderheitsaktionäre einen Verlust gegenüber einer freiwilligen Desinvestitionsentscheidung bedeutet.[542]

3. Kapitalmarktorientierte Bewertungsmaßstäbe

a) Problemstellung

Die kapitalmarktorientierten Bewertungsmaßstäbe beruhen auf den Preisen, die an Wertpapierbörsen für die Unternehmensanteile gezahlt werden. Voraussetzung für eine marktorientierte Bewertung ist daher neben einer Börsennotiz des Unternehmens das Vorhandensein eines liquiden Markts und die Zugänglichkeit von Informationen über Marktpreise.[543] Der Unternehmenswert ergibt sich dann aus der Multiplikation des Börsenpreises einer einzelnen Aktie mit der Anzahl aller Aktien des Unternehmens.[544] Dadurch wird der Unternehmenswert nicht wie bei den ergebnisbezogenen Methoden aufgrund einer Analyse und Hochrechnung der finanziellen Ergebnisse, sondern durch Einschätzungen anderer Marktteilnehmer und dem Verhältnis von Angebot und Nachfrage der Aktien der Gesellschaft an den Finanzmärkten bestimmt.[545]

Der Börsenkurs kann bei der Unternehmensbewertung durch Gerichte im Rahmen eines Spruchverfahrens drei denkbare Bedeutungen einnehmen.[546] Erstens kann der Börsenkurs als Verkehrswert die Untergrenze der Kompensation bestimmen, die bei höherem Ertragswert auch höher festzusetzen ist. Diesem Ansatz folgt im Wesentlichen die Rechtsprechung.[547] Zweitens kann der Börsenkurs nicht die Untergrenze, sondern die Höhe der Kompensation an sich determinieren. Eine ergebnisbezogene Bewertung scheidet dann aus, auch wenn sich davon eine höhere Bewertung erwarten lässt. Diesem Ansatz folgen Teile der Literatur und in jüngerer Zeit in einigen Konstellationen auch die Rechtsprechung.[548] Schließlich werden viele vermittelnde Auffassungen vertreten.[549]

---

542 *Rühland*, NZG 2001, 448, 450 mit Verweis unter anderem auf *Dörfler/Gahler/Unterstraßer/Wirichs*, BB 1994, 156 ff.; *Piltz*, ZGR 2001, 185, 188; siehe für ökonomische Betrachtung auch *W. Baums*, Ausgleich nach § 304 AktG.

543 *Mattes/Graf von Maldeghem*, BKR 2003, 531, 535.

544 *Gude*, Strukturänderungen und Börsenkurs, 2003, S. 241; *Mattes/Graf von Maldeghem*, BKR 2003, 531, 536 m.w.N.

545 *Mattes/Graf von Maldeghem*, BKR 2003, 531, 536.

546 So auch *Hüffer*, AktG, § 305 Rn. 24b.

547 Siehe b) Börsenkurs als Wertuntergrenze, S. 108.

548 Siehe c) Börsenkurs als einzige Grundlage für Unternehmenswert, S. 111.

549 Siehe d) Vermittelnde Lösungen, S. 115.

Die Diskussion über die Bedeutung des Börsenkurses erfolgt zunächst unter der Prämisse, dass marktgerechte Börsenkurse zu Verfügung stehen. Ausnahmesituationen, in denen keine wirksamen Börsenpreise zustande kommen, wie z. B. Marktversagen, werden im Anschluss behandelt.[550]

b) Börsenkurs als Wertuntergrenze

Ursprüngliche akzeptierte die Rechtsprechung ausschließlich die Ertragswertmethode als Verfahren zur Bestimmung der angemessenen Kompensation und sprach dem Börsenkurs in dieser Hinsicht jede Bedeutung ab.[551] Diese Skepsis beruhte darauf, dass man den gesetzlichen Begriff „Angemessenheit" nicht mit der Tatsache in Einklang bringen konnte, dass der Börsenpreis ausschließlich von Angebot und Nachfrage und damit von den subjektiven Einschätzungen der Marktteilnehmer abhängt.[552] Eine weitere Schwäche wurde in der starken marktsituativen Abhängigkeit und der Börsenpreisen innewohnenden Volatilität gesehen.[553] Zudem war es für die Rechtsprechung nicht unattraktiv, sich auf ganzheitliche Modelle der Betriebswirtschaft zu verlassen und die Entscheidung wegen ihrer Komplexität im Wesentlichen auf Betriebswirte zu verlagern.[554]

Vom Bundesverfassungsgericht ist dann in der Sache *DAT/Altana* für eine Eingliederung gem. § 319 AktG entschieden worden, dass der Verkehrswert und damit der Börsenkurs bei der Wertermittlung nicht außer Betracht bleiben darf und er die Untergrenze für eine angemessene Kompensation definiert.[555] Ein außenstehender Aktionär sei durch die Kompensation so zu stellen, als hätte er seine Aktien am Markt veräußert und den Verkehrswert als

---

550 Siehe e) Ausnahmen nach der Rechtsprechung und Marktversagen, S. 116.

551 BGH, Urteil vom 30.03.1967 – II ZR 141/64, DB 1967, 854; BayObLG, Beschluss vom 31.05.1995 – 3Z BR 67/89, DStR 1995, 1479; OLG Celle, Beschluss vom 31.07.1998 – 9 W 128/97, NZG 1998, 987, 988; OLG Düsseldorf, Beschluss vom 02.08.1994 – 19 W 1/93, AG 1995, 85, 86; dazu *Müller*, in: FS Bezzenberger, 2000, S. 709; jüngst *Decher*, in: FS Meier-Reimer, 2010, S. 57, 62.

552 BGH, Urteil vom 30.03.1967 – II ZR 141/6, DB 1967, 854; *Müller*, in: FS Bezzenberger, 2000, S. 705, 709.

553 BGH, Urteil vom 30.03.1967 – II ZR 141/64, DB 1967, 854, 845 f.

554 *Müller*, in: FS Bezzenberger, 2000, S. 705, 709.

555 BVerfG, Beschluss vom 27.04.1999 – 1 BvR 1613/94, BVerfGE 100, 289 305 (*DAT/Altana*); dazu *Stilz*, ZGR 2001, 875; *Wilsing/Kruse*, DStR 2001, 991; *Bauer*, NZG 2001, 892; *Ullrich*, Abfindung und Börsenkurs, 2003; Nachfolgend werden die Grundzüge der Rechtsprechung dargestellt, die anhand der Eingliederung entwickelt wurden. Die Übertragung dieser Grundsätze auf andere Strukturmaßnahmen (ausgenommen Squeeze-out) ist umstritten, siehe IV. Unterschiede bei einzelnen Bewertungsanlässen, S. 119.

Erlös erhalten.[556] Daher sei es unumgänglich, auf vorhandene Börsenkurse abzustellen, da nur diese den Betrag angeben, den ein Aktionär bei einer Veräußerung über den Markt hätte erzielen können.[557] Es wurden also frühere prinzipielle Bedenken gegen eine Berücksichtigung des Börsenkurses verworfen. Mitunter wird in dieser Rechtsprechung auch ein vollständiger Paradigmenwechsel gesehen, der eine umfassende Akzeptanz des Börsenkurses durch die Rechtsprechung begründet.[558] Gerechtfertigt wurde dieser Schritt vor allem mit der Perspektive der Klein- bzw. Minderheitsaktionäre, die sich aufgrund limitierter Informationen und Einflussmöglichkeiten auf den Börsenwert als Verkehrswert verlassen können müssen und deren Vermögensverlust in der Regel dem Börsenkurs der Aktie entspricht.[559]

Der BGH wiederum interpretiert die *DAT/Altana*-Rechtsprechung als eine Aussage zur Bewertungssystematik und hat aus diesen Vorgaben die Meistbegünstigungsregel entwickelt.[560] Daraus folgt, dass ein Unternehmenswert nach einer anerkannten betriebswirtschaftlichen Methodik (in der Regel der Ertragswert[561]) zu ermitteln und sodann mit dem Börsenkurs zu vergleichen ist.[562] Der jeweils höhere Betrag stellt die angemessene Kompensation für die Minderheitsaktionäre dar.[563] Der Börsenkurs liefert somit die Untergrenze des bei der Berechnung der Kompensation zugrunde zu legenden Unternehmenswerts. Der Börsenpreis darf aber überschritten werden, wenn sich nach der Ertragswertmethode ein höherer Wert als bei Berücksichtigung der

---

556 *Brandi/Wilhelm*, NZG 2009, 1408, 1411.

557 *Tonner*, in: FS K. Schmidt, 2009, S. 1581, 1588; *Piltz*, ZGR 2000, 185.

558 *Tonner*, in: FS K. Schmidt, 2009, S. 1581, 1586, 1588; *Müller*, in: *FS* Röhricht, *2005, S. 1015, 1023* ff.; siehe c) Börsenkurs als einzige Grundlage für Unternehmenswert, S. 111.

559 BVerfG, Beschluss vom 27.04.1999 – 1 BvR 1613/94, BVerfGE 100, 289, 305 (*DAT/Altana*).

560 Die Interpretation als reine Aussage zur Bewertungssystematik wird teilweise bestritten und stattdessen in der Rechtsprechung des BVerfG eine doppelte Konzeption der Aktie – einerseits als verkehrsfähiger Vermögensgegenstand und andererseits als quotaler Anteil am Unternehmen – erkannt, dazu *Adolff*, Unternehmensbewertung, 2007, S. 324 ff.; *Mülbert/Schneider*, WM 2003, 2301, 2310; *Mülbert*, in: FS Hopt, 2010, S. 1039, 1067 ff. (Fn. 131 m.w.N.); dieser Streit ist für die vorliegende Betrachtung nicht von wesentlicher Bedeutung, da beide Positionen der Meistbegünstigungsregel nicht entgegenstehen.

561 Siehe 2. Ergebnisbezogene Bewertungsmaßstäbe, S. 103.

562 BGH, Beschluss vom 12.03.2001 – II ZB 15/00, BGHZ 147, 108, 116 = NJW 2001, 2080 (*DAT/Altana*).

563 BGH, a.a.O.

Börsenkurse ergibt.[564] Daraus folgt, dass zur Einhaltung der Vorgaben der Rechtsprechung eine doppelte Bewertung notwendig ist, sowohl anhand ergebnisbezogener Methoden als auch anhand einer Börsenbewertung.[565]

Gegen das vom BGH vertretene Prinzip der Meistbegünstigung bestehen in der Literatur jedoch Bedenken.[566] Aus Art. 14 GG ergebe sich gerade nicht, dass jeweils das Ergebnis von Börsen- und Ertragswert angemessen sei.[567] Aus der Perspektive des Kompensationsschuldners wird argumentiert, dass die Meistbegünstigung der Minderheitsaktionäre in einem verfassungsrechtlichen Spannungsverhältnis zur eigenen Vermögensposition steht.[568] Zudem liegt es bei stark abweichenden Börsenkursen nahe, berechtigte Zweifel an den bei der Ertragswertberechnung zugrunde gelegten Planungsannahmen zu äußern.[569] Aus verfahrensökonomischer Sicht ist schließlich die Doppelarbeit zu bemängeln, die zwar den verfassungsrechtlichen Vorgaben gerecht wird, aber zu einem erheblichem Mehraufwand führt und für die lange Verfahrensdauer der Spruchverfahren mit ursächlich ist.[570] Trotz dieser Bedenken wird die doppelte Unternehmenswertermittlung seitdem durchgängig in der Rechtsprechung praktiziert.[571]

564 BGH a.a.O.; OLG Frankfurt a.M., Beschluss vom 30.07.2001 – 20 W 4/96, AG 2002, 404, 405; OLG Hamburg, Beschluss vom 07.08.2002 – 11 W 14/94 (*RWE/DTA*), NZG 2003, 89; OLG Düsseldorf, Beschluss vom 31.01.2003 – 19 W 9/00 AktE, NZG 2003, 588, 332; OLG München, Beschluss vom 14.05.2007 – 31 Wx 87/06, AG 2007, 701, 704; IDW S 1, WPg 2005, 1303 Tz. 16; *Koppensteiner*, in: KK AktG, § 305 Rn. 100, 112; *Raiser/Veil*, Kapitalgesellschaften § 54 Rn. 83 (S. 795); *Emmerich*, in: Emmerich/Habersack, Konzernrecht, § 305 Rn. 44 m.w.N.; siehe auch *Komp*, Zweifelsfragen des aktienrechtlichen Abfindungsanspruchs, 1999, S. 391 ff.

565 *Stilz*, ZGR 2001, 875, 892.

566 *Brandi/Wilhelm*, NZG 2009, 1408, 1411; *Stilz*, ZGR 2001, 875; *Hüttemann*, ZGR 2001, 454; *Piltz*, ZGR 2001, 185.

567 *Mülbert*, in: FS Hopt, 2010, S. 1039, 1075; *Baums*, in: GS Schindhelm, 2009, S. 63, 72; *Stilz*, ZGR 2001, 875, 892.

568 *Decher*, in: FS Meier-Reimer, 2010, S. 57 ff. m.w.N.

569 *Martens*, in: FS Röhricht, 2005, S. 987.

570 *Stilz*, ZGR 2001, 875, 893; *Hüffer*, AktG, § 305 Rn. 24c.

571 OLG Frankfurt a.M., Urteil vom 07.11.2006 – 5 U 109/05, AG 2007, 403 f.; BayObLG, Beschluss vom 28.10.2005 – 3Z BR 71/00, AG 2006, 41, 45; OLG Karlsruhe, Beschluss vom 05.05.2004 – 12 W 12/01, AG 2005, 45 f.; OLG Düsseldorf, Beschluss vom 31.01.2003 – 19 W 9/00, AG 2003, 329, 332; OLG Düsseldorf, 15.01.2004 – 19 W 5/03, AG 2004, 212, 214; OLG Frankfurt a.M., Beschluss vom 30.07.2001 – 20 W 4/96, AG 2002, 404, 405; OLG Frankfurt a.M., Beschluss vom 09.01.2003 – 20 W 434/93, AG 2003, 581, 582; OLG Hamburg, Beschluss vom 03.08.2000 – 11 W 36/95, NZG 2001, 471, 472; OLG Düsseldorf, Beschluss

c) Börsenkurs als einzige Grundlage für Unternehmenswert

Die Rechtsprechung des Bundesverfassungsgerichts hat die Auswahl des Bewertungsverfahrens jedoch nicht beschränkt, der Gesetzgeber ist grundsätzlich frei bei der Wahl der Methode.[572] Daher wird von Literatur[573] und Rechtsprechung[574], in letzter Zeit an Intensität zunehmend, die Möglichkeit einer ausschließlichen Berücksichtigung von Börsenkursen unter bestimmten Bedingungen[575] erörtert. Der Börsenkurs würde dann nicht die Untergrenze, sondern die Kompensationshöhe selbst bestimmen. Für eine solche Anwendung des Börsenkurses als einzige Grundlage für den Unternehmenswert spricht eine Vielzahl von Argumenten, von denen nachfolgend nur ausgewählte dargestellt werden können.[576]

Den Ausgangspunkt der Diskussion um die Rolle des Börsenkurses bildet die Effizienz der Preisbildung an den Kapitalmärkten. Die Relevanz der Preisfindung an der Börse beruht zunächst auf der Theorie der rationalen Entscheidung (*rational choice theory*), die besagt, dass sämtliche Marktteilnehmer rational und nutzen-maximierend handeln und Wertpapiere auf der Basis relevanter Informationen nachvollziehbar bewerten.[577] Nach der Effizienzkapitalmarkttheorie (*efficient capital market hypothesis*[578]) reflektieren so die Börsenkurse bei vollkommener Information zu jedem Zeitpunkt den inneren Wert der Wertpapiere.[579] In der betriebswirtschaftlichen Wissenschaft herrscht Einigkeit darüber, dass beide Annahmen nicht vollständig zutreffen und dass insbeson-

---

vom 25.05.2000 – 19 W 1/93, NZG 2000, 1075, 1076; OLG Stuttgart, Beschluss vom 04.02.2000 – 4 W 15/98, NZG 2000, 744, 745.

572 BVerfG, Beschluss vom 07.11.2006 – 1 BvL 10/02, NJW 2007, 573, 576.

573 *Mülbert*, in: FS Hopt, 2010, S. 1039, 1073 f.; *Tonner*, in: FS K. Schmidt, 2009, S. 1581, 1589; *Krieger*, in: MünchHdb AG, § 70 Rn. 135; *Spindler/Klöhn*, Der Konzern 2003, 511, 521; *Piltz*, ZGR 2001, 185, 195; *W. Müller*, in: FS Bezzenberger, 2000, S. 705, 712; *Steinhauer*, AG 1999, 299; *Brandi/Wilhelm*, NZG 2009, 1408, 1408 ff., für Verschmelzungen: *Baums*, in: GS Schindhelm, *2009, S. 63* ff.; für europarechtliche Perspektive *Kiem*, ZGR 2007, 542, 554 ff.

574 BVerfG, Beschluss vom 26.04.2011 – 1 BvR 2658/10, BeckRS 2011, 50695 mit Anm. *Krafczyk*, WM 2012, 1992, mit Anm. *Veranneman*, GWR 2011, 256; OLG Frankfurt am Main, Beschluss vom 03.09.2010 – 5 W 57/09, BeckRS 2010, 21665, S. 6, 8, 16; LG Frankfurt a.M., Beschluss vom 13.03.2009 – 3-5 O 57/06, NZG 2009, 553 (*Deutsche Telekom/T-Online*).

575 Siehe e) Ausnahmen nach der Rechtsprechung und Marktversagen, S. 116.

576 Weiterführend *Adolff*, Unternehmensbewertung, *2007, S. 249* ff.

577 *Möllers/Kernchen*, ZGR 2011, 1, 7 m.w.N.

578 Auch als ECMH abgekürzt.

579 *Möllers/Kernchen*, ZGR 2011, 1, 7; *Kiehling*, DStR 1992, 476, 476; Grundlegend *Fama*, 25 Journal of Finance 383 (1970); *Allen*, 28 J. CORP. L. 551 (2003).

dere vollkommen effiziente Märkte nicht existieren.[580] Allerdings ist für Börsen in entwickelten und liquiden Märkten bei prinzipiell gleicher Informationsverteilung, wie z. B. den Börsen in Europa und den USA, eine eingeschränkte Kapitalmarkteffizienz anerkannt, denn in einem normalen Börsenumfeld verhindern die strikten Transparenzpflichten ein Auseinanderfallen von Marktbewertung und wahrem Wert.[581] Auch für Deutschland, als einem im internationalen Vergleich gut entwickelten Aktienmarkt, wird daher eine Berücksichtigung von Börsenkursen als Ergebnis tatsächlich stattfindender Preisbildungsprozesse akzeptiert.[582]

Börsenkurse haben den Vorteil, dass sie nach klar definierten Regeln, also „verobjektiviert" gebildet und von einer großen Zahl von Marktteilnehmen gehandelt werden, also „intersubjektiv" nachgeprüft sind.[583] Im Gegensatz dazu beruht der Ertragswert allein auf subjektiven Einschätzungen, Annahmen und Prognosen.[584] So können zeitgleich ermittelte Ertragswerte für dasselbe Unternehmen erheblich voneinander abweichen, was gegen die vermeintlich „verobjektivierte" Sichtweise durch Ertragswertverfahren spricht.[585]

Für eine ausschließliche Berücksichtigung des Börsenkurses spricht, dass der gesetzliche Begriff der „Angemessenheit" gut vereinbar ist mit der Tatsche, dass der Börsenkurs ausschließlich von Angebot und Nachfrage und damit von den subjektiven Einschätzungen der Marktteilnehmer abhängt. Denn gerade darin liegt eine verobjektivierte Wertermittlung, die auf einer deutlich größeren Anzahl von Analysen sämtlicher Marktteilnehmer beruht, dadurch kommt der Börsenwert dem wahren Unternehmenswert erheblich näher als ein einzelnes Ertragswertgutachten.[586] Auch in der Rechtsprechung setzt sich zunehmend die Überzeugung durch, dass der Anteil an einem Unternehmen in einer Marktwirtschaft für einen Aktionär immer mindestens so viel wert ist, wie am Markt tatsächlich dafür gezahlt wird und Börsenkurse daher auch als ausschließlicher Bewertungsmaßstab zulässig sein müssen.[587]

---

580 *Steinhauer*, AG 1999, 299, 304 m.w.N.; kritisch zu Exzessen an Kapitalmärkten aus juristischer Perspektive zuletzt *Luttermann*, ZRP 2010, 1.

581 Überblick zum Entwicklungsstand der Kapitalmärkte *Wackerbarth*, ZGR 2005, 686, 688 ff.

582 OLG Frankfurt a.M., Beschluss vom 13.03.2009 – 3/5 O 57/06, BeckRS 2010, 21665, S. 7; *Mülbert*, in: FS Hopt, 2010, S. 1039.

583 *Weiler/Meyer*, NZG 2003, 669, 670.

584 *Weiler/Meyer*, NZG 2003, 669, 670.

585 *Weiler/Meyer*, NZG 2003, 669, 670.

586 *Tonner*, in: FS K. Schmidt, 2009, S. 1581, 1589; *Weiler/Meyer*, NZG 2003, 669, 670.

587 OLG Frankfurt a.M., Beschluss vom 03.09.2010 – 5 W 57/09, NZG 2010, 1141 (*Deutsche Telekom/T-Online*).

Die ausschließliche Berücksichtigung von Börsenkursen hängt schließlich davon ab, wie die Rechtsprechung des BVerfG in der Sache *DAT/Altana* interpretiert wird.[588] Der Wortlaut der Entscheidung ist nicht eindeutig.[589] Die wohl herrschende Auffassung sieht in der Entscheidung keine grundsätzliche Abwendung von der Ertragswertmethode.[590] Stattdessen wird der Börsenkurs lediglich als Untergrenze in den Fällen gesehen, in denen der Ertragswert einen niedrigeren Preis als der Börsenwert liefert. Dagegen wird von Teilen der Literatur hinsichtlich der Bedeutung des Börsenkurses eine progressivere Linie vertreten; sie erkennt in *DAT/Altana* eine grundlegende Neuausrichtung der Rechtsprechung, nach der es bei der Bemessung von Kompensation grundsätzlich auf den Börsenkurs ankomme.[591] Sie entnehmen den Ausführungen des Bundesverfassungsgerichts, dass es aufgrund der Anordnung, der Börsenkurs dürfe nicht außer Betracht bleiben, eine allgemeine Präferenz des BVerfG von Börsenkursen im Zusammenhang mit Unternehmensbewertungen gebe und sehen die Preisermittlung an der Börse grundsätzlich jedem anderen Verfahren der Unternehmensbewertung als überlegen an.[592]

Unterstützung dafür, eine Börsenkursbewertung als bevorzugte Bewertungsmethodik im Spruchverfahren zu verwenden, lässt sich auch daraus ableiten, dass der Gesetzgeber Marktpreis- und damit Börsenbewertungen aufgeschlossen gegenübersteht.[593] Wie bereits erwähnt, machen die Vorschriften §§ 305 Abs. 1, 320b Abs. 1 S. 1, 327a Abs. 1 S. 1 AktG und §§ 12 Abs. 2 Nr. 2, 15 Abs. 1 S. 2 UmwG keine Vorgabe zur Bewertungsmethodik.[594] Es lassen sich stattdessen zahlreiche Beispiele für Wertpapier- bzw. Unternehmensbewertungen finden, aus denen sich ablesen lässt, dass der Gesetz-

---

588 *Tonner*, in: FS K. Schmidt, 2009, S. 1581, 1590.

589 So auch *Tonner*, in: FS K. Schmidt, 2009, S. 1581, 1586.

590 OLG Düsseldorf, Beschluss vom 31.01.2003 – 19 W 9/00 AktE, NZG 2003, 588, 590 (*SNI*); BayObLG, Beschluss vom 11.07.2001 - 3Z BR 172/99, NZG 2001, 1033, 1034; OLG Düsseldorf, Vorlagebeschluss vom 25.05.2000 – 19 W 1/93 AktE (BVerfG), NZG 2000 1075, 1076; OLG Stuttgart, OLG Stuttgart, Beschluss vom 04.02.2000 – 4 W 15/98, NZG 2000, 744, 745; *Paulsen*, in MüKo AktG, § 305 Rn. 66; *Hüffer*, AktG, § 305 Rn. 25c.

591 *Tonner*, in: FS K. Schmidt, S. 1581, 1586 ff.; *Luttermann*, NZG 2007, 611, 617; *Weber*, ZGR 2004, 280; *Weiler/Meyer*, NZG 2003, 669; *Weißhaupt*, Der Konzern 2004, 474, 479 ff.; *Veil*, in: Spindler/Stilz, AktG, § 305 Rn. 51; *Hüttemann*, ZGR 2001, 454; *Müller*, in: FS Bezzenberger, 2000, S. 705, 708, 714 ff.; *Stilz*, ZGR 2001, 875, S. 892 f.; *Busse von Colbe*, in: FS Lutter, 2000, S. 1053, 1064 f.; *Steinhauer*, AG 1999, 299, 302, 306 f.

592 Stellvertretend *Tonner*, in: FS K. Schmidt, 2009, S. 1581, 1586 f.

593 Dazu umfassend *Gude*, Strukturänderungen und Börsenkurs, 2003, S. 182 ff.

594 Siehe III. Bewertungsmaßstäbe der Gerichte, S. 100.

geber Börsenkurse ausdrücklich favorisiert: Im Handelsrecht spielt die Marktpreisbewertung bei der Verwertung von Sicherheiten gem. § 1221 BGB, § 373 Abs. 2 S. 1 HGB eine zentrale Rolle.[595] Auch im Steuerrecht findet sich mit § 11 Abs. 1 BewG ein Beispiel für die Präferenz des Gesetzgebers für Börsenkurse.[596] Im Übernahmerecht hat der Börsenkurs eine wichtige Funktion, diese wurde durch die Einführung von § 31 Abs. 1 S. 2 WpÜG noch erheblich gesteigert.[597] Dort ist geregelt, dass bei der Bestimmung der Gegenleistung für ein Übernahmeangebot der Börsenkurs der Zielgesellschaft für die Anteilsbewertung Berücksichtigung finden muss. Im Aktienrecht selbst nimmt § 186 Abs. 3 S. 4 AktG auf den Börsenkurs Bezug und räumt ihm eine Bedeutung beim vereinfachten Bezugsrechtsausschluss ein, um einen Verwässerungsschutz für Altaktionäre zu erreichen.[598] Auch der durch das ARUG eingeführte § 33a Abs. 1 Nr. 1 AktG macht deutlich, dass der Gesetzgeber zur Bewertung fungibler Wertpapiere auf den Börsenkurs abstellt.[599] Diese Wertung des Gesetzgebers ist vor allem deshalb bemerkenswert, da diese Regelung einen Kernbereich des Gesellschaftsrechts, nämlich die Kapitalaufbringung, betrifft.[600] Schließlich wird auch in der Begründung des KonTraG[601] eine positive Referenz zum Kapitalmarkt hergestellt; dort stellt der Gesetzgeber fest, dass „in einem funktionierenden Kapitalmarkt der Kurs die Summe der Einschätzungen des Marktes über den Wert und die Zukunftschancen des Unternehmens widerspiegelt".[602]

---

595 Nach *§ 1221 BGB* existiert ein Marktpreis, wenn aufgrund hinreichenden Umsatzes ein Durchschnittspreis existiert, *Damrau*, in MüKo BGB, § 1221 BGB Rn. 1, nach § 373 Abs. 2 S. 1 HGB darf beim Annahmeverzug unter Kaufleuten ein freihändiger Verkauf zu Marktpreisen stattfinden, *„wenn sich aus einer größeren Zahl von Verkäufen der betreffenden Ware zur fraglichen Zeit am Verkaufsort (Börse, Markt) ein Durchschnittspreis ermitteln lässt*", BGH, Urteil vom 24.01.1979 – VIII ZR 16/78, NJW 1979, 759; *Hopt*, in: Baumbach/Hopt, HGB, § 373, Rn.12.

596 *Eisele*, in: Rössler/Troll, Bewertungsgesetz, § 11 Rn. 1 ff.

597 *Tonner*, in: Festschrift K. Schmidt, S. 1581, 1590; *Weiler/Meyer*, NZG 2003, 669, 670.

598 *Hüffer*, AktG, § 186 Rn. 39a f.

599 *Merkner/Decker*, NZG 2009, 887, 889; *Solveen*, in: Hölters, AktG, § 33a AktG, Rn. 1 ff.; Hüffer, AktG, § 33a Rn. 1; DAV Handelsrechtsausschuss, NZG 2008, 534 f.; Regelung geht zurück auf die durch Art. 10a Abs. 1 und Abs. 2 Kapitalrichtlinie (RL 2006/68/EG) eröffneten Möglichkeiten einer Deregulierung des Kapitalschutzsystems.

600 *Böttcher*, NZG 2008, 481, 483.

601 Gesetz zur Kontrolle und Transparenz im Unternehmensbereich (KonTraG) vom 05.03.1998.

602 BT-Drucksache 13/9712 (*Regierungsbegründung KonTraG*), S. 23.

Nicht gegen eine ausschließliche Berücksichtigung von Börsenkursen spricht das Argument, der Kompensationsschuldner könne bewusst niedrige Bewertungen an der Börse ausnutzen, um Strukturmaßnahmen durchzuführen.[603] Strukturmaßnahmen erfordern stets einen gewissen Vorlauf, der Börsenkurse selbst für den Kompensationsschuldner schwer vorhersehbar macht. Ohnehin werden sämtliche Fälle, in denen ein effizienter Markt nicht gewährleistet ist, durch entsprechende Regelungen ausgenommen.[604]

Bei der verfassungsrechtlichen Auslegung der Vorschriften dürften prozessökonomische Erwägungen nur eine untergeordnete Rolle gespielt haben.[605] Für die ausschließliche Maßgeblichkeit des Börsenkurses bei börsennotierten Unternehmen sprechen vor allem Effizienzgesichtspunkte, da die Ermittlung in der Praxis wesentlich einfacher ist. Darin könnte auch eine Möglichkeit liegen, die lange Dauer der Spruchverfahren zu reduzieren.[606] Unter Umständen liegt in der jahrelangen Verzögerung der Auszahlung der Kompensation eine noch schwerwiegendere Verletzung von Art. 14 GG als im Vergleich zweier zwangsläufig unscharfer Bewertungsmethoden. Auch aus diesem Grund ist eine Börsenbewertung, sofern ihre Aussagekraft sichergestellt ist, vorzuziehen.[607]

d) Vermittelnde Lösungen

In Literatur und Rechtsprechung werden eine Vielzahl unterschiedlicher vermittelnder Ansichten vertreten, nach denen der Börsenkurs weder eine reine Wertuntergrenze definiert noch als einzige Grundlage für den Unternehmenswert heranzuziehen ist. So wird etwa gefordert, dass der Börsenkurs lediglich im Rahmen einer Plausibilitätskontrolle des im Ertragswertverfahren bestimmten Unternehmenswerts heranzuziehen ist.[608] Auch wird vertreten, dass der Ertragswert dem Börsenkurs nur dann vorzuziehen ist, wenn der Ertragswert überzeugend begründet wurde.[609] Schließlich gibt es Stimmen in der Literatur, die auf das „Nebeneinander von Innensicht des Gutachters und Außensicht der Börse“ setzen.[610] Diese und weitere ähnliche Ansichten sollen

603 *Baums*, in: GS Schindhelm, 2009, S. 63, 104.

604 Siehe e) Ausnahmen nach der Rechtsprechung und Marktversagen, S. 116.

605 Hüffer, AktG, § 305 Rn. 24c („*Vorrangiges Ziel des BVerfG war aber auch nicht Verfahrensökonomie, sondern Durchsetzung des Prinzips voller Abfindung*“).

606 DAV Handelsrechtsausschuss, NZG 2009, 96, 98 ff.

607 Siehe III. Gesetzliche Regelung zur Präferenz des Börsenkurses, S. 252.

608 *Emmerich*, in: Emmerich/Habersack, Konzernrecht, § 305, Rn. 40;

609 OLG Stuttgart, Beschluss vom 01.10.2003 – 4 W 34/93, AG 2004, 43.

610 *Großfeld*, NZG 2009, 1204.

hier mangels Bedeutung für die weitere Untersuchung nicht dargestellt werden.[611]

e) Ausnahmen nach der Rechtsprechung und Marktversagen

Zu berücksichtigen ist, dass Situationen denkbar sind, in denen der Börsenkurs nicht dem Verkehrswert der Anteile entspricht.[612] Besteht eine solche Situation, namentlich eine Marktenge, kann grundsätzlich nicht mehr davon gesprochen werden, dass der Börsenkurs noch den Mechanismen von Angebot und Nachfrage entspricht. Die Aussagekraft über den Verkehrswert der Aktie ist dann zu bezweifeln.[613] Der Börsenkurs kann bei einer solchen Marktenge unberücksichtigt bleiben, da in diesem Fall der Börsenkurs den Verkehrswert nicht widerspiegelt; sie liegt vor, wenn „längere Zeit praktisch überhaupt kein Handel mit den Aktien stattgefunden hat und es dem einzelnen Aktionär also nicht möglich gewesen wäre, seine Anteile zum Börsenkurs zu veräußern".[614] Hinsichtlich der Definition lehnt sich die Rechtsprechung an die Regelungen der WpÜG-AngVO an. Dort ist für die Preisbemessung von Übernahme- und Pflichtangeboten in § 5 Abs. 4 WpÜG-AngVO definiert, wann Gründe für ein Marktversagen vorliegen, nämlich z. B. bei unzureichenden Handelsvolumina.[615] Dieses Phänomen tritt beim Squeeze-out aufgrund der niedrigen Liquidität des an der Börse gehandelten Streubesitzes in besonders scharfer Form auf.[616]

Die betriebswirtschaftliche Literatur hat die Bilanz- und Pressemitteilungspolitik von Unternehmen im Vorfeld der Ankündigungen von Strukturmaßnahmen (vor allem Squeeze-out) am deutschen Kapitalmarkt untersucht.[617] Es konnte nachgewiesen werden, dass im bewertungsrelevanten Zeitraum ein signifikanter Anstieg pessimistischer Pressemitteilungen zu ver-

---

611 Weiterführend zu vermittelnden Ansichten *Kircher*, Kompensationsleistungen, 2007, S. 159.

612 BGH, Beschluss vom 12.03.2001 – II ZB 15/00, BGHZ 147, 108, 119 f. = AG 2001, 417, 419 (*DAT/Altana*); OLG Düsseldorf, Beschluss vom 13.03.2008 – 26 W 8/07, AG 2008, 498; OLG Hamburg, Beschluss vom 07.08.2002 – 11 W 14/94 (*RWE/DTA*), AG 2003, 583; OLG Karlsruhe, Beschluss vom 05.05.2004 – 12 W 12/01, AG 2005, 45; *Großfeld, NZG 2009, 1204, 1207. Piltz*, ZGR 2000, 185, 202; *Steinhauer*, AG 1999, 306 ff.

613 *Mattes/Graf von Maldeghem*, BKR 2003, 531, 536.

614 BGH, Beschluss vom 12.03.2001 – II ZB 15/00, BGHZ 147, 108, 119 f. = AG 2001, 417, 419 (*DAT/Altana*).

615 BGH, a.a.O.

616 *Austmann*, ZGR 2009, 277, 309.

617 Aus der betriebswirtschaftlichen Literatur *Brüchle/Ehrhardt/Nowak*, ZfB 2008, Nr. 5; *Daske/Bassemir/Fischer*, Working Paper Series Nr. 200, 2008.

zeichnen ist. Allerdings konnte auch gezeigt werden, dass die Aktien der Unternehmen, die einen Squeeze-out bekannt gegeben haben, bereits im Vorfeld und am Tag der Ankündigung so hohe Überrenditen erzielten, dass dieser Effekt der Informationspolitik auf die Börsenbewertung einen insgesamt nur sehr geringen Einfluss hat und von anderen Faktoren, wie etwa Kompensationsspekulationen, bestimmt wird.[618]

Des Weiteren können Marktmanipulationen gem. § 20a WpHG, Insiderhandel und unterlassene Veröffentlichung kursrelevanter Informationen gem. § 15 WpHG Gründe für ein Marktversagen darstellen.[619]

f) Referenzzeitraum

Zur Bestimmung konkreter Unternehmenswerte bzw. sich daraus ableitender Kompensationen werden in der Regel standardisierte Bewertungsparameter herangezogen. Der BGH geht in gefestigter Rechtsprechung nicht von einem Stichtag, sondern von einem festen Referenzzeitraum aus, um Missbräuche und Zufälligkeiten, vor allem wegen der Volatilität des Börsenkurses, zu vermeiden.[620] Es war lange Zeit ständige Rechtsprechung des BGH, dass der durchschnittliche Börsenkurs der letzten drei Monate vor der Hauptversammlung maßgeblich für die Bestimmung der Untergrenze der Kompensation ist.[621] Diese Regelung wurde von der Literatur und der vorinstanzlichen Rechtsprechung als zu unflexibel kritisiert.[622] Zudem sei das Abstellen auf die Hauptversammlung nicht zweckmäßig, da die Information zu diesem Zeitpunkt im Markt schon bekannt und damit eingepreist sei.[623] Stattdessen müsse auf den Tag der Ankündigung der Strukturmaßnahme abgestellt werden. Die-

---

618 *Brüchle/Ehrhardt/Nowak*, ZfB 2008, Nr. 5 m.w.N.

619 *Fischer zu Cramburg/Royé*, in: Heidel, Aktienrecht und Kapitelmarktrecht, § 15 WpHG Rn. 1; grundsätzlich zur Beeinflussung von Börsenkursen, *Teuber*, Die Beeinflussung von Börsenkursen, 2011, S. 169 ff.

620 BGH, Beschluss vom 12.03.2001 – II ZB 15/00, BGHZ 147, 108, 116 (*DAT/Altana*).

621 BGH a.a.O., S. 116.

622 *Fleischer*, in: GK AktG, § 327b Rn. 18; *Hüffer*, AktG, § 305 Rn. 24; *Vetter*, DB 2001, 969 m.w.N.; OLG Düsseldorf, Beschluss vom 09.09.2009 – I-26 W 13/06 (AktE), NZG 2009, 1427 mit Anm. *Schickerling/Lesko/Wegner*, NJW Spezial 2009, 767; zuvor schon OLG Stuttgart, Beschluss vom 16.02.2007 – 20 W 6/06, NZG 2007, 302, dieser Vorlagebeschluss hatte sich allerdings anderweitig erledigt.

623 *Klöhn*, LMK 2010, 309449.

se Auffassung wurde von der Rechtsprechung übernommen und entspricht der gesetzlichen Regelung in § 5 Abs. 4 WpÜG-AngVO.[624]

4. Multifaktorielle Bewertungen (Mischformen)

Die Methodenvielfalt in der Finanzwirtschaft ist beinahe unbegrenzt. Zusätzlich zu den bereits beschriebenen Methoden gibt es zahllose Mischformen, von denen die wichtigsten nachfolgend kurz skizziert werden.

Eine Möglichkeit zur Unternehmensbewertung besteht darin, den Börsenwert oder sonstige Finanzkennzahlen, wie etwa den Gewinn pro Aktie (*earnings per share*), in ein Verhältnis zueinander zu setzen; entweder allein im Bewertungsunternehmen oder im Vergleich mit ähnlichen Unternehmen (*peer group*).[625]

Eine weitere Möglichkeit besteht in der Verwendung von Multiplikatoren (*multiples*).[626] Dabei werden gut zu vergleichende Teilgrößen der Erträge verschiedener Unternehmen, z. B. EBIT (*earnings before interests and taxes*) oder EBITDA (*earnings before interests, taxes, depreciation and amortization*), untersucht. Hierbei errechnet sich der Unternehmenswert aus der Multiplikation von EBIT bzw. EBITDA mit einem bestimmten, für die verschiedenen Branchen sich unterscheidenden Multiplikationsfaktor.

Es ist auch üblich, das Ertragswertverfahren mit dem Börsenkursverfahren zu kombinieren (Kurs-Gewinn-Verhältnis-Methode, KGV-Methode). Das KGV errechnet man, indem man den Börsenkurs des Unternehmens durch den Gewinn pro Aktie dividiert. Der Wert des Unternehmens ergibt sich aus der Multiplikation des Ergebnisses nach Steuern mit dem KGV. Durch den Vergleich ähnlicher Unternehmen lässt sich ein vermeintlich angemessener Wert für das zu bewertende Unternehmen ermitteln.[627] Diese Methoden sind in der Rechtsprechung bislang kaum verbreitet oder anerkannt.[628] Die dadurch gewonnen Erkenntnisse dienen in der Praxis vor allem der Plau-

---

624 BGH, Beschluss vom 19.07.2010 – II ZB 18/09, NZG 2010, 939 (*Stollwerck*) mit Anm. *Klöhn*, LMK 2010, 309449; *Schult/Nikoleyczik*, GWR 2010, 467; *Wasmann*, ZGR 2011, 83.

625 *Mattes/Graf von Maldeghem*, BKR 2003, 531, 536 f. nennt hier etwa die Comparative Company-Methode, die Market Multiples-Methode, die KGV-Methode sowie die EBIT- und EBITDA-Methode.

626 *Mattes/Graf von Maldeghem*, BKR 2003, 531, 536; *Decher*, in: FS Meier-Reimer, 2010, S. 57, 62; *Barthel*, DStR 2010, 1198, 1201; siehe rechtsvergleichend (4) Multifaktorielle Bewertungen, S. 165.

627 *Mattes/Graf von Maldeghem*, BKR 2003, 531, 536 m.w.N.

628 Anders dagegen in Frankreich, *Kircher*, Kompensationsleistungen, 2007, S. 88 oder den USA, siehe 1. Multifaktorieller Ansatz als Bewertungsmaßstab, S. 213.

sibilisierung der ergebnisbezogenen Bewertungen und werden zu diesem Zweck auch zunehmend in der US-amerikanischen Rechtsprechung verwendet.[629]

IV. Unterschiede bei einzelnen Bewertungsanlässen

Für die Beantwortung der Frage, welche Bewertungsverfahren im Spruchverfahren zum Einsatz kommen können, ist zwischen den verschiedenen Bewertungsanlässen zu unterscheiden, da per se nicht für jede Konstellation die Überprüfung anhand fundamentaler Bewertungsmethoden oder ausschließlich anhand des Börsenkurses als gleichberechtigte Alternativen nebeneinander stehen.[630] Insbesondere die Börsenkursrechtsprechung wurde für die Eingliederung gem. § 319 AktG entwickelt.

Von der Interessenlage vergleichbar ist die Situation beim Beherrschungs- und Gewinnabführungsvertrag sowie beim aktienrechtlichen Squeeze-out, da hier ein konzernrechtlicher Sachverhalt bzw. ein Konzernkonflikt vorliegt.[631] Unter einem Konzernkonflikt versteht man einen Interessenkonflikt zwischen Mehrheits- und Minderheitsaktionären, der sich daraus ergibt, dass die Minderheitsaktionäre im Gegensatz zum Mehrheitsaktionär ein Interesse an einer höheren Kompensation haben.[632] Aus der Tatsache, dass der Mehrheitsaktionär das Recht erhält, zu seinem (einseitigen) Vorteil in die Rechtsposition der Minderheitsaktionäre einzugreifen, wird ein besonderes Schutzbedürfnis der Minderheitsaktionäre hergeleitet.[633] Dieser Aspekt ist daher bei der Übertragung der *DAT/Altana*-Regeln zu berücksichtigen.[634] Für die einzelnen Strukturmaßnahmen sind nachfolgend beschriebene Besonderheiten zu beachten; insbesondere ist umstritten, ob die Grundsätze dieser Rechtsprechung auch auf Verschmelzungen durch Aufnahme anzuwenden sind.[635]

1. Unternehmensverträge

Für die Unternehmenswertbestimmung bei Beherrschungs- und Gewinnabführungsverträgen ist bei der Barabfindung gem. § 305 AktG für Aktionäre

---

629 Siehe (4) Multifaktorielle Bewertungen, S. 165.

630 *Brandi/Wilhelm*, NZG 2009, 1408, 1408 ff.; *Hüttemann*, ZGR 2001, 454, 476.

631 *Wilsing/Kruse*, DStR 2001, 991, 993; *Weißhaupt*, Der Konzern 2004, 474, 478. *Hüttemann*, ZGR 2001, 454, 465; *Bungert*, BB 2011, 459, 462 für den Unternehmensvertrag.

632 *Tonner*, in: FS K. Schmidt, 2009, S. 1581, 1593.

633 *Wilsing/Kruse*, DStR 2001, 991, 993.

634 *Wilsing/Kruse*, DStR 2001, 991, 993.

635 *Lutter/Drygala*, in: Lutter/Winter, UmwG, § 5 Rn. 27 ff.; siehe sogleich 3. Verschmelzungen, S. 122.

der Untergesellschaft eine Überprüfung sowohl nach fundamentalen Bewertungsmethoden als auch anhand des Börsenkurses möglich.[636]

Es ist umstritten, ob auch bei der Bestimmung des regelmäßigen Ausgleichs während eines Unternehmensvertrags gem. § 304 AktG eine Bewertung anhand des Börsenkurses möglich ist. Nach der bislang herrschenden Auffassung ist eine ausschließliche Verwendung des Börsenkurses insbesondere für die Ausgleichszahlung nach § 304 AktG nicht möglich, da die Höhe der verteilungsfähigen Mittel von der Ertragslage des Unternehmens abhängt und somit für die Berechnung der Ausgleichszahlung auf den Ertragswert abgestellt werden muss.[637] Der regelmäßige Ausgleich gem. § 304 Abs. 2 S. 1 AktG ist danach anhand des Betrags zu bemessen, der nach der bisherigen Ertragslage der Gesellschaft und ihrer künftigen Ertragsaussichten voraussichtlich als durchschnittlicher Gewinnanteil auf die einzelne Aktie verteilt werden könnte.[638] Weil die Höhe der verteilungsfähigen Mittel eben von der künftigen Ertragslage abhängt, stellt das Gesetz auf den Ertragswert des Unternehmens ab.[639] Somit kann der laufende Ausgleich nach § 304 Abs. 2 S. 1 AktG nur bestimmt werden, wenn die Bestimmung des Gewinnanteils nach fundamentalen Bewertungsmethoden, etwa mit dem Ertragswertverfahren[640] vorgenommen wird.[641] Eine Verzinsung des Börsenwerts als Grundlage für eine regelmäßig Auszahlung gem. § 304 Abs. 2 S. 1 AktG scheidet aufgrund des Wortlauts des Gesetzes aus.[642]

---

636 *Brandi/Wilhelm*, NZG 2009, 1408, 1410.

637 OLG München, Beschluss vom 26.10.2006 – 31 Wx 12/06, ZIP 2007, 375; OLG Hamburg, Beschluss vom 07.08.2002 – 11 W 14/94 (*RWE/DTA*), NZG 2003, 89, 91; *Hüffer*, AktG, § 304 Rn. 8; *Hirte/Hasselbach*, in: GK AktG, § 304 Rn. 73, 81; *Veil*, in: Spindler/Stilz, AktG, § 304 Rn. 56; *Popp*, AG 2010, 1; siehe dazu 1. Unternehmensverträge, S. 119.

638 *Decher*, in: FS Meier-Reimer, 2010, S. 57, 72.

639 *Decher*, in: FS Meier-Reimer, 2010, S. 57, 72; OLG Hamburg, Beschluss vom 07.08.2002 – 11 W 14/94 (*RWE/DTA*), NZG 2003, 89, 91; OLG München, Beschluss vom 17.07.2007 – 31 Wx 60/06, AG 2008, 28, 32; *Hüffer*, AktG, § 304 Rn. 8.

640 Das DCF-Verfahren unterscheidet sich insoweit nicht vom Ertragswertverfahren, aber aufgrund der immer noch größeren praktischen Bedeutung und der Praxis im deutschen Sprachgebrauch wird hier auf das Ertragswertverfahren referenziert, präziserweise müsste man allgemein von „ergebnisbezogenen Bewertungsverfahren" sprechen.

641 *Decher*, in: FS Meier-Reimer, 2010, S. 57, 72 f.

642 OLG Düsseldorf, Beschluss vom 25.11.2009 – I-26 W 6/07 (AktE), BeckRS 2010, 18851, S.7; OLG Hamburg, Beschluss vom 07.08.2002 – 11 W 14/94 (*RWE/DTA*), NZG 2003, 89, 91; *Paulsen* in MüKo AktG, § 304 Rn. 75; *Decher*, in: FS Meier-Reimer, 2010, S. 57, 72; siehe für einen Vorschlag *de lege ferenda* zur Ver-

Zudem erfordert eine Abfindung der Minderheitsaktionäre mit Aktien der Obergesellschaft (anstatt einer Barabfindung), dass auch eine Wertbestimmung der Obergesellschaft durchgeführt werden muss und so eine alleinige Bestimmung anhand des Börsenwerts der Untergesellschaft grundsätzlich außer Betracht bleiben muss.[643]

2. Squeeze-out und Delisting

Bei der Eingliederung und dem Squeeze-out kennt das Gesetz gem. § 327b AktG nur einmalig zu zahlende Barabfindungen, die sich ausschließlich auf die Untergesellschaft beziehen. Die *DAT/Altana*-Rechtsprechung erstreckt sich daher auch auf den Squeeze-out.[644] Es bestehen hier nicht die aus laufenden Zahlungen beim Unternehmensvertrag resultierenden Schwierigkeiten. Auch beim Delisting kann daher nachfolgende Darstellung zur Börsenkursrelevanz vollständig übertragen werden.[645]

Allerdings ist zu berücksichtigen, dass im Falle eines Squeeze-out regelmäßig eine besondere Marktenge vorliegt, weil aufgrund der hohen Beteiligungsquote des Kompensationsschuldners nur sehr wenige Aktien auf dem freien Markt gehandelt werden.[646] Da höchstens noch fünf Prozent gehandelt werden können, verfügt der Aktienmarkt in der Regel über keine ausreichende Liquidität mehr; der Börsenkurs ist hier besonders anfällig für Manipulation.[647] Dennoch wird der Börsenkurs von der Rechtsprechung zu Recht als Untergrenze im Sinne von *DAT/Altana* behandelt, solange kein Marktversagen festgestellt werden kann.[648]

Kontrovers diskutiert wird zudem die Frage, ob und unter welchen Umständen außenstehenden Aktionären neben der Abfindung nach § 327a AktG noch Ansprüche auf Ausgleichszahlung nach § 304 AktG und Dividenden zustehen, die erst nach Eintragung des Squeeze-out im Handelsregister fällig werden.[649]

---

wendung des Börsenkurses bei Beherrschungs- und Gewinnabführungsvertrag, 4. Unterscheidung nach Strukturmaßnahmen, S. 259.

643 *Brandi/Wilhelm*, NZG 2009, 1408, 1410 m.w.N.

644 *Austmann*, ZGR 2009, 277, 309.

645 Zu Börsenkursrechtsprechung und Delistung siehe jüngst *Klöhn*, NZG 2012, 1041, 1043, 1044.

646 *Austmann*, ZGR 2009, 277, 309.

647 *Austmann*, ZGR 2009, 277, 305 f. m.w.N.

648 *Singhof*, in: Spindler/Stilz, AktG, § 327b Rn. 4 f.; siehe e) Ausnahmen nach der Rechtsprechung und Marktversagen, S. 116.

649 *Meilicke*, AG 2010, 561 m.w.N. zur oberlandesgerichtlichen Rechtsprechung.

3. Verschmelzungen

Für die Berechnung der angemessenen Kompensation ist die Wertbestimmung beider Gesellschaften erforderlich. Das Umtauschverhältnis ergibt sich aus dem Verhältnis der Anteilswerte.[650] In früheren Beschlüssen hatte das BVerfG betont, dass die Entschädigung auch bei der Verschmelzung den wirklichen oder wahren Wert des Anteilseigentums widerspiegeln müsse, aber die Frage, ob bei Verschmelzungen aller Art die betroffenen Minderheitsaktionäre unter Berücksichtigung des Börsenkurses angemessen zu entschädigen sind, ausdrücklich offen gelassen.[651] Inzwischen hat das BVerfG entschieden, dass die *DAT/Altana*-Regeln zur Berücksichtigung des Börsenkurses auch auf Verschmelzungen grundsätzlich Anwendung finden.[652]

In der sich auf Verschmelzungen zur Aufnahme konzentrierenden Diskussion wenden Teile der Literatur die *DAT/Altana*-Regeln auf sämtliche Arten von Verschmelzungen an, da die außenstehenden Aktionäre hier genauso schutzwürdig seien wie bei Unternehmensverträgen oder Eingliederungen.[653] Allgemein anerkannt ist jedoch, dass bei Konzernverschmelzungen[654] differenziert werden muss, da zwischen den Aktionärsgruppen der jeweils zu verschmelzenden Gesellschaften gegenläufige Interessen bestehen können.[655]

---

650 *Paulsen,* in: MüKo AktG, § 305 Rn. 141; *Hüffer*, AktG, § 305 Rn. 24.

651 BVerfG, Beschluss vom 25.07.2003 – 1 BvR 234/01, NZG 2003, 1016 = ZIP 2003, 2114 = AG 2003, 624; BVerfG, Beschluss vom 30.05.2007 – 1 BvR 1267/06 u.a., NZG 2007, 629.

652 BVerfG, Beschluss vom 26.04.2011 – 1 BvR 2658/10 mit Anm. *Bungert*, BB 2011, 1518; *Veranneman*, GWR 2011, 256; Vorinstanzen: OLG Frankfurt am Main, Beschluss vom 03.09.2010 – 5 W 57/09, BeckRS 2010, 21665, S. 6, 8, 16; LG Frankfurt a.M., Beschluss vom 13.03.2009 – 3-5 O 57/06, NZG 2009, 553 (*Deutsche Telekom/T-Online*).die Frage ist in Literatur und Rechtsprechung umstritten, dazu *Lutter/Winter*, in: Lutter/Drygala, § 5 Rn. 27 ff.; zur Konzernverschmelzung *Bungert*, BB 2011, 459, 462.

653 *Gehling*, in: Semler/Stengel, UmwG, § 8 Rn. 26; *Weiler/Meyer*, NZG 2003, 669, 670; *Puszkajler*, BB 2003 1692, 1693 f.

654 Der Begriff der Konzernverschmelzung ist nicht legaldefiniert; dazu *Wilsing/Kruse*, DStR 2001, 991, 992 (Fn. 19), die als Konzernverschmelzung jede Verschmelzung zwischen Unternehmen ansehen, die gem. § 18 AktG einen Konzern bilden bzw. für die die Konzernvermutung des § 18 Abs. 1 S. 3 AktG gilt; anders *Henze*, AG 1993, 341, 342, der nach § 62 Abs. 1 UmwG auf eine 90 %-Schwelle abstellt; siehe auch *Piltz*, ZGR 2001, 185, 210, der eine Konzernverschmelzung als jede von einem mit mindestens 75 % beteiligten Mehrheitsaktionär dominierte Verschmelzung auf sich selbst oder eine dritte Gesellschaft definiert.

655 *Tonner*, in: FS K. Schmidt, 2009, S. 1581, 1593; ausführlich *Adolff*, Unternehmensbewertung, 2007, S. 442 ff.

Bei der Verschmelzung unabhängiger Gesellschaften besteht ein solcher Konzernkonflikt hingegen nicht.[656]

a) Verschmelzungen abhängiger Gesellschaften

Die Übertragung der *DAT/Altana*-Regeln und damit der Bewertungsmaßstäbe auf die Konzernverschmelzung (zumeist eine so genannte *upstream*-Verschmelzung der Untergesellschaft auf die Obergesellschaft) ist umstritten: Teilweise wird vertreten, dass ein dem *DAT/Altana*-Ausgangsfall vergleichbarer Konzernkonflikt bestehe, bei dem ein Mehrheitsaktionär den Verschmelzungsbeschluss allein herbeiführen kann und dadurch seine eigenen Interessen gegenüber den Minderheitsaktionären durchsetzen kann.[657] Zudem sei zu befürchten, dass der Vorstand der Untergesellschaft ebenfalls die Interessen der Obergesellschaft und deren Aktionäre im Blick habe, denn man wird wohl regelmäßig davon ausgehen können, dass der Vorstand der übertragenden Gesellschaft in seiner Meinungsbildung nicht so frei ist wie der Vorstand einer konzernungebundenen Gesellschaft.[658] Somit könne die Rechtsprechung auf Konzernverschmelzungen wegen des dort ebenfalls bestehenden Konzernkonflikts übertragen werden.[659]

Nach anderer Auffassung gelten die für den Fall der Eingliederung entwickelten Regeln für die Berücksichtigung des Börsenkurses allerdings nicht.[660] Argumentiert wird, dass sich auch bei der Konzernverschmelzung die Interessen der Minderheitsaktionäre der übertragenden Gesellschaft und die Interessen der Minderheitsaktionäre der übernehmenden Gesellschaft diametral gegenüberstehen. Würde man wegen der Parallele zum Unternehmensvertrag und zur Eingliederung, bei der es anders als bei der Verschmelzung allein um die Perspektive und den Wertausgleich der Aktionäre der Untergesellschaft geht, allein auf die Grundrechte und Interessen der Aktionäre der übertragenden Gesellschaft abstellen, würde das Grundrecht auf Eigentum gem.

656 Siehe zum Konzernkonflikt IV. Unterschiede bei einzelnen Bewertungsanlässen, S. 119.

657 *Bungert*, BB 2011, 459, 462.

658 *Lutter/Drygala*, in: Lutter, UmwG, § 5 Rn. 28; *Brandi/Wilhelm*, NZG 2009, 1408, 1411.

659 *Simon*, in: KK UmwG, § 5 Rn. 38; *Paschos*, ZIP 2003, 1017, 1022.

660 BVerfG, Beschluss vom 20.12.2010 – 1 BvR 2323/07, NZG 2011, 235 (*Nichtannahmebeschluss Kuka*); OLG Stuttgart, Beschluss vom 08.03.2006 – 20 W 5/05, AG 2006, 420; OLG Düsseldorf, Beschluss vom 20.11.2001 – 19 W 2/00, AG 2002, 398, 400; *Bungert*, BB 2003, 699; *Willsing/Kruse*, DStR 2001, 991, 997; anders OLG Frankfurt a.M., Beschluss vom 03.09.2010 – 5 W 57/09, NZG 2010, 1141 (*Deutsche Telekom/T-Online*), allerdings mit auf den Einzelfall abstellender Begründung; Übersicht zum Streitstand bei *Lutter/Drygala*, in: Lutter UmwG, § 5 Rn. 27 ff.

Art. 14 GG aller Aktionäre der übernehmenden Gesellschaft verletzt und zu deren Lasten die Verschmelzungswertrelation festgesetzt werden.[661] Auch wenn nur ein Mehrheitsaktionär vorhanden ist, hat dieser die gleichen Interessen wie die Minderheitsaktionäre. Er bekommt im Rahmen der Verschmelzung die gleiche Gegenleistung wie alle Minderheitsaktionäre. Zwar kann er sich mit seiner Mehrheit durchsetzen, er erhält aber keine bessere Verschmelzungswertrelation.

b) Verschmelzungen unabhängiger Gesellschaften

Anders liegt der Fall bei der Verschmelzung zuvor konzernrechtlich unabhängiger Unternehmen (auch als *merger of equals* bezeichnet).[662] Hier einigen sich beide Gesellschaften über die Bedingungen der Verschmelzung sowie die Umtauschwertrelation der Anteile. Die jeweiligen Verhandlungsführer – in der Regel die Vorstände der beteiligten Unternehmen – verhandeln die Umtauschwertrelation jeweils nach den Grundsätzen der *business judgement rule* gem. § 93 Abs. 1 S. 2 AktG, die sich nicht nur auf die Geschäftspolitik, sondern auch auf Strukturentscheidungen bezieht.[663] Diese Relation wird gem. §§ 4, 5 Abs. I Nr. 3 UmwG im Verschmelzungsvertrag festgesetzt; die getroffene Vereinbarung ist von den Hauptversammlungen beider Gesellschaften gem. § 13 UmwG zu billigen.[664]

Die einzelnen Voraussetzungen, wann ein solcher *merger of equals* überhaupt vorliegt, sind umstritten. Gefordert wird teilweise, dass neben der Unabhängigkeit der Verhandlungspartner die Umtauschwertrelation zwischen zwei in etwa gleich starken Partnern ausgehandelt wurde.[665] Vertreten wird auch die Auffassung, dass gleichgerichtete Interessen aller Anteilseigner er-

661 *Bungert*, BB 2003, 699, 702; *Wilm*, NZG 2000, 234, 236; *Hüttemann*, ZGR 2001, 454, 465.

662 Beim Zusammenschluss der *Daimler-Benz AG* und der *Chrysler Inc.* wurde der Begriff des Zusammenschlusses unter Gleichen (*merger of equals*) für einen Unternehmenszusammenschluss gleichberechtigter Parteien gebraucht, vgl. *Stengel*, in: Semler/Stengel, UmwG, § 122l, Rn. 2; siehe zu möglichen Konstellationen eines *merger of equals* sogleich.

663 *Kiem*, ZGR 2007, 549 f.; *Martens*, in: FS Röhricht, 2005, S. 987, 1003 f.; OLG Frankfurt a. M., Beschluss vom 09.02.2010 – 5 W 33/09, ZIP 2010, 731; vgl. auch *Reuter*, AG 2007, 892; *Wittgens/Redeke*, ZIP 2007, 2015 f. m.w.N.

664 Dazu *Gehling*, in: Semler/Stengel, UmwG, § 13 Rn. 1 ff. m.w.N.

665 *Decher*, in: FS Lutter, 2000, S. 1209; *Kiem*, ZGR 2007, 545 f.; Offenlassend OLG Stuttgart, Beschluss vom 14.10.2010 – 20 W 16/06, NZG 2011, 30 = BeckRS 2010, 25689 (*Daimler/Chrysler*).

forderlich sind.[666] Nach weit verbreiteter Auffassung ist jedoch wenigstens erforderlich, dass keines der beteiligten Unternehmen beherrschenden Einfluss auf das andere ausüben kann und dass zwischen den beteiligten Unternehmen eine Verhandlungssituation besteht, die marktkonforme Ergebnisse erwarten lässt.[667]

Ob wegen dieser gleichgerichteten Interessen der jeweiligen Anteilseigner eines jeden Rechtsträgers, nicht des gleichen gerichtlichen Schutzes bedarf, wie er für Minderheitsaktionäre gegen Maßnahmen eines herrschenden, von ggf. gegengerichteten Interessen geleiteten Mehrheitsaktionärs zu fordern ist, wird uneinheitlich beurteilt.

Es wird nach verbreiteter Ansicht in der Rechtsprechung der Instanzgerichte und in der Literatur angenommen, dass nach gleichberechtigten Verhandlungen beider Unternehmen nur ein reduzierter Prüfungsmaßstab[668] der Spruchgerichte bei der Überprüfung der Kompensation anzulegen ist.[669] Folgt man dieser Ansicht, ergibt sich aus diesen Verhandlungen eine erhöhte Richtigkeitsgewähr, die nur einen reduzierten gerichtlichen Prüfungsmaßstab erlaubt.[670] In diesem Fall ist die Unternehmensbewertung im Spruchverfahren auf eine Prüfung der maßgeblichen rechtlichen Faktoren bzw. eine eingeschränkte Plausibilitätsprüfung beschränkt.[671]

---

666 *Reuter,* AG 2007, 889; *Reuter,* AG 2007, 1; *Fleischer,* ZGR 1997, 368, 393; *Horn,* in: FS Lutter, 2000, S. 1113 f.

667 *Bungert,* BB 2003, 699, 703; *Weiler/Meyer,* NZG 2003, 669.

668 Dazu *Stilz,* in: FS Mailänder, 2006, S. 423, 433 ff.; zum reduzierten Prüfungsmaßstab der *business judgement rule* siehe auch 2. Prüfungsmaßstab nach Einigung in Vorverhandlungen, S. 245.

669 OLG Stuttgart, Beschluss vom 14.10.2010 – 20 W 16/06, NZG 2011, 30 = BeckRS 2010, 25689 (*Daimler/Chrysler*), dazu *Wardenbach,* GWR 2010, 138 ff.; BayObLG, Beschluss vom 18.12.2002 – 3 Z BR 116/00, NZG 2003, 483. OLG Stuttgart, Beschluss vom 08.03.2006 – 20 W 5/05, AG 2006, 420; vgl. auch BVerfG, Beschlüsse vom 23.08.2000 – 1 BvR 68/95 u. 1 BvR 147/97, NJW 2001, 279, 280 f. (*Moto Meter*); *Lutter/Drygala* in Lutter, UmwG, § 5 Rn. 27 ff.; *Decher,* in: FS Meier-Reimer, 2010, S. 57, 60; *Baums,* GS Schindhelm, 2009, S. 63, 87 f.; *Brandi/Wilhelm,* NZG 2009, 1412; ausführlich *Adolff,* Unternehmensbewertung, *2007, S.* 457 ff. m.w.N.; *Wilsing/Kruse,* DStR 2001, 991, 995; *Hüttemann,* ZGR 2001, 455, 465; *Paschos,* ZIP 2003, 1017, 1022 ff.; *Bungert,* BB 2003, 699, 703; a.A. *Tonner,* in: FS K. Schmidt, 2009, S. 1581, 1595 f.; *Weiler/Meyer,* NZG 2003, 669; *Reuter,* DB 2001, 2483, 2489 f.; *Puszkajler,* BB 2003, 1692.

670 *Hofmann,* in: FS Hopt, 2010, S. 833, 837; LG Frankfurt a.M., Beschluss vom 13.03.2009 – 3-5 O 57/06, NZG 2009, 553, 555 (*Deutsche Telekom/T-Online*); Mülbert, in: FS Hopt, 2010, S. 1039, 1068 m.w.N.

671 OLG Stuttgart, Beschluss vom 14.10.2010 – 20 W 16/06, NZG 2011, 30 = BeckRS 2010, 25689 (*Daimler/Chrysler*); OLG Frankfurt a. M., Beschluss vom 09.02.2010 – 5

Danach läge, vereinfacht gesagt, einem *merger of equals* grundsätzlich ein Vertrags- oder Verhandlungsmodell[672] zu Grunde: Die Vorstände vertreten in diesen Verhandlungen jeweils einheitlich den Willen aller Aktionäre ihrer Gesellschaften, denn sämtliche Aktionäre einer Gesellschaft sind gleichermaßen an einer günstigen Verschmelzungswertrelation interessiert, da ihre Mitgliedschaftsrechte und Vermögensinteressen vom Umtauschverhältnis identisch betroffen sind.[673] Diese Überlegungen fußen auf der Erkenntnis, dass die Verschmelzungswertrelation und das hieraus abgeleitete Umtauschverhältnis, welches zwischen voneinander unabhängigen Gesellschaften ausgehandelt wird, selbst dann als angemessen anzusehen ist, wenn sich bei Zugrundelegung der Börsenkurse ein abweichendes Verhältnis ergäbe.[674] Wäre dieses Verhandlungsergebnis vom Gericht vollständig überprüfbar, hätte eine Verhandlung keinen Nutzen, da sie vom Gericht ohnehin überholt werden würde.[675] Als Begründung wird angeführt, dass in dieser Konstellation die Gefahr der Benachteiligung der Minderheitsaktionäre ungleich geringer sei, da die Verhandlungen von beiden Unternehmen ausgewogen geführt würden. Die Vorstandsmitglieder dürfen in diesem Zusammenhang unternehmerische Entscheidungen treffen, wenn sie vernünftigerweise annehmen können, mit ihrer Entscheidung auf Grundlage angemessener Information zum Wohle der Gesellschaft zu handeln.[676] Somit können sie einen Verschmelzungsvertrag

W 38/09, BeckRS 2010, 04682, S. 4; OLG Stuttgart, Beschluss vom 22.09.2009 – 20 W 20/06, WM 2010, 173, 176; OLG Stuttgart, Beschluss vom 26.10.2006 – 20 W 14/05, NZG 2007, 112, 114; BayObLG, Beschluss vom 18.12.2002 – 3Z BR 116/00, NZG 2003, 483, 486; LG Frankfurt a.M., Beschluss vom 13.03.2009 – 3/05 O 57/06, ZIP 2009, 1322, 1325; *Decher*, in: FS Meier-Reimer, 2010, S. 57, 60; *Mülbert*, in: FS Hopt, 2010, S.1039, 1068, 1076; *Baums*, in: GS Schindhelm, 2009, S. 63, 83 ff.; *Hüffer*, AktG, § 305 Rn. 17a; *Kiem,* ZGR 2007, 542, 546; *Krause*, in: FS Hopt, 2010, S. 1005, 1016; *Lutter/Drygala*, in: Lutter, UmwG, § 5 Rn. 27; *Martens*, in: FS Röhricht, 2005, S. 987, 990; *Reuter,* AG 2007, 881, 889; *Stilz*, in: FS Mailänder, 2006, 423, 432; *Piltz*, ZGR, 2001, 185, 206; *Wilsing/Kruse,* DStR 2001, 991, 996; *Piltz*, ZGR 2000, 206 f.; abweichend LG Stuttgart, Beschluss vom 04.08.2006 – 32 AktE 3/99, AG 2007, 52, 53 (*Daimler/Chrysler*); *Puszkajler*, BB 2003, 1692, 1693; *Tonner*, in: FS K. Schmidt, 2009, S. 1581, 1595.

672 LG Frankfurt a.M., Beschluss vom 13.03.2009 – 3-5 O 57/06, NZG 2009, 553, 556.

673 OLG Stuttgart, Beschluss vom 08.03.2006 – 20 W 5/05, AG 2006, 420, 421 f. m.w.N.; vgl. auch OLG Stuttgart, Beschluss vom 06.07.2007 – 20 W 5/06, AG 2007, 705; wesentlich zurückhaltender, aber offenlassend: BVerfG, Beschluss vom 24.05.2012 – 1 BvR 3221/10, BeckRS 2012, 55224 = ZIP 2012, 1656.

674 *Mülbert*, in: FS Hopt, 2010, S. 1039, 1076 m.w.N.; siehe auch *Weiler/Meyer*, NZG 2003, 669; *Decher*, in: FS Wiedemann, 2002, S. 789, 804.

675 *Decher*, in: FS Meier-Reimer, 2010, S. 57, 61.

676 *Stilz*, in: FS Mailänder, 2006, S. 423, 432.

auch dann abschließen, wenn die dort vorgesehene Verschmelzungswertrelation nicht mit der Relation der Ertragswerte oder der Börsenkurse übereinstimmt.[677] Sie werden in dieser Hinsicht von der Hauptversammlung kontrolliert, die insbesondere prüft, ob die verhandelte Verschmelzungswertrelation den wirtschaftlichen Interessen aller Aktionäre dient. Auf dieser Grundlage mutet es geradezu paradox an, eine so ausgehandelte Wertrelation im Spruchverfahren auf Betreiben eines kleinen Teils der Anteilsinhaber des übertragenden Unternehmens, unter Ausschluss der betroffenen Anteilsinhaber der übernehmenden Gesellschaft, vollumfänglich gerichtlich zu überprüfen.[678] Dies stellt einen Eingriff in die Vertragsfreiheit bzw. eine richterliche Vertragskorrektur zum Nachteil der Anteilsinhaber der anderen Seite dar, ohne dass diese sich wehren könnten oder überhaupt nur gefragt würden.[679]

Der Anerkennung eines solchen Verhandlungsmodells bei einem *merger of equals* ist jüngst allerdings das BVerfG in einem *obiter dictum* zu einem Kammerbeschluss mit der Begründung entgegengetreten, es sei aus verfassungsrechtlicher Perspektive mit Blick auf Art. 14 GG allein maßgeblich, dass ein voller wirtschaftlicher Wertausgleich geschaffen werde.[680]

Im dritten Teil (*Reformvorschläge*) sollen diesbezüglich Vorschläge diskutiert werden, ob *de lege lata* oder *de lege ferenda* Verhandlungen zu einer Entlastung des Spruchverfahrens führen können, aber gleichzeitig dem grundrechtlichen Schutzbedürfnis der Aktionäre Rechnung getragen wird.[681]

V. Berücksichtigung weiterer Aspekte bei der Bewertung

1. Verbundvorteile

Bei der Unternehmensbewertung können Verbundvorteile[682] zu berücksichtigen sein.[683] Diese spielen nur beim Ertragswertverfahren eine Rolle, da sie bei anderen Bewertungsmethoden in der Regel nicht isoliert betrachtet werden können. Unter Verbundvorteilen werden positive finanzielle Auswirkungen von Unternehmenszusammenschlüssen verstanden.[684] Dabei ist zwischen echten und unechten Verbundvorteilen zu differenzieren.[685] Echte Verbund-

---

677 *Stilz*, in: FS Mailänder, 2006, S. 423, 432.

678 *Stilz*, a.a.O.

679 *Stilz*, a.a.O.

680 BVerfG, Beschluss vom 24.05.2012 – 1 BvR 3221/10, BeckRS 2012, 55224 = ZIP 2012, 1656.

681 Siehe I. Rechtsprechung für *merger of equals* als Ausgangspunkt, S. 220 ff.

682 Auch als Verbundeffekte, Synergieeffekte oder Synergien bezeichnet.

683 *Fleischer*, ZGR 1997, 368 ff.; *Busse von Colbe*, ZGR 1994, 59 ff.

684 *Hüffer*, AktG § 305 Rn. 22.

685 *Paulsen*, in: MüKo AktG, § 305 Rn. 135; *Land/Hennings*, AG 2005, 380, 386.

vorteile entstehen nur bei einer Strukturmaßnahme aufgrund des konkreten Bewertungsanlasses.[686] Dagegen lassen sich unechte Verbundvorteile unabhängig von Strukturmaßnahmen realisieren.[687]

Unechte Verbundvorteile werden von der Rechtsprechung bei der Unternehmensbewertung einbezogen, sofern sie quantifizierbar sind und sich eindeutig zuordnen lassen.[688] Die Berücksichtigung echter Verbundvorteile ist in der Literatur umstritten[689], wird aber von der Rechtsprechung durchweg abgelehnt.[690] Danach fallen echte Verbundvorteile nicht mehr in den für die Bestimmung der Abfindung relevanten Grenzpreis.[691] Maßgeblich ist danach eine *Stand-alone*-Bewertung für außenstehende Aktionäre.[692] Dagegen wird zu Recht eingewandt, dass dies zu einer Benachteiligung der außenstehenden Aktionäre und damit zu einem Verstoß gegen § 53a AktG führt.[693] Auch ist im Hinblick auf die grundsätzliche Akzeptanz der Börsenkurse durch die Rechtsprechung, die eine isolierte Betrachtung echter Verbundeffekte gerade nicht zulässt, nicht nachvollziehbar, dass die Rechtsprechung bei der Ertragswertbetrachtung eine solche Differenzierung vorschreibt.[694] Zudem ist bedenklich, dass ein Aktionär bei einer erzwungenen Abgabe von Anteilen anders behandelt werden soll als bei einer freiwilligen Veräußerung, bei der man auch echte Verbundvorteile mitverkaufen würde.[695] Maßgeblich für die Wertbestimmung

---

686 *Paulsen*, in: MüKo AktG, § 305 Rn. 135.

687 *Paulsen*, in: MüKo AktG, § 305 Rn. 135; *Land/Hennings*, AG 2005, 380, 386.

688 BGH, Beschluss vom 12.03.2001 – II ZB 15/00, BGHZ 147, 108, 119 f. = AG 2001, 417, 419 (*DAT/Altana*); OLG Stuttgart, Beschluss vom 26.10.2006 – 20 W 14/05, NZG 2007, 112, 119.

689 Ablehnend die wohl h.M. *Hüffer*, AktG § 305 Rn. 22; *Koppensteiner*, in: KK AktG, § 305 Rn. 65; *Riegger*, in KK SpruchG Anh. § 11 Rn. 13; *Seetzen*, WM 1994, 45, 49; zustimmend *Paulsen*, in: MüKo AktG, § 305 Rn. 135, 138 f.; *Krieger*, in: MünchHdb AG § 70 Rn. 132; *Fleischer*, ZGR 2001, 1, 27.

690 BGH, Beschluss vom 04.03.1998 – II ZB 5-97, BGHZ 138, 136, 140 = NJW 1998, 1866, 1870 ff. (*Asea/BBC II*); *Hüffer*, AktG § 305 Rn. 22 m.w.N.

691 *Hüffer*, AktG, § 305 Rn. 18, 21, zum Grenzpreis siehe a) Prinzipien der Unternehmensbewertung durch Gerichte, S. 100.

692 *Hüffer*, AktG, § 305 Rn. 22.

693 *Paulsen*, in: MüKo AktG, § 305 Rn. 138.

694 *Paulsen*, in: MüKo AktG, § 305 Rn. 135, 138 f.; *Land/Hennings*, AG 2005, 380, 386; *Adolff*, Unternehmensbewertung, 2007, S. 392, 397 ff.; *Franke*, Synergien in Rechtsprechung und Rechnungslegung, S. 54.

695 *Paulsen*, in: MüKo AktG, § 305 Rn. 137.

muss bei der Zwangsabfindung daher das Ergebnis einer fiktiven und fairen Verhandlung sein.[696]

2. Weitere praktisch bedeutsame Aspekte

Auch die Berücksichtigung von Minderheitenabschlägen, Kontrollprämien und Paketzuschlägen wird überwiegend mit Verweis auf einen Verstoß gegen § 53a AktG abgelehnt.[697]

Um die Kompensationsansprüche drehen sich viele weitere Aspekte, deren Darstellung nicht den Schwerpunkt dieser Untersuchung bilden. In der Praxis kann vor allem die implizite Prüfung von Schadensersatzansprüchen im Rahmen von Spruchverfahren eine erhebliche Verzögerung verursachen, diese Ansprüche sollten daher aus dem Spruchverfahren herausgehalten werden.[698]

Ein weiteres praktisch mitunter bedeutsames Problem ist die Berücksichtigung von Nutzungen zwischen Hauptversammlungsbeschluss und tatsächlichem Ausscheiden der außenstehenden Aktionäre.[699]

VI. Zusammenfassende Analyse des Reformbedarfs

Die verfassungsrechtliche Ausgangslage hinsichtlich des Prüfungsmaßstabs und die damit verbundene Forderung nach einer angemessenen Kompensation sind unbestritten. Es sind aber Verfahrenseffizienz, Planbarkeit sowie Rechtssicherheit nicht zu vernachlässigen. Die Ergebnisse des Ertragswertgutachtens selbst sind aufgrund des Ermessensspielraums der Gutachter schwer vorauszusehen.[700] Bis vor einiger Zeit dominierte in der Rechtsprechung die Ertragswertmethode; zuletzt wird in einigen Konstellationen auch eine Bestimmung anhand des Börsenkurses für zweckmäßig befunden. Daraus resultiert für die finanzielle Prognose von Strukturmaßnahmen eine erhebliche Planungsunsicherheit.[701] Daran anknüpfend wird im dritten Teil (*Reformvorschläge*) eine diesbezügliche gesetzliche Regelung diskutiert.[702]

---

696 *Paulsen*, in: MüKo AktG, § 305 Rn. 137; *Busse von Colbe*, ZGR 1994, 595, 604; *Hirte/Hasselbach*, in: GK AktG § 305 Rn. 85 m.w.N.

697 *Hüffer*, AktG, § 305 Rn. 24; *Emmerich*, in: Emmerich/Habersack, Konzernrecht, § 305 Rn. 75; *Brandi/Wilhelm*, NZG 2009, 1408, 1410, a.A. *Busse von Colbe*, in: FS Lutter, 2000, S. 1053, 1055; aus europarechtlicher Perspektive *Habersack/Tröger*, NZG 2010, 1.

698 Dazu *Decher*, in: FS Meier-Reimer, 2010, S. 57, 66; *Schroeder/Habbe*, NZG 2011, 845.

699 Dazu *Altmeppen*, ZIP 2010, 1773.

700 *Decher*, in: FS Meier-Reimer, 2010, S. 57, 59 f.

701 *Decher*, in: FS Meier-Reimer, 2010, S. 57, 59 f.

702 Siehe III. Gesetzliche Regelung zur Präferenz des Börsenkurses, S. 252.

F. Zusammenfassung

Spruchverfahren besitzen eine hohe praktische Relevanz, die sich durch Einführung des aktienrechtlichen Squeeze-out noch verstärkt hat. Nach mehr als der Hälfte der Strukturmaßnahmen wird von den außenstehenden Aktionären ein Spruchverfahren zur Überprüfung der Kompensation angestrengt.[703] Die günstige Risiko-Nutzen-Relation mit guter Aussicht auf Erfolg ohne echtes Kostenrisiko motiviert außenstehende Aktionäre daher bei beinahe jeder Strukturmaßnahme zur Anstrengung von Spruchverfahren. Hier besteht Korrekturbedarf.

Die empirische Auswertung hat ergeben, dass Spruchverfahren, die Anfang und Mitte der 1990er Jahre begonnen wurden, im Durchschnitt länger als zehn Jahre dauerten. Diese dramatisch hohe Verfahrensdauer zeigt seit 1998 einen rückläufigen Trend. Jedoch konnte die Reform durch das SpruchG 2003 im Hinblick auf die Verfahrensdauer bislang keinen nachweisbaren Erfolg verbuchen; der zuvor bestehende Trend zum Rückgang der Verfahrensdauer hat sich in den Jahren 2004 ff. nicht fortgesetzt. Auch wenn sich das Problem überlanger Verfahren insgesamt etwas entspannt hat, dauern Spruchverfahren in der Regel immer noch mehrere Jahre und damit zu lange.[704]

Die Risiko-Nutzen-Relation stellt sich für außenstehende Aktionäre als sehr günstig dar. Hier sollte ein Mechanismus gefunden werden, der es Aktionären zumindest schwerer macht, sich wahllos an jedem Spruchverfahren zu beteiligen, ohne eine Abwägungsentscheidung treffen zu müssen.

Es ist zudem schwer vorhersehbar, zu welchen Ergebnissen das Gericht bei der Bestimmung der angemessenen Kompensation kommen wird. Zum einen sind die Ergebnisse des Ertragswertgutachtens aufgrund ihrer methodischen Unschärfe schwer zu prognostizieren, zum anderen ist unklar, welche Bewertungsmethode ein Gericht zugrunde legen wird.[705] Bis vor einiger Zeit dominierte in der Rechtsprechung die Ertragswertmethode; zuletzt wird in einigen Konstellationen eine ausschließliche Bestimmung anhand des Börsenkurses für zweckmäßiger befunden. Hier ist eine klare gesetzliche Regelung zur Verbesserung der Rechtssicherheit wünschenswert.

703 Siehe II. Praktische Relevanz von Spruchverfahren, S. 27 ff.

704 Siehe V. Verfahrensdauer, S. 58 ff.

705 Siehe VI. Zusammenfassende Analyse des Reformbedarfs, S. 129.

Im Einklang mit der Literatur[706] ergibt sich daher zusammenfassend ein erheblicher Reformbedarf des Spruchverfahrens. Entsprechende Vorschläge werden im dritten Teil (*Reformvorschläge*) erörtert.

706 *Decher*, in: FS Meier-Reimer, 2010, S. 57, 59; *Verse, NZG 2009, 1127, 1132; Baums/Drinhausen*, ZIP 2008, 145, 154 ff.; *Baums*, BB 2007, 2525; *J. Vetter*, AG 2008, 177, 189.

Zweiter Teil: Rechtsvergleich

A. Einleitung

Dieser Teil umfasst einen Vergleich des deutschen Spruchverfahrens mit funktionalen Äquivalenten des Spruchverfahrens in ausländischen Rechtsordnungen. Zunächst werden die entsprechenden Regelungen in einigen ausgewählten europäischen und außereuropäischen Ländern im Überblick dargestellt. Der Schwerpunkt liegt dann auf der Untersuchung US-amerikanischen Rechts. Die Gegenüberstellung beider Rechtsordnungen soll Regelungen in den USA hervorheben, die geeignet sein können, bei einer Reform des Spruchverfahrens Berücksichtigung zu finden. Daher werden insbesondere die US-amerikanischen Regelungen näher betrachtet, die sich von den deutschen unterscheiden. Diese werden dann im Rahmen der Reformvorschläge für das deutsche Recht im dritten Teil (*Reformvorschläge*) aufgegriffen.

B. Ähnliche ausländische Rechtsbehelfe im Überblick

I. Vergleichbare Rechtsbehelfe in Europa

Vor dem Blick ins Ausland ist es sinnvoll, sich noch einmal vor Augen zu führen, dass der Untersuchungsgegenstand auf verfahrensrechtliche Aspekte der Bestimmung einer angemessenen Kompensation der Minderheitsaktionäre bei aktien- und umwandlungsrechtlichen Strukturmaßnahmen börsennotierter Aktiengesellschaften beschränkt ist.[707] Die Abgrenzung zwischen Übernahmerecht und Gesellschaftsrecht ist in anderen europäischen Rechtsordnungen zumeist weniger deutlich angelegt als in Deutschland, so dass es dort auch beim Rechtsschutz gegen unangemessene Kompensationen keine Unterscheidungen zwischen gesellschaftsrechtlichen und übernahmerechtlichen Strukturmaßnahmen gibt. Der Schwerpunkt der Gesetzgebung im europäischen Ausland liegt auf dem Übernahmerecht[708] Aus diesem Grund sind beim Vergleich mit ausländischen Rechtsordnungen Rechtsbehelfe zu berücksichtigen, die dem dortigen Übernahmerecht zuzuordnen sind.[709]

---

707 Siehe III. Begrenzung des Untersuchungsgegenstands, S. 13.

708 Siehe 3. Großbritannien, S. 135, 4. Frankreich, S. 136; vgl. dazu Richtlinie 2004/25/EG betreffend Übernahmeangebote, zuletzt geändert durch Anh. Nr. 5 ÄndVO (EG) 219/2009 vom 11.03.2009 (*Übernahmerichtlinie*).

709 Siehe II. Einzelne Rechtsbehelfe, S. 148 ff.

1. Europarechtliche Vorgaben

Die europarechtlichen Vorgaben zu Verfahrensfragen und Unternehmensbewertungen im Rahmen gesellschaftsrechtlicher Strukturmaßnahmen werden grundsätzlich in der Verschmelzungsrichtlinie[710] (VRL) und der Fusionsrichtlinie[711] (FRL) behandelt. Dort macht der europäische Normgeber jedoch weder detaillierte prozessuale noch bewertungsbezogene Vorgaben zum Rechtsschutz nach Strukturmaßnahmen. Für grenzüberschreitende Verschmelzungen wird in Art. 8 Abs. 1 und Abs. 2 VRL bestimmt, dass ein unabhängiger Sachverständiger einen Verschmelzungsbericht zu erstellen hat. Nach Art. 8 Abs. 3 S. 1 VRL i.V.m. Art. 10 Abs. 2 FRL muss der Bericht die Angabe enthalten, ob der Sachverständige das Umtauschverhältnis für angemessen hält und nach welcher Methode das im Verschmelzungsplan vorgeschlagene Umtauschverhältnis bestimmt worden ist.[712] Zusätzlich ist in Art. 10 Abs. 3 S. 1 VRL ein „Verfahren zur Kontrolle und Änderung des Umtauschverhältnisses“ vorgesehen. Diese Vorschrift wurde auf Anregung von Deutschland und Österreich in die Verschmelzungsrichtlinie aufgenommen. Beide Länder verfügen als einzige europäische Staaten über spezielle Verfahren für rein gesellschaftsrechtliche Strukturmaßnahmen.[713] Art. 10 Abs. 3 S. 1 VRL vermittelt zwischen der deutschen und österreichischen Regelung und den Rechtsordnungen, die ein solches Verfahren nicht vorsehen.[714] Im deutschen Recht gewährleistet § 122h UmwG, dass das Spruchverfahren bei grenzüberschreitenden Verschmelzungen zugunsten der Anteilsinhaber des deutschen übertragenden Rechtsträgers unter bestimmten Voraussetzungen zur Anwendung kommt.[715] Während sich der Anwendungsbereich des Spruchverfahrens in Deutschland lediglich auf aktienrechtliche und unwandlungsrechtliche Strukturmaßnahmen erstreckt und nicht das Übernahmerecht er-

---

710 Richtlinie 2005/56/EG über die Verschmelzung von Kapitalgesellschaften aus verschiedenen Mitgliedstaaten, zuletzt geändert durch RL 2009/109/EG vom 16.09.2009 (*Verschmelzungsrichtlinie*), dazu *Neye*, ZIP 2005, 1893; *Nagel*, NZG 2006, 97.

711 Richtlinie 90/434/EWG über das gemeinsame Steuersystem für Fusionen, Spaltungen, die Einbringung von Unternehmensteilen und den Austausch von Anteilen, die Gesellschaften verschiedener Mitgliedstaaten betreffen, zuletzt geändert durch Richtlinie 2009/133/EG vom 19.10.2009 (*Fusionsrichtlinie*).

712 *Oechsler*, NZG 2006, 161, 163; *Behrens*, Die grenzüberschreitende Verschmelzung, 2007, S. 112.

713 *Teichmann*, ZGR 2003, 367, 379; zur Rechtslage in Österreich sogleich 2. Österreich, S. 135.

714 *Neye*, ZIP 2005, 1893, 1897 f.; *Oechsler*, NZG 2006, 161, 164.

715 *Volhard*, in: Semler/Stengel, UmwG, § 122h, Rn. 2 m.w.N.

fasst, sind die Vorschriften in anderen Ländern regelmäßig weiter gefasst. Bei der Ausgestaltung ihrer Vorschriften zum Schutz der Minderheitsaktionäre verfügen die Mitgliedstaaten somit über einen großen Spielraum.[716]

2. Österreich

Innerhalb der Europäischen Union gibt es nur in Österreich ein mit dem deutschen Spruchverfahren direkt vergleichbares Verfahren.[717] Dort ist das besondere Überprüfungsverfahren des Umgründungsrechts in § 6 GesAusG i.V.m. § 225c ff. AktG geregelt.[718] In § 6 Abs. 1 GesAusG ist wie im deutschen Recht bestimmt, dass die Anfechtung eines Beschlusses nicht darauf gestützt werden kann, dass die Barabfindung nicht angemessen festgelegt worden sei.[719] Die österreichischen Verfahrensregelungen (§§ 225c ff. öAktG) decken sich weitgehend mit dem deutschen Recht[720], auf erwähnenswerte Unterschiede wird im weiteren Verlauf eingegangen.

3. Großbritannien

Minderheitsaktionäre in Großbritannien haben die Möglichkeit, einen Antrag auf gerichtliche Überprüfung der Durchführung von Strukturmaßnahmen und insbesondere der Art und Höhe der angebotenen Gegenleistung zu stellen. Geregelt ist dies im britischen Unternehmensrecht, dem *Companies Act*, das im Jahr 2006 umfassend überarbeitet wurde (CA 2006) und die Vorschriften des Vorgängers aus dem Jahr 1985 ersetzt. Das Überprüfungsverfahren ist in Art. 994 CA 2006 festgelegt, der wortgleich mit der Vorgängervorschrift des Art. 430 CA 1985 ist.[721] Danach können von den Aktionären unter anderem Einsprüche aufgrund von Verfahrensfehlern[722] und gegen fehlerhafte Bewertungen[723] gerichtlich geltend gemacht werden.[724] Die Durchführung und

---

716 *Elst/Steen*, ECFR 2009, 391, 424 für das insoweit vergleichbare Übernahmerecht (“*The open norms of the Directive have resulted in a significant variation in valuation standards. Some jurisdictions provide a very detailed valuation procedure, such as Germany. Others, like the UK, grant the bidder a considerable amount of discretion […]*”).

717 *Volhard*, in: Semler/Stengel, UmwG, § 122h, Rn. 2. m.w.N.

718 Vgl.dazu auch *Kalss*, in: MüKo AktG, § 6 ÖGesAusG Rn. 1 ff.

719 Etwa OGH Wien, Beschluss vom 18.02.2010 – 6 Ob 221/09g, BeckRS 2010, 09128.

720 *Hörtnagl*, in: Schmitt/Hörtnagl/Stratz, UmwG, § 122h Rn. 6

721 *Sieger/Hasselbach*, NZG 2001, 926, 927.

722 Re Chez Nico Restaurants Ltd., BCLC 1992, 793; Winpar Holdings Ltd. v. Joseph Holt Group plc (High Court of Justice, Chancery Division, 27.10.2000, *unveröffentlicht*).

723 Re Trafalgar House plc (1996) (High Court of Justice, Chancery Division, 22.07.1996, *unveröffentlicht*).

die Eintragung der Strukturmaßnahme werden bis zum Abschluss des gerichtlichen Verfahrens gehemmt.[725] Darin liegt ein wesentlicher Unterschied zum deutschen Spruchverfahren, das erst nach Eintragung der Strukturmaßnahme eingeleitet wird und damit unabhängig von einer Registersperre ist. Ein weiterer Unterschied besteht darin, dass das Gericht im Verfahren nach Art. 994 CA 2006, anders als im Spruchverfahren, keine sachliche Prüfung der Angemessenheit der angebotenen Gegenleistung durchführt, sondern in der Regel eine Ermessensentscheidung trifft, die meistens nicht zu Abweichungen von der angebotenen Kompensation führt.[726] In der Rechtspraxis Großbritanniens sind diese Verfahren daher mangels entsprechender Erfolgsaussichten auf eine Verbesserung der Kompensation äußerst selten. Ein weiterer Grund für die geringe praktische Bedeutung gerichtlicher Überprüfungsverfahren liegt darin, dass diese Strukturmaßnahmen im Zusammenhang mit öffentlichen Übernahmeangeboten stehen, bei denen 90 % der Aktionäre der Zielgesellschaft das Angebot angenommen haben.[727] Diese Regelungen ähneln daher dem gerichtlichen Überprüfungsverfahren nach einem übernahmerechtlichen Squeeze-out gem. § 39b Abs. 3 S. 3 WpÜG, das in Deutschland ebenfalls kaum Bedeutung erlangt.[728] Zudem werden Übernahmeangebote präventiv vom *panel on takeovers and mergers*, einem mit der deutschen Börsensachverständigenkommission vergleichbaren, aber wesentlich einflussreicheren Gremium, geprüft.[729]

Auch nach Strukturmaßnahmen im Rahmen eines *scheme of arrangement* gem. Art. 895 ff. CA 2006, einem universellen Gestaltungsinstrument für Restrukturierungen, die neben den Aktionären auch Gläubiger umfassen können, gibt es bislang keine praktischen Beispiele für bewertungsbezogenen Rechtsschutz.[730]

4. Frankreich

Im französischen Recht gibt es keinen einheitlichen Rechtsbehelf für bewertungsbezogenen Rechtsschutz bei aktien- und umwandlungsrechtlichen Struk-

724 *Sieger/Hasselbach*, NZG 2001, 926, 927.

725 *Sieger/Hasselbach*, NZG 2001, 926, 927.

726 *Sieger/Hasselbach*, NZG 2001, 926, 927.

727 *Rühland*, NZG 2001, 448, 450 ff.; *Sieger/Hasselbach*, NZG 2001, 926, 927.

728 *Hasselbach*, BB 2010, 2842, 2842.

729 *Schlitt*, in: MüKo AktG, 2. Aufl., § 35 WpÜG Rn. 17 ff.

730 *Ventoruzzo*, 50 Va. J. Int'l L. No.4 (2009), S. 51 mit Verweis auf Re Hellenic & General Trust Ltd. (1976) 1 WLR 123 (Chancery Division); dazu unlängst *Payne,* ECFR 2011, 145 ff.

turmaßnahmen. Die Form des Rechtsschutzes wird in erster Linie vom Recht der zugrunde liegenden Strukturmaßnahme bestimmt.

Das Funktionsäquivalent zum Spruchverfahren beim Squeeze-out ist die Einlegung eines Rechtsmittels beim Beschwerdegericht, der *Cour d'Appel de Paris* (CA Paris).[731] In Frankreich ist eine mit dem deutschen aktienrechtlichen Squeeze-out vergleichbare Strukturmaßnahme in Art. L433-4 (1), (2) CMF (*Code Monetaire et Financier*) geregelt.[732] Dieses Beschwerderecht zielt vor allem auf übernahmerechtliche Sachverhalte und umfasst auch einen aktienrechtlichen Squeeze-out.[733] Die Minderheitsaktionäre haben in diesem Verfahren keine Möglichkeit, unmittelbar eine gerichtliche Kontrolle der Kompensation herbeizuführen. Stattdessen wird die Kompensation zunächst gem. Art. 237-1 ff. RegAMF von der staatlichen Finanzmarkt-Aufsichtsbehörde (*Autorité des Marchés Financiers,* AMF) im Wege des präventiven Rechtsschutzes unter Einbeziehung eines unabhängigen Sachverständigen überprüft.[734] Die Rolle der AMF entspricht dabei weitgehend der der BaFin im Rahmen der Prüfung von Übernahmeangeboten.[735] Somit besteht im Unterschied zur Regelung in Deutschland auch für den aktienrechtlichen Squeeze-out in Frankreich eine Kombination aus vorgeschalteter behördlicher Kontrolle und nachgelagerter Überprüfung durch ein Gericht.[736] Das französische Beschwerdeverfahren ist im Vergleich zum Spruchverfahren eher eine Korrekturinstanz im verwaltungsrechtlichen Sinne.[737] Die außenstehenden Aktionäre können jedoch gegen die von der AMF getroffenen Maßnahmen, insbesondere die vom Kompensationsschuldner vorgeschlagene Kompensation, bei der CA Paris vorgehen und dabei auch eine einstweilige Verfügung erwirken, die eine Eintragung der Strukturmaßnahme in das französische Handelsregister verhindert.[738] Der gerichtliche Prüfungsmaßstab beschränkt sich dabei auf eine formelle Prüfung der Entscheidung der AMF; das Gericht führt keine eigene umfassende Prü-

731 *Sieger/Hasselbach*, NZG 2001, 926, 927.

732 *Kießling*, Der übernahmerechtliche Squeeze-out, 2008, S. 130, der übernahmerechtliche Squeeze-out ist in Art. L433-4 (3), (4) CMF geregelt.

733 *Kircher*, Kompensationsleistungen, 2007, S. 207; *Ventoruzzo*, 50 Va. J. Int'l L. No.4 (2009), S. 50.

734 *Kießling*, Der übernahmerechtliche Squeeze-out, 2008, S. 130; *Hasselbach*, BB 2010, 2842; *Kircher*, Kompensationsleistungen, 2007, S. 185 f.

735 *Kircher*, Kompensationsleistungen, 2007, S. 191, zu den Unterschieden bezüglich des Rechtsschutzes im Übernahmerecht und im Spruchverfahren *Teichmann*, AG 2004, 67, 81.

736 *Kircher*, Kompensationsleistungen, 2007, S. 184.

737 *Kircher*, Kompensationsleistungen, 2007, S. 191 m.w.N.

738 *Sieger/Hasselbach*, NZG 2001, 926, 928 (Fn. 7).

fung der Angemessenheit der angebotenen Kompensation durch.[739] Aufgrund dieses reduzierten Prüfungsrahmens und der Zurückhaltung französischer Richter gibt es offensichtlich keinen einzigen erzwungenen Rechtsverlust, in dem die Entscheidung der AMF wegen eines Bewertungsfehlers aufgehoben wurde.[740] Dieser Befund überrascht, da der zugrunde liegende Interessenkonflikt in Frankreich derselbe wie in Deutschland ist. Der Grund hierfür liegt vor allem in der Tradition des Minderheitenschutzes in Frankreich, der die gerichtliche Kontrolle von Mehrheitsentscheidungen auf eine formale Rechtmäßigkeitskontrolle beschränkt.[741] Hinzu kommt offensichtlich auch die Haltung französischer Richter, die versuchen, eine eigene Unternehmensbewertung möglichst zu vermeiden.[742]

Bei einer Verschmelzung ist im Unterschied zum Squeeze-out nicht die *CA Paris*, sondern das allgemeine zuständige Handelsgericht anzurufen. Dort können die außenstehenden Aktionäre die Verschmelzungswertrelation unter engen Voraussetzungen angreifen und einen einstweiligen Rechtsschutz beantragen.[743] Der Prüfungsmaßstab ist allerdings äußerst restriktiv, da das französische Recht bei einem zwischen den Vertretern der beteiligten Rechtsträger ausgehandelten Verfahren von einer umfassenden Richtigkeitsgewähr ausgeht und nur eine Missbrauchskontrolle vornimmt, bei der das Vorliegen gleicher Verhandlungspositionen geprüft wird; bei der Konzernverschmelzung ist der Prüfungsrahmen zwar weiter, mit dem umfassenden Prüfungsmaßstab des deutschen Rechts jedoch nicht vergleichbar.[744]

Im französischen Recht werden die unterschiedlichen betriebswirtschaftlichen Bewertungsmethoden im Rahmen des multifaktoriellen Ansatzes nebeneinander angewendet.[745] Dies gilt einheitlich für sämtliche Strukturmaßnahmen.[746] Dabei wird das DCF-Verfahren[747] dem Ertragswertverfahren grundsätzlich vorgezogen.[748] Die Berücksichtigung des Börsenkurses ist in Frankreich zumindest im Zusammenhang mit einem Squeeze-out ausdrück-

739 *Sieger/Hasselbach*, NZG 2001, 926, 928 (Fn. 8); *Kircher*, Kompensationsleistungen, S. 198 m.w.N.

740 *Kircher*, Kompensationsleistungen, 2007, S. 194.

741 *Kircher*, Kompensationsleistungen, 2007, S. 194, 205.

742 *Kircher*, Kompensationsleistungen, 2007, S. 206.

743 *Kircher*, Kompensationsleistungen, 2007, S. 287 mit Verweis auf den *juge des référés*.

744 *Kircher*, Kompensationsleistungen, 2007, S. 291.

745 Siehe dazu Art. 236-6 RG AMF; *Kircher*, Kompensationsleistungen, 2007, S. 373.

746 *Kircher*, Kompensationsleistungen, 2007, S. 293, 295, 299.

747 Siehe 2. Ergebnisbezogene Bewertungsmaßstäbe, S. 103.

748 *Kircher*, Kompensationsleistungen, 2007, S. 374.

lich im Gesetz vorgesehen und wird, soweit sinnvoll, gegenüber den übrigen Bewertungsverfahren inzwischen stärker berücksichtigt.[749]

5. Italien

Die materiell-rechtlichen Ausgangspunkte für bewertungsbezogenen Minderheitenschutz in Italien sind Austrittsrechte für außenstehende Aktionäre bei den in Art. 2437 *Codice civile italiano* (CC) definierten Strukturmaßnahmen.[750] Dazu zählen neben Squeeze-out und Verschmelzung etwa auch die Änderung des Unternehmenszwecks, ein Formwechsel oder ein Delisting.[751] Im italienischen Recht gibt es keine strikte Trennung zwischen Anfechtungsklage und Spruchverfahren. Ein Hauptversammlungsbeschluss kann auch mit der Begründung angefochten werden, dass eine unfaire Bewertung der Anteile vorgenommen wurde.[752] Sofern der Hauptversammlungsbeschluss eingetragen wurde, ist eine Rückabwicklung der Strukturmaßnahme wie in Deutschland ausgeschlossen, der Aktionär ist hier ebenfalls auf eine Anpassung der Kompensation beschränkt.[753] Neben den beschriebenen Anknüpfungspunkten wurde im Zuge der Unternehmensrechtsreform im Jahr 2003 auch die Bewertung der Aktien gesetzlich genauer geregelt. Früher wurden Aktionäre insbesondere beim Austrittrecht stets zu Buchwerten abgefunden, was zu erheblichen Benachteiligungen führte.[754] Nach den reformierten Regeln ist der faire Wert anzusetzen, was zu einer erheblich gestiegenen praktischen Bedeutung des Austrittsrechts führte.[755] Der Prüfungsmaßstab sieht bei börsennotierten Aktien vor, dass das arithmetische, also ungewichtete Mittel der Schlusskurse innerhalb eines sechsmonatigen Referenzzeitraums vor der Ankündigung der

749 *Kircher*, Kompensationsleistungen, 2007, S. 150 mit Verweis auf Art. L. 433-4 Abs. 2 S. 1 2. HS, Art. 237-1 Abs. 3 RG AMF.

750 Überblick bei *Pernazza*, Corporations and Partnerships in Italy, 2010, S. 145 f.; *Ventoruzzo*, ECFR 2007, 47, 62.

751 Ausführlich *Ventoruzzo*, ECFR 2007, 47, 62 f.

752 *Ventoruzzo*, ECFR 2007, 47, 59.

753 *Ventoruzzo*, ECFR 2007, 47, 66 ("*[…] Shareholders can no longer undo the transaction, and they would only be entitled to monetary compensation for the damages suffered, if any.*").

754 *Ventoruzzo*, ECFR 2007, 47, 60 ("*[…] The evaluation of the shares […] almost inevitably lead to an undervaluation of their interest in the company substantially evaluated at its book value*").

755 *Ventoruzzo*, ECFR 2007, 47, 61 ("*[…] The new regulation provides for the liquidation of the shares at a fair value or, more precisely, at a value that in the vast majority of the situations will be more advantageous than the previous one, therefore rendering the withdrawal right a possible option also in practice, and not only a theoretical last-resort remedy.*").

Hauptversammlung zu berücksichtigen ist.[756] Sind keine entsprechenden Kurse vorhanden, ist auf eine multifaktorielle Bewertung zurückzugreifen, die sich aus einer gemittelten Betrachtung von Substanzwert, ergebnisbezogenem Wert (bevorzugt DCF) sowie einem Marktpreis (beispielsweise aus Vorerwerben) ergibt.[757] Dies wird dann vom Gericht im Rahmen der Anfechtungsklage vollumfänglich geprüft.

II. Vergleichbare Rechtsbehelfe außerhalb Europas

Auch außerhalb Europas ist ein eigenständiger Rechtsbehelf gegen zu niedrige bzw. fehlerhafte Unternehmensbewertungen im Zusammenhang mit Strukturmaßnahmen und Übernahmen in vielen Rechtsordnungen anzutreffen. Im asiatischen Rechtsraum ist vor allem Japan zu nennen. Dort gibt es einen Rechtsbehelf, der sich am deutschen Spruchverfahren orientiert, allerdings das *erga ommnes*-Prinzip nicht kennt.[758] Zudem wird in Japan von einem aufwändigen Verfahren mit abschreckender Wirkung für kleine Aktionäre berichtet.[759] Auch in Korea existiert ein mit den japanischen Regelungen vergleichbares Überprüfungsverfahren.[760] In Hongkong ist ein Rechtbehelf nach US-amerikanischem Vorbild in Vorbereitung, aber noch nicht gesetzlich geregelt.[761] In Südafrika wurde im Jahr 2008 in der *Companies Bill* B61-2008 ein solcher Rechtsbehelf eingeführt.[762] Auch in Südamerika, beispielsweise in Peru[763] oder Argentinien,[764] sind solche Verfahren bekannt. In Kanada gibt bereits seit den 1990er Jahren ein mit dem *appraisal remedy* vergleichbares Verfahren.[765] Im anglo-amerikanischen Rechtsraum orientieren sich ohnehin die meisten Rechtsordnungen am US-amerikanischen *appraisal remedy*, das im folgenden Abschnitt genauer untersucht wird.

---

756 *Ventoruzzo*, ECFR 2007, 47, 66 ("*For listed shares, the law requires simply the calculation of the arithmetic (i.e., not weighted) average of the closing prices of every negotiation day in the six months preceding the publication of the shareholders' meeting's call*").

757 *Ventoruzzo*, ECFR 2007, 47, 65; zum italienischen Recht auch *Sieger/Hasselbach*, NZG 2001, 926, 928.

758 *Saito*, in: FS Hopt, 2010, S. 3316 ff. m.w.N.

759 *Saito*, in: FS Hopt, 2010, S. 3316 ff. m.w.N.; zum japanischen Recht auch *Takahashi*, ECFR 2006, 287; *Shishido*, 49 The American Journal of Comparative Law 653 (2001).

760 *Rho*, 29 BU ILJ 41 (2011).

761 *Jordan*, University of Melbourne Legal Studies Research Paper No. 435.

762 *Adebanjo*, Remedies for dissenting shareholders in South Africa, 2008.

763 *Carrion*, Comparative study with Peruvian law, 2009.

764 *Manóvil*, in: FS Hopt, 2010, S. 3149 ff.

765 *Ben-Ishat/Purt*, 30 Queen's L.J. 79 (2004).

C. Funktionale Äquivalente im US-amerikanischen Recht

Das US-amerikanische Recht kennt mit dem *appraisal remedy* ein mit dem Spruchverfahren vergleichbares Verfahren. Das *appraisal remedy* hatte historische Vorbildfunktion[766] für das Spruchverfahren und hat die Entwicklung des deutschen aktienrechtlichen Minderheitenschutzes wesentlich mitgeprägt.[767] Dennoch ist es kein exaktes Pendant, vielmehr weisen beide Verfahren umfangreiche Unterschiede auf, die durch die rechtsfortbildende Rechtsprechung in den USA noch verstärkt worden sind.[768]

Gerade eine Beleuchtung dieser Unterschiede verspricht Erkenntnisse für eine mögliche Verbesserung der deutschen Regelungen. Die wirtschaftliche Bedeutung der USA und die kapitalmarktrechtliche und gesellschaftsrechtliche Leitfunktion sowie Anziehungskraft und Prestige des US-amerikanischen Gesellschaftsrechts legen einen Vergleich beider Rechtsordnungen nahe.[769] Ein Rechtsvergleich mit *dem einen* US-amerikanischen Gesellschaftsrecht ist allerdings nicht möglich, da die Rechtsquellen des Gesellschaftsrechts in den USA im Wesentlichen in der Regelungskompetenz der einzelnen Bundestaaten liegen. Trotz intensiver Bemühungen sind die einzelstaatlichen Regelungen in den meisten Bundesstaaten immer noch recht unterschiedlich ausgestaltet. Somit wird in dieser Untersuchung vor allem auf das mit Abstand bedeutsamste Gesellschaftsrecht des Bundestaates Delaware eingegangen.[770] Des Weiteren werden die Regelungen des Modellgesetzes *Model Business Corporation Act* (MBCA) dargestellt, die von der Mehrzahl der Bundesstaaten in wesentlichen Teilen übernommen wurden.[771]

---

766 *Von Hein,* Rezeption US-amerikanischen Gesellschaftsrechts, *2008, S.* 428.

767 *Fleischer*, NZG 2004, 1129, 1134.

768 *Von Hein,* Rezeption US-amerikanischen Gesellschaftsrechts, *2008, S.* 428; *Fleischer*, NZG 2004, 1129, 1134.

769 *Fleischer*, NZG 2004, 1129, 1136; *Von Hein*, Rezeption US-amerikanischen Gesellschaftsrechts, 2008, S. 420; für den Vergleich der Schutzsysteme für Minderheitsaktionäre zwischen USA und Kontinentaleuropa insgesamt siehe *Cools*, 30 DJL 697 (2005).

770 Zur Bedeutung des Rechts von Delaware, siehe I. Grundlagen des US-amerikanischen Gesellschaftsrechts, S. 142 ff.

771 Zur Bedeutung des MBCA und seiner Rezeption in den Bundesstaaten siehe I. Grundlagen des US-amerikanischen Gesellschaftsrechts, S. 142 ff.

Die US-amerikanischen Regelungen werden nach der dortigen Systematik dargestellt, im Anschluss wird eine vergleichende Bewertung mit dem deutschen Recht vorgenommen.[772]

I. Grundlagen des US-amerikanischen Gesellschaftsrechts

1. Rechtsquellen

Das föderale System der USA sieht eine verfassungsmäßige Teilung der Regelungskompetenzen zwischen Bund und Einzelstaaten vor, es konkurrieren Bundes- und Landesrecht (*federal law* und *state law*).[773] Die Regelungen des zwischenstaatlichen und internationalen Handels und damit auch die Kontrolle des Kapitalmarkts obliegen dem Bund. Die Einzelstaaten verfügen über die Regelungskompetenz im Bereich des eigentlichen Gesellschaftsrechts und regeln die Rechtsverhältnisse der in ihrem Bundesstaat inkorporierten Gesellschaften. Das Gesellschaftsrecht börsennotierter Unternehmen liegt somit an der Schnittstelle zwischen bundesstaatlicher und einzelstaatlicher Gesetzgebungskompetenz. Die kapitalmarktorientierten Regelungen betreffen vor allem die Offenlegungspflichten (*disclosure requirements*) auf bundesrechtlicher Ebene. *SEC Rule 10b-5* ist die wichtigste Regel und Generalklausel für die Offenlegungspflichten der Marktteilnehmer. Speziell für den Fall des *going private* stellt *SEC Rule 13e-3*[774] eine umfassende Information der außenstehenden Aktionäre sicher.[775]

Trotz jahrzehntelanger Bemühungen um eine Vereinheitlichung des einzelstaatlichen Gesellschaftsrechts sind die Regelungen in den meisten Bundesstaaten immer noch recht unterschiedlich ausgestaltet.[776] Die einzelnen Staaten zu einer einheitlichen Gesetzgebung zu bewegen, wird bereits seit 1946 mit Hilfe des MBCA angestrebt. Bei dem MBCA handelt es sich um ein vom *Committee on Corporate Laws* der *American Bar Association's Section of Business Law* ausgearbeitetes Modellgesetz, an dem sich die Legislative der Bundesstaaten orientieren kann. Das Komitee überprüft und überarbeitet das Modellgesetz seit 1950 regelmäßig, wesentliche Änderungen erfolgten in den Jahren 1969, 1980 und 1984. Die aktuelle Version stammt aus dem Jahr 2009. Mehr als die Hälfte der Staaten hat dieses Modellgesetz inzwischen weitgehend um-

---

772 Methode in Anlehnung an *Zweigert/Kötz*, Rechtsvergleichung, § 3 VI (S. 42 f.).

773 Dazu *Merkt/Göthel*, Rn. 235 ff.

774 Siehe 44 Fed. Reg. 46, 736, (Aug. 8, 1979); dazu *Subramanian*, 115 Yale L.J. 2 (2005), S. 10 f.

775 Zum *going private* sowie zu den *SEC Rules*, *Merkt/Göthel*, Rn. 237 ff.

776 Grundlegend dazu MBCA annotated 2009.

gesetzt, insbesondere in vielen kleineren Staaten wurde der MBCA beinahe unverändert übernommen.[777]

Demgegenüber fand in größeren Bundesstaaten mit eigenständigeren Rechtssystemen nur teilweise eine Übernahme der Vorschläge des MBCA statt. Tatsächlich ist die Mehrzahl der großen Gesellschaften (*corporations*) in den USA nach dem Recht von Delaware organisiert, einem Bundesstaat der gerade nicht streng dem Vorbild des MBCA folgt. Da in den USA die Gründungstheorie[778] gilt, ist auch der Umzug einer Gesellschaft über die Grenzen einzelner Bundesstaaten möglich, also das anwendbare Recht lokal nicht strikt eingrenzbar.[779] In der Praxis suchen sich die Gesellschaften für eine Gründung jeweils den Bundesstaat aus, der das für sie attraktivste Gesellschaftsrecht anbietet.[780] So hat sich das traditionell liberale, in vielen Aspekten minderheitenunfreundlichste Gesellschaftsrecht des Bundesstaates Delaware als wichtigstes Gesellschaftsrecht in den USA durchgesetzt.[781] Über 50 % aller an der *New York Stock Exchange* notierten Gesellschaften sind in Delaware registriert und nach dem *Delaware General Corporation Law* (DGCL) organisiert.[782] In Delaware hat sich dadurch eine starke Anwaltschaft und Gerichtsbarkeit mit einer Leitfunktion im US-amerikanischen Gesellschaftsrecht entwickelt. Delaware verfügt für gesellschaftsrechtliche Streitigkeiten über ein spezialisiertes Gericht, den *Court of Chancery*. Fast alle wichtigen Gerichtsentscheidungen im US-

777 Synopse und Rechtsvergleich in MBCA annotated 2009.

778 Nach der Gründungstheorie ist das Gesellschaftsstatut einer Kapitalgesellschaft dasjenige Recht, nach dem diese wirksam gegründet wurde. Der Ort des tatsächlichen Verwaltungssitzes ist dabei irrelevant, vgl. etwa *Altmeppen*, MüKo AktG, 2. Kapitel, Kollisionsrecht und Niederlassungsfreiheit bei grenzüberschreitenden Umstrukturierungen, Rn. 51 m.w.N.

779 Zur Gründungstheorie in den USA, *Merkt/Göthel*, Rn. 184 ff.

780 *Merkt/Göthel*, Rn. 185.

781 Diese historische Entwicklung wird auch als *race to laxity* (vor allem zwischen den Bundesstaaten Delaware und New Jersey) bezeichnet, *Altmeppen*, MüKo AktG, 2. Kapitel, Kollisionsrecht und Niederlassungsfreiheit bei grenzüberschreitenden Umstrukturierungen, Rn. 51.

782 *Subramanian,* Harvard NOM Working Paper No. 01-10 (2001), S. 8, dazu *Carney/Shepherd*, 1 U. Ill. L. Rev. 55 (2009); *Bebchuck/Cohen*, 46 J.L. & Econ. 383 (2003), S. 391 (*"58 % of all publicly-traded firms, 59 % of Fortune 500 firms, and 68 % of firms that went public between 1996 and 2000, were incorporated in Delaware.*"); grundsätzlich dazu *Von Hein*, Rezeption US-amerikanischen Gesellschaftsrechts, *2008, S.* 476 f.

amerikanischen Gesellschaftsrecht stammen somit aus Delaware.[783] Die vorliegende Erörterung beschränkt sich daher schwerpunktmäßig auf das Recht des Bundesstaates Delaware sowie auf die Regelungen des MBCA.[784] Weitere US-amerikanische Bundesstaaten mit bedeutsamem Gesellschaftsrecht sind New York (*New York Business Corporation Law*) und Kalifornien (*California Corporation Code*), auf die nur eingegangen wird, wenn dort eine Regelung von besonderem Interesse existiert.

Das US-amerikanische Kapitalgesellschaftsrecht beruht mehr als andere Rechtsgebiete im US-amerikanischen Recht auf kodifiziertem Recht (*statutory law*). Dennoch spielt das von den US-Gerichten entwickelte Fallrecht (*common law*) eine bedeutende Rolle.[785] Die Gerichte interpretieren nicht nur die Gesetze, sondern schaffen wichtige rechtliche Grundsätze, die in ihrem Ausmaß größtenteils über das in Deutschland bekannte Institut der „richterlichen Rechtsfortbildung“ hinausgehen. Diesen Entscheidungen kommt eine quasigesetzgeberische Funktion zu.[786] Für den fairen Umgang mit Minderheitsaktionären kann die *Weinberger*-Entscheidung[787] des *Supreme Court of Delaware* als eine solche rechtsfortbildende und wegweisende Entscheidung bezeichnet werden. Sie hat die Rechte der Minderheitsaktionäre bei einem *freeze-out*[788] durch die Einführung des *fairness*-Gedankens über den damals im Gesetz festgeschriebenen Stand hinaus gestärkt und damit auch über die Grenzen von Delaware hinaus große Bedeutung erlangt.[789]

2. Strukturmaßnahmen im US-amerikanischen Recht

Im Fokus der Betrachtung steht der bewertungsbezogene Rechtsschutz von Minderheitsaktionären bei Strukturmaßnahmen (*corporate actions*), die von den

---

783 Entweder vom *Delaware Court of Chancery* oder dem *Delaware Supreme Court* in der höheren Instanz; zur Bedeutung des Gesellschaftsrechts in Delaware *Romano* 1 JLEO 225 (1985).

784 So etwa auch *Schöpper*, Ausschluss von Minderheitsaktionären in Deutschland und den USA, 2007; *Gude*, Strukturänderungen und Börsenkurs, 2003, S. 299 ff.; *Schikowski*, Unternehmensbewertung in den USA und Deutschland, 2000.

785 *Henn/Alexander*, Laws of corporations and other business enterprises, S. 613.

786 *Henn/Alexander*, Laws of corporations and other business enterprises, S. 613 ff.; vgl. auch *Schöpper*, Ausschluss von Minderheitsaktionären, 2007, S. 150 ff.

787 Weinberger v. UOP, Inc., 457 A.2d, vgl. zur Darstellung und Bedeutung dieser Entscheidung *Merkt/Göthel*, S. 617 (Fn. 292 m.w.N.).

788 In den USA wird das Hinausdrängen der Minderheitsaktionäre überwiegend als *freeze-out* bezeichnet, während in Deutschland der Begriff *Squeeze-out* verwendet wird. Nachfolgend wird für US-Sachverhalte der Begriff *freeze-out* und für deutsche Sachverhalte der Begriff *Squeeze-out* verwendet.

789 Zum Sachverhalt und zur Bewertung *Merkt/Göthel*, Rn. 1301 ff., m.w.N.

Mehrheitsaktionären initiiert und mit ihrer Mehrheit beschlossen und durchgeführt werden.[790] Für die Diskussion des Minderheitenschutzes im vorliegenden Kontext sind vor allem die nachfolgend beschriebenen aktien- und umwandlungsrechtlichen Strukturmaßnahmen relevant; übernahmerechtliche Sachverhalte bleiben, dem Untersuchungsgegenstand der Arbeit entsprechend[791], unberücksichtigt.

Der Grundfall, durch den die Rechtsposition von Minderheitsaktionären beeinträchtigt werden kann, ist die Verschmelzung zweier Gesellschaften. Das Recht von Delaware unterscheidet zwischen einem *merger* gem. § 251 (a) DGCL und einer *consolidation* gem. § 251 (c) DGCL. Ein *merger* entspricht einer Verschmelzung zur Aufnahme, bei der die Übertragung des Gesellschaftsvermögens auf eine bereits vorhandene Gesellschaft erfolgt und zum Untergang der übertragenden Gesellschaft führt. Die *consolidation* entspricht demgegenüber der Verschmelzung zur Neugründung, bei der die beiden bisherigen Gesellschaften ihr Vermögen auf eine neu geschaffene Gesellschaft übertragen und dann untergehen. Das Ziel beider wirtschaftlich identischen Zusammenschlüsse ist es in der Regel, Verbundvorteile (meistens als Synergien bezeichnet) zu erzielen.[792] Aus Sicht der Aktionäre besteht bei einer solchen Transaktion stets das Risiko, dass die eigenen Anteile am neuen Gemeinschaftsunternehmen zu niedrig ausfallen und sie dadurch finanziell benachteiligt werden. Die Möglichkeiten und Spielarten der US-amerikanischen Rechtspraxis, mit denen das wirtschaftlich gewünschte Ergebnis eines Unternehmenszusammenschlusses erzielt werden kann, sind äußerst vielfältig. Für die vorliegende Darstellung soll die Grundform des *statutory merger* sowie der *short-form merger* als vereinfachte Version bei vorab bestehendem Mutter-Tochter-Verhältnis ausreichen.[793]

Bei einer ordentlichen Verschmelzung (*statutory merger*) werden zwei oder gegebenenfalls auch mehr Gesellschaften miteinander verschmolzen, wobei im Ergebnis nur eine der Gesellschaften bestehen bleibt. Im Normalfall beginnt entsprechend § 251 (a) DGCL bzw. § 11.02 MBCA eine derartige Fusion damit, dass die Bedingungen des Zusammenschlusses von den Unternehmensleitungen (*board of directors*) beider Gesellschaften ausgehandelt und dieses Verhandlungsergebnis (*plan of merger*) dann durch die Verwaltungsräte (*executive*

790 Darstellung in Anlehnung an *Merkt/Göthel*, Rn. 1153, 1210 ff.

791 Siehe III. Begrenzung des Untersuchungsgegenstands, S. 13.

792 Weiterführend zu Synergien: *Hamermesh/Wachter*, 31 Del. J. Corp. L. 119 (2005), S. 126, 148 ff.; für Verbundvorteile im deutschen Recht, siehe V. Berücksichtigung weiterer Aspekte, S. 127 ff.

793 Die *consolidation* kann in der Folge außer Betracht bleiben. Zu den weiteren Kombinationen verschiedener *merger* *Merkt/Göthel*, Rn. 1153 ff. m.w.N.

boards) der beteiligten Gesellschaften beschlossen wird.[794] Daraufhin muss dieser *plan of merger* den Aktionären beider Gesellschaften zur Abstimmung vorgelegt werden. Anschließend müssen die Aktionäre dem *plan of merger* zustimmen, wofür entsprechend § 251 (c) DGCL bzw. § 11.03 MBCA lediglich die einfache Mehrheit des stimmberechtigten Kapitals erforderlich ist.[795] Einzig der Bundesstaat New York sieht das Erfordernis der (ursprünglich auch im MBCA festgeschriebenen) qualifizierten Mehrheit vor.[796] Anschließend ist der *plan of merger*, zumindest in Delaware gem. § 251 (d) DGCL, behördlich genehmigen zu lassen. Zuständig dafür ist das *Secretary of State of Delaware*, die höchste Verwaltungsbehörde im Bundesstaat Delaware, deren Prüfung in der Praxis in der Regel keine wesentliche Hürde darstellt.[797] In der Folge gehen sämtliche Aktiva und Passiva der zu übernehmenden Gesellschaft kraft Gesetzes auf die übernehmende Gesellschaft über, vgl. z. B. § 259 DGCL.[798]

Von einem *merger of parent corporation and subsidiary or subsidiaries* oder kurz *short-form merger* spricht man, wenn eine Muttergesellschaft ihre mindestens neunzigprozentige Tochtergesellschaft durch Verschmelzung übernimmt. Dabei handelt es sich um eine vereinfachte Verschmelzung. In diesem Fall ist der *merger* ohne Zustimmung der beiden Aktionärsversammlungen vollziehbar.[799] Er ist in § 253 DGCL sowie in § 11.05 MBCA geregelt.[800]

Eine weitere wichtige Strukturmaßnahme bzw. Transaktion[801] ist der gesetzlich nicht ausdrücklich vorgesehene *freeze-out*, bei dem der Kompensationsschuldner das Ziel verfolgt, die Minderheitsaktionäre aus der Gesellschaft auszuschließen.[802] Die wirtschaftlichen Motive für einen solchen Ausschluss sind vielfältig. Häufig strebt der Kompensationsschuldner die vollständige Kontrolle im Unternehmen an, um mehr Freiheiten etwa bei der Unterneh-

---

794 *Merkt/Göthel*, Rn. 1154.

795 *Merkt/Göthel*, Rn. 1154.

796 Vgl. § 909 (a) (3) (1998) *New York Business Corporation Law*; *Weiss*, Der Ausschluss von Minderheitsaktionären, 2003, S. 62.

797 *Merkt/Göthel*, Rn. 1157.

798 Dazu *Welch/Turezyn*, Folk on the Delaware General Corporation Law 2009, S. 703 ff. m.w.N.

799 *Merkt/Göthel*, Rn. 1153, 1211.

800 Weiterführend *Merkt/Göthel*, Rn. 1282; *Steinberg*, 27 DJCL 489 (2002); *Stevelman*, New York Law School Legal Studies Research Paper Series 2009/2010 No. 3, S. 11 ff.

801 Der *freeze-out* ist keine eigene Strukturmaßnahme, er kann aber aus der Kombination mehrerer Strukturmaßnahmen und Unternehmenstransaktionen resultieren, siehe 2. Strukturmaßnahmen im US-amerikanischen Recht, S. 144.

802 Zur Definition des *freeze-out Merkt/Göthel*, Rn. *1271; Subramanian, 115 Yale* L.*J. 2 (2005), S. 6* ff.; *Ventoruzzo, 50 Va. J.* Int'l L. No.*4 (2009), S.* 2.

mensstrategie und/oder Gewinnverwendung zu genießen, aber auch um Verwaltungskosten zu sparen.[803] Es lassen sich drei Situationen unterscheiden, in denen ein *freeze-out* typischerweise durchgeführt wird. Oft stellt der *freeze-out* den Abschluss einer zuvor durchgeführten Unternehmensübernahme dar, bei der der Erwerber zuvor nicht alle Aktien übernehmen konnte und sich nun der verbliebenen Alt-Aktionäre entledigen möchte.[804] Auch bei einer gesellschaftsrechtlichen Integration einer bestehenden Konzerntochter in die Obergesellschaft kommt es zu einem *freeze-out.*[805] Schließlich wollen Kompensationsschuldner mit dem *freeze-out* einen Rückzug von der Börse vorbereiten.[806]

Weitere bewertungsrelevante Strukturmaßnahmen nach dem MBCA betreffen die Umwandlung (*conversion and domestication*)[807], den Mehrheitserwerb (*control share acquisition*)[808], den Aktientausch (*share exchange*)[809], den Verkauf wesentlicher Teile des Betriebsvermögens (*disposition of assets*)[810] sowie wichtige Satzungsänderungen (*amendments to articles*)[811]. Sie sind in der Praxis weit weniger relevant und daher kaum judiziert. Da sie zudem dogmatisch keine zusätzlichen Erkenntnisse im Vergleich zu den zuvor beschriebenen Sachverhalten versprechen, bleiben sie nachfolgend außer Betracht. Zu beachten ist aber bereits hier, dass in Delaware das *appraisal*-Verfahren für diese Strukturmaßnahmen nicht vorgesehen ist.[812]

3. Überblick über den Rechtsschutz in den USA

Die Minderheitsaktionäre haben bei den zuvor beschriebenen Strukturmaßnahmen die Möglichkeit, sich gegen unangemessene Bewertungen mit rechtlichen Mitteln zu wehren. Das *appraisal remedy* ist für die außenstehenden Aktionäre (*outside shareholders*) der zentrale Rechtsbehelf zur gerichtlichen Überprüfung der Angemessenheit der Kompensation. Neben dem *appraisal remedy*

---

803 *Subramanian, 115* Yale *L.J. 2 (2005)*, S. 39, der in erster Linie auf Kosteneinsparungen verweist m.w.N.

804 *Merkt/Göthel,* Rn. *1273* ff., in Deutschland als übernahmerechtlicher Squeeze-out bezeichnet.

805 *Merkt/Göthel,* Rn. *1274;* zum Vergleich des deutschen Konzernrechts mit US-amerikanischem Recht *Bonanno*, 18 Harv. Int'l. L. J. 151 (1977).

806 *Merkt/Göthel,* Rn. *1275.*

807 MBCA annotated 2009, S. 13-34.

808 MBCA annotated 2009, Sections 3.02, 6.27, 7.21, 11.04, 12.01, and 12.02, vgl. S. 13-34.

809 MBCA annotated 2009, S. 13-34 m.w.N.

810 MBCA annotated 2009, S. 13-33.

811 MBCA annotated 2009, S. 13-33 f.

812 Siehe II. Einzelne Rechtsbehelfe, S. 148 ff.

stellt der *entire fairness*-Test[813], der sich aus dem *appraisal remedy* inzwischen zu einem eigenständigen Rechtsbehelf entwickelt hat, die zweite Möglichkeit dar, die insbesondere bei dem Verdacht auf Treuepflichtverletzungen zum Tragen kommt.[814] Eine Leistungsklage als *direct suit* auf Zahlung einer höheren Kompensation ist aufgrund der Exklusivität des *appraisal remedy* nicht zulässig.[815] Einzelne Kläger können auch nicht mit einer Sammelklage (*class action*) die Ansprüche aller außenstehenden Aktionäre geltend machen und im Obsiegensfall die angemessene Kompensation für sämtliche geschädigten Aktionäre (*shareholder*) entgegennehmen.[816] Die nachfolgende Darstellung beschränkt sich daher auf den bewertungsbezogenen Rechtsschutz anhand des *appraisal remedy* und des *entire fairness*-Verfahrens.

II. Einzelne Rechtsbehelfe

1. *Appraisal remedy*

a) Ursprünge

Im 19. Jahrhundert sah das US-amerikanische Gesellschaftsrecht für sämtliche wichtigen Entscheidungen der Aktionäre einer Gesellschaft das Einstimmigkeitsprinzip vor. Dadurch hatte jeder Minderheitsaktionär ein Vetorecht.[817] Dieser Grundsatz wurde Anfang des 20. Jahrhunderts mit Beginn zunehmender Industrialisierung und aufgrund der Erkenntnis, dass ein umfassendes Vetorecht Einzelner den Unternehmen und damit letztendlich der US-amerikanischen Volkswirtschaft großen Schaden zufügen kann, aufgegeben. Stattdessen wurde der Aktionärsmehrheit weitgehende Rechte eingeräumt, die im Prinzip bis heute gelten.[818] Durch einfachen Mehrheitsbeschluss können Unternehmensaktivitäten, etwa durch Investitionen in neue Geschäftsbereiche, grundlegend verändert werden. Außerdem können die Rechte aller Anteilseigner, zum Beispiel durch die Änderung der Satzung der Gesellschaft oder ihrer Kapitalstruktur, umgestaltet werden. Schließlich kann auch die

813 Auch als *intrinsic fairness test*, *intrinsic fairness review* oder *substantive fairness test* bezeichnet.

814 Siehe aa) Grundlagen, S. 170.

815 *Merkt/Göthel*, Rn. 1241, 1244.

816 Weiterführend *Letsou*, 39 B.C.L. Rev. 1121 (1998), S. 39; rechts-vergleichend *Eichholtz*, Die US-amerikanische Class Action und ihre deutschen Funktionsäquivalente, 2002; A. *Schilling*, Das KapMuG und die class action im Rechtsvergleich, 2010.

817 *Wertheimer*, 47 Duke L.J. 613 (1998), S. 614 ff. m.w.N.

818 *Mahoney/Weinstein*, 1 Am. Law. & Econ. Rev. 239 (1999), S. 245 ff.

Mitgliedschaft der Minderheitsaktionäre durch *freeze-out* und ähnliche Techniken gegen deren Willen durch Mehrheitsbeschluss beendet werden.[819]

Die Legitimation für diese Mehrheitsherrschaft wird daraus abgeleitet, dass die Ermächtigung der Mehrheit zur Veränderung der Struktur der Gesellschaft und zur Eingehung (neuer) unternehmerischer Risiken wirtschaftliche Effektivität und ökonomisches Wachstum unterstützt. Ohne diese Mehrheitsherrschaft könnte die Gesellschaft mit erheblichen Schwierigkeiten bei der Anpassung an veränderte Wirtschaftsbedingungen konfrontiert werden. Im Gegenzug wurde der Aktionärsminderheit anstelle ihres Vetorechts ein umfassendes Austrittsrecht im Falle solcher einschneidender Beschlüsse der Mehrheit eingeräumt. Die Gerichtsbarkeit spricht den Aktionären das *appraisal right* praktisch als Gegenleistung dafür zu, dass sie eine Strukturmaßnahme nicht verhindern können.[820] Minderheitsaktionäre, die eine fundamentale Änderung ihrer Gesellschaft nicht mehr verhindern können, sollen zumindest nicht gezwungen sein, in der grundlegend veränderten Gesellschaft verbleiben zu müssen (*exit* statt *voice*).[821] Damit wird versucht, eine Balance zwischen dem Bedürfnis der Mehrheit nach umfassender Flexibilität und dem Bedürfnis der Minderheit nach Beständigkeit herzustellen. Daraus ist das *appraisal right* entstanden. Es bietet den Minderheitsaktionären die Möglichkeit einer geordneten und gezielten Desinvestition und hatte somit ursprünglich vor allem eine Austritts- und Liquiditätsfunktion.[822] Die Wirksamkeit der Maßnahme wird durch das *appraisal*-Verfahren nicht beeinträchtigt.

b) Anwendungsbereich

Da ein Mehrheitsaktionär Strukturmaßnahmen gezielt veranlassen kann und dadurch möglicherweise nur seinen eigenen Gewinn und nicht den Wert des Unternehmens als Ganzes maximiert, hat sich der Schwerpunkt des *appraisal right* zu einer Schutzfunktion für außenstehende Aktionäre entwickelt.[823] Dadurch soll insbesondere das Vertrauen der Minderheitsaktionäre berücksichtigt und ein Schutz vor unvorhersehbaren Veränderungen gewährleistet wer-

---

819 Dazu ausführlich *Mahoney/Weinstein*, 1 Am. Law. & Econ. Rev. 239 (1999), S. 245 ff.

820 Glassman, 777 A.2d at 247 (Del. 1995): ("*Appraisal is the appropriate remedy for the inability to block the transaction*").

821 *Klöhn*, System der Abfindungsansprüche, 2009, S. 156 (Fn. 265 m.w.N.).

822 Vertiefend *Thompson*, 84 GEO. L. J. 1 (1995), S. 3 ff.; *Manning*, 72 YLJ 223 (1962), S. 223 ff.; zur praktischen Bedeutung siehe d) Praktische Relevanz von *appraisal* und *entire fairness*, S. 198.

823 *Siegel*, 32 Harv. J. Legis. 79 (1995), S. 86 ff.; vgl. zu diesem Bündel an Begründungen *Gude*, Strukturänderungen und Börsenkurs, 2003, S. 307 f.

den (*defeated expectations argument*).[824] Weiterhin spielen Fairnesserwägungen (*remedy for unfairness argument*) eine Rolle, die vor allem im Falle von Interessenkollisionen bei Beteiligten auftreten.[825] Das *appraisal remedy* ist ein gesetzlich geregelter Rechtsbehelf (*statutory remedy*), der in sämtlichen US-amerikanischen Bundesstaaten existiert. Die materiell-rechtlichen Anknüpfungspunkte des *appraisal remedy* sind in verschiedenen Bundesstaaten unterschiedlich geregelt.[826]

Gesetzlicher Ausgangspunkt des *appraisal*-Verfahrens in den hier betrachteten Rechtsordnungen[827] sind § 262 DGCL bzw. §§ 13.01 ff. MBCA. Dort wird bestimmt, dass der Aktionär unter den jeweils genannten Voraussetzungen die Möglichkeit hat, eine gerichtliche Ermittlung des fairen Werts seiner Aktien zu erlangen.[828]

Das im Fokus der Betrachtung stehende Recht des Staates Delaware ist hinsichtlich des Anwendungsbereichs eher restriktiv.[829] Das *appraisal*-Verfahren ist nur bei einer Verschmelzung (*merger* oder *consolidation*) gem. § 262 DGCL i.V.m. §§ 251, 253 DGCL als Rechtsbehelf für die Minderheitsaktionäre vorgesehen.[830] Auch bei einem *short-form merger* nach § 253 DGCL steht den Aktionären der Tochtergesellschaft gem. § 262 (b) (3) DGCL ein *appraisal right* ausnahmsweise zu, obwohl sie nicht über die Maßnahme abstimmen dürfen. Über die genannten Fälle hinaus sind im Recht von Delaware keine weiteren Strukturmaßnahmen für das *appraisal right* zugelassen. Auch eine grundlegende Änderung der Satzung einer Gesellschaft etwa gem. § 242 DGCL (*charter amendment*) oder ein Verkauf wesentlicher Teile des Betriebs-

824 *Subramanian*, 115 Yale L.J. 2 (2005), S. 26.

825 *Kanda/Levmore*, 32 U.C.L.A. L. Rev. 429 (1985), S. 443, 457; *Siegel*, 32 Harv. J. Legis. 79 (1995), S. 111 ff.; *Wertheimer*, 65 Tenn. L. Rev. 661 (1998), S. 676 ff.

826 Vergleich aller US-Bundesstaaten in MBCA annotated 2009, Section 13.02, S. 13-32 ff.

827 Siehe zur Auswahl der betrachteten bundesrechtlichen Rechtsordnungen, 1. Rechtsquellen, S. 142.

828 § 262 (a) S. 1 DGCL ("*Shall be entitled to an appraisal by the Court of Chancery of the fair value of the stockholder's shares of stock*"), § 13.02 (a) S. 1 ("*A shareholder is entitled to appraisal rights, and to obtain payment of the fair value of that shareholder's shares.*").

829 MBCA annotated 2009, S. 13-32.

830 § 262 (b) DCGL schließt *merger* nach folgenden Vorschriften ein: § 251 *Merger or consolidation of domestic corporations*, § 254 *Merger or consolidation of domestic corporation and joint-stock or other association*, § 257 *Merger or consolidation of domestic stock and nonstock corporations*, § 258 *Merger or consolidation of domestic and foreign stock and nonstock corporations*, § 263 *Merger or consolidation of domestic corporations and partnerships*, sowie § 264 *Merger or consolidation of domestic corporation and limited liability company* – zu beachten sind die Ausnahmen nach § 262 (2) a. - d. DGCL.

vermögens gem. § 271 DGCL (*sale of assets*) berechtigen in Delaware nicht zur Durchführung eines *appraisal*-Verfahrens.

Nach dem MBCA sind hingegen weitere Strukturmaßnahmen für die Anwendung des *appraisal remedy* vorgesehen. Durch die jüngste Änderung knüpft der MBCA nun gem. § 13.40 MBCA an alle wesentlichen Strukturmaßnahmen an.[831] Dazu zählen unter anderem entsprechend § 13.02 (a) (2) MBCA der Aktientausch (*share exchange*)[832], gem. § 13.02 (a) (3) MBCA der Verkauf wesentlicher Teile des Betriebsvermögens (*disposition of assets*), gem. § 13.02 (a) (4) und (5) MBCA die Satzungsänderung (*amendments to articles*), gem. § 13.02 (a) (6) MBCA die Umwandlung (*conversion and domestication*) sowie einige weitere eher unbedeutende Strukturmaßnahmen.[833]

c) Verfahrensablauf

aa) Vorverfahren *appraisal remedy*

Der Ablauf des *appraisal*-Verfahrens in Delaware ist in § 262 DGCL und in §§ 13.01 ff. MBCA detailliert geregelt. Insgesamt kann das Prüfungsverfahren in drei Abschnitte unterteilt werden.[834] Zunächst findet die bereits beschriebene[835] gerichtliche Prüfung statt, ob für die betreffende Strukturmaßnahme überhaupt der materiell-rechtliche Anwendungsbereich des *appraisal*-Verfahrens eröffnet ist.

Bereits vor der Hauptversammlung (*general assembly*) müssen sich die Aktionäre gem. § 262 (d) (1) DGCL in einer Art Vorverfahren festlegen, ob sie von ihrem Austrittsrecht Gebrauch machen möchten, falls die Maßnahme in

---

831 MBCA annotated 2009, S. 13-137: Section 13.40 ("*Applicability is no longer tied to a transaction for which appraisal is available: it applies to any completed corporate transaction of a type described in section 13.02(a) MBCA.*") Zur jüngsten Ergänzung: "*The coverage of section 13.40 is extended to "interested transactions" (as defined in section 13.01, 5.1 MBCA), unless certain procedural safeguards are observed, and to actions taken by shareholder consent where nonconsenting shareholders are not given notice of the transaction before it is completed. On the other hand, section 13.40 MBCA applies only to challenges to the completed corporate action and leaves to applicable state law the availability of other remedies and the exclusivity of appraisal.*"); zur dynamischen Anpassung des MBCA *Thompson*, Georgetown Public Law and Legal Theory Research Paper No. 10-65.

832 MBCA annotated 2009, S. 13-34 m.w.N.

833 Siehe 2. Strukturmaßnahmen im US-amerikanischen Recht, S. 144.

834 In Anlehnung an *Geis*, Virginia Law and Economics Research Paper No. 2010-10, S. 11 ff., der dort allerdings die Antragsbefugnis (*record stockholder*) in den ersten Abschnitt (*standing*) integriert, hier wird sie im Vorverfahren dargestellt.

835 Siehe b) Anwendungsbereich, S. 149.

der Hauptversammlung beschlossen wird.[836] Dieser Ablauf wird auch als *opt-in*-Verfahren bezeichnet und steht damit im Gegensatz zum *entire fairness*-Test, der als *derivative suit* bzw. *opt-out*-Verfahren geführt wird.[837]

(1) Registrierter Eigentümer der Aktien

Der Aktionär muss zum Zeitpunkt der Antragstellung gem. § 262 (b), (d) DGCL registrierter Eigentümer der Aktien sein (*record shareholder*). Der *Delaware Court of Chancery* hatte jüngst ermöglicht, auch mit nach dem Zeitpunkt der Registrierung (*record date*) erworbenen Aktien *appraisal right* auszuüben, so lange die Summe der Aktien, die bereits Gegenstand des *appraisal*-Verfahrens sind, kleiner war als die Anzahl der Aktien, die gegen die Strukturmaßnahme gestimmt oder gar nicht abgestimmt hatten.[838] Diese Entscheidung wurde in der Literatur heftig kritisiert.[839]

(2) Information über *appraisal right* vor der HV

Bei jeder Strukturmaßnahme, die ein *appraisal right* auslöst, verlangt § 13.20 (a) MBCA bzw. § 262 (d) (1) DGCL, dass die Gesellschaft zusammen mit der Einladung zur Hauptversammlung, auf der die fragliche Maßnahme beschlossen werden soll, an alle Aktionäre eine entsprechende Nachricht versendet (*notice of appraisal right*).[840] Dabei sind die Aktionäre spätestens 20 Tage vor der Hauptversammlung darüber zu informieren, dass ihnen, falls sie gegen die fragliche Maßnahme stimmen sollten, ein *appraisal right* zusteht und wie es ausgeübt werden kann.[841] Nach dem MBCA müssen die Aktionäre auch über solche Strukturmaßnahmen informiert werden, die kein *appraisal right* auslösen.[842]

Die Aktionäre sollen entsprechend § 13.20 (d) und § 13.24 (b) MBCA möglichst viele Informationen für die Entscheidung erhalten, ob sie ein *ap-*

836 § 262 (d) (1) S. 2 DGCL ("*Each stockholder electing to demand the appraisal of such stockholder's shares shall deliver to the corporation, before the taking of the vote on the merger or consolidation, a written demand for appraisal of such stockholder's shares.*").

837 Das *appraisal remedy* kann nicht als Sammelklage durchgeführt werden; *Geis*, Virginia Law and Economics Research Paper No. 2010-10, S. 13, siehe b) Anwendungsbereich, S. 149.

838 In re CNX Gas Corp. Shareholders Litig., Consol. C.A. No. 5377-VCL (Del. Ch. 2010); dazu *Geis*, Virginia Law and Economics Research Paper No. 2010-10, S. 1 ff.

839 Zu diesem Problem ausführlich *Geis*, Virginia Law and Economics Research Paper No. 2010-10, S. 1 ff.

840 *Merkt/Göthel*, Rn. 1226, MBCA annotated 2009, S. 13-54.

841 MBCA annotated 2009, S. 13-51 ff.

842 MBCA annotated 2009, S. 13-51 ff.

praisal remedy anstrengen sollen oder nicht. Ihnen soll dadurch eine informierte Entscheidung (*informed decision*) ermöglicht werden.[843]

Die Rechtsprechung in Delaware macht ebenfalls umfangreiche Vorgaben und fordert etwa die Übermittlung von relevanten Geschäftsberichten und gutachterlichen Bewertungen, die ihrerseits auch dem *board* zur Verfügung standen, als es für die entsprechende Strukturmaßnahme gestimmt hat.[844] In einigen Bundesstaaten, darunter auch Delaware, wird entsprechend § 13.20 (b) MBCA die *notice of appraisal right* auch dann verlangt, wenn die fragliche Maßnahme ohne Abstimmung der Aktionärsversammlung beschlossen werden kann.[845] Für den Fall, dass die *market-out exception* nach § 13.02 (b) MBCA bzw. § 262 (b) (1) DGCL greift, entfällt das Informationserfordernis aus Sicht des einzelstaatlichen Rechts. Nach kapitalmarktrechtlichen Vorschriften müssen die Aktionäre in der Regel weiterhin informiert werden.[846]

(3) Ankündigung des Zahlungsverlangens

Nachdem die Aktionäre die *notice of appraisal right* erhalten haben, müssen sie der Gesellschaft noch vor der Aktionärsversammlung schriftlich mitteilen, ob sie ihr *appraisal right* ausüben und eine Zahlung von der Gesellschaft verlangen werden. Die in § 13.21 MBCA bzw. § 262 (d) (1) DGCL geregelte Notwendigkeit zur Festlegung (*notice of intend to demand payment*) dient dazu, den Aktionären die Möglichkeit des Taktierens zu nehmen und sie zu verpflichten, sich vor der Aktionärsversammlung für oder gegen die Strukturmaßnahme zu entscheiden.[847] Die Gesellschaft soll im Gegenzug Planungssicherheit hinsichtlich der Höhe der voraussichtlich zu zahlenden Kompensation und der im weiteren Verlauf des *appraisal*-Verfahrens zu berücksichtigenden Aktionäre erhalten.[848]

(4) Zustimmung ohne die dissentierenden Aktionäre

Dann hat die Aktionärsversammlung ohne die dissentierenden Aktionäre der Strukturmaßnahme mit der jeweils erforderlichen Mehrheit zuzustimmen. Der dissentierende Aktionär darf auf der Hauptversammlung gem. § 13.21

843 MBCA annotated 2009, S. 13-51 ff.

844 Etwa Gilliland v. Motorola, Inc., 859 A.2d 80 (Del. Ch. 2004), In re Pure Resources Inc. Shareholders Litig., 808 A.2d 421 (Del. Ch. 2002).

845 Übersicht bei MBCA annotated 2009, S. 13-54 (Section § 13.20 Statutory Comparison Nr .2).

846 MBCA annotated 2009, S. 13-52, relevant ist vor allem SEC Rule 13e-3, 44 Fed. Reg. 46, 736, (Aug. 8, 1979); dazu *Subramanian*, 115 Yale L.J. 2 (2005), S. 10 f.

847 MBCA annotated 2009, § 13.21, S. 13-58; *Merkt/Göthel*, Rn. 1226, *Weiss*, Der Ausschluss von Minderheitsaktionären, S. 67.

848 MBCA annotated 2009, § 13.21, S. 13-58.

MBCA[849] nicht für die zur Abstimmung stehende Strukturmaßnahme votieren, da er sonst (abweichend von § 29 UmwG) seine Berechtigung zur Durchführung des *appraisal*-Verfahrens verlieren würde. Allerdings ist es nicht erforderlich, dass der dissentierende Aktionär ausdrücklich gegen die Maßnahme stimmt.[850]

(5) Information der dissentierenden Aktionäre

Nach § 13.22 MBCA informiert die Gesellschaft die Aktionäre mit der *dissenters notice* über die Einzelheiten der weiteren Ausübung des *appraisal right*.[851] Damit wird dem Aktionär zumeist auch eine Frist für die Ausübung seines Rechts gegeben.

(6) Zahlungsverlangen und Rückgabe der Aktien

Der dissentierende Aktionär muss durch ein Zahlungsverlangen (*demand of payment*) in der Regel innerhalb von 30 Tagen nach § 13.24 (a) MBCA eine Kompensation verlangen.[852] Dabei handelt es sich nur um ein abstraktes Zahlungsverlangen – er ist zu diesem Zeitpunkt noch nicht verpflichtet, einen konkreten Betrag zu nennen.

Gem. § 13.23 MBCA muss der Aktionär seine Aktienurkunden zusammen mit dem Zahlungsverlangen an die Gesellschaft herausgeben, die dann bei der Gesellschaft hinterlegt werden (*deposit*).[853] Dadurch soll weiterer Handel mit den Aktien unterbunden und eine geordnete Abwicklung der Strukturmaßnahme erreicht werden.[854] In den meisten anderen Bundesstaaten wird auf den Aktienurkunden lediglich die Geltendmachung des *appraisal right* entweder vom Gericht oder von der Gesellschaft vermerkt.[855] In einigen Staaten können die Aktionäre ihre Aktienurkunden bis zum Abschluss des *appraisal*-

849 Diese Regelung gilt in allen Bundesstaten, MBCA annotated 2009, § 13.21, S. 13-61); siehe auch § 262 (a) DGCL, der *shareholder* muss nicht dagegen stimmen, Lewis v. Corroon & Reynolds Corp., 30 Del. Ch. 200, 57 A.2d 632 (1948), weiterführend *Letsou,* 39 B.C.L. Rev. 1121 (1998), Fn. 100.

850 Lewis v. Corroon & Reynolds Corp., 30 Del. Ch. 200, 57 A.2d 632 (1948); vgl. Delaware Corporation Laws Annotated, 2008-2009 Edition, § 262.

851 Diese Regelung gilt in 17 Bundesstaten, MBCA annotated 2009, S. 13-61 (§ 13.21 MBCA).

852 Regelung gilt in allen Bundesstaten, MBCA annotated 2009, S. 13-74.

853 Diese Regelung gilt in 35 Bundesstaten, MBCA annotated 2009, S. 13-74 (§ 13.23 Statutory comparison, Nr. 2).

854 *Seligman*, 52 Geo. Wash. L. Rev. 829 (2004), S. 859 ff.

855 MBCA annotated 2009, S. 13-74.

Verfahrens behalten[856], hier besteht dann ggf. ebenfalls das zuvor beschriebene Problem der Zuordnung fremd verwahrter Aktien.[857]

In Delaware wird den Aktionären gem. § 262 (e) DGCL eine Frist von 120 Tagen für die Rückgabe der Aktienurkunden nach dem Wirksamwerden des *merger* (*merger effective date*) eingeräumt. Wollen sie hingegen die Strukturmaßnahme nachträglich doch akzeptieren, so können sie das noch 60 Tage nach dem Wirksamwerden des *merger* tun.[858]

(7) Zahlungsverpflichtung der Unternehmen

Die Zahlungsverpflichtung nach Abschluss des Vorverfahrens ist in den einzelnen Bundesstaaten unterschiedlich geregelt. Nach § 13.24 MBCA ist die Gesellschaft verpflichtet, wiederum innerhalb von 30 Tagen nach Erhalt der Abfindungsaufforderung und der Aktienzertifikate eine Kompensation zu zahlen, deren Höhe nach ihrer Auffassung dem wahren Wert der Aktien entspricht.[859] Erst im Anschluss wird über die vom Minderheitsaktionär geforderte weitere Erhöhung der Kompensation verhandelt. Diese Regelung hat die Situation der Minderheitsaktionäre stark verbessert, da sie vorher auf den Abschluss eines etwaigen Verfahrens warten mussten. Aber nur neun Staaten haben diese Regelung bislang umgesetzt, in Delaware, New York und Kalifornien gilt diese unmittelbare Zahlungsverpflichtung z. B. nicht.[860] Stattdessen entsteht die Zahlungsverpflichtung dort erst dann, wenn die Höhe der Kompensation gerichtlich festgestellt und das Verfahren abgeschlossen wurde.[861]

(8) Widerspruch gegen die Höhe der Kompensation

Sofern die ausscheidenden Aktionäre mit der von der Gesellschaft festgesetzten Höhe der Kompensation nicht einverstanden sind, müssen sie gem. § 13.26 MBCA innerhalb von 30 Tagen nach Erhalt der Zahlung bzw. des Angebots der Zahlung von der Gesellschaft in schriftlicher Form eine ihrer Ansicht nach angemessene Kompensationszahlung verlangen. Dort ist auch geregelt, dass der Aktionär seine Unzufriedenheit über die Höhe der angebo-

---

856 MBCA annotated 2009, S. 13-76 (§ 13.23 Statutory comparison Nr. 2).

857 Siehe zum Problem des *record shareholders*, (1) Registrierter Eigentümer der Aktien, S. 152.

858 MBCA annotated 2009, S. 13-75 (§ 13.23 Statutory comparison, Nr. 2).

859 MBCA annotated 2009, S. 13-77 ("*Section 13.24 [... requires] the corporation to pay in cash within 30 days after the required form is due the corporation's estimate of the fair value of the stock plus interest.*").

860 MBCA annotated 2009, S. 13-77 ff.

861 *Merkt/Göthel*, Rn. 1228, vgl. dazu auch: *Weiss*, Der Ausschluss von Minderheitsaktionären, S. 67 ff.

tenen Kompensation dokumentieren und den aus seiner Sicht angemessenen Betrag nennen muss.[862] Kommt er dieser Aufforderung nicht rechtzeitig nach, erlischt gem. § 13.26 (b) MBCA sein Anspruch auf eine gerichtliche Überprüfung und auf eine etwaige Erhöhung der Kompensation.[863]

(9) Verhandlungen über die Höhe der Kompensation

Aus § 13.30 MBCA ergibt sich, dass nun vorgerichtliche Verhandlungen zwischen den einzelnen Aktionären und der Gesellschaft über die Höhe der Kompensation beginnen.[864] Gleiches gilt auch in Delaware. Ziel dieser Verhandlungen ist es, dass sich die Gesellschaft und der einzelne Aktionär bilateral auf eine Kompensation einigen.[865]

Das Gericht hat einer eventuellen Einigung zuzustimmen; sämtliche Aktionäre, die sich ebenfalls in Verhandlungen befinden, haben dann die Möglichkeit, dem Verhandlungsergebnis eines anderen Aktionärs mit dem Kompensationsschuldner beizutreten, was zumindest unter den antragstellenden Aktionären faktisch zu einer *erga omnes*-Wirkung führt.[866]

Um einen Einigungsdruck entstehen zu lassen, sieht der MBCA eine Beteiligung beider Parteien an den Gerichtskosten vor, wenn nach Einschätzung des Gerichts nicht eine einvernehmliche Lösung angestrebt wurde.[867] Für die Verhandlungen werden ihnen in Delaware maximal sechs Monate eingeräumt.[868] Sowohl in Delaware als auch nach dem MBCA muss der einzelne Aktionär allerdings die kürzere gesetzliche Klagefrist beachten.[869] Der genaue Ablauf der Verhandlungen und die praktische Bedeutung sind, soweit ersicht-

---

862 § 13.26 (a) MBCA ("*A shareholder paid pursuant to section 13.24 who is dissatisfied with the amount of the payment must notify the corporation in writing of that shareholder's estimate of the fair value of the shares and demand payment of that estimate plus interest.*").

863 § 13.26 (b) MBCA ("*A shareholder who fails to notify the corporation in writing of that shareholder's demand to be paid the shareholder's stated estimate of the fair value plus interest under subsection (a) within 30 days after receiving the corporation's payment or offer of payment under section 13.24 […], waives the right to demand payment […].*").

864 § 13.30 (a) S. 1 MBCA ("*If a shareholder makes demand for payment under section 13.26 which remains unsettled[….].*").

865 *Cohen*, 34 Emory L.J. 117 (1985), S. 122.

866 *Thomas, 3 Del. L. R. 1 (2000)*, S.14 ("*Appraisal is treated like a class action for settlement purposes, and therefore, as in class actions, the court must approve any settlement.*").

867 MBCA annotated 2009, S. 13-123 ("*The purpose of all these grants of discretion with respect to expenses is to increase the incentives of both sides to proceed in good faith under this chapter to attempt to resolve their disagreement without the need of a formal judicial appraisal of the value of shares.*").

868 *Cohen*, 34 Emory L.J. 117 (1985), S. 122.

869 *Cohen*, 34 Emory L.J. 117 (1985), S. 122.

lich, in der US-amerikanischen Rechtsprechung und Literatur nicht erörtert; die wesentlich bedeutsameren Verhandlungen finden im Vorfeld des *entire fairness*-Verfahrens statt.[870]

bb) Gerichtliches *appraisal*-Verfahren

In allen Bundesstaaten besteht die Möglichkeit, den aus dem *appraisal right* folgenden Anspruch auf Zahlung einer fairen Kompensation nach dem Vorverfahren gerichtlich überprüfen zu lassen.[871] Der Ablauf des gerichtlichen Verfahrens ist in § 13.30 MBCA (*court action*) sowie in § 262 (d) DGCL geregelt.

(1) Antragstellung

Hält die Gesellschaft das Zahlungsverlangen des Aktionärs nicht für angemessen und lässt entsprechende Einigungsversuche scheitern (*demand for payment remains unsettled*), ist sie verpflichtet, innerhalb von 60 Tagen nach Erhalt des Zahlungsverlangens bei Gericht einen Antrag auf Eröffnung des *appraisal*-Verfahrens zu stellen (*commencement of the proceeding*). Das Gericht muss dann den fairen Wert der Aktien und der aufgelaufenen Zinsen (*accrued interest*) gem. § 13.30 (a) S. 1 MBCA bestimmen. Unterlässt die Gesellschaft die Antragstellung, so ist sie nach § 13.30 (a) S. 2 MBCA unmittelbar und ohne gerichtliche Prüfung verpflichtet, die vom Aktionär im Vorverfahren verlangte Kompensation zu zahlen.

Hinsichtlich der Antragstellung unterscheiden sich die Regelungen des DGCL und des MBCA. In Delaware kann die Antragstellung gem. § 262 (d) DGCL sowohl durch die Gesellschaft als auch durch die Aktionäre erfolgen, ähnliches gilt in sechs weiteren Bundesstaaten. In fünf Bundesstaaten ist hingegen ausschließlich der Aktionär zur Antragstellung legitimiert.[872]

(2) Verfahrensgrundsätze und -ablauf

Die wesentlichen Verfahrensgrundsätze (*procedural issues*) sind in § 262 (f), (g) und (h) DGCL festgelegt. In § 13.30 (c) MBCA[873] ist geregelt, dass alle Aktionäre, die ihr *appraisal right* geltend gemacht haben, Beteiligte im gerichtlichen Verfahren werden und eine entsprechende Abschrift des Antrags erhalten. In Delaware wird in § 262 (f) DGCL bestimmt, dass die Gesellschaft eine Liste aller Aktionäre, mit denen sie noch keine Einigung über die Höhe der Kompensation erzielt hat, an das Gericht übermitteln muss. Das Gericht bestimmt

---

870 Siehe 2. Entire fairness-Verfahren, S. 169.

871 MBCA annotated 2009, S. 13-99 (§ 13.30 Statutory comparison, Nr. 1).

872 MBCA annotated 2009, S. 13-98.

873 MBCA annotated 2009, S. 13-98, 41 Staaten folgen dieser Regelung im MBCA, vier Staaten weichen davon ab und in den restlichen Staaten wird diese Frage nicht adressiert.

dann anhand dieser Liste die Beteiligten des Rechtsstreits und verfügt im weiteren Verlauf über eine umfassende Verfahrenshoheit (*general control*).[874] Die Aktionäre machen ihre Angaben zum *appraisal* auf einem bestimmten Formular (*shareholder information form*), das vom Gericht an alle außenstehenden Aktionäre verschickt wird.[875] Das Gericht konsolidiert diese Informationen und setzt einen ersten Termin an, in dem unverbindlich geklärt wird, ob die Einwände der Aktionäre bestehen bleiben. Vor Prozessbeginn werden zur ersten Verhandlung (*hearing*) sowohl die Aktionäre als auch die Vertreter der Gesellschaft geladen. Die Verhandlung ist in einem lokalen Presseerzeugnis spätestens eine Woche vor Verhandlungsbeginn bekannt zu machen, dies liegen vollständig im Ermessen des Gerichts.[876] Im Anschluss beginnt das eigentliche *appraisal*, also die Bewertung der Aktien durch das Gericht gem. § 262 (h) DGCL. In § 13.30 (c) MBCA bis § 13.30 (e) MBCA ist der Ablauf des Verfahrens geregelt, der keine signifikanten Unterschiede zum DGCL aufweist, in seiner Eigenschaft als Modellgesetz aber etwas weniger detailliert ausfällt.

(3) Beweislast und Beweisverfahren

Die Frage nach der Beweislast der einzelnen Parteien (*burden of proof*) unterteilt sich in zwei Aspekte: Zunächst geht es um den Beweis der verfahrensrechtlichen Voraussetzungen, also typischerweise um Zulässigkeitsfragen und um die Klagebefugnis. Die Beweislast für das Erfüllen der verfahrensrechtlichen Voraussetzungen liegt in Delaware[877] grundsätzlich beim Antragsteller, ist aber in Zweifelsfällen, so die Rechtsprechung, großzügig auszulegen.[878]

Von entscheidender Bedeutung für das Verfahren ist die Beweislast bei der Bewertung bzw. der Bestimmung der Höhe der Kompensation. In Delaware richtet sich die Beweislast im *appraisal*-Verfahren grundsätzlich nach der

874 Delaware Corporation Laws Annotated, 2008-2009 Edition, § 262 (f): *Court of Chancery is given general control over appraisal*; vgl. Southern Prod. Co. v. Sabath, 32 Del. Ch. 497, 87 A.2d 128 (1952); Raynor v. LTV Aerospace Corp., 317 A.2d 43 (Del. Ch. 1974).

875 *Welch/Turezyn*, Folk on the Delaware General Corporation Law 2009, § 262.6.2, S. GCL-IX-207.

876 *Welch/Turezyn*, Folk on the Delaware General Corporation Law 2009, § 262.6.2, S. GCL-IX-207.

877 Der MBCA trifft keine Regelungen zur Beweislast.

878 *Welch/Turezyn*, Folk on the Delaware General Corporation Law 2009, § 262.6, S. GCL-IX-208, Tabbi v. Pollution Indus., 508 A.2d 867, 869 (Del. Ch. 1986), In re Hilton Hotels Corp., 42 Del. Ch. 283, 210 A.2d 185, Carl M. Loeb, Rhoades & Co. v. Hilton Hotels Corp., 43, 206, 222 A.2d 789 (Del. Ch. 1965).

Gewichtigkeit der Beweise (*proof by preponderance of evidence*).[879] Die Beweislast, dass die Kompensation angemessen ist, liegt im *appraisal*-Verfahren somit zunächst bei den jeweiligen Parteien, die jeweils die für ihre Bewertung relevanten Fakten vorzutragen haben.[880]

In der Regel schaffen es die Parteien jedoch nicht, eine das Gericht vollständig überzeugende Bewertung vorzulegen.[881] Dann ermittelt das Gericht auf der Grundlage der von den Parteien beigebrachten Informationen seinen eigenen Wert.[882] Dieses Vorgehen weicht vom typischen Vorgehen im US-amerikanischen Prozessrecht ab - es folgt dem durch die Formulierung *shall appraise* erteilten Auftrag an das Gericht, den fairen Wert der Aktien zu bestimmen.[883]

Die Vorschrift des § 262 (h) DGCL räumt vor allem dem Antragsteller (*petitioner*) die Möglichkeit ein, dass im gerichtlichen Verfahren auf seinen Antrag hin Beweis erhoben werden kann (*discovery*). Dies ist insbesondere in Situationen wichtig, in denen der Kompensationsschuldner möglicherweise Informationen zurückhält, die auch dem Markt nicht bekannt sind, aber zu einer höheren Bewertung der Anteile führen würden. Eine Besonderheit besteht darin, dass auch Informationen über vermeintliche Pflichtverletzungen der Unternehmensleitung (*directors*) herausgegeben werden müssen. Zwar stehen diese nicht unmittelbar im Fokus der Bewertung, sie lassen aber einen Rück-

---

879 *Balotti/Finkelstein*, Delaware Statutory Deskbook, 2007, § 262, No. 20 ("*Burden of proof in appraisal action under DGCL § 262 should be same as in ordinary civil action, i.e., proof by preponderance of evidence.*").

880 In re Emerging Communications, Inc. Shareholders Litigation, No. 16417, LEXIS 70 (Del. Ch. 2004), S. 52; *Widen*, 4 N.Y.U. J. L. & Bus. 579 (2008), S. 579.

881 *Widen*, 4 N.Y.U. J. L. & Bus. 579 (2008), S. 579; *Goetz*, 15 Fordham J. Corp. & Fin. L. 771 (2010), S. 802.

882 *Widen*, 4 N.Y.U. J. L. & Bus. 579 (2008), S. 579; Doft & Co. v. Travelocity.com Inc., A.2d (Del. Ch. May 20, 2004); Delaware Corporation Laws Annotated, 2009, § 262, Section *Burden of proof for establishing value;* siehe zum Bewertungmaßstab im *appraisal*-Verfahren d) Gerichtlicher Prüfungsmaßstab, S. 161.

883 *Welch/Turezyn*, Folk on the Delaware General Corporation Law 2009, § 262.7, S. 736; Doft & Co. v. Travelocity.com Inc., A.2d (Del. Ch. May 20, 2004), S. 18 ("*In a traditional appraisal proceeding, both sides have the burden of proving their respective valuation positions by a preponderance of the evidence. If neither party meets that burden, […] court may exercise independent judgment to assess the fair value.*"); früher abweichend Atl. States Constr., Inc. v. Beavers, 314 S.E.2d 245, 249 (Ga. Ct. App. 1984) ("*The initial burden of proof of 'fair value' rests with the corporation. If, based on the proposed provision, the court makes a presumption that the price awarded in appraisal will be the price immediately before the merger announcement, a party will have to overcome that presumption to receive a different price.*"); dazu *Goetz*, 15 Fordham J. Corp. & Fin. L. 771 (2010), S. 802.

schluss auf die Art und den Umfang der Informationen zu, die den Bewertungsexperten von der Unternehmensleitung zur Verfügung gestellt wurden. Da diese Informationen die Bewertung maßgeblich beeinflussen können, ist diese Regelung zwischen den Parteien im Verfahren häufig sehr umstritten. Es gibt keine Faustregel, nach der über die Beibringung weiterer Informationen entschieden werden könnte. Solange es hinreichend wahrscheinlich ist, dass durch den zu erhebenden Beweis neue bewertungsrelevante Tatsachen hervortreten können, wird eine solche Einführung in das Verfahren von den Gerichten befürwortet.[884]

Die aus dem *entire fairness*-Verfahren bekannte Möglichkeit, dass der Kompensationsschuldner die Beweislast auf den Kläger (*plaintiff*) überträgt[885], gibt es im *appraisal*-Verfahren nicht, da dies nicht zu dem auf die reine Unternehmensbewertung beschränkten Verfahren passt. Im *entire fairness*-Verfahren geht es immer auch um die Behauptung einer Treuepflichtverletzung bzw. *unfair dealing*, deren Nachweis stark mit der Verteilung der Beweislast verknüpft ist. Die Situation beim *appraisal* ist aufgrund der dort objektivierten Bewertung nicht vergleichbar und eine Übertragung dieser Regeln auf das *appraisal* daher nicht zweckmäßig.[886]

(4) Sachverständige

Das Gericht ist im *appraisal*-Verfahren befugt, eigene Sachverständige (*expert witnesses* oder *appraisers*) zu bestimmen.[887] Dies wird es insbesondere dann tun, wenn die von den Parteien hervorgebrachten Bewertungen entweder inhaltlich nicht überzeugend sind oder es Zweifel an deren Objektivität gibt.[888] Da die Parteien ihre eigenen Gutachter beauftragen und bezahlen, stehen diese Gutachten regelmäßig in dem Verdacht, den Wünschen ihrer Auftraggeber allzu sehr nachzukommen.[889] Der *Delaware Supreme Court* hat deshalb dem *De-*

---

884 Dazu insgesamt *Welch/Turezyn*, Folk on the Delaware General Corporation Law 2009, 262.6.4.

885 Entweder durch echte Übertragung der Verhandlungsmacht auf ein unabhängiges *special committee* (*SC-condition,* siehe cc) Beweislastumkehr durch Einsatz eines *special committee*, S. 179) oder durch Zustimmung der Mehrheit der Minderheit (*MoM-condition,* siehe dd) Beweislastumkehr nach Zustimmung der MoM, S. 183).

886 *Balotti/Finkelstein*, Delaware Statutory Deskbook, 2007, § 262, No. 20 ("*There is no need to engraft "entire fairness" concept upon appraisal actions.*").

887 *Cohen*, 34 Emory L.J. 117 (1985), S. 122. ("*Generally, a court-appointed appraiser hears evidence from the parties and their expert witnesses and submits a report to the court containing a recommended fair value of the shares.*").

888 *Wertheimer*, 47 Duke L.J. 613 (1998), S. 630.

889 *Wertheimer*, 47 Duke L.J. 613 (1998), S. 630 f. ("*Each expert is handsomely paid by one side or the other such that, whether consciously or unconsciously, the opinions expressed by the expert*

laware Court of Chancery grundsätzlich empfohlen, eigene Gutachter zu beauftragen, sofern der jeweilige Fall dies erfordert.[890] Auch nach dem MBCA und in der überwiegenden Anzahl der anderen Bundesstaaten sind die Gerichte ermächtigt, eigene Gutachter zu bestimmen.[891] Das Problem überlanger Verfahrensdauer bei Einschaltung von Sachverständigen[892] besteht in den USA nicht.

(5) Vergleiche

Alle Aktionäre haben nach § 262 (k) DGCL die Möglichkeit, einem von einigen Aktionären ausgehandelten Vergleich (*settlement*) beizutreten. Sie sind dazu jedoch nicht verpflichtet. Zudem ist erforderlich, dass dem Vergleich auch das Gericht zustimmt.[893] Dadurch wirkt ein Vergleich im Unterschied zur gerichtlichen Entscheidung für alle antragstellenden Aktionäre.

d) Gerichtlicher Prüfungsmaßstab

aa) Gesetzliche Ausgangslage

Da als Rechtsfolge von *appraisal*-Verfahren immer nur eine geänderte Kompensation, nicht aber eine Verhinderung der Strukturmaßnahme beabsichtigt, steht die Durchführung einer gerichtlichen Unternehmensbewertung im Zentrum des *appraisal*-Verfahrens. Die gesetzlichen Vorgaben für den Bewertungsmaßstab im *appraisal*-Verfahren sind sehr offen formuliert, denn das Gericht hat nach dem Recht von Delaware, dem MBCA sowie der meisten übrigen Bundesstaaten den *fair value*, also den angemessenen Wert der Aktien, zu ermitteln.[894] Eine konkrete Definition oder weitere Anhaltspunkte für die Ermittlung des *fair value* ergeben sich aus der gesetzlichen Regelung nicht. § 262 (h) S. 3 DGCL sieht lediglich vor, dass für die Bestimmung des angemessenen

---

witnesses significantly reflect the desires of their clients. Thus, the expert retained by the dissenting shareholder invariably concludes that the corporation has a very high fair value, while the corporation's expert determines that the fair value of the corporation is much lower. It is not unusual for the opinions of the experts to differ by a factor of ten. It is, therefore, not surprising that courts have evidenced frustration with this process.").

890 In re Shell Oil Co., 607 A.2d 1213, 1222 (Del. 1992), *Welch/Turezyn*, Folk on the Delaware General Corporation Law 2009, S. 262.6.5; Delaware Corporation Laws Annotated, 2008-2009 Edition, § 262 m.w.N. zur Rechtsprechung.

891 MBCA annotated 2009, S. 13-99 (§ 13.30 Statutory comparison).

892 Siehe V. Verfahrensdauer, S. 58.

893 *Welch/Turezyn*, Folk on the Delaware General Corporation Law 2009, S. GCL-IX-214, § 262.6.6 Settlement.

894 § 262 (h) S. 2 DGCL ("... *the Court shall determine the fair value of the shares [...]*"); dazu ausführlich *Hamermesh/Wachter*, 50 B.C.L. Rev. 1021 (2009), S. 1026 ff.; siehe auch *Merkt/Göthel*, Rn. 1230.

Werts alle relevanten Faktoren berücksichtigt werden sollen. § 13.01 (4) (ii) MBCA bestimmt, dass im Hinblick auf Transaktion und Branche aktuelle und geläufige Bewertungsmethoden verwendet werden müssen.[895] Aus der Rechtsprechung ergibt sich insoweit nichts anderes – sie ist seit der *Weinberger*-Entscheidung dem Grunde nach methodenoffen.[896]

Nach § 262 (h) S. 2 DGCL und § 13.01 (4) (i) MBCA gilt für das *appraisal*-Verfahren, dass die finanziellen Effekte aus der von den Minderheitsaktionären abgelehnten Maßnahme keine Berücksichtigung in der Bewertung finden.[897] Die Rechtsprechung in Delaware hält sich daran und bewertet das Unternehmen als *going concern*, basierend auf Geschäftsprognosen zum Zeitpunkt des *merger*.[898] Synergien und andere Wertbeiträge der infrage stehenden Maßnahme werden nicht berücksichtigt.[899]

bb) Ausgestaltung durch die Rechtsprechung

(1) Ursprüngliche Bewertungsmaßstäbe

Die Rechtsprechung hat im Laufe der Jahre verschiedene Bewertungsmaßstäbe entwickelt. Ursprünglich, vor der *Weinberger*-Entscheidung, war die *Delaware block method* anerkannt.[900] Bei dieser Methode wurden die drei zentralen Bewertungsverfahren voneinander unabhängig durchgeführt und dann aus deren gewichtetem Mittelwert die endgültige Bewertung errechnet.[901] Die Methode sah zwingend vor, dass der Unternehmenswert nach allen drei Bewertungsverfahren zu ermitteln war: Die Bestimmung des Sachwerts des Unternehmensvermögens (*asset value method*), die Prognose der zukünftig erwarteten Unternehmensgewinne (*earnings valuation method*) sowie Ermittlung des Markt-

---

895 § 13.01 (4) (ii) ("*[…] using customary and current valuation concepts and techniques generally employed for similar businesses in the context of the transaction requiring appraisal.*").

896 Weinberger v. UOP, Inc., 457 A.2d 701 (Del.1983), S. 713.

897 § 262 (h) S. 2 DGCL ("… *exclusive of any element of value arising from the accomplishment or expectation of the merger or consolidation.*"); dazu *Hamermesh/Wachter*, 31 Del. J. Corp. L. 119 (2005); S. 148 ff.; *Merkt/Göthel*, Rn. 1231; („*Die Anwendung dieser Regel kann zu praktischen Problemen für die Gerichte führen, wenn die Isolierung der finanziellen Effekte aus der bevorstehenden Maßnahme in der Bewertung erschwert wird, zum Beispiel wenn eine Gesellschaft über einen längeren Zeitraum Gegenstand von Übernahmegerüchten ist.*“).

898 M.G. Bancorp. Inc. v. LeBeau, 737 A.2d 513, 524 (Del. 1999).

899 Union Ill. 1995 Inv. Ltd. P'ship v. Union Fin. Group, Ltd., 847 A.2d 340, (Del. Ch. Jan. 5, 2004), S. 343; vgl. dazu mit einem Überblick aus Sicht der Literatur *Hamermesh/Wachter*, 50 B.C.L. Rev. 1021 (2009), S. 1026 ff. m.w.N.

900 *Veasey/Guglielmo*, 153 U. Pa. L. Rev. 1399 (2005), S. 1487; *Margolin/Kursh*, 30 Del. J. Corp. L. 414 (2005), S. 416; *Merkt/Göthel*, Rn. 1234 ff.; *Gude*, Strukturänderungen und Börsenkurs, 2003, S. 317.

901 *Merkt/Göthel*, Rn. 1233 ff.

bzw. Börsenkurses (*market value method*).[902] Streitpunkt waren dann nicht die Ergebnisse der Methoden (die zum Teil sehr unterschiedlich ausfielen), sondern die Gewichtung der einzelnen Ergebnisse bei der Mittelwertberechnung.[903] Je nach Marktlage wurde die Gewichtung des Börsenkurses bei der Mittelwertberechnung adjustiert. Beispielhaft sei die Entscheidung *Piemonte v. New Boston Garden Corp.* aus Massachusetts genannt.[904] Der Börsenumsatz war mit 1,5 % der ausstehenden Aktien (*outstanding shares*) pro Jahr dort so gering, dass der Börsenwert in dieser Entscheidung nur mit 10 % statt den sonst üblichen 20 % bis 40 % gewichtet wurde.[905] Seit der *Weinberger*-Entscheidung[906] wird dieser Bewertungsmaßstab kaum noch verwendet, vor allem weil er zu mechanisch angesehen wird.[907] Allerdings ist eine Renaissance so genannter multifaktorieller Bewertungen zu erkennen, die der *Delaware Block Method* sehr ähnlich sind, aber keine zwingenden Vorgaben zur Berücksichtigung sämtlicher Bewertungsmethoden vorsehen.[908]

(2) Ergebnisbezogene Bewertungsmaßstäbe

Heute dominieren in der Rechtsprechung in den USA die ergebnisbezogenen Bewertungsmethoden (*earnings valuation methods*) im *appraisal*-Verfahren.[909] Insbesondere sich in den letzten Jahrzehnten die in der Betriebswirtschaftslehre anerkannte DCF-Methode[910] durchgesetzt.[911] Für die betriebswirtschaftlichen Grundlagen kann auf die Ausführungen zu den ergebnisbezogenen Bewertungsmaßstäben im deutschen Recht verwiesen werden.[912]

---

902 *Merkt/Göthel*, Rn. 1240.

903 *Merkt/Göthel*, Rn. 1239.

904 Piemonte v. New Boston Garden Corp. 377 Mass. 719 (1979) 387 N.E.2d 1145; MBCA annotated 2009, S. 13-113 (Section § 13-30).

905 *Merkt/Göthel*, Rn. 1237.

906 Weinberger v. UOP, Inc., 457 A.2d 701 (Del.1983).

907 *Stevelman*, 62 Bus. Law. 775, S. 810.

908 Siehe (4) Multifaktorielle Bewertungen, S. 165.

909 Zuletzt S. Muoio & Co. LLC v. Hallmark Entertainment Investments Co., C.A. No. 4729-CC (Del. Ch. Mar. 9, 2011), S. 52; *Gude*, Strukturänderungen und Börsenkurs, 2003, S. 318.

910 Siehe b) DCF-Verfahren, S. 105.

911 Cede & Co. v. JRC Acquisition Corp., 2004 WL 286963 (Del. Ch. Feb. 10, 2004), S. 2; sowie Grimes v. Vitalink Communications Corp., Civ. A. No. 12334, (Del. Ch.1997), S. 3 ("*The DCF approach is increasingly the model of choice for valuations in this Court.*"); Ryan v. Tad's Enters., Inc, 709 A.2d 682 (Del. Ch. 1996), S. 702; aus der Literatur *Hamermesh/Wachter*, 31 Del. J. Corp. L. 119 (2005), S. 125; *Wertheimer*, 47 Duke L.J. 613 (1998), S. 627; *Cohen*, 34 Emory L.J. 117 (1985), S. 117 ff.; *Merkt/Göthel*, Rn. 1240 m.w.N.

912 Siehe 2. Ergebnisbezogene Bewertungsmaßstäbe, S. 103 ff.

(3) Kapitalmarktorientierte Bewertungsmaßstäbe

Die kapitalmarktorientierten Bewertungen (*market value method*), also namentlich die Bewertungen anhand des Börsenkurses, waren in Delaware bereits vor knapp hundert Jahren im Rahmen der *Delaware Block Method* grundsätzlich anerkannt.[913] Die Gerichte in Delaware sind allerdings traditionell skeptisch und zurückhaltend bezüglich der Berücksichtigung von Börsenkursen im gerichtlichen Verfahren.[914] Ausgangspunkt für diesen Standpunkt ist die Entscheidung *Chicago Corp. vs. Munds* aus dem Jahr 1934; dort wurde geurteilt, dass der Börsenkurs allein aufgrund seiner grundsätzlichen Manipulierbarkeit keine alleinige Grundlage für ein *appraisal*-Verfahren darstellen könne.[915] Diese Entscheidung entstand unter dem Eindruck des Börsencrashs gegen Ende der 1920er Jahre. Dieses Misstrauen der US-amerikanischen Rechtsprechung wurde in den folgenden Jahrzehnten durchgehend bis in die heutige Zeit aufrechterhalten.[916]

Die Leitlinie der heutigen US-amerikanischen Rechtsprechung besteht darin, dass eine Berücksichtigung des Börsenkurses zu erfolgen hat, wenn der Börsenkurs nicht durch die Auswirkungen der Strukturmaßnahme beeinflusst wurde[917] sowie Aktienumsatz und Streubesitz[918] im konkreten Einzelfall für eine Berücksichtigung ausreichend sind.[919] Auch nach dem heutigen Verständnis ist der Börsenkurs in einer gerichtlichen Entscheidung zu berücksichtigen, in der Regel ist er jedoch nicht das alleinige Element der Entscheidung.[920]

---

913 *Gude*, Strukturänderungen und Börsenkurs, 2003, S. 320; zur *Delaware Block Method* siehe (1) Ursprüngliche Bewertungsmaßstäbe, S. 162; für die grundsätzliche Diskussion der Frage, welche Rolle der Börsenkurs bei Gerichtsentscheidungen in effizienten Kapitalmärkten spielen kann, wird auf obige Ausführungen zur Bedeutung des Börsenkurses in Deutschland verwiesen, siehe 3. Kapitalmarktorientierte Bewertungsmaßstäbe, S. 107.

914 *Hamermesh/Wachter*, 31 Del. J. Corp. L. 119 (2005), S. 133 (Fn. 60); ("*It must be acknowledged [...] that Delaware valuation case law has always had a strong streak of distrust of public market share prices as a dispositive measure of fair value.*"), Smith vs. Van Gorkom, 488 A.2d 858 (Del. 1985), S. 875 (*Trans Union*), S. 876 f.; *Cohen*, 34 Emory L.J. 117 (1985), S. 10; *Wertheimer, 47 Duke L.J. 613 (1998).*

915 Chicago Corp. vs. Munds, 172 A.2d 452 (Del. Ch. 1934), S. 456; dazu *Gude*, Strukturänderungen und Börsenkurs, 2003, S. 320.

916 Root v. York Corp. 50 A.2d 52 (Del. Ch. 1946); Tri-Continental v. Battye 74 A.2d 71 (Del. 1950); Raprd-American v. Harris 603 A.2d 796 (Del. 1992).

917 Tri-Continental v. Battye 74 A.2d 71 (Del. 1950), S. 74.

918 Universal City Studios, Inc. v. Francis I. DuPont 334 A.2d 216 (Del. 1975), S. 221.

919 *Gude*, Strukturänderungen und Börsenkurs, 2003, S. 326.

920 Application of Delaware Racing Ass., 213 A.2d 203 (Del. 1965), S. 208.

Die beschriebene Skepsis der Gerichte in den USA ist jedoch im Zusammenhang mit der gesetzlich geregelten *market-out exception* für das *appraisal*-Verfahren zu relativieren: Bei vielen Strukturmaßnahmen kommt eine ausschließliche Börsenbewertung zum Zuge, da das *appraisal*-Verfahren bei Vorliegen der *market-out exception* nicht durchgeführt werden kann.[921] Vom Gesetzgeber wurde in Delaware daher positiv bestimmt, dass Strukturmaßnahmen von Gesellschaften mit börsennotierten und marktgängigen Aktien von vorn herein keinen Zugang zum *appraisal*-Verfahren erhalten.[922] Es erscheint folgerichtig, dass für die verbleibenden Situationen, die aufgrund der Wertung des Gesetzgebers nicht für eine reine Börsenbewertung geeignet sind, die Rechtsprechung mit einer Börsenbewertung sehr zurückhaltend ist. Eine große praktische Bedeutung erlangt der Börsenkurs in der Praxis vor allem aufgrund der Existenz der *market-out exception* und nicht, weil sich die Gerichte in ihren Entscheidungen auf den Börsenkurs als alleinigen Bewertungsmaßstab verlassen.[923] In letzter Zeit gewinnt der Börsenkurs im gerichtlichen Verfahren zudem im Zusammenhang mit multifaktoriellen Bewertungen eine steigende Bedeutung, und zwar, wenn die *market-out*-Regelung nicht greift, aber dennoch ein relevanter Börsenkurs vorhanden ist.[924]

Bemerkenswert ist aus deutscher Sicht, dass in der US-amerikanischen Diskussion die Betrachtung des durchschnittlichen Börsenkurses keine nennenswerte Rolle spielt, da gerade in Deutschland darin ein wesentlicher Hebel zur Verhinderung von Manipulation gesehen und dies in der Rechtsprechung auch intensiv berücksichtigt wird.[925]

(4) Multifaktorielle Bewertungen

Auch wenn die DCF-Methode in der Rechtsprechung von Delaware die dominierende Bewertungsmethode darstellt, sind die Gerichte im Einklang mit dem Wortlaut von § 262 (h) S. 3 DGCL grundsätzlich methodenoffen.[926] In der Gerichtspraxis von Delaware wird zunehmend der Unternehmenswert anhand verschiedener, im Einzelfall als besonders geeignet erscheinender Bewertungsmaßstäbe ermittelt und daraus ein angemessener Wert bestimmt. Dieses Vorgehen illustriert eine jüngere Entscheidung des *Delaware Court of Chancery* aus dem Jahr 2011: Dort führt das Gericht aus, dass die DCF-

---

921 *Gude*, Strukturänderungen und Börsenkurs, 2003, S. 341; zur *market-out exception*, siehe bb) Subsidiarität des *appraisal remedy* bei Marktgängigkeit, S. 190.

922 Siehe bb) Subsidiarität des *appraisal remedy* bei Marktgängigkeit, S. 190 ff.

923 Siehe bb) Subsidiarität des *appraisal remedy* bei Marktgängigkeit, S. 190.

924 Siehe sogleich (4) Multifaktorielle Bewertungen, S. 165.

925 Siehe f) Referenzzeitraum, S. 117.

926 Siehe 1. Einleitung, S. 100.

Methode grundsätzlich bevorzugt würde.[927] Sie sei aber nur verlässlich, wenn das Ergebnis mit alternativen Methoden oder echten Marktbewertungen, insbesondere durch Kaufangebote von unabhängigen Kaufinteressenten, plausibilisiert werden kann.[928] Wesentlich für diese Art der Unternehmensbewertung ist eine Anpassung an den Einzelfall sowie eine Absicherung durch eine Gegenprüfung mit anderen Bewertungsmethoden. Somit wird es von den Gerichten nicht als zweckmäßig erachtet, in jedem Fall die gleichen Bewertungsmaßstäbe anzulegen.[929] Die Gerichte vergleichen in der Praxis den Unternehmenswert, der sich aus verschiedenen Bewertungsmaßstäben ergibt, und treffen eine auf den Einzelfall bezogene Entscheidung.[930] Dieses Vorgehen kommt der gängigen Praxis an den US-amerikanischen Finanzmärkten sehr nah, denn dort spielt die Triangulation, also die Anwendung mehrerer Methoden nebeneinander und die darauf basierende, pragmatische Bestimmung des Unternehmenswerts, eine wichtige Rolle.[931] Die Triangulation entspricht schließlich dem Prinzip rechtlicher Vorsicht, wenn die absolut richtige Methode nicht bekannt ist.[932]

---

927 S. Muoio & Co. LLC v. Hallmark Entertainment Investments Co., C.A. No. 4729-CC (Del. Ch. Mar. 9, 2011), S. 52.

928 S. Muoio & Co. LLC v. Hallmark Entertainment Investments Co., C.A. No. 4729-CC (Del. Ch. Mar. 9, 2011), S. 52 ("*Even if the generally-preferred DCF valuation approach is used, it is only reliable when it can be verified by alternative methods to DCF or by real world valuations, including especially, valuations performed by potential third-party buyers.*"). Ein weiteres Beispiel für eine kritische Auseinandersetzung mit dem Ergebnis der DCF-Methode bei Global GT LP v. Golden Telecom, Inc., C.A. No. 3698-VCS (Del. Ch. Apr. 23, 2010), S. 2.

929 *Kircher*, Kompensationsleistungen, 2007, S. 91 ff. für das französische Recht.

930 Siehe auch die *Opinion* In re Hanover, 2010 WL 3959399, S. 2 ("*Although there is no single preferred or accepted valuation methodology under Delaware law that establishes beyond question a company's value, there are commonly accepted methodologies that a prudent expert should use in coordination with one another to demonstrate the reliability of its valuation. If a discounted cash flow analysis reveals a valuation similar to a comparable companies or comparable transactions analysis, I have more confidence that both analyses are accurately valuing a company.*").

931 *Abuaf*, 20 Journal of Applied Finance 110 (2010), S. 113.

932 *Abuaf*, 20 Journal of Applied Finance 110 (2010), S. 117 ("*Triangulation shows scientific humility and legal prudence. That is, if we do not know what the truly correct approach is, we might as well be non-dogmatic and consider all the reasonable approaches, cross-check them against each other, and estimate the final result by quoting a range and not a point estimate.*").

e) Risiko-Nutzen-Relation

aa) *Reformatio in peius*

Im *appraisal*-Verfahren gilt nicht das im deutschen Spruchverfahren bekannte Verbot der *reformatio in peius*.[933] Der Minderheitsaktionär ist neben dem Kostenrisiko also auch der Gefahr ausgesetzt, dass das Gericht bei der Ermittlung der angemessenen Kompensation eine Veränderung zu seinem Nachteil vornimmt.[934] Unter diesem Gesichtspunkt ist die Risiko-Nutzen-Relation für die Minderheitsaktionäre im *appraisal remedy* ungünstiger als im Spruchverfahren. Hinzu kommt, dass jeder Aktionär selbstständig das aufwändige *appraisal*-Verfahren für sich betreiben muss und die aus dem Spruchverfahren bekannte *erga omnes*-Wirkung dort nicht greift.[935] Unter den antragstellenden Aktionären gibt es eine solche Wirkung nur im Falle eines gerichtlich genehmigten Vergleichs.[936]

bb) Verzinsung

Die Verzinsung der Ansprüche richtet sich beim *appraisal remedy* in Delaware nach § 262 (h) S. 3 DGCL und ist als gesetzliche Anspruchsgrundlage auch in Bundesstaaten festgeschrieben. Delaware hat vor kurzem als erster Einzelstaat einen festen Zinssatz von fünf Prozentpunkten über den jeweiligen Basiszinsätzen (*federal discount rate*) festgelegt, der quartalsweise zu berechnen ist.[937] Zuvor war die Entscheidung über die Höhe der Verzinsung wesentlicher Bestandteil des *appraisal*-Verfahrens und die Rechtsprechung eingehend damit beschäftigt.[938] Nach der Legaldefinition in § 13.01 (5) MBCA ergibt sich in Verbindung mit § 13.30 (1) MBCA eine grundsätzliche Verzinsungspflicht zugunsten der außenstehenden Aktionäre. Ein fester Zinssatz ist allerdings

---

933 *Geis*, Virginia Law and Economics Research Paper No. 2010-10 (erscheint in Nw. U. L. Rev. 2011), S. 13 ("*Unfortunately for the petitioners, it is possible for courts to award a lower price for the stock than the merger consideration.*").

934 Berger v. Pubco Corp. 976 A.2d 132 (Del. 2009), S. 144 (Fn. 17) ("*The risk being referred to is that a stockholder who seeks appraisal must forego all of the transactional consideration and essentially place his investment in limbo until the appraisal action is resolved.' As part of this risk, a minority stockholder faces the prospect of receiving less than the merger price in the appraisal action.*") mit Verweis auf Gilliland, 873 A.2d, 312 Turner v. Bernstein, 776 A.2d 530, 547-48 (Del. Ch. 2000); *Geis*, Virginia Law and Economics Research Paper No. 2010-10, S. 13.

935 Zur *erga omnes*-Wirkung siehe I. Rechtsfolgen des Spruchverfahrens, S. 99.

936 Siehe (9) Verhandlungen über die Höhe der Kompensation, S. 156.

937 Delaware Corporation Laws Annotated, 2008-2009 Edition, § 262.

938 Vgl. die Entscheidungen in Delaware Corporation Laws Annotated, 2008-2009 Edition, § 262.

weder im MBCA noch in den meisten anderen Bundesstaaten, außer in Delaware, festgeschrieben.[939]

cc) Kosten

Im *appraisal*-Verfahren fallen Gerichtskosten und Kosten der Parteien an. Die Verteilung dieser Kosten ist in § 13.31 MBCA sowie in § 262 (j) DGCL geregelt. Der MBCA und ihm folgend fast alle Einzelstaaten[940] legen die Kosten im Normalfall der Gesellschaft auf, wohingegen in Delaware[941] die Kostenverteilung in das Ermessen des Gerichts gestellt wird.[942]

(1) Gerichtskosten

In § 13.31 (a) S. 2 MBCA ist bestimmt, dass grundsätzlich alle Gerichtskosten der Gesellschaft auferlegt werden sollen, es sei denn die Aktionäre haben sich nicht angemessen verhalten. Unter diese Unangemessenheit fällt willkürliches (*arbitrary*), unvernünftiges (*unreasonable*) oder treuwidriges (*not in good faith*) Verhalten.[943]

In Delaware liegt die Kostenverteilung gem. § 262 (j) DGCL nach dem Wortlaut der Vorschrift vollständig im Ermessen des Gerichts. Allerdings sieht auch hier die ständige Rechtsprechung eine Belastung der Gesellschaft vor, solange sich die Minderheitsaktionäre angemessen verhalten haben.[944] In der Praxis unterscheiden sich diese beiden Regelungen somit nicht.

(2) Kosten der Parteien

Die Kosten der Parteien umfassen insbesondere solche für Sachverständige (*appraiser*) sowie für die Anwälte der Parteien.[945] Aus § 13.31 (b) (1) MBCA ergibt sich, dass in der Regel die Gesellschaft sämtliche Kosten trägt. Unter bestimmten Voraussetzungen wird dem Gericht allerdings gestattet, auch den Aktionären die Kosten aufzuerlegen. Dies ist möglich, wenn eine Partei gem. § 13.31 (b) (1) MBCA die wesentlichen Regeln des Vorverfahrens[946] nicht

---

939 MBCA annotated 2009, S. 13-95 ff. (§ 13.30 MBCA).

940 MBCA annotated 2009, S. 13-126.

941 Mit ihm noch sieben weitere Staaten, MBCA annotated 2009, S. 13-126.

942 Weiterführend *Stancil*, Illinois Law and Economics Research Papers Series Research Paper No. LE08-018; Brinckerhoff v. Texas Eastern Products Pipeline Co. LLC., C.A. 2427-VCL (January 15, 2010).

943 MBCA annotated 2009, S. 13-91 (Section § 13.26).

944 *Welch/Turezyn*, Folk on the Delaware General Corporation Law, 2009, § 262.11, GCL IX-246.

945 *Seligman*, 52 Geo. Wash. L. Rev. 829 (1984), S. 830 ff.

946 Genannt sind: §§ 13.20 (*Notice of appraisal rights*), 13.22 (*Appraisal notice and form*), 13.24 (*Payment*) und 13.25 (*After-acquired shares*).

ordnungsgemäß eingehalten oder ein Aktionär gem. § 13.31 (b) (2) MBCA missbräuchlich gehandelt hat. Nach § 13.31 (d) MBCA erstattet die Gesellschaft dem Aktionär die Kosten, wenn sie dem Zahlungsverlangen nach §§ 13.24, 13.25, 13.26 MBCA nicht ordnungsgemäß nachgekommen ist und er in einer anschließenden Leistungsklage auf Zahlung dieses Betrags klagen muss.

In Delaware liegt die Verteilung der Kosten der Parteien vollständig im Ermessen des Gerichts.[947] Die Anwaltskosten und die Kosten für eventuelle Gutachten der Kläger werden nur dann auf die Gesellschaft umgelegt, wenn das Gericht konkrete diesbezügliche Anhaltspunkte findet[948], dabei geht das Gericht restriktiv vor.[949] Die Kostenregelung in Delaware ist nachteilig für den Minderheitsaktionär, da es sein kann, dass er selbst bei einer gerichtlichen Erhöhung der Kompensation die Kosten zu tragen hat.

Auch der Ausgleich der Kosten unter den Aktionären ist geregelt: Sollte ein oder mehrere Aktionäre in besonderer Weise, etwa durch ein fundiertes Gutachten, auch zugunsten anderer Aktionäre vorgetragen haben, so kann das Gericht gem. § 13.31 (c) MBCA bestimmen, dass diese Kosten unter den Aktionären aufgeteilt und jedem Aktionär jeweils von der erzielten Erhöhung der Kompensation abgezogen werden. Diese Regelung gilt gem. § 262 (j) S. 2 DGCL auch in Delaware.

Erwähnenswert ist in diesem Zusammenhang die im Vergleich der Bundesstaaten einmalige Rechtslage in New York. Dort trägt gem. § 623 (h) (7) *New York Business Corporation Law* jede Partei die Kosten selbst, außer das Gericht trifft eine andere Kostenentscheidung.[950]

2. *Entire fairness*-Verfahren

a) Ursprünge

Die Billigkeitskontrolle und der entsprechende *entire fairness*-Gedanke sind in Delaware von der Rechtsprechung eingeführt worden. Zum ersten Mal wurde dieser Grundsatz bereits im Jahr 1952 im Fall *Sterling vs. Mayflower Hotel Corp.*

---

947 Kaye v. Pantone, Inc., 395 A.2d 369 (Del. Ch. 1978) ("*This section [§ 262] leaves the appointment of costs to the discretion of the Court.*").

948 Cede & Co. v. Technicolor, Inc., 684 A.2d 289 (Del. 1996) ("*In the absence of an equitable exception, the plaintiff in an appraisal proceeding should bear the burden of paying its own expert witnesses and attorneys.*").

949 Dobler v. Montgomery Cellular Holding Co., A.2d (Del. Ch. Sept. 30, 2004) ("*Behavior of the corporation did not rise to the level necessary for the court to invoke its equitable powers and award fees and costs; fee shifting is a narrow exception, seldom invoked by the Delaware Court of Chancery.*").

950 MBCA annotated 2009, § 13.31, S. 13-125, New York.

von einem Gericht formuliert, bei dem ein *parent-subsidiary merger* einer Billigkeitskontrolle unterzogen wurde.[951] Statt auf einer reinen Bewertung der Anteile basiert der *entire fairness*-Test auf Treuepflichten (*fiduciary duties*[952]), die im Grundsatz eine umfassend faire Behandlung (*entire fairness*) der Minderheitsaktionäre vorschreiben.[953] Ausgangspunkt der heutigen *entire fairness*-Rechtsprechung war die berühmte *Weinberger*-Entscheidung[954] des *Delaware Supreme Courts* aus dem Jahr 1983, die als Ursprung des modernen Verständnisses des *entire fairness* gesehen wird.[955]

Eine gesetzliche Verankerung des *entire fairness*-Tests existiert in Delaware bis heute nicht, er basiert ausschließlich auf Richterrecht.[956] Auch im MBCA wird kein *entire fairness*-Verfahren beschrieben, stattdessen erfüllt das *appraisal remedy* dort durch die limitierte *market-out exception* einen ähnlichen Zweck wie die Kombination von *appraisal remedy* und *entire fairness*-Test in Delaware.[957]

b) Anwendungsbereich

aa) Grundlagen

Außenstehende Aktionäre, die die Angemessenheit der angebotenen Gegenleistung nach einer Strukturmaßnahme angreifen wollen, werden zunächst auf das gesetzlich geregelte *appraisal*-Verfahren gem. § 262 DGCL und die damit verbundenen prozessualen Voraussetzungen und die gesetzlich definierten Rechtsfolgen verwiesen.[958]

---

951 Sterling vs. Mayflower Hotel Corp., 93 A.2d 107 (Del. 1952); *Letsou/Haas*, 61 Bus. Law 25 (2006), S. 26 (Fn. 2) („*The entire fairness test traces its roots to Sterling v. Mayflower Hotel Corp*"); weiterführend S. 30 ff.

952 Grundsätzlich zu den *fiduciary duties*, auch im Vergleich zu den Treuepflichten *Hofmann*, Minderheitsschutz, 2010, S. 38 ff.

953 *Weiss*, Der Ausschluss von Minderheitsaktionären, S. 91 m.w.N; zum Prüfungsmaßstab im *entire fairness*-Verfahren siehe d) Gerichtlicher Prüfungsmaßstab, S. 184.

954 Weinberger v. UOP, Inc., 457 A.2d (Del. 1983), Sachverhalt und Bewertung bei *Merkt/Göthel*, Rn. 1301 ff., weiterführende Literatur dort Fn. 292; siehe auch *Stevelman*, New York Law School Legal Studies Research Paper Series 09/10 No. 3, S. 7 ff. mit umfangreicher Darstellung und Nachweisen.

955 *Letsou/Haas*, 61 Bus. Law 25 (2006), S. 26 (Fn. 2) („*[Entire fairnesss Tests] modern formulation can be found in Weinberger v. UOP Inc.*"); *Stevelman*, New York Law School Legal Studies Research Paper Series 09/10 No. 3, S. 8.

956 *Subramanian*, 115 Yale L.J. 2 (2005), S. 55 („*[Entire] Fairness review is a judicial (not statutory) construct, and therefore can be shaped with a relatively free hand by the Delaware courts.*").

957 Siehe dazu bb) Subsidiarität des *appraisal remedy* bei Marktgängigkeit, S. 190; siehe auch b) Verhältnis von *appraisal remedy* und *entire fairness*, S. 195.

958 Siehe 1. *Appraisal remedy*, S. 148.

In der *Weinberger*-Entscheidung wurde dazu allerdings eine umfassende Ausnahme formuliert: Eine solche Verpflichtung zur Durchführung eines *appraisal*-Verfahrens und zur Einhaltung der entsprechenden Verfahrensvoraussetzungen gilt demnach nicht bei einem schweren und offensichtlichen Fall von Übervorteilung (*gross and palpable overreaching*) oder Betrug (*fraud*).[959] In solchen schwerwiegenden Fällen ist das Verfahren unabhängig von *appraisal*-Voraussetzungen als sog. *opt-out*-Verfahren zu führen.[960] In der *Rabkin*-Entscheidung präzisierte das Gericht diese Regel und urteilte, dass eine Konstellation, in denen ein Mehrheitsaktionär auf beiden Seiten der Strukturmaßnahme beteiligt ist[961], in jedem Fall ein Übervorteilung nach der *Weinberger*-Entscheidung zu werden ist.[962] Dieses Urteil hatte eine erhebliche Ausweitung des Anwendungsbereichs des *entire fairness*-Verfahrens zur Folge. Vor allem bei einem *freeze-out merger* ist ein Mehrheitsaktionär immer auf beiden Seiten der Transaktion entsprechend der *Rabkin*-Entscheidung involviert und daher ist stets der *entire fairness*-Test anwendbar.[963] Aus der in *Weinberger* angelegten Ausnahme, wurde daher zumindest beim *freeze-out* die Regel. In der Rechtsprechung von Delaware hat sich so die umfassende Billigkeitskontrolle gesellschaftsrechtlicher Strukturmaßnahmen daher fest etabliert.[964]

Sie ist in den letzten drei Jahrzehnten sogar noch weiter ergänzt worden: Die wesentliche Erweiterung betrifft die Informationsverpflichtungen eines Mehrheitsaktionärs. Nach der *Berger*-Entscheidung wird ebenfalls auf die formellen Voraussetzungen des *appraisal remedy* verzichtet, wenn der Kompensationsschuldner die notwendigen Informationen zurückgehalten und damit gegen Veröffentlichungspflichten verstoßen hat.[965]

bb) *Entire fairness*-Test und *freeze-out*-Gestaltungen

Aufgrund seines offenen Anwendungsbereichs ist der *entire fairness*-Test – anders als das eher formalistisch geprägte *appraisal remedy* – prinzipiell für sämtli-

959 Weinberger v. UOP, Inc., 457 A.2 d 701, (Del. 1983), S. 703 f.; siehe auch *Hellgardt/Hoger*, ZGR 2011, 38, 74.

960 Zum Unterschied von *opt-in* und *opt-out* beim *appraisal Hossfeld*, 53 Duke L.J. 1337 (2004), Fn. 63; vgl. auch Andra v. Blount, 772 A.2d 183, 194 (Del. Ch. 2000) ("*[...] apparent inadequacies of the appraisal remedy [is] that [the shareholder] does not get to represent a class*"); siehe sogleich b) Verhältnis von *appraisal remedy* und *entire fairness*, S. 195.

961 Vergleichbar mit der Definition der *interested transaction* nach dem MBCA, siehe Fn. 1090.

962 Rabkin v. Philip A. Hunt Chemical Corp., 498 A.2 d 1099 (Del. 1985).

963 *Hellgardt/Hoger*, ZGR 2011, 38, 74.

964 So auch *Ventoruzzo* 50 Va. J. Int'l L. No.4 (2009), S. 16 ff. m.w.N.

965 Berger v. Pubco Corp. 976 A.2d 132 (Del. 2009), S. 144, siehe cc) Angemessene Informationen (fairness of disclosure), S. 186.

che Rechtshandlungen des Mehrheitsaktionärs und damit auch für sämtliche von ihm bestimmte Strukturmaßnahmen anwendbar.[966] In der gerichtlichen Praxis konzentriert sich der Anwendungsbereich vor allem auf Fälle des *freeze-out*.[967] Da der *freeze-out* im US-amerikanischen Recht anders als im deutschen Recht in §§ 327a ff. AktG nicht ausdrücklich gesetzlich geregelt ist, wird ein *freeze-out* in der US-amerikanischen Praxis rechtstechnisch durch eine Kombination verschiedener *merger* umgesetzt. Diese Kombination gewinnt dadurch besondere Bedeutung, dass die verschiedenen *merger*-Typen in der Rechtsprechung Delawares unterschiedlich behandelt werden und der *entire fairness*-Test nur in bestimmten Fällen zugelassen wird.[968] Für die Beschreibung des Anwendungsbereichs des *entire fairness*-Tests ist daher das Verständnis dieser Techniken notwendig. Es haben sich auf der Grundlage der Vorgaben aus der Rechtsprechung zwei Verfahren in Delaware etabliert: Zum einen der *long-form cash-out merger* (kurz: *merger freeze-out*), zum anderen der *tender offer followed by a short-form merger* (kurz: *tender offer freeze-out*).[969]

(1) *Freeze-out* durch Verschmelzung (*merger freeze-out*)

Bei einem *merger freeze-out* beschließt der Mehrheitsaktionär mit seinen Stimmen einen *merger*, der als Gegenleistung für die Minderheitsaktionäre nicht Aktien der neuen Gesellschaft, sondern einen Ausgleich in Geld vorsieht.[970] In dieser Konstellation wird eine besonders hohe Schutzbedürftigkeit der außenstehenden Aktionäre angenommen, da sie bei der Entscheidung über den *merger* vom Mehrheitsaktionär überstimmt werden.[971] Daher gelangt in dieser Konstellation der *entire fairness*-Test zur Anwendung.

(2) *Freeze-out* durch Angebot (*tender offer freeze-out*)

Der *tender offer freeze-out* erfolgt durch eine Kombination von *tender offer* und *short-form merger*: Zunächst unterbreitet der Mehrheitsaktionär den Minderheitsaktionären ein freiwilliges Angebot, deren Aktien abzukaufen (*tender offer*). Dieses Angebot zielt in der Regel darauf ab, dass so viele außenstehende Aktionäre ihre Aktien freiwillig in den *tender* verkaufen, dass sich anschließend 90 % der Anteile in der Hand des Mehrheitsaktionärs befinden. Anschließend

966 Siehe b) Verhältnis von *appraisal remedy* und *entire fairness*, S. 195.

967 Siehe d) Praktische Relevanz von *appraisal* und *entire fairness*, S. 198.

968 *Ventoruzzo*, 50 Va. J. Int'l L. No.4 (2009), S. 9 f.

969 *Merkt/Göthel*, Rn. *1309; Ventoruzzo*, 50 Va. J. Int'l L. No.4 (2009), S. 9 f.; für weitere Techniken siehe *Merkt/Göthel*, Rn. *1276* ff.; weiterführend *McGuinness/Rehbock*, 30 DEL. J. CORP. L. 437 (2005).

970 *Ventoruzzo*, 50 Va. J. Int'l L. No.4 (2009), S. 9 f.

971 *Ventoruzzo*, 50 Va. J. Int'l L. No.4 (2009), S. 29 f. m.w.N.

führt der Mehrheitsaktionär einen *short-form merger* nach § 253 (a) DGCL durch.[972] Die bislang außenstehenden Aktionäre der Tochtergesellschaft werden durch diesen *merger* Aktionäre der Muttergesellschaft.

Die Rechtsprechung prüft in dieser Konstellation nicht anhand des umfassenden *entire fairness*-Tests, sondern führt stattdessen den weniger umfassenden *business purpose*-Test durch, nach dem lediglich geprüft wird, ob die Strukturmaßnahme wirtschaftlich sinnvoll ist.[973] Die Ausgestaltung eines *freeze-out* als Kombination von *tender offer* und *short-form merger* ermöglicht dem Mehrheitsaktionär auf diese Weise, den *entire fairness*-Test zu umgehen.[974] Die Ratio der Rechtsprechung besteht darin, dass beim *tender offer freeze-out* die Aktionäre ihre Anteile freiwillig durch Andienung an den *tender* abgeben; dadurch sind sie nach Ansicht der Rechtsprechung nicht schützenswert.[975] Die Entscheidung wird weiter damit begründet, dass der *tender offer* ein Geschäft zwischen Mehrheits- und Minderheitsaktionären darstellt, das frei von Interessenkonflikten ist.[976] Dadurch, dass die jeweiligen Minderheitsaktionäre das Angebot ablehnen können, werden sie hinreichend geschützt, solange Mehrheitsaktionär die 90%-Schwelle nicht erreicht.[977]

Erreicht der Mehrheitsaktionär die 90%-Schwelle, ist der *entire fairness*-Test nicht anzuwenden, solange drei von der Rechtsprechung definierte Voraussetzungen zum Schutz der außenstehenden Aktionäre vom Mehrheitsaktionär kumulativ erfüllt werden.[978] Zunächst ist erforderlich, dass der Mehrheitsaktionär verbindlich zusagt, dass das *tender offer* auf jeden Fall durchgeführt wird,

---

972 Siehe 2. Strukturmaßnahmen im US-amerikanischen Recht, S. 144.

973 *Merkt/Göthel*, Rn. 1311, siehe dd) Reduzierter Prüfungsmaßstab des *business purpose-Tests*, S. 187.

974 Glassman v. Unocal Exploration Corp., 777 A.2d 242 (Del. 2001) („*In rejecting the plaintiff-shareholder's entire fairness claim, the Delaware Supreme Court explained that the summary process provided in a short-form merger is inconsistent with the fair dealing prong of an entire fairness analysis because the statute permits the board to act unilaterally and cause the merger to occur without negotiating with or seeking the approval of the minority shareholders*"), dazu *Subramanian,* 115 Yale L.J. 2 (2005), S. 18 ff.; *Stevelman,* NYLS Legal Studies Research Paper Series 2009/2010 No. 3, S. 26 ff.

975 In re Siliconix, Inc. Shareholders Litigation, Civ. A. 18700, 2001 WL 716787 (Del. Ch. 2001), dazu *Subramanian,* 115 Yale L.J. 2 (2005), S. 8 ff.

976 Solomon v. Pathe Commications Corp., 672 A.2d 35 (Del. 1996), dazu *Stevelman,* New York Law School Legal Studies Research Paper Series 09/10 No. 3, S. 24 ff., *Subramanian, 115 Yale L.J. 2 (2005), S.* 18.

977 In re Siliconix, Inc. Shareholders Litigation, Civ. A. 18700, 2001 WL 716787 (Del. Ch. 2001), S. 18.

978 Leitentscheidung In re Pure resources, Inc. Shareholders Litigation, 808 A.2d 421 (Del. Ch. 2003).

sofern die Mehrheit der Minderheitsaktionäre zustimmt.[979] Zudem muss der Mehrheitsaktionär garantieren, dass er unmittelbar nach Annahme des *tender offer* einen *short-form merger* zum selben Preis durchführt, sobald er mindestens 90 % der Aktien hält. Im Rahmen der Vorbereitung der Transaktion darf er zudem nicht damit drohen, die Minderheitsaktionäre systematisch zu benachteiligen, falls keine Einigung zustande kommt – die Minderheitsaktionäre sollen sich frei entscheiden können (*no pressure to tender*).[980]

(3) Vereinheitlichung des Rechtsschutzes

Dies hat zur Folge, dass zwei wirtschaftlich gleichbedeutende *freeze-out*-Methoden in der gerichtlichen Überprüfung unterschiedlich behandelt werden.[981] Das Ergebnis dieser Rechtsprechung war und ist höchst umstritten, weil sich das Niveau des Minderheitenschutzes zu stark an der rechtstechnischen Umsetzung der Strukturmaßnahme und nicht an dem wirtschaftlichen Resultat orientiere.[982]

Es ist allerdings zu konstatieren, dass, obwohl die Aussicht auf geringeren Rechtsschutz für außenstehende Aktionäre und eine einfachere Transaktionsstruktur für den *tender offer freeze-out* sprechen, der traditionelle *merger squeeze-out* aufgrund höherer Rechtssicherheit und besser planbarer Gerichtsentscheidungen die am häufigsten verwendete Methode zur Durchführung eines *freeze-out* geblieben ist.[983]

979 *Ventoruzzo*, 50 Va. J. Int'l L. No.4 (2009), S. 25; durch das Erfordernis der Zustimmung der Mehrheit der Minderheit wird auch verhindert, dass ein Mehrheitsaktionär, der zuvor etwa 89,9% der Aktien hält, nur einen einzigen Aktionär überzeugen muss, um den Schutzmechanismus zu umgehen.

980 *Gilson/Gordon*, 152 U. Pa. L. Rev. 785 (2003), S. 827 f., mit Verweis auf die Zusammenfassung in dem Urteil In re Pure Resources, 808 A.2d 421, (Del. 2002) S. 439 ff. ("*A freeze-out tender offer by a controlling shareholder will [...] satisfy the controlling shareholder's fiduciary obligations under Solomon, only if (i) the offer is subject to a non-waivable majority of the minority tender condition,(ii) the controlling shareholder commits to consummate a short-form merger promptly after increasing its holdings above ninety percent, (iii) the controlling shareholder "has made no retributive threats [...]*"); Solomon v. Pathe Commications Corp., 672 A.2d 35 (Del. 1996); dazu auch *Subramanian*, 115 Yale L.J. 2 (2005), S. 11; *Ventoruzzo*, 50 Va. J. Int'l L. No.4 (2009), S. 16; speziell zum sog. *pressure to tender Stevelman*, 62 Bus. Law. 775 (2007), S. 840.

981 So *Subramanian,* 115 Yale L.J. 2 (2005), S. 20 f.

982 *Ventoruzzo,* 50 Va. J. Int'l L. No.4 (2009), S. 27 ff.; *Von Hein*, Rezeption US-amerikanischen Gesellschaftsrechts, 2008, S. 431.

983 *Ventoruzzo,* 50 Va. J. Int'l L. No.4 (2009), S. 10 f. ("*Even if in the aftermath of Siliconix two-steps freeze-outs seemed more convenient from the point of view of the controlling shareholder, leading on average to lower payments to minorities, the more traditional and better tested long-form merger remained the most commonly used going private technique. This might partially be explained*

Die Begründung für die Differenzierung beider *freeze-out*-Techniken liegt darin, dass die außenstehenden Aktionäre beim *tender offer freeze-out* zumindest bis zum Erreichen der 90 %-Schwelle ihre Aktien freiwillig an den *tender* verkaufen.[984] Dadurch wird aus Sicht der Rechtsprechung ein ausreichend wirksamer präventiver Schutz der Minderheitsaktionäre gewährleistet, der eine niedrigere Kontrolldichte im gerichtlichen Verfahren rechtfertigt.[985] Diese Argumentation ist in der Literatur auf Kritik gestoßen.[986] Die Rechtsprechung hat inzwischen eingeräumt, dass die Ungleichbehandlung beider *freeze-out*-Varianten zu Fehlanreizen bei der Ausgestaltung eines *freeze-out* und zu praktischen Problemen führen kann.[987] Sie hat inzwischen[988] in der Entscheidung *In re CNX Gas Corp.*[989] einen wesentlichen Schritt in Richtung Gleichbehandlung von *merger freeze-out* und *tender offer freeze-out* unternommen und strebt nunmehr einen reduzierten, aber einheitlichen Prüfungsmaßstab (*unified standard*) für beide *freeze-out*-Techniken an, wenn im Vergleich zum derzeit bestehenden präventiven Schutz[990] der außenstehenden Aktionäre weitergehende vorgerichtliche Schutzmaßnahmen gewährleistet werden.[991] Gefordert wird die kumulative Erfüllung von zwei Bedingungen: Einsatz und Zustimmung eines *special committee* (als *SC-condition* bezeichnet[992]) sowie eine 90 %-Zustimmung der außenstehenden Aktionäre (*MoM-condition*[993]).[994]

---

by path dependency and lesser experience of legal consultants in the new road opened by Siliconix.").

984 *Ventoruzzo*, 50 Va. J. Int'l L. No.4 (2009), S. 29.

985 In re Pure resources, Inc. Shareholders Litigation, 808 A.2d 421 (Del. Ch. 2003), S. 445.

986 *Stevelman*, New York Legal Studies Research Paper No. 03 (2009), S. 39.

987 In re Pure resources, Inc. Shareholders Litigation, 808 A.2d 421 (Del. Ch. 2003), S. 429 ff.

988 Nach vorherigen Ankündigungen, siehe In re Cox Commications, Inc. Shareholders Litigation, 879 A.2d 604 (Del. Ch. 2005) sowie In re Cysive, Inc. Shareholders Litigation, 836 A.2d 531 (Del. Ch. 2003).

989 In re CNX Gas Corp. Shareholders Litig., Consol. C.A. No. 5377-VCL (Del. Ch. 2010).

990 Siehe dazu 2. Entire fairness-Verfahren, S. 169 ff. (insbesondere die Ausführungen zur Beweislastumkehr).

991 In re CNX Gas Corp. Shareholders Litig., Consol. C.A. No. 5377-VCL (Del. Ch. 2010).

992 Siehe cc) Beweislastumkehr durch Einsatz eines *special committee*, S. 179.

993 Siehe dd) Beweislastumkehr nach Zustimmung der MoM, S. 183

994 Siehe zu beiden Regelungen etwa die Darstellung bei *Geis*, 84 NYU L. Rev. 1169 (2009), S. 1183.

Sofern diese Voraussetzungen erfüllt sind, ist nach der Rechtsprechung statt des *entire fairness*-Tests einheitlich der von der Kontrolldichte weniger umfassende *business purpose*-Test als gerichtlicher Prüfungsmaßstab heranzuziehen werden können.[995]

c) Verfahrensablauf

aa) Übernahme der Verfahrensbedingungen des *appraisal*

Der Verfahrensablauf beim *entire fairness*-Verfahren ist von den geltend gemachten Verstößen abhängig. Macht der Kläger lediglich einfache (z. B. Formfehler) und keine schwerwiegenden Treuepflichtverstöße (z. B. Betrug[996]) geltend, sind die Verfahrensbedingungen des *appraisal remedy* entsprechend anzuwenden.[997] Aufgrund der Nähe zur *appraisal*-Situation gelten dann die Verfahrensvorschriften des *appraisal*-Verfahrens ebenfalls für das *entire fairness*-Verfahren.[998] Zwischen beiden Verfahren ist auch eine verfahrenstechnische Verbindung möglich. Der *Delaware Supreme Court* hat dies zum ersten Mal im *Technicolor*-Verfahren zugelassen.[999] Seitdem sind in der Gerichtspraxis in Delaware mehrere solcher Verbindungen durchgeführt worden.[1000] Aktionäre, die nach einem *freeze-out* bereits erfolgreich ein *appraisal*-Verfahren durchgeführt haben, sind auch für einen etwaigen *entire fairness*-Anspruch nicht präkludiert.[1001]

Strengt ein Kläger ein *entire fairness*-Verfahren an und macht dabei einen von der Rechtsprechung anerkannten Treuepflichtverstoß gegen das Gebot der *entire fairness* geltend, so sind die besonderen Verfahrensregelungen des *ap-*

---

995 Siehe dazu dd) Reduzierter Prüfungsmaßstab des business purpose-Tests, S. 187.

996 Siehe zum *entire fairness*-Test dazu b) Anwendungsbereich, S. 170.

997 Siehe b) Verhältnis von *appraisal remedy* und *entire fairness*, S. 195.

998 *Merkt/Göthel*, Rn. 1308.

999 Cede & Co. v. Technicolor, Inc., 542 A.2d 1182 (Del. 1988), S. 1191.

1000 *Hamermesh/Wachter,* 31 Del. J. Corp. L. 119 (2005), S. 127 (Fn. 42) ("*The practice of concurrenlly addressing appraisal and fiduciary duty claims was first explicitly endorsed by the Delaware Supreme Court in the first of its several opinions in the Technicolor litigation*"); Beispielsfälle: In re Emerging Commcations, Inc. Shareholders Litig., Civ. A. No. 16415, 2004 WL 1305745 (Del. Ch. 2004), S.1; ONTI. Inc. v. Integra Bank, 751 A.2d 904 (Del. Ch. 1999); In re Radiology Associatates, Inc., 611 A.2d 485 (Del. Ch. 1991), S. 488, aber nicht alle Verfahren sind verbunden worden: Prescott Group Small Cap. L.P. v. Coleman Co., Inc., Civ. A No. 17802.2004 WL 2059515 (Del. Ch. 2004); In re Coleman Co. Shareholders Litigation, 750 A.2d 1202 (Del. Ch. 1999).

1001 Vgl. MBCA annotated 2009, S. 13-127; Popp Telecom v. American Sharecom, Inc., 210 F.3d 928 (8th Cir. 2000).

praisal remedy grundsätzlich nicht zu beachten.[1002] Besondere Bedeutung im Verfahrensablauf hat dann insbesondere die Verteilung der Beweislast.

bb) Verteilung der Beweislast

Nach allgemeinen Verfahrensregelungen des US-amerikanischen Zivilprozessrechts muss der Kläger zu seinen Gunsten vortragen und das Gericht würdigt anschließend diesen Vortrag.[1003] Eine solche Regelung würde aber der Situation für Klagen aus Treuepflichtverstößen (*fiduciary duty claim*) nicht gerecht.[1004] Der Kompensationsschuldner hat in einer solchen Konstellation einen erheblichen Informationsvorsprung, da er im *entire fairness*-Verfahren definitionsgemäß auf beiden Seiten der Transaktion steht.[1005] Der Umfang dieser Informationsasymmetrie zwischen Aktionär und beklagtem Mehrheitsaktionär ist für den Kläger in den Einzelheiten oft unüberschaubar. Ohne auf eine konkrete Handlung abzustellen, sieht die Rechtsprechung in dieser Konstellation per se ausreichende Verdachtsmomente dafür, dass die Minderheitsgesellschafter benachteiligt werden. Daher hat die Rechtsprechung die Beweislastregeln zugunsten der außenstehenden Minderheitsaktionäre modifiziert. Zu Beginn des *entire fairness*-Verfahrens müssen die Kläger lediglich geltend machen, dass eine *interested transaction* oder der Verdacht auf einen sonstigen Verstoß gegen die Treuepflicht vorliegt.[1006] Gelingt ihnen das nicht, wird ihre Klage sofort abgewiesen.[1007] Können sie das Gericht jedoch davon überzeugen, dass eine solche Konstellation vorliegt, geht die Beweislast auf den Mehrheitsaktionär über, der dann beweisen muss, dass er nicht gegen die Treuepflicht verstoßen hat.[1008] Dieser formale Nachweis des Interessenkon-

---

1002 Rabkin v. Philip A. Hunt Chemical, 12498 A.2d 1099 (Del. 1985); dazu *Lazarus*, 26 DJCL 911 (2003), S. 914 ("*Availability of appraisal will not necessarily eliminate defendants' burden of proving entire fairness in cash-out merger transaction.*").

1003 Zur Beweislast, *Schack*, Einführung in das US-amerikanische Zivilprozessrecht, 2011, Rn. 35, 163, 183; *Stancil*, Illinois Law and Economics Research Papers Series Research Paper No. LE08-018, S. 1 ff. m.w.N.

1004 Dazu umfassend *Stevelman*, New York Legal Studies Research Paper No. 03 (2009), S. 45 ff.

1005 Zur *interested transaction* siehe Fn. 1090.

1006 *Frankel*, 17 HARV. J. L. & PUB. POLICY 759 (1994), S. 765.

1007 *Frankel*, 17 HARV. J. L. & PUB. POLICY 759 (1994), S. 765 ("*If plaintiff-shareholders fail to prove that the board's decision was flawed by lack of care or tainted with conflicts of interest, their actions will be unsuccessful.*").

1008 *Frankel*, 17 HARV. J. L. & PUB. POLICY 759 (1994), S. 765 ("*If plaintiffs prove either flaw, the burden of proof then shifts to the defendants.*"). Cahall v. Lofland, 114 A. 224 (Del. Ch. 1921), Fleigler v. Lawrence, 361 A.2d 218 (Del. 1976); *Stevelman*, New York Legal Studies Research Paper No. 03 (2009), S. 45.

flikts durch die Minderheitsaktionäre wird in den betreffenden Konstellationen einfach zu führen sein, da sich schon aus den öffentlich bekannten Beteiligungsverhältnissen ein solcher Interessenkonflikt ergibt. Daraus resultiert eine wesentliche Vereinfachung der Prozessregeln für die außenstehenden Aktionäre mit der die genannten Informationsvorteile des Mehrheitsaktionärs ausgeglichen werden sollen.

Allerdings hat die Rechtsprechung zwei Methoden entwickelt, die den Mehrheitsaktionär in die Lage versetzen, die der möglichen Interessenkollision zugrunde liegenden Zweifel wieder zu zerstreuen. Zum einen kann der Mehrheitsaktionär ein unabhängiges *special committee* einrichten, das anstelle des *boards* die Verhandlungen mit den Minderheitsaktionären verantwortet (*SC-condition*).[1009] Zum anderen ist es ausreichend, dass die Mehrheit der Minderheitsaktionäre der Strukturmaßnahme zustimmt (*MoM-condition*).[1010] Erfüllt der Mehrheitsaktionär eine der beiden Voraussetzungen, erkennt die Rechtsprechung darin eine zusätzliche Legitimation für den Mehrheitsaktionär. In ständiger Rechtsprechung wird dann die Beweislast wieder zurück auf die außenstehenden Aktionäre übertragen.[1011]

Diese Ausgestaltungen zur Beweislast sind in der Praxis sehr bedeutsam, da sie in der Regel den Ausgang des Rechtsstreits bestimmen können.[1012] Anders als im *appraisal*-Verfahren und im Spruchverfahren spielt die Beweislastverteilung im *entire fairness*-Verfahren eine übergeordnete Bedeutung, da es nicht um die reine Bewertung (*appraisal*) geht, sondern um den Nachweis schuldhafter Verfehlungen. Der Kompensationsschuldner versucht daher im *entire fairness*-Verfahren nicht beweispflichtig für die Fairness der Strukturmaßnahme zur sein. Die Bedeutung dieser Regel zeigt sich auch dadurch, dass in der Praxis von Mehrheitsaktionären sehr häufig Gebrauch gemacht wird.[1013]

1009 *Subramanian*, 115 Yale L.J. 2 (2005), S. 39 m.w.N., der dem SC eine hohe praktische Relevanz bescheinigt (Nach der *Siliconix*-Entscheidung haben 80 von 84 untersuchten *freeze-out* ein SC eingesetzt); grundsätzlich zum *special committee Simpson*, 43 Bus. Law. 665 (1987); siehe dazu sogleich ausführlich cc) Beweislastumkehr durch Einsatz eines *special committee*, S. 179.

1010 *Subramanian*, 115 Yale L.J. 2 (2005), S. 16 m.w.N., der der *MoM-condition* eine geringe praktische Relevant bescheinigt (18 von 54 untersuchten *freeze-out* verwendeten eine *MoM-condition*).

1011 Kahn v. Lynch Communication Systems, Inc., 638 A.2d 1110 (Del. 1994); dazu etwa *Geis*, 84 NYU L. Rev. 1169 (2009), S. 1183.

1012 *Johnson*, 28 DEL. J. CORP. L. 27 (2003), S. 71. (*burdens [of proof] and standards of review are often outcome determinative.*); Stroud v. Grace, 606 A.2d 75, 90 (Del. 1992); darauf verweisend: *Veasey/Guglielmo*, 153 U. Pa. L. Rev. 1399 (2005), S. 1435; *Stevelman*, 62 Bus. Law. 775 (2007), S. 819.

1013 *Stevelman*, 62 Bus. Law. 775 (2007), S. 819.

Legten die Mehrheitsaktionäre keinen Wert auf diese Beweislastverschiebung, würden sie diese Anstrengungen nicht unternehmen.[1014] Ein weiterer Grund für die praktische Relevanz der Beweislastregel dürfte darin liegen, dass die wirtschaftlichen Konsequenzen für die Mehrheitsaktionäre eines *entire fairness*-Verfahren in der Praxis aufgrund der *opt-out*-Regelung[1015] bedeutsamer sind als im *appraisal remedy*.

cc) Beweislastumkehr durch Einsatz eines *special committee*

Von der Rechtsprechung wird die Einrichtung eines besonderen Verhandlungskomitees (*special committee*) als das wichtigste Mittel zur Sicherstellung eines fairen Verfahrens im Rahmen einer *interested transaction* genannt.[1016] Die Einsetzung eines solchen *special committee* dient vor allem beim *freeze-out* als Mittel zur Verschiebung der Beweislast.[1017]

(1) Aufgabenbeschreibung

Normalerweise ist in einer US-amerikanischen Gesellschaft das *board* bzw. der *Chief Executive Officer* (CEO) im Rahmen der unternehmerischen Leitungsfunktion für die Verhandlungen mit den Aktionären zuständig. Da das *board* aber vom Mehrheitsaktionär selbst direkt wirtschaftlich abhängig ist, liegt der Verdacht nahe, dass es keine unabhängige Rolle bei der Verhandlung mit beiden Aktionärsgruppen einnimmt.[1018] Um dieses Defizit auszugleichen und um eine neutrale Verhandlungsinstanz zu etablieren, wird das Komitee vom *board* selbst eingesetzt.[1019] Anstelle des *board* verhandelt es vor allem mit dem Kompensationsschuldner und hat dabei ein Mandat zur Sicherstellung von Verhandlungen zu Marktkonditionen (*at arm's length*).[1020] Das Komitee muss daher soweit möglich wie ein richtiges *board* agieren, damit es von der Rechtsprechung als ein solches anerkannt wird. Ziel der Arbeit des *special committee* ist es, für die Minderheitsaktionäre eine angemessene Kompensation zu er-

---

1014 Stevelman, 62 Bus. Law. 775 (2007), S. 819.

1015 Siehe zu *opt-in* und *opt-out*, b) Verhältnis von *appraisal remedy* und *entire fairness*, S. 195; *opt-out* ist vergleichbar mit dem deutschen *erga omnes*-Prinzip, dazu siehe I. Rechtsfolgen des Spruchverfahrens, S. 99.

1016 Dazu *Merkt/Göthel*, Rn. 1307 ff. m.w.N.

1017 *Thompson*, The Pennsylvania State University Legal Studies Research Paper No. 12-2011, S. 1 ff.

1018 *Thompson*, a.a.O., S. 4.

1019 Vgl. etwa die Beschreibung der Bildung eines *special committee* bei S. Muoio & Co. LLC v. Hallmark Entertainment Investments Co., C.A. No. 4729-CC (Del. Ch. Mar. 9, 2011), S. 1 f.

1020 *Dammann*, University of Texas Law, Law and Econ Research Paper No. 114 (2007), S. 6 (siehe auch Fn. 15).

zielen.[1021] Dazu können vom *special committee* selbst auch eigene rechtliche und finanzielle Berater engagiert werden.[1022] Das *special committee* hat dann auf dieser Grundlage die vorgeschlagene Transaktion mit dem Mehrheitsaktionär zu bewerten und eine transparente Entscheidung zu treffen.

(2) Rechte und Kompetenzen

Das *special committee* muss über eine reale Verhandlungskompetenz verfügen, seine bloße Existenz reicht für eine Verschiebung der Beweislast nicht aus.[1023] Diese Kompetenz ergibt sich daraus, dass das Gericht die Verhandlungen mit dem Mehrheitsaktionär im Nachhinein anerkennen und der daraus resultierenden Beweislastverschiebung zustimmen muss. Dies wird das Gericht in der Regel nur dann tun, wenn der Mehrheitsaktionär nicht einseitig die Bedingungen der Strukturmaßnahme festgelegt und wenn das Komitee seine Verhandlungsmacht auch tatsächlich wahrgenommen hat.[1024] Das *special committee* gibt am Ende der folgenden Verhandlungen eine Empfehlung ab.[1025] Stimmt es den Konditionen der Strukturmaßnahme nicht zu, wird vom Gericht die Beweislastverschiebung auch nicht anerkannt.

Die Kompetenz des Komitees bei den hier betrachteten konzerninternen Strukturmaßnahmen ist auf die Abgabe einer Empfehlung beschränkt. Zumindest theoretisch wäre denkbar, das Komitee wie im Übernahmerecht nach besseren Angeboten von Dritten suchen zu lassen – dies wird jedoch zu Recht mit Verweis auf die rein konzerninterne Situation bei einem *freeze-out* abgelehnt.[1026] Die Gerichte verpflichten das Komitee nicht, bei Dritten nach höheren Angeboten für diesen Auskauf zu suchen (so genannte *revlon du-*

1021 *Thompson*, a.a.O., S. 4.

1022 *Thompson*, a.a.O., S. 18; *Nathan*, Harvard Law School Forum on Corporate Governance and Financial Regulation, 13.07.2010.

1023 Kahn v. Lynch Communication Systems, Inc., 638 A.2d 1110 (Del. 1994), S. 1120.

1024 Kahn v. Lynch Communication Systems, Inc., 638 A.2d 1110 (Del. 1994), S. 1120. („*The mere existence of an independent special committee [...] does not itself shift the burden. At least two factors are required. First, the majority shareholder must not dictate the terms of the merger, [...] second, the special committee must have real bargaining power that it can exercise with the majority shareholder on an arm's length basis.*"), vgl. Rosenblatt v. Getty Oil Co., Del.Ch., 493 A.2d 929 (1985), S. 937.

1025 *Subramanian*, 115 Yale L.J. 2 (2005), S. 18 (in der Regel in Form einer so genannten *14D-9 communication*, mögliche Optionen sind *approve, reject, neutral, or unable to take a position*, vgl. dazu auch Fn. 1062).

1026 *Subramanian*, 115 Yale L.J. 2 (2005), S. 54 mit Verweis auf Bershad v. Curtiss-Wright Corp., 535 A.2d 840 (Del. 1987), S. 845.

ties).[1027] Das Komitee nimmt daher bei einem *freeze-out* eine weniger bedeutsame Rolle als im Übernahmerecht rein; normalerweise ergibt sich gerade aus der Möglichkeit externer Verhandlungen eine besonders starke Position.[1028]

Bei den hier betrachteten Fällen abseits des Übernahmerechts spielt auch die von der Rechtsprechung[1029] jüngst durch die *CNX*-Entscheidung vorgenommene Erweiterung der Kompetenzen des *special committee*, nach der es prinzipiell über die gleichen Rechte wie das eigentliche *board* des Unternehmens bei Geschäften mit unabhängigen Dritten verfügen soll, keine Rolle.[1030] Die praktische Bedeutung dieser Erweiterung ist insbesondere für *freeze-out*-Situationen noch ungeklärt.[1031]

(3) Zusammensetzung

Ob die Arbeit des *special committee* tatsächlich zu den gewünschten Effekten führt, wird neben den rechtlichen Aspekten vor allem durch die praktische Wahrnehmung der Aufgaben durch die Mitglieder bestimmt.[1032] Das *special*

1027 *Subramanian*, 115 Yale L.J. 2 (2005), S. 54 mit Verweis auf Mendel v. Carroll, 651 A.2d 297, (Del. Ch. 1994), S. 306 f.; Freedman v. Rest. Assocs. Indus., Inc., No. Civ. A. 9212651, 1987 WL 14323 (Del. Ch. Oct. 16, 1987). ("*This is because a controlling shareholder cannot be compelled to sell its shares to a higher-value bidder (or anyone else), and the Delaware courts have held that a merger freeze-out does not trigger Revlon duties, which would require the SC to facilitate and possibly even seek out competing bids.*"); rechtsvergleichend für das Übernahmerecht *Schaefer/Eichner*, NZG 2003, 150.

1028 *Subramanian*, 115 Yale L.J. 2 (2005), S. 54 ("*As a result, the SC typically cannot develop options away from the table, which are often considered to be an important source of bargaining power in negotiations generally.*").

1029 In re CNX Gas Corp., 4 A.3d 397 (Del. Ch. 2010), S. 41 (Fn. 8).

1030 In re CNX Gas Corp., 4 A.3d 397 (Del. Ch. 2010), S. 41 ("*A special committee faced with a freeze-out transaction must be able to fulfill its contextualized duty to obtain the best transaction reasonably available for the minority stockholders, including the right to explore strategic alternatives, even if doing so is an "exercise in futility" because the parent controller has already indicated it has no interest in any transaction other than the freeze-out.*").

1031 *Nathan*, Harvard Law School Forum on Corporate Governance and Financial Regulation, 13.07.2010 ("*To the extent CNX Gas sets a higher standard for the authority of a special committee, we believe the case only should be read to require the higher standard where transaction parties seek to obtain the benefits of the business judgment rule. Nonetheless, we expect that future special committees may demand a broad grant of authority to demonstrate their independence, even in the context of a Lynch burden-shifting structure, whether or not necessary or appropriate in the circumstances. Thus, controlling shareholders may find that the mandate of the special committee is the first negotiating hurdle in their freeze-out transaction process.*").

1032 *Coates*, Columbia Working Paper 2005, S. 8 ("*[If the special committee] fails to take the steps necessary to recreate the arm's-length bargaining process that would otherwise be present in an arm's-length transaction.*"); ("*It is not sufficient for [...] directors to achieve the best price a fiduciary will pay if that price is not a fair price. Nor is it sufficient to get a price that falls within a*

committee sollte aus mindestens drei und nicht mehr als fünf Mitgliedern bestehen; weniger als drei Mitglieder werden von der Gerichtsbarkeit in Delaware nicht akzeptiert.[1033] Nur wenn das *special committee* vermutlich über einen längeren Zeitraum aktiv ist, sollten es mehr als fünf Mitglieder sein.[1034] Alle Mitglieder sollten unabhängig und unparteiisch im Hinblick auf die entsprechende Strukturmaßnahme und die beteiligten Unternehmen sein.[1035] Ob ein Mitglied des *special committee* unabhängig ist, muss im Kontext der Maßnahme im Rahmen einer Gesamtbetrachtung ermittelt werden und ist im Einzelnen nicht von der Entlohnung, persönlicher Verbundenheit oder Vorschlag eines bestimmten Aktionärs abhängig.[1036] Die Mitglieder des Komitees müssen ein tiefes Verständnis und fundierte Kompetenzen hinsichtlich der zu treffenden Entscheidungen haben.[1037] Die Entlohnung der Mitglieder erfolgt zu marktüblichen Konditionen vergleichbarer Gremien und ist durch das Gericht festzulegen, eine monetäre Incentivierung der Komitee-Mitglieder, für die Minderheitsaktionäre ein angemessenes Ergebnis zu erzielen, ist hingegen nicht vorgesehen.[1038]

---

range of 'fair values' somehow defined, if the fiduciary (or another) would pay more."); In re First Boston, Inc. Shareholders Litig., 1990 WL 201388 (Del. Ch. June 7, 1990).

1033 *Thompson*, Pennsylvania State University Legal Studies Research Paper No. 12-2011, S. 16.

1034 *Thompson* a.a.O., S. 16.

1035 Kahn v. Tremont Corp., 1994 WL 162613 (Del. Ch., Apr. 21, 1994); *Coates*, Columbia Working Paper 2005, S. 8; *Lazarus*, 26 DJCL 911 (2003), S. 926 ("*[…] Case law demonstrates that the interests of corporations and their shareholders are best served by boards whose members include well-motivated, disinterested and independent directors who accept responsibility for recommending or approving transactions with interested directors or controlling shareholders.*").

1036 In der Entscheidung S. Muoio & Co. LLC v. Hallmark Entertainment Investments Co., C.A. No. 4729-CC (Del. Ch. Mar. 9, 2011), S. 11 bestand das *special committee* über zwei Vertreter mit ausgewiesener Branchen-Expertise sowie einen Rechtsanwalt, der gleichzeitig CEO eines anderen Industrie-Unternehmens war. ("*Special Committee had two members with industry experience, and its chairman was a lawyer and former CEO of a publicly traded utility company.*").

1037 Etwa in der Entscheidung In re John Q. Hammons Hotels, Inc., (Del. Ch. January 14, 2011), S. 6, wird deutlich, wie das Gericht die Qualifikation des eingesetzten *special committee* untersucht und dabei insbesondere auf deren Berufserfahrung abhebt: ("*[Special Committee members] worked in the hotel industry for over twenty-five years and served as officers and directors of large, publicly-traded hospitality companies.*").

1038 *Thompson, 74* Law & Contemp. Prob. *253 (2011), 265;* der die gängige Praxis im Übernahmerecht in seinen Gesetzgebungsvorschlag aufnimmt; vergleichbares gilt für die Arbeit des *special committee* in *freeze-out-* Situationen.

dd) Beweislastumkehr nach Zustimmung der MoM

Als gleichwertige Alternative zur Beweislastverschiebung durch den Einsatz eines *special committee* akzeptiert die Rechtsprechung die *MoM-condition* bei der Abstimmung über die Annahme des Angebots zu dem entsprechenden *merger freeze-out*.[1039] Unter der Voraussetzung, dass die Mehrheit der Minderheitsaktionäre dem *cash-out merger* zustimmt, trägt der gegen den *freeze-out* klagende Minderheitsaktionär in einem *entire fairness*-Verfahren die Beweislast dafür, dass der Mehrheitsaktionär die Treuepflichten nicht eingehalten hat.[1040] Die *MoM-condition* ermöglicht eine Quasi-Marktpreisbewertung in einem *merger freeze-out*, da eine meist größere Anzahl außenstehender Aktionäre jeweils ihre Preiseinschätzung durch Ablehnung oder Zustimmung äußert.[1041]

Der wesentliche Nachteil der *MoM-condition* aus Sicht des Mehrheitsaktionärs besteht darin, dass durch die *MoM-condition* die Preisüberprüfung durch ein breites Publikum stattfindet und deswegen für den Mehrheitsaktionär oft weniger vorhersehbar ist.

ee) Praktische Bedeutung

Die praktische Bedeutung des *special committee* ist erheblich, da die Unternehmen umfassend von dieser Möglichkeit zur Beweislastverschiebung Gebrauch machen. Aus Sicht des Mehrheitsaktionärs ist die *SC-condition* gegenüber der *MoM-condition* oft die attraktivere Variante, denn hier ist der Ausgang in der Regel besser vorhersagbar und erhöht die Rechts- und Transaktionssicherheit des Klägers. Die Überprüfung durch das *special committee* ist eher an Expertenschätzungen und nicht an eine Überprüfung durch den breiten Markt geknüpft. Eine empirische Analyse über die wirksame Verhinderung unangemessener *freeze-out*-Angebote durch ein *special committee* existiert, soweit ersichtlich, nicht.[1042] Empirisch belegt ist hingegen, dass ein *special committee* seine

---

1039 Kahn v. Lynch Communication Systems, Inc., 638 A.2d 1110 (Del. 1994), dazu *Merkt/Göthel*, Rn. 1307 ff., *Stevelman*, New York Law School Legal Studies Research Paper Series 09/10 No. 3, S. 10 ff., in eine ähnliche Richtung ging bereits die *Rosenblatt*-Entscheidung (Rosenblatt v. Getty Oil Co., 493 A.2d 929 (Del. Supr. 1985), vgl. dazu ausführlich *Ventoruzzo,* 50 Va. J. Int'l L. No. 4 (2010), S. 20.

1040 Nach *Merkt/Göthel*, Rn. 1307.

1041 *Subramanian*, 115 Yale L.J. 2 (2005), S. 54 ("*MOM condition can facilitate an implicit market check in a merger freezeout, and, in fact, is the only way to subject a merger freezeout to a market check.*").

1042 *Stevelman, 62* Bus. Law. 775 (2007), S. 898. ("*At present, there are no empirical studies that support the conclusion that committees can reject unfair freezeout proposals. The few existing empirical analyses of freezeouts that exist address different issues; they do not provide evidence that would suggest the threat of inherent coercion has been minimized.*").

Kompetenz zur Missbilligung von Angeboten durchaus wahrnimmt. Im Zeitraum von 2001 bis 2005 wurde in 80 beobachteten Verfahren 18-mal ein Angebot vom *special committee* als zu niedrig zurückgewiesen.[1043] In diesem Fällen bleibt die Wirksamkeit der Strukturmaßnahme unberührt, die Folge der Ablehnung durch das *special committee* besteht darin, dass die Beweislast für die Angemessenheit des Angebots im gerichtlichen Verfahren beim Mehrheitsaktionär verbleibt – eine Rückübertragung der Beweislast auf die klagenden Minderheitsaktionäre findet nicht statt.[1044]

d) Gerichtlicher Prüfungsmaßstab

Beim *entire fairness*-Test legen die Gerichte einen umfassenderen Prüfungsmaßstab als beim *appraisal remedy* an und prüfen im Wesentlichen drei Elemente.[1045] Erstens muss der Preis für die ausscheidenden Aktionäre angemessen sein (*fair price*). Zweitens muss das Beschlussverfahren des *board* den Anforderungen an ein faires Verfahren genügen (*fair dealing*). Drittens müssen die Einzelheiten des *freeze-out* den außenstehenden Aktionären in angemessener Weise offen gelegt werden (*fairness of disclosure*).[1046] Das Gericht hat sämtliche nachfolgend beschriebenen Prüfungsparameter bzw. Fallgruppen zu beurteilen.[1047]

aa) Angemessene Kompensation (*fair price*)

Das Rechtsschutzinteresse im *appraisal*-Verfahren geht auf Zahlung einer angemessenen Kompensation (*fair price*).[1048] Es gibt keinen Unterschied zwischen den Bewertungsmaßstäben und der Methodik bei der Bestimmung der angemessenen Kompensation bei beiden Rechtsbehelfen.[1049] Im *entire fairness*-

1043 *Subramanian*, 115 Yale L.J. 2 (2005), S. 39 ("[…] *Controller withdrew in eighteen out of the eighty freeze-out merger negotiations with a Special Committee that were announced between June 2001 and April 2005, a 23 % failure rate, even though the controller's first offer invariably represented a premium over the prevailing market price.*") mit Verweis auf eine "Freeze-out-Datenbank" von *G. Subramanian*, in der SEC-Verlautbarungen und Pressemeldungen zwischen 2001 und 2005 ausgewertet wurden.

1044 Siehe dazu bb) Verteilung der Beweislast, S. 177.

1045 Grundlegend *Stevelman*, New York Law School Legal Studies Research Paper Series 2009/2010 No. 3.

1046 Dieser Aspekt wurde und wird vor allem durch das Bundesrecht geprägt, wird aber auf landesrechtlicher Ebene ergänzend herangezogen.

1047 Zu dieser Einteilung auch *Hofmann*, Minderheitsschutz, 2010, S. 58 (Fn. 255).

1048 Siehe d) Gerichtlicher Prüfungsmaßstab, S. 161.

1049 Rosenblatt v. Getty Oil Co., 493 A.2d 929, 940 (Del. 1985); Gesoff v. IIC Indus. Inc., 902 A.2d 1130, 1153 n.127 (Del. Ch. 2006); *Bebchuk/Kahan*, Harvard Law and Economics Discussion Paper No. 248, Fn. 7 ("*In general, the methodology for determining the value of minority shares is the same in entire fairness and appraisal proceedings.*");

Verfahren wird in der Literatur an Stelle des *fair value* von einem *fair price* gesprochen.[1050] Die Rechtsprechung sieht für eine solche Differenzierung keine Veranlassung und unterscheidet nicht beim Prüfungsmaßstab.[1051] Unter dem Stichwort *fair price* werden in der Literatur diesbezüglich allerdings Erweiterungen des Bewertungsmaßstabs diskutiert.[1052] Dafür wird vorgebracht, dass sich das *entire fairness*-Verfahren dadurch vom *appraisal remedy* unterscheidet, dass zusätzlich zur Differenz des gezahlten Betrags zum fairen Wert weitere Schadenspositionen hinzukommen können.[1053] Anders betrachtet stellt sich die Frage, ob der *fair price* im Gegensatz zum *fair value* nicht die Opportunitäten erfassen muss, die sich aus einer bevorstehenden Transaktion ergeben können. Betont wird dabei insbesondere, dass ein *fair price* per Definition der Rechtsprechung[1054] bei einer hypothetischen Verhandlung *at arm's length* zustande komme.[1055] In einer solchen Verhandlung, so das Argument der Vertreter einer großzügigen Auslegung des *fair price*, würden aber zukünftige Chancen auf eine höhere Bewertung durch eine Strukturmaßnahme in jedem Fall berücksichtigt, da die Minderheitsaktionäre diese zusätzlichen Gewinnaus-

---

Hamermesh/Wachter, 50 B.C.L. Rev. 1021 (2009), S. 1030 ("*It is generally accepted in the Delaware case law and the major treatises on Delaware corporate law that in evaluating the "entire fairness" of a squeeze-out merger, "the courts generally utilize the same valuation analysis for both the fair price prong of the fiduciary duty action and the appraisal action. Indeed, the "fair price" component of the "entire fairness" standard mirrors the definition of "fair value" as articulated in the appraisal cases.*").

1050 Siehe *Stevelman*, NYLS Legal Studies Research Paper Series 2009/2010 No. 3, S. 20 f.

1051 Beispielsweise jüngst In re Hanover Direct, Inc. Shareholders Litigation (Del. Sept. 24, 2010), S. 4 ("*fair value under a statutory appraisal is tantamount [=equal] to fair price in an entire fairness action.*").

1052 *Stevelman*, NYLS Legal Studies Research Paper Series 2009/2010 No. 3, S. 21.

1053 *Stevelman*, NYLS Legal Studies Research Paper Series 2009/2010 No. 3, S. 21 mit Verweis auf Cede & Co. v. Technicolor, Inc., 542 A.2d 1182 (1988) ("Technicolor I").

1054 Weinberger, 457 A.2d at 709, Fn. 7 ("*[...] fairness in this context can be equated to conduct by a theoretical, wholly independent board of directors acting upon the matter before them, it is unfortunate that this course apparently was neither considered nor pursued [...]. Particularly in a parent-subsidiary context, a showing that the action taken was as though each of the parties had exerted its bargaining power against the other at arm's-length is strong evidence that the transaction meets the test of fairness.*").

1055 *Stevelman*, NYLS Legal Studies Research Paper Series 2009/2010 No. 3, S. 21 ("*However, the "arm's-length dealings" language in Weinberger suggests a price standard larger than fair value. If fair value affords minorities only a claim to what has been surrendered in the cash-out merger, then they need not enjoy any gain from the transaction.*").

sichten entsprechend einpreisen und in den Verhandlungen durchsetzen.[1056] Dieser Aspekt begründet gleichzeitig die untrennbare Verbindung zwischen *fair price* und *fair dealing*, da ein Preis, der unter den konkreten (wenngleich auch hypothetischen) Umständen der Verhandlung angemessen ist, auch nur in einer fairen Verhandlung ermittelt werden kann.[1057]

bb) Angemessenes Verfahren (*fair dealing*)

Das Konzept des angemessenen Verfahrens (*fair dealing*) umfasst Fragen hinsichtlich der Verhandlungen und des Verfahrensablaufs und ob die Zusagen des *board* an die Aktionäre eingehalten wurden.[1058] Im Grundsatz geht es somit darum, dass die hinter dem *merger* stehende Partei ihren Informations- und Wissensvorsprung nicht zum Nachteil der anderen Seite, der Minderheitsaktionäre, ausnutzen darf.[1059] Damit eine Transaktion als fair gilt, muss tatsächlich und ernsthaft entweder zwischen *board* bzw. dem Mehrheitsaktionär selbst auf der einen Seite und den Minderheitsaktionären auf der anderen Seite verhandelt worden sein.[1060] In der Rechtsprechung wird davon ausgegangen, dass bei einem unfairen Verfahren auch eine unangemessene Kompensation vereinbart wurde.[1061]

cc) Angemessene Informationen (*fairness of disclosure*)

Schließlich ist das Prinzip der angemessenen Informationen (*fairness of disclosure*) einzuhalten. Dies ist kein Teil des *entire fairness*-Tests im engeren Sinne, da es dem Bundesrecht entlehnt ist und sich weitgehend an bundesrechtlichen Standards, vor allem der *SEC Rule 10b-5*, orientiert. Grundsatz ist die so ge-

---

1056 *Stevelman*, NYLS Legal Studies Research Paper Series 2009/2010 No. 3, S. 21 ("*The controller would be free to capture all upside – all the anticipated synergy gains from the merger. Although appraisal's fair value does not require that the cashed-out shareholders be made better off from the deal, the equitable remedy would seem so to imply.*").

1057 *Stevelman*, NYLS Legal Studies Research Paper Series 2009/2010 No. 3, S. 22 ("*The same language and logic also explains why Weinberger insisted that fair price and fair dealings are inseparable*"); zum Verhältnis von fairem Preis und fairem Verfahren im US-amerikanischen Recht auch *Hofmann*, Minderheitsschutz, 2010, Fn. 263.

1058 Grundlegend zu *fair dealing*: *Stevelman*, NYLS Legal Studies Research Paper Series 2009/2010 No. 3, S. 64 m.w. N.

1059 *Merkt/Göthel*, Rn. 1303; Lynch v. Vickers Engery Corp., 383 A.2d 278 (Del.1977).

1060 *Nathan*, Harvard Law School Forum on Corporate Governance and Financial Regulation, 13.07.2010 ("*The money damages claims would presumably be based on claims of: (i) breach of the duty of loyalty by directors who are affiliated with the controlling shareholder or are otherwise interested in the transaction and/or (ii) a breach of "duties" owed by a controlling shareholder to the minority shareholders in the going private transaction.*").

1061 Siehe aa) Angemessene Kompensation (*fair price*), S. 184.

nannte *14D-9 communication*[1062], mit der eine Empfehlung des mit der Verhandlung einer Strukturmaßnahme befassten Gremiums an die Aktionäre ausgesprochen wird.[1063] In einer jüngeren Entscheidung des *Delaware Supreme Court* wurde entschieden, dass Aktionäre, die im Wege eines *cash-out merger* ihre Aktionärsstellung verloren haben, eine Sammelklage auf Schadensersatz (*class action for damages*) anstrengen können, wenn ihnen wichtige Informationen vorenthalten wurden.[1064]

dd) Reduzierter Prüfungsmaßstab des business purpose-Tests

Insbesondere nach der heftigen Kritik an der Ungleichbehandlung verschiedener *freeze-out*-Konstellationen[1065] verwendet die Rechtsprechung in jüngster Zeit den *business purpose*-Test.[1066] Das Ziel der Rechtsprechung besteht derzeit darin, einen möglichst einheitlichen Prüfungsmaßstab zu entwickeln.[1067] Die *unified standard*-Regel stellt gegenüber der Verschiebung der Beweislast beim *entire fairness*-Test eine Reduktion des Prüfungsmaßstabs in Aussicht, sofern im Vorfeld weitere prozedurale Vorkehrungen zur Sicherstellung der Angemessenheit getroffen wurden.[1068] Während bei der Verschiebung der Beweislast alternativ eine von zwei möglichen Bedingungen erfüllt werden müssen, also entweder die Bildung eines *special committee* oder die Erfüllung der *MoM-condition*, kann der Prüfungsmaßstab nun für sämtliche *merger*-Varianten einheitlich reduziert werden.[1069] Inzwischen ist wohl anerkannt, dass der *unified standard* anzuwenden ist, wenn sowohl eine echte Übertragung der Verhandlungsmacht auf ein unabhängiges *special committee* (*SC-condition*) als auch die Zustimmung der Mehrheit der Minderheit (*MoM-condition*) erreicht wurde.[1070] Er-

---

1062 Kurzbezeichnung für *tender offer solicitation/recommendation statements* entsprechend *SEC Rule 14d-9;* dazu im Zusammenhang mit dem *freeze-out Subramanian*, 115 Yale L.J. 2 (2005), S. 18.

1063 *Merkt/Göthel*, Rn. 1300.

1064 Berger v. Pubco Corp. 976 A.2d 132 (Del. 2009), S. 144.

1065 Siehe bb) *Entire fairness-Test* und *freeze-out-Gestaltungen*, S. 171.

1066 Zum *business purpose test Merkt/Göthel* Rn. 1311, *Geis*, Virginia Law and Economics Research Paper No. 2010-10 m.w.N.

1067 In re CNX Gas Corp. Shareholders Litigation, 4 A.3d 397 (Del. Ch. 2010), S. 399.

1068 Siehe bb) *Entire fairness-Test* und *freeze-out-Gestaltungen*, S. 171 ff. insbesondere (3) Vereinheitlichung des Rechtsschutzes, S. 174.

1069 In re CNX Gas Corp. Shareholders Litigation, 4 A.3d 397 (Del. Ch. 2010), S. 399.

1070 Reis v. Hazelett Strip-Casting Corp., 2011 WL 303207, (Del. Ch. Jan. 21, 2011), S. 10; In re CNX Gas Corp. Shareholders Litigation, 4 A.3d 397 (Del. Ch. 2010), S. 400; In re John Q. Hammons Hotels Inc. Shareholders Litigation, 2009 WL 3165613 (Del. Ch. Oct. 2, 2009), S. 12; In re Cox Communications, Inc. Shareholders Litigation, 879 A.2d 604, (Del. Ch. 2005), S. 606.

füllt der Mehrheitsaktionär beide Voraussetzungen, soll er in den Genuss des weit weniger umfassenden Prüfungsrahmens des *business purpose*-Tests kommen. Eine Bestätigung durch den *Delaware Supreme Court* steht derzeit noch aus.[1071]

Der Prüfungsrahmen des *business purpose*-Tests sieht vor, dass der Mehrheitsaktionär über einen über die bloße Eliminierung der Minderheitsbeteiligung hinausgehenden eigenständigen und anerkennenswerten Zweck verfolgen muss (*valid business purpose*), der jedoch regelmäßig vorliegen wird.[1072] Eine Prüfung dieses Ziels durch die Rechtsprechung wurde lange Zeit nicht praktiziert, so dass der *business purpose*-Test in der Praxis in den letzten Jahrzehnten seit der *Weinberger*-Entscheidung besonders in Delaware in diesem Zusammenhang ohne Bedeutung war. In den letzten Jahren ist die Bedeutung, wie bereits ausgeführt, wieder angestiegen.[1073]

e) Risiko-Nutzen-Relation

Die Risiko-Nutzen-Relation im *entire fairness*-Verfahren unterscheidet sich im vom *appraisal*-Verfahren im Wesentlichen im Hinblick auf die *reformatio in peius*: Im *entire fairness*-Verfahren ist der Anspruch auf eine angemessene Kompensation zugunsten aller Aktionäre gerichtet.[1074] Dieser Anspruch steht einem Schadensersatz sehr nahe. Für den Fall, dass dieser Anspruch nicht besteht, ist eine Reduzierung der Kompensation ausgeschlossen und es erfolgt eine für die Minderheitsaktionäre kostenpflichtige Klageabweisung. Im Übrigen unterscheiden sich die Kostenregelung von *appraisal remedy* und *entire fairness* nicht.

1071 *Nathan*, Harvard Law School Forum on Corporate Governance and Financial Regulation, 13.07.2010. ("*If adopted by the Delaware Chancery Court for negotiated merger transactions and ultimately sanctioned by the Delaware Supreme Court, the unified standard would eliminate the dichotomy between controlling shareholder freeze-out deal structures and, if properly construed and applied, provide additional flexibility for transaction parties to obtain the benefits of business judgment rule review.*").

1072 Die Auffassung von *Merkt/Göthel*, Rn. 1309, dass bei einem *freeze-out*, der ausschließlich auf ein *going private* und damit lediglich auf Erhöhung des Anteils des Mehrheitsaktionärs abzielt, ein *valid business purpose* nicht vorliege, ist abzulehnen, da der Gesetzeszweck gerade auf eine freiere Handhabung des Mehrheitsaktionärs abzielt (siehe 1. *Appraisal remedy*, S. 148).

1073 *Geis*, 84 NYU L. Rev. 1169 (2009), S. 1190 m.w.N.; er wurde nur in wenigen Bundesstaaten, darunter New York und Massachusetts (z. B. Coggins v. New England Patriots Football Club, Inc., 397 Mass 525, 492 NE2d 1112) angewendet. Diese Anwendung erfolgte dann zusätzlich zum *entire fairness*-Test, siehe *Fletcher*, Cyclopedia of the Law of Corporations, 2010, § 7165.

1074 Zum *entire fairness*-Verfahren siehe b) Anwendungsbereich, S. 170.

3. Abgrenzung zwischen *appraisal* und *entire fairness*

a) Ausnahmen zum *appraisal remedy*

aa) *De facto merger* und Subsidiarität

Um den Schutz der außenstehenden Aktionäre in ausreichendem Maße zu gewährleisten, hat die Rechtsprechung verschiedener Bundesstaaten die Lehre vom *de facto*-Zusammenschluss (*de facto merger doctrine*) entwickelt.[1075] Danach behandeln die Gerichte Umgehungsgestaltungsformen, die wirtschaftlich identische Strukturmaßnahmen anstreben, als *de facto merger* mit der Folge, dass ungeachtet der tatsächlich gewählten Form alle formellen (vor allem die Zustimmungserfordernisse der Anteilseigner) und materiellen Vorschriften (insbesondere im Hinblick auf das Recht zur Kompensation) des *merger* beachtet werden müssen.[1076] In einigen US-amerikanischen Bundesstaaten, z. B. in Kalifornien (§§ 181, 1300 ff. *California Corporation Code*), ist das *de facto merger*-Konzept ausdrücklich gesetzlich geregelt, indem es die verschiedenen Transaktionstypen unter dem Begriff *reorganizations* zusammenfasst und hinsichtlich der Zustimmungserfordernisse und Kompensationsrechte einheitlich behandelt.[1077]

Die Rechtsprechung in Delaware lehnt die Anwendung der *de facto merger*-Doktrin unter Hinweis auf die Unabhängigkeit und rechtliche Eigenständigkeit der jeweiligen Gestaltungsformen ab, da die Rechtsprechung die Entscheidung des Gesetzgebers zu respektieren habe und ein *appraisal right* nur gewähren könne, sofern es gesetzlich ausdrücklich vorgesehen sei.[1078] Diese Regelung ist Ausdruck der gefestigten *independent legal significance*-Doktrin, nach der eine Transaktion, die nach einer Bestimmung des DGCL zulässig ist, nicht an den strengeren Erfordernissen einer anderen Vorschrift gemessen werden kann.[1079] Das Recht in Delaware folgt also einem eher formalistischen Ansatz, der auch mit dem Begriff *form over substance* beschrieben wird. Daher gibt es in Delaware für Kompensationsschuldner viele Möglichkeiten zur Umgehung des *appraisal*-Verfahrens, beispielsweise durch Strukturierung einer

---

1075 Überblick bei MBCA annotated 2009, Section 12.02, S. 12-33 ff.

1076 Arnold Graphics Industries, Inc. v. Independent Agent Center, Inc., 775 F.2d 38 (2d Cir. 1985); *Lumbard v. Maglia, Inc.*, 621 F. Supp. 1529 (S.D. N.Y. 1985); In Bud Antle, Inc. v. Eastern Foods, Inc., 758 F.2d 1451 (11th Cir. 1985); Weitere Einzelnachweise zur Rechtsprechung in MBCA annotated 2009, Section 12.02, S. 12-33 ff.

1077 MBCA annotated 2009, S. 13-08.

1078 Harington v. Arco Electronics, 188 A.2d 123 (Del. 1963), Harington v. Arco Electronics 182 A.2d 22 (Del.Ch. 1962); dazu *Thompson, 84 GEO. L. J. 1 (1995), S. 6.*

1079 *Von Hein*, Rezeption US-amerikanischen Gesellschaftsrechts, *2008, S.* 431.

Übernahme unter Verwendung einer Tochtergesellschaft als *triangular merger*[1080], die wirtschaftlich dem beabsichtigten einfachen *merger* vollständig entspricht.[1081]

bb) Subsidiarität des *appraisal remedy* bei Marktgängigkeit

(1) Gesetzliche Regelungen

Etwa die Hälfte der US-amerikanischen Rechtsordnungen, darunter das Recht von Delaware sowie der MBCA, lassen ein *appraisal right* nicht zu, wenn die Aktionäre ihre Anteile über die Börse verkaufen können.[1082] Diese Regelungen sind als *market exception*[1083] bzw. als *market-out*[1084] bekannt. Dahinter steht die Überlegung, dass das *appraisal right* subsidiär sein soll, wenn sich die Aktien über die Börse verkaufen lassen und dabei gewisse Voraussetzungen hinsichtlich der Marktgängigkeit erfüllt sind sowie sonstiger Missbrauch ausgeschlossen scheint.[1085] Die Aktionäre, so die Grundidee, benötigen dann nicht den Schutz dieses Gerichtsverfahrens und man kann daher auf ein möglicherweise zeit- und kostenintensives und ggf. für das Unternehmen zu hohen Liquiditätsabflüssen führendes Verfahren verzichten.[1086]

In Delaware ist diese *market-out*-Regel und ihre Anforderungen an die Marktgängigkeit gesetzlich definiert: Aktien sind gem. § 262 (b) (1) DGCL marktgängig, wenn zum Zeitpunkt der Bekanntgabe des *mergers* die Aktien an einer nationalen Börse, etwa dem *New York Stock Exchange* (NYSE) oder der *National Association of Securities Dealers Automated Quotations* (NASDAQ) gehandelt werden oder wenn mehr als 2.000 verschiedene Aktionäre bei der Gesell-

---

1080 *Baird/Henderson*, 60 Stn. L. Rev. 1309 (2008), S. 1317 ("*A board of directors can combine two businesses in a manner that denies shareholders of one the ability to vote on the transaction*").

1081 Beim *triangular merger* sind nicht zwei, sondern drei *corporations* involviert: Erstens die übernehmende Gesellschaft, zweitens die zu übernehmende Gesellschaft sowie drittens die Tochtergesellschaft der übernehmenden Gesellschaft, die zunächst mit der übernehmenden Gesellschaft verschmolzen wird, um dann einen *short-form merger* vorzunehmen, *Merkt/Göthel*, Rn. 1164 ff.

1082 MBCA annotated 2009, S. 13-08; *Wertheimer*, 47 Duke L.J. 613 (1998), S.632 (Fn. 101).

1083 So bezeichnet unter anderem im MBCA.

1084 So bezeichnet unter anderem in Delaware.

1085 MBCA annotated 2009, S. 13-134 ("*liquidity and and reliability considerations", 36 states have "market out provisions*".); es gibt auch eine Ausschlussmöglichkeit (*charter exemption*) über die Satzung der Gesellschaft in *Maryland*, MBCA annotated 2009, S. 13-35; *Wertheimer*, 47 Duke L.J. 613 (1998), S.632 (Fn. 101) zählt 1998 dagegen nur 24 Staaten.

1086 MBCA annotated 2009, S. 13-08.

schaft bekannt sind.[1087] Die Definition der Marktgängigkeit in § 13.02 (b) (1) MBCA ist im Vergleich zur Regelung in Delaware etwas strenger, denn es wird zusätzlich verlangt, dass die außenstehenden Aktionäre, die nicht vom Kompensationsschuldner beeinflusst werden können, über einen Marktwert von mindestens 20 Millionen US-Dollar verfügen.[1088] Da diese Voraussetzungen praktisch für jede börsennotierte Gesellschaft zutreffen, wird der Anwendungsbereich des *appraisal right* durch das *market-out* erheblich eingeschränkt.

Die Gesetzgeber erkennen allerdings an, dass die *market-out exception* nicht in allen Fällen dem notwendigen Schutz der außenstehenden Aktionäre gerecht wird. Insbesondere im Zusammenhang mit Strukturmaßnahmen sind Situationen denkbar, in denen der Börsenkurs keine verlässliche Indikation für eine faire Bewertung darstellt. Der MBCA fordert neben der Marktgängigkeit, dass der Preis der Aktien verlässlich (*reliable*) sein muss.[1089] Zweifel an dieser Verlässlichkeit bestehen insbesondere dann, wenn sich die Vertreter des Mehrheitsaktionärs in einem Interessenkonflikt befinden (*interested transaction*).[1090] Bei einem *merger* mit einer Tochtergesellschaft verfügt beispielsweise das vom Mehrheitsaktionär eingesetzte *board* der Muttergesellschaft häufig über großen Einfluss auf das *board* der Tochtergesellschaft oder ist sogar per-

---

1087 § 262 (b) (1) DGCL („*Provided, however, that no appraisal rights under this section shall be available for the shares of any class or series of stock, which stock, or depository receipts in respect thereof, at the record date fixed to determine the stockholders entitled to receive notice of the meeting of stockholders to act upon the agreement of merger or consolidation, were either (i) listed on a national securities exchange or (ii) held of record by more than 2,000 holders; and further provided that no appraisal rights shall be available for any shares of stock of the constituent corporation surviving a merger if the merger did not require for its approval the vote of the stockholders of the surviving corporation as provided in § 251(f).*“); Skeptisch zur NASDAQ: *Wertheimer*, 47 Duke L.J. 613 (1998), S.632 (Fn. 102) mit Verweis auf *Thompson*, 84 GEO. L. J. 1 (1995), S. 29 ff. (insbesondere Fn. 125).

1088 § 13.02 (b) (1) (ii) MBCA („*[...] The availability of appraisal rights [...] shall be limited [if relevant shares are] ... traded in an organized market and has at least 2,000 shareholders and a market value of at least $20 million (exclusive of the value of such shares held by the corporation's subsidiaries, senior executives, directors and beneficial shareholders owning more than 10 % of such shares [...].*“).

1089 MBCA annotated, 2009, S.13-27: („*For purposes of this chapter, the market out is provided for a class or series of shares if two criteria are met: the market in which the shares are traded must be 'liquid' and the value of the shares established by the appraisal-triggering event must be 'reliable' [...].*“).

1090 Definition des MBCA Section 13.01, 5.1 („*'Interested transaction' means a corporate action described in section 13.02(a), other than a merger pursuant to section 11.05, involving an interested person in which any of the shares or assets of the corporation are being acquired or converted.*“), dazu MBCA annotated 2009, S. 13-08.

sonenidentisch.[1091] Dadurch ist es in der Regel für das *board* der Tochtergesellschaft nicht möglich, autonome Entscheidungen zu fällen, die ausschließlich im Interesse der Tochtergesellschaft sind. Diese Situation ist vergleichbar mit dem Konzernkonflikt im deutschen Recht.[1092] In diesem Fall wird die *market-out exception* gem. § 13.02 (b) (4) MBCA trotz liquiden Markts nicht zugelassen, stattdessen hat ein *appraisal remedy* stattzufinden.[1093]

In Delaware gibt es ebenfalls eine Rückausnahme, die so genannte *cash-out exception*, die das *appraisal remedy* dann wieder zulässt, wenn die Aktionäre in Geld und nicht in Aktien abgefunden werden sollen.[1094] Der Sinn dieser Regelung liegt darin, dass bei *cash-out*-Transaktionen das Potential für Missbrauch durch den Kompensationsschuldner am größten ist, da hier die Aktionäre einmalig kompensiert werden und ab diesem Zeitpunkt nicht mehr an zukünftigen Wertsteigerungen partizipieren.[1095] Sie sollen daher Zugang zu gerichtlichem Schutz haben.

(2) Kontroverse über *market-out*-Regelungen

Die Regelung zum *market-out* gehört zu den umstrittensten Aspekten des *appraisal right*. Dieser Streit ist eng verknüpft mit der Diskussion über die Berücksichtigung von Börsenkursen in Wissenschaft und Rechtsprechung.[1096]

(a) Argumente für *market-out*-Regelungen

Die *market-out*-Regelungen beruhen auf der Effizienzmarkthypothese, nach der Börsenkurse in einem liquiden Markt mit gleich gut informierten Marktteilnehmern den fairen Wert einer Aktie widerspiegeln.[1097] Die Effizienzmarkthypothese geht zudem davon aus, dass alle Marktteilnehmer rational und auf der Basis gleicher Informationen handeln und diese stets in den Kursen eingepreist sind. Eine weit verbreitete Meinung befürwortet mit Ver-

---

1091 *Merkt/Göthel*, Rn. 1213.

1092 Zum Konzernkonflikt im deutschen Recht, siehe IV. Unterschiede bei einzelnen Bewertungsanlässen, S. 119.

1093 Die *market-out*-Regel des MBCA wurde in den letzten Jahrzehnten mehrfach geändert, MBCA annotated 2009, S. 13-30; dazu *Thompson,* Georgetown Public Law and Legal Theory Research Paper No. 10-65 *(2011), S. 11* ff.

1094 Dazu *Hamermesh/Wachter*, 31 Del. J. Corp. L. 119 (2005); S. 133 ff., *Letsou*, 39 B.C.L. Rev. 1121 (1998), S. 1160 ff.

1095 *Letsou*, 39 B.C.L. Rev. 1121 (1998), S. 1163 f. (Fn. 156).

1096 Siehe dazu bereits die Diskussion gerichtlicher Bewertungsmaßstäbe im Spruchverfahren, III. Bewertungsmaßstäbe der Gerichte, S. 100.

1097 Zur Rechtslage in Deutschland siehe 3. Kapitalmarktorientierte Bewertungsmaßstäbe, S. 107 ff., dort insbesondere bei Fn. 578.

weis auf ausreichend effiziente Finanzmärkte die *market-out*-Regelungen.[1098] Der Börsenkurs ist nach dieser Einschätzung stets eine präzise und faire Bewertung der Aktie, die eine umständliche und teure gerichtliche Überprüfung überflüssig erscheinen lässt.[1099]

Einige Verfechter der *market-out*-Regelungen bzw. der marktorientierten Bewertung gehen konsequenterweise davon aus, dass es unerheblich sei, ob der Börsenkurs fundamentalen Bewertungsmethoden entspreche.[1100] Sie weisen darauf hin, dass der Aktionär in der Regel[1101] zum Marktpreis auf der Grundlage sämtlicher Unsicherheiten und Einflussfaktoren eingestiegen ist – und dies zu einem Zeitpunkt, den er sich selbst ausgesucht hat. Sollte im Falle einer Strukturmaßnahme statt des Marktpreises nun ein nach fundamentalen Bewertungsmethoden ermittelter Wert zugrunde gelegt werden, so wäre darin eine nicht sachgemäße Arbitrage (*appraisal arbitrage*) zu sehen.[1102] Gegen das *appraisal* und für eine starke Rolle des *market-out* sowie für einen Verkauf an den freien Markt werden zudem häufig die allgemeinen Nachteile des *appraisal* vorgebracht, vor allem Liquiditätsabflüsse für das Unternehmen und hohe Kosten.[1103]

(b) Kritik an *market-out*-Regelungen

Gegen das *market-out* wird vor allem mit der allgemeinen Schwäche von Marktpreisen argumentiert.[1104] Die US-amerikanische Rechtsprechung hegt seit vielen Jahrzehnten, ausgehend von der Entscheidung *Chicago Corp. v.*

1098 *Letsou*, 39 B.C.L. Rev. 1121 (1998), S. 1149, 1161 ff.; *Goetz*, 15 Fordham J. Corp. & Fin. L. 771 (2010), S. 772 ff.

1099 *Goetz*, 15 Fordham J. Corp. & Fin. L. 771 (2010), Fn. 58 mit Verweis auf *Ratway*, 28 U. Tol. L. Rev. 179 (1996), Fn. 204 ("*Proponents of the 'market-out' exception claim that with a publicly-traded stock, the stock market price is an accurate and fair valuation of the stock. Therefore, expensive judicial determination of the fair value would be redundant.*").

1100 *Seligman*, 52 Geo. Wash. L. Rev. 829 (1984), S. 837 f.

1101 Sofern er nicht vor dem Börsengang investiert hat.

1102 *Seligman*, a.a.O., S. 842 f.; *Goetz*, 15 Fordham J. Corp. & Fin. L. 771 (2010), S. 791 ("*Whether or not the market value accurately represents the intrinsic value of a public company's shares, however, it would be inappropriate to award owners of such publicly-traded shares anything but that price in appraisal. The shareholders paid the market price in the first place to obtain the shares [...], and therefore, if corporate statutes allow shareholders to receive a "fair value" that is higher than the market price, the shareholders would receive a windfall. An investor could buy at market price and then if an appraisal-triggering transaction occurred, he could dissent and exercise his appraisal right, receiving compensation for his shares that would be greater than market price - that is, appraisal arbitrage*").

1103 *Goetz*, 15 Fordham J. Corp. & Fin. L. 771 (2010), S. 793; zum Liquiditätsabfluss im deutschen Recht, siehe I. Rechtsfolgen des Spruchverfahrens, S. 99.

1104 Siehe 3. Kapitalmarktorientierte Bewertungsmaßstäbe, S. 107.

Munds im Jahr 1934[1105], ein Misstrauen gegenüber dem Börsenkurs als Bewertungsgrundlage im Zusammenhang mit einem *appraisal* und betont stets die Möglichkeit der Manipulation von Börsenkursen. Auch wird auf die Gefahr hingewiesen, dass der relevante Marktpreis bereits den Ausgang des Verfahrens berücksichtigt und damit die Strukturmaßnahmen bereits antizipiert.[1106] In der US-amerikanischen Literatur wird daher die Auffassung vertreten, dass die *market-out*-Regelungen beseitigt oder zumindest begrenzt werden sollten.[1107]

Zur Begründung werden die klassischen Argumente[1108] gegen die Effizienzmarkthypothese vorgebracht: Die der *market-out exception* zugrunde liegenden Annahmen entsprechen schon im Ansatz nicht der Realität.[1109] Vor allem die Tatsache, dass Kleinaktionäre in der Praxis schlecht informiert sind, verdeutlicht danach die Zweifel an effizienten Kapitalmärkten.[1110] Gerade in der *appraisal*-Situation wird die unterschiedliche Informationslage zwischen außenstehende Minderheitsaktionären und Kompensationsschuldner deutlich. Hinzu kommt, dass sich in der Vergangenheit gezeigt hat, dass die Börsenwerte extremen Schwankungen unterliegen und es Phasen geben kannn, in denen die Aktienkurse gegenüber fundamentalen Bewertungen systematisch zurückfallen: Historisch wird in diesem Zusammenhang vor allem auf die *going private*-Welle der Jahre 1974 und 1975 verwiesen: Viele Minderheitsaktionäre, die in der Börseneuphorie der sechziger Jahre Aktien zu hohen Kursen erworben hatten, wurden im Zuge der folgenden Kursdepression durch *freeze-out* von den Mehrheitsaktionären aus Unternehmen gedrängt und erlitten dadurch deutliche Kursverluste.[1111] Auch die Autoren des MBCA verloren in dieser Zeit den uneingeschränkten Glauben an die Märkte und schafften die *market-out exception* zeitweise sogar vollständig ab.[1112] Die heutige

---

1105 Chicago Corp. vs. Munds, 172 A.2d 452 (Del. Ch. 1934), S. 455 f.

1106 *Goetz*, 15 Fordham J. Corp. & Fin. L. 771 (2010), S. 791.

1107 *Schwenk*, 16 Cardozo L. Rev. 649 (1994), S. 682.

1108 Siehe bereits 3. Kapitalmarktorientierte Bewertungsmaßstäbe, S. 107.

1109 *Schwenk*, a.a.O., S. 682. ("*Nevertheless, this rationale for the stock market exception has been highly criticized, principally on the basis that the assumptions underlying the Efficient Market Hypothesis do not reflect reality.*")

1110 *Goetz*, 15 Fordham J. Corp. & Fin. L. 771 (2010), S. 791, Fn. 58 mit Verweis auf *Schwenk*, 16 Cardozo L. Rev. 649 (1994), S. 682 ("*[...] a significant amount of "noise trading" occurs in the market via ill-informed investors and that such trading "keeps prices from reflecting fundamental values accurately [...]"*).

1111 *Merkt/Göthel*, 2006, Rn. 1213.

1112 *Goetz*, 15 Fordham J. Corp. & Fin. L. 771 (2010), S. 791, Fn. 58 mit Verweis auf *Schwenk*, 16 Cardozo L. Rev. 649 (1994), S. 686. ("*In fact, in light of the bear market of*

Regelung im MBCA favorisiert grundsätzlich den Börsenkurs, geht aber mit der Forderung nach liquiden Märkten und verlässlichen Preisen unter Ausschluss von *interested transactions* auf die wesentlichen Probleme der *market-out*-Bestimmung ein, überlässt der Rechtsprechung allerdings einen sehr großen Beurteilungsspielraum. Die gesetzliche Regelung in Delaware ist dagegen mit ihren deutlich formulierten Voraussetzungen klar abgegrenzt, aber entsprechend weniger flexibel. Zur Behandlung dieser *interested transactions* hat die Rechtsprechung in Delaware stattdessen ein eigenes Instrument, den *entire fairness*-Test, entwickelt.[1113]

b) Verhältnis von *appraisal remedy* und *entire fairness*

Wie bereits beschrieben, erlangte der *entire fairness*-Test erst durch die Kombination von *Weinberger*[1114]- und *Rabkin*[1115]-Entscheidung die heutige Bedeutung.[1116] Dadurch wurde der Anwendungsbereich des *appraisal remedy* in Delaware insbesondere für den *freeze-out* so umfassend erweitert, dass daraus in der Praxis ein eigener Rechtsbehelf entstanden ist.[1117]

aa) Grundsätzliche Abgrenzung beider Rechtshelfe

Die Abgrenzung beider Rechtsbehelfe ist jedoch im Einzelnen bis heute nicht abschließend geklärt.[1118] Dies ist insbesondere deshalb problematisch, da die Unterscheidung, ob ein *appraisal remedy* oder ein *entire fairness*-Verfahren vorliegt, entscheidenden Einfluss auf die prozessualen Voraussetzungen und die Rechtsfolgen hat.[1119] In der Praxis hat es sich etabliert, dass der *Delaware Court of Chancery* zu Beginn jedes einschlägigen Verfahrens festgestellt, welcher Prü-

---

the 1970s, the drafters of the Revised Model Business Corporations Act rejected the stock market exception based on the belief that the market may systematically undervalue stocks.").

1113 Zum *entire fairness*-Test sogleich; zur Diskussion einer Übernahme der *market-out*-Regelungen in Deutschland siehe 5. *Market-out-Regelungen*, S. 204 f.

1114 Weinberger v. UOP, Inc., 457 A.2d 701 (Del.1983).

1115 Rabkin v. Philip A. Hunt Chemical Corp., 498 A.2 d 1099 (Del. 1985).

1116 Siehe a) Ursprünge, S. 169.

1117 *Thompson*, 84 GEO. L. J. 1 (1995), S. 44.

1118 *Thompson*, 84 GEO. L. J. 1 (1995), S. 44 ("*The Delaware court decreed that the appraisal would be the minority's sole financial remedy in a squeeze-out merger and changed the valuation standards so that the remedy was better able to function in the squeeze-out setting. Yet Weinberger left considerable ambiguity about the breadth of the remedy. The court explicitly referred to contexts in which appraisal would not be satisfactory and included fiduciary duty and self-dealing among them. Indeed, the court explicitly referred to the continuation of the fairness test […] which arose out of a transaction in which appraisal would have been available.*").

1119 *Merkt/Göthel*, Rn. 1308.

fungsrahmen für den jeweils vorliegenden Sachverhalt einschlägig ist: *Entire fairness* oder das klassische *appraisal*?

Das *appraisal remedy* dient vor allem als verfahrensrechtlicher Fortsatz des Rechts zum freiwilligen Austritt im Falle gesellschaftsrechtlicher Strukturmaßnahmen. Es kommt in der Regel dann zum Einsatz, wenn einzelne außenstehende Aktionäre im Zusammenhang mit einer Strukturmaßnahme ihre Stellung freiwillig aufgeben und stattdessen eine Kompensation erhalten möchten.[1120] Demgegenüber dient der *entire fairness*-Test vor allem dazu, diejenigen Aktionäre zu schützen, die nicht freiwillig desinvestieren und aus der Gesellschaft austreten wollen, sondern vom Kompensationsschuldner dazu gezwungen werden.[1121] Der *entire fairness*-Test gelangt daher in der Regel bei einem *freeze-out* zur Anwendung, das *appraisal remedy* hingegen eher bei einem *merger* oder ähnlichen Strukturmaßnahmen, die keinen zwangsweisen Ausschluss der Minderheitsaktionäre zur Folge haben.[1122]

bb) Unterschiedliche Verfahrensvoraussetzungen

Grundsätzlich kommt das *entire fairness*-Verfahren zum Zuge, wenn eine Treuepflichtverletzung des Kompensationsschuldners vorliegt. Das *appraisal*-Verfahren genießt keine Exklusivität und wird vom *entire fairness*-Verfahren in der Regel beim Vorliegen einer Treuepflichtverletzung verdrängt.[1123]

Problematisch ist eine Abgrenzung beider Verfahren insbesondere dann, wenn dem Kompensationsschuldner im Rahmen einer *interested transaction* kein Fehlverhalten oder nur eine geringe Treuepflichtverletzung wie z. B. ein Formfehler vorzuwerfen ist.[1124] Dann sind die umfassenden Verfahrensvoraussetzungen des *appraisal remedy*[1125] einzuhalten, so dass dann nur die Antragsteller, die auch einen eigenen Antrag stellen und die Prozessvoraussetzungen erfüllen, auch Partei des Verfahrens werden und vom wirtschaftlichen Ergebnis des Verfahrens profitieren können.[1126] In diesem Fall sind Anwendungsbereiche des *entire fairness*-Tests und des *appraisal*-Verfahrens praktisch identisch.

1120 *Merkt/Göthel*, Rn. 1253.

1121 *Merkt/Göthel*, Rn. 1253.

1122 Siehe bb) *Entire fairness-Test* und *freeze-out-Gestaltungen*, S. 171.

1123 Sealy Mattress Co of New Jersey, Inc v Sealy, Inc, 532 A2d 1324 (Del. Ch. 1987), ("*Appraisal is not exclusive remedy in cases involving breach of duty of fair dealing.*"); Cede & Co. v. Technicolor, Inc., 542 A.2d 1182 (1988) (*Technicolor I*); dazu *Mahoney/Weinstein*, 1 Am. Law. & Econ. Rev. 239 (1999) Fn. 37 a.E.; *Letsou,* The Role of Appraisal in Corporate Law, 39 B.C.L. Rev. 1121 (1998), Fn 130.

1124 Siehe dazu aa) Grundlagen, S. 170.

1125 Siehe c) Verfahrensablauf, S. 151.

1126 *Merkt/Göthel*, Rn. 1308.

Liegt hingegen ein wesentlicher Treuepflichtverstoß (z. B. betrügerisches Vorgehen) vor, ergeben sich wesentliche Unterschiede hinsichtlich der prozessualen Voraussetzungen, da dann im *entire fairness*-Verfahren das vom *appraisal remedy* bekannte Vorverfahren nicht durchlaufen werden muss.[1127] Wäre der *entire fairness*-Test als eine einfache Erweiterung des Prüfungsmaßstabs des *appraisal remedy* zu verstehen, dann müssten die klagenden Aktionäre stets auch die umfangreichen Verfahrensvoraussetzungen des *appraisal remedy* einhalten und insbesondere schon vor der Hauptversammlung ihre im Hinblick auf die Strukturmaßnahme ablehnende Haltung zum Ausdruck bringen.[1128]

cc) Unterschiedliche Rechtsfolgen

Auch hinsichtlich des Prüfungsmaßstabs und des Rechtsschutzziels unterscheiden sich beide Verfahren.

Der Gesetzgeber hat in Delaware in § 262 (a) DGCL bewusst auf ein *appraisal right* als Sammelklage verzichtet.[1129] Dem Aktionär, der die Kompensation als zu niedrig empfindet, steht mit dem *appraisal remedy* ein Rechtsbehelf zur Verfügung, der an enge Voraussetzungen geknüpft ist, die er selbst erfüllen muss. Er muss das Verfahren als *opt-in* führen, was bedeutet, dass Aktionäre aufgrund ihrer Aktionärsstellung nicht automatisch an dem Rechtsverfahren teilnehmen, sondern sich aktiv um Teilnahme und um Erfüllung der Verfahrensvoraussetzungen bemühen müssen.[1130] Der von der Rechtsprechung entwickelte *entire fairness*-Test wird hingegen als *opt-out*-Verfahren geführt.[1131] Danach nimmt der Aktionär ohne weiteres Zutun an dem Verfahren teil, solange er sich nicht explizit dagegen ausspricht.[1132] Aus Sicht des Mehrheitsaktionärs erhöht sich durch den *entire fairness*-Test das wirtschaftliche Risiko, da ein *appraisal right* in der Regel nur von einer kleinen Anzahl von Aktionären wahrgenommen wird.[1133]

1127 *Gilson/Gordon, 152 U. Pa. L.* Rev. *785 (2003), S. 838. ("Cause of action arising under lynch's entire fairness standard can be described as] the equivalent of a class appraisal proceeding without the need for shareholders actually to perfect their appraisal rights.").*

1128 Siehe c) Verfahrensablauf, S. 151.

1129 *Gilson/Gordon*, 152 U. Pa. L. Rev. 785 (2003), S. 799.

1130 Zum Unterschied von *opt-in* und *opt-out* beim *appraisal Hossfeld*, 53 Duke L.J. 1337 (2004), Fn. 63; vgl. auch Andra v. Blount, 772 A.2d 183, 194 (Del. Ch. 2000) ("*[…] apparent inadequacies of the appraisal remedy [is] that [the shareholder] does not get to represent a class"*); siehe sogleich b) Verhältnis von *appraisal remedy* und *entire fairness*, S. 195.

1131 Weinberger v. UOP, Inc., 457 A.2d 701 (Del.1983), S. 711 ff.

1132 Kahn v. Lynch Communication, 638 A.2d 1110 (Del. 1994), S. 1111; *Hossfeld*, 53 Duke L.J. 1337 (2004), S. 1345.); dazu insgesamt *Gilson/Gordon*, 152 U. Pa. L. Rev. 785 (2003), S. 798 f.

1133 *Gilson/Gordon*, 152 U. Pa. L. Rev. 785 (2003), S. 799 m.w.N. in Fn. 46.

Beim *appraisal remedy* bezieht sich der Anspruch allein auf die Bewertung der Anteile unabhängig von möglichen Pflichtverletzungen, während der Anspruch beim *entire fairness*-Test dagegen auch auf Schadensersatz abzielen kann.[1134]

c) Unterschiedliche Fortentwicklung der Regelungen

Appraisal remedy und *entire fairness*-Test stehen auch für stellvertretend für unterschiedliche Herangehensweisen im Umgang mit der Fortentwicklung des Rechts. Auf der einen Seite hat Delaware seine gesetzlichen Regelungen zum *appraisal remedy* über Jahrzehnte nicht wesentlich verändert und es den Gerichten überlassen, die grundlegenden Änderungen in der Anwendung der Vorschriften zu machen und den *entire fairness*-Test zu entwickeln.[1135] Im Gegensatz dazu wurden die entsprechenden Regelungen des MBCA und ihm nachfolgend in vielen anderen Bundesstaaten laufend angepasst und decken nun die gesamte Bandbreite des möglichen Anwendungsbereichs des *appraisal remedy* ab.[1136]

In der Literatur wird die Frage aufgeworfen, ob angesichts der inzwischen großen Überschneidungen zwischen *entire fairness*-Test und dem modernen *appraisal right* des MBCA, das *appraisal right* überhaupt noch notwendig sei.[1137] In jedem Fall gibt diese Regelung insbesondere im Hinblick auf Grenzfälle wie *cash-out merger* aufgrund ihrer ausdrücklichen Behandlung im MBCA mehr Rechtssicherheit als der Regelungsrahmen in Delaware.[1138]

d) Praktische Relevanz von *appraisal* und *entire fairness*

Das *appraisal remedy* hat eine recht hohe Bedeutung in der rechtswissenschaftlichen Diskussion des Minderheitenschutzes des US-amerikanischen Gesellschaftsrechts, die praktische Bedeutung ist allerdings als gering einzustufen.[1139] Das klassische *appraisal remedy* spielte im Jahrzehnt vor der *Weinberger*-Entscheidung (1973 bis 1983) nur eine äußerst untergeordnete Rolle: Es wurden gerade einmal neunzehn Verfahren gezählt, von denen nur sechs in De-

---

1134 *Hamermesh/Wachter*, 31 Del. J. Corp. L. 119 (2005), S.119 ff.; *Merkt/Göthel*, Rn. 1241, 1308; *Letsou*, 39 B.C.L. Rev. 1121 (1998), S. 39 f.; jüngst dazu umfassend *Thompson, 74* Law & Contemp. Prob. *253 (2011)*; siehe d) Gerichtlicher Prüfungsmaßstab, S. 184.

1135 *Thompson*, 74 Law & Contemp. Prob. 253 (2011), S. 266.

1136 *Thompson*, a.a.O., S. 266.

1137 *Thompson*, a.a.O., S. 253 ff.

1138 *Thompson*, a.a.O., S. 258 ff.

1139 Übersicht empirischer Untersuchungen bei *Gude*, Strukturänderungen und Börsenkurs, 2003, S. 308.

laware entschieden wurden.[1140] In der Dekade nach der *Weinberger*-Entscheidung (1983 bis 1993) wurde mit 103 Verfahren ein sprunghafter Anstieg registriert, der darauf zurückzuführen ist, dass auch *entire fairness*-Verfahren erfasst werden.[1141] Etwa 80 % dieser Verfahren betreffen *freeze-out*-Sachverhalte.[1142] Aktuellere Zahlen zu den durchgeführten *appraisal*- oder *entire fairness*-Verfahren sind nicht verfügbar.[1143] Die Zahlen erscheinen im Verhältnis zur Größe des Wirtschaftsraums der USA und zur Anzahl der Strukturmaßnahmen sehr gering. Ein Grund dafür ist in den umfassenden *market-out*-Regelungen zu sehen, die dafür sorgen, dass viele Verfahren gar nicht zu Gericht gelangen, da der überwiegende Teil (91 %) der börsennotierten US-amerikanischen Aktiengesellschaften nach einer Rechtsordnung inkorporiert ist, die einen derartigen Ausschluss des *appraisal* vorsieht.[1144]

1140 *Seligman*, 52 Geo. Wash. L. Rev. 829, (1984), S. 829, Fn. 3. mit einer Aufstellung der Verfahren; dazu *Thompson*, 84 Geo. L. J. 1 (1995), S. 25 f.

1141 *Thompson*, 84 GEO. L. J. 1 (1995), S. 25 f.

1142 *Thompson*, 84 GEO. L. J. 1 (1995), S. 25 f.

1143 Die Aufstellung von *Chen/Yee/Yoo*, 37 JBFA 1094 (2010) erfasst nicht alle gerichtlich behandelten Fälle, sondern nur eine Auswahl. Die Aufstellung bei *Subramanian*, 36 JLEGST 1 (2007), S. 43 (Table 1) enthält die Anzahl der *freeze-out*-Verfahren in Delaware im Zeitraum vom 19.06.2001 bis zum 31.12.2003 (96 *freeze-out*), lässt keinen Rückschluss auf die Anzahl der gerichtlichen *appraisal*-Verfahren zu. Auch bleiben *short-form merger* bei dieser Untersuchung außer Betracht (S. 1).

1144 *Goetz*, 15 Fordham J. Corp. & Fin. L. 771 (2010), S.780 mit Verweis auf Daten von *Bebchuck/Cohen*, 46 J.L. & Econ. 383 (2003), S. 391.

D. Rechtsvergleich und Reformansätze für das deutsche Recht

I. Anwendungsbereiche und Rechtsfolgen

Nachfolgend werden wichtige Aspekte des Anwendungsbereichs verglichen und daraufhin untersucht, inwieweit es möglich und zweckmäßig ist, US-amerikanische Regelungen des *appraisal remedy* bzw. des *entire fairness*-Verfahrens auf das deutsche Spruchverfahren zu übertragen.[1145]

1. Stellung im Rechtssystem und Bezug zum Austrittsrecht

Spruchverfahren und *appraisal remedy* sind prozessual eigenständige Verfahren für den Streit um die angemessene Höhe der Kompensation nach Strukturmaßnahmen. Sie wurden für den Ausgleich der gegenläufigen finanziellen Interessen von Minderheits- und Mehrheitsaktionären geschaffen und sehen Regelungen vor, die auf die besonderen Anforderungen beider Seiten eingehen. Das *appraisal remedy* steht genau wie das Spruchverfahren im Spannungsverhältnis zwischen Kompensationsschuldner und außenstehenden Aktionären, die jeweils eine für sich günstige Bewertung erreichen wollen.[1146] Das *appraisal remedy* beruht im Kern auf dem allgemeinen materiell-rechtlichen Grundsatz, der Aktionären bei jeder Strukturmaßnahme eine gezielte Möglichkeit zur Desinvestition gibt (*appraisal right*). Aus Sicht des Mehrheitsaktionärs bietet die Existenz eines solchen Kompensationsmechanismus die Legitimation dafür, dass er solche Maßnahmen durchführen kann.[1147] In Deutschland wird dagegen von der Rechtsprechung vor allem die Eigentumsposition des Aktionärs betont.[1148] Ein grundsätzliches Austrittsrecht trifft im deutschen Recht auf Bedenken, da hierdurch gegebenenfalls ein Ausverkauf der Gesellschaft in einer finanziell angespannten Situation zu befürchten ist. Das würde den Interessen der Gläubiger und der übrigen Aktionäre der Gesellschaft und insoweit speziell dem Kapitalerhaltungsgrundsatz gem. §§ 57, 71 AktG widersprechen.[1149] Darüber hinaus bedarf der Aktionär nach Auffassung des BVerfG eines solch weitgehenden Schutzes nicht; ausgleichsbedürftig sind al-

1145 Siehe zum Vorgehen, I. Gliederung der Untersuchung, S. 11.

1146 Grundsätzlich *Manning*, 72 Yale L.J. 223 (1962), S. 223 ff.

1147 *Manning*, 72 Yale L.J. 223 (1962), S. 223 ff.

1148 Überblick über verfassungsrechtliche Differenzierung zwischen Bestands- und Vermögensschutz bei *Mülbert*, in: FS Hopt, 2010, S. 1039, 1062 f.; insgesamt *Hofmann*, in: FS Hopt, 2010, S. 833, 846.

1149 *Poelzig/Meixner*, AG 2008, 196, 204, siehe weiterführend zum Austrittsrecht Fn. 21.

lenfalls Beeinträchtigungen der aus der Aktie folgenden vermögensrechtlichen Komponente.[1150]

2. Einheitlichkeit des Rechtsschutzes

Das Regelungssystem in Delaware kennt zwei Rechtsbehelfe, mit denen sich Minderheitsaktionäre gegen eine nicht angemessene Kompensation nach aktien- und umwandlungsrechtlichen Strukturmaßnahmen wehren können.[1151] Das dortige *appraisal remedy* und der *entire fairness*-Test sind daher gemeinsam als funktionales Äquivalent zum Spruchverfahren zu begreifen.[1152] Dagegen gewährleisten der MBCA (durch das dortige *appraisal right*) und das deutsche Recht (durch das Spruchverfahren) einen einheitlichen Rechtsschutz. Auch hinsichtlich der auslösenden Strukturmaßnahmen sind die Regelungen in Delaware wesentlich restriktiver als beim MBCA und in Deutschland, denn in Delaware ist der Zugang zum *appraisal remedy* auf *merger* limitiert.[1153] Außerdem sind die Regeln in Delaware vor allem für Fälle gedacht, in denen Minderheitsaktionäre ihre Mitgliedschaftsrechte aufgeben oder verlieren, etwa durch einen *freeze-out*. Nach dem MBCA und im Spruchverfahren ist Rechtsschutz auch für Maßnahmen vorgesehen, bei denen die Minderheitsaktionäre ihre Aktionärseigenschaft nicht verlieren bzw. verlieren möchten (z. B. Organschaftsvertrag, Delisting oder Satzungsänderungen), jedoch finanzielle Nachteile durch die Strukturmaßnahme erleiden.[1154]

Ein wesentlicher Unterschied zur Rechtslage in Deutschland besteht darin, dass die US-amerikanischen Rechtsordnungen eine wie in Deutschland vorgenommene trennscharfe Abgrenzung zwischen übernahmerechtlichen und aktienrechtlichen Vorgängen nicht kennt. Ein Abfindungsangebot aus einem Unternehmensvertrag wird als Übernahmeangebot behandelt, was zur Anwendung US-amerikanischen Kapitalmarktrechts führt, sobald sich mindestens 10 % der Anteile in der Hand außenstehender Aktionäre befinden.[1155] Eine Übernahme des auf zwei Rechtsbehelfe verteilten Rechtsschutzes aus Delaware in das deutsche Recht erscheint nicht zweckmäßig.[1156] Eine Bünde-

---

1150 BVerfG, Beschlüsse vom 23.08.2000 – 1 BvR 68/95 u. 1 BvR 147/97, NJW 2001, 279, 281 (*Moto Meter*); *Poelzig/Meixner*, AG 2008, 196, 203 f.

1151 Siehe b) Verhältnis von *appraisal remedy* und *entire fairness*, S. 195.

1152 *Hellgardt/Hoger*, ZGR 2011, 38, 72 (Fn. 192: „*Im Delaware-Recht war die ausgeschlossene Alternative nicht die Anfechtungsklage, sondern die (als class action mögliche) Schadensersatzklage wegen Verletzung von Treuepflichten bei der Festsetzung der Abfindung.*“).

1153 Siehe b) Anwendungsbereich, S. 170.

1154 Jedenfalls nach dem MBCA.

1155 *Austmann*, ZGR 2009, 277, 308.

1156 Vgl. dazu auch *Hasselbach*, BB 2010, 2842, 2846.

lung des Rechtsschutzes sowohl bei übernahme- und gesellschaftsrechtlichen Strukturmaßnahmen in Deutschland entsprechend dem MBCA in einem einzigen Rechtsbehelf würde auch der Rechtslage in Großbritannien und Italien entsprechen.[1157] Dies entspricht allerdings nicht der Systematik des deutschen Rechts und wird daher zu Recht kritisch gesehen.[1158] Im Rahmen der nachfolgend diskutierten eigenen Reformvorschläge im dritten Teil (*Reformvorschläge*) wird dieser Aspekt daher nicht vertieft behandelt.

3. Verhältnis zu anderen Rechtsbehelfen

Sowohl die Rechtsordnungen in den USA als auch in Deutschland trennen grundsätzlich den Konflikt um eine angemessene Bewertung von den Fragen über die Rechtmäßigkeit einer Strukturmaßnahme. Das *appraisal remedy* kann wie das Spruchverfahren unabhängig von Pflichtverletzungen der Antragsgegner oder Mängeln in der Beschlussfassung der betreffenden Maßnahme durchgeführt werden.[1159] Beide Verfahren schließen zudem Einwände aus, die sich gegen Ob und Inhalt der beschlossenen Maßnahmen richten. Dieser Grundsatz wird in Delaware beim *entire fairness*-Verfahren nicht eingehalten, denn hier können zu einem gewissen Ausmaß Treuepflichtverstöße, Verfahrensmängel oder arglistige Täuschungen bei der Beschlussfassung vorgebracht werden.[1160] Auch im deutschen Recht sind Schadensersatzklagen der Aktionäre aus Treuepflichtverletzungen untereinander auch grundsätzlich möglich, dazu gehören selbstverständlich auch Klagen der Minderheitsaktionäre gegen den Kompensationsschuldner.[1161] Die Treuepflichten sind in Deutschland in ihrer konkreten Wirkungsweise umstritten; sie sind in der Gerichtspraxis nur extremen Fällen vorbehalten.[1162] Das US-amerikanische Recht betont das Konzept der Treuepflicht des Mehrheitsaktionärs stärker als das deutsche Recht; in den USA wird die Treuepflicht auf jede denkbare Fallgestaltung angewen-

1157 Siehe dazu 3. Großbritannien, S. 135 sowie 5. Italien, S. 139.

1158 Siehe dazu *Teichmann*, AG 2004, 67, dort Fn. 179; OLG Frankfurt a.M., Beschluss vom 27.05.2003 – WpÜG 2/03, DB 2003, 1373.

1159 Siehe II. Einzelne Rechtsbehelfe, S. 148.

1160 *Baums*, Anfechtung von Hauptversammlungsbeschlüssen, 2000, S. 62 ff.

1161 *J. Vetter*, AG 2008, 177, 182 m.w.N.

1162 *K. Schmidt*, Gesellschaftsrecht, 2002, S. 587 ff.; grundlegend *Verse*, Aktienrecht im Wandel (Bd. 2): Treuepflicht und Gleichbehandlungsgrundsatz, 2007, S. 579 ff.; Beispiele für Treuepflichtverletzungen in der Rechtsprechung BGH, Entscheidung vom 01.02.1988 – II ZR 75/87, BGHZ 103, 184 (*Linotype*); BGH, Entscheidung vom 20.03.1995 – II ZR 205/94, BGHZ 129, 137, 164 f. (*Girmes*), letztere zu Treuepflichten der Minderheitsgesellschafter; zur Situation in den USA, *Hofmann*, Minderheitsschutz, 2010, S. 34 ff., rechtsvergleichend S. 66 f.

det, ohne sich an starren gesetzlichen Regeln zu orientieren.[1163] Die gesellschaftsrechtliche Rechtsprechung in Deutschland misst der Treuepflicht eher eine Reservefunktion bei.[1164] Im stärker regulierten deutschen Aktien- bzw. Konzernrecht sind die geschriebenen Regeln der §§ 311 ff. AktG spezieller, im Kontrast dazu werden in der Rechtsprechung Delawares Entscheidungen eher einzelfallbezogen beurteilt.[1165]

In den USA können *appraisal*-Verfahren im Zusammenhang mit Klagen, die aus Ansprüchen aus Beschlussmängeln oder Treuepflichtverletzungen resultieren, verbunden werden; der *entire fairness*-Test nimmt hier eine besondere Stellung ein.[1166] Die US-amerikanische Rechtsprechung erlaubt hier eine parallele Verfahrensführung. In Deutschland ist eine solche prozessuale Verbindung nicht möglich, da der Anfechtungsprozess dem Spruchverfahren vorausgeht. Es ist durchaus üblich, dass in Vereinbarungen über den Vergleich einer Anfechtungsklage auch Anhebungen der Kompensation einbezogen werden, obwohl diese nach dem Wortlaut des Gesetzes eigentlich dem Spruchverfahren zugewiesen sind.[1167] In Deutschland gibt es formell eine Exklusivität des Spruchverfahrens bei Bewertungssachverhalten nach Strukturmaßnahmen, die aber teilweise durch die sich auf Bewertungsfragen erstreckenden Vergleiche im Anfechtungsprozess unterlaufen wird.[1168] Der bewertungsbezogene Rechtsschutz erfasst in den USA neben dem *entire fairness*-Verfahren auch prozedurale Verstöße bei der Durchführung der Strukturmaßnahme, insbesondere bei mangelhafter Information außenstehender Aktionäre.[1169] Da diese in einem *appraisal*-Verfahren selbst eine Preisvorstellung entwickeln müssen, sind sie noch stärker von umfassender Information abhängig.[1170] Dieser als *fair dealing* bezeichnete Grundsatz entspricht teilweise dem Spruchverfahren aufgrund von Informationsmängeln gem. § 243 Abs. 4, S. 2 AktG.[1171] Betrachtet man *entire fairness*-Test und *appraisal remedy* im gebotenen Zusammenhang, so weisen sie zu den entsprechenden Regelungen in Deutschland wenig signifikante Unterschiede auf. Reformansätze ergeben sich aus dem US-amerikanischen Recht insoweit nicht.

1163 *Wackerbarth*, ZGR 2005, 686, 720 f.

1164 *Wackerbarth*, ZGR 2005, 686, 721.

1165 *Wackerbarth*, ZGR 2005, 686, 721.

1166 *Hamermesh/Wachter,* 31 Del. J. Corp. L. 119 (2005), S. 127 (Fn. 42).

1167 *Baums/Drinhausen*, ZIP 2008, 145, 154 ff.

1168 *Baums/Drinhausen*, ZIP 2008, 145, 154 ff.; siehe dazu IV. Vergleiche und Vergleichsmehrwerte, S. 91.

1169 Siehe cc) Angemessene Informationen (*fairness of disclosure*), S. 186.

1170 Siehe c) Verfahrensablauf, S. 151.

1171 Grundlegend dazu *Hirte*, ZHR (167) 2003, 8 ff.

4. Materiell-rechtlicher Anwendungsbereich

Bei der Bestimmung des Anwendungsbereichs folgt das Recht in Delaware einem eher formalistischen Ansatz (*form over substance*), der dem Mehrheitsaktionär vielfältige Möglichkeiten zur Umgehung des *appraisal*-Verfahrens einräumt.[1172] Diese engen tatbestandlichen Voraussetzungen des *appraisal right*, vor allem aber deren strikte Auslegung durch die Rechtsprechung im Wege der *independent legal significance*-Doktrin, eignen sich nicht für eine Übernahme in das deutsche Recht, da sie sich mit den verfassungsrechtlichen Anforderungen von Art. 14 GG in Deutschland nicht vereinbaren lassen.[1173] Das Bundesverfassungsgericht vertritt eine entgegengesetzte Auffassung zur Rechtsprechung in Delaware mit dem dortigen formalistischen Ansatz und stellt auf eine wirtschaftliche Betrachtungsweise ab.[1174] In Deutschland gilt sozusagen eine umfassende *de facto merger doctrine*.[1175] Insoweit stehen sich der MBCA und das deutsche Recht näher, da der MBCA den tatbestandlichen Anwendungsbereich entsprechend weit und offen gestaltet hat.[1176]

5. *Market-out*-Regelungen

Eine Besonderheit der tatbestandlichen Anwendungsvoraussetzungen des *appraisal remedy* stellen die *market-out*-Regelungen dar, die eine Anwendung des Verfahrens auf Strukturmaßnahmen börsennotierter Unternehmen regelmäßig ausschließt.[1177] Hier unterscheidet sich das Recht von Delaware wesentlich vom deutschen Recht, denn bei Strukturmaßnahmen in Deutschland ist die Verkehrsfähigkeit der Anteile im Hinblick auf die Zulassung zum Gerichtsverfahren grundsätzlich nicht relevant. Die Überprüfung der Kompensationshöhe ist auch nach Ansicht des BVerfG in Deutschland entbehrlich, wenn ein effektiver Marktmechanismus gewährleistet ist.[1178] In der gegenwärtigen deutschen Rechtspraxis ist diese verfassungsrechtliche Auffassung allerdings ohne Bedeutung, da für die wesentlichen Strukturmaßnahmen, anders als bei der im *Moto-Meter*-Beschluss des BVerfG gegenständlichen übertragenden Auflösung, ein Zugang zum Spruchverfahren gesetzlich vor-

---

1172 Siehe b) Anwendungsbereich, S. 149.

1173 *Von Hein*, Rezeption US-amerikanischen Gesellschaftsrechts, *2008, S.* 431.

1174 *Von Hein,* Rezeption US-amerikanischen Gesellschaftsrechts, *2008, S.* 431 mit Verweis auf BVerfG, Beschluss vom 27.04.1999 – 1 BvR 1613/94, BVerfGE 100, 289 = NZG 1999, 931 (*DAT/Altana*).

1175 *Von Hein*, Rezeption US-amerikanischen Gesellschaftsrechts, *2008, S.* 431.

1176 Siehe b) Anwendungsbereich, S. 149.

1177 Siehe bb) Subsidiarität des *appraisal remedy* bei Marktgängigkeit, S. 190.

1178 BVerfG, Beschlüsse vom 23.08.2000 – 1 BvR 68/95 u. 1 BvR 147/97, NJW 2001, 279, 281 (*Moto Meter*).

geschrieben ist.[1179] Die Börsennotierung spielt in der Praxis deshalb nicht bei den Anwendungsvoraussetzungen, sondern erst im Prüfungsmaßstab eine Rolle, wo sie nach der Rechtsprechung des BVerfG die wertmäßige Untergrenze darstellt.[1180]

Die Regelung im US-amerikanischen Recht führt aus deutscher Perspektive unter Umständen dazu, dass Aktionäre keinen ausreichenden Rechtsschutz gegen unangemessene Kompensationszahlungen haben, da eine gerichtliche Überprüfung hier vollständig ausgeschlossen ist. Diese Regelung wäre mit der den Börsenkurs als Wertuntergrenze begreifenden Rechtsprechung zu Art. 14 GG zumindest nicht ohne weiteres vereinbar.[1181] Der Vorteil der US-amerikanischen Regelung besteht allerdings darin, dass genau planbar ist, ob der Börsenkurs zugrunde gelegt werden wird oder nicht.[1182]

6. Rechtsfolgen

Eine weitere Besonderheit des US-amerikanischen Rechts besteht darin, dass der Entscheidung im *appraisal remedy* keine umfassende *erga ommnes*-Wirkung zugunsten aller Aktionäre zukommt. Anders verhält es sich dagegen im *entire fairness*-Verfahren, das beim Bestehen grober Pflichtverletzungen im Wege der *class action* zugunsten aller Aktionäre geführt wird.[1183] Das *appraisal remedy* unterscheidet sich insofern deutlich vom Spruchverfahren, zum Nachteil der außenstehenden, nicht antragstellenden Aktionäre.

Während im *appraisal remedy* ausschließlich die angemessene Bewertung im Vordergrund steht, geht der *entire fairness*-Test darüber hinaus und umfasst mögliche Schadensersatzansprüche.[1184] In Deutschland kann der Aktionär nur zwischen dem Spruchverfahren sowie Anfechtung- bzw. Nichtigkeitsklage gem. §§ 243 ff. AktG wählen und mit letzteren die Strukturmaßnahme komplett zu Fall bringen. Das US-amerikanische Recht ermöglicht einen Mittelweg zwischen reiner Bewertungsrüge auf der einen Seite und Streit um die Wirksamkeit der beschlossenen Strukturmaßnahme auf der anderen Seite. Da der *entire fairness*-Test auch eine Preiskorrektur zur Folge hat, allerdings eben nur nach einem unfairen Verfahren, hat das deutsche Spruchverfahren in den USA unter Rechtsfolgegesichtspunkten aufgrund der *erga omnes*-Wirkung eher das *entire fairness*-Verfahren als Gegenstück. In den Genuss dieser Rechtsfolge

---

1179 Siehe c) Börsenkurs als einzige Grundlage für Unternehmenswert, S. 111.

1180 Siehe b) Börsenkurs als Wertuntergrenze, S. 108.

1181 *Von Hein*, Rezeption US-amerikanischen Gesellschaftsrechts, 2008, S. 431 f.

1182 Siehe dazu III. Gesetzliche Regelung zur Präferenz des Börsenkurses, S. 252.

1183 Siehe b) Anwendungsbereich, S. 170 ff.

1184 Siehe dazu b) Anwendungsbereich, S. 170, sowie in der Folge d) Gerichtlicher Prüfungsmaßstab, S. 184.

(in den USA als *opt-out* bezeichnet) kommen die nicht-antragstellenden Aktionäre dort allerdings nur dann, wenn zusätzlich zur unfairen Kompensation ein unfaires Verfahren vorliegt. In Deutschland dagegen reicht eine unangemessene Kompensation – auf die Umstände der Ermittlung der Kompensation kommt es nicht an. Die Rezeption der US-amerikanischen Regelung zum *appraisal remedy* und ein Verzicht auf die *erga omnes*-Wirkung im deutschen Recht verstößt gegen § 53a AktG, der die umfassende Gleichbehandlung aller Aktionäre durch die Gesellschaft vorschreibt.[1185] Außerdem würde eine solche Regelung mit einer erheblichen Schwächung der Minderheitsaktionäre einhergehen.

Auch aus Zweckmäßigkeitserwägungen ergeben sich keine weiteren Anhaltspunkte für eine Übernahme von US-amerikanischen Bestimmungen zum Anwendungsbereich. Zwar mag man argumentieren, dass die enge gesetzliche Regelung in Delaware zumindest eine erhöhte Rechts- und damit Transaktionssicherheit für die Mehrheitsaktionäre zur Folge hat. Im Lichte der pragmatischen Rechtsprechung in Delaware kehrt sich dieser vermeintliche Vorteil des US-amerikanischen Rechts allerdings eher ins Gegenteil: Die Mehrheitsaktionäre werden im Rahmen der Beurteilung auf der Basis des *entire fairness*-Tests mit weitaus weniger gut prognostizierbaren Entscheidungen durch die Gerichte konfrontiert. Das deutsche Spruchverfahren als einheitlicher Rechtsbehelf und ohne umfangreiche und komplizierte Ausnahmen ist insoweit vorzuziehen. Für eine mögliche Reform des Anwendungsbereichs des Spruchverfahrens ergeben sich daher keine unmittelbaren Anregungen.

II. Verfahrensabläufe

1. Gerichtliche Entscheidung als ultima ratio

Vor allem nach der Vorstellung des MBCA ist ein Gerichtsverfahren im Kontext einer Strukturmaßnahme das letzte Mittel, das nur dann zum Zuge kommt, wenn die Verhandlungen bzw. das Vorverfahren scheitern.[1186] Zwar gilt auch in Deutschland, dass gerichtliche Auseinandersetzungen zur Bestimmung der angemessen Kompensation vermieden werden sollen[1187], in den USA wird das *appraisal remedy* hingegen wörtlich als *ultima ratio* begriffen und entsprechend positioniert. Besonders deutlich wird das im *official comment* der Kostenregelung zu § 13.31 MBCA, der ausdrücklich eine Verhinderung des

---

1185 *Bungeroth*, in: MüKo AktG, § 53a Rn. 5 ff., weiterführend *Verse*, Gleichbehandlungsgrundsatz, 2006, S. 171 ff.

1186 MBCA annotated 2009, S. 13-96 ("*[This section…] retains the concept of judicial appraisal as the ultimate means of determining fair value.*").

1187 BT-Drucksache 12/6699 (*Begründung RegE UmwG*), S. 84 f., 178, re. Sp.

Gerichtsverfahrens als Ziel benennt.[1188] Der MBCA versucht, eine Einigung zwischen Antragsteller und Antragsgegner zu forcieren und eine gerichtliche Auseinandersetzung um die Kompensation von vornherein zu vermeiden. Der Ratio, das aufwändige Gerichtsverfahren erst dann in Gang zu setzen, wenn keine Einigung möglich ist, ist uneingeschränkt zuzustimmen.

Das deutsche Recht sieht einen derart institutionalisierten Austausch zwischen den Parteien nicht vor.[1189] Eine Interaktion im Vorfeld des Gerichtsverfahrens ist nur in Form von Gegenanträgen gem. § 126 AktG durch die außenstehenden Aktionäre sowie auf der Hauptversammlung selbst möglich. Verhandlungen zwischen den an der Strukturmaßnahme beteiligten Parteien sind in Deutschland zwar prinzipiell möglich, doch fehlt es an einer konkreten und institutionalisierten Verhandlungssituation. Einzige Ausnahme sind Verhandlungen im Vorfeld der Verschmelzung zweier zuvor unabhängiger Unternehmen, die aber auf eine typische Strukturmaßnahme mit Konzernkonflikt *de lege lata* nicht übertragen werden kann.[1190] Wenn die Abstimmung auf einer deutschen Hauptversammlung erwartungsgemäß mit der Stimmenmehrheit des Mehrheitsaktionärs zu einem formell rechtmäßigen Beschluss führt, ist die nächste Interaktionsmöglichkeit erst die mündliche Verhandlung im Spruchverfahren. Zu diesem Zeitpunkt hat der Minderheitsaktionär das Verfahren mit allen Konsequenzen, insbesondere der aufwändigen Amtsermittlung, schon in Gang gesetzt.

Beide Rechtsordnungen verfolgen hier somit einen unterschiedlichen Ansatz. Das US-amerikanische Modell ist, zumindest von der Konzeption der Güteverhandlung her, für die Minderheitsaktionäre sicherlich verfahrenseffizienter als das deutsche Modell, wenn man das für den Gedanken der Güteverhandlung selbst nicht relevante komplizierte Vorverfahren in den USA außer Betracht lässt. Hieraus ergibt sich ein wesentlicher Ansatz für Reformüberlegungen im deutschen Recht.[1191]

2. Vorprozessuales Verfahren und Abstimmung auf der HV

Bevor ein außenstehender Aktionär Zugang zum gerichtlichen Überprüfungsverfahren erhält, muss er sowohl im deutschen als auch im US-

1188 MBCA annotated 2009, S. 13-123 ("*The purpose of all these grants of discretion with respect to expenses is to increase the incentives of both sides to proceed in good faith under this chapter to attempt to resolve their disagreement without the need of a formal judicial appraisal of the value of shares.*").

1189 Siehe dazu bereits VI. Exkurs: Schutz im Vorfeld des Spruchverfahrens, S. 74.

1190 Zum Konzernkonflikt siehe IV. Unterschiede bei einzelnen Bewertungsanlässen, S. 119, insbesondere Fn. 631.

1191 Siehe I. Vermeidung von Spruchverfahren, S. 217.

amerikanischen Recht die jeweiligen Zulässigkeitsvoraussetzungen erfüllen. In beiden Rechtsordnungen ist dazu der Nachweis der Aktionärsstellung, die Einhaltung der Frist und eine Begründung des Antrags erforderlich.[1192] Während sich mit den beschriebenen Gemeinsamkeiten die Zulässigkeitsvoraussetzungen in Deutschland im Wesentlichen erschöpfen, kennt das US-amerikanische Recht für das *appraisal remedy* eine Reihe weiterer Anforderungen, die vor allem auf eine einvernehmliche Preisfindung zwischen Mehrheits- und Minderheitsaktionär abzielen. Zunächst muss der Aktionär schon vor der eigentlichen Abstimmung auf der Hauptversammlung darüber entscheiden, ob er von seinem *appraisal right* Gebrauch machen möchte. In diesem Fall darf er auf der Hauptversammlung nicht zugunsten der Maßnahme abstimmen, sonst verliert er sein *appraisal right.* Schließlich müssen die außenstehenden Aktionäre ihre eigenen Vorstellungen von einem fairen Preis kommunizieren.[1193] Darin liegt eine erhebliche praktische Hürde für die US-amerikanischen Minderheitsaktionäre.[1194] Die US-amerikanischen Regelungen lassen sich aufgrund ihres Umfangs als echtes Vorverfahren beschreiben.

Ein Vorteil dieses Vorverfahrens im US-amerikanischen Recht besteht darin, dass vor dem Gerichtsverfahren eine Güteverhandlung und damit ein früher Kompromiss beider Parteien ermöglicht wird. Das Vorverfahren stellt eine Zugangsschwelle für Minderheitsaktionäre dar, die den US-amerikanischen Kompensationsschuldnern die Kontrolle über das Verfahren erleichtert und die Durchführung der Strukturmaßnahme für die Unternehmen organisatorisch und finanziell besser planbar macht. Der Kompensationsschuldner weiß somit schon vor der Hauptversammlung, welchen Aktionären er eine Kompensation zahlen muss, da die Minderheitsaktionäre schon im Vorverfahren verpflichtet werden, sich frühzeitig auf ihr Verhalten festzulegen und andernfalls mögliche Ansprüche verlieren. Zudem müssten die Aktionäre bereits aktiv im Vorfeld des Verfahrens tätig werden, was ihnen vor dem Hintergrund eines umfassenden und „automatischen" richtigerweise nicht zugemutet werden kann; die Regelung im Vorfeld des *appraisal*-Verfahrens eignet sich für eine Übernahme ins deutsche Recht aus diesem Grund nicht.[1195] Ihnen ginge mit der Diskussion auf der Hauptversammlung außerdem eine wichtige Grundlage ihrer Entscheidungsfindung verloren. Ein solches Vorverfahren mit einem *opt-in* ins Spruchverfahren wäre kein Vorbild für Deutschland, da es wegen dieser engen Tatbestandsvoraussetzungen ge-

---

1192 Siehe für das deutsche Recht, 1. Zugangsschwelle, S. 36; für das US-amerikanische *appraisal remedy*, aa) Vorverfahren *appraisal remedy*, S. 151.

1193 Siehe (6) Zahlungsverlangen und Rückgabe der Aktien, S. 154.

1194 Siehe 2. Vorprozessuales Verfahren und Abstimmung auf der HV, S. 207.

1195 *Von Hein*, Rezeption US-amerikanischen Gesellschaftsrechts, 2008, S. 431 f.

gen Art. 14 GG verstoßen würde.[1196] Die konsequente Gleichbehandlung der Aktionäre in Deutschland schützt die Interessen der Minderheitsaktionäre und führt umgekehrt nicht zu einer unzumutbaren Planungsunsicherheit für die Unternehmen.

Da das US-amerikanische Recht kein mit § 53a AktG vergleichbares Gleichbehandlungsgebot kennt, ist die Möglichkeit zur unterschiedlichen Behandlung der Aktionäre dort systemkonform möglich. Die umfangreichen Prozessvoraussetzungen des *appraisal remedy* werden selbst in der amerikanischen Literatur und Rechtsprechung kritisch beobachtet, vor allem, weil immer wieder Aktionäre an diesem Verfahren scheitern und die Gesellschaften dann die Differenz zwischen gezahlter und fairer Kompensation für sich behalten dürfen.[1197] Eine Übernahme dieser umfangreichen Verfahrensvoraussetzungen im deutschen Recht ist daher weder rechtlich möglich noch geboten. Das Ziel des US-amerikanischen Vorverfahrens, das Gerichtsverfahren zu vermeiden und dafür Verhandlungen zwischen Kompensationsschuldner und außenstehenden Aktionären vorzusehen, ist dagegen vor allem aus Effizienzgründen sinnvoll, daher wird eine Übernahme in das Spruchverfahren zu diskutieren sein.[1198]

3. Vorabverhandlungen eines Komitees mit allen Aktionären

Eine Regelung, deren Übernahme in das deutsche Recht geeignet scheint, ist die Verhandlung des Komitees im Vorfeld des *entire fairness*-Verfahrens. Um zu verhindern, dass der Kompensationsschuldner im *entire fairness*-Verfahren beweispflichtig für die Fairness der Strukturmaßnahme ist, kann er ein unabhängiges Komitee mit der Durchführung der Strukturmaßnahme beauftragen: Durch die Einsetzung dieses Komitees verschiebt sich die Beweislast dafür, dass die Strukturmaßnahme unfair ist, auf die außenstehenden Aktionäre.[1199] Da der Mehrheitsaktionär im US-amerikanischen Recht regelmäßig von ei-

1196 *Von Hein*, a.a.O., S. 431 f., vgl. zur Notwendigkeit eines vorgerichtlichen Widerspruchs *Teichmann*, ZGR 2003, 367, 384 m.w.N.

1197 Berger v. Pubco Corp. 976 A.2d 132 (Del. 2009), S. 144; dazu *Thompson, 74* Law & Contemp. Prob. *253 (2011)*, S. 261 ff. (Fn. 42) ("*The Delaware Supreme Court recently noted 'case law is replete with examples where the dissenting minority shareholders that failed to comply strictly with certain technical requirements of the appraisal statute were held to have lost their entitlement to an appraisal [that]...effectively allowed the corporation to retain the entire difference between fair value and the merger price'. The Court reasoned from that precedent that 'fairness requires that the corporation be held to the same strict standard of compliance.' An alternative approach would be for the legislature to recognize how out of date its statute is and bring it current with fairness for both sides.*").

1198 Siehe B. Einrichtung von Vorverhandlungen, S. 220.

1199 Siehe cc) Beweislastumkehr durch Einsatz eines *special committee*, S. 179.

nem solchen Komitee Gebrauch macht, verschiebt sich die Auseinandersetzung zwischen Kompensationsschuldner und außenstehenden Aktionären vom Gerichtsverfahren auf die vorgerichtlichen Verhandlungen. Im Gegensatz zu den Verhandlungen im Vorfeld des gerichtlichen *appraisal remedy*-Verfahrens ohne *erga omnes*-Wirkung, versprechen diese Verhandlungen eine interessengerechte Lösung für alle außenstehenden Aktionäre.

Der Einsatz eines ähnlichen Komitees im deutschen Spruchverfahren wird daher in den Reformvorschlägen erörtert.[1200] In Delaware gibt es für das bislang lediglich von der Rechtsprechung entwickelte, aber noch nicht gesetzlich geregelte Verfahren derzeit Überlegungen, ein *special committee* zumindest in Bezug auf das Übernahmerecht im Gesetz festzuschreiben.[1201] Ein Vorteil wäre, dass in einer Vorabprüfung das Gericht der Besetzung des Gremiums zustimmen könnte.[1202]

4. Übernahme der MoM-condition

Eine weitere Regelung, die im deutschen Recht Berücksichtigung finden könnte, ist die Knüpfung von Rechtsfolgen an die (weit) überwiegende Zustimmung der außenstehenden Aktionäre für eine Strukturmaßnahme. Dagegen spricht zwar, dass bereits eine vergleichbare Regelung im Regierungsentwurf des aktienrechtlichen Squeeze-out gem. § 327b Abs. 1 S. 3 AktG-RegE[1203] in der damaligen Form als nicht verfassungsgemäß verworfen wurde, da damals die Möglichkeit einer gerichtlichen Überprüfung bei einer Zustimmung von über 90 % der betroffenen Aktionäre mit dieser Regelung vollständig ausgeschlossen werden sollte.[1204] Die Regelung der *MoM-Condition* ist

---

1200 Siehe B. Einrichtung von Vorverhandlungen, S. 220.

1201 *Thompson*, 63 Bus. Law. 81 (2007); *Thompson*, Pennsylvania State University Legal Studies Research Paper No. 12-2011, S. 1 ("*All decisions of the Change of Control Special Committee […] would be subject to the deferential business judgment rule standard of review. As a consequence, litigation involving the actions taken by the Committee would be rare, if not essentially eliminated, because it could be expected that the decisions made by the Committee would be in the interest of the target's shareholders.*").

1202 *Thompson*, Pennsylvania State University Legal Studies Research Paper No. 12-2011, S. 1 ("*As a practical matter, the role of the Court of Chancery in such transactions would be moved from the back-end to the front-end, because the Chancery Court's determination of the independence, disinterestedness, and competence of the board members would be made on an ex ante as opposed to an ex post basis.*").

1203 BT-Drucksache 14/7034 (*RegE WpÜG*), vgl. *Mülbert*, in: FS Hopt, 2010, S. 1041, 1076.

1204 Dazu *Heidel/Lochner*, DB 2001, 2031, 2034; *Rühland*, NZG 2001, 448, 450 mit Verweis auf die Regelung im Recht von Großbritannien; siehe 3. Großbritannien, S. 135.

im US-amerikanischen Recht bislang wenig praxisrelevant, gewinnt jedoch insbesondere durch die Vereinheitlichung der gerichtlichen Prüfung von *freeze-out*-Verfahren unter gleichzeitiger Berücksichtigung von *MoM*- und *SC-condition* (*unified standard*) weiter an Bedeutung.[1205] Es soll geprüft werden, ob im Rahmen der Reformvorschläge diese Regelung in verfassungsgemäßer Ausgestaltung, etwa als widerlegbare Angemessenheitsvermutung, einen Beitrag zur sachgerechten und flexiblen Anpassung des gerichtlichen Prüfungsmaßstabs im Spruchverfahren leisten kann.[1206]

III. Risiko-Nutzen-Relation

1. Verböserung im Gerichtsverfahren (*reformatio in peius*)

Der wesentliche Unterschied in der Risiko-Nutzen-Relation zwischen dem Spruchverfahren und dem US-amerikanischen *appraisal remedy* besteht darin, dass in den USA die ursprünglich angebotene Kompensation im Gerichtsverfahren wieder reduziert werden kann.[1207] In Deutschland ist eine Herabsetzung zum Schutz der außenstehenden Aktionäre hingegen ausgeschlossen.[1208] Ob sich aus diesem Unterschied ein möglicher Anknüpfungspunkt für Reformvorschläge des deutschen Rechts ergibt, soll in den Reformvorschlägen erörtert werden.[1209]

2. Zinsen und Auszahlungszeitpunkt

In sämtlichen Rechtsordnungen der USA werden die Ansprüche auf Zahlung der Kompensation wie in Deutschland verzinst. In allen Bundesstaaten der USA außer in Delaware werden die Zinsen selbstständig vom Gericht festgesetzt, während die Höhe der Zinsen in Deutschland gesetzlich geregelt ist. Der Zinssatz in Delaware beträgt wie in Deutschland fünf Prozentpunkte über dem Basiszinssatz (in den USA *federal discount rate* genannt).[1210] Ein Unterschied ergibt sich aufgrund der sofortigen Auszahlung des unstreitigen Teils der Kompensation nach dem MBCA.[1211] Die Verzinsung bezieht sich, wenn die Kompensation im gerichtlichen Verfahren angehoben wird, nur auf diesen

---

1205 Siehe dd) Reduzierter Prüfungsmaßstab des business purpose-Tests, S. 187.

1206 Siehe 1. Vermutung der Angemessenheit und Kostenregelung, S. 240.

1207 *Geis*, Virginia Law and Economics Research Paper No. 2010-10 (erscheint in Nw. U. L. Rev. 2011), S. 13; aa) *Reformatio in peius*, S. 167.

1208 Siehe I. Erhöhung der Kompensation und *reformatio in peius*, S. 81.

1209 Siehe 1. Aufgabe des Verbots der *reformatio in peius*, S. 248.

1210 Für das Spruchverfahren, siehe III. Verzinsung, S. 89; für das *appraisal remedy*, siehe bb) Verzinsung, S. 167.

1211 Siehe (7) Zahlungsverpflichtung der Unternehmen, S. 155.

Teil. Die Verzinsungsregelung spielt nach dem MBCA damit eine weit weniger bedeutende Rolle als in Delaware und in Deutschland.

3. Kosten

Sowohl in Deutschland als auch in den USA soll der außenstehende Aktionär, der eine gerichtliche Überprüfung der Kompensation verfolgt, hinsichtlich der Kosten geschont werden, solange er das Verfahren nicht rechtsmissbräuchlich initiiert hat. Im deutschen Spruchverfahren gilt mit § 15 Abs. 2 SpruchG eine mit dem MBCA vergleichbare Kostenregelung, die dem Mehrheitsaktionär im Regelfall sowohl die Gerichtskosten als auch die Kosten der Parteien auferlegt.[1212] Speziell die Kostenregelung des MBCA wird von dem bemerkenswerten Grundsatz geprägt, dass sie verhindern soll, dass überhaupt eine gerichtliche Überprüfung der Kompensation erfolgt und stattdessen auf eine vorgerichtliche Einigung abgezielt wird.[1213] Im Rahmen der Diskussion der Reformvorschläge wird dieser Grundgedanke aufgegriffen.[1214]

Ein weiterer wesentlicher Vorteil der Kostenregelung des MBCA besteht darin, dass die Kostenverteilung unter den Aktionären geregelt und das Gericht ausdrücklich ermächtigt ist, einen finanziellen Ausgleich der Anwaltskosten unter den antragstellenden Aktionären anzuordnen.[1215] Ein vergleichbarer Mechanismus ist in Deutschland nicht vorgesehen und soll daher ebenfalls als Verbesserungsvorschlag diskutiert werden.[1216]

IV. Gerichtliche Prüfungsmaßstäbe

Die gesetzliche Ausgangslage des gerichtlichen Prüfungsmaßstabs ist im *appraisal remedy* und im Spruchverfahren identisch, da in beiden Rechtsordnungen eine methodenoffene gesetzliche Regelung besteht. In gerichtlichen Verfahren beider Rechtsordnungen soll mithilfe anerkannter betriebswirtschaftlicher bzw. finanzmathematischer Verfahren eine angemessene Kompensation ermittelt werden.[1217] Auch die Umsetzung dieser Vorgabe unterscheidet sich im Grundsatz kaum, da traditionell sowohl in Deutschland als auch in den USA mit dem Ertragswertverfahren und dem DCF-Verfahren zwei er-

---

1212 Siehe II. Kostenregelung im Spruchverfahren, S. 85, sowie für die USA, cc) Kosten, S. 168.

1213 Siehe MBCA annotated 2009, S. 13-123 (Section 13.31), dazu Fn. 1188.

1214 Siehe I. Vermeidung von Spruchverfahren, S. 217.

1215 Siehe zur Verteilung der Kosten unter den Aktionären nach dem MBCA, (2) Kosten der Parteien, S. 168.

1216 Siehe 3. Anpassung der Kostenregelung, S. 251.

1217 Für das Spruchverfahren siehe III. Bewertungsmaßstäbe der Gerichte, S. 100, für das *appraisal remedy* siehe d) Gerichtlicher Prüfungsmaßsta, S. 161.

gebnisbezogene Prüfungsmaßstäbe ohne signifikante methodische Unterschiede im Vordergrund stehen.[1218] Ein Unterschied im Prüfungsmaßstab zwischen dem deutschen und dem US-amerikanischen Recht besteht jedoch darin, dass in Delaware mit dem *entire fairness*-Test eine umfassende Billigkeitskontrolle stattfindet, die das deutsche Recht nicht kennt.[1219]

1. Multifaktorieller Ansatz als Bewertungsmaßstab

Die deutsche Rechtsprechung stellt heute, trotz teilweise anderslautender Vorhersagen[1220], nach wie vor fast ausschließlich auf das Ertragswertverfahren ab.[1221] Die Rechtsprechung in Delaware, die in jüngster Zeit zunehmend flexibler geworden ist, verfolgt neben dem DCF-Verfahren inzwischen auch einen multifaktoriellen Ansatz und rückt daher stärker an praxisnahe Bewertungsmethoden von Wirtschaftsprüfern und Banken.[1222] Der deutsche Ansatz erscheint demgegenüber akademischer, wenngleich sich Tendenzen der Annäherung zur amerikanischen Judikatur erkennen lassen.[1223] Ein Übergang zu multifaktoriellen Bewertungen ist aufgrund der methodenoffenen Vorschriften bereits *de lege lata* in Deutschland möglich, daher sind Änderungen der Rechtslage nicht zu erwägen.

2. Primäre Berücksichtigung des Börsenkurses (*market-out*)

Große Unterschiede bestehen bei der Berücksichtigung der Börsenkurse. In Deutschland stellt der Börsenkurs die Untergrenze der gerichtlich überprüften Kompensation dar, auch wenn der entsprechende Ertragswert im konkreten Fall unterhalb des Börsenkurses liegt.[1224] Somit wird das gerichtliche Bewertungsverfahren nach der Ertragswertmethode mit einer Marktpreisermittlung kombiniert, was in der Praxis zu einem erheblichen Arbeitsaufwand für die Spruchgerichte führt.[1225] Zwar gibt es in Deutschland eine zu-

---

1218 Zum Ertragswertverfahren in Deutschland siehe 2. Ergebnisbezogene Bewertungsmaßstäbe, S. 103; zum Prüfungsmaßstab in den USA siehe (2) Ergebnisbezogene Bewertungsmaßstäbe, S. 163.

1219 Siehe d) Gerichtlicher Prüfungsmaßstab, S. 184.

1220 *Mattes/Graf von Maldeghem*, BKR 2003, 531, 537 für den Squeeze-out.

1221 Siehe zum Ertragswertverfahren in Deutschland c) Praktische Relevanz und Kritik, S. 105.

1222 Siehe für die USA (4) Multifaktorielle Bewertungen, S. 165.

1223 Siehe für die Akzeptanz in Deutschland 4. Multifaktorielle Bewertungen (Mischformen), S. 118.

1224 BGH, Beschluss vom 12.03.2001 – II ZB 15/00, BGHZ 147, 108, 115 = NJW 2001, 2080 (*DAT/Altana*), dazu b) Börsenkurs als Wertuntergrenze, S. 108.

1225 *Maug*, 26 IRLE 355 (2006), 356 aus US-Perspektive ("*The new freeze-out law in Germany combines approaches [market price] and [valuation by appraisal]: It is based primarily on*

nehmend intensive Diskussion über eine ausschließliche Berücksichtigung des Börsenkurses, die Rechtsprechung des BGH verlangt allerdings aufgrund des Meistbegünstigungsprinzips eine doppelte Bewertung anhand des Börsenkurses und des Ertragswerts.[1226] Viele Strukturmaßnahmen, für die der Börsenkurs relevant ist, sind aufgrund der *market-out exception* nicht dem gerichtlichen Verfahren zugänglich, da nach US-amerikanischem Verständnis der Anwendungsbereich des *appraisal remedy* dann erst gar nicht eröffnet ist.[1227] Um dies zu rechtfertigen, gibt es in den USA klare Regelungen, wann die *market-out exception* greift und statt des *appraisal*-Verfahrens der Börsenkurs als Bewertungsgrundlage ausreichend ist.[1228] Für das *entire fairness*-Verfahren gilt die *market-out exception* hingegen nicht.

Eine direkte Übertragung der US-amerikanischen Regeln zur Berücksichtigung von Börsenkursen, insbesondere zur *market-out exception*, wäre in Deutschland prinzipiell denkbar. Zu berücksichtigen ist bei dieser Konzeption allerdings das Rechtsschutzniveau und damit die Vereinbarkeit mit Art. 14 GG: Während in den USA schon allein die Börsennotiz ausreicht, um das Verfahren abzuschneiden, prüft in Deutschland das Gericht, ob ein aussagekräftiger Börsenkurs besteht. Eine *market-out exception* würde daher zu einer unangemessenen Verkürzung des Rechtsschutzes führen.[1229] Das bedeutet jedoch nicht, dass gesetzliche Änderungen in Deutschland hinsichtlich des Bewertungsmaßstabs nicht umsetzbar wären. Insbesondere der Blick auf andere Bewertungsregeln im Zivil-, Handels- und Steuerrecht zeigt, dass das Verhältnis von Börsenkurs und Ertragswert im Gesetz oft als Regel-Ausnahme-Verhältnis definiert ist.[1230] Übertragen auf den Bewertungsmaßstab im Spruchverfahren würde dieses Konzept dazu führen, dass im Normalfall eine Börsenbewertung vorgeschrieben ist und nur, wenn diese nicht verfügbar oder

---

a fundamental value established by a court-appointed appraiser, but the freeze-out price can generally not be lower than the pre-freezeout stock price."); vgl.dazu *Rühland,* NZG 2001, 448, 450, der eine empirisch belegte Benachteiligung der Minderheitsaktionäre in Deutschland gegenüber den Minderheitsaktionären in den USA ausmacht (für einen Zeitraum vor der DAT/Altana-Entscheidung des BGH).

1226 Siehe b) Börsenkurs als Wertuntergrenze, S. 108.

1227 Siehe 5. *Market-out-Regelungen*, S. 204.

1228 Siehe 5. *Market-out-Regelungen*, S. 204.

1229 So auch *Von Hein*, Rezeption US-amerikanischen Gesellschaftsrechts, *2008, S.* 434; vgl. dazu aber *Rühland*, NZG 2001, 448, 450 f. der auf empirische Daten verweist, die nahelegen, dass in Deutschland im Vergleich zu den USA sogar ein effektiv weniger wirksamer Minderheitenschutz existiert.

1230 Siehe z. B. die Regelung in § 33a AktG, siehe c) Börsenkurs als einzige Grundlage für Unternehmenswert, S. 111.

unbrauchbar ist, eine alternative Bewertungsmethode zugelassen wird. Dieser Vorschlag wird im dritten Teil (*Reformvorschläge*) diskutiert.[1231]

3. Verknüpfung Bewertungsmaßstab mit Vorverhandlungen

Ein weiterer wesentlicher Unterschied in den Rechtsordnungen beider Länder besteht im Zusammenspiel von prozeduralem Ablauf der Strukturmaßnahme und dem Prüfungsmaßstab.

In den USA ist im *entire fairness*-Regime der Maßstab der gerichtlichen Überprüfung davon abhängig, ob Anhaltspunkte für einen Verstoß gegen *fair dealing* vorliegen. Der Mehrheitsaktionär kann bei Strukturmaßnahmen, die aufgrund der Interessenlage eine Benachteiligung für außenstehende Aktionäre zur Folge haben könnten, bereits im Vorfeld Sicherungsmaßnahmen ergreifen. Diese Maßnahmen schützen die außenstehenden Aktionäre im Vorfeld gegen Benachteiligungen und sorgen im gerichtlichen Verfahren dafür, dass der gerichtliche Prüfungsmaßstab entsprechend angepasst wird. Ein Beispiel dafür stellt das *special committee* dar, durch dessen erfolgreiche Prüfung der Strukturmaßnahme sich die Beweislast dafür, dass die Kompensation unangemessen war, auf die Aktionäre verschiebt. Das Prinzip besteht also in der Verknüpfung des gerichtlichen Prüfungsmaßstabs mit vorprozessualen Abläufen bzw. Sicherungsmechanismen zugunsten der außenstehenden Aktionäre. Je besser die außenstehenden Aktionäre im Vorfeld geschützt werden, desto geringer sind die Anforderungen an die Beweislast oder den gerichtlichen Prüfungsmaßstab. Dieser Grundgedanke soll ebenfalls für eine mögliche Reform des Spruchverfahrens aufgegriffen werden.[1232]

1231 Siehe III. Gesetzliche Regelung zur Präferenz des Börsenkurses, S. 252.

1232 Siehe VII. Rechtsfolgen der Vorverhandlungen, S. 240.

E. Zusammenfassung

Betrachtet man die Regelungen in beiden Ländern, fällt zunächst auf, dass die Auseinandersetzung des Minderheitsaktionärs mit der Strukturmaßnahme in den USA früher als in Deutschland beginnt. Ein Aktionär muss sich dort bereits vor der Hauptversammlung ein Bild über die vorgeschlagene Strukturmaßnahme machen und gegebenenfalls seinen Widerspruch bekannt geben. Unabhängig von seinem Stimmverhalten erhält er sich nur auf diese Weise sein *appraisal right.* Im deutschen Recht bestehen geringere Hürden für die Minderheitsaktionäre und es wird von ihnen kaum Eigeninitiative gefordert. Darüber hinaus tragen sie keine echte Beweislast. Schließlich ist die Risiko-Nutzen-Relation für die Minderheitsaktionäre in Deutschland günstiger einzustufen, da keine *reformatio in peius* droht und bei ordnungsgemäßem Verhalten in der Regel auch kein Kostenrisiko besteht.

Das Spruchverfahren ist daher zwischen *appraisal remedy* und *entire fairness* anzusiedeln. Im Gegensatz zum *appraisal remedy* ist es einfacher zugänglich und sieht aufgrund der *erga omnes*-Wirkung weitergehende Rechtsfolgen vor. Im Vergleich zum *entire fairness*-Test ist das Spruchverfahren ähnlich, verzichtet allerdings auf die Voraussetzung des *unfair dealing.* Aufgrund eines komplizierten Vorverfahrens bestehen für die außenstehenden Aktionäre im *appraisal remedy* sehr große praktische Hürden, für deren Überwindung ein hohes Maß an Eigeninitiative gefordert wird. Hinzu kommen höhere Beweislastanforderungen und Kostenrisiken. Das deutsche Recht ist in der Summe minderheitenfreundlicher.

Zur Übernahme in das deutsche Recht bieten sich insbesondere die beschriebenen Vorabverhandlungen sowie die *market-out*-Regelungen an.

Dritter Teil: Reformvorschläge

A. Einleitung

Im ersten Teil der vorliegenden Untersuchung (*Status quo des Spruchverfahrens*) konnten verschiedene Defizite des Spruchverfahrens aufgezeigt werden.[1233] In den folgenden Abschnitten werden entsprechende Vorschläge zur Verbesserung unterbreitet.[1234]

I. Vermeidung von Spruchverfahren

Für das Spruchverfahren gilt wie für jede andere rechtliche Auseinandersetzung, dass außergerichtliche Lösungen zu bevorzugen sind und eine gerichtliche Entscheidung nur der letzte Ausweg zur Streitbeilegung sein sollte.[1235] Dieser Gedanke ist dem Spruchverfahrensrecht in Deutschland bislang weitgehend fremd.[1236] In der Praxis ist die Anstrengung des Spruchverfahrens durch die außenstehenden Aktionäre der Normalfall und hat sich als Standardweg zur Überprüfung der Kompensation etabliert – kaum eine Strukturmaßnahme kommt ohne ein nachgelagertes Spruchverfahren aus.[1237]

Es wird daher vorgeschlagen, den präventiven, vorgerichtlichen Rechtsschutz zu stärken und so einen Beitrag zur Vermeidung des gerichtlichen Spruchverfahrens zu leisten. Dies soll vor allem durch frühzeitige Verhandlungen (sog. Vorverhandlungen[1238]) erreicht werden.[1239] Durch sie soll eine Richtigkeitsgewähr erzeugt sowie das Vertrauen der Verfahrensbeteiligten in die Rahmenbedingungen der Strukturmaßnahme und in die Höhe der Kompensation gestärkt werden, damit sie sich nicht ausnahmslos auf das Gericht verlassen.[1240]

Das Ziel dieser Vorverhandlungen besteht darin, dass sich die Verhandlungspartner einigen, dass Rechtsfrieden einkehrt und auf Gerichtsverfahren gänzlich verzichtet werden kann. Beide Parteien werden aber die Verhand-

---

1233 Siehe F. Zusammenfassung, S. 130.

1234 Siehe im Einzelnen B. Einrichtung von Vorverhandlungen, S. 220, sowie C. Veränderungen des gerichtlichen Verfahrens, S. 247.

1235 *Prütting*, BB 1999, Heft 27 (Beilage), 7, 8; *Neuenhahn*, NJW 2004, 663.

1236 Siehe VI. Exkurs: Schutz im Vorfeld des Spruchverfahrens, S. 74.

1237 Siehe II. Praktische Relevanz von Spruchverfahren, S. 27.

1238 Die vorgeschlagenen Verhandlungen werden nachfolgend einheitlich als „Vorverhandlungen“ bezeichnet.

1239 Ähnlich für das Beschlussmängelrecht *Hellgardt*/*Hoger*, ZGR 2011, 38.

1240 Vergleichbar mit der Richtigkeitsgewähr der Verhandlungen beim *merger of equals*, siehe b) Verschmelzungen unabhängiger Gesellschaften, S. 124.

lungssituation nur dann ergebnisorientiert nutzen, wenn sie durch die rechtlichen Rahmenbedingungen entsprechend motiviert werden.[1241] Hierfür ist eine hohe Akzeptanz der Verhandlung erforderlich, die dadurch erreicht werden soll, dass klare Rechtsfolgen an das Ergebnis der Verhandlung geknüpft werden. Diese Rechtsfolgen wiederum sollen Anreize zu einer Einigung bei sämtlichen Verhandlungspartnern erzeugen, indem – in Anlehnung an Regelungen zur Mediation – Kostenanreize gesetzt und eine Erhöhung der Rechtssicherheit für den Kompensationsschuldner erreicht werden.[1242]

Der Gesetzgeber beabsichtigte bereits im Jahr 1994 die Vermeidung von Spruchverfahren, als eine präventive Prüfung durch den *gerichtlich bestellten Prüfer* eingeführt wurde.[1243] Diese Maßnahme hat sich allerdings in dieser Hinsicht als nicht effektiv erwiesen.[1244] Die *de lege lata* bestehenden Möglichkeiten zur vorgerichtlichen Interaktion zwischen Kompensationsschuldner und außenstehenden Aktionären sind spärlich.[1245] So ist etwa die Stellung von Gegenanträgen in der Hauptversammlung gem. § 126 AktG schon aufgrund der meist großen Stimmenmehrheit des Kompensationsschuldners ein „stumpfes Schwert“. Auch vertragliche Vereinbarungen zwischen Kompensationsschuldner und außenstehenden Aktionären könnten eine Form der Beteiligung bzw. des präventiven Rechtsschutzes der Aktionäre im Vorfeld des Verfahrens darstellen; diese sind in börsennotierten Gesellschaften jedoch nicht unter Berücksichtigung aller Aktionäre möglich und entfalten daher in der Regel nicht ihre Wirkung.[1246]

Der Rechtsvergleich mit den entsprechenden US-amerikanischen Regelungen zeigt, dass dort der präventive Rechtsschutz vielfältige Berücksichtigung findet. Neben den umfassenden bundesrechtlichen Publizitätsvorschriften der *SEC Rule 13-3e*[1247] spielen insbesondere die Verhandlungen zwischen

---

1241 *Bercher/Engel*, ZRP 2010, 126.

1242 Zu Kostenanreizen für eine Streitbeilegung durch Mediation ausführlich *Bercher/Engel*, ZRP 2010, 126; *Wozniewski*, NZG 2008, 410; *Diop/Steinbrecher*, BB 2011, 131; zur Rechtsunsicherheit *Decher*, in: FS Meier-Reimer, 2010, S. 57, 59.

1243 BT-Drucksache 12/6699 (*Begründung RegE UmwG*), S. 84 f., 178, re. Sp. für den gesetzlichen Vertragsprüfer nach § 293b AktG; sowie die BT-Drucksache 15/371 (*Begründung zum RegE des SpruchG*), S. 18; siehe II. Sachverständige vor und im Spruchverfahren, S. 48.

1244 Siehe V. Verfahrensdauer, S. 58.

1245 Siehe VI. Exkurs: Schutz im Vorfeld des Spruchverfahrens, S. 74.

1246 OLG Frankfurt a.M., Beschluss vom 03.09.2010 – 5 W 57/09, NZG 2010, 1141 (*Deutsche Telekom/T-Online*), dazu *Puszkajler*, ZIP 2010, 2275, 2278.

1247 SEC Rule 13e-3, 44 Fed. Reg. 46, 736 (Aug. 8, 1979); dazu *Subramanian*, 115 Yale L.J. 2 (2005), S. 10 f. („*Under this Rule, a controlling shareholder must make extensive disclo-*

außenstehenden Aktionären und dem Kompensationsschuldner im Vorfeld des eigentlichen *appraisal remedy* sowie die Verhandlungen des *special committee* im *entire fairness*-Verfahren mit Wirkung für alle außenstehenden Aktionäre eine zentrale Rolle im vorgerichtlichen Rechtsschutz.[1248] In den moderneren Regelungen des MBCA zum *appraisal remedy* ist ausdrücklich das Bestreben formuliert, gerichtliche *appraisal*-Verfahren zu vermeiden.[1249]

II. Vereinfachung des gerichtlichen Verfahrens

Sofern das gerichtliche Spruchverfahren nach den Vorverhandlungen noch betrieben wird, soll es möglichst einfach gestaltet werden, um so eine Verkürzung der gerichtlichen Verfahrensdauer zu erreichen. Dafür sind zwei verschiedene Ansatzpunkte denkbar: In Anknüpfung an die vorgeschlagenen Verhandlungen sollen die Voraussetzungen dafür geschaffen werden, dass, ähnlich wie beim *merger of equals*, auch bei Strukturmaßnahmen mit Konzernkonflikt[1250] die Verhandlungen zwischen außenstehenden Aktionären und Kompensationsschuldner „auf Augenhöhe“ stattfinden und dann nur im reduzierten Ausmaß gerichtlich überprüft werden. Zudem soll eine Vereinfachung des gerichtlichen Verfahrens durch eine gesetzliche Regelung erreicht werden, die besagt, dass Börsenkurse nach definierten Regeln generell Bewertungsgutachten zur zukünftigen Ertragslage vorzuziehen sind. Dies entspricht im Wesentlichen der Rechtslage in Delaware und würde auch in Deutschland einen Gleichlauf mit ähnlichen Regelungen im Handels-, Steuer- und vor allem Übernahmerecht erzeugen.

---

sures to the minority in conjunction with a freezeout transaction – including the purpose of the transaction.").

1248 Siehe zum *appraisal*: (9) Verhandlungen über die Höhe der Kompensation, S. 156, siehe zum *entire fairness*-Test: cc) Beweislastumkehr durch Einsatz eines *special committee*, S. 179 sowie 3. Vorabverhandlungen eines Komitees mit allen Aktionären, S. 209.

1249 Die Kostenregelungen zum *appraisal remedy* werden in der offiziellen Kommentierung des amerikanischen Modellgesetzes MBCA wie folgt charakterisiert: "*These provisions are designed to encourage settlement without a judicial proceeding.*", MBCA annotated 2009, S. 13-91.

1250 Siehe zum *merger of equals* b) Verschmelzungen unabhängiger Gesellschaften, S. 124 f.

B. Einrichtung von Vorverhandlungen

I. Rechtsprechung für *merger of equals* als Ausgangspunkt

In Rechtsprechung[1251] und Literatur[1252] wird überwiegend vertreten, dass Verhandlungen im Vorfeld eines Spruchverfahrens nach der Verschmelzung von zwei konzernrechtlich zuvor unabhängigen Unternehmen zu einem eingeschränkten gerichtlichen Prüfungsmaßstab führen können, sofern die Vertreter beider Gesellschaften die Bedingungen dieser Verschmelzung sowie die Umtauschwertrelation der Anteile unabhängig verhandeln. Dies wird vor allem damit begründet, dass bei einer solchen Verschmelzung die Vermögensinteressen aller Anteilseigner vom Umtauschverhältnis gleichermaßen betroffen sind.[1253] Aufgrund dieser gleichgerichteten Interessen der jeweiligen Anteilseigner eines jeden Rechtsträgers bedarf es bei der Verschmelzung unabhängiger Unternehmen nicht des gleichen Schutzes, wie er für Minderheitsaktionäre gegen Maßnahmen eines herrschenden Mehrheitsaktionärs zu fordern ist.[1254] Zu berücksichtigen ist dabei allerdings, dass das BVerfG in einem *obiter dictum* eines Kammerbeschlusses jüngst eine solche Anerkennung des Verhandlungsergebnisses stark eingeschränkt hat.[1255] Zur Begründung führte das BVerfG aus, dass durch die Verhandlungen nicht ausreichend sichergestellt sei, dass die außenstehenden Aktionäre wirtschaftlich voll entschädigt werden.[1256] Eine Festlegung des Umtauschverhältnisses durch die Verhandlungspartner könne von vielfältigen weiteren unternehmerischen Erwägungen

---

1251 Zuletzt OLG Stuttgart, Beschluss vom 14.10.2010 – 20 W 16/06, NZG 2011, 30 = BeckRS 2010, 25689 (*Daimler/Chrysler*), OLG Stuttgart, Beschluss vom 08.03.2006 – 20 W 5/05, DStR 2006, 626; BayObLG, Beschluss vom 18.12.2002 – 3 Z BR 116/00, NZG 2003, 483; LG Frankfurt a.M., Beschluss vom 13.03.2009 – 3-5 O 57/06, NZG 2009, 553, 556, siehe Fn. 669 für weitere Nachweise; kritisch zu Anerkennung eines Verhandlungsergebnis bei einem *merger of equals* allerdings zuletzt BVerfG, Beschluss vom 24.05.2012 – 1 BvR 3221/10, BeckRS 2012, 55224 = ZIP 2012, 1656.

1252 *Lutter/Drygala*, in: Lutter, UmwG, § 5 Rn. 27; *Decher*, in: FS Meier-Reimer, 2010, S. 57, 60; a.A. *Tonner*, in: FS K. Schmidt, 2009, S. 1581, 1595 f., siehe Fn. 669 für weitere Nachweise.

1253 OLG Stuttgart, Beschluss vom 08.03.2006 – 20 W 5/05, AG 2006, 420, 421 f. m.w.N.; vgl. auch OLG Stuttgart, Beschluss vom 06.07.2007 – 20 W 5/06, AG 2007, 705.

1254 Siehe dazu umfassend b) Verschmelzungen unabhängiger Gesellschaften, S. 124 ff.

1255 BVerfG, Beschluss vom 24.05.2012 – 1 BvR 3221/10, BeckRS 2012, 55224 = ZIP 2012, 1656.

1256 BVerfG, a.a.O.

getragen sein und genüge damit nicht dem grundrechtlichen Anspruch auf einen vollen wirtschaftlichen Wertausgleich.[1257]

Bei der Ausgestaltung des vorgeschlagenen Verhandlungsmodells ist somit darauf zu achten, dass diese verfassungsrechtlichen Bedenken berücksichtigt werden.

II. Ausweitung auf Strukturmaßnahmen mit Konzernkonflikt

1. Grundidee

In Anlehnung an die zuvor genannte OLG-Rechtsprechung zum *merger of equals* wird vorgeschlagen, durch eine Änderung der gesetzlichen Regelungen *de lege ferenda* die Voraussetzungen dafür zu schaffen, dass nicht nur bei einem *merger of equals*, sondern bei sämtlichen aktienrechtlichen Strukturmaßnahmen Vorverhandlungen über die Angemessenheit der Kompensation stattfinden können. Diese Vorverhandlungen sind wie das Spruchverfahren selbst universell für sämtliche Strukturmaßnahmen vorzusehen, gerade auch für solche mit Konzernkonflikt. Erkennt man eine generelle Richtigkeitsgewähr solcher Verhandlungen auch für Strukturmaßnahmen mit Konzernkonflikt an, so ermöglicht dies den Spruchgerichten – im Falle einer Einigung der Verhandlungspartner auf einen gemeinsamen Preis wie beim *merger of equals* – einen reduzierten Prüfungsmaßstab anzuwenden.

Für solche Vorverhandlungen spricht, dass die Streitpunkte schon vor dem gerichtlichen Verfahren offen gelegt wären. Außerdem könnte die Prozessökonomie erheblich gesteigert und die Gerichte entlastet werden, wenn nach erfolgreicher Einigung der gerichtliche Prüfungsmaßstab auf eine Plausibilitätsprüfung reduziert werden könnte.[1258]

Auch der Rechtsvergleich mit dem US-amerikanischen Recht unterstützt die Einrichtung vorgerichtlicher Verhandlungen. Sowohl im *appraisal*-Verfahren als auch im *entire fairness*-Verfahren wird vorgerichtlich verhandelt; interessant für eine Übernahme in das deutsche Recht ist insbesondere die Verhandlungslösung im *entire fairness*-Verfahren.[1259] In Anlehnung an dieses Verfahren wird vorgeschlagen, bei Strukturmaßnahmen mit Konzernkonflikt

---

1257 BVerfG, Beschluss vom 24.05.2012 – 1 BvR 3221/10, BeckRS 2012, 55224 = ZIP 2012, 1656; in den *Moto-Meter*-Entscheidungen (BVerfG, Beschlüsse vom 23.08.2000 – 1 BvR 68/95 u. 1 BvR 147/97, BeckRS 2000, 30128168) hatte das BVerfG allerdings ausgeführt, dass eine einheitlichen Vertretung aller Aktionäre einen ausreichender Schutz auch der Minderheitsaktionäre darstellt.

1258 Siehe I. Vermeidung von Spruchverfahren, S. 217.

1259 Siehe zu vorgerichtlichen Verhandlungen in den USA, 3. Vorabverhandlungen eines Komitees mit allen Aktionären, S. 209 ff.

ein unabhängiges Verhandlungskomitee auf Seiten der Gesellschaft bzw. der außenstehenden Aktionäre einzusetzen.[1260] Der Grundgedanke vorgerichtlicher Streitschlichtung liegt auch dem *appraisal*-Verfahren zugrunde. Insbesondere die entsprechende Kostenregelung des MBCA[1261] kann nachfolgend berücksichtigt werden.

2. Orientierung an Voraussetzungen eines *merger of equals*

Zur Definition der Vorverhandlungen sollen die Voraussetzungen der Rechtsprechung zur Anerkennung eines *merger of equals* als Vorbild herangezogen werden, da dort von Teilen der Rechtsprechung eine entsprechende Verhandlungssituation anerkannt wurde.[1262]

Es ist *de lege lata* umstritten, ob auch im Falle einer Strukturmaßnahme mit Konzernkonflikt mit in der Regel ungleichen Verhandlungspositionen ein solches Verhandlungsmodell geeignet sein kann: Eine Übertragung des anhand des *merger of equals* entwickelten Konzepts auf solche Strukturmaßnahmen wird auf der Grundlage derzeit geltenden Rechts überwiegend abgelehnt, weil eine vorangehende Abhängigkeit des verpflichteten Vertragsteils die notwendige Verhandlungsparität ausschließt.[1263] Nach anderer Auffassung wird eine solche Übertragung grundsätzlich für möglich gehalten, jedenfalls solange sichergestellt ist, dass sich bei Verhandlungen in Konzernsituationen die Verhandlungspartner „auf Augenhöhe“ gegenüberstehen.[1264]

1260 Siehe III. Verhandlungskomitee vertritt außenstehende Aktionäre, S. 223 ff.

1261 Siehe cc) Kosten, S. 168.

1262 OLG Stuttgart, Beschluss vom 14.10.2010 – 20 W 16/06, NZG 2011, 30 (*Daimler/Chrysler*); OLG Stuttgart, Beschluss vom 08.03.2006 – 20 W 5/05, AG 2006, 420, 423 f m.w.N.; *Stilz*, in: FS Mailänder, 2006, S. 423, 427 ff.; siehe b) Verschmelzungen unabhängiger Gesellschaften, S. 124.

1263 *Lutter/Dryala*, in: Lutter, UmwG, 4. Aufl. 2009, § 5 Rn. 28; *Hüffer* § 305 AktG Rn. 17a a.E („*Für Verschmelzung überzeugendes Vertrags- oder Verhandlungsmodell nach dem vertraglich festgesetztes Umtauschverhältnis grundsätzlich als angemessen zu beurteilen und nicht durch eigenständige gerichtliche Bewertung zu ersetzen ist, sondern nur einer von konkreten Bewertungsrügen abhängigen Ergebniskontrolle unterliegt, wird sich auf Beherrschungs- und Gewinnabführungsverträge allerdings im Allgemeinen nicht übertragen lassen, weil in der Regel vorangehende Abhängigkeit des verpflichteten Vertragsteils Verhandlungsparität ausschließt. Das gilt erst recht beim Squeeze-out, weil Hauptaktionär Abfindung gem. § 327b einseitig festsetzt*“); OLG Frankfurt a.M., Beschluss vom 11.01.2007 – 20 W 323/04, NZG 2007, 875.

1264 *Decher*, in: FS Meier-Reimer, 2010, S. 57, 61 f. („*Vielmehr kann auch bei Bestehen einer maßgeblichen Beteiligung eines der Verschmelzungspartner an dem anderen Verschmelzungspartner, die eine Hauptversammlungsmehrheit gewährleistet, eine Verhandlung 'auf Augenhöhe' möglich sein.*“).

Die genauen Anforderungen an eine mögliche Verhandlungssituation können hier noch zurückgestellt werden. Entscheidend ist zunächst, dass Verhandlungen grundsätzlich auch für Strukturmaßnahmen mit Konzernkonflikt anerkannt werden können. Die zu stellenden Anforderungen sollen im Hinblick auf die hier vorgeschlagene gesetzliche Regelung *de lege ferenda* nachfolgend erörtert werden.

Außerdem wird die Rolle der Beteiligten und deren Vertreter in den Vorverhandlungen erörtert, die insbesondere deshalb problematisch ist, da nach derzeitiger Rechtslage vor dem gerichtlichen Verfahren noch kein gemeinsamer Vertreter bestimmt wurde oder sonst ein Vertreter existieren würde, der eine ausreichende Verhandlungskompetenz hätte.

III. Verhandlungskomitee vertritt außenstehende Aktionäre

1. Anforderungen an Vertretung außenstehender Aktionäre

a) Ausgangspunkt: Rechtslage beim *merger of equals*

Um die Vorverhandlungen auch bei Strukturmaßnahmen mit Konzernkonflikt erreichen zu können, sollen die von der Rechtsprechung entwickelten Kriterien für den *merger of equals* auf Strukturmaßnahmen mit Konzernkonflikt übertragen werden. Die dort diskutierten Anforderungen für eine Anerkennung solcher Verhandlungen dienen als Orientierung für die Ausgestaltung des hier unterbreiteten Vorschlags. Verhandlungen sollen vor allem für Strukturmaßnahmen innerhalb eines Konzerns (namentlich Squeeze-out, Beherrschungs- und Gewinnabführungsverträge und Konzernverschmelzungen) anerkannt werden.

b) Übertragung auf Strukturmaßnahmen mit Konzernkonflikt

Aus der *business judgement rule* gem. § 93 Abs. 1 S. 2 AktG und aus § 76 Abs. 1 AktG ergibt sich auch in der Konzernsituation[1265], dass die verhandlungsführenden Vorstände von Mutter- und Tochtergesellschaft bei der Einigung auf eine Verschmelzung pflichtgemäß ein angemessenes Umtauschverhältnis zu vereinbaren haben.[1266] Diese Regel müsste daher sicherstellen, dass auch bei Strukturmaßnahmen im Konzern eine angemessene Kompensation schon in den Verhandlungen angesetzt wird.[1267]

1265 Siehe zum Konzernkonflikt IV. Unterschiede bei einzelnen Bewertungsanlässen, S. 119.

1266 LG Frankfurt a.M., Beschluss vom 13.03.2009 – 3-5 O 57/06, NZG 2009, 553 (*Deutsche Telekom/T-Online*); *Decher*, in: FS Wiedemann, 2002, S. 789, 804.

1267 OLG Stuttgart, Beschluss vom 08.03.2006 – 20 W 5/05, AG 2006, 420 m.w.N.

Doch in der Praxis trifft dies meist nicht zu. Der Kompensationsschuldner verfügt in den hier diskutierten Situationen mit Konzernkonflikt in der Regel über die Stimmenmehrheit in der Hauptversammlung und kann, je nach Höhe der Beteiligung, auch alleine satzungsändernde Maßnahmen gegenüber allen anderen Aktionären durchsetzen.[1268] Zu seinem Einflussbereich gehört zudem die Bestellung der Aufsichtsratsmitglieder gem. § 101 AktG und dadurch mittelbar die Bestellung der Vorstandsmitglieder gem. § 84 Abs. 1 AktG. Trotz der Entscheidungsfreiheit des Vorstands der abhängigen Gesellschaft gem. § 76 Abs. 1 AktG ist dieser daher faktisch vom Kompensationsschuldner abhängig.[1269] Aufgrund dieser möglichen Einflussnahme des Kompensationsschuldners auf die Entscheidungen des Vorstands der abhängigen Gesellschaft, ist zu befürchten, dass die Minderheitsaktionäre der abhängigen Gesellschaft in solchen Verhandlungen ohne angemessene Vertretung nachteilig behandelt werden.[1270]

Somit besteht ein Schutzbedürfnis der außenstehenden Aktionäre der abhängigen Gesellschaft in möglichen Verhandlungen. Zur Sicherung der Interessen außenstehender Aktionäre werden verschiedene Kriterien, die in Literatur und Rechtsprechung für die Anerkennung eines *merger of equals* nach derzeitiger Rechtslage diskutiert werden, hinsichtlich ihrer Eignung zur Umsetzung in eine gesetzliche Regelung von Vorverhandlungen in Konzernsituationen *de lege ferenda*, untersucht.

aa) Unabhängigkeit der Verhandlungspartner

Allgemeine Einigkeit besteht darüber, dass für eine Anerkennung der Verhandlungen die prinzipielle Unabhängigkeit beider Verhandlungspartner vor-

---

1268 *Wilsing/Kruse,* DStR 2001, 991 (Fn. 40). Nachfolgend wird davon ausgegangen, dass für die Durchführung der Strukturmaßnahme eine Einberufung und Zustimmung der Hauptversammlung notwendig ist.

1269 BayObLG, Beschluss vom 18.12.2002 – 3 Z BR 116/00, ZIP 2003, 253, 256; *Bungert,* BB 2003, 699, 703; *Wieler/Meyer,* NZG 2003, 669; *Wilsing/Kruse*, DStR 2001, 991, 994; siehe zum Konzernkonflikt IV. Unterschiede bei einzelnen Bewertungsanlässen, S. 119.

1270 Keine bedeutsamen Auswirkungen hat dabei die Höhe der Beteiligung des Kompensationsschuldners. Wenn der Kompensationsschuldner zwar größter Einzelaktionär ist, aber lediglich über eine Minderheitsbeteiligung verfügt, wird auch darin ein Indiz für eine Einflussnahmemöglichkeit gesehen. Entscheidend sind immer die Umstände des Einzelfalls, vgl. LG Frankfurt a.M., Beschluss vom 13.03.2009 – 3/05 O 57/06, ZIP 2009, 1322, 1325; dagegen im konkreten Fall vgl. die Oberinstanz, OLG Frankfurt a.M., BeckRS 2010, 21665, S.20; offenlassend OLG Stuttgart, Beschluss vom 22.09.2009 – 20 W 20/06, WM 2010, 173, 176 (*Wüstenrot/Leonberg*).

ausgesetzt wird.[1271] Nach der Rechtsprechung kommen die Verhandlungspartner dieser Pflicht zur Förderung und Wahrung der Interessen ihrer Aktionäre bereits nach, wenn sie sich darauf verständigen, ein neutrales Gutachten eines außenstehenden Sachverständigen zu akzeptieren. Gleiches gilt, wenn sie, wie bei einer Verschmelzung bislang unabhängiger Unternehmen naheliegend und auch üblich, zwei ihrerseits voneinander unabhängige Beratungsunternehmen in der Weise in den Verhandlungsmechanismus einbeziehen, dass sie diese mit der Erstellung eines Gutachtens beauftragen. Die damit sichergestellte Vertretung der jeweiligen Interessen führt in der Regel zu einer Einigung auf ein für beide Seiten angemessenes Ergebnis.[1272]

bb) Gleichstarke Verhandlungspartner

Ein zweites Kriterium bezieht sich darauf, dass sich zwei in etwa gleich starke Partner bei der Verhandlung gegenüberstehen müssen.[1273] In der hier diskutierten Konzernsituation bestehen typischerweise Ungleichgewichte hinsichtlich des wirtschaftlichen Interesses sowie eine Informationsasymmetrie zum Nachteil der außenstehenden Aktionäre.[1274]

Um den Aspekt der Ebenbürtigkeit der Verhandlungspartner ausreichend zu berücksichtigen, ist es notwendig, dass die Verhandlungen „auf Augenhöhe" stattfinden. In den USA wird dies als *level playing field* beschrieben.[1275] Für eine sinnvolle Ausgestaltung der Verhandlungen im Falle eines Konzernkonflikts wäre daher eine grundsätzliche Stärkung der Tochtergesellschaft sowie ihrer Verhandlungsführer insbesondere für die Vorverhandlungen erforderlich.

cc) Vertretung gleichgerichteter Interessen

Ein weiteres Kriterium der Rechtsprechung zum *merger of equals* sieht vor, dass die jeweiligen Verhandlungspartner nur gleichgerichtete Interessen vertreten.[1276] Für den Vorstand einer konzernierten Tochtergesellschaft trifft das gerade nicht zu, denn er hat sowohl die Interessen des Mehrheitsaktionärs als auch die Interessen der außenstehenden Aktionäre zu vertreten.[1277] Daraus

1271 OLG Stuttgart, Beschluss vom 14.10.2010 – 20 W 16/06, NZG 2011, 30 (*Daimler/Chrysler*).

1272 LG Frankfurt a.M., Beschluss vom 13.03.2009 – 3/05 O 57/06, ZIP 2009, 1322 m.w.N.

1273 *Kiem*, ZGR 2007, 545 f.

1274 Siehe 2. Verfahren nach Antragstellung, S. 42.

1275 *Levy*, 106 West Virginia L. Rev. 305 (2004), S. 346.

1276 *Reuter*, AG 2007, 889; *Reuter*, AG 2007, 10 m.w.N.

1277 Siehe b) Verschmelzungen unabhängiger Gesellschaften, S. 124, sowie 2. Orientierung an Voraussetzungen eines merger of equals, S. 222.

folgt, dass die außenstehenden Aktionäre zwingend über einen eigenen Vertreter mit gleichgerichteten Interessen in den Verhandlungen verfügen müssen, damit die Verhandlungen anerkannt werden können. Nach der jüngsten Rechtsprechung des BVerfG ist in diesem Zusammenhang für eine Akzeptanz von Verhandlungen auch sicherzustellen, dass die Verhandlungen nicht von unternehmerischen Erwägungen bestimmt werden, die über die Preisfindung hinausgehen.[1278]

dd) Ausdrückliche Beteiligung außenstehender Aktionäre

Um den von der Rechtsprechung aufgestellten Grundsätzen für die Anerkennung echter Verhandlungen gerecht zu werden, ist die Beteiligung aller außenstehenden Aktionäre erforderlich. Dies ergibt sich aus einer Entscheidung des OLG Frankfurt a.M. in der Sache *Deutsche Telekom/T-Online*.[1279] Hier war es bei einer Konzernverschmelzung zu einer Vereinbarung der beiden Verschmelzungsparteien gekommen. Das Gericht entschied, dass diese Vereinbarung, abgeschlossen durch die Vorstände beider Unternehmen, die Spruchrichter nicht binde. Auch sei das Spruchgericht nicht auf eine Plausibilitätsprüfung beschränkt.[1280] Die fehlende Wirksamkeit wurde damit begründet, dass die außenstehenden Aktionäre an einer solchen Vereinbarung in der Regel nicht beteiligt sind.[1281] Außerdem werden außenstehende Aktionäre nicht am Vertragsschluss beteiligt und sind deshalb an diesen auch nicht vertraglich gebunden. Ebenso wenig sind die Aktionäre der aufnehmenden Gesellschaft daran gebunden; sie können ein zu niedrig bemessenes Umtauschverhältnis mit der Anfechtungsklage bekämpfen.[1282]

Aus diesen Erwägungen ergibt sich im Umkehrschluss der Rahmen für Vereinbarungen. Erforderlich wären demnach eine Beteiligung der außenstehenden Aktionäre sowie, etwa bei einer Verschmelzung zur Aufnahme, eine Beteiligung der Aktionäre der aufnehmenden Gesellschaft am Vertragsschluss. Da es praktisch nicht möglich ist, alle Aktionäre zu beteiligen, ist über eine geeignete Vertretungsregelung nachzudenken, die nachfolgend beschrieben wird.

1278 BVerfG, Beschluss vom 24.05.2012 – 1 BvR 3221/10, BeckRS 2012, 55224 = ZIP 2012, 1656; siehe dazu bereits I. Rechtsprechung für *merger of equals* als Ausgangspunkt, S. 220.

1279 OLG Frankfurt a.M., Beschluss vom 03.09.2010 – 5 W 57/09, NZG 2010, 1141, 1142.

1280 OLG Frankfurt a.M., a.a.O., S. 1142.

1281 OLG Frankfurt a.M., a.a.O., S. 1142.

1282 OLG Frankfurt a.M. a.a.O., S. 1142.; *Puszkajler*, ZIP 2010, 2275, 2278.

ee) Formulierung der Anforderungen für Konzernsituation

Zusammenfassend sind für die gesetzliche Regelung von Verhandlungen im Konzernkonflikt folgende Rahmenbedingungen zu fordern: Durch angemessene Mechanismen ist sicherzustellen, dass die Verhandlungspartner unabhängig sind und die Verhandlungen „auf Augenhöhe" geführt werden: Eine einheitliche Vertretung der Interessen aller Aktionäre, die durch unabhängige Vertreter erfolgen muss, führt zu einer ausreichenden Stärkung für die Verhandlungen.[1283] Durch eine nachträgliche Genehmigung sollen die Aktionäre das Verhandlungsergebnis zusätzlich legitimieren können.[1284]

2. Lösungsvorschlag: Vertretung durch Verhandlungskomitee

In Anlehnung an das aus dem US-amerikanischen *entire fairness*-Verfahren bekannte *special committee*[1285] wird vorgeschlagen, bei Strukturmaßnahmen mit Konzernkonflikt ein unabhängiges Verhandlungskomitee auf Seiten der Gesellschaft einzusetzen, das die Verhandlungen mit dem Kompensationsschuldner führt.

a) Überblick

Orientiert man sich an den Verfahrensbeteiligten im Spruchverfahren, wären die richtigen Verhandlungspartner im vorgerichtlichen Verfahren die Vertreter des Kompensationsschuldners auf der einen Seite und die außenstehenden Aktionäre auf der anderen Seite.[1286] Bei den hier betrachteten Strukturmaßnahmen lauten die gesetzlichen Regeln wie folgt: Im Falle von Beherrschungs- und Gewinnabführungsverträgen gem. §§ 304, 305 AktG ist jeder außenstehende Aktionär ein möglicher Antragsteller; der Antragsgegner ist der andere Vertragsteil des Unternehmensvertrags. Beim Squeeze-out gem. §§ 327a AktG ist jeder ausgeschiedene Aktionär ein möglicher Antragsteller und der Antrag richtet sich gegen den Hauptaktionär. Bei der Umwandlung von Rechtsträgern gem. §§ 15, 34, 122h, 122i, 176 bis 181, 184, 186, 196 oder 212 UmwG ist möglicher Antragsteller jeder in den dort angeführten Vorschriften des Umwandlungsgesetzes bezeichnete Anteilsinhaber. Der Antrag richtet sich gegen die übernehmenden oder neuen Rechtsträger bzw. gegen den Rechtsträger neuer Rechtsform.

Problematisch ist dabei allerdings, dass die Aktionäre im Vorfeld der Hauptversammlung noch nicht bekannt sind. Für die nicht bekannten, weil

1283 Siehe 2. Lösungsvorschlag: Vertretung durch Verhandlungskomitee, S. 227.

1284 Siehe 5. Zustimmung der Minderheit durch Sonderbeschluss, S. 238.

1285 Siehe 3. Vorabverhandlungen eines Komitees mit allen Aktionären, S. 209.

1286 Vgl. zum Folgenden auch 2. Verfahrensbeteiligte, S. 4.

nicht antragstellenden Aktionäre ist im Spruchverfahren die Vertretung durch den gemeinsamen Vertreter vorgesehen, doch dieser wird gem. § 6 Abs. 1 SpruchG *de lege lata* erst nach Beginn des Spruchverfahrens bestellt.[1287] Somit verbleiben die Vertretung sowie der Schutz der Interessen der außenstehenden Aktionäre im vorgerichtlichen Verfahren beim Vorstand der Gesellschaft.[1288] In der Praxis wird dieser vom Kompensationsschuldner mit der Planung und der Durchführung beauftragt. Die wesentliche Schwierigkeit bei konzerninternen Strukturmaßnahmen besteht darin, dass einer der Verhandlungspartner beherrschenden Einfluss auf den anderen ausüben kann: Die Obergesellschaft kann mittelbar über die Stimmenmehrheit in der Hauptversammlung sowie die Wahl des Aufsichtsrats und damit im Ergebnis auch auf Entscheidungen des Vorstands der abhängigen Gesellschaft Einfluss nehmen.[1289] Für die außenstehenden Aktionäre ist daher eine frühzeitige und einheitliche Vertretung notwendig.

Aus diesem Grund wird vorgeschlagen, gleichzeitig mit dem *gerichtlich bestellten Sachverständigen* ein Verhandlungskomitee zu bestellen.[1290] Dieses Komitee soll anstelle des Vorstands die Verhandlungen mit dem Kompensationsschuldner führen und sich aus unabhängigen Mitgliedern zusammensetzen, die über die notwendige Kompetenz zur Führung von Verhandlungen „auf Augenhöhe“ verfügen.[1291]

Ein Spezifikum des derzeitigen Spruchverfahrens besteht darin, dass sich der Kompensationsschuldner in einer vorteilhafteren Position befindet: Aufgrund seiner Mehrheitsbeteiligung hat er ein größeres finanzielles Interesse an der Unternehmensbewertung und seine Kosten fallen daher im Verhältnis weniger ins Gewicht. Zudem bestimmt er in der Regel den Zeitpunkt und die Modalitäten der Strukturmaßnahme und besitzt einen wesentlichen Informationsvorsprung vor den Minderheitsaktionären. Um dieser Machtfülle des Kompensationsschuldners etwas entgegenzusetzen, soll das Verhandlungskomitee eingerichtet und mit umfassenden Kompetenzen ausgestattet werden.

Dieser Ansatz lehnt sich an das bereits beschriebene *special committee* in Delaware an.[1292] Es dient dort vor allem zur Beweislastumkehr im *entire fairness*-

1287 Siehe III. Gemeinsamer Vertreter, S. 52.

1288 Siehe b) Übertragung auf Strukturmaßnahmen mit Konzernkonflikt, S. 223.

1289 Siehe zum Konzernkonflikt IV. Unterschiede bei einzelnen Bewertungsanlässen, S. 119, sowie den Reformvorschlag unter II. Ausweitung auf Strukturmaßnahmen mit Konzernkonflikt, S. 221.

1290 Siehe II. Ausweitung auf Strukturmaßnahmen mit Konzernkonflikt, S. 221.

1291 Siehe sogleich, c) Zusammensetzung, S. 231.

1292 Siehe cc) Beweislastumkehr durch Einsatz eines *special committee*, S. 179.

Verfahren: Stimmt das dortige *special committee* der Strukturmaßnahme zu den angebotenen Konditionen zu, geht die Beweislast für die Angemessenheit der Kompensation vom Mehrheitsaktionär auf die Minderheitsaktionäre über. In Delaware ist das *special committee* anstelle des *board* der Tochtergesellschaft für die Verhandlungen mit dem Mehrheitsaktionär vorgesehen. Die Gemeinsamkeit des hier unterbreiteten Vorschlags mit dem US-amerikanischen Recht besteht darin, dass das Verhandlungskomitee ebenfalls ein unabhängiges Gremium darstellt.

Für eine Übertragung eines isolierten Handlungsbereichs des Vorstands auf einen Dritten spricht im Aktienrecht der Vergleich mit der Figur des besonderen Vertreters gem. § 147 Abs. 2 AktG: Bezogen auf die Motivationslage ist die Situation des Vorstands bei der Preisfindung vergleichbar mit der Situation der Aktiengesellschaft bei der Geltendmachung von Ersatzansprüchen gegen ihre Organmitglieder. Der besondere Vertreter hat die Aufgabe, dass Ersatzansprüche der Aktiengesellschaft, die aus schuldhaft begangenen Pflichtverletzungen von Organmitgliedern resultieren, auch tatsächlich eingeklagt werden.[1293] Die Berechtigung des besonderen Vertreters leitet sich unter anderem daraus ab, dass aufgrund der engen Beziehung zwischen Vorstand und Aufsichtsrat einer Aktiengesellschaft eine adäquate Rechtsverfolgung zugunsten der Gesellschaft ausbleibt.[1294]

Dies ist mit der Situation im Vorfeld eines Spruchverfahrens vergleichbar. Vorstand und Aufsichtsrat haben regelmäßig wegen ihrer Nähe zum Kompensationsschuldner im Zusammenhang mit einer Strukturmaßnahme eher ein Interesse daran, im Rahmen der Unternehmensbewertung den Vorteil für den Kompensationsschuldner zu maximieren, als den Minderheitsaktionären zu einem hohen Ausgleich zu verhelfen. Der besondere Vertreter im Aktienrecht ist per se zwar nur für Ansprüche vorgesehen, die unter den Leitungsorganen selbst geltend gemacht werden, während es im Spruchverfahren um Ansprüche zwischen Kompensationsschuldner und außenstehenden Aktionäre geht. Dennoch zeigt diese Rechtsfigur, dass die Delegierung einer eigentlich dem Vorstand zugedachten Aufgabe im Falle potentieller Interessenkonflikte ein vom Gesetzgeber anerkanntes Mittel ist. Auch der Rechtsvergleich mit den USA macht deutlich, dass die umfassenden Einflussmöglichkeiten des Mehrheitsaktionärs dort stärker berücksichtigt werden: Für die Kompensationsschuldner gelten die mit § 181 BGB vergleichbaren Grundsätze des In-sich-Geschäfts.[1295] Im *entire fairness*-Verfahren, welches dem

1293 *Hüffer*, AktG, § 147 Rn. 1 ff. m.w.N.

1294 *Kling*, ZGR 2009, 190, 191 ff.; *Mock*, DB 2008, 393.

1295 Siehe bb) Angemessenes Verfahren (*fair dealing*), S. 186.

Spruchverfahren nahe steht, wird nicht nur der angemessene Preis (*fair price*), sondern auch die angemessene Preisfindung bzw. das dazu notwendige Verfahren (*fair dealing*) vom Gericht bewertet.[1296] Auch wenn der Prüfungsumfang im deutschen Recht und insbesondere im Spruchverfahren deutlich geringer ist und sich nicht auf Beschlussmängel bzw. ein faires Verfahren bezieht, so zeigt diese Wertung doch, wie kritisch die Rolle des Mehrheitsaktionärs und der von ihm eingesetzten Organmitglieder beleuchtet werden sollte. Es ist daher auch im deutschen Recht angemessen, entsprechende Vorkehrungen zu treffen.

Die Bevorzugung eines Gremiums anstelle einer einzelnen Person ergibt sich ebenfalls aus dem Vorbild Delawares.[1297] Der Vorteil eines solchen Gremiums besteht vor allem darin, dass neben einem größeren Sachverstand auch die Möglichkeit einer interdisziplinären Besetzung mit Rechts- und Wirtschaftswissenschaftler sowie Branchenexperten besteht. Durch die Schaffung eines unabhängigen Komitees in Deutschland *de lege ferenda*, das für die Aushandlung der Kompensation auf Seiten der außenstehenden Aktionäre im Vorfeld eines möglichen Spruchverfahrens zuständig ist, soll die Vertretung der außenstehenden Aktionäre im Rahmen der Vorverhandlungen sichergestellt und ihre Position gestärkt werden. Die genaue Ausgestaltung dieses Komitees ist nachfolgend zu diskutieren.

b) Auftrag, Aufgabenbeschreibung und Kompetenzen

Das Komitee erhält nach Fassung des Grundsatzbeschlusses zur Durchführung der Strukturmaßnahme durch den Kompensationsschuldner den Auftrag, eine eigene Einschätzung zur Strukturmaßnahme an sich und zur Höhe der Kompensation zu entwickeln. Außerdem muss das Komitee mit dem Kompensationsschuldner vorgerichtlich über eine angemessene Kompensation der Minderheitsaktionäre verhandeln. Die Ergebnisse dieser beiden Aufträge können sich in der Praxis durchaus unterscheiden, insbesondere kann das Komitee auf berechtigte Forderungen des Kompensationsschuldners eingehen, um einen Kompromiss in den Verhandlungen zu schließen. Der Auftrag an das Verhandlungskomitee ist insgesamt so anzulegen, dass ein klares Mandat für eine eigenständige und unabhängige Preisfindung besteht und in der Auftragsbeschreibung des Verhandlungskomitees ist festzuschreiben, dass es einen auf Einigung und Konsens abzielenden Kurs zu verfolgen hat. Die Verhandlungen sind *at arm's length*, also wie mit Dritten, zu Marktkonditionen zu führen. Das Komitee hat die Verhandlungen eigenständig zu organisieren

---

1296 Siehe d) Gerichtlicher Prüfungsmaßstab, S. 184 ff.

1297 Siehe cc) Beweislastumkehr durch Einsatz eines *special committee*, S. 179.

und durchzuführen. Es ist – wie das *special committee* in Delaware[1298] – dazu berechtigt, im vorgegebenen Rahmen eigene Berater auf Kosten des Kompensationsschuldners zu mandatieren. Das Komitee hat dabei einen eigenen Einschätzungsspielraum entsprechend der *business judgement rule* gem. § 93 Abs. 1 S. 2 AktG. Es hat aber darüber hinaus keine Vertretungsmacht, insbesondere kann es keine rechtswirksame Vereinbarung mit Dritten über die Höhe der Kompensation oder sonstige Aspekte der Strukturmaßnahme schließen. Es kann lediglich eine Empfehlung abgeben und eine deklaratorische Einigung mit dem Kompensationsschuldner schließen.[1299] Darüber hinaus ist dem Komitee eine Geschäftsordnung zu geben, in der weitere wesentliche Fragen geregelt werden. Der Anreiz für Komiteemitglieder, eine angemessene Kompensation auszuhandeln, besteht im wesentlichen in der Aussicht auf künftige Mandate dieser Art – also insbesondere dann, wenn Gerichte den Eindruck haben, dass die Komitee-Mitglieder in früheren Verfahren einen angemessenen Betrag ausgehandelt haben.

c) Zusammensetzung

Je nach Größe und Komplexität hat das Gremium entweder drei oder fünf Mitglieder. Aus ihrer Mitte haben die Mitglieder des Komitees einen Sprecher zu wählen. Durch einen gesetzlich festzuschreibenden Auftrag ist ein ausreichender Grad an Neutralität sicherzustellen, wobei dies in den Verträgen mit den Mitgliedern des Komitees und der Geschäftsordnung festzulegen ist. Um Distanz zum Kompensationsschuldner zu wahren, sollen nur unabhängige Experten in das Komitee berufen werden, die keine eigenen Interessen und keine Bindung zu Kompensationsschuldner oder dem Unternehmen und insbesondere ihren Vorstands- oder Aufsichtsratsmitgliedern haben. Die entsprechenden Regelungen des Deutschen Corporate Governance Kodex (DCGK)[1300], insbesondere das inzwischen auch in § 100 Abs. 2 S.1 Nr. 4 Akt geregelte sog. *cooling-off*, also eine Sperrfrist für einen Wechsel in das Gremium aus einer aktiven Rolle im Unternehmen, sind zu berücksichtigen.[1301] Mitglieder des Vorstands oder des Aufsichtsrats des Kompensationsschuldners dürfen nicht gleichzeitig Mitglied des Komitees sein. Auch vom Unternehmen anderweitig mandatierte Berater, Anwälte oder Wirtschaftsprüfer sind nicht geeignet.

Die Mitglieder benötigen eine ausreichende Qualifikation und müssen in der Lage sein, eine unabhängige Beurteilung im Gesamtkontext der Transak-

---

1298 Siehe (2) Rechte und Kompetenzen, S. 180.

1299 Siehe VII. Rechtsfolgen der Vorverhandlungen, S. 240.

1300 Text des DCGK abrufbar unter www.corporate-governance-code.de.

1301 Dazu *Spindler*, in: Spindler/Stilz, AktG, § 100 Rn. 30.

tion vorzunehmen. Ihre Bezahlung ist außerhalb der Regeln des JVEG[1302] in der Größenordnung vergleichbarer Aufsichtsratsmandate zulasten des Kompensationsschuldners zeitanteilig vorzunehmen. Die weitere Ausgestaltung des Komitees kann analog den Vorschriften des besonderen Vertreters gem. § 147 Abs. 2 AktG vorgenommen werden, da insoweit eine vergleichbare Interessenlage besteht.[1303]

d) Bestellung

Die Bestellung der Mitglieder des Verhandlungskomitees soll sich an dem Leitbild orientieren, dass es einheitlich und ausschließlich die Interessen der betroffenen Gesellschaft zu vertreten hat. Gleichzeitig sollen die Mitglieder des Verhandlungskomitees über eine ausdrückliche Legitimation der außenstehenden Aktionäre verfügen, denn das Vertrauen der außenstehenden Aktionäre ist entscheidend für die spätere Anerkennung des Verhandlungsergebnisses.[1304]

Es wird daher vorgeschlagen, die Mitglieder sowohl vom zuständigen Gericht als auch durch Wahl der außenstehenden Aktionäre bestimmen zu lassen. Um den Anspruch des Komitees an Objektivität zu betonen, soll die Mehrheit der Mitglieder[1305] von dem für ein mögliches Spruchverfahren zuständigen Gericht festgelegt werden. Dieses hat die Mitglieder zeitgleich mit dem *gerichtlich bestellten Prüfer* zu bestellen.[1306] Weiterhin sollen zur Förderung der Legitimation des Komitees durch die Aktionäre die restlichen Mitglieder von den Aktionären bestimmt werden (ein Mitglied bei insgesamt drei Mitgliedern bzw. zwei Mitglieder bei insgesamt fünf Mitgliedern). Dabei sind sämtliche Aktionäre, die dem Lager des Kompensationsschuldners zuzurechnen sind, nicht stimmberechtigt. Eine einfache Mehrheit für die Bestimmung der Komiteemitglieder ist dabei ausreichend. Im Übrigen sollen die Regeln zum Sonderbeschluss gem. § 295 AktG entsprechend gelten.[1307] Da eine Wahl schon frühzeitig, nämlich gleichzeitig mit der Bestimmung des *gerichtlich bestell-*

1302 Justizvergütungs und -entschädigungsgesetz (JVEG) vom 05.05.2004, welches die Vergütung von Sachverständigen im Gerichtsverfahren regelt.

1303 Siehe zur Ausgestaltung der Rolle des besonderen Vertreters *Hüffer*, AktG, § 147 Rn. 8 ff. m.w.N.

1304 Siehe VII. Rechtsfolgen der Vorverhandlungen, S. 240.

1305 Zwei Mitglieder bei insgesamt drei Mitgliedern bzw. drei bei insgesamt fünf Mitgliedern.

1306 Siehe V. Einbindung der Sachverständigen, S. 234; das Gericht hat sich dabei an die hier gemachten Vorgaben zu halten und soll auf eine ausgewogene und fachkundige Zusammensetzung des Komitees achten.

1307 Vgl. dazu 5. Zustimmung der Minderheit durch Sonderbeschluss, S. 238.

ten Prüfers zu erfolgen hat, kommt aus praktischen Gründen nur eine schriftliche bzw. elektronische Wahl durch die Aktionäre in Betracht.

e) Informationsrechte

Das Komitee ist hinsichtlich der Informationen privilegiert zu behandeln. Ihm sind vom Vorstand und vom Kompensationsschuldner sämtliche bewertungsrelevanten Informationen zukommen zu lassen, inklusive der Betriebs- und Geschäftsgeheimnisse im verfassungsrechtlich zulässigen Rahmen. Die Regelung des § 7 SpruchG, die eine Abwägungsentscheidung des Gerichts vorsieht[1308], ist für die Vorverhandlungen unter Beteiligung des Komitees weiter zu fassen. Dadurch soll die Informationsasymmetrie zwischen außenstehenden Aktionären und Kompensationsschuldner beseitigt werden. Der Kompensationsschuldner soll sich nur in Ausnahmefällen auf einen verfassungsrechtlich gebotenen Schutz zur Geheimhaltung berufen können.[1309] Diese Regelung ist gerechtfertigt, da es hier nicht um ein gerichtliches Verfahren geht, sondern um die nichtöffentliche Arbeit des Verhandlungskomitees, deren Mitglieder zu besonderer Verschwiegenheit verpflichtet sind.

f) Entscheidung und Rechtsfolgen

Das Komitee befindet über eine angemessene Kompensation und strebt eine Einigung mit dem Kompensationsschuldner an.[1310] Insgesamt hat es allerdings weder ein Veto-Recht gegen die Höhe der Kompensation noch gegen die Strukturmaßnahme insgesamt. Die Einschätzung des Komitees und das Verhandlungsergebnis sind mitsamt einer entsprechenden Begründung in der Beschlussempfehlung zur Hauptversammlung zu veröffentlichen. Die Entscheidung des Komitees und damit der Preisvorschlag sollen für das Unternehmen wie zuvor beschrieben nicht unmittelbar bindend sein. Stattdessen knüpfen sich an die Zustimmung des Komitees zwei Rechtsfolgen[1311]: Aus einer Einigung folgt – wie beim *merger of equals* – eine erhöhte Richtigkeitsgewähr und damit ein eingeschränkter Prüfungsmaßstab des Gerichts im Spruchverfahren.[1312] Zum anderen resultiert aus der Zustimmung des Komitees eine Verschärfung der Kostenregelungen im nachfolgenden Spruchverfahren.[1313]

1308 *Wittgens*, Spruchverfahrensgesetz, 2006, S. 175 ff.; grundlegend *Wolff*, NJW 1997, 98.

1309 *Wolff*, NJW 1997, 98, 99.

1310 Siehe für weitere Einzelheiten VI. Ablauf der Vorverhandlungen und Zustimmung, S. 236.

1311 Jeweils in Kombination der Zustimmung der außenstehenden Aktionäre, siehe VII. Rechtsfolgen der Vorverhandlungen, S. 240.

1312 Siehe 2. Prüfungsmaßstab nach Einigung in Vorverhandlungen, S. 245.

1313 Siehe zur Kostenregelung VII. Rechtsfolgen der Vorverhandlungen, S. 240.

Ein weiterer positiver Effekt der Arbeit des Komitees und der Verhandlungen im Hinblick auf das Gerichtsverfahren besteht darin, dass eine erhöhte Transparenz hergestellt und die sowohl im Vorfeld als auch im Spruchverfahren selbst bestehende Informationsasymmetrie korrigiert wird.

IV. Vertretung des Kompensationsschuldners

Die Vertretung des Kompensationsschuldners im Vorfeld des Verfahrens deckt sich mit der bestehenden Regelung des § 5 SpruchG und betrifft je nach Strukturmaßnahme den anderen Vertragsteil des Unternehmensvertrags (§ 5 Nr. 1 SpruchG), die Hauptgesellschaft (§ 5 Nr. 2 SpruchG), den Hauptaktionär (§ 5 Nr. 3 SpruchG), die übernehmenden oder neuen Rechtsträger bzw. gegen den Rechtsträger neuer Rechtsform (§ 5 Nr. 4 SpruchG).

V. Einbindung der Sachverständigen

Bei der Unternehmensbewertung im Rahmen des Spruchverfahrens sind drei unterschiedliche Sachverständige involviert: Zunächst bestellt das Unternehmen den *Parteigutachter*, der im Auftrag der Unternehmensleitung die initiale Unternehmensbewertung durchführt.[1314] Er ist kein gesetzlich vorgeschriebener Bestandteil des Verfahrens. Hinzu kommt ein *gerichtlich bestellter Prüfer*, der vom Unternehmen vorgeschlagen, aber vom Gericht ausgewählt wird und meist zeitlich parallel[1315] zum *Parteigutachter* eine unabhängige Prüfung des Unternehmenswerts durchführt. Schließlich kann das Gericht im Spruchverfahren einen weiteren Experten, einen *Gerichtssachverständigen* benennen, der ein eigenes Gutachten erstellt.[1316]

1. Bislang nicht berücksichtige Vorschläge der Literatur

Da die Expertise von Prüfern und Sachverständigen im Zentrum der gerichtlichen Auseinandersetzung steht, wurde im Vorfeld der Reform des SpruchG im Jahr 2003 eine stärkere Einbindung von Prüfern und Sachverständigen in die Verfahrensführung selbst gefordert.[1317] Sie sollten das Gericht bei der Verfahrensleitung und der Vorbereitung der mündlichen Verhandlung sachkundig beraten, um dadurch ebenfalls eine Verfahrensbeschleunigung zu erzielen.[1318] Dieser Vorschlag wurde im SpruchG nicht verwirklicht, da Bedenken

1314 Nachfolgend als Parteigutachter bezeichnet, siehe zur einheitlichen Bezeichnung der verschiedenen Sachverständigen Fn. 250.

1315 Siehe zur Parallelprüfung II. Sachverständige vor und im Spruchverfahren, S. 48.

1316 Siehe dazu insgesamt II. Sachverständige vor und im Spruchverfahren, S. 48 ff.

1317 *Lutter/Bezzenberger,* AG 2000, 433, 440.

1318 *Lutter/Bezzenberger,* AG 2000, 433, 440.

hinsichtlich der Gefährdung der richterlichen Unabhängigkeit bestanden, wenn Sachverständige auf der Richterbank Platz nehmen.[1319]

Zur besseren Einbindung von Sachverständigen und Prüfern wurde in der Literatur daraufhin vorgeschlagen, ihnen eine stärkere und unabhängigere Rolle im gerichtlichen Verfahren zu geben.[1320] Um der vom Gesetzgeber mit der Reform 2003 beabsichtigten Rollenverteilung gerecht zu werden – nach der der *gerichtlich bestellte Prüfer* im Laufe des Spruchverfahrens auch als Sachverständiger zur Verfügung steht – wurde ein Verbot der Parallelprüfung vorgeschlagen, da der *gerichtlich bestellte Prüfer* durch die enge Zusammenarbeit mit dem *Parteigutachter* seine unabhängige Perspektive verliere.[1321] Stattdessen solle er sich auf die nachträgliche Begutachtung im Spruchverfahren beschränken.[1322] Auch dieser Vorschlag wurde nicht umgesetzt.

2. Möglichkeit zur Stärkung der Minderheitsaktionäre

Das Defizit der gegenwärtigen Regelung besteht darin, dass die Interessenlage des *gerichtlich bestellten Prüfers* sehr vielschichtig ist. Er wird vom Gericht ausgewählt und soll eine möglichst objektive Rolle einnehmen. Gleichzeitig soll er, trotz seiner engen Zusammenarbeit mit dem *Parteigutachter*, ein kontrollierendes Gegengewicht zu diesem bilden und dabei vor allem zugunsten der Minderheitsaktionäre eine angemessene Kompensation ermitteln, die dem strengen Maßstab von Art. 14 GG gerecht wird.

Wie bereits gezeigt[1323], hat sich die vom Gesetzgeber erhoffte Vermeidung von Spruchverfahren durch den Einsatz *gerichtlich bestellter Prüfer* nicht erfüllt.[1324] Dies ist im Wesentlichen darauf zurückzuführen, dass die außenstehenden Aktionäre den Aussagen des Prüfers in der Regel nicht vertrauen. Die Erfolgsquote in Spruchverfahren gibt ihnen recht, da in 91 % der Spruchverfahren die zuvor vom *gerichtlich bestellten Prüfer* als angemessen bezeichnete Kompensation vom Gericht nachträglich erhöht wurde.[1325]

Eine Möglichkeit zur Reform bestünde darin, den außenstehenden Aktionären formal einen eigenen Gutachter an die Seite zu stellen. Da der Kompensationsschuldner mit dem *Parteigutachter* in der Regel bereits einen „eige-

---

1319 Kritisch *Neye*, NZG 2002, 23, 24 f.; *Rößer*, Squeeze-out, *2007, S.* 175.

1320 *Puszkajler*, ZIP 2003, 518, 521 f.

1321 *Puszkajler*, ZIP 2003, 518, 521 f.

1322 *Puszkajler*, ZIP 2003, 518, 521 f.

1323 Siehe II. Sachverständige vor und im Spruchverfahren, S. 48 ff.

1324 *Emmerich*, in: Emmerich/Habersack, Konzernrecht, vor § 1 SpruchG Rn. 9; vgl. dazu die treffende Kritik in LG Frankfurt, Beschluss vom 14.11.2006 – 3/5 O 73/04, ZIP 2007, 382 f.

1325 Siehe 2. Empirischer Befund der Risiko-Nutzen-Relation, S. 83.

nen" Gutachter bestellt, ist es im Sinne der Chancengleichheit zwischen Kompensationsschuldner und außenstehenden Aktionären durchaus sinnvoll, dass auch die außenstehenden Aktionäre einen eigenen Gutachter mandatieren können. Dadurch wird das angestrebte Gleichgewicht zwischen den Beteiligten gefördert. Das Prinzip „ein Gutachter pro Partei" würde zudem bei der Ausgestaltung des Spruchverfahrens als streitiges Verfahren helfen. Wie in den USA könnte das Verhandlungskomitee die Kompetenz erhalten, diesen Gutachter auszuwählen.[1326]

Nicht zuletzt im Sinne einer europarechtlich einheitlichen Lösung ist am Konzept der objektiven Prüfung der Kompensation durch einen Sachverständigen festzuhalten. In Art. 8 VRL[1327] ist festgelegt, dass ein objektiver Sachverständiger erklären muss, dass die Kompensation angemessen ist und nach welcher Methode sie bestimmt worden ist.[1328] Aber auch vom europarechtlichen Argument abgesehen, ist es durchaus sinnvoll, dass ein objektiver und von dritter Seite bestellter Sachverständiger die Kompensation prüft – dies sichert in jedem Fall einen Mindeststandard und entlastet die Gerichte. Da zudem das Verhandlungskomitee selbst eine Unternehmensbewertung vornehmen soll bzw. bei Bedarf dazu eigenen externen Sachverstand in Anspruch nehmen kann[1329], ist die aktuelle Ausgestaltung der Rolle des *gerichtlich bestellten Prüfers* beizubehalten.

VI. Ablauf der Vorverhandlungen und Zustimmung

1. Vorbereitungen

Die Verhandlungen zwischen Kompensationsschuldner und Verhandlungskomitee sollen möglichst frühzeitig stattfinden. Der Ablauf sähe dann wie folgt aus: Zunächst teilt der Kompensationsschuldner wie bisher dem Vorstand der Gesellschaft das Verlangen zur Durchführung der Strukturmaßnahme mit. Zu diesem Zeitpunkt hat der Kompensationsschuldner in der Regel seine eigenen Vorbereitungen[1330] bereits abgeschlossen. Damit sich auch

1326 Siehe zu den Kompetenzen des *special committee* in den USA cc) Beweislastumkehr durch Einsatz eines *special committee*, S. 179, für Kompetenzen des vorgeschlagenen Verhandlungskomitees siehe 2. Lösungsvorschlag: Vertretung durch Verhandlungskomitee, S. 227.

1327 Beispielhaft für die Verschmelzung.

1328 *Oechsler*, NZG 2006, 161, 163; *Behrens*, Die grenzüberschreitende Verschmelzung, 2007, S. 112.

1329 Siehe b), Auftrag, Aufgabenbeschreibung und Kompetenzen, S. 230.

1330 Etwa Fragen zur Finanzierung der Strukturmaßnahme, zur steuerlichen Behandlung und zur Ermittlung des Unternehmenswerts (sofern für die jeweilige Strukturmaßnahme erforderlich).

die außenstehenden Aktionäre frühzeitig eine Meinung bilden können, sind vom Vorstand umgehend weitere vorbereitende Maßnahmen zu ergreifen: Statt wie bisher nur die Bestellung des *gerichtlich bestellten Prüfers* zu veranlassen[1331], muss der Vorstand nun auch unmittelbar dafür sorgen, dass das Verhandlungskomitee vom Gericht bestellt wird. Der Zeitablauf der Vorverhandlungen orientiert sich an dem entsprechenden Zeitablauf des *merger of equals*.

2. Erste Verhandlungen

Noch bevor zur Hauptversammlung eingeladen wird, sollen die Verhandlungen stattfinden; so kann bereits in der Einladung zur Hauptversammlung über Ergebnisse berichtet und auf der Hauptversammlung über die Verhandlungsergebnisse abgestimmt werden.[1332] Die Verhandlungspartner sollen sich unmittelbar nach Bestellung des Verhandlungskomitees zu einem ersten Sondierungsgespräch treffen. Dort sind die Rahmenbedingungen der Strukturmaßnahme und die bestimmenden Faktoren für die Kompensation zu erörtern. Dazu zählen etwa die Erläuterung der Beweggründe der Strukturmaßnahme, die Diskussion über die Bewertungsmethode sowie die Existenz bzw. die Relevanz des Börsenkurses. Es ist zu berücksichtigen, dass das Zeitfenster vor der Hauptversammlung, auf der eine derartige Strukturmaßnahme beschlossen werden soll, in der Regel knapp bemessen ist. Aus diesem Grund ist in dem Sondierungsgespräch ein verbindlicher Zeitplan zu verabschieden, damit die Gesellschaft die Vorbereitungen für die Hauptversammlung vorantreiben und planen kann. Dem Zeitplan folgend, findet dann die Verhandlung über die Höhe der Kompensation statt. Diese Verhandlung kann an einem Termin oder an mehreren Terminen entlang des definierten Zeitplans stattfinden.

3. Prüfung durch gerichtlich bestellten Prüfer

Im Anschluss an diese ersten Verhandlungen beginnt der *gerichtlich bestellte Prüfer* mit der Prüfung des Verhandlungsergebnisses. Dies entspricht der derzeitigen Rechtspraxis beim *merger of equals*, die fordert, dass der jeweilige Verschmelzungsprüfer das verhandelte Ergebnis zu prüfen hat.[1333]

1331 Siehe 1. Prüfung durch gerichtlich bestellten Prüfer, S. 74.

1332 Sofern ein Hauptversammlungsbeschluss erforderlich ist, ansonsten ist die Zeitplanung entsprechend an einen Zeitplan ohne Hauptversammlung anzupassen, zur Abstimmung siehe 5. Zustimmung der Minderheit durch Sonderbeschluss, S. 238.

1333 LG Frankfurt a.M., Beschluss vom 13.03.2009 – 3-5 O 57/06, NZG 2009, 553 (*Deutsche Telekom/ T-Online*).

4. Durchführung der Hauptversammlung

In einem schriftlichen Bericht über die Vorverhandlungen, der für alle Aktionäre zugänglich und in der Einladung zur Hauptversammlung enthalten sein muss, wird eine Empfehlung des Verhandlungskomitees sowie des Kompensationsschuldners zur Höhe der Kompensation gegeben. Sollten sich die beiden Parteien in den Verhandlungen vor der Hauptversammlung einigen, enthält diese Empfehlung den gemeinsamen Standpunkt beider Parteien. Ist es zu keiner Einigung gekommen, müssen die Parteien in einer gemeinsamen Erklärung auch dieses Verhandlungsergebnis und die divergierenden Einschätzungen darlegen. Der Vorsitzende des Verhandlungskomitees berichtet auf der Hauptversammlung über die Verhandlungen. Auf der Grundlage des veröffentlichten Verhandlungsergebnisses kann dann über die Höhe der Kompensation diskutiert werden. Im Anschluss stimmen die Aktionäre über das Angebot ab.[1334]

5. Zustimmung der Minderheit durch Sonderbeschluss

Um die Vorverhandlungen nachträglich zu legitimieren, sollen die außenstehenden Aktionäre durch einen eigenen Beschluss darüber abstimmen. Gegenstand des Beschlusses ist, sofern es zu einer Einigung kam, das Ergebnis der Vorverhandlungen. Konnte sich das Verhandlungskomitee mit dem Kompensationsschuldner keine Einigung erzielen, wird stattdessen die Empfehlung des Verhandlungskomitees zum Gegenstand der Abstimmung.

In der Literatur wird die Auffassung vertreten, dass es ein Indiz für eine angemessene Kompensation ist, wenn eine Mehrheit zustimmt, die deutlich über dem gesetzlichen Mehrheitserfordernis liegt.[1335] Hohe Zustimmungsquoten außenstehender Aktionäre auf informierter Grundlage und, soweit überhaupt möglich, ohne wirtschaftlichen Zwang zur Annahme (*pressure to tender*) sind ein anerkanntes Kriterium für die Beurteilung der Angemessenheit der Kompensation.[1336] Beim Erreichen einer hohen Zustimmungsquote der außenstehenden Aktionäre kann man davon ausgehen, dass sich darin Marktkräfte widerspiegeln und dieser Erfolg nur erreicht werden kann, wenn der volle Ausgleich für die Unternehmensanteile angeboten wird.[1337] Ein solcher

---

1334 Siehe dazu sogleich.

1335 *Stumpf*, NJW 2003, 9, 12 (Fn. 42); zur Legitimation durch die Hauptversammlung *Martens*, in: FS Röhricht, 2005, S. 987, 996; vgl auch OLG Stuttgart, Beschluss vom 14.10.2010 – 20 W 16/06, NZG 2011, 30 (*Daimler/Chrysler*); so auch schon *Austmann*, BB 2002, Heft 15, Seite I (Die erste Seite).

1336 *Mülbert*, in: FS Hopt, 2010, S. 1039, 1076.

1337 OLG Frankfurt a.M., Beschluss vom 09.12.2008 – WpÜG 2/08, NZG 2009, 74.

Markttest[1338] kann also unter gewissen Umständen betriebswirtschaftliche (und ohnehin unpräzise) Bewertungsmethoden zur Ermittlung der vollen Entschädigung ersetzen.[1339] Eine Schlechterstellung der Minderheitsaktionäre ist damit nicht verbunden.[1340] Dieser Gedanke wurde bereits in § 327b Abs. 1 S. 3 AktG-RegE[1341] im Jahr 2001 diskutiert, in der damaligen Ausgestaltung allerdings als nicht verfassungsgemäß verworfen.[1342]

Um die außenstehenden Aktionäre zu schützen und das Verhandlungsergebnis zu legitimieren, wird vorgeschlagen, dass sie über das Ergebnis der Vorverhandlungen separat abstimmen können.[1343] Ein solcher Beschluss kann sich an der bestehenden Regelung des § 295 Abs. 2 S. 1 AktG orientieren, nach der für eine Änderung der Bestimmungen eines bestehenden Vertrags über Ausgleichs- oder Abfindungsleistungen für außenstehende Aktionäre ein Sonderbeschluss der außenstehenden Aktionäre notwendig ist.[1344] Aufgrund des Verweises in § 295 Abs. 2 S. 2 AktG auf § 293 Abs. 1 S. 2 AktG ergibt sich, dass für diesen Beschluss eine qualifizierte Mehrheit der außenstehenden Aktionäre erforderlich ist.[1345] Diese Regelung ist auch für die hier vorgeschlagene Zustimmung zu übernehmen. Beim Sonderbeschluss gem. § 295 Abs. 2 S. 2 AktG bedürfte die Änderung des Vertrags als Eingriff in diese Rechte der Zustimmung aller außenstehenden Aktionäre gem. §§ 35, 311 Abs. 1, 328 BGB. Dort begnügt man sich aus praktischen Gründen mit einer qualifizierten Mehrheit, um Änderungsverträge nicht übermäßig zu erschweren.[1346] Eine einfache Mehrheit entsprechend der Regelung in den USA würde die Entscheidung der Aktionäre in dieser Frage nicht ausreichend legitimieren – vor allem im Licht anderer Vorschriften im deutschen Aktienrecht. Bei einer Annahme des Verhandlungsergebnisses kann hier somit auf eine qualifizierte Mehrheit abgestellt werden. Wurde in den Verhandlungen also eine Einigung

1338 Der § 39a WpÜG auf der Grundlage der ÜRL umgesetzt ist.

1339 OLG Frankfurt a.M., a.a.O., S. 74 f.

1340 *Schlitt/Ries/Becker*, NZG 2008, 700, 701; *Merkt/Binder*, BB 2006, 1285, 1291; *Seibt/Heiser*, AG 2006, 301, 319.

1341 BT-Drucksache 14/7034 (*RegE WpÜG*), vgl. *Mülbert*, in: FS Hopt, 2010, S. 1041, 1076.

1342 Siehe 4. Übernahme der *MoM-condition*, S. 210 sowie sogleich VII. Rechtsfolgen der Vorverhandlungen, S. 240 zum hier vorgeschlagenen Sonderbeschluss.

1343 Zur Setzung angemessener Anreize für die Aktionäre siehe sogleich VII. Rechtsfolgen der Vorverhandlungen, S. 240.

1344 *Emmerich*, in: Emmerich/Habersack, Konzernrecht, § 295 AktG Rn. 24.

1345 *Emmerich*, in: Emmerich/Habersack, Konzernrecht, § 295 AktG Rn. 24.

1346 BGH, Beschluss vom 04.03.1998 – II ZB 5-97, BGHZ 138, 136, 140 = NJW 1998, 1866, 1870 ff. (*Asea/BBC II*); *Emmerich*, in: Emmerich/Habersack, Konzernrecht, § 295 AktG Rn. 24.

erzielt und erteilen die außenstehenden Aktionäre ihre Zustimmung in dem skizzierten Sonderbeschluss, so sind die Hürden (in Form von Kosten etc.) für die Aktionäre, die dennoch ein nachgelagertes Spruchverfahren durchführen wollen, zu erhöhen.[1347]

6. Weitere optionale Verhandlung nach Hauptversammlung

Besteht nach dem Hauptversammlungsbeschluss zur Durchführung der Strukturmaßnahme weiterhin Uneinigkeit über die Kompensation eine weitere Verhandlungsrunde stattfinden, praktisch als eine vorgerichtliche Güteverhandlung. Erst wenn diese Verhandlung scheitert, können die Beteiligten wie bisher das Spruchverfahren einleiten. Das Gericht soll in seiner Würdigung die dokumentierten Verhandlungsergebnisse zu Rate ziehen. Es prüft dann unter anderem, wie derzeit beim *merger of equals*, ob die Verhandlungen unter fairen Bedingungen stattgefunden haben.[1348]

VII. Rechtsfolgen der Vorverhandlungen

Die angestrebten Rechtsfolgen der Vorverhandlungen betreffen zwei wesentliche Aspekte: Vor allem durch die Vermutung der Angemessenheit nach Vorverhandlungen mit nachträglicher Zustimmung der außenstehenden Aktionäre sowie eine den Zugang erschwerende Kostenregelung für das gerichtliche Verfahren sollen Anreize für eine vorgerichtliche Einigung gesetzt werden. Weiterhin soll der gerichtliche Prüfungsmaßstab gesenkt werden, sofern eine Einigung oder die Zustimmung einer qualifizierten Mehrheit der außenstehenden Aktionäre erreicht werden konnte. Diese Rechtsfolgen werden nachfolgend erörtert.

1. Vermutung der Angemessenheit und Kostenregelung

Der Kompensationsschuldner ist verständlicherweise an einer niedrigen Kompensation interessiert. Für ihn besteht in den Vorverhandlungen keine Motivation sich zu einigen und auf Forderungen der außenstehenden Aktionäre einzugehen, da in einer Konzernsituation die Zustimmung der Hauptversammlung zur Höhe der Kompensation sicher ist. Die Motivation der Beteiligten für eine Einigung soll wie bei der Mediation[1349] vor allem über die Risiko-Nutzen-Relation stattfinden. In den USA entsteht ein Einigungsdruck im *appraisal*-Vorverfahren auch ausschließlich über die Kosten, im *entire fairness*-

1347 Siehe sogleich VII. Rechtsfolgen der Vorverhandlungen, S. 240.

1348 Siehe 2. Prüfungsmaßstab nach Einigung in Vorverhandlungen, S. 245.

1349 *Bercher/Engel*, ZRP 2010, 126; *Wozniewski*, NZG 2008, 410; *Diop/Steinbrecher*, BB 2011, 131.

Verfahren beruht er hingegen darauf, dass der Kompensationsschuldner im gerichtlichen Verfahren nicht die Beweislast übernehmen will.

Es wird vorgeschlagen, die Rechtsfolgen aus den Vorverhandlungen in Abhängigkeit der Zustimmungen von Verhandlungskomitee und außenstehender Aktionäre in drei Stufen einzuteilen.

a) Zustimmung Komitee und außenstehende Aktionäre

Die erste Stufe betrifft eine Einigung der Verhandlungspartner (Kompensationsschuldner und Verhandlungskomitee) mit anschließender Zustimmung der außenstehenden Aktionäre im beschriebenen Sonderbeschluss.

aa) Unwiderlegliche Vermutung der Angemessenheit

Es wird vorgeschlagen, dass eine Einigung in den Vorverhandlungen sowie die Zustimmung einer qualifizierten Mehrheit der außenstehenden Aktionäre in einem Sonderbeschluss auf der Hauptversammlung stets zu einer unwiderleglichen Vermutung der Angemessenheit der Kompensation führen, sofern dieser Beschluss im Lichte von § 245 AktG selbst rechtmäßig ist und nicht z.B. von falschen Tatsachen ausging oder missbräuchlich war.[1350] Diese Regelung orientiert sich teilweise an der *MoM-condition* in den USA[1351] sowie am ursprünglichen Entwurf der Squeeze-out-Regelungen in § 327b Abs. 1 S. 3 AktG-RegE.[1352]

Bei einer unwiderleglichen Angemessenheitsvermutung besteht grundsätzlich das Problem der Vereinbarkeit mit Art. 14 GG.[1353] Problematisch ist insbesondere, dass die unwiderlegliche Vermutung auch Fälle erfassen kann, in denen die Kompensation eigentlich unangemessen ist.[1354] Dementsprechend kontrovers ist dies in Literatur und Rechtsprechung.[1355] Hinsichtlich der Zulässigkeit einer unwiderleglichen Angemessenheitsvermutung ist eine Orientierung an der übernahmerechtlichen Angemessenheitsvermutung gem. § 39a

1350 *Hüffer*, AktG, § 245 Rn. 21 ff. m.w.N.

1351 Die *MoM-Condition* wird in den USA zur Beweislastumkehr verwendet, siehe cc) Beweislastumkehr durch Einsatz eines *special committee*, S. 179.

1352 BT-Drucksache 14/7034 (*RegE WpÜG*), vgl. *Mülbert*, in: FS Hopt, 2010, S. 1041, 1076; siehe auch BT-Drucksache 14/7477 (*Beschlussempfehlung und Bericht des Finanzausschusses*), S. 54; kritisch *Heidel/Lochner*, DB 2001, 2031 ff.; *Rühland*, NZG 2001, 448, 454 f.; *Wenger/Kaserer/Hecker*, ZBB 2001, 317, 332.

1353 *Grunewald*, NZG 2009, 332, 332 ff.; *Maul*, NZG 2005, 151, 157; *Rühland*, NZG 2001, 448, 453 f.

1354 *Kircher*, Kompensationsleistungen, 2007, S. 56.

1355 Dazu *Heidel/Lochner*, DB 2001, 2031, 2034; *Rühland*, NZG 2001, 448, 450 mit Verweis auf die Regelung im Recht von Großbritannien; siehe für die Rechtslage in Großbritannien 3. Großbritannien S. 135.

Abs. 1 WpÜG möglich, die nach Zustimmung durch 90 % der Minderheitsaktionäre besteht.[1356] Für diese Regelung ist umstritten, ob sie als unwiderlegliche oder widerlegliche Vermutung gilt.[1357] Teilweise wird die Auffassung vertreten, dass die vom Ausschluss betroffenen Aktionäre die Angemessenheitsvermutung des § 39a Abs. 3 S. 3 WpÜG erschüttern können, die Vermutung also widerleglich sei.[1358]

Die wohl überwiegende Auffassung sieht in der Vorschrift eine unwiderlegliche Vermutung.[1359] Eine solche unwiderlegliche Vermutung ist dann zu akzeptieren, wenn das Verfahren gut funktioniert und einen ausreichenden Schutz der Aktionäre gewährleistet.[1360] Wie bereits dargestellt, besteht aus verfassungsrechtlicher Perspektive ein gewisser Spielraum bei der Ausgestaltung der Schutzmechanismen im Rahmen der Bestimmung der Angemessenheit der Kompensation.[1361] Dieser Auffassung folgend stellt das OLG Stuttgart fest, dass der Schutzmechanismus in § 39a Abs. 3 S. 3 WpÜG mit der erforderlichen Annahmequote von 90 % in verfassungsrechtlich einwandfreier Weise sicherstellt, dass der Angebotspreis dem Verkehrswert der Aktie entspricht, da die außenstehenden Aktionäre selbst damit stets die Möglichkeit haben, der Angemessenheitsvermutung erfolgreich entgegenzutreten.[1362]

Ob der übernahmerechtliche Schutz im Verfahren nach § 39a ff. WpÜG *de lege lata* ausreichend bzw. verfassungsgemäß ist, kann vorliegend dahinstehen. Entscheidend für die Einführung der beschriebenen unwiderleglichen Angemessenheitsvermutung *de lege ferenda* ist, dass der hier vorgeschlagene Regelungsmechanismus den von der Rechtsprechung genannten Anforderungen genügt – also einen ausreichenden Schutz für die außenstehenden Aktionäre darstellt.

1356 *Grunewald*, NZG 2009, 332, 334.

1357 Siehe *Steinmeyer/Santelmann*, BB 2009, 674; *Wilsing/Ogorek*, BB 2008, 2035.

1358 LG Frankfurt a.M., Beschluss vom 05.08.2008 – 3-5 O 15/08, NZG 2008, 665, 668; dazu *Hörmann/Feldhaus*, BB 2008, 2134; offengelassen in OLG Frankfurt a.M., Beschluss vom 09.12.2008 – WpÜG 2/08, NZG 2009, 74, 78.

1359 OLG Stuttgart, Beschluss vom 05.05.2009 – 20 W 13/08, BB 2009, 1356 f.; *Hasselbach*, BB 2010, 2842; *Grunewald*, NZG 2009, 332; *Wilsing/Ogorek*, GWR 2009, 211, 212 ff.; *Falkner*, ZIP 2008, 1775; *Hörmann/Feldhaus*, BB 2008, 2134.

1360 *Mülbert*, in: FS Hopt, 2010, S. 1039, 1076.

1361 BVerfG, Beschluss vom 26.04. 2011 – 1 BvR 2658/10 - NZG 2011, 869; vgl. dazu auch LG Frankfurt a.M., Beschluss vom 15.11.2011 – 3-5 O 53/11, BeckRS 2011, 26940, siehe weiterführend II. Gesetzliche Vorschriften zum Bewertungsmaßstab, S. 99.

1362 OLG Stuttgart, Beschluss vom 05.05.2009 – 20 W 13/08, BB 2009, 1356 f.; siehe dazu auch OLG Frankfurt a.M., Beschluss vom 09.12.2008 – WpÜG 2/08, NZG 2009, 74, 78.

Dafür spricht, dass der skizzierte präventive Rechtsschutz der Verhandlungen zwischen Verhandlungskomitee und Kompensationsschuldner eine inhaltliche Kontrolle der Kompensation vorsieht. Hinzu kommt außerdem ein Markttest aufgrund des Zustimmungserfordernisses der außenstehenden Aktionäre.

Da dieser Sonderbeschluss das Aktienrecht betrifft, ist in Anlehnung an § 295 Abs. 2 AktG allerdings eine qualifizierte Mehrheit ausreichend. Eine 90 %-Zustimmung entsprechend § 39 Abs. 3 S. 3 WpÜG würde den Anwendungsbereich – das zeigt die übernahmerechtliche Praxis deutlich – zu stark einschränken.[1363] Gerade durch die Kombination von inhaltlicher Auseinandersetzung in den Vorverhandlungen und der markttest-ähnlichen Abstimmung durch Sonderbeschluss der außenstehenden Aktionäre ist ein ausreichender Schutz zugunsten der Minderheitsaktionäre gewährleistet.

bb) Kostenregelung in Anlehnung an §§ 91 ff. ZPO

Es wird vorgeschlagen, dass antragstellende Aktionäre, die mit ihren Anträgen vom beschriebenen Sonderbeschluss abweichen, alleine das Kostenrisiko nach den Grundsätzen der §§ 91 ff. ZPO zu tragen hat.[1364] Ein vollständiger Übergang zur ZPO-Systematik ist jedoch nicht sinnvoll, da nach wie vor das wirtschaftliche Ungleichgewicht der Parteien berücksichtigt werden muss. Aus diesem Grund soll eine Limitierung der Kosten für die Minderheitsaktionäre vorgesehen werden. Eine solche Änderung der Kostenregelung würde durch die Verpflichtung der Antragsteller zur Stellung bezifferter Anträge ein besseres Austarieren der Kosten ermöglichen. Da nun die Antragsteller auch teilweise obsiegen können, werden sie zu einer überlegteren Einschätzung bei Antragstellung gezwungen. Insbesondere die aus den Vorverhandlungen gewonnenen Erkenntnisse und die institutionalisierte Vertretung durch den gemeinsamen Vertreter rechtfertigen diesen Schritt.

Sinnvoll wäre eine Regelung dahingehend, dass die Minderheitsaktionäre die Kosten entsprechend dem Erfolg ihres Antrags tragen müssen. Zudem könnten ihre Kosten auf einen zu bestimmenden Anteil des Streitwerts (z. B. 30 %) limitiert werden; der Rest des Risikos verbliebe dann beim Kompensationsschuldner. Angenommen der Antragsgegner wäre bereit eine Kompensation von 90 Euro pro Aktie zu zahlen, der Antragsteller würde 100 Euro verlangen und das Gericht würde daraufhin eine Kompensation von 92

1363 *Austmann*, NZG 2011, 684; *Hasselbach*, BB 2010, 2842.

1364 Siehe auch *Baums*, Anfechtung von Hauptversammlungsbeschlüssen, 2000, S. 32 ff.; weiterführend zur Bedeutung der Prozesskosten für den ökonomischen Wert von Rechten und die Steuerungskraft des materiellen Rechts *Adams*, AG 2000, 397, 398 ff.

Euro festlegen, dann würde der Antragsteller 80 % der Kosten tragen (Bandbreite zehn Euro, 20 % Obsiegen beim Antragsteller, 80 % Obsiegen beim Antragsgegner), allerdings begrenzt auf 30 % des Streitwerts. Einen ähnlichen Effekt hätte es, wenn für die Berechnung der Streitwerte für Antragsteller und Antragsgegner unterschiedliche Geschäftswerte festgelegt werden.

b) Ablehnung durch Komitee oder außenstehende Aktionäre

Die zweite Stufe gelangt zur Anwendung, wenn die Kompensation der Komitee-Empfehlung entspricht, sie aber keine Zustimmung im Sonderbeschluss der außenstehenden Aktionäre finden konnte. Gleiches gilt im umgekehrten (und wohl unwahrscheinlicheren) Fall: der Zustimmung durch die außenstehenden Aktionäre im Sonderbeschluss bei gleichzeitiger Ablehnung durch das Verhandlungskomitee.

aa) Widerlegliche Vermutung der Angemessenheit

In diesem Fall war entweder der Markttest, der durch den Sonderbeschluss der außenstehenden Aktionäre durchgeführt wird, oder das Expertenvotum negativ. Nach vorstehend Gesagtem kommt eine unwiderlegliche Angemessenheitsvermutung nicht in Frage, da diese auf verfassungsrechtliche Bedenken stoßen würde.

Positiv formuliert entspricht die Kompensation auf dieser Stufe allerdings entweder der Empfehlung des Komitees oder sie genügt der qualifizierten Mehrheit der außenstehenden Aktionäre. Daraus ergibt sich eine gewisse Richtigkeitsgewähr, so dass für das gerichtliche Verfahren eine widerlegliche Angemessenheitsvermutung angenommen werden kann. Dies wiederum entspricht einer Beweislastumkehr, da nun die außenstehenden Aktionäre konkrete Anhaltspunkte dafür vorbringen müssen, dass die Kompensation nicht angemessen ist. Dies geht einher mit einer Rückführung des Amtsermittlungsgrundsatzes.[1365]

bb) Kostenregelung in Anlehnung an §§ 91 ff. ZPO

Für die Kostenregelung gilt das gleiche wie bei der ersten Stufe, da entweder der Markttest negativ verlaufen ist oder sich ein antragstellender Aktionär entweder gegen das Verhandlungskomitee oder die qualifizierte Mehrheit der außenstehenden Aktionäre stellt. Unter Umständen ist eine striktere Begrenzung bei der Deckelung des Kostenrisikos vorzusehen.[1366]

1365 Siehe 2. Rückführung des Amtsermittlungsgrundsatzes, S. 264.

1366 Siehe zuvor bb) Kostenregelung in Anlehnung an §§ 91 ff. ZPO, S. 243.

c) Keine Zustimmung Verhandlungskomitee/Aktionäre

Die letzte Stufe behandelt den Fall, dass keine Zustimmung im Sonderbeschluss erzielt werden konnte und der Preis vom Kompensationsschuldner höher festgelegt wurde, als die Empfehlung des Komitees bzw. der Einigungsvorschlags es vorsah.

aa) Keine Vermutung der Angemessenheit

Kommt in den Verhandlungen keine Einigung zustande oder ist der Preis niedriger als die Empfehlung des Verhandlungskomitees, bleibt der Prüfungsrahmen des Spruchverfahrens unverändert zur aktuellen Regelung bestehen. Es verbleibt aber der Vorteil der Streitaufbereitung durch die Vorverhandlungen.

bb) Keine Änderung der Kostenregelung

In diesem Fall ist die minderheitenfreundliche Kostenregelung aufrecht zu erhalten und den außenstehenden Aktionären, vorbehaltlich von Missbrauchsregeln, ein kostengünstiger Zugang zum Spruchverfahren zu ermöglichen.[1367]

2. Prüfungsmaßstab nach Einigung in Vorverhandlungen

Der Ansatz, einen reduzierten Prüfungsmaßstab nach Einigung in den Vorverhandlungen vorzusehen, lebt von dem Gedanken, dass bereits vor dem gerichtlichen Verfahren viele strittige Punkte zwischen den Parteien bilateral geklärt werden können und das Gericht erst als *ultima ratio* mit der Klärung dieser Fragen beschäftigt werden muss.[1368] Es wird daher wie zuvor beschrieben vorgeschlagen, dass der Prüfungsrahmen der Gerichte reduziert wird, wenn die Parteien im Vorfeld ohne äußeren Druck „auf Augenhöhe" verhandelt haben und das Kompensationsangebot von den Minderheitsaktionären angenommen wurde bzw. das Verhandlungskomitee zugestimmt hat.[1369]

Wendet sich ein Aktionär also trotz erfolgter Einigung und qualifizierter Zustimmung der außenstehenden Aktionäre im Spruchverfahren gegen die Kompensation, kommt es wie bisher zu einem Spruchverfahren. Dort soll dann jedoch nicht mehr die Höhe der Kompensation an sich angegriffen werden können, sondern aufgrund eines reduzierten Prüfungsmaßstabs lediglich die Umstände, die zu dieser Einigung geführt haben. Dann prüft das Gericht lediglich die Plausibilität der Methodenauswahl und, ob die Parteien von

---

1367 Siehe II. Kostenregelung im Spruchverfahren, S. 85.

1368 Siehe I. Vermeidung von Spruchverfahren, S. 217.

1369 Siehe 1. Vermutung der Angemessenheit und Kostenregelung, S. 240.

grundsätzlich richtigen Informationen ausgegangen oder ob das Komitee richtig und unabhängig besetzt war.

Eine wesentliche Neuerung ergäbe sich insbesondere für Strukturmaßnahmen mit Konzernkonflikt (also Squeeze-out und Konzernverschmelzungen), bei denen der Kompensationsschuldner die Kompensation einseitig festlegen kann. Dort ist eine Reduktion des Prüfungsrahmens bislang nicht möglich, da keine freien Verhandlungen stattfinden.[1370] Durch das vorgeschlagene Vorverfahren[1371] ergibt sich somit eine Verhandlungssituation auch für Strukturmaßnahmen, bei denen das bislang nicht möglich war. Können die Verhandlungen als gleichwertig anerkannt werden, so wäre auch auf diese Konstellation eine Übertragung der Rechtsprechung möglich. Das Gericht würde dann das Ergebnis der Verhandlungen lediglich eingeschränkt prüfen.

1370 Siehe VI. Exkurs: Schutz im Vorfeld des Spruchverfahrens, S. 74 ff.
1371 Siehe B. Einrichtung von Vorverhandlungen, S. 220.

C. Veränderungen des gerichtlichen Verfahrens

I. Grundsätze

Die grundlegenden Veränderungen des gerichtlichen Verfahrens, die sich auf verschiedene Aspekte des reformierten Spruchverfahrens beziehen, stehen in engen Zusammenhang mit den Ergebnissen der Vorverhandlungen. Insbesondere die Risiko-Nutzen-Relation sowie der gerichtliche Prüfungsmaßstab sollen vom Ergebnis der Vorverhandlungen abhängig gemacht werden. Dabei gelten die bereits beschriebenen Grundsätze: Erfolgt eine vorgerichtliche Einigung mit Zustimmung der Mehrheit der außenstehenden Aktionäre, so ist die Risiko-Nutzen-Relation für die übrigen Aktionäre, die ein nachträgliches Spruchverfahren anstrengen möchten, weniger attraktiv auszugestalten.[1372] Das bedeutet umgekehrt, dass die wesentliche Motivation für eine vorgerichtliche Einigung aus Perspektive der außenstehenden Aktionäre hohe Gerichtskosten sind.[1373] Diese Methode ist im Rahmen der Mediation anerkannt und dort erwiesenermaßen wirksam.[1374] Eine weitere Motivation für eine vorgerichtliche Einigung beider Parteien soll sich durch Rechtssicherheit und Planbarkeit ergeben. Da die Ergebnisse der Vorverhandlungen wie bereits beschrieben eine Richtigkeitsgewähr entfalten, wird der gerichtliche Prüfungsmaßstab im Anschluss an die Verhandlungen reduziert. Die Verhandlungspartner haben es selbst in der Hand, sich auf eine für alle Seiten akzeptable Kompensation zu einigen. Kann die angestrebte vorgerichtliche Einigung nicht erzielt werden, treten beide Effekte nicht ein, und es findet eine herkömmliche, volle Überprüfung der Kompensation im Spruchverfahren statt.

Losgelöst vom Ausgang der vorgerichtlichen Verhandlungen wird im Hinblick auf den Prüfungsmaßstab weiterhin vorgeschlagen, den Börsenkurs als gesetzliches Standardbewertungsverfahren vorzusehen und auf andere Bewertungsmethoden nur zurückzugreifen, wenn zwingende Gründe gegen die Bewertung anhand des Börsenkurses sprechen.[1375] Weitere Änderungen betreffen den Verfahrensablauf sowie die Rolle der Beteiligten und hier insbesondere die Stärkung des gemeinsamen Vertreters.[1376]

1372 Siehe VII. Rechtsfolgen der Vorverhandlungen, S. 240 ff.

1373 So *Baums/Drinhausen*, ZIP 2008, 145 ff, siehe auch IV. Vergleiche und Vergleichsmehrwerte, S. 91.

1374 *Diop/Steinbrecher*, BB 2011, 131; *Wozniewski*, NZG 2008, 410.

1375 Siehe III. Gesetzliche Regelung zur Präferenz des Börsenkurses, S. 252.

1376 Siehe IV. Ausweitung der Rolle des gemeinsamen Vertreters, S. 260.

II. Anpassung der Risiko-Nutzen-Relation

1. Aufgabe des Verbots der *reformatio in peius*

Die Risiko-Nutzen-Relation im Spruchverfahren war bislang klar zugunsten der außenstehenden Aktionäre verteilt, da sie weder eine Verschlechterung der Kompensation im Spruchverfahren noch ein signifikantes Kostenrisiko fürchten müssen.[1377] Für den Kompensationsschuldner gibt es *de lege lata* keine Möglichkeit einer Verbesserung, sprich Herabsetzung der Kompensation.[1378] Aufgrund dieses Verbots der *reformatio in peius* ist das in der Hauptversammlung gemachte Angebot aus Sicht des Kompensationsschuldners der Mindestpreis. Die derzeitige Risiko-Nutzen-Relation bietet dem Kompensationsschuldner daher keinen Anreiz, von vornherein eine faire Kompensation anzubieten. Er wird immer bestrebt sein, das absolute Minimum anzubieten[1379], da sein angebotener Betrag auf jeden Fall verloren ist und er sich im gerichtlichen Verfahren allenfalls noch zu seinen Ungunsten erhöhen kann. Zwar würde er wohl genauso handeln, wenn es kein Verbot der *reformatio in peius* gibt, doch setzt diese gesetzliche Konstruktion wenig Anreize für ein reflektiertes und angemessenes Angebot des Kompensationsschuldners.[1380]

Für das Spruchverfahren wird daher vorgeschlagen, das Verböserungsverbot (*reformatio in peius*) aufzugeben, so dass für die außenstehenden Aktionäre die derzeitige Sicherheit, dass eine Senkung der Kompensation im gerichtlichen Verfahren ausgeschlossen ist, nicht mehr besteht. Dieser Nachteil wird durch die verbesserten Informations- und Verhandlungsmöglichkeiten ausgeglichen.

Angesichts der skizzierten Vorverhandlungen sprechen vor allem zwei Erwägungen dafür, den Grundsatz der *reformatio in peius* aufzugeben. Zum einen wird durch das beschriebene Vorverfahren ein stärkerer präventiver Schutz der außenstehenden Aktionäre sichergestellt. Die Gefahr von Informationsmängeln würde durch die Veröffentlichung der Einzelheiten und die Vorverhandlungen erheblich reduziert.[1381] Zum anderen soll die Risiko-Nutzen-Relation der antragstellenden Aktionäre im gerichtlichen Spruchverfahren durch die Aufgabe der *reformatio in peius* für die außenstehenden Aktio-

1377 Siehe D. Risiko-Nutzen-Relation, S. 81 ff.

1378 *Fritzsche/Dreier/Verfürth*, SpruchG, Einleitung Rn. 34.

1379 BDI, Stellungnahme RegE ARUG, 2009, S. 24.

1380 Siehe zur *reformatio in peius:* I. Erhöhung der Kompensation und *reformatio in peius*, S. 81.

1381 Dazu *Bidmon*, Die Reform des Spruchverfahrens durch das SpruchG, 2006, S. 50 mit Verweis auf LG Frankfurt, Beschluss vom 14.05.2003 – 3/13 O 22/03, DB 2003, 1726, 1727 und m.w.N.; vgl. dazu auch: *Hirte*, ZHR (167) 2003, 8.

näre bewusst verschlechtert werden, um so einen Einigungsdruck in den Vorverhandlungen bzw. für die nachträgliche Billigung des Verhandlungsergebnisses durch die Mehrheit der außenstehenden Aktionäre zu erzeugen. Bestünde die *reformatio in peius* fort, gäbe es für die außenstehenden Aktionäre keinen Grund auf ein Angebot des Verhandlungskomitees einzugehen, da sie sich so die Verbesserungsmöglichkeit im Spruchverfahren verbauen würden. Mit Abschaffung der *reformatio in peius* geht den außenstehenden Aktionären diese Sicherheit der garantierten Minimumkompensation verloren. Um eine derartige Rechtssicherheit bereits im Vorverfahren erlangen zu können, wird das Verhandlungskomitee, und im Rahmen ihrer Zustimmung durch Sonderbeschluss auch die außenstehenden Aktionäre, eine Einigung anstreben.[1382] Der besondere Schutz der außenstehenden Aktionäre durch die *reformatio in peius* ist nicht mehr erforderlich, sofern im Vorverfahren die Kompensation von den Verhandlungspartnern beschlossen wurde und diese von den Gremien anschließend bestätigt wurde.

In der Literatur wird eine Aufgabe der *reformatio in peius* auch auf Basis der bestehenden Rechtslage teilweise gefordert.[1383] Als Argument wird etwa die Situation bei grenzüberschreitenden Verschmelzungen genannt, bei denen Aktionäre der ausländischen Gesellschaft die Anwendung des Spruchverfahrens gem. § 122h UmwG akzeptieren müssen, wobei das im Ausland in diesem Zusammenhang befremdlich wirkende Verböserungsverbot hier maßgeblich negativen Einfluss hat.[1384] Auch der Vergleich mit US-amerikanischen Regelungen unterstützt eine Abschaffung der *reformatio in peius* im Spruchverfahren; das *appraisal*-Verfahren kennt diesen Mechanismus nicht.[1385]

Zwar spricht der Schutzcharakter der Spruchverfahren gegen die Abschaffung des Verböserungsverbots. Es ist allerdings nicht ersichtlich, dass eine Abschaffung des Verbots der *reformatio in peius* auf durchgreifende grundrechtliche oder sonstige Bedenken stößt: Weder Art. 14 GG noch Art. 19 IV GG indizieren einen solchen Schutzmechanismus. Ein Vergleich mit dem Verwaltungsrecht, bei dem die Verböserung eines Verwaltungsakts im Widerspruchsverfahren zu Lasten des Widerspruchsführers durch die Widerspruchsbehörde erfolgt, unterstützt eher die Aufhebung des Verbots im Spruchverfahren, denn vorliegend geht es um eine gerichtliche Entscheidung,

---

1382 Hinzu kommen Kostenregelungen, siehe VII. Rechtsfolgen der Vorverhandlungen, S. 240.

1383 BDI, Stellungnahme RegE ARUG, 2009, S. 24, *Martens*, AG 2000, 301, 308; speziell zur Gründung einer SE im Wege der Verschmelzung *Teichmann*, ZGR 2003, 367, 386 f.

1384 *Teichmann*, ZGR 2003, 367, 376; *J. Vetter*, AG 2006, 613, 622.

1385 Siehe 1. Verböserung im Gerichtsverfahren (*reformatio in peius*), S. 211.

vor der auch ein außenstehender Aktionär nicht besonders geschützt werden muss. Auch das Argument, die Erhöhung der Kompensation ähnlich wie einen Schadensersatzanspruch zu behandeln, greift nicht, da die Kompensation in ihrer Höhe grundsätzlich offen ist und damit auch nach erstmaliger Festsetzung durch den Kompensationsschuldner nach unten korrigiert werden können muss. Die genannten verfahrensrechtlichen Vorteile sprechen somit zusammenfassend für eine Abschaffung der *reformatio in peius*.

2. Beschränkung der *erga omnes*-Wirkung

In der Literatur wird vorgeschlagen, die *erga omnes*-Wirkung so zu beschränken, dass nur noch Aktionäre, die auf der Hauptversammlung gegen die betreffende Strukturmaßnahme gestimmt und sich am Gerichtsverfahren beteiligt haben, an einer möglichen Erhöhung teilhaben zu lassen.[1386] Dieser Vorschlag entspricht in etwa der Rechtslage beim *appraisal remedy*.[1387] Begründet wird er damit, dass jeder Aktionär, der zu bestimmten Konditionen auf der Hauptversammlung für eine Maßnahme gestimmt hat, nicht nachträglich entgegen seinem Abstimmungsverhalten in den Genuss einer Verbesserung der Konditionen kommen soll.[1388] Für eine Beschränkung der *erga omnes*-Wirkung spricht zudem, dass besonders im internationalen Vergleich keine vergleichbaren Regelungen existieren.

Gegen diesen Vorschlag spricht indes der Gleichbehandlungsgrundsatz gem. § 53a AktG. Weiterhin würde durch eine solche Beschränkung das Rechtsschutzniveau erheblich absinken und dem durchschnittlichen Kleinaktionär nicht zumutbares Tätigwerden abverlangen. Praktische Schwierigkeiten würden auch bei der Zuordnung der Stimmen hinzukommen.[1389] Ohne die im weiteren Verlauf vorgeschlagene Ausweitung der Rolle des gemeinsamen Vertreters würde schließlich die Gefahr einer Überlastung der Gerichte bestehen[1390], da für jeden Aktionär eine eigene Antragsstellung notwendig würde, um seine Rechte entsprechend zu wahren. Dieser Vorschlag ist daher abzulehnen.

1386 *J. Vetter*, AG 2008, 177, 189 m.w.N.
1387 Siehe dazu c) Verfahrensablauf, S. 151.
1388 *J. Vetter*, AG 2008, 177, 189 m.w.N.
1389 *J. Vetter*, AG 2008, 177, 189.
1390 Siehe IV. Ausweitung der Rolle des gemeinsamen Vertreters, S. 260.

3. Anpassung der Kostenregelung

a) Kostenanreize für Einigung bei Vorverhandlungen

Die Kostenregelungen sollen den zweiten wesentlichen Baustein zur Motivation für eine Einigung bei den Vorverhandlungen darstellen. Dieser Vorschlag beruft sich auf das Vorbild der Kostenregelung im US-amerikanischen MBCA, die von dem bemerkenswerten Grundsatz geprägt ist, dass die gerichtlichen Kostenregelungen die gerichtliche Überprüfung der Kompensation verhindern und stattdessen eine vorgerichtliche Einigung fördern sollen.[1391] Auch im Zusammenhang mit zivilrechtlicher Mediation wird überwiegend die Auffassung vertreten, dass eine Motivation der Parteien in erster Linie über eine Kostenregelung zu erfolgen hat.[1392] Wie bereits ausgeführt, folgen die Kostenregelungen in den Fällen, in denen eine Einigung in den Vorverhandlungen erzielt wurde bzw. die Kompensation entsprechend der Empfehlung des Verhandlungskomitees festgelegt wurde, einer an §§ 91 ff. ZPO angelehnten Bestimmung, die allerdings eine Begrenzung der Kosten vorsieht.[1393]

b) Sozialisierung von Kosten der außenstehenden Aktionäre

Professionelle Minderheitsaktionäre mit nur wenigen Aktien haben derzeit die Möglichkeit, eine zusätzliche Kompensation durch den Vergleichsmehrwert zu erzielen, die nicht der gesetzgeberischen Intention entspricht. Wie bereits erwähnt, ist dieses Vorgehen kritisch zu betrachten.[1394] Allerdings gibt es einen Aspekt, der diesbezüglich bei einer Neuregelung des Spruchverfahrens zu berücksichtigen wäre. Die professionellen Aktionäre erstreiten nicht nur für sich, sondern auch für die in den Vergleich einbezogenen außenstehenden Aktionäre einen Mehrwert – zumindest wenn sie nicht ausschließlich erhöhte Rechtsanwaltskosten erstreiten. Grund hierfür ist die entsprechende *erga ommnes*-Wirkung. Vorausgesetzt die ursprüngliche Kompensation war tatsächlich zu niedrig bemessen, leisten sie so einen Beitrag zu einem gerechten finanziellen Vorteil für die übrigen Aktionäre. Dies gilt sowohl für professionelle Antragsteller[1395], als auch für Interessenvereinigungen wie SdK und

---

1391 Siehe für die USA, cc) Kosten, S. 168.

1392 *Bercher/Engel*, ZRP 2010, 126 mit Verweis auf Befunde zur Mediation im angloamerikanischen Rechtsraum.

1393 Siehe dazu umfassend den Regelungsvorschlag zu den Rechtsfolgen der Vorverhandlung, 1. Vermutung der Angemessenheit und Kostenregelung, S. 240.

1394 Siehe IV. Vergleiche und Vergleichsmehrwerte, S. 91.

1395 Aus dem Markt bekannt vor allem *Freitag* und *Wenger*, die an einer Vielzahl der Spruchverfahren seit 1965 beteiligt waren.

DSW. Die aufgrund der erhöhten Rechtsanwaltskosten erzielten Werte lassen sich dementsprechend – zumindest in ausgewählten Fällen – auch als Aufwandsentschädigung bzw. als Prämie für besonders aktive Aktionäre begreifen. Im Sinne der Rechtspflege, im Hinblick auf einen funktionierenden Kapitalmarkt und schließlich auch vor dem Hintergrund des Art. 14 GG nehmen diese Antragsteller durchaus eine wichtige Rolle ein. Sie leisten damit letztendlich einen wirkungsvollen Beitrag zur Kontrolle der Kompensationsschuldner. Allerdings ist mindestens genauso wichtig zu verhindern, dass das aus der Beteiligung an Spruchverfahren mit jeweils einer Aktie hochprofitable Geschäftsmodell fortbesteht.

Der Rechtsgedanke der Kostenerstattung im US-amerikanischen Recht in § 13.31 (c) MBCA sieht vor, dass Aktionäre, die besondere Auslagen hatten, in dem Fall, dass die Kosten nicht dem Antragsgegner zur Last gelegt werden, einen entsprechenden Ausgleich unter den Aktionären verlangen können Über diesen Ausgleich wird auch vom Gericht entschieden.[1396] Vor diesem Hintergrund wäre die Aufnahme einer Regelung ins SpruchG denkbar, die nach US-amerikanischem Vorbild besondere Verdienste bzw. Kosten der Aktionäre würdigt. Unabhängig davon, ob ein Gericht dies auch nach derzeitiger Rechtslage tun darf, wäre eine Klarstellung im Hinblick auf die heutige Rechtslage sicherlich wünschenswert.

Angesichts der im weiteren Verlauf vorgeschlagenen, umfassenden Stärkung des gemeinsamen Vertreters[1397] erscheint eine solche Regelung allerdings nicht erforderlich. Der gemeinsame Vertreter würde diese Kosten im gesetzlichen Rahmen dann auch gegenüber dem Gericht geltend machen. Hätten in dieser Konstellation einzelne Aktionäre noch besondere Kosten, so wären diese im Innenverhältnis gegenüber dem gemeinsamen Vertreter geltend zu machen.

III. Gesetzliche Regelung zur Präferenz des Börsenkurses

1. Regelungsvorschlag und Begründung

Es wird vorgeschlagen, durch eine neu zu schaffende gesetzliche Regelung die Unternehmensbewertung anhand von Börsenkursen bei der Bestimmung der Kompensation im Spruchverfahren zum gesetzlichen Normal- bzw. Regelfall zu machen. In Anlehnung an die in den USA bestehenden *market-out*-Regelungen soll in Deutschland eine als „modifizierte Market-out-Regelung" zu bezeichnende Vorschrift eingeführt werden: Dort ist vorzusehen, dass eine Marktpreisbewertung (Börsenbewertung) für die Ermittlung der angemesse-

1396 MBCA annotated 2009, S. 13-123 m.w.N.

1397 Siehe IV. Ausweitung der Rolle des gemeinsamen Vertreters, S. 260.

nen Kompensation anderen Bewertungsmethoden vorzuziehen ist, sofern keine Gründe wie z.B. Marktversagen dagegen sprechen.[1398] Das kommt einem Regel-Ausnahme-Verhältnis zwischen Marktpreisbewertungen und übrigen Bewertungsverfahren gleich.

Ein wesentlicher Grund für die bestehenden Probleme des Spruchverfahrens – namentlich das hohe Maß an Rechtsunsicherheit und die lange Verfahrensdauer[1399] – ist, dass sich der Bewertungsmaßstab der Gerichte in der Praxis bislang vor allem auf fundamentale betriebswirtschaftliche Verfahren, insbesondere das Ertragswertverfahren, beschränkt.[1400] Kaum ein Thema wird im Hinblick auf das Spruchverfahren in Rechtsprechung und Literatur so intensiv diskutiert wie die Rolle der Börsenkursbewertung.[1401] Auch wenn in der letzten Zeit eine Tendenz zur stärkeren Berücksichtigung des Börsenkurses im Spruchverfahren auszumachen ist, werden gegen eine Börsenbewertung nach wie vor gewichtige Argumente vor allem im Hinblick auf einen nachhaltig wirkungsvollen Minderheitenschutz und große Volatilitäten an den Börsen vorgebracht.[1402] Es ist demzufolge umstritten, ob nach derzeitigem Recht eine Bestimmung der angemessenen Kompensation ausschließlich auf Grundlage des Börsenkurses möglich ist.[1403] Dafür spricht, dass die gesetzliche Anforderung einer angemessenen Kompensation offen formuliert ist und keine Vorgaben zur Auswahl der Bewertungsverfahren und zum gerichtlichen Prüfungsmaßstab gemacht werden. Dementsprechend belässt das Bundesverfassungsgericht die Auswahl der Bewertungsmethode bei den Fachgerichten.[1404] Jüngst beschreibt das BVerfG seine Haltung zur Unternehmensbewertung im Spruchverfahren wie folgt[1405]: „*Von Verfassungs wegen begegnet es keinen Bedenken, wenn sich ein Fachgericht im Spruchverfahren mit sorgfältiger und ausführlicher, den Streit zur „richtigen" Bewertungsmethode reflektierender Begründung für eine Bewertung […] anhand des Börsenwerts entscheidet, ohne sich dabei den Blick dafür zu verstel-*

1398 *Decher*, Börsen-Zeitung, 05.09.2007, S. 2; im Hinblick auf § 33a Abs. 2 AktG auch *Merkner/Decker*, NZG 2009, 887, 889.

1399 Siehe dazu die Ergebnisse des ersten Teils, VI. Zusammenfassende Analyse des Reformbedarfs, S. 129.

1400 Siehe III. Bewertungsmaßstäbe der Gerichte, S. 100; dafür *Decher*, in: FS Meier-Reimer, 2010, S. 57, 69 ff.

1401 Siehe 3. Kapitalmarktorientierte Bewertungsmaßstäbe, S. 107; jüngst *Gärtner/Handke*, NZG 2012, 247.

1402 Siehe 3. Kapitalmarktorientierte Bewertungsmaßstäbe, S. 107.

1403 Dafür *Decher*, in: FS Meier-Reimer, 2010, S. 57, 73.

1404 BVerfG, Beschluss vom 07.11.2006 – 1 BvL 10/02, NJW 2007, 573, 576 (zum Erbschaftssteuerrecht); *Mülbert*, FS Hopt, 2010, S. 1045, 1055 ff.

1405 BVerfG, Beschluss vom 26.04.2011 – 1 BvR 2658/10, BB 2011, 1518, 1521.

len, dass die Frage nach der vorzuziehenden Methode grundsätzlich von den jeweiligen Umständen des Falles abhängt. Ein solches Vorgehen ist im Lichte des Art. 14 Abs. 1 GG nicht zu beanstanden, zumal es den zu anderen Strukturmaßnahmen entwickelten Grundsatz, der Börsenwert […] bilde regelmäßig die Untergrenze einer zu gewährenden Abfindung, nicht in Frage stellt.“

Diese Passage macht zwei Dinge deutlich: Erstens kann sich ein Gericht nach derzeitiger Rechtslage frei über den anzulegenden Bewertungsmaßstab entscheiden. Für die Verfahrensbeteiligten ist im Vorfeld des Spruchverfahrens daher kaum vorhersehbar, welche Bewertungsmethode vom Gericht verwendet werden wird. Zweitens bestätigt das BVerfG die Meistbegünstigungsregel, nach der bei bestimmten Strukturmaßnahmen sowohl eine fundamental-analytische Bewertung als auch Marktpreisbewertung vorgenommen werden müssen. Gegen beide Aspekte bestehen aus praktischer Hinsicht im Spruchverfahren Bedenken, denn sie fördern Unsicherheit und Verfahrensineffizienen.[1406]

Der fundamentale Streit um die „richtige“ Bewertungsmethode kann und soll hier nicht entschieden werden. Vorgeschlagen wird allerdings, den gesetzlichen Anknüpfungspunkt so zu verändern, dass die Entscheidungen vorhersehbarer und effizienter ausfallen können –ein wesentlicher Ansatz für Verbesserungen des Spruchverfahrens besteht aus praktischer Sicht darin, ein höheres Maß an Rechtssicherheit für die Beteiligten herzustellen.[1407] Aus diesem Grund soll die Börsenbewertung als „Regel-Bewertungsmaßstab“ eingeführt werden.

Die derzeitige Rechtsunsicherheit liegt vor allem daran, dass für die Verfahrensbeteiligten nicht vorhersehbar ist, welche Bewertungsmethode überhaupt zum Zuge kommen wird. In der Praxis noch relevanter ist allerdings die unbestrittene Unschärfe fundamental-analytischer Bewertungsmethoden selbst.[1408] Der Ausgang einer solchen Bewertung ist völlig offen; verschiedene Ertragswertbewertungen desselben Bewertungsobjekts können beträchtlich – genannt wird etwa eine 100 %-Schwankung[1409] –, voneinander abweichen.[1410] Ein wirksamer Schutz von Minderheitsaktionären im Spruchverfahren durch fundamentalanalytische Bewertungsverfahren erscheint daher nicht zwingend. Aus diesen Gründen soll die Börsenbewertung privilegiert werden. Der Vorteil der Bewertung allein anhand des Börsenwerts ist hingegen, dass sie we-

1406 Siehe zu den Ergebnissen des ersten Teil F. Zusammenfassung, S. 130.
1407 *Decher*, in: FS Meier-Reimer, 2010, S. 57, 59.
1408 Siehe c) Börsenkurs als einzige Grundlage für Unternehmenswert, S. 111.
1409 *Decher*, Börsen-Zeitung, 05.09.2007, Seite 2.
1410 Siehe zur Ertragswertmethode, c) Praktische Relevanz und Kritik, S. 105.

sentlich einfacher durchzuführen und weniger zeitaufwändig ist.[1411] Daher ist sie auch wesentlich schwieriger anzufechten und rechtssicherer, weil sie im Gegensatz zum Ertragswertverfahren weniger Angriffsfläche und Unsicherheiten bietet.[1412]

Der hier vertretene Regelungsvorschlag steht im Widerspruch zu der vom BGH entwickelten Meistbegünstigungsregel, die eine doppelte Unternehmensbewertung zwingend vorsieht.[1413] Allerdings steht sie mit einer in der Literatur verbreiteten Ansicht im Einklang mit den vom Bundesverfassungsgericht vertretenen Grundsätzen der *DAT/Altana*-Entscheidung, nach der die *DAT/Altana*-Regeln eher als Beleg dafür zu werten sind, dass der Börsenkurs den wahren Wert zutreffend abbildet.[1414] Die Überprüfung der Kompensationshöhe anhand des Ertragswertverfahrens ist nach der *MotoMeter*- sowie der *Telekom/T-Online*-Entscheidung des Bundesverfassungsgerichts demnach immer dann entbehrlich, wenn ein effektiver Marktmechanismus gewährleistet ist.[1415] In der gegenwärtigen Rechtspraxis in Deutschland hat diese verfassungsrechtliche Auffassung bislang wenig Bedeutung, da für die wesentlichen Strukturmaßnahmen, anders als bei der im Urteil gegenständlichen übertragenden Auflösung, ein Zugang zum Spruchverfahren gesetzlich vorgeschrieben ist und damit in der Regel (zumindest bislang) auch eine Ertragswertbetrachtung der Gerichte mit einhergeht.[1416]

Insbesondere der Vergleich mit US-amerikanischen Regelungen unterstützt eine gesetzliche Präferenz zur stärkeren Berücksichtigung von Börsenkursen. Die *market-out exception* im US-amerikanischen Recht ist ein gutes Beispiel für die Schaffung von Rechtssicherheit in der Frage, unter welchen Voraussetzungen der Börsenkurs zur Anwendung gelangen soll. Dort besteht ein gesetzlich festgelegter, wenngleich aufgrund des großen und unflexiblen Anwendungsbereichs nicht unmittelbar zur Übernahme empfohlener, Kriterienkatalog zur Beantwortung der Frage, wann eine fundamentale Bewertung im

1411 Siehe c) Börsenkurs als einzige Grundlage für Unternehmenswert, S. 111.

1412 *Puszkajler*, ZIP 2010, 2275, 2280.

1413 Siehe dazu *Gärtner/Handke*, NZG 2012, 247.

1414 *Mülbert*, in: FS Hopt, 2010, S. 1039, 1076.

1415 BVerfG, Beschlüsse vom 23.08.2000 – 1 BvR 68/95 u. 1 BvR 147/97, NJW 2001, 279, 280 f. (*Moto Meter*) sowie jüngst BVerfG, Beschluss vom 26.04.2011 – 1 BvR 2658/10, BB 2011, 1518.

1416 Siehe III. Bewertungsmaßstäbe der Gerichte, S. 100; die Bestätigung des Börsenkurses als alleinige Bewertungsmethode bei einer Verschmelzung in Sachen *Telekom/T-Online* wird den Vertretern der Börsenkursbewertung wohl weiteren Vorschub leisten, siehe BVerfG, Beschluss vom 26.04.2011 – 1 BvR 2658/10, BB 2011, 1518.

Rahmen des *appraisal*-Verfahrens für liquide Wertpapiere ausgeschlossen ist.[1417] Die Befürworter der Bevorzugung von Börsenkursen bei der gerichtlichen Unternehmensbewertung verweisen daher regelmäßig auf den angloamerikanischen Rechtsraum und bringen mitunter wenig Verständnis für die konventionellen Ertragswertgutachten auf.[1418] In den USA sind Strukturmaßnahmen für die ein relevanter Börsenkurs vorliegt, aufgrund der *market-out exception* gar nicht dem gerichtlichen Verfahren zugänglich, denn nach dortigem Verständnis ist der Anwendungsbereich des *appraisal remedy* dann erst gar nicht eröffnet.[1419] Um dies zu rechtfertigen, gibt es in den USA klare Regelungen, wann die *market-out exception* greift und anstelle des *appraisal*-Verfahrens der Börsenkurs als Bewertungsgrundlage ausreichend ist.[1420] Eine direkte Übertragung dieser US-amerikanischen Regeln, wäre in Deutschland allerdings nicht denkbar, da bei dieser Konzeption das Rechtsschutzniveau erheblich sinken damit die Vereinbarkeit mit Art. 14 GG in Frage stünde: Während in den USA schon allein die Börsennotiz ausreicht, um das gerichtliche Verfahren abzuschneiden, prüft in Deutschland das Gericht auch nach derzeitiger Rechtslage richtigerweise im Einzelfall, ob ein aussagekräftiger Börsenkurs besteht. Eine *market-out-exception* nach amerikanischem würde daher zu einer unangemessenen Verkürzung des Rechtsschutzes führen.[1421]

Das bedeutet jedoch nicht, dass gesetzliche Änderungen in Deutschland hinsichtlich des Bewertungsmaßstabs nicht umsetzbar wären. Insbesondere der Blick auf andere Bewertungsregeln im Zivil-, Handels-, Steuer- sowie Übernahmerecht zeigt, dass das Verhältnis von Börsenkurs und Ertragswert im Gesetz oft als Regel-Ausnahme-Verhältnis definiert ist.[1422] Diese Regelungen können gleichsam Vorbild für eine gesetzliche Regelung dienen.[1423] § 186 Abs. 3 S. 4 AktG und räumt dem Börsenkurs maßgebliche Bedeutung beim vereinfachten Bezugsrechtsausschluss ein, um einen Verwässerungsschutz für Altaktionäre zu erreichen.[1424] Eine ähnliche Regelung findet sich im Zusam-

---

1417 Siehe bb) Subsidiarität des *appraisal remedy* bei Marktgängigkeit, S. 190.

1418 *Kiem*, ZGR 2007, 542, 554; *Decher*, in: FS Meier-Reimer, 2010, S. 57, 59 f.

1419 Siehe 5. *Market-out-Regelungen*, S. 204.

1420 Siehe 5. *Market-out-Regelungen*, S. 204.

1421 So auch *Von Hein*, Rezeption US-amerikanischen Gesellschaftsrechts, *2008, S.* 434; vgl. dazu aber *Rühland*, NZG 2001, 448, 450 f. der auf empirische Daten verweist, die nahelegen, dass in Deutschland im Vergleich zu den USA sogar ein effektiv weniger wirksamer Minderheitenschutz existiert.

1422 Siehe z. B. die Regelung in § 33a AktG, siehe c) Börsenkurs als einzige Grundlage für Unternehmenswert, S. 111.

1423 Siehe c) Börsenkurs als einzige Grundlage für Unternehmenswert, S. 111.

1424 *Hüffer*, AktG, § 186 Rn. 39a f.

menhang mit der vereinfachten Gründungs- bzw. Sacheinlageprüfung gem. § 33a Abs. 1 Nr. 1 AktG.[1425] Die durch das ARUG eingeführte Vorschrift macht deutlich, dass der Gesetzgeber auch bei den strengen Regeln zur Kapitalaufbringung bei der Bewertung fungibler Wertpapiere auch auf den Börsenkurs abstellt.[1426] Die Ertragswertmethode bleibt bei Strukturmaßnahmen nicht börsennotierter Unternehmen und in den Fällen einer fehlenden Aussagekraft des Börsenkurses maßgeblich.[1427] Gleichzeitig würde die Einschränkung des Anwendungsbereichs der Ertragswertmethode Anreize für die Erhebung von Anfechtungsklagen und den Abschluss von kostspieligen Vergleichen entfallen lassen.[1428]

2. Verhältnis zum vorgeschlagenen Verhandlungsmodell

Praktische Relevanz entfaltet die vorgeschlagene Regelung ohnehin nur bei börsennotierten Gesellschaften. Bei nicht-börsennotierten Gesellschaften bleibt es ausschließlich beim vorgeschlagenen Verhandlungsmodell. Im Falle einer Börsennotierung werden durch die gesetzlichen Regelungen zur Berücksichtigung des Börsenkurses die zuvor skizzierten Verhandlungen in der Regel obsolet. Die Verhandlungen werden jedenfalls stark vereinfacht, denn der Börsenkurs wird dort eine gewichtige Rolle spielen. Verhandlungen sind aber dennoch möglich. Während die Ermittlung des Börsenkurses anhand des Durchschnittskurses in den meisten Fällen als mathematische Aufgabe einfach zu bewerkstelligen sein wird, können sich die Verhandlungen darum drehen, ob der Börsenkurs relevant ist oder ob eine Ausnahmesituation vorliegt, in der der Börsenkurs nicht oder nur eingeschränkt zu berücksichtigen ist. In diesen Fällen kann es dann für die jeweiligen Verhandlungspartner (im Einzelfall) auch opportun sein, vom durchschnittlichen Börsenkurs abzuweichen. Sollten die Verhandlungspartner vom Börsenkurs abweichen, so wäre dieses Verhandlungsergebnis selbst nur eingeschränkt überprüfbar. Auf der Basis des reduzierten Prüfungsmaßstabes können dann lediglich die Annahmen, die zum Verhandlungsergebnis geführt haben, gerichtlich überprüft werden.[1429]

1425 Vgl. c) Börsenkurs als einzige Grundlage für Unternehmenswert, S. 111 ff.; dazu *Merkner/Decker*, NZG 2009, 887, 889.

1426 *Merkner/Decker*, NZG 2009, 887, 888; zu den Parallelen anderer einfachgesetzlicher Regelung umfassend *Gude*, Strukturänderungen und Börsenkurs, 2003, S. 182 ff.

1427 DAV Handelsrechtsausschuss, NZG 2009, 96, 98 ff.

1428 *Kiem*, ZGR, 2007, 542, 554.

1429 Siehe *Stilz*, in: FS Mailänder, 2006, S. 423, 433 ff. zum reduzierten Prüfungsumfang nach dem Prüfungsmaßstab der *business judgement rule*.

3. Definition der Ausnahmen

Der Kompensationsschuldner ist vielfach in der Lage, die Modalitäten und vor allem den Zeitpunkt der Durchführung von Strukturmaßnahmen zu bestimmen. Er wird daher stets bestrebt sein, Strukturmaßnahmen, wie etwa einen Squeeze-out, zu einem Zeitpunkt durchzuführen, der für ihn besonders günstig erscheint. Börsenkurse werden aber nicht nur von fundamentalanalytischen Bewertungsparametern bestimmt, sondern unterliegen teilweise erheblichen Marktschwankungen und sind trotz gesetzlicher Vorkehrungen auch vor gezielten Beeinflussungen nicht sicher.[1430] Dadurch kann es bei der Börsenbewertung auch über einen längeren Zeitraum zu Übertreibungen sowohl nach oben als auch nach unten kommen. Dieses Problem wird *de lege lata* vor allem durch die Annahme eines Referenzzeitraums anstatt eines Stichtagkurses abgedeckt.[1431]

Wesentlich einschneidender sind jedoch Situationen, in denen der Kompensationsschuldner den Kurs allzu leicht zu seinen Gunsten verändern kann, etwa in einem wenig liquiden Markt. Der Kompensationsschuldner verfügt ab dem Vorliegen der rechtlichen Voraussetzungen für einen Squeeze-out (95 % der Anteile) oder für eine ähnliche Strukturmaßnahme praktisch über eine Kaufoption an den Anteilen der Minderheitsaktionäre zum jeweiligen Referenz-Börsenkurs. Lässt man aber den Börsenkurs als einzige Bewertungsmöglichkeit zu, müssen Manipulationsmöglichkeiten zwingend ausgeschlossen werden, damit die Bewertung anhand der Börsenkurse die notwendige Akzeptanz finden kann und Art. 14 GG auch in der Praxis genügt. Es ist daher notwendig zu definieren, wann ein für das Spruchverfahren relevantes Marktversagen vorliegt.

In der Konsequenz müsste das Gericht zunächst den relevanten Börsenkurs entsprechend definierter Vorgaben bestimmen. Dies vor allem in einem entsprechend der *Stollwerck*-Entscheidung definierten Referenzzeitraum.[1432] Anschließend müsste es prüfen, ob Anhaltspunkte für ein Marktversagen vorliegen. Wenn dies der Fall ist, scheidet der Börsenkurs als Bewertungsgrundlage aus. Wie bereits beschrieben, sollen diese Ausnahmen, nach denen der Börsenkurs als Bewertungsgrundlage nicht zu verwenden ist, als Regelbeispiele in die gesetzliche Vorschrift mit aufgenommen werden. Hier wäre vor al-

---

1430 *Brüchle/Ehrhardt/Nowak*, ZfB 2008, Nr. 5; *Daske/Bassemir/Fischer*, Working Paper Series Nr. 200, 2008.

1431 BGH, Beschluss vom 19.07.2010 – II ZB 18/09, NZG 2010, 939 (*Stollwerck*) mit Anm. *Klöhn*, LMK 2010, 309449, siehe f) Referenzzeitraum, S. 117.

1432 BGH, Beschluss vom 19.07.2010 – II ZB 18/09, NZG 2010, 939 (*Stollwerck*) mit Anm. *Klöhn*, LMK 2010, 309449, siehe f) Referenzzeitraum, S. 117.

lem eine Regelung nach dem Vorbild von § 5 WpÜG-AngVO vorzusehen.[1433] Die Regelung in § 5 WpÜG-AngVO wird allerdings in der Praxis diesen hohen Anforderungen nur schwer gerecht[1434], eine endgültige Entscheidung über die richtige Bewertungsmethode muss für jeden Einzelfall von den Verhandlungspartnern bzw. vom Gericht getroffen werden.

4. Unterscheidung nach Strukturmaßnahmen

Die hier vorgeschlagene gesetzliche Regelung zur Präferenz des Börsenkurses soll für sämtliche Strukturmaßnahmen gelten, die auch dem Spruchverfahren zugänglich sind. Bei bestimmten Strukturmaßnahmen, etwa der Verschmelzung zur Aufnahme, ist auch heute schon eine ausschließliche Börsenkursberücksichtigung von der Rechtsprechung akzeptiert.[1435] Bei anderen Strukturmaßnahmen, insbesondere dem Squeeze-out und der Eingliederung, besteht – wie bereits im Abschnitt zuvor erwähnt – eine entgegengesetzte Ansicht der Rechtsprechung, die nach der Meistbegünstigungsregel die Durchführung beider Bewertungsverfahren erforderlich macht. Dieser Rechtsprechung würde mit dem hier unterbreiteten Regelungsvorschlag die Grundlage entzogen, denn ein Ertragswertverfahren würde in diesem Fall nur subsidiär durchgeführt.

Problematisch ist das Prinzip der bevorzugten Berücksichtigung von Börsenkursen auch bei der Bestimmung von laufenden Ausgleichszahlungen gem. § 304 AktG, da hier nach herrschender Auffassung die zukünftigen Erträge zugrunde gelegt werden müssen.[1436] Stattdessen soll gesetzlich geregelt werden, dass auch für die Ausgleichszahlungen nicht mehr eine zwingende Orientierung des Ertragswerts erforderlich ist, sondern ein ausschließlich auf der Grundlage einer Börsenkursbetrachtung ermittelter einmaliger Barabfindungsbetrag angemessen verzinst und regelmäßig an die berechtigten Aktionäre auszuschütten ist.[1437] Diesem Vorschlag stehen allerdings Bedenken der Rechtsprechung hinsichtlich einer Vereinbarkeit mit Art. 14 GG entgegen.[1438] Im Endeffekt kann aber nur auf diese Weise sichergestellt werden, dass die vorgeschlagene gesetzliche Präferenz auch für den Unternehmensvertrag um-

1433 Siehe e) Ausnahmen nach der Rechtsprechung und Marktversagen, S. 116.

1434 *Verse*, Rechtsschutz der Zielgesellschaft und ihrer Aktionäre im Übernahmerecht, 2011, S. 276, 288 ff.

1435 Zuletzt BVerfG, Beschluss vom 26.04.2011 – 1 BvR 2658/10, BB 2011, 1518.

1436 Siehe 1. Unternehmensverträge, S. 119.

1437 *Decher*, in: FS Meier-Reimer, 2010, S. 57, 72 f.;

1438 OLG München, Beschluss vom 26.10.2006 – 31 Wx 12/06, ZIP 2007, 375, 377; *Popp*, AG 2010, 1, 9.

gesetzt wird und dass die genannten Vorteile aus der vorrangigen Börsenkursbetrachtung nicht durch die Pflicht zur Berechnung eines laufenden Ausgleichs zunichte gemacht werden.

IV. Ausweitung der Rolle des gemeinsamen Vertreters

1. Regelungsvorschlag

Der gemeinsame Vertreter soll im gerichtlichen Spruchverfahren die Vertretung aller außenstehenden Aktionäre und nicht mehr nur die der nicht antragstellenden Minderheitsaktionäre übernehmen.[1439] Die außenstehenden Aktionäre können dann nicht mehr selbst, sondern nur durch den gemeinsamen Vertreter zur Sache vortragen.[1440] Dazu ist die Stellung des gemeinsamen Vertreters im gerichtlichen Verfahren durch eine Ausweitung seiner Kompetenzen umfassend zu stärken.[1441] Die Ausgestaltung seiner Rechte und Pflichten im Einzelnen ist auf das dafür notwendige Maß zu erweitern. So ist er unter anderem hinsichtlich seiner Informationsrechte, insbesondere der Einsichtnahme in geheime Unterlagen, zu privilegieren.[1442] Der gemeinsame Vertreter ist wie bisher[1443] nicht weisungsgebunden gegenüber außenstehenden Aktionären.

2. Begründung

a) Einheitliche Vertretung außenstehender Aktionäre

Die systematische Stärkung der außenstehenden Aktionäre, die in den Vorverhandlungen durch das Verhandlungskomitee umgesetzt wurde, soll im gerichtlichen Verfahren durch die veränderte Rolle und die Kompetenzerweiterung des gemeinsamen Vertreters entsprechend weitergeführt werden. Schon heute ist die Chancengleichheit zwischen den Parteien eines der zentralen Ziele des Spruchverfahrens; bisher wurde es im Wesentlichen durch die Kostenregelung und den Amtsermittlungsgrundsatz umgesetzt. Gerade aber die Amtsermittlung stellt für die Gerichte angesichts knapper Ressourcen und immer komplexerer Unternehmensbewertungen auch nach der Reform durch das SpruchG eine enorme Herausforderung dar, die von den Gerichten nicht immer geleistet werden kann.

1439 *Austmann*, BB 2002, Heft 15, Seite I (Die erste Seite).

1440 *Austmann*, BB 2002, Heft 15, Seite I (Die erste Seite); siehe zu der verfassungsrechtlichen Problematik sogleich.

1441 So schon *Austmann*, BB 2002, Heft 15, Seite I (Die erste Seite).

1442 *Austmann*, BB 2002, Heft 15, Seite I (Die erste Seite); zu den Einzelheiten sogleich.

1443 OLG München, Urteil vom 26.05.2010 – 7 U 5707/09, NZG 2010, 1233.

Die wesentliche Aufgabe des gestärkten gemeinsamen Vertreters besteht darin, die Bewertungsrügen aller Antragsteller zu sammeln und geordnet in das gerichtliche Verfahren einzuführen.[1444] Der gemeinsame Vertreter ist für die Stärkung der Minderheitsaktionäre die richtige Person, da er als zentrale Figur im Spruchverfahren die Interessen der Minderheitsaktionäre sinnvoll bündeln und eine routinierte Verfahrensführung ermöglichen kann. Die umfassenden Kompetenzen des gemeinsamen Vertreters würden weitere praktische Probleme des derzeitigen Spruchverfahrens lösen. Wie bereits angedeutet, wären ihm umfassende Informationsrechte einzuräumen, und ihm – genau wie dem Verhandlungskomitee – die Einsichtnahme in sämtliche vertrauliche Unterlagen des Unternehmens, die für die Unternehmensbewertung von Bedeutung sein können, gegeben werden.[1445]

Die Ausgestaltung der Rolle des gemeinsamen Vertreters soll darüber hinaus so beibehalten werden. Insbesondere bleibt er gesetzlicher Vertreter, allerdings mit der Maßgabe, dass sich das Vertretungsverhältnis eben auf alle außenstehenden Aktionäre erstreckt. Wie bisher sollten vor allem Rechtsanwälte diese Funktion wahrnehmen. Sinnvoll wäre es, wenn sie bereits Teil des Verhandlungskomitees in den Vorverhandlungen waren.

b) Verfassungsrechtliche Erwägungen

In diesem Zusammenhang ist jedoch zu beachten, dass der Ausgestaltung der Rolle des gemeinsamen Vertreters durch die Rechtsprechung des Bundesverfassungsgerichts enge Grenzen gesetzt wurden, die entsprechend zu berücksichtigen sind.

Bei der Ausgestaltung der vorgeschlagenen Regelungen ist daher insbesondere zu beachten, dass die *Feldmühle*-Entscheidung den Gestaltungsspielraum bei der Zurückdrängung der einzelnen Minderheitsaktionäre erheblich einschränkt: Individuelle Rechtsschutzinteressen der Minderheitsaktionäre dürfen nicht unverhältnismäßig beschnitten werden.[1446] Die Einschränkung des Grundrechts auf rechtliches Gehör, Art. 103 Abs. 1 GG, wiegt besonders schwer aufgrund der Tatsache, dass durch das Spruchverfahren ein Eingriff in Art. 14 GG kompensiert werden soll. Will sich der gemeinsame Vertreter in dem vorgeschlagenen Modell nicht der Argumentation eines einzelnen Aktionärs anschließen, so würde diesem Antragsteller der Rechtsschutz in dieser Frage verweigert. Um also das Rechtsschutzinteresse gem. Art. 20 Abs. 3 GG und den Anspruch auf rechtliches Gehör des Einzelnen gem. Art. 103 Abs. 1 GG nicht zu unterlaufen, muss jeder Minderheitsaktionär eigene Anträge stel-

1444 So auch *Austmann*, BB 2002, Heft 15, Seite I (Die erste Seite).

1445 *Austmann*, BB 2002, Heft 15, S. I (Die erste Seite).

1446 BVerfG, Urteil vom 07.08.1962 – 1 BvL 16/60, BVerfGE 14, 263, 278 (*Feldmühle*).

len dürfen. Um dennoch die angestrebte Entlastung der Richter zu erreichen, wird vorgeschlagen, dass der Aktionär sich mit seinem Antrag an den gemeinsamen Vertreter wenden muss. Der gemeinsame Vertreter ist dann verpflichtet, Anträge und Begründungen des betreffenden Minderheitsaktionärs in seine Gesamt-Antragsbegründung mit aufzunehmen. Dies muss auch dann gelten, wenn die Anträge von der Ansicht des gemeinsamen Vertreters abweichen. Diese wären dann vom gemeinsamen Vertreter inhaltlich an den richtigen Stellen in die Antragsbegründung aufzunehmen und als solche zu kennzeichnen. Über sie müsste das Gericht in jedem Fall entscheiden. Der gemeinsame Vertreter fungiert so als Mittler zwischen Gericht und Antragsteller. Der Vorteil dieser Lösung wäre, dass das Gericht von an sich unnötiger Arbeit befreit würde und der gemeinsame Vertreter auch tatsächlich als Vertreter aller Aktionäre positioniert und wahrgenommen wird.

Es gibt allerdings auch Argumente, die prinzipiell gegen die beschriebene Erweiterung der Kompetenzen des gemeinsamen Vertreters sprechen. So liegt der Vorteil der heutigen Regelung darin, dass sie für die Minderheitsaktionäre eine flexible *opt-in*-Lösung darstellt. Der Minderheitsaktionär kann sich frei entscheiden, ob er sich in die Verfahrensführung einschalten oder diese Tätigkeit anderen bzw. dem gemeinsamen Vertreter überlassen möchte. Nach dem vorliegenden Reformvorschlag gelangen die Minderheitsaktionäre in die Abhängigkeit einer Person, von deren Geschick letztendlich die Erhöhung ihrer Kompensation wesentlich abhängt. Allerdings hat der Gesetzgeber auch an anderen wichtigen Stellen im Privatrecht die Bündelung verschiedener, teilweise sogar widerstreitender Interessen in die Hände einer einzelnen Person gelegt. Außerhalb des Gesellschaftsrechts sei insbesondere der Insolvenzverwalter nach §§ 1 ff., 56 ff. InsO genannt, im Gesellschaftsrecht zudem der besondere Vertreter nach § 147 Abs. 2 AktG.

c) Entlastung der Gerichte

Durch die vorgeschlagene Erweiterung der Kompetenzen des gemeinsamen Vertreters ließe sich das Problem der Informationsasymmetrie im Spruchverfahren reduzieren und die Streitigkeiten um die Herausgabe von geheimen Unterlagen würden entschärft. Des Weiteren könnte der gemeinsame Vertreter dem Gericht organisatorische Aufgaben abnehmen, die heute vor allem gerichtliche Kapazitäten binden. Die empirische Auswertung der Spruchverfahren zeigt, dass sich immer mehr Minderheitsaktionäre selbst als Antragsteller am Spruchverfahren beteiligen.[1447] Jeder dieser Aktionäre kann eigene An-

1447 Siehe c) Anzahl der Antragsteller, S. 40; das Verfahren *Deutsche Telekom/T-Online* war mit 242 Antragstellern bislang das umfangreichste Verfahren im Hinblick auf die Anzahl der Antragsteller.

träge stellen, deren Berücksichtigung jeweils das Gericht allein zeitlich bindet. Dabei geht es zunächst um die Zustellung, die derzeit an alle Antragsteller zu erfolgen hat und bei großen Verfahren erhebliche Probleme bereiten kann.[1448] Viel wesentlicher ist aber der Aufwand für den Richter, alle Eingaben der Antragsteller zu sichten, zu konsolidieren und den Streitstoff entsprechend zu ordnen.[1449] Darin liegt aber nicht die eigentliche Aufgabe des Richters im Spruchverfahren. Vielmehr sollte er sich vornehmlich auf inhaltliche Fragestellungen konzentrieren können. Die Konsolidierung aller Anträge und Eingaben sollte stattdessen der gemeinsame Vertreter als Interessenvertreter der Minderheitsaktionäre übernehmen. Er kann sie wesentlich zielgerichteter aufbauen, da er alle Eingaben zu einer sinnvollen Argumentationskette verbinden kann. Dadurch würde sich auch die Überzeugungskraft des Antrags der Minderheitsaktionäre insgesamt steigern lassen. Der gemeinsame Vertreter würde durch diese Maßnahmen wieder näher an die ihm ursprünglich (vor 1965) zugedachte Rolle herangeführt, natürlich unter Beachtung der verfassungsrechtlichen Anforderungen im Hinblick auf das Rechtsschutzbedürfnis des einzelnen Antragstellers.[1450] Der gemeinsame Vertreter genießt derzeit eine vermeintlich geringe Akzeptanz bei den übrigen Antragstellern und sonstigen Verfahrensbeteiligten, da es in der Praxis anscheinend nicht die Regel ist, dass er zusätzliche Fakten oder Argumente einbringt.[1451]

V. Veränderungen im Verfahrensablauf

1. Stellung bezifferter Anträge

Sowohl Antragsteller als auch Antragsgegner sollten verpflichtet werden, konkrete und bezifferte Anträge zu stellen.[1452]

Im gegenwärtigen Regelungsrahmen ist die Berechnung der aus Sicht der Antragsteller angemessenen Kompensation richtigerweise nicht notwendig, sie würde einen Einzelaktionär überfordern. Nach Stärkung der Position der Minderheitsaktionäre und nach Abschluss der Vorverhandlungen ist die Stel-

1448 Aus der Praxis wird berichtet, dass bei einigen Spruchverfahren vom Gericht einfach nicht mehr zugestellt wird.

1449 Ein vom Verfasser befragter Richter hilft sich beispielsweise damit, dass er alle Anträge kopiert und dann mit einer Papierschere die Anträge so zerschneidet, dass für jeden Aspekt ein separates Stück Papier existiert. Diese verschiedenen Papiere werden dann neu nach inhaltlichen Themen sortiert.

1450 Siehe IV. Ausweitung der Rolle des gemeinsamen Vertreters, S. 260, sowie b) Verfassungsrechtliche Erwägungen, S. 261.

1451 *Büchel*, NZG 2003, 793, 796.

1452 Siehe dazu bereits VII. Rechtsfolgen der Vorverhandlungen, S. 240 ff.

lung eines konkreten und bezifferten Antrags durch den gemeinsamen Vertreter zur Präzisierung des Streitgegenstands sinnvoll.

Das Verfahren soll dann wie folgt ablaufen: Nach Scheitern der Vorverhandlungen bringt der gemeinsame Vertreter die Forderung der Minderheitsaktionäre in das Verfahren ein. Er stellt im Namen der Aktionäre einen bezifferten Antrag auf Erhöhung der Kompensation. Jeder Aktionär hat darüber hinaus die Möglichkeit, einen eigenen Antrag zu stellen, der über diese Forderung hinausgehen – diesen Antrag kann er allerdings, wie beschrieben, nicht unmittelbar selbst bei Gericht stellen, sondern kann ihn nur durch den gemeinsamen Vertreter einbringen.[1453] Das Gericht ist bei der Bemessung der Kompensation nicht zwingend an die Anträge gebunden, sondern kann ihnen nur teilweise stattgeben oder über sie hinausgehen.

Die Stellung konkreter Anträge hat positive Auswirkungen auf den Verfahrensablauf: Aufgrund der konkreten Preisvorstellung und der Offenlegung der Berechnungsparameter können die streitigen Punkte bereits zu Beginn des Verfahrens aufgedeckt und vom Richter konkret judiziert werden. Zum anderen wirkt sich die Stellung konkreter Anträge positiv auf die Risiko-Nutzen-Relation aus. Der immer noch bestehende „Freifahrtsschein" für die Antragstellung wird eliminiert und stattdessen vom gemeinsamen Vertreter zusammen mit den Minderheitsaktionären eine entsprechende Risikoabwägung für die Höhe der Kompensation im Einzelfall getroffen.[1454] Dieser Vorschlag geht in die Richtung, die der Gesetzgeber schon im Jahr 2003 eingeschlagen hat. Damals versuchte der Gesetzgeber den Schwerpunkt auf die kritischen Punkte zu legen und hatte beiden Parteien eine stärkere inhaltliche Verantwortung zugedacht. Das Konzept wurde allerdings nur vorsichtig umgesetzt, vor allem da den Antragstellern aufgrund ihrer strukturellen Benachteiligung nicht mehr zuzumuten war. Nach der hier vorgeschlagenen grundlegenden Stärkung der Antragsteller ist es nunmehr geboten, den Rechtsstreit noch stärker an die ZPO heranzuführen. In der Literatur wird dies ebenfalls gefordert.[1455]

2. Rückführung des Amtsermittlungsgrundsatzes

Die Folge der Stärkung des gemeinsamen Vertreters wäre eine Rückführung des Amtsermittlungsgrundsatzes. Unter der Voraussetzung, dass sich auf beiden Seiten kompetente Parteivertreter um die faire Bewertung streiten, wäre eine Rückführung der gerichtlichen Aufklärung möglich. Der Amtsermitt-

1453 *Austmann*, BB 2002, Heft 15, Seite I (Die erste Seite).

1454 Beachte aber insoweit die Berücksichtigung der Verhandlungsergebnisse, siehe VII. Rechtsfolgen der Vorverhandlungen, S. 240.

1455 *Martens*, AG 2000, 301, 308; *Teichmann*, ZGR 2003, 367, 386.

lungsgrundsatz des FamFG-Verfahrens gilt im Spruchverfahren ohnehin seit dem SpruchG 2003 nur noch eingeschränkt.[1456] Geben die Verfahrensbeteiligten nur unvollständige Erklärungen ab, ist auch das Gericht ohne besondere Anhaltspunkte nicht verpflichtet, weitere Nachforschungen anzustellen.[1457] Im Spruchverfahren gelten derzeit die Regeln zu der so genannten sekundären Beweislast.[1458] Diese Regeln setzen voraus, dass die Antragsteller ihrer primären Darlegungspflicht nachkommen und ihren Antrag im Rahmen ihrer Möglichkeiten schlüssig vortragen. Sodann ist der Antragsgegner verpflichtet, dazu umfassenden Beweis zu liefern.[1459] Sogar auf Grundlage der derzeit gültigen Rechtslage wird in der Literatur teilweise für eine Abschaffung des Amtsermittlungsgrundsatzes plädiert.[1460] Aus verfassungsrechtlicher Perspektive ist gegen eine weitere Rückführung des Amtsermittlungsgrundsatzes ebenfalls nichts einzuwenden. Der Gesetzgeber ist nicht verpflichtet, zur Überprüfung der Kompensation ein gerichtliches Verfahren zu schaffen, in dem der Amtsermittlungsgrundsatz gilt.[1461]

VI. Verhältnis von Spruchverfahren und Anfechtungsklage

Aus der Konzeption des Spruchverfahrens ergibt sich für Bewertungsfragen ein unbedingter Vorrang des Spruchverfahrens vor anderen Rechtsbehelfen, insbesondere vor der Anfechtungsklage.[1462] Das beschriebene Phänomen, dass in der Praxis einige Aktionäre unter einem Vorwand eine Anfechtungsklage statt eines Spruchverfahrens anzustrengen, um so eine schnellere und höhere Zahlung versprechen führt zur Frage, inwieweit das Spruchverfahren auch in der Praxis exklusiv für bewertungsbezogene Rechtsschutzbegehren darstellt.[1463]

In der Literatur wird diese unscharfe Trennung von Anfechtungsklage und Spruchverfahren in der praktischen Rechtsanwendung gerügt.[1464] Für die Minderheitsaktionäre besteht, wie beschrieben, ein Anreiz, funktionswidrig

1456 Siehe c) Zurückdrängung des Amtsermittlungsgrundsatz, S. 45.

1457 LG Frankfurt, Beschluss vom 29.03.2006 – 3/8 O 197/02, AG 2007, 41, 42.

1458 *Winter/Nießen,* NZG 2007, 13 f.

1459 Zur sekundären Beweislast BGH NJW 1990, 3151, 3152.

1460 *Winter/Nießen,* NZG 2007, 13 f.

1461 *Winter/Nießen,* NZG 2007, 13f.

1462 *Kubis,* in: MüKo AktG, vor § 1 SpruchG Rn. 2, („*Verfahrensrechtliche Exklusivität*"); zum Verhältnis von Beschlussmängelklage und Squeeze-out *Lehmann,* NZG 2007, 295 ff.

1463 Siehe 3. Vergleichsmehrwerte, S. 94; *Kubis,* in: MüKo AktG, § 1 SpruchG Rn. 18 f.; *Baums/Drinhausen,* ZIP 2008, 145, 155 f.: *Fritzsche/Dreier,* BB 2002, 737 m.w.N.

1464 *Baums/Drinhausen,* ZIP 2008, 145, 155 f.

Anfechtungsklage zu erheben und dadurch auf schnellerem Wege, nämlich durch Vergleich im Anfechtungsprozess, zu den beanspruchten Kompensationsleistungen zu kommen.[1465] Durch die Erweiterung des Freigabeverfahrens gem. § 246a AktG[1466] wurde zwar der Einigungsdruck für die Unternehmen reduziert, doch bleibt das Problem in der Praxis vor allem aufgrund der fehlenden Attraktivität des Spruchverfahrens bestehen.[1467]

Daraus hat sich in der Vergangenheit insbesondere für routinierte Antragsteller und ihre Rechtsanwälte aufgrund attraktiver Kostenerstattungsregelungen ein eigenes Geschäftsmodell entwickelt.[1468] Es ist zu beobachten, dass sich Aktionäre an Spruchverfahren beteiligen, für die wegen der geringen Zahl ihrer Aktien eine Erhöhung der Kompensation nahezu uninteressant ist.[1469] Gemeinsam mit ihren Rechtsanwälten zielen sie vielmehr auf einen Vergleich inklusive einer Einigung auf einen entsprechenden Vergleichsmehrwert für die Gebührenbestimmung ab.[1470] Die Vergleichsgespräche werden in der Praxis von einzelnen „führenden" Antragstellern bzw. Anfechtungsklägern dominiert. Diese Kläger haben offensichtlich aufgrund ihrer langjährigen Erfahrung mit solchen Verhandlungssituationen eine hohe Expertise hinsichtlich der Verhandlungstaktik.

Zur Verbesserung der Situation kann neben der bereits beschriebenen strikten Trennung von Anfechtungsklage und Spruchverfahren in der Praxis, vor allem die Behebung allgemeiner verfahrensrechtlicher Mängel und die Verkürzung des Spruchverfahrens beitragen, um so einen Anfechtungsvergleich für die Antragsteller möglichst unattraktiv zu machen. Zudem sollten die Gerichte die vom Gesetzgeber vorgesehene Trennung nicht durch Zustimmung zu solchen Vergleichen unterlaufen. Daher wird ein ausdrückliches gesetzliches Verbot etwaiger Vergleichsmehrwerte gefordert.[1471]

VII. Veränderung der Gerichtsorganisation

1. OLG als Eingangsinstanz für Spruchverfahren

Nach § 2 Abs. 1 - 3 SpruchG ist die Kammer für Handelssachen (KfH) beim Landgericht am Sitz des Unternehmens zuständig für Spruchverfahren. Um

1465 Siehe 3. Vergleichsmehrwerte, S. 94.

1466 Dazu *Verse*, NZG 2009, 1127; zuvor *Koch*, ZGR 2006, 769, 795 ff.; mit konkretem Bezug zu Bewertungsrügen *J. Vetter*, in: FS Meier-Reimer, 2010, S. 819, 824.

1467 *Baums/Drinhausen*, ZIP 2008, 145, 155 f.

1468 *Wittgens*, BB 2007, 1069, 1071; *Büchel*, in: FS Happ, 2006, S. 1, 14.

1469 BDI, Stellungnahme RegE ARUG, 2009, S. 24.

1470 BDI, Stellungnahme RegE ARUG, 2009, S. 24.

1471 *Linnerz*, NZG 2004, 307, 310; *D. Schwintowski*, DB 2007, 2695, 2698.

eine Beschleunigung der Verfahren zu erreichen, wurde sowohl im Vorfeld der Reform des SpruchG im Jahr 2003 in der Literatur[1472] als auch im Jahr 2008 in einem Gesetzentwurf auf Initiative der Länder Sachsen und Baden-Württemberg[1473], die Verkürzung des Instanzenzuges des Spruchverfahrens und die Bestimmung der Oberlandesgerichte als Eingangsinstanzen vorgeschlagen.[1474] Auch aus Sicht vieler Stimmen aus der Literatur hätte darin ein wesentlicher Reformschritt zur Beschleunigung des Verfahrens gelegen.[1475] Die Befürworter nannten als Argument zunächst die Entlastung der Gerichte mit dem vermeintlich rechtsmittelintensiven Spruchverfahren. Verfahrensverzögerungen, so argumentieren sie, würden vor allem entstehen, wenn Landgericht und Oberlandesgericht zu unterschiedlichen rechtlichen Auffassungen bezüglich der Vorgaben für das Gutachten kämen.[1476] Dann müsse in der Rechtsmittelinstanz ein ergänzendes Gutachten eingeholt werden, wodurch das Verfahren um weitere Jahre verlängert würde.[1477] Entschiede das Oberlandesgericht dagegen bereits als Eingangsinstanz, könne es den Gutachtenauftrag von vornherein auf die nach seiner Rechtsauffassung entscheidenden Punkte konzentrieren.[1478] Für das Oberlandesgericht als Eingangsinstanz spreche auch, dass eine sachkundige Entscheidung zu Fragen der Unternehmensbewertung nur von den Oberlandesgerichten erwartet werden könne, bei denen spezialisierte Senate entweder bereits bestehen oder eingerichtet werden sollten.[1479] Schließlich sei das Oberlandesgericht aufgrund seiner Organisation als ein mit mehreren Berufsrichtern besetztes Kollegialorgan in der Praxis für die komplizierten Entscheidungen besser geeignet.[1480] Eine derartige Instanzenverkürzung sei auch nichts Ungewöhnliches, etwa kenne die Verwaltungsgerichtsbarkeit bereits seit Mitte der 1980er Jahre eine erstinstanzliche Zuständigkeit der Oberverwaltungsgerichte, die bei wirtschaftlich bedeutsamen Großvorhaben die Verfahrensdauer merklich ver-

---

1472 *Bungert/Mennicke*, BB 2003, 2021, 2023 m.w.N.

1473 BR-Drucksache 901/07 (*Gesetzesantrag der Länder Baden-Württemberg, Sachsen: Entwurf eines Gesetzes zur Einführung erstinstanzlicher Zuständigkeiten des Oberlandesgerichts in aktienrechtlichen Streitigkeiten*).

1474 DAV Handelsrechtsausschuss, NZG 2002, 119, 120; DAV Handelsrechtsausschuss, NZG 2003, 316.

1475 *Hüffer* AktG, § 1 SpruchG Rn. 4, § 2 SpruchG Rn. 2.

1476 *Goll/Schwörer*, ZRP 2008, 77, 79.

1477 *Goll/Schwörer*, ZRP 2008, 77, 79.

1478 *Goll/Schwörer*, ZRP 2008, 77, 78 ff.

1479 *Austmann*, BB 2002, Heft 15, Seite I (Die erste Seite).

1480 BR-Drucksache 901/07, S. 22.

kürzt.[1481] Auch auf Erfolge des Oberlandesgericht als Eingangsinstanz im Kartell- und Vergaberecht (vgl. §§ 89, 91, 116 Abs. 4 GWB) wird verwiesen.[1482] Vergleichbar sei zudem, dass in Kapitalanleger-Musterverfahren die Eingangsinstanz dem Oberlandesgericht zugewiesen wurde.[1483] Auch lässt sich das Verfahren gem. § 48 Abs. 4 WpÜG nennen.[1484] Als weiteres Argument wird angeführt, dass durch die FamFG-Reform mit der Beschwerde zum BGH eine weitere Instanz für den Antragsteller hinzugekommen ist.[1485] Zum Ausgleich der damit verbundenen Verkürzung des Rechtsschutzes wurde auf die Entlastung der Justiz und die höhere Richtigkeitsgewähr der Entscheidung des Oberlandesgerichts verwiesen.[1486]

Für die erstinstanzliche Zuständigkeit des Oberlandesgerichts spricht, dass es einer zweiten Tatsacheninstanz nicht bedürfe, da in der Praxis in zweiter Instanz ohnehin keine erneute Beweisaufnahme erfolge.[1487] Aktienrechtliche Anfechtungs- und Nichtigkeitsklagen werden ohnehin typischerweise ohne Beweisaufnahme entschieden.[1488] Zudem ist im Grundgesetz ein mehrstufiger Instanzenzug nicht zwingend vorgesehen.[1489]

Die Bundesregierung lehnte im Jahr 2008 den genannten Gesetzgebungsvorschlag als „nicht sachgerecht" ab und kündigte an, eigene Vorschläge zu unterbreiten, die zusammen mit einer weiteren Zuständigkeitskonzentration durch die Länder aus ihrer Sicht besser geeignet erscheinen, der Problematik zu begegnen.[1490] Im Rahmen des ARUG im Jahr 2009 wurde eine entsprechende Regelung für das Spruchverfahren jedoch nicht aufgenommen.[1491] Im Bericht des Rechtsausschusses wurde jedoch die Reformbedürftigkeit des Beschlussmängelrechts ausdrücklich bekräftigt und als Ziel für die im September

1481 *Goll/Schwörer*, ZRP 2008, 77, 78 ff.

1482 *Baums*, Die Anfechtung von Hauptversammlungsbeschlüssen, Arbeitspapier Nr. 85, Institut für Handels- und Wirtschaftsrecht, Universität Osnabrück, Fn. 213.

1483 *Goll/Schwörer*, ZRP 2008, 77, 79.

1484 *Meyer*, Ausgleichs- und Abfindungsansprüche, 2010, S. 217.

1485 *Preuss/Leuering*, NZG 2009, 961 m.w.N.

1486 BT-Drucksache 15/5091, S. 38, 43.

1487 DAV Handelsrechtsausschuss, NZG 2008, 534 ff., vgl. DAV Handelsrechtsausschuss NZG 2002, 119, 120, ZIP 2003, 552 ff.

1488 DAV Handelsrechtsausschuss, NZG 2008, 534 ff.

1489 BVerfG, Beschluss vom 30.04.2003 – 1 PBvU 1/02, NJW 2003, 1924.

1490 BT-Drucksache 16/9020 (*Gesetzentwurf des Bundesrates: Entwurf eines Gesetzes zur Einführung erstinstanzlicher Zuständigkeiten des Oberlandesgerichts in aktienrechtlichen Streitigkeiten*), S. 22.

1491 Gesetz zur Umsetzung der Aktionärsrechterichtlinie (ARUG) vom 30.07.2009.

2009 begonnene Legislaturperiode formuliert[1492]. Weitere Diskussionsbeiträge oder Initiativen sind seitdem nicht erfolgt.

2. Konzentration der Landgerichte

Eine Alternative zur Instanzenverkürzung stellt die stärkere Zuständigkeitskonzentration der Landgerichte dar.[1493] Die für die erstinstanzliche Zuständigkeit der Oberlandesgerichte genannten Argumente, vor allem höhere Sachkenntnis und größere Erfahrung der jeweils befassten Richter sowie die Entscheidung eines Kollegialgerichts, ließen sich so ohne den für die Antragsteller erheblichen Nachteil der Rechtswegverkürzung realisieren. Zur ausreichenden Sicherung des rechtlichen Gehörs werden zwei Instanzen als notwendig erachtet.[1494] Für das Spruchverfahren lässt sich eine trennscharfe Abgrenzung zwischen Rechts- und Tatsachenbeschwerde bei Kritik an einem Bewertungsgutachten ohnehin kaum vornehmen, was für eine Beibehaltung des geltenden Instanzenzuges spricht.[1495]

Vorgeschlagen wird daher die Konzentration der zuständigen Gerichte auf einen oder wenige Standorte im Bundesgebiet. Sinnvoll ist ein Gleichlauf der Gerichtszuständigkeit mit übernahmerechtlichen Verfahren nach § 39b WpÜG mit einer ausschließlichen Zuständigkeit des LG Frankfurt a.M.[1496] Dies ermöglicht den Aufbau einer starken Expertise an einem zentralen Ort, da durch eine enge lokale Abstimmung unter den Kollegen eine bessere Wissensvermittlung innerhalb der Richterschaft sowie eine einheitliche Rechtsprechung zu erwarten ist. Da Bewertungsfragen ein Spezialgebiet darstellen, ist eine besondere Ausbildung oder zumindest eine Spezialisierung der Richter erforderlich, die bislang fast ausschließlich auf ihrer Eigeninitiative beruhte. Neben dem Vorteil der örtlichen Nähe steigert auch die zu erwartenden Fallzahlen an einem zentralen Gericht die Expertise und Erfahrung der Richter. Der Verlauf eines Spruchverfahrens ist derzeit stark von der Person des Richters abhängig[1497], denn insbesondere bei längeren Fehlzeiten sind Verzögerungen des Verfahrens möglich.[1498] Die Koordination innerhalb der Gerichte mit niedrigen Fallzahlen ist an diesen Standorten dann schwierig. Einige

---

1492 BT-Drucksache 16/13098 (*Beschlussempfehlung und Bericht des Rechtsausschusses zum ARUG*), S. 35.

1493 DAV Handelsrechtsausschuss, NZG 2008, 534 f. für die Anfechtungsklage.

1494 *Bungert/Mennicke*, BB 2003, 2021, 2024.

1495 DAV-Handelsrechtsausschuss, *NZG 2002, 119, 123.*

1496 *Hasselbach*, BB 2010, 2842; BT-Drucksache 16/1342 (*Unterrichtung durch die Bundesregierung zum Entwurf des Übernahmerichtlinie-Umsetzungsgesetz*), S. 7.

1497 Siehe zu den unterschiedlichen Vergleichsquoten 2. Empirischer Befund, S. 92.

1498 Betonung der Kontinuität auch bei *Bungert/Mennicke*, BB 2003, 2021, 2024.

Richter möchten zudem nicht ausschließlich für Spruchverfahren eingesetzt werden, sondern auch andere Verfahren bearbeiten; dies wäre an einem großen Gericht einfacher zu koordinieren. Heute stellt die geographische Nähe zu Antragsgegnern keinen Vorteil mehr da, zumal die Antragsteller ohnehin aus dem gesamten Bundesgebiet oder sogar aus dem Ausland stammen. Gegen die vorgeschlagene Konzentration spricht dann lediglich die Berücksichtigung der föderalen Elemente der Gerichtsorganisation sowie das Argument, dass eine dynamische Rechtsentwicklung nur mit verschiedenen Gerichten möglich ist. Dieser Nachteil würde aber durch Effizienzsteigerungen und eine weitere Professionalisierung der Gerichte im Rahmen der Konzentration mehr als kompensiert. In diesem Zusammenhang wäre aber auch die Einführung eines funktionierenden Anreiz-Systems für die Bearbeitung der umfangreichen Spruchverfahren notwendig.[1499]

3. Organisation innerhalb der Gerichte

Es wird eine Zuständigkeit der Zivilkammer, also eine Gremienentscheidung, für die Verfahren vorgeschlagen, in denen die Ertragswertmethode Anwendung findet.[1500] Die zuständige Kammer für Handelssachen ist dann zwingend mit sachkundigen Beisitzern, etwa mit pensionierten Wirtschaftsprüfern, zu besetzen. Dadurch könnte erreicht werden, dass der *gerichtlich bestellte Sachverständige* nur noch in Ausnahmefällen als Beweismittel eingesetzt wird, da das Gericht auf der Basis von zwei Gutachten und der gesteigerten eigenen Sachkompetenz eine ausreichende Entscheidungsgrundlage haben sollte.

Die Arbeitsorganisation und die Berücksichtigung des richterlichen Arbeitsaufwands für Spruchverfahren sind ebenfalls Gegenstand von Reformüberlegungen geworden, etwa wurde eine Änderung des Pensenschlüssels erwogen.[1501] Aus richterlicher Perspektive wird zu bedenken gegeben, dass Verfahrensgesetze allein die Qualität des Verfahrens nicht garantieren können.[1502] Erforderlich sei, dass die Justiz für diese Verfahren sachverständige Richter zur Verfügung stellt, die ausreichend Zeit für diese besondere Art von Verfahren haben.[1503] Vielfach würde den Richtern zugemutet, diese Verfahren neben ihren Aufgaben als Prozessrichter zu betreiben, ohne für die arbeitsinten-

1499 *Meilicke/Heidel*, DB 2003, 2267.

1500 So schon DAV Handelsrechtsausschuss, NZG 2002, 119, 120; DAV Handelsrechtsausschuss, NZG 2003, 316, *Bungert/Mennicke*, BB 2003, 2021 f.

1501 *Meilicke/Heidel*, DB 2003, 2267; *Kann/Hirschmann*, DStR 2003, 1488, 1494; *Rößler*, Squeeze-out, 2007, S. 176.

1502 *Blüchel*, NZG 2003, 793, 804.

1503 *Blüchel*, NZG 2003, 793, 804.

siven Spruchverfahren hinreichend entlastet zu werden. Darin liege ein wesentlicher Grund für die überlange Dauer vieler Verfahren.[1504]

Aus der Anwaltschaft wird für das aktienrechtliche Anfechtungsverfahren eine Zuständigkeit nicht der Kammer für Handelssachen, sondern eine mit drei Berufsrichtern besetzte Zivilkammer angeregt.[1505] Diese Forderung nach einer gerichtlichen Gremienentscheidung lässt sich angesichts des interdisziplinären Prüfungsgegenstands erst recht auf das Spruchverfahren übertragen.

VIII. Empirie und rechtstatsächliche Erhebungen

Vorgeschlagen wird weiterhin die systematische Erfassung von Spruchverfahren in amtlichen Statistiken. Der Umsetzungsaufwand, z. B. nach dem hier dargestellten Muster einer Datenbank, ist gering. Der mögliche Nutzen aber wäre erheblich, wenn dadurch Fehlentwicklungen schneller erkannt werden könnten.

Dazu wäre der Wegfall der Bekanntmachung der Verfahrenseinleitung (entfällt durch die Neuregelung in § 4 SpruchG[1506]) wieder rückgängig zu machen, damit eine vollständige Datenerhebung aus dem Bundesanzeiger möglich ist und die Aktionäre über den Beginn eines Spruchverfahrens über öffentlich zugängliche Quellen informiert werden. Schließlich wäre es sinnvoll, eine verstärkte Untersuchung zukünftiger Reformen in rechtstatsächlicher Hinsicht zu veranlassen. Der für das Freigabeverfahren erteilte Prüfungsauftrag etwa geht diesen Weg. Dort wurde im Rahmen der Beratungen für das ARUG das Bundesministerium der Justiz vom Rechtsausschuss des Deutschen Bundestags beauftragt, bis zum Jahr 2011 eine rechtstatsächliche Untersuchung durchzuführen, ob die Verkürzung des Instanzenzuges im Freigabeverfahren durch das ARUG zu einer Verkürzung der Verfahrensdauer geführt hat.[1507] Etwas Vergleichbares sollte es auch bei einer zukünftigen Reform des Spruchverfahrensrechts geben.

1504 *Blüchel*, NZG 2003, 793, 804.

1505 DAV Handelsrechtsausschuss, NZG 2008, 534, 543.

1506 *Kubis*, in: MüKo AktG, § 4 SpruchG Rn. 1.

1507 BT-Drucksache 16/13098 (*Beschlussempfehlung und Bericht des Rechtsausschusses zum ARUG*), S. 41; die Ergebnisse der von Prof. Bayer (Jena) durchgeführten Studie liegen inzwischen vor, vgl. Frankfurter Allgemeine Zeitung vom 25.10.2011, Nr. 248, S. 14.

D. Zusammenfassung

In erster Linie wird eine umfassende Vermeidung gerichtlicher Spruchverfahren zugunsten einer vorgerichtlichen Einigung angestrebt. Das Spruchverfahren selbst soll nur noch als *ultima ratio* für außergerichtlich nicht lösbare Fälle dienen. Kommt es dennoch zu einem gerichtlichen Verfahren, ist ein reduzierter Prüfungsmaßstab anzuwenden, der auf die Überprüfung der Rahmenbedingungen der Vorverhandlungen reduziert werden kann. Zudem ist ein aussagekräftiger Börsenpreis anderen Bewertungsmethoden in der Regel vorzuziehen. Eine eigene umfassende Bestimmung der Kompensation anhand einer Ertragswertbestimmung durch ein Spruchgericht wäre dann nur noch im Ausnahmefall vorzusehen. Die vorgeschlagenen Vorverhandlungen werden zwischen dem Kompensationsschuldner und einem Verhandlungskomitee geführt, welches eine einheitliche Vertretung aller Aktionäre der Gesellschaft sicherstellt. Die Vertretung der außenstehenden Aktionäre übernimmt der gemeinsame Vertreter, dessen Rechte erheblich erweitert werden.

Zusammenfassung und Ausblick

A. Thesenartige Zusammenfassung

I. Status quo des Spruchverfahrens

1. Spruchverfahren besitzen eine hohe praktische Relevanz, die sich durch Einführung des aktienrechtlichen Squeeze-out noch erheblich verstärkt hat. Obwohl erst seit dem Jahr 2001 möglich, ist der Squeeze-out heute bereits die Strukturmaßnahme, die in der Summe zu den meisten Spruchverfahren geführt hat. Insgesamt wird in der überwiegenden Anzahl der Strukturmaßnahmen im Anwendungsbereich des Spruchverfahrens ein solches angestrengt. Die Erschwerung des Zugangs zum Spruchverfahren im Jahr 2003 durch das SpruchG hat sich auf die praktische Bedeutung nicht erkennbar ausgewirkt.

2. Die empirische Auswertung der Verfahrensdauer hat ergeben, dass die durchschnittliche Dauer der Spruchverfahren, die zwischen den Jahren 1965 und 2003 begonnen wurden, insgesamt 6,0 Jahre betrug. Verfahren, die Ende der 1980er und zu Beginn der 1990er Jahre begonnen wurden, dauerten im Durchschnitt sogar länger als zehn Jahre. Diese extrem lange Verfahrensdauer zeigt seitdem einen rückläufigen Trend. Allerdings konnte die Reform durch das SpruchG 2003 bislang keine weitere Verkürzung erreichen; stattdessen hat sich der Trend zum Rückgang der Verfahrensdauer in den Jahren 2004 ff. sogar leicht umgekehrt. Auch wenn sich das Problem überlanger Verfahren insgesamt etwas entspannt hat, dauern Spruchverfahren in der Regel immer noch mehrere Jahre und damit zu lange.

3. Bereits im Jahr 1994 wurde vom Gesetzgeber bereits die Vermeidung von Spruchverfahren angestrebt, indem eine präventive Prüfung der Kompensation durch den *gerichtlich bestellten Prüfer* eingeführt wurde. Diese Maßnahme hat sich allerdings sowohl in Bezug auf eine Vermeidung von Spruchverfahren als auch auf die erhoffte Richtigkeitsgewähr als nicht wirksam erwiesen.

4. Die *de lege lata* bestehenden Möglichkeiten zur vorgerichtlichen Streitbeilegung zwischen Kompensationsschuldner und außenstehenden Aktionären sind nicht ausreichend. Hier besteht Reformbedarf.

5. Die von der Literatur vorgeschlagene Eingangszuständigkeit der Oberlandesgerichte würde per se nicht zu einer Verkürzung der Verfahrensdauer führen und wäre als Rechtswegsverkürzung mit einem erheblichen Nachteil für die Antragsteller verbunden. Sie ist daher abzulehnen.

6. Für den Kompensationsschuldner ist schwer vorhersehbar, zu welchen Ergebnissen das Gericht bei der Unternehmensbewertung kommen wird. Insbesondere die Ergebnisse des derzeit noch vorherrschenden Ertragswertverfahrens sind aufgrund ihrer methodischen Unschärfe schwer zu prognostizieren. Weiterhin ist häufig unklar, welche Bewertungsmethode ein Gericht zugrunde legen wird, da von den Gerichten in einigen Konstellationen auch eine ausschließliche Bestimmung anhand des Börsenkurses favorisiert wird. Hier ist eine klare gesetzliche Regelung notwendig.

7. Die eigene empirische Auswertung der Kompensationszahlungen hat ergeben, dass 91 % der Spruchverfahren mit einer Erhöhung der Kompensation beendet wurden. Dies demonstriert die Berechtigung und die Wirksamkeit der gerichtlichen Überprüfung bzw. die ursprünglich niedrigen Kompensationsangebote. Vor dem Hintergrund der Zweckbestimmung des Spruchverfahrens als Instrument des Minderheitenschutzes ist das Verbot der *reformatio in peius* sinnvoll, da andernfalls die außenstehenden Aktionäre einem überproportional großen Risiko ausgesetzt werden. Allerdings forciert dieses Verböserungsverbot die ohnehin bestehende Motivation des Kompensationsschuldners, mit einer möglichst niedrigen Kompensation in das Spruchverfahren einzusteigen. Darin ist ein Grund für Ineffizienzen der gesetzlichen Regelungen zur gerichtlichen Kompensationsbestimmung insgesamt zu sehen.

II. Rechtsvergleich

8. Der Anwendungsbereich des *appraisal*-Verfahrens ähnelt vom Prinzip her dem des deutschen Spruchverfahrensrecht, ist aber durch die *market-out exception* deutlich enger gefasst, da börsennotierte Unternehmen in der Regel ausgeschlossen sind. Eine derart enge Regelung verstieße in Deutschland gegen Art. 14 GG. Allerdings wäre eine klare gesetzliche Definition unter welchen Umständen der Börsenkurs als ausschließliche Grundlage für eine Kompensation in Frage kommt, auch in Deutschland sinnvoll.

9. Das Spruchverfahren ist als Mischform von *appraisal remedy* und *entire fairness*-Test anzusehen. Im Gegensatz zum *appraisal remedy* ist es einfacher zugänglich und knüpft durch die *erga omnes*-Wirkung an weitere Rechtsfolgen an. Das Spruchverfahren ähnelt in vielen Aspekten dem *entire fairness*-Test, es verzichtet aber auf die Voraussetzung des *unfair dealing*. Eine Übernahme dieses in Delaware praktizierten zweiteiligen Rechtsschutzes ist nicht zu empfehlen.

10. Im Unterschied zum deutschen Recht wird das *appraisal*-Verfahren als *ultima ratio* begriffen. Eine gerichtliche Prüfung ist nur dann vorgesehen, wenn sich außenstehender Aktionär und Kompensationsschuldner trotz außergerichtlicher Verhandlungen nicht auf eine angemessen Kompensation einigen können. Dieser Grundgedanke ist dem deutschen Spruchverfahrensrecht weitgehend fremd, er bietet sich für eine Rezeption an.

11. Im deutschen Recht bestehen für außenstehende Aktionäre vergleichsweise geringe Hürden beim Zugang zum Spruchverfahren. Zudem wird von ihnen im Vergleich zum *appraisal*-Verfahren in den USA kaum Eigeninitiative gefordert. Ein Aktionär in den USA muss sich bereits vor der Hauptversammlung ein Bild über die vorgeschlagene Strukturmaßnahme machen und seinen Widerspruch bekannt geben – nur auf diese Weise erhält er sein *appraisal right*. Eine Übertragung dieser Regelung auf das deutsche Recht ist aufgrund einer unangemessenen Rechtswegverkürzung allerdings abzulehnen.

12. Die Risiko-Nutzen-Relation ist für außenstehende Aktionäre im deutschen Spruchverfahren günstiger als beim *appraisal remedy* einzustufen, da keine *reformatio in peius* droht und bei ordnungsgemäßem Verhalten in der Regel auch kein Kostenrisiko besteht. *Entire fairness*-Test und Spruchverfahren unterscheiden sich hier kaum.

III. Reformvorschläge

13. Die für das deutsche Spruchverfahrensrecht vorgestellten Reformvorschläge zielen neben prozessualen Verbesserungen vor allem auf eine Vermeidung von Spruchverfahren. Dies soll durch Verhandlungen zwischen Kompensationsschuldner und außenstehenden Aktionären bereits im Vorfeld der Hauptversammlung erreicht werden. Um eine solche Verhandlungs-

situation auch bei einer Strukturmaßnahme mit Konzernkonflikt erreichen zu können, sind die von der Rechtsprechung entwickelten Kriterien für die Situation beim *merger of equals* auf Strukturmaßnahmen mit Konzernkonflikt zu übertragen. Durch diese Verhandlungen soll auch für Strukturmaßnahmen mit Konzernkonflikt eine Richtigkeitsgewähr erzeugt werden.

14. In Anlehnung an das aus dem US-amerikanischen *entire fairness*-Verfahren bekannte *special committee* wird vorgeschlagen, bei Strukturmaßnahmen mit Konzernkonflikt ein unabhängiges Verhandlungskomitee auf Seiten der Gesellschaft bzw. der außenstehenden Aktionäre einzusetzen, welches die Verhandlungen mit dem Kompensationsschuldner führen soll.

15. Die Rechtsfolgen der Vorverhandlungen betreffen zwei wesentliche Aspekte. Durch die Vermutung der Angemessenheit nach Vorverhandlungen, durch die Zustimmung der außenstehenden Aktionäre durch Sonderbeschluss sowie durch eine prohibitive Kostenregelung für das gerichtliche Verfahren sollen Anreize für eine vorgerichtliche Einigung geschaffen werden. Weiterhin soll der gerichtliche Prüfungsmaßstab gesenkt werden, sofern eine Einigung oder die Zustimmung einer qualifizierten Mehrheit der außenstehenden Aktionäre erreicht werden konnte.

16. Die Bewertung anhand von Börsenkursen ist zum gesetzlichen Regelfall bei der Bestimmung des Unternehmenswerts und damit bei der Bemessung der Kompensation im Spruchverfahren zu machen. Neu aufzunehmen ist eine Bestimmung, nach der Börsenkurs, für die Unternehmensbewertung immer dann vorzuziehen ist, sofern keine Gründe dagegen sprechen. Dieses Regel-Ausnahme-Verhältnis entspricht den jeweiligen Vorschriften in anderen Rechtsgebieten, etwa im Handels- oder Steuerrecht.

17. Die Rolle des gemeinsamen Vertreters im gerichtlichen Verfahren selbst soll gestärkt werden – er soll alle Antragsteller gemeinsam vertreten. Eigene Anträge von Antragstellern bei Gericht wären dann nicht mehr möglich. Dies kann in Kombination mit den anderen Vorschlägen zu einer verbesserten Dynamik des Spruchverfahrens beitragen. Eine verfassungsmäßige Ausgestaltung dieser Vertretungsregelung wird für möglich erachtet.

18. Antragsteller und Antragsgegner sollen im gerichtlichen Verfahren zur Stellung konkreter Anträge verpflichtet werden. Zudem wird vorgeschlagen,

das Verböserungsverbot (*reformatio in peius*) im Spruchverfahren aufzugeben, so dass für die Antragsteller die derzeitige Sicherheit, dass eine Senkung der Kompensation im gerichtlichen Verfahren ausgeschlossen ist, nicht mehr besteht.

19. Die vollständige Veröffentlichung des Vergleichstextes in Spruchverfahren wird zur gesetzlichen Pflicht. Sondervorteile, auch in Form von Kostenerstattungsregelungen, sollen für einzelne Aktionäre nicht mehr möglich sein.

20. Vorgeschlagen wird eine Konzentration der zuständigen Gerichte auf einen Standort im Bundesgebiet. Gleichzeitig wird eine Gremienentscheidung am Landgericht vorgeschlagen. Die zuständige Kammer für Handelssachen ist für Verfahren, in denen die Ertragswertmethode Anwendung findet, zwingend mit sachkundigen Beisitzern zu besetzen, etwa mit Wirtschaftsprüfern.

21. Das Spruchverfahren ist von Amts wegen rechtstatsächlich in einer Datenbank zu erfassen. Reformen sollen in angemessenem Abstand einer Erfolgskontrolle unterzogen werden.

B. Ausblick

Die vorliegende Untersuchung und die vorgeschlagenen Änderungen sollen einen Beitrag zur Diskussion über die Zukunft des Spruchverfahrens darstellen. Bei der Umsetzung etwaiger Reformen wäre zu berücksichtigen, dass die letzte Überarbeitung des Spruchverfahrens im Jahr 2003 nicht einmal zehn Jahre zurückliegt. Änderungen des Spruchverfahrensrechts sollten daher nicht kleinteilig, sondern im Rahmen einer umfassenden Reform, zusammen mit einer notwendigen Neuordnung des Beschlussmängelrechts, erfolgen.[1508]

Weitere Perspektiven des kompensationsbezogenen Rechtsschutzes bieten sich insbesondere im Hinblick auf eine Vereinheitlichung des Rechtsschutzes. Trotz unterschiedlicher Zielrichtungen wäre ein einheitlicher gesetzlicher Rahmen nicht nur für aktien- und umwandlungsrechtliche Strukturmaßnahmen, sondern für sämtliche bewertungsrelevanten Sachverhalte im Gesellschafts- und Übernahmerecht wünschenswert; ein einheitlicher Rechtsbehelf sollte Kapitalerhöhungen mit abdecken.

1508 Dazu *Habersack/Stilz*, ZGR 2010, 710 m.w.N.

Anhang: Empirische Auswertung

A. Methodik der empirischen Auswertung

1. Durchführung der Auswertung

a) Erhebung der Daten

Grundlage der eigenen empirischen Erhebung sind die Rohdaten aus dem Bundesanzeiger zu Spruchverfahren, dazu wurden per 31. Dezember 2010 alle im Bundesanzeiger und Bundesanzeiger-Archiv verfügbaren Bekanntmachungen über Spruchverfahren abgerufen.[1509]

Primäre Quelle der vorliegenden empirischen Auswertung der Bekanntmachungen zu Spruchverfahren die zwischen dem 6. September 1965 und dem 1. September 2003 rechtskräftig beendet wurden sind im papierhaften Bundesanzeiger bzw. über ein offizielles elektronisches Archiv[1510] ablesbar. Alle späteren Verfahren zusätzlich aus dem elektronischen Bundesanzeiger. Für Verfahren, die noch nicht beendet wurden, liegen keine detaillierten Informationen im elektronischen Bundesanzeiger vor. Der Beginn bzw. die Existenz des Verfahrens geht allerdings in der Regel aus der Bekanntmachung der Bestellung des gemeinsamen Vertreters gem. § 14 SpruchG hervor. Aus dieser Bekanntmachung kann normalerweise nur der Name der Gesellschaft, des gemeinsamen Vertreters, des Gerichts bzw. des Vorsitzenden Richters sowie das Aktenzeichen entnommen werden.

Zusätzlich wurden in Einzelfällen weitere Quellen in die Auswertung zur Validierung einbezogen und in Einzelfällen die Information aus dem Bundesanzeiger ergänzt. Insbesondere wenn Daten aus dem Bundesanzeiger unvollständig oder nicht plausibel erschienen, wurden sie mit weiteren Quellen validiert und ggf. ergänzt oder korrigiert. Dazu wurden vor allem Informationen aus Urteils-Datenbanken verwendet.[1511] Auch die Auswertungen von *Hecker*[1512] und *Freitag*[1513] wurden vereinzelt für eine Validierung verwendet. Die Aufstellung von *Hecker* listet viele ältere Verfahren auf, die Aufstellung von *Freitag* ist

---

1509 Siehe bereits 2. Methodik der eigenen empirischen Erhebung, S. 20.

1510 Die Einträge des papierhaften Bundesanzeigers sind unter der Internet-Adresse www.bundesanzeiger-archiv.de abrufbar.

1511 Vor allem mit Hinweisen zur Rechtsprechung aus den Datenbanken *beck-online* (www.beck-online.de), *juris* (www.juris.de) sowie aus der Datenbank des SdK (www.sdk.org), teilweise im geschützten SdK-Mitgliederbereich.

1512 *Hecker*, Empirische Analyse des aktienrechtlichen Minderheitenschutzes im Vertragskonzern, 2000, Anhang, vgl. auch *Wenger/Hecker*, ZBB 1995, 321.

1513 *Freitag*, in: FS Christian Richter II, 2006, S. 139 ff.

die einzige in der Literatur verfügbare Darstellung mit einem Anspruch auf Vollständigkeit. Dort sind alle zwischen dem 6. September 1965[1514] und März 2006 beendeten Spruchverfahren aufgeführt. In der Auswertung von *Freitag* sind das letzte Gericht, das entsprechende Aktenzeichen, die Strukturmaßnahme, der Unternehmensname und die Art des Verfahrensabschlusses angegeben. Außerdem wird vermerkt, ob das Verfahren zu einer Erhöhung der Kompensation geführt hat, die für die vorliegende Untersuchung wesentliche Kennzahl, die Verfahrensdauer, lässt sich allerdings aus der Auswertung von *Freitag* nicht entnehmen.

b) Übertragung in die Datenbank

Die im Bundesanzeiger im Freitext veröffentlichten Daten wurden in eine strukturierte Datenbank aufgenommen, um empirische Auswertungen zu ermöglichen. Jedes Spruchverfahren erhält einen eigenen Datensatz. Dabei wurde einem Spruchverfahren, bei dem ein Rechtsmittel eingelegt wurde, das Landgericht als Eingangsinstanz sowie das Oberlandesgericht als Rechtsmittelinstanz zugeordnet.

Um die Daten sinnvoll auszuwerten, wurden alle relevanten Bekanntmachungen manuell in eine Datenbank überführt. Die wesentlichen Inhalte eines Spruchverfahrens werden erst im Nachhinein mit Bekanntmachung der Entscheidung gem. §§ 6, 14 SpruchG veröffentlicht, aus diesem Grund stehen für laufende Spruchverfahren nur begrenzte Informationen zur Verfügung. Aufgrund fehlender Detail-Vorschriften für die Veröffentlichung, hängt der Detailgrad der einzelnen Bekanntmachungen und insbesondere der Darstellung der Prozessgeschichte vom Arbeitsstil und der Detailtreue des Richters bzw. der jeweiligen Unternehmensvertreter ab.

Es ist in der Praxis üblich, dass Verfahren verbunden werden, wenn sie zeitlich eng zusammen fallen und die Strukturmaßnahmen in einem inhaltlichen Zusammenhang stehen.[1515] Das kommt vor allem in der Kombination Squeeze-out und Unternehmensvertrag vor. Sofern diese Voraussetzungen vorliegen und die Verfahren an einem Tag gemeinsam beendet wurden, werden sie bei der Aufnahme in die vorliegende Datenbank wie ein Verfahren behandelt und es wird das frühere Datum als Verfahrensbeginn zugrunde gelegt. Besteht kein entsprechender Zusammenhang, werden sie als separate Verfahren behandelt.

2. Tabellenüberschriften sowie Hinweise zur Datenerhebung

Die Tabellenspalten sind mit nachfolgenden Abkürzungen überschrieben.

1514 Tag des Inkrafttreten des AktG 1965.

1515 *Fritzsche/Dreier/Verfürth*, SpruchG, § 2 Rn. 10, 29.

a) Gesellschaft

Die erste Spalte nennt die Firma der Aktiengesellschaft, deren Aktionäre aus einer Strukturmaßnahme Anspruch auf die Kompensation haben. Diese wird als „Gesellschaft" oder „Target" bezeichnet. Auch wenn die Firma dieser Gesellschaft im Laufe der Zeit umbenannt wurde, so wird dennoch nur die im Bundesanzeiger zum Verfahrenszeitpunkt verwendete Firma in die Datenbank aufgenommen.

b) Art der Strukturmaßnahme

Aufgeführt ist die Art der zugrunde liegenden Strukturmaßnahme:

- § 1 Nr. 1 SpruchG, Unternehmensvertrag: Ausgleich für außenstehende Aktionäre und der Abfindung solcher Aktionäre bei Beherrschungs- und Gewinnabführungsverträgen gem. §§ 304, 305 AktG (in der Aufstellung im Anhang als *Unternehmensvertrag* gekennzeichnet)
- § 1 Nr. 2 SpruchG, Eingliederung gem. 320b AktG (*Eingliederung*)
- § 1 Nr. 3 SpruchG, Squeeze-out: Barabfindung von Minderheitsaktionären, deren Aktien durch Beschluss der Hauptversammlung auf den Hauptaktionär übertragen worden sind gem. §§ 327a AktG (*Squeeze-out*)
- § 1 Nr. 4 SpruchG, Formwechselnde Umwandlung: Zuzahlung an Anteilsinhaber oder Barabfindung von Anteilsinhabern anlässlich der Umwandlung von Rechtsträgern gem. §§ 190 ff. UmwG (*Formwechsel*)
- § 1 Nr. 4 SpruchG, Umwandlungsrechtliche Spaltung gem. §§ 2 ff. UmwG (*Spaltung*)
- § 1 Nr. 4 SpruchG, Umwandlungsrechtliche Verschmelzung gem. §§ 123 ff. UmwG (*Verschmelzung*)
- § 1 Nr. 5 SpruchG, SE-Umwandlung: Zuzahlung an Anteilsinhaber oder der Barabfindung von Anteilsinhabern bei der Gründung oder Sitzverlegung einer SE gem. §§ 6, 7, 9, 11 und 12 des SE-Ausführungsgesetzes (*SE-Umwandlung*)
- § 1 Nr. 6 SpruchG, SCE-Gründung: Zuzahlung an Mitglieder bei der Gründung einer Europäischen Genossenschaft gem. § 7 des SCE-Ausführungsgesetzes (*SCE-Gründung*)
- Entsprechend § 5 EGAktG Abschaffung der Mehrstimmrechte in einer Aktiengesellschaft (*Mehrstimmrechte*)
- Im Wege richterlicher Rechtsfortbildung, Delisting: Einstellen der Börsennotiz oder Wechsel in ein anderes Börsensegment (*Delisting*)

Sonstige Sachverhalte sowie die Kombination verschiedener Strukturmaßnahmen sind nachfolgend unter den Nummern 11. bis 13. erfasst. Insbesondere die Kombinationen von Squeeze-out und Unternehmensvertrag sowie Delisting und Unternehmensvertrag kommen in der Praxis häufiger vor. Folgende Strukturmaßnahmen sind daher separat erfasst:

- Squeeze-out/Unternehmensvertrag (Squeeze-out/UV)
- Delisting/Unternehmensvertrag (Delisting/UV)
- Sonstiges (Sonstiges)
- n.b. (nicht bekannt)

c) Abschluss des Verfahrens

Des Weiteren ist die Art des Abschlusses des Spruchverfahrens aufgeführt:

- Spruchverfahren beendet durch Beschluss (B)
- Spruchverfahren beendet durch Vergleich (V)
- Spruchverfahren beendet durch Erledigung (E)
- Spruchverfahren beendet durch Schiedsspruch (S)[1516]
- Verfahren läuft noch (X)
- Keine Aussage möglich, nicht bekannt (n.b.)

d) Letztes Gericht und Aktenzeichen

Dann wurde das letzte mit dem Spruchverfahren befasste Gericht erfasst. Wenn das erstinstanzliche Verfahren rechtskräftig beim Landgericht abgeschlossen wurde, wird dieses Gericht genannt. Sofern gegen die Entscheidung in der ersten Instanz Beschwerde zum Oberlandesgericht eingelegt wurde, ist das mit dem Verfahren befasste Oberlandesgericht genannt. Sollte das Verfahren zum BGH gegangen sein wird dies nicht hier nicht dargestellt, um eine einheitliche Darstellung der ersten beiden Instanzen zu gewährleisten. Das Aktenzeichen des letzten Gerichts wurde zur eindeutigen Identifikation des Verfahrens aufgenommen.

e) Anzahl der Antragsteller

Die Anzahl der Antragsteller wurde aus dem Rubrum übernommen, sofern im elektronischen Bundesanzeiger veröffentlicht. Die entsprechende Spalte ist mit „# *AS*“ überschrieben.

f) Beginn des Verfahrens

Der genaue Beginn eines Spruchverfahrens wird im elektronischen Bundesanzeiger meist nicht veröffentlicht. Um Einheitlichkeit zu gewährleisten, werden wird daher der Verfahrensbeginn mittels Rückrechung ermittelt.[1517] Für

1516 Zum Möglichkeit des Schiedsverfahrens *Fritzsche/Dreier/Verfürth*, SpruchG, *§ 11* Rn. 34; *Wittgens*, Spruchverfahrensgesetz, 2006, S. 47 f. m.w.N.

1517 Die Art der Rückrechnung für den jeweils zugrunde gelegten Verfahrensbeginn ist für jedes Verfahren in der Einzelaufstellung im Anhang in der Spalte ist mit der

diese Rückrechnung werden jeweils Annahmen getroffen, die wiederum auf den jeweils bekannten Zeiträumen derjenigen Verfahren beruhen, für die entsprechende Daten vorliegen.

Wurde nur die Bekanntmachung der Handelsregistereintragung der Strukturmaßnahme im Bundesanzeiger veröffentlicht, wurde ein Beginn des Verfahren durchschnittlich 150 Tage (Median: 110 Tage) danach in Gang gesetzt.[1518] Dies erscheint angesichts einer Antragsfrist gem. § 4 Abs. 1 SpruchG von drei Monaten[1519] (= 90 Tage) plausibel. Hinzu kommt jeweils ein zusätzlicher Zeitraum, in dem der Richter die Zulässigkeit geprüft oder sonstige Vorbereitungen getroffen hat.

Ist die Bekanntmachung der Handelsregistereintragung im Handelsregister nicht veröffentlicht worden, wurde stattdessen aber das Datum der Handelsregistereintragung selbst veröffentlicht, so wird für die Berechnung der Dauer angenommen, dass diese Bekanntmachung 24 Tage nach der entsprechenden Handelsregistereintragung erfolgt ist: Bei den Verfahren, bei denen der Zeitraum zwischen Eintragung und Bekanntmachung ermittelt werden konnte, betrug dieser durchschnittlich 33 Tage (Median: 24 Tage).[1520] Hinzu kommt die bereits berechnete Dauer zwischen Bekanntmachung der Handelsregistereintragung der Strukturmaßnahme und Verfahrensbeginn von 110 Tagen. In diesem Fall wird der Beginn des Spruchverfahrens somit 134 Tage nach dem Datum der Eintragung angenommen.[1521]

Ist wiederum das Datum der Handelsregistereintragung nicht bekannt, wird der Beginn des Verfahrens mit dem Zeitpinkt der Veröffentlichung des Namens des gemeinsamen Vertreters gem. § 6 Abs. 1 S. 4 SpruchG i.V.m. § 14 SpruchG gleichgesetzt. Die empirische Auswertung zwischen in der Prozessgeschichte genannten Verfahrensbeginn und der Benennung des gemeinsamen Vertreters zeigt, dass die Bestellung im Durchschnitt 40 Tage nach Verfahrensbeginn erfolgt (Median allerdings -3 Tage!).[1522] Dies ist damit zu erklären, dass teilweise vom Gericht ein gemeinsamer Vertreter bestimmt wird, bevor von einem Verfahrensbeginn gesprochen werden kann. Hier besteht in

---

Überschrift „*Art*“ dokumentiert, siehe im Anhang, A. Methodik der empirischen Auswertung, S. 279.

1518 Dieser Wert basiert auf Daten von 21 Verfahren.

1519 *Leuering* in Simon, SpruchG, § 4 Rn. 22, dies gilt zumindest für die in § 1 Abs. 1 geregelten Fälle, für andere Strukturmaßnahmen (z. B. Delisting) sowie die Abschaffung von Mehrstimmrechten vgl. *Leuering* in Simon, SpruchG, § 4 Rn. 27 f.

1520 Dieser Wert basiert auf Daten von 12 Verfahren.

1521 *Stange*, Zwangsausschluss von Minderheitsaktionären, 2010, S. 284, errechnet hier 109 Tage, mit Anfechtungsklage 181 Tage.

1522 Dieser Wert basiert auf Daten von 34 Verfahren.

den Zeiträumen zudem eine erhebliche Schwankungsbreite der Bestellung des gemeinsamen Vertreters von bis zu einem Jahr vor bzw. nach Verfahrensbeginn. In diesem Fall wird in der Auswertung dem Datum das Kürzel „*GV*" angestellt.

Sind sämtliche bereits erwähnten Daten nicht veröffentlicht, so wird an den Beschluss der Hauptversammlung angeknüpft. Die Ermittlung anhand der bekannten Daten für diesen Zeitraum ergibt, dass ein Spruchverfahren durchschnittlich 277 Tage (Median: 213 Tage) nach dem entsprechenden Hauptversammlungsbeschluss begonnen wird.[1523] Dieser Wert wird deshalb zuletzt verwendet, da sich teilweise aufgrund der aufschiebenden Wirkung von Anfechtungsklagen im dem Spruchverfahren vorgelagerten Beschlussmängelprozess die Eintragung deutlich verzögern kann.[1524] Durch die stete Ausweitung des Freigabeverfahrens hat sich dieses Phänomen zwar abgeschwächt, die betroffenen Fälle dieser Auswertung stammen jedoch fast ausschließlich aus der Zeit davor.[1525]

Ist auch das Datum der Hauptversammlung und damit kein genaues Datum bekannt, wird die Jahresmitte, also jeweils der 30. Juni des Jahres des Aktenzeichens der Eingangsinstanz, als Datum des Verfahrensbeginns angenommen. Das Aktenzeichen wurde ebenfalls verwendet, wenn die Methode zur Rückrechnung offensichtlich versagt hat, also beispielsweise nur das Datum der Bestellung des gemeinsamen Vertreters bekannt ist, das Aktenzeichen allerdings schon auf einen Verfahrensbeginn einige Jahre vor der Bestellung des gemeinsamen Vertreters hindeutet. In diesem Fall wird in der Auswertung dem Datum das Kürzel „*Az*" angestellt. Ist das Aktenzeichen ebenfalls nicht bekannt, wird das Verfahren nicht in das Ergebnis der Auswertung aufgenommen.

Zusammenfassend die Kennzeichnung im Überblick:

- Ist der exakte Beginn des Verfahrens, der Eingang der Antragstellung bei Gericht, bekannt, wird hinter das Datum das Kürzel „*Beg*" angestellt.
- Falls der Verfahrensbeginn nicht bekannt ist, wird die Methode zur Bestimmung des Beginns der Rückrechnung des Beginns gekennzeichnet.
- „*Bek*" bedeutet, dass der Beginn des Spruchverfahrens wird mit 110 Tagen nach der Bekanntmachung angesetzt wurde.

1523 Dieser Wert basiert auf Daten von 115 Verfahren.

1524 Es besteht nur zum Teil eine Registersperre gem. §§ 21 Abs. 1, 381 FamFG, etwa bei der Verschmelzung gem. § 16 UmwG, zum Teil allerdings nicht, etwa bei Beherrschungs- und Gewinnabführungsverträgen, vgl. *Koch*, ZGR 2006, 769, 795 ff.

1525 Umfassend *Sauerbruch*, Freigabeverfahren, 2008.

- „*HR*“ bedeutet, dass der Beginn des Spruchverfahrens wurde 134 Tage nach dem Datum der Handelsregistereintragung angenommen wurde.
- „*GV*“ bedeutet, dass Beginn des Spruchverfahrens wurde zeitgleich mit der Bestellung des gemeinsamen Vertreters angenommen.
- Schließlich bedeutet „*HV*“, dass der Beginn des Spruchverfahrens wurde 213 Tage nach Durchführung der Hauptversammlung angenommen wurde.

g) Ende des Verfahrens

Bei rechtskräftigem Abschluss des Verfahrens ist im Bundesanzeiger oft nur der Tag der Veröffentlichung ersichtlich, nicht jedoch der Tag, an dem die gerichtliche Entscheidung bzw. der Vergleich rechtskräftig wird. In diesem Fall wird eine durchschnittliche Dauer von zwei Wochen zwischen rechtskräftigem Verfahrensabschluss und Veröffentlichung angenommen.

h) Dauer des Verfahrens

Für die Berechnung der Dauer des Verfahrens ist als Beginn der Tag der Antragstellung und als Ende die gerichtliche Entscheidung bzw. der gerichtliche Vergleich als rechtskräftiger Abschluss des Spruchverfahrens zu bestimmen. Die Dauer ist in Jahren mit einer Nachkommastelle angegeben. Läuft das Verfahren noch, wird „XX“ angegeben

i) Dauer des Verfahrens in der ersten Instanz

In dieser Spalte wird, falls das Verfahren über zwei Instanzen geführt wurde, die Verfahrensdauer der ersten Instanz in Jahren mit einer Nachkommastelle aufgeführt. Die Spalte ist mit „*1. In*“ überschrieben.

j) Dauer des Verfahrens in der zweiten Instanz

In dieser Spalte steht die Verfahrensdauer der zweiten Instanz in Jahren mit einer Nachkommastelle, sie ist mit „*2. In*“ überschrieben.

k) Altes oder neues Recht

Anträge auf ein Spruchverfahren, die nach dem 1. September 2003 bei Gericht eingingen, sind nach dem neuen Spruchverfahrensrecht zu behandeln.[1526] Verfahren nach neuem Recht sind mit „nR“ und Verfahren nach altem Recht mit „aR“ gekennzeichnet.

l) Kompensationserhöhung

Hat ein Spruchverfahren zu einer Erhöhung der Kompensation geführt, ist dies mit „+“ gekennzeichnet. Wurden individuelle Erledigungen mit ent-

1526 Einordnung der Übergangsregelungen bei *Wasmann*, DB 2003, 1559 f.

sprechenden Vergleichssummen nach altem Recht vereinbart, ist das Verfahren mit „#" gekennzeichnet. Ein Verfahren ist mit „-" gekennzeichnet, wenn eine Erhöhung der Kompensation vom Gericht abgewiesen worden ist.

m) Quelle

In dieser Spalte wird die Quelle der dargestellten Daten ausgewiesen. Verfahren wurden nur in die Aufstellung aufgenommen, sofern ihre Existenz dem Bundesanzeiger entnommen wurde.

Wie bereits beschrieben, sind die Aufstellungen aus dem Bundesanzeiger nicht immer vollständig; aus diesem Grund wurde zur Ergänzung der Daten bei Bedarf auf weitere Quellen zurückgegriffen. Diese Ergänzungen wurden entsprechend markiert. Sofern die Daten ausschließlich dem Bundesanzeiger entnommen wurden, wurden sie mit „BA" markiert. Für weitere Quellen zur Ergänzung gilt: „H" steht für die Auswertung von *Hecker*[1527], die insbesondere Verfahren bis 1980 darstellt, die im Bundesanzeiger enthalten waren. *V*om VzfK e.V. aufgeführt sind, wurden mit „V" markiert.[1528] „F" steht für Verfahren, die in der Auswertung von *Freitag* aufgeführt wurden.[1529]

.

1527 *Hecker*, Empirische Analyse des aktienrechtlichen Minderheitenschutzes im Vertragskonzern, 2000, Anhang.

1528 Verbraucherzentrale für Kapitalanleger e.V., www.vzfk.de, Internet-Seite eines häufig auf Hauptversammlungen auftretenden Rechtsanwalts.

1529 *Freitag*, in: FS Christian Richter II, 2006, S. 139, 163 ff., allerdings sind in dieser Auswertung Angaben zu Verfahrensbeginn und Verfahrensende nicht enthalten.

B. Aufstellung der einzelnen Verfahren

Die Aufstellung der einzelnen Verfahren folgt auf den nächsten Seiten, aufsteigend sortiert nach dem (errechneten) Beginn des Spruchverfahrens.

Target	Strukturmaßnahme	Ende	Letztes Gericht und Az.	# AS	Beginn	*Art*	Ende	Dauer	1. In	2. In	aR/nR	+/-	Qu.
Zweirad Union AG	Unternehmensvertrag	V	LG Nürnberg-Fürth (1 AktE 2/66)	-	04.04.67	*Beg*	28.12.67	0,7			aR	+	H
Berliner Maschinenbau AG	Unternehmensvertrag	E	OLG Berlin (1 W 2982/69)	-	23.07.68	*Beg*	01.02.74	5,5			aR	#	H
Wintershall AG	Unternehmensvertrag	E	OLG Celle (9 Wx 1/73)	-	18.04.69	*Beg*	30.09.77	8,5			aR	+	H
Hüttenwerke Oberhausen AG	Unternehmensvertrag	E	OLG Düsseldorf (19 W 7/72)	-	12.07.69	*Beg*	17.05.72	2,8			aR	#	BA
Rheinpreussen	Eingliederung	B	LG Düsseldorf (19 AktE 3-7/69)	-	n.b.	-	n.b.	n.b.			aR	-	F
Veith-Pirell AG	Unternehmensvertrag	B	OLG Frankfurt a.M. (13 W 182/70)	-	19.06.70	*Beg*	23.10.71	1,3			aR	-	H
Stolberger Zink	Unternehmensvertrag	B	OLG Düsseldorf (19 W 6/73)	-	02.09.70	*Beg*	28.01.77	6,4			aR	+	BA
Westfälische Kupfer- und Messingwerke AG	Unternehmensvertrag	B	OLG Düsseldorf (19 W 21/72)	-	04.09.70	*Beg*	10.08.73	2,9			aR	-	H
Hofbrauhaus Coburg AG	Unternehmensvertrag	E	OLG München (n.b.)	-	05.12.70	*HV*	25.12.73	3,1			aR	#	H
Stahlwerke Peine Salzgitter AG	Unternehmensvertrag	B	OLG Celle (9 W 2/77)	-	02.01.71	*HV*	28.04.79	8,3			aR	+	H
Waggonfabrik J. Rathgeber AG	Unternehmensvertrag	E	LG München I (5 HK O 1/70)	-	09.11.71	*Beg*	23.05.73	1,5			aR	#	BA
Hanfwerke Füssen-Immenstadt AG	Unternehmensvertrag	E	OLG München (3 Z 54/78)	-	04.03.72	*HV*	14.05.76	4,2			aR	#	H
Hannoversche Verkehrsbetriebe (KÜSTRA)	Verschmelzung	E	LG Hannover (n.b.)	-	04.03.72	*HV*	n.b.	n.b.			aR	+	F
Audi NSU	Unternehmensvertrag	B	LG Stuttgart (2 KfH AktE 1/72)	-	26.06.72	*Beg*	24.07.72	0,1			aR	-	BA
Spinnstofffabrik Zehlendorf AG	Unternehmensvertrag	B	LG Berlin (91 O AktE 193/72)	-	06.10.72	*Beg*	05.12.78	6,2			aR	+	H
Hemmoor Zement AG	Unternehmensvertrag	B	OLG Celle (9 Wx 9/79)	-	10.02.73	*Beg*	04.10.80	7,7			aR	+	H
Norddeutsche Hochseefischerei AG	Unternehmensvertrag	E	LG Bremen (13 AR 3/72)	-	10.02.73	*Beg*	04.06.73	0,3			aR	#	H
Kleinbahn Kassel-Naumburg AG	Verschmelzung	V	LG Frankfurt a.M. (n.b.)	-	08.03.73	*HV*	15.02.74	0,9			aR	+	H
Aachener Straßenbahn und Energieversorgungs-AG	Unternehmensvertrag	V	LG Köln (24 AktE 3/73)	-	06.04.73	*Beg*	27.01.78	4,8			aR	+	H
Mech. Baumwoll-Spinnerei u. Weberei Augsburg AG	Unternehmensvertrag	E	OLG München (BReg. 3 Z 148/76)	-	24.10.73	*Beg*	25.07.78	4,8			aR	#	H
ERBA AG	Unternehmensvertrag	E	OLG München (1 HK AktE 1/73)	-	14.11.73	*Beg*	29.07.76	2,7			aR	#	H
Breitenburger Portland Cement-Fabrik AG	Unternehmensvertrag	E	LG Hannover (5 O 44/73)	-	09.03.74	*HV*	04.11.74	0,7			aR	#	H
Hibernia / Matth. Stinnes	Eingliederung	B	LG Dortmund (12 AktE 1/74)	-	n.b.	-	n.b.	n.b.			aR	+	F
Rheinstahl AG	Unternehmensvertrag	B	OLG Düsseldorf (19 W 1/81)	-	07.01.75	*Beg*	15.03.84	9,2			aR	-	H
Allgäuer Alpenmilch AG	Unternehmensvertrag	E	LG München I (7 HK O 1439/75 AktE)	-	03.07.75	*Beg*	10.03.83	7,7			aR	+	H
Vereinigte Kunstmühlen Landshut-Rosenheim AG	Unternehmensvertrag	E	LG München I (7 HKO 4/74)	-	15.08.75	*Beg*	02.01.81	5,4			aR	#	H
DEA / Texaco	Unternehmensvertrag	B	OLG Hamburg (11 W 35/75)	-	n.b.	-	n.b.	n.b.			aR	+	F
Dortmunder Ritterbrauerei AG	Unternehmensvertrag	V	OLG Düsseldorf (19 W 19/76)	-	06.01.76	*Beg*	23.04.77	1,3			aR	+	H
Stahlwerke Peine Salzgitter AG	Unternehmensvertrag	E	LG Hannover (22 AktE 1/75)	-	09.04.76	*Beg*	17.07.81	5,3			aR	#	H
Fr. Hesser Maschinenfabrik AG	Unternehmensvertrag	E	LG Stuttgart (n.b.)	-	17.03.77	*HV*	02.01.82	4,8			aR	+	H
Magdeburger Feuerversicherung	Unternehmensvertrag	E	LG Hannover (26/22 AktE 5/76)	-	15.04.77	*Beg*	01.10.81	4,5			aR	#	H
Berlinische Feuer-Versicherungs-Anstalt	Unternehmensvertrag	E	LG München I (7 HKO 17861/76)	-	17.05.77	*Beg*	01.04.82	4,9			aR	#	H
Glas Schalke	Unternehmensvertrag	V	LG Dortmund (18 AktE 1/77)	-	n.b.	-	n.b.	n.b.			aR	+	BA
Sachtleben	Eingliederung	V	OLG Düsseldorf (19 W 2/77)	-	n.b.	-	n.b.	n.b.			aR	+	F
Hamburger Hochbahn AG	Unternehmensvertrag	B	OLG Hamburg (11 W 2/79)	-	08.01.78	*HR*	26.09.79	1,7			aR	-	BA
Langenbrahm AG	Unternehmensvertrag	V	OLG Düsseldorf (19 W 24/88)	-	24.01.78	*Beg*	03.03.88	10,1			aR	+	H
Koepp AG (Semperit)	Unternehmensvertrag	B	OLG Frankfurt a.M. (20 W 414/79)	-	08.04.78	*HV*	19.08.80	2,4			aR	+	H
Stahlwerke Südwestfalen AG	n.b.	B	n.b. (n.b.)	-	17.05.78	*Beg*	16.06.82	4,1			aR	0	H
Auto Union	Unternehmensvertrag	V	LG Dortmund (18 AktE 3/78)	-	n.b.	-	n.b.	n.b.			aR	+	F
Colditz Industrieholding AG	Eingliederung	B	OLG Düsseldorf (19 W 32/86)	3	n.b.	*Az*	14.05.88	n.b.			nR	+	BA

Target	Strukturmaßnahme	Ende	Letztes Gericht und Az.	# AS	Beginn	*Art*	Ende	Dauer	1. In	2. In	aR/nR	+/-	Qu.
Gelsenberg	Eingliederung	B	LG Dortmund (18 AktE 5/78)	-	n.b.	-	n.b.	n.b.			aR	+	F
Krupp Südwestfalen	Unternehmensvertrag	B	LG Dortmund (18 AktE 1/78)	-	n.b.	-	n.b.	n.b.			aR	-	F
Großkraftwerk Franken AG	Unternehmensvertrag	V	LG Nürnberg-Fürth (1 HK AktE 1 ff./79)	-	29.06.79	*Beg*	21.01.84	4,6			aR	+	H
Eisenbahn-Verkehrsmittel AG	Unternehmensvertrag	B	OLG Düsseldorf (19 W 6/86)	-	30.06.79	*Beg*	13.02.90	10,6			aR	+	BA
Roland-Offset Maschinenfabrik F&S AG	Unternehmensvertrag	B	LG Frankfurt a.M. (3/3 AktE 104/79)	-	07.08.79	*Beg*	23.03.83	3,6			aR	+	H
Dortmunder Hansa-Brauerei AG	Unternehmensvertrag	B	OLG Düsseldorf (19 W 13/86)	-	19.10.79	*HV*	11.08.90	10,8	6,2	4,7	aR	+	BA
Alsen-Breitenburg	Unternehmensvertrag	B	OLG Celle (9 Wx 9/79)	-	n.b.	-	n.b.	n.b.			aR	+	F
Scheidemandel AG	Unternehmensvertrag	B	LG Berlin (98 AktE 3/80)	-	13.09.80	*Beg*	19.02.83	2,4			aR	+	H
Brauerei Isenbeck AG	Unternehmensvertrag	V	LG Dortmund (3 AktE 1/83)	6	27.11.80	*Beg*	24.10.81	0,9			aR	+	H
Koepp AG (Veenendaal)	Unternehmensvertrag	E	LG Frankfurt a.M. (3/3 AktE 163/80)	-	12.12.80	*Beg*	02.01.89	8,1			aR	#	H
Adlerwerke AG	Unternehmensvertrag	B	LG Frankfurt a.M. (3/3 AktE 144/80)	-	22.01.81	*HV*	06.05.86	5,3			aR	+	H
Löwenbrauerei Freiburg	Unternehmensvertrag	V	LG Mannheim (21 AktE 1/81)	-	n.b.	-	n.b.	n.b.			aR	+	F
Wicküler-Küpper Brauerei	Formwechsel	B	OLG Düsseldorf (n.b.)	-	23.06.82	*Beg*	23.10.90	8,3	5,5	2,9	aR	+	BA
Brauerei Feldschlösschen AG	Unternehmensvertrag	B	LG Hannover (26 AktE 5/82)	-	30.06.82	*Az*	01.04.85	2,8			aR	+	BA
Schlossquellbrauerei AG	Unternehmensvertrag	E	LG Mannheim (24 AktE 1/82)	-	02.09.82	*Beg*	03.12.83	1,3			aR	#	H
Hacker-Pschorr Bräu AG	Unternehmensvertrag	B	LG München I (3 Z BR 36/91)	-	05.10.82	*HV*	11.02.91	8,4			aR	+	BA
Engelhardt-Brauerei AG	Unternehmensvertrag	E	LG Berlin (98 AktE 5/82)	-	29.10.82	*Beg*	30.06.83	0,7			aR	+	BA
Sinalco AG	Unternehmensvertrag	V	OLG Düsseldorf (19 W 4/97 AktE)	4	17.11.82	*HV*	26.10.99	17,0	14,6	2,4	aR	+	BA
Paulaner-Salvator-Thomasbräu AG	Unternehmensvertrag	B	OLG München (3 Z BR 17/90)	-	07.05.83	*Beg*	28.12.95	12,7			aR	+	H
Buckau-Walther AG	Unternehmensvertrag	V	LG Düsseldorf (34 AktE 1/83)	-	18.06.83	*HV*	26.02.92	8,7			aR	+	BA
Deutscher Eisenhandel AG	Unternehmensvertrag	B	LG Berlin (98 AktE 6/83)	-	10.09.83	*Beg*	12.02.85	1,4			aR	+	BA
Brauerei Cluss	Unternehmensvertrag	E	LG Stuttgart (KfH Akt E 4/83)	-	13.09.83	*Beg*	22.02.84	0,4			aR	#	H
Hartmann & Braun AG	Unternehmensvertrag	B	OLG Frankfurt a.M. (20 W 477/86)	-	21.09.83	*Beg*	04.03.89	5,5			aR	+	H
Guano-Werke AG	Unternehmensvertrag	B	OLG Hamburg (11 W 24/86)	6	-	*Az*	13.02.87	n.b.			nR	+	BA
Bonner Zementwerk AG	Unternehmensvertrag	E	LG Köln (91 O 158/83)	-	n.b.	-	n.b.	n.b.			aR	#	F
Brüggener Ton	Unternehmensvertrag	E	LG Düsseldorf (34 AktE 5/83)	-	n.b.	-	n.b.	n.b.			aR	#	F
Mannesmann-Demag	Eingliederung	E	LG Düsseldorf (34 AktE 4/83)	-	n.b.	-	n.b.	n.b.			aR	#	F
Maschinenfabrik Zuffenhausen	Verschmelzung	E	LG Stuttgart (2 KfH 6/83)	-	n.b.	-	n.b.	n.b.			aR	#	F
Westdeutsche Marmor	Formwechsel	V	LG Dortmund (18 AktE 1/83)	-	n.b.	-	n.b.	n.b.			aR	+	F
Württembergische Baumwoll-Spinnerei	Verschmelzung	E	LG Stuttgart (2 KfH 7/83)	-	n.b.	-	n.b.	n.b.			aR	#	F
Balcke-Dürr AG	Unternehmensvertrag	B	OLG Düsseldorf (19 W 3/91)	-	12.10.84	*HV*	01.03.92	7,4			aR	+	BA
Babcock-BSH	Unternehmensvertrag	E	LG Düsseldorf (34 AktE 4/84)	-	n.b.	-	n.b.	n.b.			aR	#	F
Neckermann Versand AG	Eingliederung	B	OLG Frankfurt a.M. (20 W 291/87)	-	19.01.85	*HV*	24.01.89	4,0	2,5	1,6	aR	+	BA
Bonner Zementwerk AG	Verschmelzung	E	LG Köln (91 O 163/85)	-	31.12.85	*HV*	n.b.	n.b.			aR	#	F
Diskuswerke	Unternehmensvertrag	B	LG Frankfurt a.M. (3/3 O 229/85)	5	n.b.	-	n.b.	n.b.			aR	+	F
Mech. Baumwollspinnerei Bayreuth	Unternehmensvertrag	E	LG Nürnberg-Fürth (1 HK O 9072/85)	-	n.b.	-	n.b.	n.b.			aR	#	F
Koepp AG	Unternehmensvertrag	n.b.	OLG Frankfurt a.M. (20 W 233/93)	-	06.03.86	*Beg*	n.b.	n.b.			aR	0	F
Deutsche Balamundi AG	Unternehmensvertrag	B	LG Düsseldorf (34 AktE 1/86)	-	10.05.86	*Beg*	31.01.90	3,7			aR	+	BA
PreussenElektra	Eingliederung	E	LG Hannover (26 AktE 1/86)	-	28.05.86	*HV*	n.b.	n.b.			aR	#	F
Brauhaus Amberg AG	Unternehmensvertrag	B	OLG München (3 Z BR 67/89)	-	28.06.86	*Beg*	18.07.95	9,1	2,7	6,3	aR	+	BA

Target	Strukturmaßnahme	Ende	Letztes Gericht und Az.	# AS	Beginn	*Art*	Ende	Dauer	1. In	2. In	aR/nR	+/-	Qu.
Grünzweig + Hartmann u. Glasfaser AG	Unternehmensvertrag	B	OLG Zweibrücken (3 W 145/92)	-	02.12.86	*Beg*	29.03.95	8,3			aR	+	H
Patrizier Bräu	Unternehmensvertrag	E	LG Nürnberg-Fürth (1 HK O 7600/86)	1	n.b.	-	n.b.	n.b.			aR	#	F
Tucher Bräu AG	Unternehmensvertrag	E	LG Nürnberg-Fürth (1 HK O 5114/86)	-	n.b.	-	n.b.	n.b.			aR	#	F
Deutsche Balamundi AG	Formwechsel	B	LG Düsseldorf (34 AktE 12/86)	-	08.01.87	*HR*	n.b.	n.b.			aR	+	F
Guano-Werke AG	Unternehmensvertrag	B	OLG Düsseldorf (19 W 3/93 AktE)	-	20.02.87	*Bek*	09.04.98	11,1	6,5	4,7	aR	+	BA
AG für Energiewirtschaft	Formwechsel	V	LG Mannheim (24-0-21/87 AktE)	-	17.06.87	*HV*	n.b.	n.b.			aR	+	F
Brauerei Feldschlösschen AG	Unternehmensvertrag	B	OLG Celle (9 W 83/87)	-	n.b.	-	n.b.	n.b.			aR	-	F
Triumph-Adler AG	Unternehmensvertrag	V	LG Nürnberg-Fürth (1 HKO 7544/87)	3	02.03.88	*HR*	09.04.88	0,1			aR	-	H
Tarkett Pegulan AG	Unternehmensvertrag	B	OLG Zweibrücken (3 W 76/94)	6	14.03.88	*Bek*	30.10.02	14,6	6,2	8,5	aR	+	BA
Pegulan Werke AG	Unternehmensvertrag	E	LG Frankenthal (HK AktE 4/85)	-	28.04.88	*Beg*	02.08.94	6,3			aR	#	H
Basalt AG	Formwechsel	B	OLG Zweibrücken (3 W 123/88)	-	30.06.88	*Beg*	04.06.92	3,9	0,0	3,9	aR	+	BA
Aluminiumwerk Unna AG	Unternehmensvertrag	B	LG Dortmund (18 AktE 12/88)	-	23.08.88	*Beg*	19.10.91	3,2			aR	+	H
Schubert + Salzer	Unternehmensvertrag	B	OLG München (3 ZBR 172/99)	-	28.09.88	*Bek*	31.10.01	13,1	2,8	10,3	aR	+	BA
DAT AG	Unternehmensvertrag	B	OLG Düsseldorf (I-19 W 3/03 AktE)	-	08.10.88	*HR*	12.08.03	14,9	4,2	10,7	aR	+	BA
AEG AG	Unternehmensvertrag	B	OLG Frankfurt a.M. (20 W 412/07)	35	04.11.88	*HV*	12.02.10	21,3	18,9	2,4	aR	+	BA
Actris AG Henninger-Bräu II	Unternehmensvertrag	B	OLG Frankfurt a.M. (20 W 434/93)	-	22.11.88	*HV*	24.02.03	14,3	5,2	9,1	aR	+	BA
Diamalt / Schering	Eingliederung	B	OLG München (3 Z 129/88)	-	n.b.	-	n.b.	n.b.			aR	+	F
Nestle Deutschland	Unternehmensvertrag	B	OLG Frankfurt a.M. (20 W 4/96)	-	27.01.89	*HV*	12.09.01	12,6	6,9	5,7	aR	+	BA
Braunschweigische Kohlenbergwerke	Unternehmensvertrag	V	LG Hannover (26 AktE 1/89)	2	17.05.89	*HV*	07.08.99	10,2			aR	+	BA
Flachglas AG	Unternehmensvertrag	B	OLG München (3 Z BR 071/00)	10	25.07.89	*HV*	22.12.05	16,4	10,6	5,8	aR	+	BA
Dahlbusch AG	Unternehmensvertrag	B	OLG Düsseldorf (I - 26 W 1/07)	10	13.09.89	*HV*	10.07.09	19,8	17,3	2,6	aR	0	BA
Pilkington Deutschland AG	Unternehmensvertrag	B	OLG München (n.b.)	10	17.09.89	*HV*	22.12.05	16,3	10,4	5,8	aR	0	BA
RWE-DEA	Unternehmensvertrag	B	OLG Hamburg (11 W 14/94)	13	10.10.89	*HV*	26.09.02	13,0	4,4	8,6	aR	+	BA
Philips	Unternehmensvertrag	B	LG Nürnberg-Fürth (1 HKO 6730/89)	-	n.b.	-	n.b.	n.b.			aR	+	F
Brauerei Feldschlösschen AG	Eingliederung	B	OLG Celle (9 W 100/03)	-	06.01.90	*HV*	27.12.04	15,0	13,4	1,6	aR	0	BA
Dortmunder Hansa-Brauerei AG	Verschmelzung	V	OLG Düsseldorf (19 W 3/94 AktE)	-	08.01.90	*Bek*	03.07.01	11,5	4,3	7,2	aR	+	BA
Bankverein Bremen	Unternehmensvertrag	B	LG Bremen (15 O 534/89)	-	12.01.90	*Beg*	07.03.97	7,2			aR	-	H
Rieter Ingolstadt Spinnereimschinenbau AG	Unternehmensvertrag	B	OLG München (3 ZBR 153/00)	11	18.03.90	*Bek*	02.08.01	11,4	8,8	2,6	aR	+	BA
Rheinisch-Westfälische Kalkwerke AG	Unternehmensvertrag	V	LG Düsseldorf (24 AktE 5/89)	-	22.03.90	*HV*	26.01.94	3,9			aR	+	H
Hagen Batterie AG	Unternehmensvertrag	B	OLG Düsseldorf (I 26 W 3-06 AktE)	4	28.03.90	*HV*	09.11.07	17,6	15,2	2,4	aR	0	BA
Dortmunder Ritterbrauerei AG	Eingliederung	E	OLG Düsseldorf (1-19 W 9/03 AktE)	-	30.06.90	*Beg*	08.11.04	14,4			aR	0	BA
KHS Maschinen- und Anlagenbau AG	Unternehmensvertrag	E	OLG Karlsruhe (12 W 12/01)	10	30.06.90	*Beg*	26.08.04	14,2	10,8	3,4	aR	0	BA
Kali-Chemie	Unternehmensvertrag	V	LG Hannover (26 AktE 1/90)	13	14.07.90	*HV*	11.12.99	9,4			aR	+	BA
Schwäbische Zellstoff AG	Unternehmensvertrag	B	OLG Stuttgart (4 W 56/93)	-	11.10.90	*HR*	16.02.00	9,4	3,0	6,3	aR	+	BA
AEG Kabel	Unternehmensvertrag	B	OLG Düsseldorf (1-19 W 10/03 AktE)	-	27.10.90	*HV*	n.b.	n.b.			aR	+	F
DAT AG	Eingliederung	B	OLG Düsseldorf (I-19 W 3/93)	-	05.12.90	*HR*	01.06.00	9,5	2,7	6,8	aR	+	BA
Actris AG Henninger-Bräu I	Unternehmensvertrag	B	OLG Frankfurt a.M. (20 W 425/93)	-	06.12.90	*HV*	24.02.03	12,2	3,2	9,1	aR	+	BA
Bavaria St. Pauli-Brauerei	Unternehmensvertrag	B	OLG Hamburg (11 W 29/94)	19	-	*Az*	02.02.02	n.b.			nR	+	BA
Banning	Formwechsel	V	LG Dortmund (18 AktE 5/90)	-	n.b.	-	n.b.	n.b.			aR	+	F
Schichau-Seebeckwerft	Verschmelzung	V	OLG Bremen (2 W 41/90)	-	n.b.	-	n.b.	n.b.			aR	+	F

Target	Strukturmaßnahme	Ende	Letztes Gericht und Az.	# AS	Beginn	*Art*	Ende	Dauer	1. In	2. In	aR/nR	+/-	Qu.
Engelhardt-Brauerei AG	Eingliederung	B	OLG Berlin (2 W 291/01)	-	09.01.91	*Bek*	30.08.04	13,6			aR	0	BA
Vereinigte Filzfabriken AG	Unternehmensvertrag	B	OLG Stuttgart (4 W 34/93)	5	17.04.91	*Bek*	23.12.03	12,7	2,2	10,5	aR	+	BA
DeTeWe (TKV Telekomm. GmbH & Co. KG)	Verschmelzung	E	OLG Berlin (2 W 27/01)	12	30.06.91	*Beg*	28.11.06	15,4	9,5	5,9	aR	0	BA
DeTeWe	Formwechsel	B	OLG Berlin (2 W 148/01)	12	30.06.91	*Beg*	28.11.06	15,4	9,5	5,9	aR	0	BA
Dibag Doblinger Industriebau-Glasman. AG	Unternehmensvertrag	V	LG München I (17 HKO 17706/91)	17	08.07.91	*HV*	21.12.95	4,5			aR	+	BA
Bau-Verein Hamburg	Unternehmensvertrag	B	OLG Hamburg (11 W 36/95)	7	-	*Az*	27.09.00	n.b.			nR	+	BA
Triumph Investex	Unternehmensvertrag	V	LG München I (5 HKO 43/91)	-	n.b.	-	n.b.	n.b.			aR	+	F
Zeiss Ikon	Unternehmensvertrag	B	LG Berlin (97 AktE 4/91)	-	n.b.	-	n.b.	n.b.			aR	+	F
MEZ	Unternehmensvertrag	B	OLG Karlsruhe (15 W 12/94)	-	25.02.91	*Beg*	06.10.95	4,6	2,9	1,7	aR	+	BA
HAG GF	Unternehmensvertrag	B	LG Bremen (11 O 717/91)	-	20.03.92	*HV*	11.05.02	10,1			aR	-	BA
Doornkaat AG	Unternehmensvertrag	V	LG Hannover (26 AktE 8/92)	-	18.07.92	*Beg*	27.07.95	3,0			aR	+	H
Siemens-Nixdorf	Eingliederung	B	OLG Düsseldorf (19 W 9/00 AktE)	70	22.08.92	*Bek*	21.03.03	10,6	8,2	2,3	aR	+	BA
Heidelberger Schlossquell-Brauerei AG	Eingliederung	B	LG Mannheim (12 W 11/02)	-	31.08.92	*Bek*	02.01.04	11,3			aR	0	BA
Papierfabrik Weissenstein	Unternehmensvertrag	B	OLG Karlsruhe (15 W 8/98)	5	28.09.92	*Bek*	n.b.	n.b.			aR	-	F
Adlerbrauerei Balingen	Unternehmensvertrag	V	LG Stuttgart (2 KfH O 103/92)	1	13.10.92	*HV*	n.b.	n.b.			aR	-	F
Messerschmitt-Bölkow-Blohm	Eingliederung	B	OLG München (3 Z BR 124/99)	-	18.10.92	*Bek*	12.05.00	7,6	6,2	1,3	aR	+	BA
Dittmann & Neuhaus	Formwechsel	V	LG Dortmund (18 AktE 15/92)	-	n.b.	-	n.b.	n.b.			aR	+	F
Hoesch AG	Verschmelzung	B	OLG Düsseldorf (I 19 W 6/03 AktE)	-	06.01.93	*HV*	24.03.04	11,2			aR	0	BA
Kabel Rheydt AG	Eingliederung	V	LG Hannover (31 O 87/95)	7	20.04.93	*Bek*	22.04.08	15,0			aR	0	BA
Citibank Privatkunden	Eingliederung	V	LG Düsseldorf (31 O 86/95)	14	26.05.93	*HV*	11.01.06	12,6			aR	+	BA
Krupp Stahl AG	Verschmelzung	B	OLG Düsseldorf (I 19 W 5/03 AktE)	-	30.06.93	*Beg*	05.02.04	10,6			aR	-	BA
INFO AG	Unternehmensvertrag	B	OLG Hamburg (11 W 23/94)	-	01.07.93	*Beg*	28.03.95	1,7			aR	-	H
Deutsche Effecten- Wechsel-Bet.-ges. AG	Unternehmensvertrag	B	OLG Frankfurt a.M. (20 W 102/02)	9	13.10.93	*HV*	18.10.05	12,0	8,3	3,7	aR	0	BA
Bayerische Brauerei-Schuck-Jaenisch AG	Eingliederung	B	OLG Zweibrücken (3 W 98/03)	-	-	*Az*	03.12.03	n.b.			nR	+	BA
Kennametal Hertel	Unternehmensvertrag	V	LG Nürnberg-Fürth (1 HKO 1141/93)	-	n.b.	-	n.b.	n.b.			aR	+	F
Langenbahn / Securenta	Verschmelzung	V	LG München I (5 HKO 14071/93)	-	n.b.	-	n.b.	n.b.			aR	+	F
Mangfall-Kraftwerk AG	Unternehmensvertrag	V	LG München I (5 HKO 3439/94)	-	07.05.94	*HV*	31.10.95	1,5			aR	+	BA
Citibank Beteiligungen	Eingliederung	V	LG Düsseldorf (31 O 88/95)	14	25.05.94	*HV*	11.01.06	11,6			aR	+	BA
Ilmebahn GmbH	Unternehmensvertrag	V	LG Hannover (26 AktE 7/94)	-	23.07.94	*HR*	03.06.97	2,9			aR	+	BA
Grundstücks AG am Potsdamer Platz	Unternehmensvertrag	V	LG Berlin (97 AktE 3/93)	-	12.08.94	*GV*	18.07.95	0,9			aR	+	BA
Ytong Deutschland AG	Unternehmensvertrag	B	OLG München (3 ZBR 101/99)	3	05.11.94	*GV*	15.03.04	9,4			aR	0	BA
Rhenus	Eingliederung	V	LG Dortmund (20 AktE 2/95)	-	03.03.95	*Bek*	28.01.03	7,9			aR	+	BA
Braunschweigische Maschinenbau	Squeeze-Out	B	OLG Celle (9 W 154/94)	-	n.b.	-	n.b.	n.b.			aR	-	F
Erste Kulmbacher Actienbrauerei AG	Unternehmensvertrag	B	OLG München (3 ZBR 159/94)	-	n.b.	-	n.b.	n.b.			aR	+	F
Swiss Re Frankona Rückversicherungs-AG	Unternehmensvertrag	B	OLG München (31 Wx 059/06)	25	01.01.95	*Beg*	23.01.07	12,1	7,2	4,9	aR	0	BA
VDO / Mannesmann	Eingliederung	B	LG Frankfurt a.M. (3/3 O 150/94)	-	24.01.95	*HV*	08.11.02	7,8			aR	-	BA
Hageda AG	Unternehmensvertrag	V	LG Köln (82 O 103/03)	-	04.03.95	*HV*	24.09.04	9,6			aR	0	BA
Horten	Unternehmensvertrag	V	LG Düsseldorf (31 O AktE 91/95)	-	26.03.95	*HR*	05.05.01	6,1			aR	+	BA
Stinnes AG	Eingliederung	V	LG Düsseldorf (31 O 85/95 AktE)	6	30.06.95	*Beg*	04.02.05	9,6			aR	+	BA
Tempelhofer Feld AG	Unternehmensvertrag	V	LG Berlin (97 O 250/95 AktE)	-	30.06.95	*Beg*	27.08.03	8,2			aR	+	BA

Target	Strukturmaßnahme	Ende	Letztes Gericht und Az.	# AS	Beginn	*Art*	Ende	Dauer	1. In	2. In	aR/nR	+/-	Qu.
Kabel Rheydt AG (vormals AEG Kabel AG)	Unternehmensvertrag	B	OLG Düsseldorf (19 W 10/03 AktE)	7	30.06.95	*Beg*	13.02.06	10,6	8,0	2,6	aR	0	BA
Diskuswerke	Unternehmensvertrag	B	OLG Frankfurt a.M. (20 W 441/95)	-	n.b.	-	n.b.	n.b.			aR	+	F
Spinnstofffabrik Zehlendorf AG	Verschmelzung	V	OLG Berlin (2 W 2341/97)	-	26.10.95	*Beg*	n.b.	n.b.			aR	-	F
Bayerischer Lloyd	Verschmelzung	V	LG Nürnberg-Fürth (1 HKO 10804/95)	-	11.01.96	*HV*	14.10.99	3,8			aR	+	BA
EURAG Holding AG	Unternehmensvertrag	B	OLG Karlsruhe (12 W 17/99)	7	05.03.96	*GV*	11.04.00	4,1	3,1	1,0	aR	+	BA
Westfalia Separator AG	Verschmelzung	B	OLG Düsseldorf (I-26 W 5/06)	-	22.04.96	*Bek*	02.05.06	10,0			aR	0	BA
Schwab Versand	Unternehmensvertrag	V	LG Frankfurt a.M. (3-8 O 53/96)	-	26.06.96	*HV*	20.05.03	6,9			aR	+	BA
Asko Deutsche Kaufhaus AG	Verschmelzung	X	n.b. (3-08 O 99/96)	-	30.06.96	*Az*	laufend	XX			aR	0	S
Kaufhof	Verschmelzung	V	OLG Düsseldorf (19 W 2/00)	-	05.09.96	*GV*	03.01.02	5,3	3,4	1,9	aR	+	BA
Stoevesandt AG	Unternehmensvertrag	V	LG Hannover (26 AktE 7/96)	2	19.09.96	*Beg*	24.06.98	1,8			aR	+	BA
BSU Textil	Formwechsel	V	LG Stuttgart (2 KfH O 8/96)	8	06.12.96	*HR*	31.07.98	1,6			aR	+	BA
Tarkett Pegulan AG	Eingliederung	B	LG Frankenthal (2 HK O 4/96 AktG)	6	24.12.96	*HV*	17.07.07	10,6			aR	0	BA
Hoffmanns Stärke	Unternehmensvertrag	B	OLG Düsseldorf (19 W 1/96 AktE)	-	n.b.	-	n.b.	n.b.			aR	+	F
Lippe-Weser-Zucker	Verschmelzung	V	OLG Düsseldorf (19 W 5/96 AktE)	-	n.b.	-	n.b.	n.b.			aR	+	F
Chemische Werke Brockhues AG	Formwechsel	B	OLG Frankfurt a.M. (20 W 210/05)	5	14.02.97	*HV*	12.02.10	13,0	8,2	4,8	aR	0	BA
Jute Bremen	Formwechsel	V	LG Bremen (14 O 122/97)	-	01.03.97	*HV*	31.12.98	1,8			aR	+	BA
ADM Hamburg AG	Unternehmensvertrag	B	LG Hamburg (414 O 26/97)	-	27.03.97	*Bek*	27.06.07	10,3			aR	0	BA
Kulmbacher Spinnerei	Verschmelzung	V	LG Nürnberg-Fürth (1 HKO 6389/97)	3	29.03.97	*HV*	07.02.01	3,9			aR	+	BA
AEG AG	Verschmelzung	X	LG Frankfurt a.M. (n.b.)	-	03.04.97	*HV*	laufend	XX			aR	0	BA
Aesculap AG & Co. KG	Formwechsel	V	LG Rottweil (n.b.)	-	06.06.97	*HV*	09.03.05	7,8			aR	+	BA
Krauss-Maffei / Mannesmann	Eingliederung	B	LG München I (HK O 15976/96)	-	14.06.97	*GV*	n.b.	n.b.			aR	#	F
Nordcement AG	Formwechsel	B	OLG Celle (9 W 10/08)	3	01.10.97	*Beg*	25.08.08	10,9	10,2	0,7	aR	0	BA
Lahmeyer AG, Rheinelektra AG	Verschmelzung	B	OLG Karlsruhe (12 W 16/02)	18	22.10.97	*HV*	09.09.08	10,9	4,4	6,5	aR	0	BA
Gestra GmbH	Formwechsel	V	LG Bremen (13 O 215/97)	8	27.11.97	*Bek*	10.12.03	6,0			aR	+	BA
Alcatel Kabel	Unternehmensvertrag	V	LG Hannover (26 AktE 4/97)	-	n.b.	-	n.b.	n.b.			aR	+	F
Hofbräuhaus Wolters	Unternehmensvertrag	B	OLG Celle (9 W 128/97)	-	n.b.	-	n.b.	n.b.			aR	+	F
KHS	Verschmelzung	B	OLG Karlsruhe (15 W 25/97)	-	n.b.	-	n.b.	n.b.			aR	+	F
Sanierungs- und Gewerbebau	Unternehmensvertrag	B	OLG Düsseldorf (19 W 3/97 AktE)	-	n.b.	-	n.b.	n.b.			aR	-	F
Württembergische Elektrizitätswerke	Eingliederung	V	OLG Stuttgart (8 W 468/97)	-	n.b.	-	n.b.	n.b.			aR	+	F
Aachener und Münchener Lebensversicherung AG	Unternehmensvertrag	B	OLG Düsseldorf (I-26 W 5/08)	12	06.01.98	*HV*	28.04.09	11,3	10,0	1,3	aR	-	BA
AMB Generali Holding AG	Verschmelzung	B	OLG Düsseldorf (I-26 W 6/08)	7	06.01.98	*HV*	10.12.08	10,9			aR	0	BA
Victoria Holding	Verschmelzung	V	OLG Berlin (n.b.)	-	05.03.98	*Beg*	29.11.98	0,7			aR	+	BA
SCA Hygiene Products AG	Unternehmensvertrag	n.b.	OLG München (31 Wx 60/06)	-	01.04.98	*Bek*	17.07.07	9,8	7,0	2,8	aR	+	BA
Sinn Leffers AG	Verschmelzung	V	LG Dortmund (20 AktE 5/97)	10	24.06.98	*Bek*	23.08.02	4,2			aR	+	BA
Hypothekenbank in Hamburg AG	Verschmelzung	V	LG Hamburg (414 O 75/98)	3	30.06.98	*Beg*	22.11.04	6,4			aR	+	BA
Triumph Investex Ges. für Investitionen AG	Verschmelzung	V	LG München I (5 HK O 11 032/98)	-	30.06.98	*Az*	13.05.99	0,9			aR	+	BA
ADCA Vermögensverwaltungs GmbH & Co. KG	Formwechsel	V	LG Frankfurt a.M. (3-08 O 156/97)	8	01.10.98	*Beg*	20.07.07	8,8			aR	+	BA
Hofbrauhaus Coburg AG	Verschmelzung	V	LG Nürnberg-Fürth (1 HKO 9809/98)	5	03.12.98	*HR*	02.08.02	3,7			aR	+	BA
Deutsche Hypothekenbank Frankfurt	Verschmelzung	V	LG Frankfurt a.M. (3-08 O 163/98)	3	14.12.98	*Beg*	22.11.04	5,9			aR	+	BA
E.ON Energie AG (Contigas-Verfahren)	Unternehmensvertrag	V	LG München I (5 HK O 20890/98)	23	06.01.99	*HV*	25.03.04	5,2			aR	+	BA

Target	Strukturmaßnahme	Ende	Letztes Gericht und Az.	# AS	Beginn	*Art*	Ende	Dauer	1. In	2. In	aR/nR	+/-	Qu.
Schumag AG	Unternehmensvertrag	B	OLG Düsseldorf (I-26 W 4/09)	24	14.06.99	*HR*	06.10.10	11,3	9,2	2,1	aR	+	BA
Degussa AG (Hüls)	Verschmelzung	V	LG Frankfurt a.M. (3-08 O 24/99)	-	26.06.99	*HV*	21.08.03	4,2			aR	+	BA
Stixi AG	Formwechsel	V	LG Hannover (26 AktE 3548/99)	-	26.06.99	*HV*	04.01.02	2,5			aR	+	BA
Daimler Benz AG	Verschmelzung	B	OLG Stuttgart (20 W 16/06)	16	29.06.99	*HV*	22.10.10	11,3	7,1	4,2	aR	+	BA
Bastfaserkontor	Mehrstimmrechte	B	LG Berlin (102/98 O 1/99)	-	30.06.99	*Az*	17.04.03	3,8			aR	-	BA
Computer 2000 AG	Eingliederung	V	LG München I (5 HKO 10648/99)	12	16.09.99	*HR*	18.10.00	1,1			aR	+	BA
E.ON Energie AG (EBY-Verfahren)	Unternehmensvertrag	V	LG München I (5 HK O 14804/99)	-	23.10.99	*HV*	27.04.04	4,5			aR	+	BA
Felten & Guilleaume AG	Unternehmensvertrag	V	LG Köln (82 O 80/03)	17	03.11.99	*Beg*	24.11.05	6,1			aR	+	BA
Orenstein & Koppel	Unternehmensvertrag	B	OLG Berlin (2 W 163/03)	-	18.11.99	*HV*	30.06.04	4,6			aR	-	BA
Goldschmidt AG	Unternehmensvertrag	V	LG Dortmund (20 AktE 20/99)	-	25.11.99	*HR*	10.09.03	3,8			aR	+	BA
Macrotron	Delisting	V	LG München I (5 HK O 22304/02)	4	27.11.99	*HV*	07.06.05	5,5			aR	+	BA
Ingram Macroton AG	Delisting	V	LG München I (5 HK O 22304/02)	2	27.11.99	*HV*	15.06.05	5,6			aR	+	BA
Peipers AG	Verschmelzung	V	LG Dortmund (20 AktE 25/99)	5	10.12.99	*HR*	01.02.05	5,2			aR	+	BA
Bayerische Brauholding	Unternehmensvertrag	V	LG München I (5 HK O 21647/99)	5	22.12.99	*HV*	26.06.02	2,5			aR	+	BA
Nordstern Allgemeine Versicherung	Unternehmensvertrag	B	OLG Düsseldorf (19 W 11/99)	-	n.b.	-	n.b.	n.b.			aR	+	F
SKW Trostberg	Verschmelzung	V	LG München I (5 HKO 17595/99)	12	30.12.99	*HR*	21.08.03	3,6			aR	+	BA
E.ON Energie AG (EVO-Verfahren)	Unternehmensvertrag	V	LG Nürnberg-Fürth (1 HK O 4400/99)	-	06.01.00	*HV*	27.04.04	4,3			aR	+	BA
E.ON Energie AG (OBAG-Verfahren)	Unternehmensvertrag	V	LG Nürnberg-Fürth (1 HK O 4355/99)	-	06.01.00	*HV*	25.03.04	4,2			aR	+	BA
Honsel AG	Formwechsel	V	LG Dortmund (18 AktE 1/03)	-	02.02.00	*HR*	08.04.05	5,2			aR	+	BA
E'ZWO Computer	Formwechsel	V	LG München I (5 HKO 3078/00)	-	05.02.00	*HV*	22.02.01	1,0			aR	+	BA
Acordis AG	Eingliederung	V	LG Düsseldorf (31 O 163/98)	14	10.02.00	*HR*	07.10.08	8,7			aR	+	BA
EnBW Ostwürttemberg DonauRies AG	Verschmelzung	V	LG Stuttgart (32 AktE 45/99)	11	16.02.00	*Beg*	19.09.06	6,6			aR	+	BA
Campina AG	Formwechsel	B	OLG Stuttgart (20 W 3/06)	17	29.06.00	*HV*	14.05.08	7,9	5,5	2,4	aR	-	BA
KIH Kommunikations Industrie Holding	Verschmelzung	B	OLG Karlsruhe (12 W 136/04)	35	03.08.00	*Bek*	31.01.06	5,5	4,2	1,3	aR	+	BA
KHS Maschinen- und Anlagenbau AG	Verschmelzung	V	LG Dortmund (18 O 506/03)	19	12.08.00	*HR*	09.09.09	9,1			aR	+	BA
Grohe AG	Formwechsel	B	OLG Düsseldorf (I-26 W 5/07)	21	01.09.00	*HV*	16.06.09	8,8	6,5	2,2	aR	0	BA
Agrippina Lebensversicherung AG	Verschmelzung	B	OLG Düsseldorf (I-19 W11/04 AktE)	3	19.09.00	*Beg*	30.12.05	5,3	4,0	1,3	aR	0	BA
E.ON AG	Verschmelzung	V	LG München I (5 HK O 12848/00)	-	24.09.00	*HR*	27.07.06	5,8			aR	+	BA
Bausch + Linnemann AG	Eingliederung	V	LG München I (5 HKO 15460/00)	-	12.11.00	*HR*	laufend	XX			aR	+	BA
Allweiler AG	Unternehmensvertrag	B	OLG Karlsruhe (12 W 87/07)	2	18.11.00	*HR*	29.06.10	9,6	6,9	2,7	aR	+	BA
Eichbaum Brauereien AG	Verschmelzung	V	LG Mannheim (23 AktE 2/00)	7	23.11.00	*Bek*	12.11.08	8,0			aR	+	BA
RWE AG	Verschmelzung	V	LG Dortmund (18 O 508/03)	-	23.11.00	*Beg*	20.01.09	8,2			aR	+	BA
Würtembergische Lebensversicherungs AG	Verschmelzung	S	Schiedsverfahren (k. Aktz.)	-	22.12.00	*HV*	12.12.05	5,0			aR	0	BA
Chemie-Verwaltung	Eingliederung	B	OLG Düsseldorf (1-19 W 6/00 AktE)	-	n.b.	-	n.b.	n.b.			aR	-	F
Eisenbahn-Verkehrsmittel AG	Formwechsel	B	OLG Düsseldorf (I-19 W 3/00 AktE)	-	n.b.	-	n.b.	n.b.			aR	+	F
Weinig AG	Eingliederung	X	LG Mannheim (24 AktE 1/01)	12	04.01.01	*Beg*	laufend	XX			aR	0	BA
Deutsche Bausparkasse Badenia AG	Verschmelzung	B	OLG Frankfurt a.M. (20 W 101/04)	7	06.01.01	*HV*	24.06.09	8,5	3,0	5,4	aR	0	BA
ERC Frankona Rückversicherungs AG	Squeeze-Out/UV	V	LG München I (5 HK O21838/00)	-	21.02.01	*Bek*	26.11.08	7,8			aR	+	BA
Bayerische Hartstein-Industrie AG	Verschmelzung	V	OLG München (3 ZBR 363/01)	2	05.03.01	*Bek*	15.08.03	2,4			aR	+	BA
Degussa AG (SKW Trostberg)	Verschmelzung	V	LG München I (5 HKO 4304/01)	43	25.04.01	*HV*	21.08.03	2,3			aR	+	BA

Target	Strukturmaßnahme	Ende	Letztes Gericht und Az.	# AS	Beginn	*Art*	Ende	Dauer	1. In	2. In	aR/nR	+/-	Qu.
Kennametal Hertel	Unternehmensvertrag	V	LG Nürnberg-Fürth (1 HKO 1267/01)	-	09.05.01	*HR*	11.08.01	0,3			aR	+	BA
Otavi Minen AG	Squeeze-Out/UV	B	OLG Frankfurt a.M. (5 W 52/09, 5 W 53/09)	11	19.06.01	*Bek*	03.08.10	9,1	6,7	2,4	aR	+	BA
Job-Today	Verschmelzung	V	LG Berlin (102 O 102/01 AktE)	1	22.06.01	*HV*	01.07.03	2,0			aR	+	BA
Schaerf AG	Formwechsel	V	OLG Zweibrücken (3 W 88/07)	3	29.06.01	*Bek*	04.07.08	7,0	1,0	6,0	aR	+	BA
Mühle Rüningen	Formwechsel	V	LG Hannover (26 O 1144/01)	-	30.06.01	*Bek*	02.04.03	1,8			aR	+	BA
rhenag Rheinische Energie AG	Spaltung	B	OLG Düsseldorf (n.b.)	-	10.07.01	*Beg*	06.01.05	3,5	2,4	1,1	aR	0	BA
A. Friedrich Flender AG	Formwechsel	V	LG Dortmund (20 AktE 1/01)	7	11.07.01	*Bek*	07.08.07	6,1			aR	+	BA
Bayerische Brauholding	Unternehmensvertrag	V	LG München I (5 HK O 10391/01)	11	04.08.01	*GV*	26.06.02	0,9			aR	+	BA
Maihak AG	Unternehmensvertrag	B	LG Hamburg (414 O 99/01)	-	18.09.01	*HV*	03.08.09	7,9			aR	0	BA
Aqua Butzke	Formwechsel	S	LG Potsdam (51 O 122/01)	-	04.10.01	*HR*	21.10.05	4,0			aR	+	BA
Steinbeis Temming AG	Formwechsel	V	LG Itzehoe (5 O 40/02)	4	03.11.01	*HV*	08.03.02	0,3			aR	+	BA
E.ON Bayern AG (OBAG-Verfahren)	Verschmelzung	V	LG Nürnberg-Fürth (1 HK O 7931/01)	10	27.11.01	*HV*	25.03.04	2,3			aR	+	BA
E.ON Bayern AG (ÜWU-Verfahren)	Verschmelzung	V	LG Nürnberg-Fürth (1 HK O 8676/01)	13	27.11.01	*HV*	25.03.04	2,3			aR	+	BA
KM-Kabelmetal Aktiengesellschaft	Unternehmensvertrag	B	OLG Celle (9 W 3/10)	-	15.12.01	*HV*	04.08.10	8,6	8,0	0,6	aR	+	BA
VDN Vereinigte Deutsche Nickel-Werke AG	Verschmelzung	V	LG Düsseldorf (33 O92/07)	15	28.12.01	*HV*	22.12.08	7,0			aR	+	BA
PKI	Unternehmensvertrag	B	OLG München (3Z BR 370/01)	-	n.b.	-	n.b.	n.b.			aR	+	F
E.ON Bayern AG (EVO-Verfahren)	Verschmelzung	V	LG Nürnberg-Fürth (1 HK O 7810/01)	-	06.01.02	*HV*	25.03.04	2,2			aR	+	BA
WERU AG	Unternehmensvertrag	V	LG Stuttgart (34 AktE 25/01 KfH)	8	07.03.02	*HR*	23.06.05	3,3			aR	+	BA
Thuringia Versicherungs-AG	Unternehmensvertrag	V	LG München I (5 HK O 5022/02)	12	24.04.02	*Bek*	11.06.03	1,1			aR	+	BA
Wayss & Freytag AG	Squeeze-Out	V	LG Frankfurt a.M. (3-08 O 185/02)	-	28.05.02	*Beg*	04.03.09	6,8			aR	+	BA
Joseph Vögele AG	Squeeze-Out	V	LG Mannheim (23 AktE 8/02)	7	01.06.02	*Beg*	03.06.05	3,0			aR	+	BA
Vereinte Versicherung AG	Squeeze-Out	V	LG München I (5 HK O 8494/02)	-	12.07.02	*Beg*	24.04.03	0,8			aR	+	BA
E.ON Bayern AG (GFA-Verfahren)	Verschmelzung	V	LG Nürnberg-Fürth (1 HK O 477/02)	5	15.08.02	*HV*	25.03.04	1,6			aR	+	BA
Hucke AG	Squeeze-Out	V	LG Düsseldorf (33 O 132/06)	19	25.08.02	*HR*	23.12.08	6,3			aR	+	BA
Frankenluk AG	Squeeze-Out	V	OLG München (3Z BR 216/04)	1	11.09.02	*Bek*	24.01.05	2,4	2,0	0,4	aR	+	BA
Elektra Beckum AG	Squeeze-Out	B	OLG Celle (9 W 41/05)	1	21.09.02	*Beg*	08.03.06	3,5	2,2	1,2	aR	0	BA
Jumptec Industrielle Computertechnik AG	Verschmelzung	V	LG München I (5 HKO 17956/02)	5	01.10.02	*Bek*	11.04.05	2,5			aR	+	BA
MONACHIA Grundstücks-AG	Squeeze-Out	B	LG München I (5HK O 15746/02)	16	07.10.02	*GV*	16.03.11	8,4			aR	-	BA
Schott Desag AG	Squeeze-Out	V	LG Hannover (26 AktE 82/02)	10	01.11.02	*HV*	30.06.04	1,7			aR	+	BA
Edelstahlwerk Witten AG	Squeeze-Out	V	OLG Düsseldorf (1 26 W 4/06)	3	03.11.02	*HR*	26.02.08	5,3	2,4	3,0	aR	+	BA
Thuringia Versicherungs-AG	Squeeze-Out	V	LG München I (5 HK O 14451/02)	17	04.11.02	*Bek*	11.06.03	0,6			aR	+	BA
Kiekert AG	Squeeze-Out/UV	V	LG Düsseldorf (40 O 121/02)	27	05.11.02	*Bek*	07.07.05	2,7			aR	+	BA
Schott Zwiesel AG	Squeeze-Out	V	LG München I (5 HKO 17415/02)	-	06.11.02	*HR*	21.10.04	2,0			aR	+	BA
Löwenbräu AG	Squeeze-Out	V	LG München I (5 HKO 13693/02)	-	09.11.02	*HV*	31.03.03	0,4			aR	+	BA
ABN AMRO Holding (Deutschland) AG	Squeeze-Out	V	OLG Frankfurt a.M. (5 W 26/09)	-	10.11.02	*HR*	25.05.10	7,5	1,8	5,7	aR	+	BA
Universitätsdruckerei Stürtz	Squeeze-Out	V	LG Nürnberg-Fürth (1 HK O 6558/02)	-	18.11.02	*Bek*	26.08.03	0,8			aR	+	BA
SCOR Deutschland Rückversicherungs AG	Squeeze-Out	V	LG Hannover (26 AktE 105/02)	-	22.11.02	*HV*	05.10.04	1,9			aR	+	BA
Zanders Feinpapiere AG	Squeeze-Out	V	LG Köln (82 O 121/03)	13	28.11.02	*Bek*	23.06.04	1,6			aR	+	BA
Brauhaus zur Garde AG	Squeeze-Out	V	LG Köln (82 O 101/03)	5	29.11.02	*HV*	01.04.04	1,3			aR	+	BA
Patria Versicherung AG	Squeeze-Out	V	LG Köln (82 O 102/03)	7	29.11.02	*Bek*	06.04.04	1,4			aR	+	BA

Target	Strukturmaßnahme	Ende	Letztes Gericht und Az.	# AS	Beginn	*Art*	Ende	Dauer	1. In	2. In	aR/nR	+/-	Qu.
IKON AG	Squeeze-Out	V	LG Berlin (102 O 91/02 AktG)	8	04.12.02	*HV*	09.03.05	2,3			aR	+	BA
Eurohypo AG	Verschmelzung	S	Schiedsverfahren (ohne Aktenzeichen)	-	08.12.02	*HV*	05.04.07	4,3			aR	0	BA
BBG Beteiligungs-AG	Squeeze-Out	V	LG Frankfurt a.M. (3/8 O 234/02)	7	11.12.02	*HV*	30.01.08	5,1			aR	+	BA
Tech Data Germany AG	Squeeze-Out	V	LG München I (5 HK O 19395/02)	7	13.12.02	*HR*	19.11.04	1,9			aR	+	BA
Hilgers AG (jetzt SLS Services GmbH)	Squeeze-Out	V	LG Koblenz (4 HK O 160/02)	-	15.12.02	*Bek*	15.12.05	3,0			aR	+	BA
H.I.S. sportswear AG	Squeeze-Out	V	LG München I (5 HK O 14112/02)	-	17.12.02	*HV*	04.04.03	0,3			aR	+	BA
Vögele	Squeeze-Out	V	LG Mannheim (23 AktE 8/02)	8	19.12.02	*Bek*	04.06.05	2,5			aR	+	BA
Verlag und Druckerei G. J. Manz AG	Squeeze-Out	V	LG München I (5 HK O 18025/02)	-	24.12.02	*HV*	n.b.	n.b.			aR	+	F
Komatsu Hanomag AG	Squeeze-Out	V	LG Hannover (26 AktE 130/02)	14	18.01.03	*HR*	25.03.10	7,2			aR	+	BA
Alcatel SEL	Unternehmensvertrag	V	OLG Stuttgart (20 W 1/02)	-	n.b.	-	n.b.	n.b.			aR	+	F
Cluss-Wulle	Verschmelzung	V	OLG Stuttgart (7 W 8/02)	-	n.b.	-	n.b.	n.b.			aR	+	F
IHB Investitions- und Handelsbank	Squeeze-Out	B	LG Frankfurt a.M. (3-8 O 121/02)	-	n.b.	-	n.b.	n.b.			aR	+	F
Terraingesellschaft am Teltow-Canal	Squeeze-Out	B	LG Berlin (102 O 178/02 AktG)	-	n.b.	-	n.b.	n.b.			aR	-	F
Radeberger Gruppe AG	Squeeze-Out	B	OLG Berlin (2 W 68/07)	10	03.01.03	*HV*	12.02.09	6,1	4,1	2,1	aR	0	BA
Bayerische Brauholding	Squeeze-Out	V	LG München I (5 HK O 17874/02)	4	09.01.03	*HV*	21.03.03	0,2			aR	+	BA
Nexans Deutschland GmbH	Squeeze-Out	V	LG Hannover (26 AktE 139/02)	3	10.01.03	*HV*	21.01.05	2,0			aR	+	BA
Ford-Werke AG	Squeeze-Out	V	LG Köln (82 O 91/03)	14	18.01.03	*HV*	25.10.05	2,8			aR	+	BA
Hirschbrauerei AG	Squeeze-Out	V	LG Düsseldorf (40 O 322/02)	-	21.01.03	*HV*	03.05.05	2,3			aR	+	BA
Deutsche Bank Lübeck AG	Squeeze-Out	V	OLG Schlewsig-Holst. (5 W 20/06)	-	28.01.03	*Bek*	13.09.07	4,6	3,0	1,6	aR	+	BA
Hamburg-Mannheimer Sachversicherung	Squeeze-Out	V	LG Hamburg (414 O 199/02)	1	04.02.03	*Bek*	10.09.04	1,6			aR	+	BA
Motorenwerke Mannheim AG	Squeeze-Out	V	LG Mannheim (24 AktE 7/02)	2	11.02.03	*Bek*	27.01.06	3,0			aR	+	BA
Scheidemandel AG	Squeeze-Out	B	OLG Karlsruhe (12 W 69/04)	9	11.02.03	*Bek*	15.07.05	2,4	0,9	1,5	aR	0	BA
CAA AG	Squeeze-Out	V	OLG Stuttgart (20 W 14/05)	10	21.02.03	*HV*	30.07.07	4,4	2,3	2,1	aR	+	BA
Agima AG für Immobilien-Anlage	Squeeze-Out/UV	V	LG Frankfurt a.M. (3-08 O 79/02)	3	25.02.03	*HV*	29.12.04	1,8			aR	+	BA
Jobpilot AG	Squeeze-Out	V	OLG Frankfurt a.M. (5 W 54/09)	11	28.02.03	*HV*	16.09.09	6,6	5,1	1,5	aR	+	BA
Reckitt Benckiser AG	Squeeze-Out	V	LG Mannheim (24 AktE 8/02)	4	06.03.03	*HV*	24.09.03	0,6			aR	+	BA
BVA-Bay. Warenhandelsges. der Verbr. AG	Squeeze-Out	V	OLG München (3Z BR 219/04)	2	06.03.03	*HV*	05.04.06	3,1	1,5	1,6	aR	+	BA
Rheinisch-Westfälische Kalkwerke AG	Squeeze-Out	B	OLG Düsseldorf (I-26 W 8/07)	12	08.03.03	*HV*	15.04.08	5,1	4,4	0,7	aR	0	BA
C.A. Kupferberg & Cie. KGaA	Squeeze-Out	V	LG Mainz (12 HK O 117/02)	-	10.03.03	*Bek*	23.03.05	2,0			aR	+	BA
Kupferberg & Compagnie KGaA	Squeeze-Out	V	LG Mainz (12 HKO 117/02)	6	12.03.03	*HR*	24.03.05	2,0			aR	+	BA
Ytong Deutschland AG	Squeeze-Out	V	LG München I (5 HK 18484/02)	4	12.03.03	*HV*	23.07.04	1,4			aR	+	BA
Victoria Versicherungen AG	n.b.	X	LG Düsseldorf (40 O 58/02 AktE)	-	17.03.03	*Beg*	laufend	XX			aR	0	BA
Knürr AG	Delisting	E	OLG München (3 ZBR 087/04)	-	29.03.03	*GV*	28.07.04	1,3	0,7	0,7	aR	#	BA
aqua signal AG	Squeeze-Out	V	LG Bremen (11 O 74/03)	10	30.03.03	*Bek*	14.08.07	4,4			aR	+	BA
Solenhofer Aktien-Verein AG	Squeeze-Out	V	LG München I (5 HKO 2704/03)	-	05.04.03	*HV*	n.b.	n.b.			aR	+	F
Saint Gobain Isover G+H AG	Delisting	B	OLG Zweibrücken (1 HK O 29/03 AktG)	14	15.04.03	*Beg*	12.10.04	1,5	0,9	0,6	aR	0	BA
Converium Rückversicherung AG	Squeeze-Out	V	LG Köln (82 O 122/03)	11	18.04.03	*Bek*	06.10.04	1,5			aR	+	BA
Rieter Ingolstadt Spinnereimschinenbau AG	Squeeze-Out	V	LG München I (n.b.)	10	22.04.03	*Bek*	25.01.07	3,8			aR	+	BA
Westfalenbank AG	Squeeze-Out	V	LG Dortmund (18 AktE 18/03)	-	01.05.03	*HR*	13.02.06	2,8			aR	+	BA
FAG Kugelfischer Georg Schäfer AG	Squeeze-Out/UV	B	OLG München (31 Wx 085-088/06)	34	08.05.03	*HV*	21.04.08	5,0	3,3	1,7	aR	0	BA

Target	Strukturmaßnahme	Ende	Letztes Gericht und Az.	# AS	Beginn	*Art*	Ende	Dauer	1. In	2. In	aR/nR	+/-	Qu.
Tecis Holding AG	Squeeze-Out	V	LG Hamburg (417 O 28/03)	24	16.05.03	*Bek*	02.06.06	3,0			aR	+	BA
Braunschweigische Kohle-Bergwerke AG	Squeeze-Out	V	LG Hannover (26 AktE 2/03)	8	17.05.03	*HV*	27.04.04	0,9			aR	+	BA
O&K Ohrenstein & Koppel AG	Squeeze-Out	B	OLG Berlin (2 W 90/04)	-	01.07.03	*HV*	02.05.05	1,8	1,4	0,4	aR	0	BA
Maschinenfabrik Esslingen AG	Squeeze-Out	X	LG Stuttgart (34 AktE 10/03 KfH)	-	01.07.03	*GV*	laufend	XX			aR	0	BA
Tomorrow Internet AG	Verschmelzung	X	LG Hamburg (417 O 12/2002)	-	24.07.03	*Beg*	laufend	XX			aR	0	BA
Sappi Alfeld AG	Squeeze-Out	B	OLG Celle (9 W 88/09)	14	04.10.03	*HR*	14.06.10	6,7	5,8	0,9	nR	+	BA
Stahlwerk Bochum AG	Squeeze-Out	V	LG Dortmund (18 AktE 24/03)	18	24.10.03	*HR*	26.02.08	4,3			nR	+	BA
Hüttenwerke Kayser AG	Squeeze-Out	V	LG Dortmund (18 AktE 28/03)	16	12.11.03	*HR*	16.10.08	4,9			nR	+	BA
WupperAG i.L.	Squeeze-Out	V	LG Düsseldorf (40 O 415/03)	1	12.11.03	*HV*	12.07.05	1,7			nR	+	BA
BARMAG AG	Squeeze-Out	X	LG Düsseldorf (40 O 301/03 AktE)	2	21.11.03	*Beg*	laufend	XX			nR	0	BA
Gerresheimer Glas AG	Squeeze-Out	X	LG Düsseldorf (40 O 152/03 AktE)	-	21.11.03	*Beg*	laufend	XX			nR	0	BA
Edscha AG	Squeeze-Out/UV	V	LG Düsseldorf (33 O 137/07)	47	01.12.03	*Beg*	10.02.10	6,2			nR	0	BA
BARMAG AG	Squeeze-Out	V	LG Düsseldorf (33 O 133/06)	21	09.12.03	*HV*	13.05.09	5,4			nR	+	BA
Aditron AG	Squeeze-Out	X	LG Düsseldorf (40 O 163/03)	-	12.12.03	*Beg*	laufend	XX			nR	0	BA
Agrippina Versicherung	Verschmelzung	V	OLG Düsseldorf (I-19 W 1/03 AktE)	-	n.b.	-	n.b.	n.b.			aR	-	F
Reginaris	Unternehmensvertrag	E	OLG Zweibrücken (3 W 167/03)	-	n.b.	-	n.b.	n.b.			aR	#	F
Stolberger Wasserwerke	Verschmelzung	B	LG Köln (82 O 85/03)	-	n.b.	-	n.b.	n.b.			aR	+	F
Königsbacher Brauerei AG	Squeeze-Out/UV	V	LG Koblenz (3 HOH 1/93)	12	06.05.93	*HR*	12.08.04	11,3			aR	+	BA
VTG Lehnkering AG	Squeeze-Out	X	OLG Hamburg (417 O 162/02)	25	24.07.03	*Beg*	21.07.10	7,0	4,1	2,9	aR	0	BA
GAH Beteiligungs AG	Squeeze-Out	X	LG Mannheim (24 AktE 38/03)	-	26.08.03	*Beg*	laufend	XX			aR	0	BA
Revell AG	Squeeze-Out	V	LG Dortmund (20 O 527/03)	4	07.10.03	*Beg*	03.02.05	1,3			nR	+	BA
Texas Instruments Berlin AG	Squeeze-Out	X	LG Berlin (102 O 130/03 AktE)	-	30.12.03	*GV*	laufend	XX			nR	0	BA
Volksfürsorge Holding AG	Squeeze-Out	X	LG Hamburg (404 O 175/03)	-	14.01.04	*Beg*	laufend	XX			nR	0	BA
Rütgers AG	Squeeze-Out	X	LG Dortmund (20 AktE 13/03)	-	15.01.04	*GV*	laufend	XX			nR	0	BA
Blohm & Voss Holding AG	Squeeze-Out	X	LG Hamburg (n.b.)	-	16.01.04	*Beg*	laufend	XX			nR	0	BA
Rathgeber AG	Unternehmensvertrag	V	LG München I (5 HK O 962/04)	10	31.01.04	*HR*	08.10.04	0,7			nR	+	BA
Alcatel SEL AG	Squeeze-Out	X	LG Stuttgart (34 AktE 1/2004 KfH)	-	04.02.04	*Beg*	laufend	XX			nR	0	BA
BVT Energie und Umwelttechnik AG	Verschmelzung	V	LG München I (5 HKO 2550/04)	8	15.02.04	*HR*	15.09.05	1,6			nR	+	BA
Real Garant Versicherungs AG	Squeeze-Out	X	LG Stuttgart (32 AktE 77/03 KfH)	-	18.02.04	*GV*	laufend	XX			nR	0	BA
Hamburger Hochbahn AG	Squeeze-Out	B	OLG Hamburg (404 O 173/03)	15	19.02.04	*Beg*	17.12.09	5,8	3,4	2,5	nR	0	BA
Dortmunder Actien Brauerei AG	Squeeze-Out	X	LG Dortmund (20 AktE 1/03)	-	20.02.04	*GV*	laufend	XX			nR	0	BA
Gildebrauerei AG	Squeeze-Out	X	LG Hannover (26 AktE 5/04)	-	27.02.04	*Beg*	laufend	XX			nR	0	BA
Schleicher & Co. International AG	Squeeze-Out	V	LG Mannheim (24 AktE 42/03)	30	03.03.04	*HV*	04.07.05	1,3			nR	+	BA
CEMEX Deutschland AG	Squeeze-Out	V	LG Dortmund (20 O 545/03)	7	04.03.04	*HR*	06.05.09	5,2			nR	+	BA
A. Friedrich Flender AG	Formwechsel	V	LG Dortmund (20 AktE 12/03)	2	12.03.04	*Bek*	07.08.07	3,4			nR	+	BA
Thyssen Krupp AG	Squeeze-Out	X	LG Dortmund (20 AktE 6/02)	-	17.03.04	*Beg*	laufend	XX			nR	0	BA
Stuttgarter Baugesellschaft	Squeeze-Out	V	LG Stuttgart (32 AktE 12/04 KfH)	2	18.03.04	*Bek*	02.06.04	0,2			nR	+	BA
Systematics AG	Squeeze-Out	X	LG Hamburg (417 O 148/02)	-	19.03.04	*GV*	laufend	XX			nR	0	BA
Stinnes AG	Squeeze-Out	X	LG Düsseldorf (40 O 118/03 AktE)	-	31.03.04	*GV*	laufend	XX			nR	0	BA
Thüga Beteiligungen AG	Squeeze-Out	V	LG Köln (82 O 40/04)	3	09.04.04	*Bek*	23.08.04	0,4			nR	+	BA

Target	Strukturmaßnahme	Ende	Letztes Gericht und Az.	# AS	Beginn	*Art*	Ende	Dauer	1. In	2. In	aR/nR	+/-	Qu.
Stelcon AG	Squeeze-Out	V	LG Dortmund (20 AktE 45/03)	-	21.04.04	*GV*	06.05.09	5,0			nR	+	BA
Allweiler AG	Squeeze-Out	X	LG Mannheim (23 AktE 12/03)	21	21.04.04	*Beg*	laufend	XX			nR	0	BA
USUAG	Squeeze-Out	X	LG Stuttgart (32 AktE 5/04 KfH)	-	11.05.04	*GV*	laufend	XX			nR	0	BA
EVO Energieversorgung Oberfranken AG	Verschmelzung	V	LG Nürnberg-Fürth (1 HKO 7810/01)	-	28.05.04	*Bek*	n.b.	n.b.			nR	+	F
Württembergische Hypothekenbank AG	Unternehmensvertrag	X	LG Stuttgart (34 AktE 4/2004 KfH)	-	01.06.04	*Beg*	laufend	XX			nR	0	BA
SchmidtBank AG	Squeeze-Out	X	LG Nürnberg-Fürth (1 HK O 2341/04)	-	08.06.04	*Beg*	laufend	XX			nR	0	BA
DUEWAG AG i.A.	Squeeze-Out	V	OLG Düsseldorf (26 W 7/06)	14	01.07.04	*Beg*	06.11.06	2,4	1,0	1,4	nR	+	BA
Gildebrauerei AG	Unternehmensvertrag	X	LG Hannover (26 AktE 29/04)	-	07.07.04	*Beg*	laufend	XX			nR	0	BA
Zweirad Union Grundbesitz AG	Squeeze-Out	X	LG Nürnberg-Fürth (1 HK O 5182/04)	-	16.07.04	*GV*	laufend	XX			nR	0	BA
NB Beteiligungs AG	Squeeze-Out	X	LG Frankfurt a.M. (3-05 O 41/04)	-	23.07.04	*Beg*	laufend	XX			nR	0	BA
E.ON Bayern AG	Squeeze-Out	B	LG Nürnberg-Fürth (1 HK O 7129/04)	-	09.08.04	*Beg*	10.02.09	4,5			nR	0	BA
Gauss Interprise AG	Delisting/UV	X	LG Hamburg (404 O 49/04)	-	12.08.04	*GV*	laufend	XX			nR	0	BA
EURAG Holding AG	Squeeze-Out	B	LG Mannheim (24 AktE 15/04)	14	02.09.04	*Beg*	27.06.07	2,8			nR	0	BA
Gelsenwasser AG	Unternehmensvertrag	X	LG Dortmund (20 O 57/04)	-	07.09.04	*GV*	laufend	XX			nR	0	BA
A. Friedrich Flender AG	Unternehmensvertrag	V	LG Dortmund (20 O 109/04 AktG)	4	16.09.04	*Bek*	13.08.07	2,9			nR	0	BA
Thüga AG	Squeeze-Out	X	LG München I (5 HK O 10369/04)	-	06.10.04	*GV*	laufend	XX			nR	0	BA
Schlossgartenbau AG	Unternehmensvertrag	B	OLG Stuttgart (20 W 9/06)	28	10.10.04	*HR*	10.04.08	3,5	1,8	1,7	nR	0	BA
DSL Holding AG i.L.	Squeeze-Out	X	LG Köln (82 0 123/04)	-	04.11.04	*GV*	laufend	XX			nR	0	BA
PKV Vermögensverwaltung AG	Squeeze-Out	X	LG Hamburg (417 O 95/04)	-	09.11.04	*Beg*	laufend	XX			nR	0	BA
EM.TV & Merchandising AG	Verschmelzung	X	LG München I (5 HK O 13 522/04)	-	02.12.04	*Beg*	laufend	XX			nR	0	BA
GE Frankona Rückversicherungs-Bet. AG	Squeeze-Out	X	LG München I (5 HK O 17209/04)	-	15.12.04	*GV*	laufend	XX			nR	0	BA
Wella AG	Squeeze-Out/UV	X	LG Frankfurt a.M. (3-05 O 73/04)	-	14.11.05	*Beg*	laufend	XX			nR	0	BA
Agrippina Lebensversicherung	Verschmelzung	V	OLG Düsseldorf (1-19 W 11/04 AktE)	-	n.b.	-	n.b.	n.b.			nR	+	F
ATB Antriebstechnik	Squeeze-Out	B	OLG Stuttgart (20 W 14/04)	-	n.b.	-	n.b.	n.b.			nR	-	F
Blohm & Voss Holding AG	Unternehmensvertrag	V	OLG Hamburg (11 W 5/04)	-	n.b.	*Az*	02.12.04	n.b.			nR	-	BA
Hagen Batterie AG	Squeeze-Out	B	OLG Düsseldorf (I 26 W 3-06 AktE)	4	05.06.04	*HV*	09.11.07	3,4	1,0	2,4	nR	0	BA
Gestra AG	Unternehmensvertrag	V	LG Bremen (12 O 391/04)	2	05.01.05	*Beg*	17.01.11	6,0			nR	+	BA
eff-eff Fritz Fuss GmbH & Co. KGaA	Squeeze-Out	V	LG Stuttgart (31 AktE 2/05 KfH)	3	09.01.05	*Bek*	08.06.05	0,4			nR	+	BA
mg technologies AG	Squeeze-Out	X	LG Frankfurt a.M. (3-5 O 160/04)	-	20.01.05	*GV*	laufend	XX			nR	0	BA
Industriehof AG	Unternehmensvertrag	X	LG Stuttgart (31 AktE 21/04 KfH)	-	24.01.05	*GV*	laufend	XX			nR	0	BA
Etienne Aigner AG	Delisting	V	LG München I (5 HK O 18089/04)	-	27.01.05	*Beg*	11.10.05	0,7			nR	+	BA
Bahnhofsplatzgesellschaft AG	Unternehmensvertrag	B	OLG Stuttgart (20 W 10/06)	26	07.02.05	*Beg*	10.04.08	3,2			nR	0	BA
Eternit Managment Holding AG	Unternehmensvertrag	X	LG Mannheim (23 AktE 22/04)	-	09.02.05	*GV*	laufend	XX			nR	0	BA
Jado AG	Squeeze-Out	V	LG Frankfurt a.M. (3-05 O 181/04)	-	16.02.05	*GV*	14.06.06	1,3			nR	+	BA
MVS Miete Vertrieb Service AG	Delisting	X	LG Berlin (102 O 186/04)	-	17.02.05	*GV*	laufend	XX			nR	0	BA
Buderus AG	Squeeze-Out	V	LG Frankfurt a.M. (3-05 O 103/04)	48	21.02.05	*Beg*	13.02.07	2,0			nR	+	BA
Radeberger Gruppe AG	Squeeze-Out	X	LG Frankfurt a.M. (3-05 O 153/04)	20	22.02.05	*GV*	laufend	XX			nR	0	BA
rhenag Rheinische Energie AG	Squeeze-Out	B	OLG Düsseldorf (I-19 W 3/04 AktE)	-	10.03.05	*GV*	05.06.08	3,2			nR	0	BA
SAI Automotive AG	Squeeze-Out	B	OLG Frankfurt a.M. (5 W 39/09)	10	17.03.05	*GV*	22.07.10	7,7	3,6	4,1	nR	+	BA
Carl Schenck AG	Squeeze-Out	X	LG Frankfurt a.M. (3-05 O 174/04)	-	29.03.05	*GV*	laufend	XX			nR	0	BA

Target	Strukturmaßnahme	Ende	Letztes Gericht und Az.	# AS	Beginn	*Art*	Ende	Dauer	1. In	2. In	aR/nR	+/-	Qu.
Nordzucker Holding AG	Verschmelzung	X	LG Hannover (22 AktE 6/05)	-	13.04.05	*GV*	laufend	XX			nR	0	BA
debitel AG	Squeeze-Out/UV	V	LG Stuttgart (31 AktE 52/04 KfH)	-	20.04.05	*Beg*	07.08.06	1,3			nR	+	BA
VIVA Media AG	Squeeze-Out/UV	V	LG Köln (82 O 100/05)	18	22.04.05	*Beg*	05.04.07	2,0			nR	+	BA
Goldschmidt AG	Squeeze-Out	X	LG Dortmund (18 AktE 13/03)	-	22.04.05	*HV*	laufend	XX			nR	0	BA
WEDECO AG	Unternehmensvertrag	X	LG Düsseldorf (31 O 92/04)	-	04.05.05	*Beg*	laufend	XX			nR	0	BA
StepStone AG	Squeeze-Out	V	LG Düsseldorf (31 O 81/04)	8	20.05.05	*Beg*	25.04.06	0,9			nR	+	BA
Apcoa Parking AG	Unternehmensvertrag	X	LG Stuttgart (32 AktE 2/05 KfH)	-	03.06.05	*Beg*	laufend	XX			nR	0	BA
Kennanietal Hertel AG	Squeeze-Out	X	LG Nürnberg-Fürth (1 HK O 4872/05)	-	03.06.05	*GV*	laufend	XX			nR	0	BA
CONTIGAS Deusche Energie-AG	Squeeze-Out	V	LG München I (5 HK O 23098/05)	46	17.06.05	*Beg*	22.12.08	3,5			nR	+	BA
Vereins- und Westbank AG	Squeeze-Out	X	LG Hamburg (417 O 165/04)	-	22.06.05	*Beg*	laufend	XX			nR	0	BA
RWE DEA AG	Squeeze-Out	X	LG Hamburg (417 O 152/04)	-	01.07.05	*Beg*	laufend	XX			nR	0	BA
Stollwerk AG	Squeeze-Out	X	LG Köln (82 O 126/05)	-	06.07.05	*GV*	laufend	XX			nR	0	BA
Tempelhofer Feld AG	Squeeze-Out	X	LG Berlin (102 O 29/05)	-	14.07.05	*GV*	laufend	XX			nR	0	BA
Lambda Physik AG	Squeeze-Out	V	LG Hannover (23 AktE 28/05)	7	15.07.05	*Beg*	21.11.08	3,4			nR	+	BA
Phoenix AG	Unternehmensvertrag	X	LG Hamburg (417 O 104/05)	-	29.07.05	*Beg*	laufend	XX			nR	0	BA
Brau und Brunnen AG	Unternehmensvertrag	X	LG Dortmund (18 O 157/04)	-	14.08.05	*GV*	laufend	XX			nR	0	BA
Bayerische Immobilien AG	Squeeze-Out	X	LG München I (5 HK O 12435/05)	-	13.09.05	*GV*	laufend	XX			nR	0	BA
Spar Handels AG	Squeeze-Out	X	LG Hamburg (417 O 124/05)	-	21.09.05	*Beg*	laufend	XX			nR	0	BA
W. Jacobsen AG (Übertragung)	Squeeze-Out	X	LG Kiel (15 O 124/05)	-	22.09.05	*Beg*	laufend	XX			nR	0	BA
Aachener Straßenbahn und Energievers.-AG	Squeeze-Out	V	LG Köln (82 O 180/05)	-	26.09.05	*Beg*	08.09.09	4,0			nR	+	BA
Baden-Württembergische Bank AG	Squeeze-Out	X	LG Stuttgart (32 AktE 3/05)	-	05.10.05	*Beg*	laufend	XX			nR	0	BA
Anneliese Zementwerke AG	Squeeze-Out	X	LG Dortmund (20 O 20/05 AktG)	-	20.10.05	*Beg*	laufend	XX			nR	0	BA
IXOS Software AG	Delisting	X	LG München I (5 HK O 8496/05)	-	11.11.05	*GV*	laufend	XX			nR	0	BA
Werbas	Squeeze-Out	X	LG Stuttgart (34 AktE 16/05 KfH)	-	24.11.05	*Beg*	laufend	XX			nR	0	BA
GEA AG	Squeeze-Out	V	LG Dortmund (20 O 41/05 AktG)	-	11.12.05	*GV*	11.07.08	2,6			nR	+	BA
WEDECO AG	Squeeze-Out	X	LG Düsseldorf (31 O 68/05)	-	16.12.05	*Beg*	laufend	XX			nR	0	BA
Group Business Software AG	Verschmelzung	B	LG Meiningen (HK 0 68/06)	-	19.12.05	*Beg*	26.09.08	2,8			nR	0	BA
SinnLeffers AG	Squeeze-Out	V	LG Dortmund (18 O 61/05 AktG)	35	22.12.05	*Beg*	12.04.07	1,3			nR	+	BA
Felten & Guilleaume AG	Squeeze-Out	X	LG Köln (82 O 231/05)	-	27.12.05	*Beg*	24.11.05	XX			nR	0	BA
Wulle	Squeeze-Out	B	OLG Stuttgart (20 W 1/05)	-	n.b.	-	n.b.	n.b.			nR	-	F
Kleindienst Datentechnik AG	Verschmelzung	V	LG München I (5 HK O 18418/05)	12	23.11.05	*Bek*	17.04.09	3,4			nR	+	BA
Hoechst AG	Squeeze-Out	X	LG Frankfurt a.M. (3-05 O 102/05)	-	13.01.06	*GV*	laufend	XX			nR	0	BA
Kaufhalle AG	Squeeze-Out	X	LG Saarbrücken (7 II O 9/06 u.a.)	-	13.01.06	*GV*	laufend	XX			nR	0	BA
Heinrich Industrie AG	Squeeze-Out/UV	V	LG Dortmund (18 O 107/05, 18 O 156/05)	40	23.01.06	*Beg*	15.02.07	1,1			nR	+	BA
AXA Versicherung AG	Squeeze-Out	X	LG Köln (82 O 241/05)	-	31.01.06	*Beg*	laufend	XX			nR	0	BA
IXOS Software AG	Unternehmensvertrag	X	LG München I (5 HK O 9988/05)	-	02.02.06	*GV*	laufend	XX			nR	0	BA
Celanese AG	Unternehmensvertrag	X	LG Frankfurt a.M. (3-5 O 169/04)	-	24.02.06	*GV*	laufend	XX			nR	0	BA
Scholz & Friends AG	Squeeze-Out	V	LG Berlin (102 O 110/05)	26	23.03.06	*Beg*	16.11.07	1,7			nR	+	BA
Württembergischen u. Badischen Vers. AG	Squeeze-Out	V	LG Stuttgart (32 AktE 61/05)	35	24.03.06	*HR*	13.10.08	2,6			nR	+	BA
Deutschen Annington Heimbau AG	Squeeze-Out	X	LG Kiel (14 O 8/06)	-	18.04.06	*GV*	laufend	XX			nR	0	BA

Target	Strukturmaßnahme	Ende	Letztes Gericht und Az.	# AS	Beginn	*Art*	Ende	Dauer	1. In	2. In	aR/nR	+/-	Qu.
Konrad Hornschuch AG	Squeeze-Out	V	LG Stuttgart (32 AktE 59/05 KfH)	-	21.04.06	*GV*	30.04.08	2,0			nR	+	BA
Walter AG	Squeeze-Out	X	LG Stuttgart (32 AktE 2/06 KfH)	-	25.04.06	*GV*	laufend	XX			nR	0	BA
Armstrong DLW AG	Squeeze-Out	V	LG Stuttgart (34 AktE 1/06 KfH)	30	10.05.06	*Beg*	09.09.08	2,3			nR	+	BA
INKA AG	Squeeze-Out	X	LG München I (5 HK O 25194/05)	-	24.05.06	*GV*	laufend	XX			nR	0	BA
Depfa Deusche Pfandbriefbank AG	Squeeze-Out	B	LG Frankfurt a.M. (3-05 O 52/05)	12	27.05.06	*Bek*	24.12.10	4,6	0,1	4,5	nR	+	BA
CONTIGAS Deusche Energie-AG	Squeeze-Out	V	LG München I (5HK O 23098/05)	46	19.06.06	*Beg*	22.12.08	2,5			nR	+	BA
G.Kromschröder AG	Squeeze-Out/UV	V	LG Hannover (22AktE 121/05)	81	24.06.06	*HV*	22.12.08	2,5			nR	+	BA
Harpen AG	Squeeze-Out	X	LG Dortmund (20 O 115/05 AktG)	-	19.07.06	*Beg*	laufend	XX			nR	0	BA
Keramak AG	Unternehmensvertrag	X	LG Düsseldorf (31 O 4/06)	-	24.07.06	*Beg*	laufend	XX			nR	0	BA
Kühnle, Kopp & Kausch AG	Squeeze-Out	X	LG Frankenthal (2 HK.O 121/06 AktG)	-	15.08.06	*Beg*	laufend	XX			nR	0	BA
Brau und Brunnen AG	Squeeze-Out	X	LG Dortmund (18 O 158/05)	-	25.08.06	*GV*	laufend	XX			nR	0	BA
MIS AG	Squeeze-Out	X	LG Frankfurt a.M. (3-05 O 12/06)	-	28.08.06	*GV*	laufend	XX			nR	0	BA
Tarkett AG	Squeeze-Out	X	LG Frankenthal (1 HK O 19/06)	-	31.08.06	*Beg*	laufend	XX			nR	0	BA
Vattenfall Europe AG	Squeeze-Out	X	LG Berlin (n.b.)	0	08.09.06	*HV*	laufend	XX			nR	0	V
Grohe Water Technology AG & Co. KG	Verschmelzung	X	LG Dortmund (18 O 63/06 AktG)	-	03.10.06	*GV*	laufend	XX			nR	0	BA
Holsten Brauerei AG	Squeeze-Out	X	LG Hamburg (404 O 103/06)	-	16.10.06	*GV*	laufend	XX			nR	0	BA
Deutsche Bausparkasse Badenia AG	Squeeze-Out	X	LG Karlsruhe (14 O 30/03 KfH)	2	17.10.06	*GV*	laufend	XX			nR	0	BA
KBC Bank AG	Squeeze-Out	X	LG Bremen (n.b.)	-	11.11.06	*HV*	laufend	XX			nR	0	V
Nestle Waters Deutschland AG	Squeeze-Out	X	LG Koblenz (1 HK.O 147/02)	-	14.11.06	*GV*	laufend	XX			nR	0	BA
Regentalbahn AG	Squeeze-Out	X	LG München I (5HK O 11296/06)	-	14.11.06	*GV*	laufend	XX			nR	0	BA
Glunz AG	Squeeze-Out	V	LG Hannover (23 AktE 57/06)	-	24.11.06	*Beg*	21.08.09	2,7			nR	+	BA
Feldmühle Nobel AG	Unternehmensvertrag	B	OLG Düsseldorf (I-26 W 6/06)	27	27.11.06	*GV*	28.02.08	1,3			nR	+	BA
AVA Allg. Handelsgesellschaft der Verbr. AG	Squeeze-Out	X	LG Dortmund (20 O 14/06)	-	08.12.06	*Beg*	laufend	XX			nR	0	BA
Ciber Holding GmbH	Squeeze-Out	X	LG Mannheim (23 AktE 22/06)	-	14.12.06	*Beg*	laufend	XX			nR	0	BA
Quante AG	Squeeze-Out	X	LG Düsseldorf (31 O 50/06)	-	14.12.06	*Beg*	laufend	XX			nR	0	BA
Knürr AG	Squeeze-Out	X	LG München I (n.b.)	-	29.12.06	*HV*	laufend	XX			nR	0	V
Bremer Wollkämmerei AG	Squeeze-Out	X	LG Bremen (n.b.)	-	21.02.07	*HV*	laufend	XX			nR	0	V
n.b.	n.b.	X	LG Hannover (23 AktE 130/06)	-	08.03.10	*Az*	laufend	XX			nR	0	BA
T-Online AG	Verschmelzung	B	OLG Frankfurt a.M. (5 W 57/09)	242	29.09.06	*Bek*	10.09.10	4,0	2,5	1,5	nR	+	BA
Brain Force Financial Solutions AG	Squeeze-Out	V	LG München I (5 HK O 14662/06)	18	05.01.07	*Beg*	28.06.07	0,5			nR	+	BA
Group Technologies AG	Verschmelzung	V	LG Meiningen (HK O 68/06)	10	05.01.07	*Beg*	28.11.08	1,9			nR	+	BA
Deutsche Ärzteversicherung AG	Squeeze-Out	X	LG Köln (n.b.)	-	23.01.07	*HV*	laufend	XX			nR	0	V
AXA Konzern AG	Squeeze-Out	X	LG Köln (n.b.)	-	26.01.07	*HV*	laufend	XX			nR	0	V
P-D Interglas Technologies AG	Squeeze-Out	V	LG Stuttgart (34 O 169/06 KfH AktG)	-	02.02.07	*GV*	09.09.08	1,6			nR	+	BA
Würzburger Hofbräu AG	Squeeze-Out	B	OLG München (31 Wx 091/08)	-	12.02.07	*Beg*	02.02.09	2,0	1,5	0,5	nR	0	BA
WERU AG	Squeeze-Out	X	LG Stuttgart (34 O 8/07 KfH AktG)	-	16.02.07	*Beg*	laufend	XX			nR	0	BA
Bochum-Gelsenkirchener Straßenbahnen AG	Unternehmensvertrag	B	OLG Düsseldorf (I-26 W 7/07)	1	24.02.07	*HV*	11.02.09	2,0	0,4	1,6	nR	0	BA
Group Technologies AG	Verschmelzung	B	LG Mannheim (24 AktE 2/06)	-	07.03.07	*GV*	22.12.08	1,8			nR	0	BA
Bayer Schering Pharma AG	Squeeze-Out/UV	X	LG Berlin (102 O 134/06)	-	03.04.07	*Beg*	laufend	XX			nR	0	BA
Group Technologies AG	Verschmelzung	V	LG Mannheim (24 AktE 2/06)	-	11.04.07	*Beg*	03.10.08	1,5			nR	0	BA

Target	Strukturmaßnahme	Ende	Letztes Gericht und Az.	# AS	Beginn	*Art*	Ende	Dauer	1. In	2. In	aR/nR	+/-	Qu.
A. Friedrich Flender AG	Squeeze-Out	V	LG Dortmund (20 O 2/07)	18	26.04.07	*Beg*	26.03.10	2,9			nR	+	BA
Celanese AG	Squeeze-Out	X	LG Frankfurt a.M. (3-5 O 4/07)	-	11.05.07	*GV*	laufend	XX			nR	0	BA
freenet AG	Verschmelzung	X	LG Kiel (16 O 54/07)	-	16.05.07	*Beg*	laufend	XX			nR	0	BA
Grohe AG	Unternehmensvertrag	X	LG Dortmund (18 O 115/06)	-	18.05.07	*Beg*	laufend	XX			nR	0	BA
Abit AG	Verschmelzung	X	LG Düsseldorf (31 O 80/06)	1	23.05.07	*Beg*	laufend	XX			nR	0	BA
Gauss Interprise AG	Squeeze-Out	X	LG Hamburg (404 O 201/06)	-	28.05.07	*GV*	laufend	XX			nR	0	BA
freenet.de AG	Verschmelzung	X	LG Hamburg (404 O 64/07)	-	19.06.07	*Beg*	laufend	XX			nR	0	BA
Gerling-Konzern Allgemeine Versicherungs AG	Squeeze-Out	X	LG Köln (82 O 42/07)	-	19.06.07	*GV*	laufend	XX			nR	0	BA
STEAG Hama Tech AG	Unternehmensvertrag	X	LG Mannheim (24 AktE 5/06)	-	21.06.07	*Beg*	laufend	XX			nR	0	BA
Teutonia Zementwerk AG	Delisting	B	OLG Celle (9 W 92/09)	15	29.06.07	*Beg*	02.09.10	3,2	2,0	1,1	nR	+	BA
Krefelder Hotel AG	Squeeze-Out	V	LG Düsseldorf (31 O27/07 AktE)	23	05.07.07	*HR*	18.12.08	1,5			nR	+	BA
Karlsruher Lebensversicherung AG	Squeeze-Out	V	LG Mannheim (23 AktE 1/07)	18	02.08.07	*HR*	04.01.10	2,4			nR	+	BA
Kässbohrer AG	Unternehmensvertrag	X	LG Stuttgart (n.b.)	-	25.08.07	*HV*	laufend	XX			nR	0	V
Kässbohrer AG	Delisting	X	LG Stuttgart (n.b.)	-	25.08.07	*HV*	laufend	XX			nR	0	V
Deutsche Eisenhandel AG	Squeeze-Out	X	LG Lübeck (13 O 57/07)	-	18.09.07	*GV*	laufend	XX			nR	0	BA
Kölnische Verwaltungs AG für Vers.-werte	Squeeze-Out	X	LG Köln (82 O 130/07)	-	20.09.07	*GV*	laufend	XX			nR	0	BA
Deutsche Ärzteversicherung AG	Unternehmensvertrag	V	LG Köln (82 O 140/03)	-	04.10.07	*GV*	11.07.08	0,8			nR	+	BA
Kolbenschmidt Pierburg AG	Squeeze-Out	X	LG Stuttgart (34 O 156/07 KfH)	-	08.11.07	*GV*	laufend	XX			nR	0	BA
Piper Generalvertretung Deutschland AG	Delisting	X	LG Frankfurt a.M. (3-05 O 188/07)	-	28.11.07	*GV*	laufend	XX			nR	0	BA
VWD AG	Verschmelzung	V	Schiedsverfahren (1 HK O 7393/06)	25	12.12.07	*Beg*	21.05.10	2,4			nR	+	BA
Oppermann Versand AG	Unternehmensvertrag	X	LG Kiel (14 O 97/98)	-	13.12.07	*GV*	laufend	XX			nR	0	BA
Vion Food Hamburg AG	Squeeze-Out	X	LG Hamburg (417 O 102/07)	-	19.12.07	*GV*	laufend	XX			nR	0	BA
NFZ Norddeutsche Fleischzentrale AG	Squeeze-Out	B	OLG Hamburg (13 W 15/09)	3	19.12.07	*GV*	21.12.10	3,0	0,8	2,2	nR	+	BA
Cycos AG	Unternehmensvertrag	V	LG Köln (82 O 271/07)	45	23.12.07	*HR*	04.02.10	2,1			nR	0	BA
infor business solutions AG	Unternehmensvertrag	V	OLG Saarbrücken (1 W 347/09-50)	27	12.12.04	*HR*	28.09.10	5,8	4,6	1,2	nR	+	BA
DGAG Deutsche Grundvermögen AG	Squeeze-Out	X	LG Hamburg (404 O 143/07)	-	18.01.08	*GV*	laufend	XX			nR	0	BA
MWG Biotech	Delisting	X	LG München I (n.b.)	-	23.01.08	*HV*	laufend	XX			nR	0	V
Eurohypo AG	Unternehmensvertrag	X	LG Frankfurt a.M. (3-5 O 203/07)	-	05.02.08	*Beg*	laufend	XX			nR	0	BA
Broadnet AG	Verschmelzung	X	LG Hamburg (404 O 128/07)	-	07.02.08	*GV*	laufend	XX			nR	0	BA
Micrologistics AG	Squeeze-Out	X	LG Köln (91 O 99/07)	-	19.02.08	*GV*	laufend	XX			nR	0	BA
Parsytec AG	Delisting	X	LG Köln (82 O 10/08)	-	19.02.08	*GV*	laufend	XX			nR	0	BA
Dr. Scheller Cosmetics	Delisting	X	LG Stuttgart (31 O 84/07 KfH AktG)	-	28.02.08	*Beg*	laufend	XX			nR	0	BA
ContiTech AG	Squeeze-Out	X	LG Hannover (n.b.)	-	28.02.08	*HV*	laufend	XX			nR	0	V
Creaton AG	Unternehmensvertrag	X	LG München I (5 HK O 16022/07)	-	11.03.08	*Beg*	laufend	XX			nR	0	BA
Elephant Seven AG	Verschmelzung	X	LG München I (5 HK O 20168/07)	-	27.03.08	*GV*	laufend	XX			nR	0	BA
Hageda AG	Squeeze-Out	X	LG Köln (82 O 27/08)	-	30.04.08	*Beg*	laufend	XX			nR	0	BA
MME Moviement AG	Unternehmensvertrag	X	LG Berlin (102 O 228/07)	-	01.05.08	*GV*	laufend	XX			nR	0	BA
Equitrust AG	Squeeze-Out	X	LG Hamburg (404 O 57/08)	-	19.06.08	*Beg*	laufend	XX			nR	0	BA
infor business solutions AG	Verschmelzung	V	LG Saarbrücken (7 KFH O 217/ 08)	29	24.07.08	*HR*	03.11.10	2,3			nR	+	BA
IXOS Software AG	Squeeze-Out	X	LG München I (5 HK O 25194/05)	-	01.08.08	*HV*	laufend	XX			nR	0	V

Target	Strukturmaßnahme	Ende	Letztes Gericht und Az.	# AS	Beginn	*Art*	Ende	Dauer	1. In	2. In	aR/nR	+/-	Qu.
BHW Holding AG	Squeeze-Out	X	LG Berlin (102 O 38/08)	-	07.08.08	*GV*	laufend	XX			nR	0	BA
The NewGen Hotels AG	Squeeze-Out	X	LG Düsseldorf (n.b.)	-	16.09.08	*HV*	laufend	XX			nR	0	V
Jil Sander AG	Squeeze-Out	X	LG Hamburg (417 O 92/08)	-	17.10.08	*GV*	laufend	XX			nR	0	BA
GBH Grundstücks und Bau AG	Squeeze-Out	X	LG Stuttgart (32 O 29/08)	-	12.11.08	*GV*	laufend	XX			nR	0	BA
Allianz Lebensversicherungs-AG	Squeeze-Out	X	LG Stuttgart (n.b.)	-	13.11.08	*HV*	laufend	XX			nR	0	V
Wave Light AG	Unternehmensvertrag	X	LG Nürnberg-Fürth (n.b.)	0	13.11.08	*HV*	laufend	XX			nR	0	V
Beru AG	Unternehmensvertrag	X	LG Stuttgart (n.b.)	-	27.11.08	*HV*	laufend	XX			nR	0	V
MobilCom AG	Verschmelzung	X	LG Kiel (n.b.)	-	02.03.06	*HV*	laufend	XX			nR	0	V
Schwarz Pharma AG	Squeeze-Out/UV	X	LG Düsseldorf (33 O 175/09)	-	14.11.07	*HV*	laufend	XX			nR	0	BA
UBAG AG	Squeeze-Out	V	LG München I (5 HK O 14165/08)	21	22.11.08	*HR*	08.09.09	0,8			nR	+	BA
Operator Telekommunikation International AG	Squeeze-Out	V	LG Düsseldorf (31 O 80/08)	4	17.12.08	*HR*	05.02.10	1,1			nR	0	BA
Bayerische Hypo- und Vereinsbank AG	Squeeze-Out	X	LG München I (n.b.)	-	03.01.09	*HV*	laufend	XX			nR	0	V
BBI Bürgerliches Brauhaus Immobilien AG	Squeeze-Out	X	LG München I (5 HK O16505/08)	-	09.02.09	*Beg*	laufend	XX			nR	0	BA
Eurohypo AG	Squeeze-Out	X	LG Frankfurt a.M. (3-5 O 155/08)	-	16.02.09	*Beg*	laufend	XX			nR	0	BA
Teutonia Zementwerk AG	Squeeze-Out	X	LG Hannover (23 AktE 133/08)	-	17.02.09	*GV*	laufend	XX			nR	0	BA
Keramag AG	Squeeze-Out	X	LG Düsseldorf (n.b.)	-	23.02.09	*HV*	laufend	XX			nR	0	V
DBV Winterthur Holding AG	Unternehmensvertrag	X	LG Köln (91 O153/08)	-	02.03.09	*GV*	laufend	XX			nR	0	BA
IVG Deutschland Immobilien AG	Squeeze-Out	X	LG Köln (n.b.)	-	06.03.09	*HV*	laufend	XX			nR	0	V
Autania Holding AG	Squeeze-Out	X	LG Frankfurt a.M. (3-05 O 351/08)	-	12.03.09	*Beg*	laufend	XX			nR	0	BA
Kölnsche Rückversicherungs AG	Squeeze-Out	X	LG Köln (82 O 2/09)	-	07.04.09	*GV*	laufend	XX			nR	0	BA
LHS AG	Unternehmensvertrag	X	LG Frankfurt a.M. (3-05 O 301/08)	-	15.04.09	*Beg*	laufend	XX			nR	0	BA
VEM Aktienbank AG	Delisting	X	LG München I (5 HK O 2194/09)	-	23.04.09	*Beg*	laufend	XX			nR	0	BA
VEM Aktienbank AG	Unternehmensvertrag	X	LG München I (5 HK O 2194/09)	0	09.06.09	*GV*	laufend	XX			nR	0	BA
CCR Logistics Systems AG	Unternehmensvertrag	X	LG München I (n.b.)	-	28.08.09	*HV*	laufend	XX			nR	0	V
AWD AG	Squeeze-Out	X	LG Hannover (n.b.)	-	02.09.09	*HV*	laufend	XX			nR	0	V
Lindner Holding KGaA	Squeeze-Out	X	LG München I (n.b.)	-	03.09.09	*HV*	laufend	XX			nR	0	V
Sanierungs- und Gewerbebau-AG	Squeeze-Out	X	LG Köln (82 O 197/09)	-	23.09.09	*GV*	laufend	XX			nR	0	BA
Utimaco Safeware AG	Unternehmensvertrag	X	LG Frankfurt a.M. (n.b.)	-	29.09.09	*HV*	laufend	XX			nR	0	V
DBV Winterthur AG	Squeeze-Out	X	LG Frankfurt a.M. (3-05 O 74/09)	-	02.10.09	*GV*	laufend	XX			nR	0	BA
GL Aktiengesellschaft	Squeeze-Out	X	LG Hamburg (404 O 82/09)	-	21.10.09	*GV*	laufend	XX			nR	0	BA
Linos AG	Squeeze-Out	X	LG Hannover (22 AktE 63/09)	81	31.10.09	*HR*	laufend	XX			nR	0	BA
HamaTech AG	Verschmelzung	X	LG Nürnberg-Fürth (n.b.)	-	01.12.09	*HV*	laufend	XX			nR	0	V
VOGT electronic AG	Delisting/UV	X	LG München I (5 HK O 7819/09)	-	n.b.	*Az*	laufend	XX			nR	0	BA
KSR Kübler- Niveau-Messtechnik AG	Unternehmensvertrag	X	LG Mannheim (24 AktE 12/09)	15	16.11.09	*Beg*	laufend	XX			nR	0	BA
La mer Cosmetics AG	Squeeze-Out	X	LG Hannover (22 AktE 97/09)	-	02.12.09	*HR*	laufend	XX			nR	0	BA
CMG Grundstücksverwaltungs- und Bet.-AG	Squeeze-Out	X	LG Stuttgart (31 O 213/09 KfH)	-	04.01.10	*GV*	laufend	XX			nR	0	BA
Beru AG	Squeeze-Out	X	LG Stuttgart (31 O 173/09 KfH)	-	12.01.10	*GV*	laufend	XX			nR	0	BA
infor business solutions AG	Squeeze-Out	V	LG Saarbrücken (8 KFH O 138/09)	40	13.01.10	*HR*	12.10.10	0,7			nR	+	BA
Corealcredit Bank AG	Squeeze-Out	X	LG Frankfurt a.M. (3-5 O 362/09)	-	18.01.10	*GV*	laufend	XX			nR	0	BA
ersol Solar Energy AG	Squeeze-Out	X	LG Erfurt (n.b.)	-	29.01.10	*HV*	laufend	XX			nR	0	V

Target	Strukturmaßnahme	Ende	Letztes Gericht und Az.	# AS	Beginn	*Art*	Ende	Dauer	1. In	2. In	aR/nR	+/-	Qu.
Francono Rhein-Main AG	Unternehmensvertrag	X	LG Frankfurt a.M. (3-05 O 307-09)	-	25.02.10	*GV*	laufend	XX			nR	0	BA
Francono Rhein-Main AG	Squeeze-Out	X	LG Frankfurt a.M. (3-05 O 307-09)	-	25.02.10	*GV*	laufend	XX			nR	0	BA
Otto Stumpf AG	Squeeze-Out	X	LG Nürnberg-Fürth (1 HK O 4390/09)	-	02.03.10	*GV*	laufend	XX			nR	0	BA
telegate Media AG	Squeeze-Out	X	LG Dortmund (18 O 38/09)	-	18.03.10	*GV*	laufend	XX			nR	0	BA
GeneScan Europe AG	Delisting	X	LG Mannheim (24 AktE 15/09)	-	25.03.10	*GV*	laufend	XX			nR	0	BA
Ricardo.de AG	Squeeze-Out	X	LG Hamburg (417 O 106/09)	-	26.03.10	*GV*	laufend	XX			nR	0	BA
Hypo Real Estate Holding AG	Squeeze-Out	X	LG München I (n.b.)	-	13.04.10	*HV*	laufend	XX			nR	0	V
Living-e AG	Squeeze-Out	X	LG Mannheim (24 AktE 23/10)	-	18.04.10	*Beg*	laufend	XX			nR	0	BA
AWD Holding AG	Squeeze-Out	X	LG Hannover (23 AktE 191/09)	-	28.04.10	*GV*	laufend	XX			nR	0	BA
SCI AG	n.b.	X	LG Mühlhausen (1 HKO 9/10)	-	11.05.10	*GV*	laufend	XX			nR	0	BA
Jerini AG	Squeeze-Out	X	LG Berlin (102 O 25/10)	-	12.05.10	*GV*	laufend	XX			nR	0	BA
Constantin Film AG	Squeeze-Out	X	LG München I (5 HK O 19225/09)	-	17.05.10	*GV*	laufend	XX			nR	0	BA
FJA AG	Verschmelzung	X	LG Stuttgart (32 O 103/09)	-	18.05.10	*GV*	laufend	XX			nR	0	BA
DOM-Brauerei AG	Squeeze-Out	X	LG Köln (91 O 57/10)	-	30.06.10	*GV*	laufend	XX			nR	0	BA
EPCOS AG	Squeeze-Out	X	LG München I (5HK O 20316/09)	-	07.07.10	*GV*	laufend	XX			nR	0	BA
GPC Biotech AG	Verschmelzung	X	LG München I (5 HK O 22816/09)	-	12.07.10	*GV*	laufend	XX			nR	0	BA
Dr. Scheller Cosmetics	Squeeze-Out	X	LG Stuttgart (31 O 29/10 KfH)	-	14.07.10	*GV*	laufend	XX			nR	0	BA
IDS Scheer AG	Unternehmensvertrag	X	LG Saarbrücken (n.b.)	-	17.07.10	*HV*	laufend	XX			nR	0	V
Dom Brauerei AG	Squeeze-Out	X	LG Köln (n.b.)	-	11.08.10	*HV*	laufend	XX			nR	0	V
LHS AG	Squeeze-Out	X	LG Frankfurt a.M. (3-5 O 2/10)	-	18.08.10	*Beg*	laufend	XX			nR	0	BA
Delta Lloyd Lebensversicherung Deutschland AG	Squeeze-Out	X	LG Frankfurt a.M. (3-05 O 47/10)	-	30.08.10	*Beg*	laufend	XX			nR	0	BA
Bibliographisches Institut AG	Squeeze-Out	X	LG Mannheim (23 AktE 3/10)	-	30.08.10	*GV*	laufend	XX			nR	0	BA
Hypo Real Estate Holding AG	Squeeze-Out	X	LG München I (5 HK O 19183/09)	-	06.09.10	*GV*	laufend	XX			nR	0	BA
Maihak AG	Squeeze-Out	X	LG Hamburg (417 O 103/10)	-	13.09.10	*GV*	laufend	XX			nR	0	BA
D + S europe AG	Squeeze-Out	X	LG Hamburg (404 O 72/10)	-	28.09.10	*GV*	laufend	XX			nR	0	BA
VEM Aktienbank AG	Squeeze-Out	X	LG München I (5 HK O 14093/09)	0	01.11.10	*GV*	laufend	XX			nR	0	BA
Altana AG	Squeeze-Out	X	LG Düsseldorf (n.b.)	-	16.11.10	*HV*	laufend	XX			nR	0	V
ERGO Versicherungsgruppe Aktiengesellschaft	Squeeze-Out	X	LG Düsseldorf (33 O 72/10)	-	22.11.10	*GV*	laufend	XX			nR	0	BA
Winkler + Dünnebier AG	Squeeze-Out	X	LG Koblenz (3 HK O 49/10)	85	24.11.10	*GV*	laufend	XX			nR	0	BA
ComputerLinks AG	Delisting/UV	X	LG München I (5 HK O 16571/09)	-	28.11.10	*HR*	laufend	XX			nR	0	BA
Syskoplan AG	Unternehmensvertrag	X	LG Dortmund (n.b.)	-	04.12.10	*HV*	laufend	XX			nR	0	V
Didier AG	Squeeze-Out	X	LG Frankfurt a.M. (3-5 O 104/10)	-	12.01.11	*GV*	laufend	XX			nR	0	BA
HBW Abwicklungs AG i.L.	Squeeze-Out	X	LG Hannover (n.b.)	-	20.01.11	*HV*	laufend	XX			nR	0	V
Actris AG	Squeeze-Out	X	LG Mannheim (n.b.)	-	08.03.11	*HV*	laufend	XX			nR	0	V

Literaturverzeichnis

Im Text werden Aufsätze in Zeitschriften mit der Fundstelle ohne Titel zitiert, alle anderen Werke mit vollem Titel, wenn nicht ein Kurzzitat angegeben ist. Die genannten Internet-Adressen wurden zuletzt am 30.09.2012 abgerufen.

Abramczyk, Jon E. / Cincilla, Jason A. / Honaker, James D., Going-Private "Dilemma"? – Not in Delaware, 58 Bus. Law. 1351 (2003).

Abuaf, Niso, Valuing Illiquid Equity Securities in Light of the Financial Crisis of 2007-2009, 20 Journal of Applied Finance 110, 113 (2010).

Adams, Michael, Reform des Kostenersatzrechts bei Aktionärsklagen mit Drittwirkung, AG 2000, 397 ff.

Adebanjo, Adetoun Teslimat, Remedies for dissenting shareholders: A comparison of the current option of personal action and the proposed appraisal remedy under the Companies Bill Of 2008, *zitiert:* Remedies for dissenting shareholders in South Africa, Kapstadt 2008.

Adolff, Johannes, Unternehmensbewertung im Recht der börsennotierten Aktiengesellschaft (München, Univ., Habil.-Schr., 2004), München 2007, *zitiert:* Unternehmensbewertung.

Adolff, Johannes / Tieves, Johannes, Über den rechten Umgang mit einem entschlusslosen Gesetzgeber: Die aktienrechtliche Lösung des BGH für den Rückzug von der Börse, BB 2003, 797 ff.

Aerssen, Rick van, Die Antragsbefugnis im Spruchstellenverfahren, AG 1999, 249 ff.

Allen, William T., Securities Markets as Social Products: The Pretty Efficient Capital Market Hypothesis, 28 J. CORP. L. 551 (2003).

Altmeppen, Holger, Die unzulängliche Abfindungsregelung beim Squeeze- out, ZIP 2010, 1773 ff.

American Bar Association, Model Business Corporation Act (2008) / adopted by Committee on Corporate Laws of the Section of Business Law, American Bar Association: with official comments and reporter's annotations, 2009 revision, 4th edition, New York 2009, *zitiert:* MBCA annotated 2009.

Arbeitskreis Beschlussmängelrecht, Vorschlag zur Neufassung der Vorschriften des Aktiengesetzes über Beschlussmängel, AG 2008, 617 ff.

Aubel, Stephan / Weber, Christian, Ausgewählte Probleme bei Eingliederung und Squeeze Out während eines laufenden Spruchverfahrens, WM 2004, 857 ff.

Austmann, Andreas, Der verschmelzungsrechtliche Squeeze-out nach dem 3. UmwÄndG 2011, NZG 2011, 684 ff.

Austmann, Andreas, Integration der Zielgesellschaft nach Übernahme, ZGR 2009, 277 ff.

Austmann, Andreas / Mennicke, Petra, Übernahmerechtlicher Squeeze-out und Sellout, NZG 2004, 846 ff.

Austmann, Andreas, Neue Regeln für das Spruchverfahren – Plädoyer für eine grundlegende Reform ("Die erste Seite"), BB 2002, Heft 15, S. I ff.

Baird, Douglas G. / Henderson, M. Todd, Other peoples money, 60 Stn. L Rev. 1309 (2008).

Balotti, R. Franklin / Finkelstein, Jesse A., Delaware Law Of Corporations & Business Organizations, Statutory Deskbook, 2007 Edition, New York 2007.

Barthel, Carl W., Unternehmenswert: Die International Valuation Standards, DStR 2010, 2003 ff.

Barthel, Carl W., Unternehmenswert: Prognosen, Phasen und Probleme, DStR 2010, 1198 ff.

Bassewitz, Gerd Graf von / Krüger, Peter, Schwierige Abwehr von Squeeze-out-Spekulationen, Börsen-Zeitung vom 23.02.2005, S. 7.

Bates, Thomas W. / Lemmon, Michael L. / Linck, James S., Shareholder Wealth Effects and Bid Negotiation in Freeze-Out Deals: Are Minority Shareholders Left Out in the Cold?, 81 Journal of Financial Economics 681 (2005).

Bauer, Patrick, Anmerkung zu BGH, Beschluss vom 12.03.2001 – II ZB 15/00 (DAT/Altana) – Zur Berücksichtigung des Börsenkurses bei der Abfindung außenstehender Aktionäre, NZG 2001, 892 ff.

Baumbach, Adolf / Hopt, Klaus J., Handelsgesetzbuch: HGB, 34. Auflage 2010, München 2010, *zitiert:* HGB.

Baums, Philipp A., Ausschluss von Minderheitsaktionären (Greifswald, Univ., Jur. Diss., 2001), Frankfurt am Main u.a. 2001.

Baums, Theodor, Der Aktionär – Das unbekannte Wesen, in: Festschrift für Karsten Schmidt zum 70. Geburtstag, Köln 2009, *zitiert:* FS K. Schmidt.

Baums, Theodor, Rechtsfragen der Bewertung bei Verschmelzung börsennotierter Gesellschaften, in: Recht und Wirtschaft: Gedächtnisschrift für Malte Schindhelm (auch erschienen als ILF Working Paper Series No. 104), Köln 2009, *zitiert:* GS Schindhelm.

Baums, Theodor / Drinhausen, Florian, Zu den Interdependenzen zwischen Beschlussmängelklagen und Spruchverfahren, ZIP 2008, 145 ff.

Baums, Theodor, Reformvorschläge zum Anfechtungsrecht, BB 2007, 2525 ff.

Baums, Theodor / Keinath, Astrid / Gajek, Daniel, Fortschritte bei Klagen gegen Hauptversammlungsbeschlüsse? Eine empirische Studie (auch erschienen als ILF Working Paper Series No. 70, unter dem Titel Weitere Reform des Rechts der Anfechtung von Hauptversammlungsbeschlüssen), ZIP 2007, 1629 ff.

Baums, Theodor, Die Anfechtung von Hauptversammlungsbeschlüssen, Arbeitspapier Nr. 85, Institut für Handels- und Wirtschaftsrecht, Universität Osnabrück, Osnabrück 2000, *zitiert:* Anfechtung von Hauptversammlungsbeschlüssen.

Baums, Theodor / Vogel, Hans-Gert / Tacheva, Maja, Rechtstatsachen der Beschlusskontrolle im Aktienrecht, ZIP 2000, 1649 ff.

Baums, Wolfgang, Der Ausgleich nach § 304 AktG. Eine ökonomische Analyse (Hamburg, Univ., Jur. Diss., 2006), Frankfurt am Main u.a. 2007, *zitiert:* Ausgleich nach § 304 AktG.

Bayer, Walter, Die Kontrollfunktion der aktienrechtlichen Anfechtungsklage – Rechtsdogmatische Grundlegung, in: Schriftenreihe der Gesellschaftsrechtlichen Vereinigung 1999 (VGR), Köln 2000, *zitiert:* Die Kontrollfunktion der aktienrechtlichen Anfechtungsklage, in: VGR, Gesellschaftsrecht in der Diskussion 1999.

Bayer, Walter / Hoffmann, Thomas, Statistiken zur AG – eine kritische Bestandsaufnahme, AG 2010, R283 ff.

Bayer, Walter / Schmidt, Jessica, Der Regierungsentwurf zur Änderung des Umwandlungsgesetzes – Eine kritische Stellungnahme, NZG 2006, 841 ff.

Bayer, Walter / Schmidt, Jessica, Die Reform der Kapitalaufbringung bei der Aktiengesellschaft durch das ARUG, ZGR 2009, 805 ff.

Bayer, Walter / Stange, Kristian, Ausschluss von Minderheitsaktionären seit 2002, AG 2007, R320 ff.

Bayer, Walter / Stange, Kristian, Eingeleitete Spruchverfahren nach Squeeze-out-Beschlüssen, AG 2008, R303 ff.

Bebchuck, Lucian A. / Cohen, Alma, Firms' Decisions Where to Incorporate, 46 J.L. & Econ. 383 (2003).

Behnke, Thorsten, Das Spruchverfahren nach §§ 306 AktG, 305 ff. UmwG (Bayreuth, Univ., Jur. Diss., 2000), Frankfurt am Main u.a. 2001.

Behrens, Frithjof Olaf, Die grenzüberschreitende Verschmelzung nach der Richtlinie 2005/56/EG – Verschmelzungsrichtlinie (Hamburg, Univ., Jur. Diss., 2007), Göttingen 2007, *zitiert:* Die grenzüberschreitende Verschmelzung.

Bender, Matthew, Delaware Corporation Laws Annotated, 2008-2009 Edition (State of Delaware and Matthew Bender & Company, Inc., a member of the LexisNexis Group), New York 2009, *zitiert:* Delaware Corporation Laws Annotated.

Ben-Ishat, Stephanie / Purt, Poonam, The Canadian Oppression Remedy Judicially Considered: 1995-2001, 30 Queen's L.J. (2004) .

Bercher, Anne / Engel, Martin, Kostenanreize für eine Streitbeilegung durch Mediation, ZRP 2010, 126 ff.

Beyerle, Konrad, Erfahrungen mit dem Spruchstellenverfahren nach § 306 AktG, ZGR 1977, 650 ff.

Beyerle, Konrad, Notwendige Änderungen im Verfahren der Freiwilligen Gerichtsbarkeit nach § 306 AktG, BB 1978, 784 ff.

Bezzenberger, Gerold / Bezzenberger, Tilman, Aktionärskonsortien zur Wahrnehmung von Minderheitsrechten, in: Festschrift für Karsten Schmidt zum 70. Geburtstag, Köln 2009, *zitiert:* FS K. Schmidt.

Bezzenberger, Gerold / Bezzenberger, Tilman, Rechtsschutzmittel der Aktionäre gegen Kapitalverwässerungen. Anfechtungsklage oder Spruchverfahren bei Verschmelzungen und Kapitalerhöhungen mit Bezugsrechtsausschluß, in: Festschrift für Welf Müller zum 65. Geburtstag, München 2001, *zitiert:* FS Müller.

Bidmon, Katja, Die Reform des Spruchverfahrens durch das SpruchG (Osnabrück, Univ., Jur. Diss., 2006), Berlin u.a. 2006.

Bilda, Klaus, Zur Dauer des Spruchstellenverfahrens, NZG 2000, 296 ff.

Bison, Hildegard, Mißbrauch der Anfechtungsklage durch den Aktionär: eine rechtsvergleichende Analyse des US-amerikanischen und des deutschen Rechts (Bonn, Univ., Jur. Diss., 1997), Frankfurt am Main u.a. 1997.

Blumberg, Philipp, Amerikanisches Konzernrecht, ZGR 1991, 327 ff.

Böhmer, Till, Der Schutz der Minderheitsaktionäre bei Übernahmen börsennotierter Gesellschaften in Europa: eine Untersuchung des Pflichtangebots in Deutschland, England, Frankreich, Italien, Österreich und der Schweiz (Berlin, Humboldt-Univ., Jur. Diss., 2003), München 2004.

Böhret, Carl / Konzendorf, Götz, Leitfaden zur Gesetzesfolgenabschätzung, Berlin 2001.

Bonanno, J. Bautz, The Protection of Minority Shareholders in a Konzern under German and United States Law, 18 Harv. Int'l. L. J. 151 (1977).

Booth, Richard A., Minority Discounts and Control Premiums in Appraisal Proceedings, 57 Bus. Law. 127 (2001).

Borden, Arthur M., Going Private, New York 2006.

Bosse, Christian, Grünes Licht für das ARUG: das Aktienrecht geht online, NZG 2009, 807 ff.

Böttcher, Lars, Die kapitalschutzrechtlichen Aspekte der Aktionärsrechterichtlinie (ARUG), NZG 2008, 481 ff.

Brandi, Tim Oliver / Wilhelm, Alexander, Gesellschaftsrechtliche Strukturmaßnahmen und Börsenkursrechtsprechung – Aktuelle Tendenzen in der Rechtsprechung, NZG 2009, 1408 ff.

Brüchle, Christian / Ehrhardt, Olaf / Nowak, Eric, Konzerneinfluss und Entkopplung vom Marktrisiko – Eine empirische Analyse der Betafaktoren bei faktischen und Vertragskonzernen, ZfB 2008, No. 5 ff.

Büchel, Helmut, Neuordnung des Spruchverfahrens, NZG 2003, 793 ff.

Büchel, Helmut, Vom Unbedenklichkeitsverfahren nach §§ 16 Abs. 3 UmwG, 319 Abs. 6 AktG zum Freigabeverfahren nach dem UMAG, in: Festschrift Liber amicorum Wilhelm Happ zum 70. Geburtstag am 30. April 2006, Köln 2006, *zitiert:* FS Happ.

Bücker, Thomas, Die Berücksichtigung des Börsenkurses bei Strukturmaßnahmen – BGH revidiert DAT/Altana, NZG 2010, 967 ff.

Bundesverband der Deutschen Industrie e.V., Stellungnahme zum Entwurf der Bundesregierung eines Gesetzes zur Umsetzung der Aktionärsrechterichtlinie (ARUG), 13. Februar 2009, Dokumenten Nr.0257, abrufbar unter: www.bdi.eu/Aktienrecht9415.htm, *zitiert:* BDI Stellungnahme RegE ARUG, 2009.

Bungert, Hartwin, BVerfG: Zur Bestimmung des Umtauschverhältnisses auf der Basis von Börsenwerten bei der Verschmelzung, BB 2011, 1518 ff.

Bungert, Hartwin, Zur Bestimmung des Umtauschverhältnisses bei der Verschmelzung einer AG durch Aufnahme – Zugleich Anmerkung zu BVerfG, Beschluss 20.12.2010 – 1 BvR 2323/07, BB 2011, 459 ff.

Bungert, Hartwin, Anmerkung zu BayObLG, Beschluß vom 18.12.2002, - 3 ZBR 116/00 "Hypo-Vereinsbank" – Umtauschverhältnis bei Verschmelzungen entspricht nicht den Börsenwerten, BB 2003, 699 ff.

Bungert, Hartwin / Eckert, Jan, Unternehmensbewertung nach Börsenwert: Zivilgerichtliche Umsetzung der BVerfG-Rechtsprechung, BB 2000, 1847 ff.

Bungert, Hartwin / Mennicke, Petra, BB-Gesetzgebungsreport: Das Spruchverfahrensneuordnungsgesetz, BB 2003, 2021 ff.

Busse von Colbe, Walther, Der Vernunft eine Gasse: Abfindung von Minderheitsaktionären nicht unter dem Börsenkurs ihrer Aktien, in: Deutsches und europäisches Gesellschafts-, Konzern- und Kapitalmarktrecht: Festschrift für Marcus Lutter zum 70. Geburtstag, Köln 2000, *zitiert:* FS Lutter.

Busse von Colbe, Walther, Berücksichtigung von Synergien versus Stand-alone-Prinzip bei der Unternehmensbewertung, in: ZGR 1994, 595 ff.

Calio, Joseph Evan, New Appraisals of Old Problems: Reflections on the Delaware Appraisal Proceeding, 32 AM. BUS L. J. 1, 13 n 46 (1994).

Carney, William J. / Shepherd, George B., The Mystery of Delaware Law's Continuing Success, U. Ill. L. Rev. 1 (2009).

Carrion, Diego, A comparative study of the minority shareholders' appraisal right in the United States and in the civil law, *zitiert:* Comparative study with Peruvian law, 2. HOLLIS number 012082696 (nicht veröffentlicht, liegt dem Verfasser vor).

Chen, Feng / Yee, Kenton K. / Yoo, Yong Keun, Robustness of Judicial Decisions to Valuation-Method Innovation: An Exploratory Empirical Study, 37 JBFA 1094 (2010).

Chen, Feng / Yee, Kenton K. / Yoo, Yong Keun, Did Adoption of Forward-Looking Valuation Methods Improve Valuation Accuracy in Shareholder Litigation?, 22 Journal of Accounting, Auditing and Finance 573 (2007).

Choi, Stephen J., Do The Merits Matter Less, 23 Journal of Law, Economics, and Organization 59 (2007).

Claussen, Carsten Peter, Der Aktionär – Das unbekannte Wesen, in: Festschrift für Karsten Schmidt zum 70. Geburtstag, Köln 2009, *zitiert:* FS K. Schmidt.

Coates, John C. IV, An Empirical Reassessment of MBO Bids: Techniques, Outcomes and Delaware Corporate Law, Columbia Working Paper 1995.

Cohen, David, Valuation In The Context Of Share Appraisal, 34 Emory L.J. 117 (1985).

Cools, Sophie, The real difference in corporate law between the United States and continental Europe: Distribution of power, 30 DJL 697 (2005).

Cox, James D. / Hazen, Thomas Lee, Cox & Hazen on corporations – including unincorporated forms of doing business, New York 2008.

Dammann, Jens, Majority Freezeouts, University of Texas Law, Law and Econ Research Paper No. 114 (2007).

Daske, Holger / Bassemir, Moritz / Fischer, Felix F., Manipulation des Börsenkurses durch gezielte Informationspolitik im Rahmen von Squeeze-outs? – Eine empirische Untersuchung am deutschen Kapitalmarkt, Working Paper Series: Finance and Accounting 200, Department of Finance, Goethe University Frankfurt am Main, Frankfurt am Main 2008.

Decher, Christian E., Die Ermittlung des Börsenkurses für Zwecke der Barabfindung beim Squeeze-out, ZIP 2010, 1673 ff.

Decher, Christian E., Wege zu einem praktikablen und rechtssicheren Spruchverfahren, in: Festschrift für Georg Maier-Reimer zum 70. Geburtstag, S. 57, München 2010, *zitiert:* FS Meier-Reimer.

Decher, Christian E., Börsenkurs sollte für Barabfindungen entscheidend sein – Am Marktwert orientierte Entschädigung von Minderheiten würde Transaktionssicherheit schaffen und Anreize für Klagen beseitigen, Börsen-Zeitung, 05.09.2007, S. 2.

Decher, Christian E., Grenzüberschreitende Umstrukturierungen jenseits von SE und Verschmelzungsrichtlinie, ILF Working Paper 56 ff., 2006.

Decher, Christian E., Bedeutung und Grenzen des Börsenkurses bei Zusammenschlüssen zwischen unabhängigen Unternehmen, in: Festschrift für Herbert Wiedemann zum 70. Geburtstag, S. 789, München 2002, zitiert: FS Wiedemann.

Deilmann, Barbara, Aktienrechtlicher versus übernahmerechtlicher Squeeze-out, NZG 2007, 721 ff.

Deutscher Juristentag e.V., Verhandlungen des 63. Deutschen Juristentages, Verhandlungen des 63. DJT, 2000.

Deutscher Juristentag e.V., Verhandlungen des 64. Deutschen Juristentages, Verhandlungen des 64. DJT, 2001.

Deutscher Juristentag e.V., Verhandlungen des 67. Deutschen Juristentages, Beschlüsse des 67. DJT, 2004.

Diop, Denis / Steinbrecher, Alexander, Ein Mediationsgesetz für Deutschland: Impuls für die Wirtschaftsmediation?, BB 2011, 131 ff.

Dißars, Björn-Axel, Antragsbefugnis von Namensaktionären im Spruchverfahren über ein Squeeze-out, BB 2004, 1293 ff.

Dörfler, Wolfgang / Gahler, Wolfgang / Unterstraßer, Stefan / Wirichs, Robert, Probleme bei der Wertermittlung von Abfindungsangeboten, BB 1994, 154 ff.

Duve, Christian / Pfitzner, Tanja, Braucht der Kapitalmarkt ein neues Gesetz für Massenverfahren?, BB 2005, 673 ff.

Eggert, Stefan, Aktionärsrechte bei der nationalen Verschmelzung und Spaltung: eine vergleichende Untersuchung des deutschen, französischen, belgischen und britischen Rechts (Berlin, Humboldt-Univ., Jur. Diss., 2008), Frankfurt am Main u.a. 2008.

Eichholtz, Stephanie, Die US-amerikanische Class Action und ihre deutschen Funktionsäquivalente (Hamburg, Univ., Jur. Diss., 2001), Tübingen 2002.

Eidenmüller, Horst, Effizienz als Rechtsprinzip: Möglichkeiten und Grenzen der ökonomischen Analyse des Rechts (München, Univ., Jur. Diss., 1994), Tübingen 2005.

Elst, Christoph van der / Steen, Lientje van den, Balancing the Interests of Minority and Majority Shareholders: A Comparative Analysis of Squeeze-out and Sell-out Rights, ECFR 2009, 391.

Emmerich, Volker, Das neue Spruchverfahrensgesetz, in: Festschrift für Winfried Tilmann zum 65. Geburtstag, München 2003, *zitiert:* FS Tilmann.

Emmerich, Volker / Habersack, Mathias, Aktien- und GmbH-Konzernrecht, 6. Auflage, München 2010, *zitiert:* Konzernrecht.

Erttmann, Dorothee / Keul, Thomas, Das Vorlageverfahren nach dem KapMuG – zugleich eine Bestandsaufnahme zur Effektivität des Kapitalanlagemusterverfahrens, WM 2007, 482 ff.

Eugene F., Efficient Capital Markets: A Review of Theory and Empirical Work, 25 Journal of Finance 383 (1970).

Falkner, Tobias, Zur (Un-)Widerleglichkeit der Vermutung, dass die im Rahmen eines übernahmerechtlichen Squeeze-out angebotene Abfindung als angemessen gilt, ZIP 2008, 1775 ff.

Fest, Timo, Anmerkung zur Entscheidung des BGH vom 22. 2. 2011 – II ZR 146/09 – Darlegungs- und Beweislast bei Prognoseentscheidungen im Rahmen der Business Judgment Rule, NZG 2011, 540 ff.

Fleischer, Holger, Zur Zukunft der gesellschafts- und kapitalmarktrechtlichen Forschung, ZGR 2007, 500 ff.

Fleischer, Holger, Legal Transplants im deutschen Aktienrecht, NZG 2004, 1129 ff.

Fleischer, Holger, Das neue Recht des Squeeze out, ZGR 2002, 757 ff.

Fleischer, Holger, Grundfragen der ökonomischen Theorie im Gesellschafts- und Kapitalmarktrecht, ZGR 2001, 1 ff.

Fletcher, William Meade, Fletcher Cyclopedia of the Law of Corporations (April 2010 Update), 2010, *zitiert:* Cyclopedia of the Law of Corporations.

Franke, Florian, Synergien in Rechtsprechung und Rechnungslegung: Behandlung von Synergiepotenzialen im Gesellschafts- und Handelsrecht (Frankfurt am Main, Univ., Jur. Diss., 2009), Wiesbaden 2009.

Frankel, Tamar, Presumptions and Burdens of Proof as Tools for Legal Stability and Change, 17 Harc. J. L. & Pub. Pol'y 759 (1994).

Freitag, Karl-Walter, Der räuberische Konzernherr – Facetten der Rechts- und Bewertungspraxis bei der gesetzlichen Abfindung von Aktionärsminoritäten -, in: Festschrift für Christian Richter II, Verstehen und Widerstehen, Baden-Baden 2006, *zitiert:* FS Christian Richter II.

Freytag, Lars Ferenc, Neues zum Recht der Konzernverschmelzung und des Squeeze out, BB 2010, 1611 ff.

Frey, Niko / Rapp, David, Unternehmenswert: Das Problem der Scheingenauigkeit, DB 2011, 2105 ff.

Friese-Dormann, Ulrike / Rothenfußer, Christoph, Selbstfinanzierungseffekt und Bagatellgrenze als Frage der Angemessenheit des Umtauschverhältnisses bei Verschmelzungen, AG 2008, 243 ff.

Fritzsche, Michael / Dreier, Peter, Spruchverfahren und Anfechtungsklage im Aktienrecht: Vorrang oder Ausnahme des Anfechtungsausschlusses gemäß § 14 Abs. 2 UmwG?, BB 2002, 737 ff.

Fritzsche, Michael / Dreier, Peter / Verfürth, Ludger C. / Griese, Markus, Kommentar zum Spruchverfahrensgesetz, Berlin 2004, *zitiert:* SpruchG.

Fuhrmann, Lambertus / Linnerz, Markus, Zweifelsfragen des neuen Spruchverfahrens, Der Konzern 2004, 265 ff.

Gärtner, Olaf / Handke, Björn, Unternehmenswertermittlung im Spruchverfahren - Schrittweiser Abschied vom Meistbegünstigungsprinzip des BGH (DAT/Altana)?, NZG 2012, 247 ff.

Gampenrieder, Peter, Squeeze-out: Rechtsvergleich, empirischer Befund und ökonomische Analyse (München, Univ., Jur. Diss., 2004), Frankfurt am Main u.a. 2004.

Geis, George S., An Appraisal Puzzle, Virginia Law and Economics Research Paper No. 2010-10 (erscheint in Nw. U. L. Rev. 2011).

Geis, George S., Internal Poison Pills, 84 NYU L. Rev. 1169 (2009).

Gilson, Ronald J. / Gordon, Jeffrey N., Controlling Controlling Shareholders, 152 U. Pa. L. Rev. 785 (2003).

Gleissner, Werner, Gründe für zu niedrige Wertansätze in Bewertungsgutachten bei Squeeze-out, AG 2006, R260 ff.

Goetz, Jeff, A Dissent Dampened By Timing: How The Stock Market Exception Systematically Deprives Public Shareholders Of Fair Value, 15 Fordham J. Corp. & Fin. L. 771 (2010).

Goll, Ulrich / Schwörer, Frank, Beschlussmängelrecht: Reförmchen oder Reform?, ZRP 2008, 245 ff.

Goll, Ulrich / Schwörer, Frank, Eindämmung des Klagegewerbes durch Instanzenzugverkürzung, ZRP 2008, 77 ff.

Goslar, Sebastian / Mense, Christian, Der umwandlungsrechtliche Squeeze-out als neues Gestaltungsmittel für die Praxis, GWR 2011, 275 ff.

Goslar, Sebastian, Anmerkung zu BGH, Beschluss vom 19.07.2010 – II ZB 18/09 – Dreimonatszeitraum für Berechnung der Barabfindung beginnt ab Bekanntmachung der Strukturmaßnahme – „Stollwerck", GWR 2010, 370 ff.

Greger, Reinhard, Die Reglementierung der Selbstregulierung – Zum Referentenentwurf eines Mediationsgesetzes, ZRP 2010, 209 ff.

Großfeld, Bernhard, Recht der Unternehmensbewertung, 5. Auflage, Köln 2009.

Großfeld, Bernhard, Betafaktor: Herleitung und Eignung, NZG 2009, 1204 ff.

Großfeld, Bernhard, Europäische Unternehmensbewertung, NZG 2002, 353 ff.

Großkommentar zum Aktiengesetz, *Hopt, Klaus J. / Wiedemann, Herbert* (Hrsg.), Band 4: §§ 291-410 AktG, 4. Auflage, Berlin u.a. 1975, *zitiert:* GK AktG.
23. Lieferung: §§ 300- 310 AktG. 4. Auflage, Berlin 2005.
27. Lieferung: §§ 327a-328, 396-398 AktG, 4. Auflage, Berlin 2007.

Grunewald, Barbara, Die Vereinbarkeit der Angemessenheitsvermutung von § 39 a III WpÜG mit höherrangigem Recht, NZG 2009, 332 ff.

Gude, Christian, Strukturänderungen und Unternehmensbewertung zum Börsenkurs (Hamburg, Univ., Jur. Diss., 2003), Köln 2003, *zitiert:* Strukturänderungen und Börsenkurs.

Habersack, Mathias / Stilz, Eberhard, Zur Reform des Beschlussmängelrechts, ZGR 2010, 710 ff.

Habersack, Mathias / Tröger, Tobias, „Ihr naht Euch wieder, schwankende Gestalten…" – Zur Frage eines europarechtlichen Gleichbehandlungsgebots beim Anteilshandel, NZG 2010, 1 ff.

Habersack, Mathias / Verse, Dirk A., Zum Auskunftsrecht des Aktionärs im faktischen Konzern – Zugleich Besprechung des Beschlusses des OLG Frankfurt a.M. vom 06.01.2003 – 20 W 449/93, AG 2003, 300 ff.

Hamermesh, Lawrence A. / Wachter, Michael L., Rationalizing Appraisal Standards in Compulsory Buyouts, 50 BCL Rev. 1021 (2009).

Hamermesh, Lawrence A. / Wachter, Michael L., The Fair Value of Cornfields in Delaware Appraisal Law, 31 Del. J. Corp. L. 119 (2005).

Handelsrechtsausschuss des Deutschen Anwaltvereins, Stellungnahme zum Referentenentwurf für ein Drittes Gesetz zur Änderung des Umwandlungsgesetzes, NZG 2010, 614 ff.

Handelsrechtsausschuss des Deutschen Anwaltvereins, Stellungnahme zum Regierungsentwurf eines Gesetzes zur Umsetzung der Aktionärsrechte-Richtlinie (ARUG), NZG 2009, 96 ff.

Handelsrechtsausschuss des Deutschen Anwaltvereins, Stellungnahme zum Referentenentwurf eines Gesetzes zur Umsetzung der Aktionärsrechte-Richtlinie (ARUG), NZG 2008, 534 ff.

Handelsrechtsausschuss des Deutschen Anwaltvereins, Gesetzgebungsvorschlag zum Spruchverfahren bei Umwandlung und Sachkapitalerhöhung und zur Erfüllung des Ausgleichsanspruchs durch Aktien, NZG 2007, 497 ff.

Handelsrechtsausschuss des Deutschen Anwaltvereins, Stellungnahme zum Regierungsentwurf eines Spruchverfahrensneuordnungsgesetzes, NZG 2003, 316 ff.

Handelsrechtsausschuss des Deutschen Anwaltvereins, Stellungnahme zum Spruchverfahrensneuordnungsgesetz, ZIP 2003, 552 ff.

Handelsrechtsausschuss des Deutschen Anwaltvereins, Stellungnahme zum Referentenentwurf eines Spruchverfahrensneuordnungsgesetz, NZG 2002, 119 ff.

Handelsrechtsausschuss des Deutschen Anwaltvereins, Vorschläge des Handelsrechtsausschusses zur Änderung des Umwandlungsgesetzes, NZG 2000, 802 ff.

Hasselbach, Kai, Verfahrensfragen des übernahmerechtlichen Squeeze out, BB 2010, 2842 ff.

Hazen, Thomas Lee, The Law of Securities Regulation, 4. Auflage, St. Paul 2002.

Hecker, Renate, Empirische Analyse des aktienrechtlichen Minderheitenschutzes im Vertragskonzern (Würzburg, Univ., Habil.-Schr., 1999), Wiesbaden 2000.

Hecker, Renate, Modelltheoretische Analyse alternativer Übernahme- und Abfindungsregeln (Würzburg, Univ., Habil.-Schr., 1999), Wiesbaden 2000.

Hecker, Renate, Regulierung von Unternehmensübernahmen und Konzernrecht (Würzburg, Univ., Habil.-Schr., 1999), Wiesbaden 1999.

Heckschen, Heribert, Die Novelle des Umwandlungsgesetzes – Erleichterungen für Verschmelzungen und Squeeze-out, NJW 2011, 2390 ff.

Heckschen, Heribert, Das Dritte Gesetz zur Änderung des Umwandlungsgesetzes in der Fassung des Regierungsentwurfs, NZG 2010, 1041 ff.

Heidel, Thomas, Aktienrecht und Kapitelmarktrecht, 3. Auflage, Baden-Baden 2011.

Heidel, Thomas / Lochner, Daniel, Verfassungswidrigkeit der Squeeze-out-Regelungen der umzusetzenden EU-Übernahmerichtlinie, DB 2005, 2564 ff.

Heidel, Thomas / Lochner, Daniel, Squeeze-out ohne hinreichenden Eigentumsschutz, DB 2001, 2031 ff.

Hein, Jan von, Die Rezeption US-amerikanischen Gesellschaftsrechts in Deutschland (Hamburg, Univ., Habil.-Schr., 2006/2007), Tübingen 2008, *zitiert:* Rezeption US-amerikanischen Gesellschaftsrechts.

Hellgardt, Alexander / Hoger, Andreas, Transatlantische Konvergenz der Aktionärsrechte, ZGR 2011, 38 ff.

Henn, Harry G. / Alexander, John R., Laws of corporations and other business enterprises, 3. Auflage, St. Paul 1983.

Henrich, Christian J., Game Theory and Gonzalves: A Recommendation for Reforming Stockholder Appraisal Actions, 56 Bus. Law. 697 (2001).

Henze, Hartwig, Die "zweistufige" Konzernverschmelzung, AG 1993, 341 ff.

Hess, Burkhard, Der Regierungsentwurf für ein Kapitalanlegermusterverfahrensgesetz – eine kritische Bestandsaufnahme, WM 2003, 2329 ff.

Hirte, Heribert, Forschungsperspektiven des Unternehmens- und Kapitalmarktrechts sowie des Verfahrens- und Insolvenzrechts, ZGR 2007, 518 ff.

Hirte, Heribert, Informationsmängel und Spruchverfahren, Anmerkung zu den Urteilen des BGH vom 18. 12.2000 – II ZR 1/99 – (MEZ) und vom 29.01.2001 – II ZR 368/98 – (Aqua Butzke-Werke), ZHR 167 (2003), 8 ff.

Hirte, Heribert / Mock, Sebastian, Beweislast abfindungsberechtigter Aktionäre im Spruchverfahren, DB 2005, 1444 ff.

Hoffmann-Becking, Michael, Der materielle Gesellschafterschutz: Abfindung und Spruchverfahren, ZGR 1990, 482 ff.

Hofmann, Christian, Der Minderheitsschutz im Gesellschaftsrecht (Berlin, Humboldt-Univ., Habil.-Schr., 2010), Berlin u.a. 2011, *zitiert:* Minderheitsschutz.

Hofmann, Christian, Gesellschaftsrecht und Art. 14 GG, in: Festschrift für Klaus J. Hopt zum 70. Geburtstag am 24. August 2010, Berlin u.a. 2010, *zitiert:* FS Hopt.

Hohl, Patrick / Auerbach, Anna, BB-Rechtsprechungsreport zum Squeeze-out 2009, BB 2010, 902 ff.

Holler, Lorenz, Das Verhältnis von Anfechtungsklage und Spruchverfahren: eine Untersuchung ausgehend von den §§ 210, 212 UmwG unter schwerpunktmäßiger Berücksichtigung von BGHZ 146, 179 – MEZ und BGH ZIP 2001, 412 – Aqua Butzke (Bonn, Univ., Jur. Diss., 2005), Frankfurt am Main u.a. 2006.

Hölters, Wolfgang, Aktiengesetz, München 2011, *zitiert:* AktG.

Hopt, Klaus J. / Trautmann, Clemens, Zukunftsperspektiven der privatrechtlichen Forschung Gesellschafts- und Kapitalmarktrecht, ZGR 2007, 480 ff.

Hörmann, Jens / Feldhaus, Heiner, Die Angemessenheitsvermutung des übernahmerechtlichen Squeeze-out, zugleich Anmerkung zu LG Frankfurt

a. M., Beschluss vom 05.08.2008 – 3-5 O 15/08 –, BB 2008, 2035, BB 2008, 2134 ff.

Horn, Norbert, Verträge über internationale Zusammenschlüsse, in: Deutsches und europäisches Gesellschafts-, Konzern- und Kapitalmarktrecht: Festschrift für Marcus Lutter zum 70. Geburtstag, Köln 2000, *zitiert:* FS Lutter.

Hossfeld, Richard T., Short-form mergers after Glassman v. Unocal exploration Corp., 53 Duke L.J. 1337 (2004).

Hüffer, Uwe, Aktiengesetz, 9. Auflage, München 2010, *zitiert:* AktG.

Hüffer, Uwe, Ausgleichsanspruch und Spruchverfahren statt Anfechtungsklage beim Verschmelzungs- oder Kapitalerhöhungsbeschluss des erwerbenden Rechtsträgers, ZHR 172 (2008), 8 ff.

Hüffer, Uwe, Aktiengesetz, 5. Auflage, München 2002, *zitiert:* AktG 5. Aufl.

Hüttemann, Rainer, Börsenkurs und Unternehmensbewertung, ZGR 2001, 454 ff.

Jaffé, Michael, Restrukturierung nach der InsO: Gesetzesplan, Fehlstellen und Reformansätze innerhalb einer umfassenden InsO-Novellierung aus Sicht eines Insolvenzpraktikers, ZGR 2010, 248 ff.

Jäger, Axel, Die Entwicklung der Judikatur zur AG im Jahr 2009, NZG 2010, 570 ff.

Jahn, Joachim, UMAG: Das Aus für „räuberische Aktionäre“ oder neues Erpressungspotenzial?, BB 2005, 5 ff.

Johnson, Lyman, After Enron: Remembering Loyalty Discourse in Corporate Law, 28 DEL. J. CORP. L. 27, 65 (2003).

Jordan, Cally, Long and Winding Road: The Making of New Companies Law in Hong Kong, University of Melbourne Legal Studies Research Paper No. 435.

Kanda, Hideki / Levmore, Saul, The Appraisal Remedy and the Goals of Corporate Law, 32 U.C.L.A. L. Rev. 429 (1985).

Kann, Jürgen van / Hirschmann, Jörn, Das neue Spruchverfahren – Konzentration und Beschleunigung einer bewährten Institution, DStR 2003, 1488 ff.

Kaserer, Christoph / Knoll, Leonhard, § 304 Abs. 3 S. 3: Iudex non calculat, in: Steuern, Rechnungslegung und Kapitalmarkt: Festschrift für Franz W. Wagner, Wiesbaden 2004, *zitiert:* FS Wagner.

Kaserer, Christoph / Knoll, Leonhard, Kumulation von Ausgleich und Verzinsung bei Unternehmensverträgen – unbilliger Vorteil der außenstehenden Aktionäre?, BB 2002, 1955 ff.

Keinath, Astrid / Drinhausen, Florian, Referentenentwurf eines Gesetzes zur Umsetzung der Aktionärsrichtlinie (ARUG) – Weitere Schritte zur Modernisierung des Aktienrechts, BB 2008, 2078 ff.

Kessler, Alexander, Anmerkung zu OLG München, Beschluss 24.06.2008 – 31 Wx 83/07 HVB/UniCredit – Spruchverfahren bei verdecktem Beherrschungsvertrag nicht statthaft, BB 2008, 1533 ff.

Khutorsky, Alexander, Coming in from the Cold: Reforming Shareholders' Appraisal Rights in Freeze-out Transactions, 1 Colum. Bus. L. Rev. 133 (1997).

Kiefner, Alexander / Kersjes, Julia, Spruchverfahren und die Fortgeltung der ausschließlichen funktionellen Zuständigkeit der KfH unter dem FGG-Reformgesetz, NZG 2012, 244 ff.

Kiehling, Hartmut, Eine Einführung in die Kapitalmarkttheorien, DStR 1992, 476 ff.

Kiem, Roger, Die Ermittlung der Verschmelzungswertrelation bei der grenzüberschreitenden Verschmelzung, ZGR 2007, 542 ff.

Kießling, Arne, Der übernahmerechtliche Squeeze-out gemäß §§ 39a, 39b WpÜG (Düsseldorf, Univ., Jur. Diss., 2008), Frankfurt am Main u.a. 2008, *zitiert:* Der übernahmerechtliche Squeeze-out.

Kircher, Tobias, Kompensationsleistungen für erzwungene Rechtsverluste der Minderheitsaktionäre im deutschen und französischen Recht – eine rechtsvergleichende Analyse unter besonderer Berücksichtigung des Spruchverfahrens und der Beschwerde zur Cour d'Appel de Paris (Halle-Saale, Univ., Jur. Diss., 2006), Baden-Baden 2007, *zitiert:* Kompensationsleistungen.

Kleindiek, Detlef, Abfindungsbezogene Informationsmängel und Anfechtungsausschluss, NZG 2001, 552 ff.

Kling, Michael, Der besondere Vertreter im Aktienrecht, ZGR 2009, 190 ff.

Klöcker, Ingo / Frowein, Georg Abraham, Spruchverfahrensgesetz, Köln 2004, *zitiert:* SpruchG.

Klöhn, Lars, Delisting - Zehn Jahre später, NZG 2012, 1041 ff.

Klöhn, Lars, Das System der Aktien- und umwandlungsrechtlichen Abfindungsansprüche (Göttingen, Univ., Habil.-Schr., 2007), Tübingen 2009, *zitiert:* System der Abfindungsansprüche.

Klöhn, Lars, Zum Pflichtangebot und Spruchverfahren bei regulärem Delisting, ZBB 2003, 208 ff.

Knoll, Leonhard, Wider die Gefahr einer höheren Kompensation von Minderheitsaktionären? – Anmerkungen zu Wittgens/Redele, Zu aktuellen Fragen der Unternehmensbewertung im Spruchverfahren, ZIP 2007, 2015, ZIP 2008, 538 ff.

Knoll, Leonhard, Gesetzliche Verzinsung von Spruchverfahrensansprüchen: Legislativer Wille und verfassungswidrige Wirklichkeit, BB 2004, 1727 ff.

Kollrus, Harald, Unternehmensbewertung in Spruchverfahren, MDR 2012, 66 ff.

Kölner Kommentar zum Aktiengesetz, *Zöllner, Wolfgang / Noack, Ulrich* (Hrsg.), *zitiert:* KK AktG
Band 6: §§ 15-22 AktG. §§ 291- 328 AktG und Meldepflichten nach §§ 21 ff. WpHG, SpruchG, 3. Auflage, Köln u.a. 2004.

Kölner Kommentar zum SpruchG, *Riegger, Bodo / Wasmann, Dirk* (Hrsg.), Köln u.a. 2005, *zitiert:* KK SpruchG.

Kölner Kommentar zum Umwandlungsgesetz, *Dauner-Lieb, Barbara / Simon, Stefan* (Hrsg.), Köln u.a. 2009, *zitiert:* KK UmwG.

Koch, Jens, Das Gesetz zur Unternehmensintegrität und Modernisierung des Anfechtungsrechts (UMAG), ZGR 2006, 769 ff.

Komp, Ralf, Zweifelsfragen des aktienrechtlichen Abfindungsanspruchs nach §§ 305, 320b AktG (Köln, Univ., Jur. Diss., 1999), Berlin 1999, *zitiert:* Zweifelsfragen des aktienrechtlichen Abfindungsanspruchs.

Korff, Matthias, Beschlussmängelstreitigkeiten der Kapitalgesellschaft im Schiedsverfahren (Leipzig, Univ., Jur. Diss., 2004), Frankfurt am Main u.a. 2004.

Kossmann, Alfred, Ausschluss („Freeze-out") von Aktionären gegen Barabfindung, NZG 1999, 1198 ff.

Krafczyk, Wolfgang, Wahrer Wert und Methodenwahl - Die Eigentumsrechte der Minderheitsaktionäre in der Hand der Instanzgerichte - zgl. eine Anmerkung zu den BVerfG-Beschlüssen v. 20.12.2010, WM 2011, 219 und 26.04.2011, WM 2011, 1074, WM 2012, 1992 ff.

Krause, Hartmut, Die Entdeckung des Marktes durch die Rechtsprechung bei der Ermittlung der angemessenen Abfindung im Rahmen aktienrechtlicher Strukturmaßnahmen, in: Festschrift für Klaus J. Hopt zum 70. Geburtstag am 24. August 2010, Berlin u.a. 2010, *zitiert:* FS Hopt.

Krause, Hartmut, Das neue Übernahmerecht, NJW 2002, 705 ff.

Krieger, Gerd, Münchener Handbuch Gesellschaftsrecht, Band 4: Aktiengesellschaft, 3. Auflage, München 2005, *zitiert:* MünchHdb. AG.

Krüger, Peter, „Lohnen Sich Klagen von Minderheitsaktionären?" Eine empirische Analyse zur Nachbesserung von Zwangsabfindungen, Würzburg 2004 (Würzburg, Univ. Diplomarbeit, 2004, unveröffentlicht, liegt dem Verfasser vor)

La Porta, Rafael, Investor Protection and Corporate Valuation, 57 J. Finance 1147 (2002).

Lamb, Jochen / Schluck-Amend, Alexandra, Die Neuregelung des Spruchverfahrens durch das Spruchverfahrensneuordnungsgesetz, DB 2003, 1259 ff.

Land, Volker / Hennings, Frank, Aktuelle Probleme von Spruchverfahren nach gesellschaftsrechtlichen Strukturmaßnahmen, AG 2005, 380 ff.

Lazarus, Lewis H., Standards of Review in Conflict Transactions: An Examination of Decisions Rendered on Motions to Dismiss, 26 DJCL 911 (2003).

Lehmann, Matthias, Zum Verhältnis von Beschlussmängelklage und Squeeze out, NZG 2007, 295 ff.

Leiss, Myrto, Empirische Erkenntnisse zur Mediation im Wirtschaftsrecht, SchiedsVZ 2007, 139 ff.

Lele, Priya P. / Siems, Mathias M., Shareholder Protection: A Leximetric Approach, 7 Journal of Corporate Law Studies 17 (2007).

Letsou, Peter V., The Role of Appraisal in Corporate Law, 39 B.C.L. Rev. 1121 (1998).

Letsou, Peter V. / Haas, Steven M., The Dilemma That Should Never Have Been: Minority Freeze Outs in Delaware, 61 Bus. Law 25 (2006).

Leuering, Dieter, Die parallele Angemessenheitsprüfung durch den gerichtlich bestellten Prüfer, NZG 2004, 606 ff.

Levy, Ely R., Freeze-Out Transactions the Pure Way: Reconciling Judicial Asymmetry Between Tender Offers and Negotiated Mergers, 106 West Virginia L. Rev. 305 (2004).

Leyendecker, Benjamin E., Irrelevanz des anteiligen Unternehmenswerts zur Ermittlung der Squeeze-out-Abfindung bei Bestehen eines fortdauernden Beherrschungs- und Gewinnabführungsvertrags, NZG 2010, 927 ff.

Linden, Klaus von der, Anmerkung zu OLG Stuttgart, Beschluss vom 14.10.2010 – 20 W 16/06, Umtauschverhältnis bei der Fusion Daimler Benz/DaimlerChrysler war angemessen, GWR 2010, 553 ff.

Linnerz, Markus, BVerfG: Grundrechtsvertetzung durch überlange Dauer eines aktienrechtlichen Spruchverfahrens, GWR 2012, 85 ff.

Linnerz, Markus, Zu den Beteiligungs- und Rechtsschutzmöglichkeiten des Anteilseigners bei einer überhöhten Kompensation im Spruchverfahren, ZIP 2007, 662 ff.

Linnerz, Markus, Vom Anfechtungs- zum Haftungstourismus?, NZG 2004, 307 ff.

Lochner, Daniel, Die Bestimmung der Marktrisikoprämie auf Grundlage empirischer Studien im Spruchverfahren, AG 2011, 692 ff.

Lommer, Sebastian, Das Auskunftsrecht des Aktionärs in Deutschland und die Informationsrechte der Gesellschafter der US-amerikanischen public business corporation (Leipzig, Univ., Jur. Diss., 2005), Aachen 2005.

Lorenz, Dirk, Das Spruchverfahren - dickes Ende oder nur viel Lärm um nichts?, AG 2012, 284 ff.

Lüdemann, Ulrich Werner, Probleme bei der Abfindung außenstehender Aktionäre (Hannover, Univ., Jur. Diss., 2004), Köln 2006.

Lutter, Marcus / Bezzenberger, Gerold, Für eine Reform des Spruchverfahrens im Aktien- und Umwandlungsrecht, AG 2000, 433 ff.

Lutter, Marcus / Leinekugel, Rolf, Kompetenzen von Hauptversammlung und Gesellschafterversammlung beim Verkauf von Unternehmensteilen, ZIP 1998, 225 ff.

Lutter, Marcus / Winter, Martin, Umwandlungsgesetz, 4. Auflage, Köln 2009, *zitiert:* UmwG.

Luttermann, Claus, Juristische Analyse von Ökonomie, Staat und Gesellschaft, ZRP 2010, 1 ff.

Luttermann, Claus, Zur Rechtspraxis internationaler Unternehmensbewertung bei der Publikums-Aktiengesellschaft, NZG 2007, 611 ff.

Mahoney, Paul G. / Weinstein, Mark Ira, The Appraisal Remedy and Merger Premiums, 1 Am. Law. & Econ. Rev. 239 (1999).

Maier-Reimer, Georg, Erweiterung des Spruchverfahrens und Ausgleich in Aktien, in: Festschrift für Karsten Schmidt zum 70. Geburtstag, Köln 2009, *zitiert:* FS K. Schmidt.

Manning, Bayless, The Shareholder's Appraisal Remedy – An Essay For Frank Coker, 72 Y.L.J. 223 (1962).

Manóvil, Rafael M., Squeeze-out in Argentina, in: Festschrift für Klaus J. Hopt zum 70. Geburtstag am 24. August 2010, Berlin u.a. 2010, *zitiert:* FS Hopt.

Margolin, Brett A. / Kursh, Samuel, The Economics of Delaware Fair Value, 30 Del. J. Corp. L. 414 (2005).

Marten, Kai-Uwe / Müller, Stefan, Squeeze-out-Prüfung, in: Festschrift für Volker Röhricht zum 65. Geburtstag, Köln 2005, *zitiert:* FS Röhricht.

Martens, Klaus-Peter, Bewertungsspielräume bei Fusionen und fusionsähnlichen Verhandlungen, in: Festschrift für Volker Röhricht zum 65. Geburtstag, Köln 2005, *zitiert:* FS Röhricht.

Martens, Klaus-Peter, Die Unternehmensbewertung nach dem Grundsatz der Methodengleichheit oder dem Grundsatz der Meistbegünstigung – Zugleich Besprechung der Entscheidung des OLG Düsseldorf vom 31.01.2003 – 19 W 9/00 AktE – „Siemens/SNI", AG 2003, 593 ff.

Martens, Klaus-Peter, Verschmelzung, Spruchverfahren und Anfechtungsklage in Fällen eines unrichtigen Umtauschverhältnisses, AG 2000, 301 ff.

Mattes, Sabine / Graf von Maldeghem, Maximilian, Unternehmensbewertung beim Squeeze Out, BKR 2003, 531 ff.

Maug, Ernst, Efficiency and fairness in minority freezeouts: Takeovers, overbidding, and the freeze-in problem, 26 IRLE 355 (2006).

Maul, Silja, Die EU-Übernahmerichtlinie – ausgewählte Fragen, NZG 2005, 151 ff.

Mayer, Dieter, Praxisfragen des verschmelzungsrechtlichen Squeeze-out-Verfahrens, NZG 2012, 561 ff.

Mayer, Hans-Jochen / Kroiß, Ludwig, Rechtsanwaltsvergütungsgesetz, 4. Auflage, Baden-Baden 2009, *zitiert:* RVG.

McGuinness, Michael J. / Rehbock, Timo, Going-Private Transactions: A Practitioner's Guide, 30 DEL. J. CORP. L. 437 (2005).

Meier-Reimer, Georg / Wilsing, Hans-Ulrich, Das Gesetz über Musterverfahren in kapitalmarktrechtlichen Streitigkeiten, ZGR 2006, 79 ff.

Meilicke, Wienand, Gewinnbezugsrecht nach Wirksamwerden des Squeeze-out, AG 2010, 561 ff.

Meilicke, Wienand, Zur Verfassungsmäßigkeit der Squeeze-out-Regelungen – insbesondere in der Insolvenz des Hauptaktionärs, AG 2007, 261 ff.

Meilicke, Wienand, Erste Probleme mit § 16 SpruchG, NZG 2004, 547 ff.

Meilicke, Wienand / Heidel, Thomas, Das neue Spruchverfahren in der gerichtlichen Praxis, DB 2003, 2267 ff.

Meilicke, Wienand / Heidel, Thomas, Verweigerung des Rechtsschutzes für außenstehende Aktionäre verstößt gegen Europäische Menschenrechtskonvention, BB 2003, 1805 ff.

Merkner, Andreas / Decker, Matthias, Vereinfachte Sachkapitalerhöhung nach dem ARUG – Wertvolle Deregulierung oder Regelung auf dem Papier?, NZG 2009, 887 ff.

Merkt, Hanno / Göthel, Stephan R., US-amerikanisches Gesellschaftsrecht, 2. Auflage, Frankfurt am Main 2006, *zitiert:* Merkt/Göthel.

Meyer, Vincent, Gesellschaftsrechtliche Ausgleichs- und Abfindungsansprüche im Spruchverfahren (Berlin, Humboldt-Univ., Jur. Diss., 2008), Berlin 2010.

Meyer-Ladewig, Jens, Rechtsbehelfe gegen Verzögerungen im gerichtlichen Verfahren – zum Urteil des EGMR Kudla/Polen, NJW 2001, 2679 ff.

Mielke, Hendrik, Die Rechtsstellung der Verfahrensbeteiligten im gesellschaftsrechtlichen Spruchverfahren (Bayreuth, Univ., Jur. Diss., 2005), Frankfurt a.M. u.a. 2006.

Mock, Sebastian, Anmerkung zu OLG München, Urt. v. 28.11.2007 – Az.4 U 4498/07 – Die Entdeckung des besonderen Vertreters, DB 2008, 393 ff.

Mock, Sebastian, Spruchverfahren im europäischen Zivilverfahrensrecht: (HG Wien,14.10.2008), IPRax 2009, 265 ff.

Möllers, Thomas M. J. / Kernchen, Eva, Information Overload am Kapitalmarkt – Plädoyer zur Einführung eines Kurzfinanzberichts auf empirischer, psychologischer und rechtsvergleichender Basis –, ZGR 2011, 1 ff.

Moritz, Hans, Squeeze-out: der Ausschluss von Minderheitsaktionären nach §§ 327a ff AktG (Lausanne, Univ., Jur. Diss., 2004), Baden-Baden 2004.

Mülbert, Peter O., Grundsatz- und Praxisprobleme der Einwirkungen des Art. 14 GG auf das Aktienrecht, in: Festschrift für Klaus J. Hopt zum 70. Geburtstag am 24. August 2010, Berlin u.a. 2010, *zitiert:* FS Hopt.

Mülbert, Peter O. / Schneider Uwe H., Der außervertragliche Abfindungsanspruch im Recht der Pflichtangebote, WM 2003, 2301 ff.

Mülbert, Peter O., Abschwächungen im mitgliedschaftlichen Bestandsschutz im Aktienrecht, in: Festschrift für Peter Ulmer zum 70. Geburtstag am 2. Januar 2003, Berlin 2003, *zitiert:* FS Ulmer.

Müller, Welf, Anteilswert oder anteiliger Unternehmenswert? – Zur Frage der Barabfindung bei der kapitalmarktorientierten Aktiengesellschaft, in: Festschrift für Volker Röhricht zum 65. Geburtstag, Köln 2005, *zitiert:* FS Röhricht.

Müller, Welf, Die Unternehmensbewertung in der Rechtsprechung. Zustandsbeschreibung und Ausblick, in: Festschrift für Gerold Bezzenberger zum 70. Geburtstag am 13. März 2000: Rechtsanwalt und Notar im Wirtschaftsleben, Berlin u.a. 2000, *zitiert:* FS Bezzenberger.

Münchener Kommentar zum Bürgerlichen Gesetzbuch, *Franz Jürgen Säcker / Roland Rixecker* (Hrsg.), *zitiert:* MüKo BGB.
Band 6, §§ 854 – 1296, 5. Auflage, München 2009

Münchener Kommentar zum Aktiengesetz, *Goette, Wulf / Habersack, Mathias / Kalss, Susanne* (Hrsg.), *zitiert:* MüKo AktG.
Band 1: §§ 1 – 75 AktG, 3. Auflage, München 2008.
Band 2: §§ 76 – 117 AktG, 3. Auflage, München 2008.
Band 5: §§ 278 – 328 AktG, SpruchG, Österreichisches Übernahmerecht, 3. Auflage, München 2008.

Münchener Kommentar zum Aktiengesetz, *Kropff, Bruno / Semler, Johannes* (Hrsg.), gleichzeitig 2. Auflage des Geßler/Hefermehl/Eckhardt/Kropff, AktG *zitiert:* MüKo AktG 2004.
Band 9a: §§ 327a – 327f AktG, WpÜG, SpruchG, 2. Auflage, München 2004

Munkert, Michael J., Der Kapitalisierungszinssatz in der Unternehmensbewertung (Erlangen-Nürnberg, Univ., Jur. Diss., 2005), Wiesbaden 2005, *zitiert:* Kapitalisierungszinssatz in der Unternehmensbewertung.

Musielak, Hans-Joachim, Zivilprozessordnung, München 2011, *zitiert:* ZPO.

Nagel, Bernhard, Die Richtlinie zur grenzüberschreitenden Verschmelzung, NZG 2006, 97 ff.

Naschke, Michael, Der Börsenkurs als Abfindungsgrundlage (Münster/Westf., Univ. Jur. Diss., 2003), Frankfurt am Main u.a. 2003.

Nathan, Charles M., Practical Implications of CNX Gas on Controlling Shareholder Acquisitions, Harvard Law School Forum on Corporate Governance and Financial Regulation, 13.07.2010; abrufbar unter http://blogs.law.harvard.edu/corpgov/2010/07/13/practical-implications-of-cnx-gas-on-controlling-shareholder-acquisitions

Neuenhahn, Hans-Uwe, Mediation – ein effizientes Konfliktlösungsinstrument auch in Deutschland, NJW 2004, 663 ff.

Neye, Hans-Werner, Die neue Richtlinie zur grenzüberschreitenden Verschmelzung von Kapitalgesellschaften, ZIP 2005, 1893 ff.

Neye, Hans-Werner, Das neue Spruchverfahrensrecht, Köln 2003.

Neye, Hans-Werner, Die Reform des Spruchverfahrens, NZG 2002, 23 ff.

Neye, Hans-Werner, Auf dem Weg zu einem neuen Spruchverfahren – Ein Zwischenbericht, in: Festschrift für Herbert Wiedemann zum 70. Geburtstag, München 2002, *zitiert:* FS Wiedemann.

Neye, Hans-Werner / Jäckel, Holger, Umwandlungsrecht zwischen Brüssel und Berlin – Der Referentenentwurf für ein Drittes Gesetz zur Änderung des Umwandlungsgesetzes, AG 2010, 237 ff.

Neye, Hans-Werner / Teichmann, Christoph, Der Entwurf für das Ausführungsgesetz zur Europäischen Aktiengesellschaft, AG 2003, 169 ff.

Noack, Ulrich, ARUG: das nächste Stück der Aktienrechtsreform in Permanenz, NZG 2008, 441 ff.

Nordmeyer, Matthias, Die Institution des gemeinsamen Vertreters im gesellschaftlichen Spruchverfahren (Bonn, Univ., Jur. Diss., 2004), Bielefeld 2005.

Oechsler, Jürgen, Die Richtlinie 2005/56/EG über die Verschmelzung von Kapitalgesellschaften aus verschiedenen Mitgliedstaaten, NZG 2006, 161 ff.

Ortloff, Karsten-Michael, Mediation – Regelungsbedarf?, NJW 2008, 2544 ff.

Ott, Nicholas, Der Übernahmerechtliche Squeeze-out gemäß §§ 39a f. WpÜG, WM 2008, 384 ff.

Papier, Hans-Jürgen, Grundgesetz und Wirtschaftsverfassung, WM 2009, 1869 ff.

Paschos, Nikolaos, Anmerkung zu BayObLG, Beschluss vom 18.12.2002 – 3 ZBR 116/00 "Hypo-Vereinsbank" – Die Maßgeblichkeit des Börsenkurses bei Verschmelzungen, ZIP 2003, 1017 ff.

Payne, Jennifer, Minority shareholder protection in takeovers: A UK perspective, ECFR 2011, 145 ff.

Pernazza, Federico, Corporations and Partnerships in Italy, Alphen aan den Rijn 2010.

Philipp, Wolfgang, Ist die Verschmelzung von Aktiengesellschaften nach dem neuen Umwandlungsrecht noch vertretbar?, AG 1998, 264 ff.

Piltz, Detlev J., Die Unternehmensbewertung in der Rechtsprechung, 3. Auflage, Düsseldorf 1994.

Piltz, Detlev J., Unternehmensbewertung und Börsenkurs im aktienrechtlichen Spruchstellenverfahren zugleich Besprechung der Entscheidung BVerfGE 100, 289, ZGR 2001, 185 ff.

Pluskat, Sorika, Endlich Klärung hinsichtlich der Lage des Referenzzeitraums bei Relevanz des Durchschnittsbörsenkurses für die Abfindungshöhe?", NZG 2008, 365 ff.

Poelzig, Dörte, Der Referentenentwurf eines Gesetzes zur Umsetzung der Aktionärsrechterichtlinie im Kampf gegen „räuberische Aktionäre", DStR 2008, 1538 ff.

Poelzig, Dörte, Die Verantwortlichkeit des Vorstands für den Abkauf missbräuchlicher Anfechtungsklagen – Der Einfluss des UMAG auf die Handlungsmöglichkeiten zur Abwehr „räuberischer" Aktionäre, WM 2008, 1009 ff.

Poelzig, Dörte / Meixner, Philipp, Die Bekämpfung missbräuchlicher Anfechtungsklagen gegen börsennotierte Gesellschaften – Anregungen zu einem UMAG II, AG 2008, 196 ff.

Popp, Matthias, Squeeze-out-Abfindung bei Beherrschungs- und Gewinnabführungsverträgen, AG 2010, 1 ff.

Posner, Richard A., Economic Analysis of Law, 7. Auflage, New York 2007.

Prasuhn, Katharina, Der Schutz von Minderheitsaktionären bei Unternehmensübernahmen nach dem WpÜG: unter besonderer Berücksichtigung des "acting in concert" (Köln, Univ., Jur. Diss., 2007), Baden-Baden 2009.

Preuss, Nicola / Leuering, Dieter, Auswirkungen der FGG-Reform auf das Spruchverfahren, NZG 2009, 961 ff.

Preuss, Nicola / Leuering, Dieter, Das Spruchverfahren unter dem Regime des FamFG, NJW Spezial 2009, 671 ff.

Prütting, Hanns, Mediation und gerichtliches Verfahren – ein nur scheinbar überraschender Vergleich, BB 1999, Heft 27 (Beilage), 8 ff.

Puszkajler, Karl Peter, Anmerkung zu OLG Frankfurt, Beschluss vom 03.09.2010 – 5 W 57/09 (T-Online/Deutsche Telekom) – Börsenwert über alles bei Verschmelzungen?, ZIP 2010, 2275 ff.

Puszkajler, Karl Peter, Verfahrensgegenstand und Rechte des gemeinsamen Vertreters im neuen Spruchverfahren – Zugleich eine Erwiderung auf Weingärtner, Der Konzern 2005, 694, Der Konzern 2006, 256 ff.

Puszkajler, Karl Peter, Diagnose und Therapie von aktienrechtlichen Spruchverfahren, ZIP 2003, 518 ff.

Puszkajler, Karl Peter, Verschmelzungen zum Börsenkurs? – Verwirklichung der BVerfG-Rechtsprechung – Zugleich eine Erwiderung auf Bungert, BB 2003, 699, BB 2003, 1692 ff.

Raiser, Thomas / Veil, Rüdiger, Recht der Kapitalgesellschaften: ein Handbuch für Praxis und Wissenschaft; Aktiengesellschaft, Kommanditgesellschaft auf Aktien, Gesellschaft mit beschränkter Haftung, Übernahmerecht, Umwandlungsrecht, Konzernrecht, Internationales Gesellschaftsrecht, Europäisches Gesellschaftsrecht, München 2010.

Rathausky, Uwe, M&A-News, Squeeze-out in Deutschland: Eine Empirische Untersuchung zu Anfechtungsklagen und Spruchverfahren, AG 2004, R24 ff.

Ratway, David J., Delaware's Stock Market Exception To Appraisal Rights: Dissenting Minority Stockholders Of Warner Communications, Inc. Are "market-Out" Of Luck, 28 U. Tol. L. Rev. 179 (1996).

Reger, Gerald / Schilha, Ralph, Aktienrechtlicher Aktionärsschutz bei Delisting und Downgrading, NJW 2012, 3066 ff.

Reuschle, Fabian, Ein neuer Weg zur Bündelung und Durchsetzung gleichgerichteter Ansprüche – Zum Entwurf eines Kapitalanleger-Musterverfahrensgesetzes (KapMuG), WM 2004, 2334 ff.

Reuter, Alexander, Gesellschaftsrechtliche Fragen der Unternehmensbewertung mit internationalen Bezügen, AG 2007, 889 ff.

Reuter, Alexander, Nationale und internationale Unternehmensbewerlung mit CAPM und Steuer-CAPM im Spiegel der Rechtsprechung, AG 2007, 1 ff.

Rho, Hyeok-Joon, Corporate Law Reform In Korea, 29 BU ILJ 41 (2011).

Ribstein, Larry E., Bubble Laws, 40 Houston L. Rev. 77 (2003).

Rieder, Markus S., (Kein) Rechtsmissbrauch beim Squeeze-out, Zugleich Besprechung von BGH, Urteil vom 16. März 2009 – II ZR 302/06 („Wertpapierdarlehen"), ZGR 2009, 981 ff.

Riegger, Bodo, Der Börsenkurs als Untergrenze der Abfindung? – Anmerkungen zum Beschluß des Bundesverfassungsgerichts vom 27.04.1999 -, DB 1999, 1889 ff.

Riegger, Bodo / Wilske, Stephan, Auf dem Weg zu einer allgemeinen Schiedsfähigkeit von Beschlussmängelstreitigkeiten, ZGR 2010, 733 ff.

Rölike, Arndt / Tonner, Martin, Der Schutz des Minderheitsaktionärs nach Art. 14 GG, in: Linien der Rechtsprechung des Bundesverfassungsgerichts – erörtert von den wissenschaftlichen Mitarbeitern, Berlin 2009, *zitiert:* Linien der Rechtsprechung des Bundesverfassungsgerichts.

Roller, Steffen, Möglichkeiten des Gesetzgebers zu einer Beschleunigung gerichtlicher Verfahren, ZRP 2008, 122 ff.

Romano, R., Law as a Product: Some Pieces of the Incorporation Puzzle, 1 JLEO 225 (1985).

Rosen, Rüdiger von (Hrsg.), Deutsches Aktieninstitut, Squeeze-out. Recht und Praxis, Frankfurt am Main 2007, *zitiert:* DAI, Squeeze-out, Recht und Praxis.

Rößer, Gernot J., Squeeze out – Rechtsfragen und Probleme einer Neuerung des deutschen Aktienrechts mit Ausblick ins Übernahmerecht (Berlin, Humboldt-Univ., Jur. Diss., 2006), Frankfurt am Main u.a. 2007, *zitiert:* Squeeze-out.

Rössler, Rudolf / Troll, Max, Bewertungsgesetz, 13. Auflage, München 2010, *zitiert:* Bewertungsgesetz.

Rühland, Philipp, Der Ausschluss von Minderheitsaktionären aus der Aktiengesellschaft (Squeeze-out) (Hamburg, Univ., Jur. Diss., 2003), Baden-Baden 2004.

Rühland, Philipp, Der Squeeze-out nach dem RefE zum Wertpapiererwerbs- und Übernahmegesetz vom 12. 3. 2001, NZG 2001, 448 ff.

Rühland, Philipp, Die Abfindung von aus der Aktiengesellschaft ausgeschlossenen Minderheitsaktionären – Ein Diskussionsbeitrag zum Entwurf eines Übernahmegesetzes vom Bundesministerium der Finanzen vom 29.06.2000 -, WM 2000, 1884 ff.

Sachs, Lothar / Hedderich, Jürgen, Angewandte Statistik, 13. Auflage, Berlin u.a. 2009, *zitiert:* Angewandte Statistik.

Saito, Maki, Squeeze-out and Appraisal Rights in Japanese Company Law, in: Festschrift für Klaus J. Hopt zum 70. Geburtstag am 24. August 2010, Berlin u.a. 2010, *zitiert:* FS Hopt.

Sauerbruch, Florens, Das Freigabeverfahren gemäß § 246a Aktiengesetz: Eine rechtsökonomische Analyse (Hamburg, Univ., Jur. Diss., 2008), Wiesbaden 2008, *zitiert:* Freigabeverfahren.

Schack, Haimo, Einführung in das US-amerikanische Zivilprozessrecht, 4. Auflage, München 2011, *zitiert:* Einführung in das US-amerikanische Zivilprozessrecht.

Schaefer, Franz W./Eichner, Christian, Abwehrmöglichkeiten des Vorstands von börsennotierten Aktiengesellschaften bei feindlichen Übernahmeversuchen – ein Rechtsvergleich zwischen Deutschland und den USA, NZG 2003, 150 ff.

Schickerling, Falco / Lesko, Michael / Wegner, Olaf, Anmerkung zu OLG Düsseldorf, Beschluss vom 09.09.2009 – I-26 W 13/06 (AktE) – Referenzzeitraum für Börsenkurse bei Abfindung nach Squeeze-out, NJW Spezial 2009, 767 ff.

Schiessl, Maximilian, Die Kontrollfunktion der aktienrechtlichen Anfechtungsklage – Erwiderung aus der Sicht der Praxis -, in: Schriftenreihe der Gesellschaftsrechtlichen Vereinigung 1999 (VGR), Köln 2000.

Schiffer, Jack / Goetz, Axel, Umsetzung des Macrotron-Urteils: Spruchverfahren nach regulärem Delisting – Anmerkung zum Beschluss des Bayerischen Obersten Landesgerichts vom 1. 12. 2004, BB 2005, 458, BB 2005, 453 ff.

Schikowski, Carsten, Das appraisal right und Probleme der Unternehmensbewertung in den USA und Deutschland (Münster/Westf., Univ., Jur. Diss., 1998), Münster u.a. 2000, *zitiert:* Unternehmensbewertung in den USA und Deutschland.

Schilling, Alexander, Das Kapitalanleger-Musterverfahrensgesetz und die class action im Rechtsvergleich, Untersuchung zur Übernahme von Elementen der securities class action für das deutsche KapMuG (Augsburg, Univ., Jur. Diss., 2009), Hamburg 2010.

Schilling, Dirk, Der Ausschluss von Minderheitsaktionären – Eine sozialökonomische Analyse (Bochum, Univ., Jur. Diss., 2006), Wiesbaden 2006.

Schlitt, Michael / Ries, Christian / Becker, Thorsten, Der Ausschluss der übrigen Aktionäre gem. §§ 39a, 39b WpÜG, NZG 2008, 700 ff.

Schmidt, Karsten, Macrotron oder: weitere Ausdifferenzierung des Aktionärsschutzes durch den BGH, NZG 2003, 601 ff.

Schmidt, Karsten, Gesellschaftsrecht, 4. Auflage, Köln 2002, *zitiert:* Gesellschaftsrecht.

Schmidt, Karsten / Lutter, Marcus, Aktiengesetz, Köln 2010, *zitiert:* AktG.

Schmitt, Joachim / Hörtnagl, Robert / Stratz, Rolf-Christian, Umwandlungsgesetz/Umwandlungssteuergesetz, 5. Auflage, München 2009, *zitiert:* UmwG.

Schneider, Burkhard, Auf dem Weg zu Securities Class Actions in Deutschland? – Auswirkungen des KapMuG auf die Praxis kapitalmarktrechtlicher Streitigkeiten, BB 2005, 2249 ff.

Schockenhoff, Martin / Wagner, Eric, Zum Begriff des "acting in concert", NZG 2008, 361 ff.

Schön, Wolfgang, Das Bild des Gesellschafters im Europäischen Gesellschaftsrecht, RabelZ 2000 (64), 1 ff.

Schön, Wolfgang, Der Aktionär im Verfassungsrecht, in: Festschrift für Peter Ulmer zum 70. Geburtstag am 2. Januar 2003, Berlin 2003, *zitiert:* FS Ulmer.

Schöpper, Silke, Ausschluss von Minderheitsaktionären in Deutschland und den USA (Köln, Univ., Jur. Diss., 2006), Berlin 2007, *zitiert:* Ausschluss von Minderheitsaktionären in Deutschland und den USA.

Schroeder, Hans-Patrick / Habbe, Julia Sophia, Die Berücksichtigung von Schadensersatzansprüchen bei der Überprüfung der Unternehmensbewertung im Spruchverfahren, NZG 2011, 845 ff.

Schult, Ludger / Nikoleyczik, Tobias, Praktische Konsequenzen der „Stollwerck"-Entscheidung des BGH, GWR 2010, 467 ff.

Schutzgemeinschaft der Kapitalanleger e.V., Spruchverfahren und Unternehmensbewertung im Wandel, Frankfurt 2007.

Schweinitz, Christina von, Der gemeinsame Vertreter im Spruchverfahren (Düsseldorf, Univ., Jur. Diss., 2007), Frankfurt am Main u.a. 2008.

Schwenk, Michael R., Valuation Problems In The Appraisal Remedy, 16 Cardozo L. Rev. 649.

Schwichtenberg, Jörg, BB-Rechtsprechungsreport zum Aktienrecht im OLG-Bezirk München im Jahr 2009, BB 2010, 1227 ff.

Schwichtenberg, Jörg, Going private und freezeouts : der Rückzug von der Börse und der Ausschluss von Minderheitsaktionären nach deutschem und US-amerikanischem Recht (Bayreuth, Univ., Jur. Diss., 2003), Hamburg 2003.

Schwintowski, David, Räuberische Aktionäre: Konsequenzen der empirischen Forschung, DB 2007, 2695 ff.

Seetzen, Uwe, Die Bestimmung des Verschmelzungswertverhältnisses im Spruchstellenverfahren, WM 1994, 45 ff.

Seibert, Ulrich, Berufsopponenten – Anfechtungsklage – Freigabeverfahren – Haftungsklage: Das UMAG, eine Rechtsfolgenanalyse, NZG 2007, 841 ff.

Seibt, Christoph H. / Heiser, Kristian J., Analyse der EU-Übernahmerichtlinie und Hinweie für eine Reform des deutschen Übernahmerechts, ZGR 2005, 200 ff.

Seiler, Oliver / Wittgens, Jonas, Zur Unwiderlegbarkeit der Angemessenheitsvermutung gemäß WpÜG § 39a Abs. 3 S. 3, EWiR 2009, 353 ff.

Seligman, Joel, Reappraising the Appraisal Remedy, 52 Geo. Wash. L. Rev. 829 (1984).

Sellmann, Christian, Ausgleichs- und Verfahrensregelungen des Squeeze-out auf dem Prüfstand des Verfassungsrechts, WM 2003, 1545 ff.

Seltmann, Julia von, Der Regierungsentwurf eines Mediationsgesetzes, NJW-Spezial 2011, 126 ff.

Semler, Johannes / Arnold, Michael, Umwandlungsgesetz, 2. Auflage, München 2007, *zitiert:* UmwG.

Semler, Johannes / Stengel, Arndt, Umwandlungsgesetz, 3. Auflage, München 2010, *zitiert:* UmwG.

Sessler, Anke, Das Kapitalanleger-Musterverfahrensgesetz – eine Stellungnahme aus anwaltlicher Sicht, WM 2003, 2344 ff.

Seuffert, Gabriel, Der Schutz des Aktieneigentums nach Art. 14 GG und seine Auswirkungen im Zusammenhang mit dem Ausschluss von Minderheitsaktionären gemäß §§ 327a ff. AktG (Chemnitz, Techn. Univ., Jur. Diss., 2004), Würzburg 2005.

Sharfman, Keith, Contractual Valuation Mechanisms and Corporate Law, 2 Virginia Law & Business Review 53 (2007).

Shishido, Zenichi, Reform in Japanese Corporate Law and Corporate Governance: Current Changes in Historical Perspective, 49 The American Journal of Comparative Law 653 (2001).

Siegel, Mary, Back to the Future: Appraisal Rights in the Twenty-First Century, 32 Harv. J. Legis. 79 (1995).

Sieger, Jürgen J. / Hasselbach, Kai, Der Ausschluss von Minderheitsaktionären nach den neuen §§ 327a ff AktG, ZGR 2002, 120 ff.

Sieger, Jürgen J. / Hasselbach, Kai, Ausschluss von Minderheitsaktionären (Squeeze-out) im ausländischen Recht, NZG 2001, 926 ff.

Simon, Stefan, Gesetz über das gesellschaftsrechtliche Spruchverfahren, München 2007, *zitiert:* SpruchG.

Simpson, Scott V., Emerging Role of the Special Committee – Ensuring Business Judgment Rule Protection in the Context of Management Leveraged Buyouts and Other Corporate Transactions Involving Conflicts of Interest, 43 Bus. Law. 665 (1987).

Sinewe, Patrick, Verrechnung von Ausgleichs- und Zinszahlungen bei Unternehmensverträgen, NJW 2003, 270 ff.

Spindler, Gerald / Klöhn, Lars, Ausgleich gemäß § 304 AktG, Unternehmensbewertung und Art. 14 GG, Der Konzern 2003, 511 ff.

Spindler, Gerald / Stilz, Eberhard, Kommentar zum Aktiengesetz, 2. Auflage, München 2010, *zitiert:* AktG.

Stackmann, Nikolaus, Kein Kindergeburtstag – Fünf Jahre Kapitalanleger-Musterverfahrensgesetz, NJW 2010, 3185 ff.

Stancil, Paul J., Balancing the Pleading Equation, Illinois Law and Economics Research Papers Series Research Paper No. LE08-018.

Stange, Kristian, Zwangsausschluss von Minderheitsaktionären (Squeeze-out) (Jena, Univ., Jur. Diss., 2009), Jena 2010, *zitiert:* Zwangsausschluss von Minderheitsaktionären.

Steinbeiß-Winkelmann, Christine, Rechtsschutz bei überlangen Gerichtsverfahren – Zum neuen Gesetzentwurf der Bundesregierung, ZRP 2010, 205 ff.

Steinbeiß-Winkelmann, Christine, Überlange Gerichtsverfahren – der Ruf nach dem Gesetzgeber, ZRP 2007, 177 ff.

Steinberg, Marc I., Short-Form Mergers in Delaware, 27 DJCL 489 (2002).

Steinhauer, Carsten, Der Börsenpreis als Bewertungsgrundlage für den Abfindungsanspruch von Aktionären – Finanztheoretischer Hintergrund einer möglichen Trendwende in der gesellschaftsrechtlichen Praxis, AG 1999, 299 ff.

Steinmeyer, Roland / Santelmann, Matthias, Zur Widerleglichkeit der Angemessenheitsvermutung beim übernahmerechtlichen Squeeze out, BB 2009, 674 ff.

Stevelman, Faith, A Fair Price and a Fair Deal: On the Future of 'Entire Fairness' in Freezeouts, New York Legal Studies Research Paper No. 03 (2009).

Stevelman, Faith, Freezeout Doctrine: Going Private at the Intersection of the the Market and the Law, 62 Bus. Law. 775 (2007).

Stilz, Eberhard, Börsenkurs und Verkehrswert – Besprechung der Entscheidung BGH ZIP 2001, 734 – DAT/Altana, ZGR 2001, 875 ff.

Stilz, Eberhard, Die Anwendung der Business Judgement Rule auf die Feststellung des Unternehmenswerts bei Verschmelzungen, in: Festschrift für Karl Peter Mailänder zum 70. Geburtstag am 23. Oktober 2006, Berlin u.a. 2006, *zitiert:* FS Mailänder.

Subramanian, Guhan, Post-Siliconix Freeze-Outs: Theory And Evidence, 36 JLEGST 1 (2007).

Subramanian, Guhan, Fixing Freezeouts, 115 Yale L.J. 2 (2005).

Subramanian, Guhan, The Influence of Antitakeover Statutes on Incorporation Choice: Evidence on the "Race" Debate and Antitakeover Overreaching, Harvard NOM Working Paper No. 01-10 (2001).

Takahashi, Eiji, Japanese Corporate Groups under the New Legislation, ECFR 2006, 287 ff.

Teichmann, Christoph, Austrittsrecht und Pflichtangebot bei Gründung einer Europäischen Aktiengesellschaft, AG 2004, 67 ff.

Teichmann, Christoph, Minderheitenschutz bei Gründung und Sitzverlegung der SE, ZGR 2003, 367 ff.

Teuber, Hanno, Die Beeinflussung von Börsenkursen : Kurspflege und Marktmanipulation (Osnabrück, Univ., Jur. Diss., 2009), Frankfurt am Main u.a. 2011, *zitiert:* Die Beeinflussung von Börsenkursen.

Theisen, Manuel René / Raßhofer, Martin, Anfechtungskläger unter der Lupe, Der Aufsichtsrat 2007, 107 ff.

Thomas, Randall S., Revising the Delaware Appraisal Statute, 3 Del. L. R. 1 (2000).

Thompson, Jr., Samuel C., Change of Control Special Committee: Breathing Life into CNX (April 6, 2011). Presented at a Conference Entitled: Irreconcilable Differences: Director, Manager, and Shareholder Conflicts in Takeover Transactions Sponsored by Widener Law School and the Delaware Journal of Corporate Law April 10, 2011 (noch unveröffentlicht, verfügbar unter http://ssrn.com/abstract=1813964), The Pennsylvania State University Legal Studies Research Paper No. 12-2011.

Thompson, Jr., Samuel C., The Missing Link in Sarbanes-Oxley: Enactment of the "Change of Control Board" Concept, or Extension of the Audit Committee Provisions to Mergers and Acquisitions, UCLA School of Law, Law-Econ Research Paper No. 07-05, 63 Bus. Law. 81 (2007).

Thompson, Robert B., The Case for Iterative Statutory Reform: Appraisal and the Model Act, 74 Law & Contemp. Prob. 253 (2011).

Thompson, Robert B., Exit, Liquidity and Majority Rule: Appraisal's Role in Corporate Law, 84 GEO. L. J. 1 (1995).

Thompson, Robert B., The Measure of Recovery under Rule 10b-5, 37 Vand. L. Rev. 349 (1984).

Tomson, Christian / Hammerschmitt, Susanne, Betrachtungen zum Spruchverfahrensneuordnungsgesetz, NJW 2003, 2572 ff.

Tonner, Martin, Die Maßgeblichkeit des Börsenkurses bei der Bewertung von Anteilseigentum, in: Festschrift für Karsten Schmidt zum 70.Geburtstag, Köln 2009, *zitiert:* FS K. Schmidt.

Ullrich, Volker, Abfindung und Börsenkurs: Möglichkeiten zur Bemessung aktienrechtlicher Abfindungs- und Ausgleichsansprüche (§§ 304, 305, 320b AktG) nach dem Börsenkurs; eine juristisch-ökonomische Untersuchung unter besonderer Berücksichtigung der DAT-Altana-Rechtsprechung (Augsburg, Univ., Jur. Diss., 2002), Frankfurt am Main u.a. 2003, *zitiert:* Abfindung und Börsenkurs.

Veasey / Norman E. / Di Guglielmo Christine T., What Happened In Delaware Corporate Law And Governance From 1992–2004?, 153 U. Pa. L. Rev. 1399 (2005).

Veil, Rüdiger, Aktionärsschutz bei der Verschmelzung von Aktiengesellschaften durch vertragliche und gesellschaftsrechtliche Haftung, in: Festschrift für Thomas Raiser zum 70. Geburtstag am 20. Februar 2005, Berlin 2005, *zitiert:* FS Raiser.

Veit, Klaus-Rüdiger, Die Prüfung von Squeeze outs, DB 2005, 1697 ff.

Ventoruzzo, Marco, Freeze-Outs: Transcontinental Analysis and Reform Proposals, 50 Va. J. Int'l L. No.4 (2009).

Ventoruzzo, Marco, Cross-border Mergers, Change of Applicable Corporate Laws and Protection of Dissenting Shareholders: Withdrawal Rights Under Italian Law, ECFR 2007, 47 ff.

Veranneman, Peter, Anmerkung zu BVerfG, Beschluss vom 26.04.2011 – 1 BvR 2658/10 –, Verfassungsbeschwerde von T-Online-Aktionären gegen Spruchverfahrensbeschluss zur baren Zuzahlung nicht zur Entscheidung angenommen, GWR 2011, 256 ff.

Verse, Dirk A., Rechtsschutz der Zielgesellschaft und ihrer Aktionäre im Übernahmerecht - Haben sich die Regelungen des WpÜG bewährt? in: Kiem/Mülbert/Wittig(Hrsg.), 10 Jahre WpÜG, ZHR-Beiheft (erscheint Ende 2011), *zitiert:* Rechtsschutz der Zielgesellschaft und ihrer Aktionäre im Übernahmerecht.

Verse, Dirk A., Anteilseigner im Insolvenzverfahren – Überlegungen zur Reform des Insolvenzplanverfahrens aus gesellschaftsrechtlicher Sicht, ZGR 2010, 299 ff.

Verse, Dirk A., Das Beschlussmängelrecht nach dem ARUG, NZG 2009, 1127 ff.

Verse, Dirk A., Aktienrecht im Wandel, Band 2: Grundsatzfragen des Aktienrechts in Gesetzgebung, Wissenschaft und Rechtsprechung – Rückblick, aktueller Stand, Ausblick, Tübingen 2007, *zitiert:* Aktienrecht im Wandel (Bd. 2): Treuepflicht und Gleichbehandlungsgrundsatz.

Verse, Dirk A., Der Gleichbehandlungsgrundsatz im Recht der Kapitalgesellschaften (Mainz, Univ., Habil.-Schr., 2006), Tübingen 2006, *zitiert:* Gleichbehandlungsgrundsatz.

Verse, Dirk A., Zum zivilrechtlichen Rechtsschutz bei Verstößen gegen die Preisbestimmungen des WpÜG, ZIP 2004, 199 ff.

Vetter, Eberhard, Börsenkurs und Unternehmensbewertung, DB 2001, 969 ff.

Vetter, Eberhard, Squeeze-out in Deutschland, ZIP 2000, 1041 ff.

Vetter, Jochen, Bewertungsrügen im Freigabeverfahren, München 2010, *zitiert:* FS Meier-Reimer.

Vetter, Jochen, Modifikation der aktienrechtlichen Anfechtungsklage, AG 2008, 177 ff.

Vetter, Jochen, Die Regelung der grenzüberschreitenden Verschmelzung im UmwG – Einige Bemerkungen aus Sicht der Praxis, AG 2006, 613 ff.

Vetter, Jochen, Ausweitung des Spruchverfahrens, ZHR 168 (2004), 9 ff.

Wackerbarth, Ulrich, Investorvertrauen und Corporate Governance, ZGR 2005, 686 ff.

Waclawik, Erich, Prozessführung im Gesellschaftsrecht – Corporate Litigation, München 2008, *zitiert:* Prozessführung im Gesellschaftsrecht.

Waclawik, Erich, Zur Fortsetzung der Reform des aktienrechtlichen Anfechtungsprozesses, DStR 2006, 2177 ff.

Wagner, Jens, Anmerkung OLG Frankfurt a.M., Beschluß vom 04.07.2003 – WpÜG 4/03 – Zur Rechtsstellung Dritter nach dem WpÜG, NZG 2003, 718 ff.

Wagner, Jens, Der Regierungsentwurf für ein Drittes Gesetz zur Änderung des Umwandlungsgesetzes, DStR 2010, 1629 ff.

Warchol, Joanna, Squeeze-out in Deutschland, Polen und übrigen Europa (Heidelberg, Univ., Jur. Diss., 2007), Baden-Baden 2008, *zitiert:* Squeeze-out in Europa.

Wardenbach, Frank, Anmerkung zu den Beschlüssen OLG Frankfurt a. M., vom 09.02.2010 – 5 W 38/09 sowie OLG Frankfurt a. M., Beschluss vom 09.02.2010 – 5 W 33/09, – Überprüfungsmaßstab unternehmerischer Entscheidungen im Spruchverfahren zum Umtauschverhältnis bei Verschmelzungen, GWR 2010, 138 ff.

Wasmann, Dirk, Endlich Neuigkeiten zum Börsenkurs – Besprechung der Stollwerck-Entscheidung des BGH, ZGR 2011, 83 ff.

Wasmann, Dirk, Bewegung im Börsenkurs: Kippt die "Dreimonats"-Rechtsprechung?, BB 2007, 680 ff.

Wasmann, Dirk, Anforderungen an die Zulässigkeit eines Antrags nach dem Spruchverfahrensgesetz und Auswirkungen der (Un-)Zulässigkeit, WM 2004, 819 ff.

Wasmann, Dirk, Spruchverfahren: Wann gilt altes, wann neues Recht?, DB 2003, 1559 ff.

Wasmann, Dirk, Erlöschen und Beseitigung von Mehrstimmrechten nach § 5 EGAktG: Gerichtliche Prüfung des Ausgleichs im Spruchverfahren, BB 2003, 57 ff.

Wasmann, Dirk / Mielke, Hendrik, Der gemeinsame Vertreter nach § 6 SpruchG – Eine einzigartige Rechtsfigur gibt noch immer Rätsel auf, WM 2005, 822 ff.

Wasmann, Dirk / Roßkopf, Gabriele, Die Herausgabe von Unterlagen und der Geheimnisschutz im Spruchverfahren, ZIP 2003, 1776 ff.

Weber, Martin, Börsenkursbestimmung aus ökonomischer Perspektive, ZGR 2004, 280 ff.

Weber, Martin, Die Entwicklung des Kapitalmarktrechts im Jahre 2009, NJW 2010, 274 ff.

Weiler, Lothar / Meyer, Ingo, Berücksichtigung des Börsenkurses bei Ermittlung der Verschmelzungswertrelation, NZG 2003, 669 ff.

Weingärtner, Helmut, Eingeschränkte Rechte des gemeinsamen Vertreters der außenstehenden Aktionäre im Spruchverfahren, Der Konzern 2005, 694 ff.

Weiss, Mario, Der Ausschluss von Minderheitsaktionären – Eine rechtsvergleichende Untersuchung nach US-amerikanischem und deutschem Recht (Konstanz, Univ., Jur. Diss., 2003), Konstanz 2003, *zitiert:* Der Ausschluss von Minderheitsaktionären.

Weißhaupt, Frank, Informationspflichten bei Ausgleichs- und Abfindungsangeboten in der börsennotierten Aktiengesellschaft, Der Konzern 2004, 474 ff.

Weißhaupt, Frank, Kompensationsbezogene Informationsmängel in der Aktiengesellschaft (Mainz, Univ., Jur. Diss., 2003), Frankfurt am Main u.a. 2003.

Welch, Edward P. / Turezyn, Andrew J., Folk on the Delaware General Corporation Law, Wilmington 2009.

Wenger, Ekkehard / Hecker, Renate, Der Schutz von Minderheiten im Vertragskonzern – Ein Betriebsunfall des Aktienrechts, ZBB 1995, 321 ff.

Wenger, Ekkehard / Hecker, Renate, Übernahme- und Abfindungsregeln am deutschen Aktienmarkt – Eine kritische Bestandsaufnahme im internationalen Vergleich, in: ifo Studien, 41. Jg., S. 51., München 1995, *zitiert:* Übernahme- und Abfindungsregeln.

Wenger, Ekkehard / Kaserer, Christoph / Hecker, Renate, Konzernbildung und Ausschluss von Minderheiten im neuen Übernahmerecht, ZBB 2001, 317 ff.

Weppner, Simon, Der gesellschaftsrechtliche Minderheitenschutz bei grenzüberschreitender Verschmelzung von Kapitalgesellschaften: eine Untersuchung zum Spruchverfahrensrecht unter besonderer Berücksichtigung international zivilverfahrensrechtlicher Aspekte (Berlin, Freie Univ., Jur. Diss., 2010), Tübingen 2010.

Wertheimer, Barry M., The Purpose of the Shareholders' Appraisal Remedy, 65 Tenn. L. Rev. 661 (1998).

Wertheimer, Barry M., The Shareholders' Appraisal Remedy and How Courts Determine Fair Value, 47 Duke L.J. 613 (1998).

Widen, R. Scott, Delaware Law, Financial Theory and Investment Banking Valuation Practice, 4 N.Y.U. J. L. & Bus. 579 (2008).

Wiedemann, Herbert, Das Abfindungsrecht, ZGR 1978, 477 ff.

Wiedemann, Herbert, Minderheitsrechte ernst genommen. Gedanken aus Anlass der Magna Media-Entscheidung des BayObLG ZIP 1998, 2002, ZGR 1999, 857 ff.

Wilm, Daniel, Abfindung zum Börsenkurs – Konsequenzen der Entscheidung des BVerfG, NZG 2000, 234 ff.

Wilsing, Hans-Ulrich / Kruse, Tobias, Maßgeblichkeit der Börsenkurse bei umwandlungsrechtlichen Verschmelzungen?, DStR 2001, 991 ff.

Wilsing, Hans-Ulrich / Ogorek, Markus, Anmerkung zu LG Frankfurt, Beschluss 05.08.2008 – 3-5 O 15/08 – Widerleglichkeit der Angemessenheitsvermutung beim übernahmerechtlichen Squeeze out, BB 2008, 2035 ff.

Wilsing, Hans-Ulrich / Ogorek, Markus, Die Angemessenheitsvermutung beim übernahmerechtlichen Squeeze Out, GWR 2009, 211 ff.

Winter, Michael / Nießen, Tobias, Amtsermittlung und Beibringung im Spruchverfahren, NZG 2007, 13 ff.

Wittgens, Jonas, Anmerkung zu KG Berlin – Nachweis der Aktionärsstellung durch Urkunden im Spruchstellenverfahren (Divergenzvorlage), BB 2008, 354 ff.

Wittgens, Jonas, Anmerkung zu den Beschlüssen des OLG Frankfurt a.M. vom 04.01.2006, 11.01.2007 und 06.03.2007 – Begründung des Antrags auf Einleitung eines Spruchverfahrens, NZG 2007, 853 ff.

Wittgens, Jonas, Anmerkung zu LG Frankfurt a. M., Zwischenverfügung vom 14.11. 2006 AZ: 3-5 O 73/04 – Prüfungsumfang des gerichtlich bestellten sachverständigen Prüfers eines Unternehmensvertrags (Wella), BB 2007, 1069 ff.

Wittgens, Jonas, Der gerichtliche Sachverständige im Spruchverfahren, AG 2007, 106 ff.

Wittgens, Jonas, Spruchverfahrensgesetz (Hamburg, Univ., Jur. Diss., 2005), Berlin 2006.

Wittgens, Jonas / Redeke, Julian, Gegen Überkompensation und Marktverwerfung – für eine angemessene Entschädigung der Minderheitsaktionäre, ZIP 2008, 542 ff.

Wittgens, Jonas / Redeke, Julian, Zu aktuellen Fragen der Unternehmensbewertung im Spruchverfahren – Zugleich Besprechung LG Dortmund v. 19.03.2007 – 18 AktE 5/03, ZIP 2007, 2015 ff.

Wolff, Heinrich Amadeus, Der verfassungsrechtliche Schutz der Betriebs- und Geschäftsgeheimnisse, NJW 1997, 98 ff.

Woo, Angie, Appraisal rights in mergers of publicly-held Delaware corporations: Something old, something new, something borrowed, and something B.L.U.E., 68 S. Cal. L. Rev. 719 (1995).

Wozniewski, Harald, Die neue Mediationsrichtlinie der EU in der Praxis des Handels- und Gesellschaftsrechts, NZG 2008, 410 ff.

Zimmer, Lutz / Meese, Jon Marcus, Vergleiche im Spruchverfahren und bei Anfechtungsklagen, NZG 2004, 201 ff.

Zöllner, Wolfgang, Kölner Kommentar zum Aktiengesetz, Band 6, 3. Auflage, Köln u.a. 2004, *zitiert:* KK AktG.

Zweigert, Konrad / Kötz, Hein, Einführung in die Rechtsvergleichung, 3. Auflage, Tübingen 1996, *zitiert:* Rechtsvergleichung

Abbildungsverzeichnis

Osnabrücker Schriften zum Unternehmens- und Wirtschaftsrecht

Herausgegeben von Andreas Fuchs, Markus Stoffels und Dirk A. Verse

Band 1 Malte Richter: Die Verwendung von Ratings zur Regulierung des Kapitalmarkts. Eine vergleichende Untersuchung nach US-amerikanischem und deutschem Recht. 2008.

Band 2 Dietmar Haffa: Lock-up Vereinbarungen – Veräußerungsbeschränkungen für Altaktionäre beim Börsengang. 2008.

Band 3 Martin Eimer: Zeichnungsverträge und Zeichnungsvorverträge. Zu den Rechten und Pflichten aus dem Vertrag über die Vorerhöhungsgesellschaft. 2009.

Band 4 Tobias Mischitz: Die Bedeutung von Nachfragemacht für die Beurteilung von Einkaufskooperationen im EG-Kartellrecht. 2008.

Band 5 Matthias Decker: Öffentlich-rechtlicher Rechtsschutz der Zielgesellschaft und ihrer Aktionäre in Übernahmesituationen. Eine materiell- und prozessrechtliche Analyse. 2009.

Band 6 Tim Gero Joppich: Die Kodifikation des Transparenzgebots in § 307 BGB. Die Prinzipien der Transparenzkontrolle unter besonderer Berücksichtigung der Arbeitsvertragskontrolle. 2009.

Band 7 Rachid René Wiersch: Der gutgläubige Erwerb von GmbH-Anteilen. 2009.

Band 8 Oliver Kirchwehm: Reformen der Corporate Governance in Japan und Deutschland. Eine gesellschaftsrechtliche Betrachtung. 2010.

Band 9 Christian Spruß: Die Einbeziehung Allgemeiner Geschäftsbedingungen im deutschen Recht unter besonderer Berücksichtigung des europäischen Rechts und des UN-Kaufrechts. 2010.

Band 10 Jost Onstein: Der Beirat einer mittelständischen GmbH als Instrument guter Unternehmensführung. Ein Beitrag zur Corporate Governance-Diskussion in kleinen und mittleren Familienunternehmen. 2010.

Band 11 Verena Förster: Die Vereinbarung variabler Zinssätze in AGB. 2010.

Band 12 Christian Karbaum: Kartellrechtliche Compliance - Rechtsgrundlagen und Umsetzung. 2010.

Band 13 Dirk Schnelle: Die Berufsbildung der Volontäre und Praktikanten. 2010.

Band 14 Hanno Teuber: Die Beeinflussung von Börsenkursen. Kurspflege und Marktmanipulation. 2011.

Band 15 Michael Berkemeyer: Die Leihgabe von Berufssportlern. 2011.

Band 16 Adrian Jaglarz: Die fusionskontrollrechtliche Behandlung von Immaterialgüterrechtsakquisitionen im US-amerikanischen, europäischen und deutschen Recht. 2012.

Band 17 Philipp Loosen: Reformbedarf im Spruchverfahren. Empirische Analyse, Rechtsvergleich mit US-amerikanischem Recht und Reformvorschläge. 2013.

www.peterlang.de